本书得到云南省优势特色重点学科建设项目经费资助

金融法学
JINRONG FAXUE

郑冬渝 主编

中国社会科学出版社

图书在版编目(CIP)数据

金融法学 / 郑冬渝主编. —北京：中国社会科学出版社，2014.2（2021.3 重印）

ISBN 978-7-5161-4156-4

Ⅰ.①金… Ⅱ.①郑… Ⅲ.①金融法-法的理论-中国 Ⅳ.①D922.280.1

中国版本图书馆 CIP 数据核字(2014)第 073541 号

出 版 人	赵剑英
责任编辑	任　明
特约编辑	乔继堂
责任校对	石春梅
责任印制	李寡寡

出　　版	中国社会科学出版社
社　　址	北京鼓楼西大街甲 158 号
邮　　编	100720
网　　址	http://www.csspw.cn
发 行 部	010-84083685
门 市 部	010-84029450
经　　销	新华书店及其他书店

印刷装订	北京君升印刷有限公司
版　　次	2014 年 2 月第 1 版
印　　次	2021 年 3 月第 3 次印刷

开　　本	710×1000　1/16
印　　张	37.25
插　　页	2
字　　数	587 千字
定　　价	85.00 元

凡购买中国社会科学出版社图书，如有质量问题请与本社营销中心联系调换
电话：010-84083683
版权所有　侵权必究

序　言

云南大学滇池学院是云南省的一所独立学院，创办于2001年。十多年来，凭借母体学校——云南大学先进的办学理念、雄厚的综合实力和学院灵活的办学机制，经过艰苦努力，目前已形成经、法、教育、文、理、工、管多学科协调发展，以培养高素质应用型人才为主的普通本科院校。学院现有在校学生18000余人，已为社会培养了近14000名优秀毕业生。

法学专业是滇池学院最早成立并招生的专业之一，至今已有九届毕业生。共培养合格毕业生2258人，其中已有216人考入中国政法大学、吉林大学、兰州大学、西南大学、苏州大学、西南政法大学、云南大学等省内外知名高校攻读硕士研究生。十多年来，我们在办学思路方面进行了多方面的探索。为了不简单克隆母体学校同专业的教学状况，突出独立学院以培养高素质应用型人才为主的办学方向，我们在学校领导的大力支持和全体教职员工的共同努力下，针对滇池学院法学专业的具体情况，进行了多方面的改革。在教学方面，我们根据云南地处祖国西南边疆，省内民族众多，同时又与东南亚国家毗邻，在我国与东南亚国家的交往中处于桥头堡重要战略地位的省情，再者，云南在全国经济发展较为滞后，但有很大潜力，近年来经济发展迅速的情况。为了让学生毕业之后更快地适应社会，为改变多民族地区的落后面貌，为云南和全国的社会、经济发展作出更大的贡献，我们在法学专业的教学工作中，在开出14门法学主干课程的同时，又根据需要确定民族法学、东南亚国家法律制度、金融法为滇池学院法学专业的三个重点研究方向，并在这三个重点研究方向的教学中投入了更多的人力、物力。先后开出民族法学、东南亚国家法律制度、物权法、商法·公司与企业、商法·证券与票据、债法、保险法等相关课程。十多年来，经过不断的教学实践、摸索和改进，这些课程日臻成熟。同时，我们的这些努力也得到社会和相关部门的认可。法学专业作为特色专业2010年获批滇池学院质量工程项目；2011年又获批云南省质量工程特色专业项目；2011年法学专业获批云南省级重点学科，这是迄今为止云南省所有独立学院唯一获批的省级重点学科。2012年法学教学团队获批云南省质量工程优秀教学团队；2013年法学专业又获批云南省高等学校第二批专业综合改革试点。当然，这些成绩的取得主要是学校领导的关心、指导和全体教职员工共同努力的结果。

这些成绩对我们来说，既是动力，也是压力，如何使我们的工作进一步改进和提升，是摆在我们面前的问题。我们在十多年的教学实践中越来越感到，制约我院法学专业发展的两大障碍，一是教材问题，三个研究方向，均没有公开出版的适合教材：有的没有现成教材，例如东南亚国家法律制度课程；有的虽然教材很多，例如金融法课程，但各本教材涉及的内容深浅程度不适合三本学校使用。二是我们自己培养的年轻教师要进一步提升自己的教学和科研水平，缺乏相应的平台。针对这两个制约法学专业发展的瓶颈，我们从2011年起开始筹备出一批自编教材。考虑到这几门课我们已经开了十多年，有一定的教学经验积累和学科相关资料的收集，有条件编写一批自编教材，编写这批教材的目的，一是针对三本同学的具体情况，有的放矢，增加实践、应用方面的内容，简化一些不必要的内容，使这批教材在三本的教学工作中更加得心应手；二是为了培养教师队伍，给年轻教师搭建一个学术发展的平台。在具体实施过程中，我们聘请在本学科领域有较高学术造诣、治学严谨的教授作为本学科的学术带头人，由他们牵头，担任主编，组织年轻教师编写相关教材。三年来，从教材的构思、提纲的拟定，到教材的撰写，都经过编写组的多次讨论、磋商，数易其稿，最后完成。可以说，这批教材的完成既是我们教学改革的一个成果，也是我们老中青教师合作，以老带新，培养队伍的成果。这批教材的编写工作从始到终都得到了滇池学院领导的大力支持，也得到了云南省教育厅和云南省财政厅重点学科经费支持，使这批教材能顺利出版。

最后，我们还要感谢中国社会科学出版社的大力支持和帮助，使这批教材的写作更加规范，内容质量有所提高，并顺利出版。

当然，我们的教师还很年轻，尝试教材的编写工作也缺乏经验，教材中肯定还有不少不足和疏漏之处，诚恳地希望得到读者、同行的批评指正，使我们的工作更进一步。

方 慧

2013 年 9 月 22 日于滇池学院

编写说明

在市场经济日益成熟和逐步健康发展的态势下，金融作为一国国民经济的核心，其作用和功能已经为人们所熟悉，金融如何更好地发挥作用事关市场经济的健康持续发展。而金融法制的健全与完善对金融有效发挥作用，有效服务经济有着重要意义和基础性作用。因此，对金融活动进行法律规范，提出法律要求，建立法制体系就显得日益紧迫和意义深远。自改革开放以来，我国的金融法制建设与市场经济发展相互作用，各种市场活动所需要的金融法律逐步出台，不仅满足了规范金融活动、调整金融关系的需要，也为我国市场经济法律体系的健全与完善作出了贡献。但是，随着市场经济的进一步发展，金融法制建设的要求更高，无论是金融法体系的健全还是金融立法的系统性、技术性、适应性要求，都将金融法制工作摆在了不容忽视的地位上和不容等待的期许上。而金融法制工作更需要法律人才，特别是具有较全面的金融法律专业知识人才的培养和使用。因此，本书就是为了适应经济社会发展对法律人才培养的需求而编写的。

本书以金融理论和金融实际为基本线索，以我国制定颁布的各种金融法律法规为依据，对金融法的各项具体制度和规则进行了分析探讨，坚持概念清楚、表达流畅、法律依据准确、分析合理的编写原则，力求做到科学性、系统性和规范性。其编写的特点体现在以下方面。

首先，在基本内容上，本书对金融理论、金融规则、金融法条进行了系统分析和阐述，使学习者可以通过阅读本书，获取较为全面和系统的金融法知识，掌握我国金融活动的各项规则，以及金融法体系的内容。同时为了使学习者能够理论联系实际，对理论掌握的同时也了解一定的社会实际，本书安排了与理论相关的案例或者事例，通过这些案例或者事例，引导学习者结合案例或事例去诠释理论、解读理论、理解理论，学以致用。值得一提的是，为了让学习者能够在学习基本知识的同时开阔视野，拓展知识，本书在每一章都列出了与本章内容相关的专著导读，希冀为学习者阅读这些理论前沿书籍提供指引，以使其更加牢固地掌握知识，以更加开阔的视野纵览金融法制建设的过去、现在和未来。

其次，在编排体例上，本书以编、章、节三个层次为逻辑主线分析阐述理论，力求做到章节结构新颖、层次循序渐进、知识易懂易学，因此，在每一章都包括五个方面的内容，即本章内容提要、关键词、复习思考题、专著导读、相关链接（包括法律法规、网络信息等），指引学习者便捷查阅法律法规和网络信息，以获取更多的知识。在编、章、节的安排上，也遵循了掌握知识循序渐进的逻辑要求，以金融法总论为基础，继而分析金融组织法和金融运行法的法律知识，在掌握了金融活动的基本内容的基础上，再进一步分析金融调控和金融监管的法律制度，让学习者对金融法知识的掌握循序渐进、由浅到深、由内到外、由表及里，能够系统、全面地把握金融法规则的内涵和外延。

参加本书编写的作者一致认为，固然作者们都是倾心写作、认真撰稿，尽力提升书稿质量，避免误导学习者、愧对出版社，然而囿于水平和能力，不可避免地会存在很多不足与缺点于本书之中。因此，我们心怀诚意地期待着读者和专家们的指正、建议甚至批评。

参加本书的撰稿人为：周昌发（第一章、第二章、第九章、第十章、第十九章）、伏香凝（第三章、第四章、第五章、第八章、第十五章、第十七章、第十八章）、陈实（第六章、第七章、第十一章、第十二章、第十四章、第十六章、第二十一章、第二十二章）、郑冬渝（第十三章、第二十章）。初稿完成后由郑冬渝负责统稿并修改定稿，在修改中对部分章节补充了必要内容。

本书由郑冬渝担任主编，伏香凝、陈实任副主编。

本书初稿完成后，由中国社会科学出版社负责审定，他们提出了很好的意见，指出了本书的不足和缺点，为本书的顺利出版提供了热情关心、诚恳帮助和鼎力支持，再次向他们表示真诚感谢。

郑冬渝
2013 年 9 月于昆明

目 录

第一编 金融法总论

第一章 金融法总论 (3)
第一节 金融、金融市场与金融法概说 (3)
一 金融的概念 (3)
二 金融市场 (6)
三 金融法概说 (7)
第二节 金融法的原则 (8)
一 稳定币值以促进经济发展原则 (9)
二 维护金融稳定原则 (10)
三 保护投资者和债权人利益原则 (11)
四 维护公平和适度竞争原则 (12)
五 与国际惯例接轨原则 (13)
第三节 金融法律关系 (14)
一 金融法律关系的特点 (14)
二 金融法律关系的范围 (15)
三 金融法律关系的构成 (16)
第四节 金融法的地位、渊源与体系 (18)
一 金融法的地位 (18)
二 金融法的渊源 (20)
三 我国的金融法体系 (21)

第二章 金融体制与金融立法 (27)
第一节 金融体制与金融立法 (27)

一　金融体制……………………………………………………（27）
　　二　金融立法……………………………………………………（31）
第二节　中国金融体制………………………………………………（35）
　　一　我国金融体制的沿革与发展………………………………（35）
　　二　新中国金融体制发展的基本经验…………………………（39）
第三节　中国金融立法………………………………………………（41）
　　一　计划经济体制下的金融立法………………………………（41）
　　二　改革开放初期的金融立法…………………………………（41）
　　三　社会主义市场经济条件下的金融立法……………………（42）
　　四　主要金融立法简介…………………………………………（44）

第二编　金融组织法

第三章　中央银行法律制度………………………………………（55）
第一节　中央银行概述………………………………………………（55）
　　一　中央银行的产生和发展……………………………………（55）
　　二　中央银行的地位……………………………………………（56）
　　三　中央银行的职能……………………………………………（58）
　　四　中央银行的独立性…………………………………………（59）
第二节　中国人民银行的法律地位…………………………………（60）
　　一　中国人民银行是我国的中央银行…………………………（60）
　　二　中国人民银行是国务院的职能部门………………………（61）
　　三　中国人民银行具有独立法人地位…………………………（61）
第三节　中国人民银行的组织机构…………………………………（62）
　　一　中国人民银行组织机构概述………………………………（62）
　　二　中国人民银行的领导机构…………………………………（62）
　　三　中国人民银行的内部机构…………………………………（63）
　　四　中国人民银行的外部分支机构……………………………（65）
第四节　中国人民银行的业务………………………………………（66）
　　一　为执行货币政策经营的业务………………………………（66）
　　二　对金融市场和金融机构的监督管理而开展的业务………（68）

三　对金融机构、政府部门和其他机构提供服务而经营的
　　　　业务 …………………………………………………………（69）
　　四　法律禁止的业务 ……………………………………………（69）
第四章　商业银行法律制度 ………………………………………………（75）
　第一节　商业银行概述 …………………………………………………（75）
　　一　商业银行的概念和历史沿革 ………………………………（75）
　　二　商业银行的特点 ……………………………………………（76）
　　三　商业银行的职能 ……………………………………………（77）
　第二节　商业银行的组织机构 …………………………………………（78）
　　一　商业银行组织机构概述 ……………………………………（78）
　　二　商业银行的组织机构 ………………………………………（79）
　第三节　商业银行的市场准入与市场退出 ……………………………（81）
　　一　商业银行的市场准入 ………………………………………（81）
　　二　商业银行的市场退出 ………………………………………（84）
　　三　商业银行市场准入与市场退出的关系 ……………………（87）
　第四节　商业银行的经营与监管 ………………………………………（87）
　　一　商业银行经营的原则 ………………………………………（87）
　　二　商业银行经营的业务范围 …………………………………（89）
　　三　商业银行的监管 ……………………………………………（92）
　第五节　违反商业银行法律制度的法律责任 …………………………（95）
　　一　违反商业银行法律制度的法律责任概述 …………………（95）
　　二　银行业金融机构违法的法律责任 …………………………（95）
　　三　擅自设立银行业金融机构或者非法从事银行业金融机构的
　　　　业务活动的法律责任 ………………………………………（97）
　　四　商业银行从业人员的法律责任 ……………………………（98）
　　五　银行业监督管理机构从事监管工作人员违法的法律
　　　　责任 …………………………………………………………（99）
第五章　政策性银行法律制度 ……………………………………………（102）
　第一节　政策性银行概述 ………………………………………………（102）
　　一　政策性银行的概念 …………………………………………（102）
　　二　设立政策性银行的意义 ……………………………………（103）

三　政策性银行的特征 …………………………………………（104）
　　四　政策性银行的性质和法律地位 ……………………………（105）
　　五　中国的三大政策性银行 ……………………………………（106）
　第二节　我国的政策性银行法律制度 ……………………………（107）
　　一　我国的政策性银行法律制度概述 …………………………（107）
　　二　我国政策性银行的组织机构 ………………………………（108）
　　三　我国政策性银行的行为法律制度 …………………………（108）
　　四　我国政策性银行的监管法律制度 …………………………（110）
　　五　我国政策性银行立法所面临的问题 ………………………（111）
第六章　证券机构法律制度 …………………………………………（114）
　第一节　证券机构概述 ……………………………………………（114）
　　一　证券机构的概念 ……………………………………………（114）
　　二　证券机构的特征 ……………………………………………（115）
　　三　证券机构的类型 ……………………………………………（115）
　第二节　证券公司 …………………………………………………（115）
　　一　证券公司概述 ………………………………………………（115）
　　二　证券公司的设立 ……………………………………………（117）
　　三　证券公司的变更 ……………………………………………（119）
　　四　证券公司的终止 ……………………………………………（120）
　　五　证券公司的组织机构 ………………………………………（120）
　第三节　证券交易所 ………………………………………………（129）
　　一　证券交易所的概念 …………………………………………（129）
　　二　证券交易所的特征 …………………………………………（129）
　　三　证券交易所的设立和解散 …………………………………（130）
　　四　证券交易所的职能 …………………………………………（130）
　　五　证券交易所的组织形式 ……………………………………（131）
　第四节　证券登记结算机构 ………………………………………（133）
　　一　证券登记结算机构概述 ……………………………………（133）
　　二　证券登记结算机构的设立 …………………………………（133）
　　三　证券登记结算机构的职能和禁止行为 ……………………（134）
　　四　证券登记结算机构的义务 …………………………………（134）

第五节　证券服务机构 …………………………………（136）
　　一　证券服务机构的概念 ……………………………（136）
　　二　律师事务所 ………………………………………（136）
　　三　会计师事务所 ……………………………………（139）
　　四　证券投资咨询机构 ………………………………（140）
第七章　保险机构法律制度 ………………………………（146）
　第一节　保险机构概述 …………………………………（146）
　　一　保险机构的概念和特征 …………………………（146）
　　二　保险机构的种类 …………………………………（147）
　第二节　保险公司 ………………………………………（147）
　　一　保险公司概述 ……………………………………（147）
　　二　保险公司的设立 …………………………………（148）
　　三　保险公司的变更、解散和破产的特别规定 ………（150）
　　四　保险公司的经营规则 ……………………………（152）
　第三节　保险代理人、经纪人和公估人 ………………（155）
　　一　保险代理人 ………………………………………（155）
　　二　保险经纪人 ………………………………………（161）
　　三　保险公估人 ………………………………………（168）
第八章　其他金融机构法律制度 …………………………（177）
　第一节　其他金融机构概述 ……………………………（177）
　　一　其他金融机构在我国金融体系中的地位和作用 …（177）
　　二　其他金融机构的特点 ……………………………（178）
　　三　其他金融机构的范围 ……………………………（178）
　　四　其他金融机构的监管 ……………………………（179）
　第二节　信用合作机构 …………………………………（179）
　　一　信用合作机构概述 ………………………………（179）
　　二　农村信用合作社的概念和性质 …………………（180）
　　三　农村信用合作社的设立 …………………………（180）
　　四　农村信用社的改革与发展 ………………………（181）
　　五　其他农村金融机构 ………………………………（181）
　第三节　金融资产管理公司 ……………………………（182）

一　金融资产管理公司的概念 …………………………………… (182)
　　二　金融资产管理公司的性质和职能 …………………………… (183)
　　三　金融资产管理公司的业务范围 ……………………………… (183)
第四节　企业集团财务公司 …………………………………………… (184)
　　一　企业集团财务公司的概念 …………………………………… (184)
　　二　企业集团财务公司的设立、变更和终止 …………………… (184)
　　三　企业集团财务公司的业务范围 ……………………………… (186)
第五节　金融租赁公司法律制度 ……………………………………… (186)
　　一　金融租赁公司的概念和特征 ………………………………… (186)
　　二　金融租赁公司的设立和变更 ………………………………… (187)
　　三　金融租赁公司的业务范围和经营规则 ……………………… (188)

第三编　金融运行法律制度

第九章　货币市场法律制度 …………………………………… (195)
第一节　货币市场概述 ………………………………………………… (195)
　　一　货币市场概述 ………………………………………………… (195)
　　二　货币市场的分类 ……………………………………………… (196)
第二节　票据市场法律制度 …………………………………………… (198)
　　一　票据的一般理论 ……………………………………………… (198)
　　二　票据市场的概念及特点 ……………………………………… (201)
　　三　票据承兑的法律规定 ………………………………………… (202)
　　四　票据贴现法律制度 …………………………………………… (202)
　　五　票据再贴现法律制度 ………………………………………… (202)
第三节　银行间债券市场法律制度 …………………………………… (203)
　　一　银行间债券市场的概念 ……………………………………… (203)
　　二　银行间债券市场的业务 ……………………………………… (203)
　　三　银行间债券市场法律制度 …………………………………… (204)
第四节　同业拆借市场法律制度 ……………………………………… (206)
　　一　同业拆借市场概述 …………………………………………… (206)
　　二　我国同业拆借市场的发展历程 ……………………………… (206)

三　我国同业拆借市场的功能定位 ………………………………（207）
四　同业拆借市场监管路径考证 …………………………………（207）
第十章　外汇市场法律制度 …………………………………………（213）
第一节　外汇市场概述 ……………………………………………（213）
一　外汇的概念 ……………………………………………………（213）
二　外汇市场概述 …………………………………………………（214）
三　外汇市场的分类 ………………………………………………（215）
四　外汇市场的功能与作用 ………………………………………（218）
第二节　外汇市场主体制度 ………………………………………（220）
一　外汇市场的市场主体 …………………………………………（220）
二　外汇市场主体对外汇市场的作用 ……………………………（221）
第三节　外汇市场交易制度 ………………………………………（222）
一　外汇交易概述 …………………………………………………（222）
二　外汇交易方式 …………………………………………………（223）
三　外汇交易的种类 ………………………………………………（224）
四　外汇零售市场交易制度 ………………………………………（226）
第十一章　信贷法律制度 ……………………………………………（230）
第一节　存款法律制度 ……………………………………………（230）
一　存款概述 ………………………………………………………（230）
二　我国关于单位存款的法律规定 ………………………………（232）
三　我国关于储蓄存款的法律规定 ………………………………（235）
第二节　贷款法律制度 ……………………………………………（239）
一　贷款的概念、基本原则和种类 ………………………………（239）
二　借款合同概述 …………………………………………………（241）
三　贷款的程序 ……………………………………………………（243）
四　对金融机构贷款业务的监管 …………………………………（244）
第十二章　金融担保法律制度 ………………………………………（250）
第一节　金融担保法概述 …………………………………………（250）
一　金融担保法的概念 ……………………………………………（250）
二　金融担保的种类 ………………………………………………（252）
三　反担保 …………………………………………………………（252）

第二节 保证 (253)
一 保证合同概述 (253)
二 保证形式及其法律责任 (256)
三 保证期间和保证诉讼时效 (259)
四 保证人的权利——追偿权 (261)

第三节 抵押 (261)
一 抵押的概念 (261)
二 抵押合同 (262)
三 抵押权概述 (264)
四 抵押权的效力 (266)
五 最高额抵押 (268)
六 抵押权的实现 (269)

第四节 质押 (270)
一 质押的概念 (270)
二 质押的性质 (271)
三 质押合同 (271)
四 动产质权 (272)
五 权利质权 (275)
六 最高额质权 (280)

第十三章 信托法律制度 (283)

第一节 信托法概述 (283)
一 信托的概念、特征与分类 (283)
二 信托的历史沿革 (289)
三 信托法的概念 (292)

第二节 信托法的基本原则 (292)
一 信托目的合法性原则 (293)
二 信托财产独立性原则 (293)
三 信托财产管理权与受益权相分离原则 (294)
四 受托人的有限责任原则 (295)
五 信托公示原则 (295)
六 信托承继性原则 (296)

第三节　信托当事人 (297)
　　一　信托委托人 (297)
　　二　信托受托人 (299)
　　三　信托受益人 (303)
第四节　信托财产 (305)
　　一　信托财产的概念和范围 (305)
　　二　信托财产的特征 (307)
第五节　信托的设立、变更和终止 (309)
　　一　信托的设立 (309)
　　二　信托的变更 (311)
　　三　信托的终止 (311)
第六节　公益信托 (312)
　　一　公益信托的概念和目的 (312)
　　二　公益信托的设立、变更和终止 (314)
　　三　公益信托的监督管理 (315)
第七节　信托业法律制度 (316)
　　一　信托业和信托业法 (316)
　　二　信托公司的设立、变更和终止 (317)
　　三　信托公司的业务经营范围 (319)
　　四　信托公司的经营规则 (320)
　　五　信托业的监管 (321)

第十四章　融资租赁法律制度 (330)
第一节　融资租赁概述 (330)
　　一　融资租赁概述 (330)
　　二　融资租赁与相近制度的比较 (331)
第二节　金融租赁公司 (333)
　　一　金融租赁公司概述 (333)
　　二　金融租赁公司的设立 (333)
　　三　金融租赁公司的业务范围 (335)
　　四　金融租赁公司的变更、解散和破产 (336)
第三节　融资租赁合同法律制度 (337)

一　融资租赁合同概述 ……………………………………（337）
　　二　融资租赁合同三方当事人的权利和义务 ……………（338）
　　三　售后回租 ………………………………………………（339）
第四节　融资租赁的监督管理 …………………………………（341）
　　一　金融租赁公司的业务经营规则要求 …………………（341）
　　二　金融租赁公司的各类监管指标要求 …………………（342）
　　三　金融租赁公司的信息披露、资产管理、会计报表、
　　　　审计要求 ………………………………………………（342）
　　四　法律责任 ………………………………………………（343）

第十五章　资本市场法律制度 …………………………………（346）
第一节　资本市场概述 …………………………………………（346）
　　一　资本市场的概念和特征 ………………………………（346）
　　二　资本市场的构成 ………………………………………（347）
　　三　资本市场的立法 ………………………………………（347）
第二节　股票市场法律制度 ……………………………………（348）
　　一　股票和股票市场 ………………………………………（348）
　　二　股票发行法律制度 ……………………………………（349）
　　三　股票上市法律制度 ……………………………………（350）
　　四　股票交易法律制度 ……………………………………（352）
第三节　债券市场法律制度 ……………………………………（357）
　　一　债券的概念及特征 ……………………………………（357）
　　二　债券的种类 ……………………………………………（358）
　　三　公司债券的发行和交易 ………………………………（359）
第四节　金融衍生工具法律制度 ………………………………（361）
　　一　金融衍生工具的产生和发展 …………………………（361）
　　二　金融衍生工具的概念和特点 …………………………（361）
　　三　金融衍生工具的分类 …………………………………（363）
　　四　我国金融衍生工具法律制度 …………………………（363）

第十六章　保险市场法律制度 …………………………………（375）
第一节　保险原理及保险市场概述 ……………………………（375）
　　一　保险概述 ………………………………………………（375）

二　保险的特征 …………………………………………（376）
　　三　保险的分类 …………………………………………（378）
　　四　保险的基本原则 ……………………………………（382）
　　五　保险市场 ……………………………………………（388）
　第二节　保险合同概述 ………………………………………（389）
　　一　保险合同的概念及特征 ……………………………（389）
　　二　保险合同的构成 ……………………………………（390）
　　三　保险合同的订立 ……………………………………（391）
　　四　保险合同的基本条款 ………………………………（393）
　　五　保险合同的生效要件 ………………………………（394）
　　六　投保人的如实告知义务 ……………………………（395）
　　七　保证 …………………………………………………（397）
　　八　弃权与禁止反言 ……………………………………（398）
　　九　保险合同的形式和解释 ……………………………（401）
　　十　保险合同主体的主要义务 …………………………（404）
　　十一　保险合同的履行 …………………………………（408）
　　十二　人身保险合同中的效力变更 ……………………（416）
　　十三　保险合同的解除 …………………………………（417）
　第三节　财产保险合同 ………………………………………（418）
　　一　财产保险合同概述 …………………………………（418）
　　二　财产损失保险合同 …………………………………（419）
　　三　责任保险合同 ………………………………………（425）
　　四　信用、保证保险合同 ………………………………（427）
　第四节　人身保险合同 ………………………………………（429）
　　一　人身保险合同概述 …………………………………（429）
　　二　人身保险合同的基本条款 …………………………（430）
　　三　人寿保险合同概述 …………………………………（432）
　　四　意外伤害保险合同概述 ……………………………（433）
　　五　健康保险合同概述 …………………………………（434）
第十七章　银行卡法律制度 ……………………………………（441）
　第一节　银行卡概述 …………………………………………（441）

一　银行卡的产生和发展 …………………………………………（441）
　　二　银行卡的概念和特征 …………………………………………（443）
　　三　银行卡的种类 …………………………………………………（443）
　　四　银行卡的功能 …………………………………………………（444）
　　五　银行卡相关立法 ………………………………………………（445）
第二节　银行卡业务法律关系 ……………………………………………（446）
　　一　银行卡业务法律关系概述 ……………………………………（446）
　　二　发卡银行与持卡人之间的法律关系 …………………………（447）
第三节　银行卡的管理 ……………………………………………………（450）
　　一　银行卡的业务审批 ……………………………………………（450）
　　二　银行卡的计息和收费标准 ……………………………………（452）
　　三　银行卡的账户及交易管理 ……………………………………（453）
　　四　银行卡的风险管理 ……………………………………………（454）
　　五　刑法中关于信用卡风险管理的相关规定 ……………………（456）
第四节　银行卡与网上支付系统 …………………………………………（456）
　　一　银行卡网上支付概述 …………………………………………（456）
　　二　银行卡网上支付的定义 ………………………………………（457）
　　三　银行卡网上支付系统 …………………………………………（457）
　　四　银行卡网上支付的相关法律问题 ……………………………（458）

第四编　金融调控法律制度

第十八章　中央银行金融宏观调控法律制度 …………………………（465）
第一节　中央银行金融宏观调控概述 ……………………………………（465）
　　一　中央银行金融宏观调控的历史发展 …………………………（465）
　　二　中央银行金融宏观调控的法律地位 …………………………（466）
　　三　中央银行金融宏观调控法律制度的特征 ……………………（467）
　　四　中央银行金融宏观调控相关法律制度 ………………………（468）
　　五　金融调控与金融监管 …………………………………………（468）
第二节　中央银行金融宏观调控工具 ……………………………………（469）
　　一　存款准备金制度 ………………………………………………（470）

二　基准利率制度 …………………………………………（471）
　　三　再贴现制度 ……………………………………………（472）
　　四　公开市场业务 …………………………………………（472）
　　五　其他金融宏观调控工具 ………………………………（473）
　第三节　我国中央银行金融宏观调控法律制度的运行及其
　　　　　实效 ………………………………………………（475）
　　一　中央银行金融宏观调控法律制度的传导机制…………（475）
　　二　中央银行金融宏观调控法律制度的运行实效…………（476）

第五编　金融监管法律制度

第十九章　金融监管法律制度概说……………………………（485）
　第一节　金融监管的理论基础 ………………………………（485）
　　一　金融监管的代表性理论 ………………………………（486）
　　二　金融监管理论的演进历程 ……………………………（487）
　第二节　金融监管机构及其权限 ……………………………（489）
　　一　金融监管机构概述 ……………………………………（489）
　　二　金融监管机构的权限 …………………………………（491）
　第三节　金融监管的目标与原则 ……………………………（492）
　　一　金融监管的目标 ………………………………………（492）
　　二　金融监管的原则 ………………………………………（493）
　第四节　金融监管的法律责任 ………………………………（496）
　　一　违反银行业监管法的法律责任 ………………………（496）
　　二　违反证券业监管法的法律责任 ………………………（498）
　　三　违反保险业监管法的法律责任 ………………………（499）
第二十章　银行业监管法律制度………………………………（504）
　第一节　银行业监管制度概述 ………………………………（504）
　　一　银行业监管的概念 ……………………………………（504）
　　二　银行业监管的特点 ……………………………………（505）
　　三　银行业监管模式和监管职责 …………………………（507）
　第二节　银行业监管的目标和原则 …………………………（509）

一　银行业监管的总体目标 …………………………………… (509)
　　二　银行业监管的具体目标 …………………………………… (510)
　　三　银行业监管的原则 ………………………………………… (512)
　　四　现代银行业监管发展趋势 ………………………………… (514)
　第三节　国际银行监管规则 ……………………………………… (518)
　　一　《有效银行监管核心原则》 ……………………………… (520)
　　二　《巴塞尔新资本协议》 …………………………………… (526)

第二十一章　证券监管法律制度 …………………………………… (543)
　第一节　证券监管概述 …………………………………………… (543)
　　一　证券监管的概念 …………………………………………… (543)
　　二　证券监管的目的 …………………………………………… (544)
　　三　证券监管的模式 …………………………………………… (544)
　　四　证券自律监管 ……………………………………………… (545)
　第二节　证券行政监管的内容 …………………………………… (549)
　　一　证券行政监管概述 ………………………………………… (549)
　　二　对证券发行和上市的监管 ………………………………… (550)
　　三　对证券交易活动的监管 …………………………………… (552)

第二十二章　保险监管法律制度 …………………………………… (558)
　第一节　保险监管概述 …………………………………………… (558)
　　一　保险监管概述 ……………………………………………… (558)
　　二　保险监管的意义及目的 …………………………………… (561)
　　三　保险监管的模式 …………………………………………… (562)
　第二节　保险监管的体系及内容 ………………………………… (562)
　　一　保险监管的体系 …………………………………………… (562)
　　二　保险监管的内容 …………………………………………… (564)

第一编　金融法总论

第一章 金融法总论

本章内容提要：本章是《金融法学》一书中最为重要的一章，是全书的抽象概括。通过本章的概述，旨在使读者全面了解和掌握金融法学的基本原理，进而也能了解金融法的总体框架，为以后各章的学习奠定理论基础。鉴于此，本章将对金融、金融市场以及金融法的相关概念作一定阐释；并对金融法的原则、金融法律关系、金融法的地位、金融法的渊源和金融法的体系作较为详细的介绍。通过本章学习，可以为学生学习以后的知识奠定基础。

关键词：金融　金融法　金融市场　货币　信用　资金　借贷
金融法律关系　金融法律关系主体　金融法律关系客体
金融法律关系内容　金融组织　金融运行　金融调控　金融监管
金融法体系　金融法渊源

第一节　金融、金融市场与金融法概说

一　金融的概念

金融法是现代经济社会发展的产物，在整个法律体系中占有重要地位。金融关系决定着金融法律关系，要了解金融法律关系，首先要了解金融的产生及相关概念。

（一）金融与货币

金融就是指货币资金的融通和交易，其本质是价值流通，在金本位时代，黄金是世人公认的最好价值代表。如今黄金已在很大程度上被更易流通的纸币、电子货币等所取代。现代金融主要是以银行等金融机构为中心的各种形式的信用活动以及在信用基础上组织起来的货币流通。

简而言之，金融是以信用为基础的货币流通以及与之相关的经济活动的总称。

谈到金融，人们首先想到的就是货币，为此，有必要对货币作简要的了解。货币是充当一般等价物的特殊商品，是一个经济学领域的概念。作为一般等价物，货币是表现、衡量和实现商品价值的工具。在某一社会形态中，通过不断的商品交换，逐渐酝酿出了一般等价物；而当等价形式同某种特殊商品的自然形式结合在一起时，这种特殊商品便成了货币商品，或者执行货币的职能。因此，货币是商品交换的媒介。在商品世界里一般等价物的作用就成了它特有的社会职能，从而成了它的社会独有地位。

从法律属性来看，货币是作为法定支付手段的一般等价物，具有以下法律特征：第一，法定唯一性。马克思在《资本论》中指出，随着越来越活跃的商品交换之出现，社会对于一般等价物的要求逐步趋于一致，最终必然会出现唯一的一般等价物，这是货币的社会特征。从法定货币的社会属性和维护金融稳定性的要求出发，现代各国一般都只规定一种法定货币。第二，国家信用性。货币的信用性不同于股票的公司信用性，其具有国家属性，是国家信用性，具有法律强制性。一般而言，货币由国家授权中央银行发行，如我国《中国人民银行法》第18条第一款规定："人民币由中国人民银行统一印制、发行。"第三，高度流通性。在一定范围内，货币具有高度适用性，有着最高的流通性，而且这种流通性，一般通过正式法律来赋予和保证。如《中国人民银行法》第16条规定："中华人民共和国的法定货币是人民币。以人民币支付中华人民共和国境内的一切公共的和私人的债务，任何单位和个人不得拒收。"这是对货币高度流通性的法律规定。

货币本质的具体表现形式随着商品经济的发展而逐渐完备起来。其具有价值尺度、流通手段、货币储藏、支付手段和世界货币的职能，其中价值尺度与流通手段是货币的基本职能。货币作为沟通整个商品经济社会生活的媒介，是商品经济社会不可或缺的基本要素。金融活动的基本内容包括：货币的发行、流通和回笼；存款、贷款活动；银行的转账结算；证券的发行、交易；信托投资；保险；票据流通；汇兑往来；外汇、外债的管理；金融期货交易；融资租赁以及其他国际金融活动等。

由此可见，现代金融活动与货币密不可分，都是以货币为对象而进行。因此，没有货币也就无所谓金融活动。而货币作为固定充当一般等价物的特殊商品，也成为金融运作的基础工具。金融活动是一切经济活动的基础。

(二) 金融与信用

金融与信用密不可分，在经济学领域，信用是指以一定经济标的物为内容、以借贷为特征的经济行为。在《新帕格雷夫经济大辞典》中，对信用的解释是："提供信贷意味着把对某物（如一笔钱）的财产权给以让渡，以交换在将来的某一特定时刻对另外的物品（如另外一部分钱）的所有权。"《牛津法律大辞典》的解释是：信用指在得到或提供货物或服务后并不立即而是允诺在将来付给报酬的做法。可见，信用要求当事人一方基于信任对方有能力和诚意依约先行转让财产的所有、使用、收益或处分等权利。除典型的资金借贷行为外，赊销赊购、保管、借用、租赁、信托、间接投资等，都属于信用交易的范畴。现代商品经济的发展使信用活动逐步发展出银行信用、消费信用等多种信用形式。各种信用活动都是通过信用工具来进行的，所谓信用工具，是在信用基础上产生的代替金属货币流通的凭证。信用工具大致可以分为货币和证券两类，证券主要包括货币证券和资本证券。货币证券即票据，包括汇票、本票、支票等；资本证券包括股票、债权等。目前，信用工具通常成为金融工具，金融工具的不断创新，是现代金融市场的重要特征，也是推动金融市场发展的最主要的一个因素。

信用具有资金的再分配、供给和创造货币职能，对社会经济发挥着筹集和分配资金、加速资金周转、节约流通费用、调整经济结构、调节市场货币流通量的重要作用。因此，信用是现代金融运作的基础条件和形式，现代金融就是资金的信用融通。另外，金融是以货币资金为对象的借贷，这也充分反映信用的原则和基本要求。所以，金融与信用相互联系、密不可分。

按照是否有金融机构作为信用中介参与者为标准，金融可以分为直接金融和间接金融。直接金融是指融资双方当事人即筹资人和投资人直接或通过金融中介机构代理进行货币资金的有偿借贷或投资而产生债权债务关系的金融活动。间接金融是指融资双方当事人即借款人和存款人通过银行等金融机构为中介进行的金融活动。间接金融存在两个方面的债权债务关系：一方面，存款人将资金以偿还本金并支付利息为条件存储于银行等金融机构，形成存款人和银行等金融机构之间的债权债务关系；另一方面，金融机构以贷款人的身份，将筹集起来的信贷资金以偿还本金并支付利息为条件，以抵押、保证、贴现等形式贷款给筹资人，形成银行与借款人之间的债权债务关系。

二　金融市场

金融市场，广义上是指货币的借贷、各种票据和有价证券的买卖等融资活动的场所或机制。之所以把金融市场视作为一种场所，是因为只有这样才与市场的一般含义相吻合；之所以同时又把金融市场视作为一种机制，是因为金融市场上的融资活动既可以在固定场所进行，也可以不在固定场所进行，如果不在固定场所进行的融资活动就可以理解为是一种融资机制。

金融市场可以从不同的角度进行分类。按市场职能划分，金融市场可以分为货币市场和资本市场。货币市场是交易期限在1年以内的短期金融交易市场，包括短期存贷市场、同业拆借市场、票据贴现市场、短期债券市场以及大额存单等短期融资工具市场，货币市场的功能在于满足交易者的资金流动性需求。资本市场，亦称"长期金融市场"、"长期资金市场"，是交易期限在1年以上的长期金融交易市场，包括证券市场和长期存放款市场。资本市场的功能在于满足工商企业的中长期投资需求和政府弥补财政赤字的资金需要。按交易方式划分，可以把金融市场划分为现货市场和期货市场。现货是现钱现货，现货市场是指对与期货、期权和互换等衍生工具市场相对的市场的一个统称，期限为12个月左右。期货是合同交易，期货市场是期货合约交易的场所。按交易场所划分，金融市场还可以分为有形市场和无形市场，即有形的场所和无形的空间。有形市场是指有专门的交易场地、场所、交易设施和设备的市场，如证券交易所、期货交易所、票据交换所等；无形市场是指通过现代通信技术和通信设施建立起来的无形交易网络。虽然有形市场在目前仍然是金融市场的主体，但是越来越多的金融交易活动正在向无形市场转移和发展。

金融市场作为货币与资本等金融资源流动和配置的场所，在现代经济体系运行中发挥着非常重要的作用，主要功能包括将储蓄转化为投资、为消费行为和投资活动提供信用、为投资者提供风险定价和防范的工具、为企业提供规范运作的外部约束和激励机制、为政府提供实施经济金融政策的工具和渠道。我国的金融市场是在经济转轨和金融深化的背景下诞生和发展的，目前已经初步形成交易场所多层次、交易产品丰富、交易机制多样的市场格局，市场跨度覆盖了货币市场、债券市场、股票市场、黄金市场和外汇市场等市场；参与交易的金融产品囊括了股票、债券、基金、票据和外汇等内容；交易机制涵盖了现货、回购、远期和期货等重要品种。

三 金融法概说

金融法与金融活动密切相关，金融关系是金融法予以规范的对象，没有金融关系的矛盾冲突也就没有金融法律规范的存在，当然也就不会产生金融法律关系。

（一）金融法的概念

金融法是调整金融关系的法律规范的总称。也有学者将金融法定义为调整金融关系的各种法律规范的集合；或称为调整货币流通和信用活动中所发生的社会关系的法律规范的总称。其调整对象包括金融组织关系、金融运行关系、金融调控关系和金融监管关系。金融法有广义和狭义之分，广义金融法包括金融法律、金融行政法规、行政规章、司法解释和国际条约等；狭义的金融法指国家立法机关依照权限和法定程序制定或认可，并以国家强制力保障实施的调整金融关系的规范性文件，也就是通常所说的金融法律。在我国，没有直接以"金融法"命名的法律。

（二）金融法的特点

金融法是调整金融关系的法律规范的总称。金融关系内容广泛而复杂，既有调整平等主体间的金融业务关系，又有调整非平等主体间的金融调控关系与金融监管关系；既涉及微观的经济个体，又涉及国民经济全局和人民大众的基本生活，具有公共性、全局性、社会性的特征。在我国，一般认为金融法应属于经济法的范畴，是经济法的子法律部门。

金融法具有以下特点。

1. 金融法具有实体法和程序法相统一的特点。一方面，金融法规定了作为实体法调整对象的金融主体的权利和义务；另一方面，又规定了实现这些权利和义务的程序、步骤和方式等。因而，金融法是实体法和程序法的统一。

2. 金融法具有融合公法和私法的特点。金融法调整的是以银行业、证券业、保险业和信托业为中心的金融权利义务关系。金融企业并非一般工商企业，其经营的产品具有准公共性，它们承担着国民经济宏观调控机制的传导职能，与国民经济各部门和人民群众利益密切相关。因此，金融法的调整对象既有关系金融个体利益的金融业务关系，又有关系到金融全局的金融调控和金融监管关系。这就决定了金融法既不能如公法一切以国家意志为本位，也不能如私法以个人意思为中心，而须以社会为本位，把维护社会公众利益即金融的稳定放在首要位置。

3. 金融法具有强制性、准则性特点，其法律规范多为义务性、禁止性规范。由于金融业的公共性与高风险性，金融机构的组织及其活动的开展对整个社会的一般商业活动和人民大众的生活具有重大影响，这就需要由国家法律明确规定并强制实施。因此，金融法主体的组成、职责、权利及义务往往由国家法律直接作出强制性规定，不允许当事人随意改变；金融活动的开展也极为规范，有严格的程序性和准则性要求。

4. 金融法具有调整范围越来越广、法律内容日益增多的特点。金融是商品经济的产物，并随商品经济的高度发展而不断创新。新的金融机构、新的融资手段、新的金融工具、新的金融技术不断涌现，金融已经渗透到社会生产和生活的各个方面，成为现代经济的核心。

第二节　金融法的原则

法律原则指在一定法律体系中作为法律规则的指导思想、基础或本源的综合性、稳定性的法律原理和准则，是法律的精神实质和价值取向的高度概括和集中体现。金融法的基本原则是金融立法及金融监督管理活动、金融业务活动必须遵循的行为准则。金融法的基本原则作为指导金融活动的基本准则，是确立金融法律制度的基础，不仅可弥补金融立法的不足，而且对金融执法和金融司法活动具有重要指导意义。

金融法基本原则作为指导金融活动的根本原则，不论是对我国的金融法制建设，还是对金融事业的发展都具有积极的作用。第一，金融法基本原则为金融立法提供指导。科学的立法是健全金融法体系的前提。立法机关在制定金融法律法规时，必须遵循金融法的基本原则，根据金融法的基本原则来确定有关金融法律法规的原则和内容。第二，金融法基本原则可以弥补立法不足，防止法律的滞后性。在法律适用中，当金融法对金融关系的调整出现空白或背离客观要求时，需要由执法者基于金融法的基本原则去执法，以满足社会发展中不断提出的各种新要求。法律原则既是赋予执法者一定自由裁量的合理、合法的依据，又是对执法者自由裁量权边界的基本限制。

根据我国金融业发展的实际情况，一般来说，金融法的应遵循以下基本原则。

一　稳定币值以促进经济发展原则

经济增长、稳定币值是市场经济协调发展的重要标志，已成为越来越多国家和地区货币政策的主要目标。《中国人民银行法》明确规定，我国的货币政策目标是"保持货币币值的稳定，并以此促进经济增长"，从而使其成为我国金融法的重要原则。保持币值稳定，就是保持市场货币流通情况和经济发展情况相适应。市场货币的流通量应该与社会商品零售总额成正比，货币流通量的增长速度应与生产发展和商品流通的增长速度相适应。一般来说，货币的投放会促进经济建设加快，但货币投放过量或供给量不足，会使总量失去平衡。为了保持货币币值稳定，就必须使金融管理活动和金融业务活动朝着保持币值稳定和经济增长的目标发展。货币作为经济发展的推动力，对经济发展有重要的促进作用，但这种作用的实现并不是通过多发货币、实施通货膨胀，而是只能通过稳定货币来实现。

稳定币值以促进经济发展原则要求：第一，抑制通货膨胀是稳定币值以促进经济发展的首要条件。治理通货膨胀有必要从经济机制上重建一种内在的约束和平衡机制，例如中央银行的货币供应机制、财政收支机制、社会保障机制，等等。第二，金融的本质是信用问题，任何金融活动和金融制度，其核心均是信用，健全的信用金融体制必然要以健全的信用制度为基础和保障。因此，建立健全的信用制度是稳定币值、促进经济发展的基本手段和内容。而健全的信用制度必须体现在金融法律之中。第三，经济的发展不是单纯依靠经济总量的积累，也不是扩张性的货币政策。其根本方法在于经济结构的合理化。因此，深化金融体制改革以促进经济结构的合理化是稳定币值、推动经济发展的关键。

二 维护金融稳定原则

金融业是从事货币资金融通的具有社会公共性的特殊行业，具有极高的风险性，维护金融稳定成为保证金融业持续健康发展的重要要求，这就需要从保证金融业的安全性、效率性和流动性上实现。把维护金融业的稳定作为一项基本原则是由金融业本身的性质及其在现代经济中地位决定的。就金融业本身性质而言，其一，金融业存在信用风险、利率风险、汇率风险、经营风险、违约风险、市场风险，等等。风险的存在，严重影响着金融业的安全运营，并有可能影响到整个社会的经济生活和国家安定，必须加以防范和化解。其二，金融业是一个负债度高、负债面宽的行业，当存款人觉得金融机构经营不善，存款安全性不能得到满足时，就可能发生挤兑，这样的后果是不仅会使金融业受到毁灭性损害，而且会使广大存款人的生活及社会经济同样遭受致命打击。其三，金融业的信息具有不完备与信息不对称同时存在的特点，而这与金融决策信息的隐蔽性相结合，更促成了金融业的高风险性、高外部性和高脆弱性。其四，中央银行调节经济、吞吐货币的所有政策，必须通过各金融机构的经营活动来贯彻，但由于各金融机构以经济利益为重，其经营往往与中央银行的货币政策产生矛盾，有时甚至会抵消或破坏中央银行的政策实施。因而稳定金融必然受到高度重视。

维护金融业的稳定，一要健全市场机制，加强市场约束；二要完善金融法制，严格金融监管。改革开放30多年以来，我国金融业在取得较快发展的同时，也出现了一系列问题，突出表现为资产质量普遍下降，违法违规经营屡禁不止，金融犯罪直线上升。为了整肃金融秩序，防范金融风险，维护金融稳健，我国从20世纪90年代开始加快了金融立法的进程，在改善金融监管上也采取了相应的措施。

1. 强化了中国人民银行的金融监管职能。我国《中国人民银行法》第 2 条规定的中国人民银行的两大基本任务之一就是依法对金融机构及其业务实施监督管理，防范和化解金融风险，维护金融稳定。为了此项职能的有效履行，该法明确规定中国人民银行可履行命令和规章的发布权，金融机构设立、变更、终止和业务范围的审批权，稽核检查权和行政处罚权。此外，《中国人民银行法》第 6 条还要求中国人民银行应当向全国人民代表大会常务委员会提出有关货币政策情况和金融业运行情况的工作报告。

2. 严格了金融市场准入机制。为了防止劣质金融机构的产生，进一步严格了金融市场的准入控制。对各类金融机构设立的条件和程序，有关金融立法都作了详细规定，特别是对最低注册资本额、高层管理人员的任职资格和内部管理制度等提出了很高的要求。同时，也加强了对金融机构经营证照的管理。

3. 全面推行资产负债比例管理和风险管理。通过立法建立起了较为科学的量化监控指标体系，比如，我国《商业银行法》第 39 条就对资本充足率、清偿比例、流动资产比例和集中风险控制比例等加以明确规定。

4. 加大了对破坏金融秩序犯罪和金融诈骗犯罪的打击力度。

三 保护投资者和债权人利益原则

金融是通过银行等金融机构连接投资方与生产组织方的桥梁和纽带。它的一端是拥有闲散资金并意图寻找使资金得以增值机会的社会大众；另一端是组织安排生产的资金需求者，即企业或个人。金融机构起着中介的作用，一方面组织闲散资金，以其信誉为投资者提供担保。另一方面它向企业提供资金，并代表投资者的利益，对企业的经营活动进行监督以确保资金的安全。金融法加强对投资者利益的保护具有深远意义。投资者是一切金融交易的资金来源，倘若其利益不能得到公平有效的保护，资金融通势必成为无源之水、无根之木。在投资者中，大部分为小额个人投资者，而且具有不特定性和广泛性，他们欠缺了解信息的渠道及准确判断市场变化和化解风险的能力。因此保护投资者利益，正是体现了法律的公平理念。

要维护投资者的利益，就必须保证金融活动中资金的营利性、流通性和安全性。营利性是要求保证资金在营运中能够按照投资者的预期实现增值，保护投资者取得合法投资收入的权利。流通性要求投资者能够转让其投资，使其手中投资利益能够快速变现。同时，资金的流通性可以保护投资者对投资的选择权，也可以保护对资金管理者的选择权，投资者可以通过投资权的转让来表达对经营者的信任与否。安全性则要求保护投资者投资利益的安全，金融机构成立的资格认证制度、资信评级制度、信息披露制度、存款保险制度等都是为维护投资者利益的安全而设立的，资金的安全性是金融法律制度的核心。

四　维护公平和适度竞争原则

通过市场竞争机制引导资源的优化配置是市场经济的重要原则之一。发展市场经济，很重要的一条就是要发挥市场配置资源的基础作用，通过市场竞争机制引导资金的合理流动，寻求最佳的资源配置。因此，金融同业之间应该进行公平竞争和文明竞争，从而促进金融业的繁荣发展。目前，对金融市场实施适度竞争管理已成为各国金融监管的重要内容，且日益成为货币政策的一种选择性工具，并同宏观经济调控紧密联系。维护公平和适度竞争原则直接体现在金融法及执法和司法实践中，各市场主体都必须遵循公平竞争原则，政府的金融监管和公开市场操作也应该做到公开、公平、公正，不得违背和破坏市场公平竞争的原则。

由于我国长期的国家主导、行政经济惯性的经济体制以及市场机制的不健全，我国的金融市场对外开放也是一个循序渐进的过程。因此，我国金融领域竞争广度是有限的，强调维护适度竞争原则就十分必要。但同时，金融在我国国民经济中的重要地位决定了金融市场的竞争不可能完全放开，出于对社会整体利益考虑，金融市场不可能自由放任竞争。因此，各国在金融业都贯彻适度竞争原则，一方面要反对自由放任的破坏性竞争；另一方面要反对垄断。我国金融法以适度竞争为政策取向，对金融市场的竞争秩序进行了必要的规范和监控。金融法领域的公平和适度竞争还表现在：其一，中国人民银行审批设立商业银行的申请时，应当考虑经济发展的需要和银行业竞争的状况，对全国性或地方性商业银行采取不同的设立标准；其二，实行银行业与证券业、信托业、保险业的分业经营；其三，金融机构必须严格遵守中国人民银行规定的利率和各种手续费率，允许浮动的，不得突破中国人民银行规定的幅度；其四，金融机构开展业务，应当遵守公平竞争的原则，不得从事不正当竞争。

五 与国际惯例接轨原则

国际惯例是指国际上普遍接受和认可的习惯和做法。与国际惯例接轨，一般地讲，就是要消除国与国之间在交往上的障碍，就是要求我国金融法从立法、执法、司法及守法方面要与国际上通行的做法和要求保持一致。

随着经济和金融全球化、一体化的发展，任何国家的经济发展都不可能脱离全球经济发展而独立进行，更不可能闭关锁国而发展成为世界经济强国。金融全球化在经济全球化、一体化的推动下更不可能脱离国际经济发展。就我国的金融业发展来讲，与国际惯例接轨有两方面的原因和目的：一是涉及本国金融业向国外发展的问题；二是涉及外国金融企业到中国来发展的问题。与国际惯例接轨，既有利于我国金融走向世界，也有利于引进和利用外资，只有设立能够为希望进入我国的投资者所熟悉和认同的规则，才能真正使他们放心地走进来。而且，只有我们自觉谋求使我们的金融制度与尽可能多的国家保持一致，才能真正使我国的金融业适应外国的金融规则，使我们可以更有力地走出去。一般而言，国际惯例主要是由发达的市场经济国家和一些相关领域非常专业的国际性组织制定和形成的，通常都是成熟的金融交易和金融监管经验的结晶。遵循与国际惯例接轨原则，可以充分借鉴和吸取发达市场经济国家的成果，并有效地避免我国在金融立法方面的缺陷，提高我国金融立法水平和金融监管质量。因此，坚持与国际惯例接轨原则是我国金融立法应当坚决贯彻的一项基本原则。

按照国际惯例来规范各种金融关系，具体来说主要有：第一，确定中国人民银行的法律地位并强化其独立性，建立健全以中央银行为主导，国有商业银行、政策性银行为主体，其他各类银行和外资金融机构为补充的金融体制，促进我国金融市场主体的规范化，并符合国际惯例的要求。第二，改善国家金融调控方法和手段，对信贷的管理由直接控制改为间接控制，运用经济、法律手段控制货币供应总量，将存款准备金率、再贴现率和公开市场业务作为宏观调控的主要手段，在金融业的调控手段上与国际惯例相一致。第三，制定外资银行法，对外资银行在中国的开业资格认证、经营范围、享受的待遇等作出明确规定，允许外资银行在适当范围内同中国金融机构进行平等竞争。第四，推动商业银行股份制改革，吸收民间资本和私人资本参与金融业的投资，进一步搞活金融业，努力在条件逐渐成熟时，向私营业主开放金融市场，允许民营金融机构参与金融市场竞争。

第三节　金融法律关系

一　金融法律关系的特点

法律关系是法律规范在指引人们的社会行为、调整社会关系的过程中所形成的人们之间的权利义务关系，是社会内容和法的形式的统一。金融法律关系是金融法在调整人们行为过程中所形成的权利义务关系，其具有如下特点。

（一）金融法律关系是以现行的金融法律规范为前提的社会关系

金融法律关系主体的范围、权利和义务、客体等要素，以及金融法律关系的产生、变更和消灭的法律事实，均要由明确的法律规范加以规定。金融法律关系与金融法律规范有着密切的内在联系，两者均包含有主体的权利与义务，但权利与义务的体现形态不同。在金融法律规范中，主体的权利义务是一种抽象的可能性，是主体能为或应为的行为模式。而在金融法律关系中，主体的权利和义务具有具体的现实性。金融法律规范规定主体的权利义务，而金融法律关系使金融法律规范的规定具体化。

（二）金融法律关系的主体必须包含金融机构

金融法律关系一般是指从事金融业务的主体与其相对人之间发生的与金融有关的权利与义务关系。金融法律关系属于社会关系，由于金融法律关系是在金融监管、调控活动和金融业务活动过程中形成的权利义务关系，而金融监管、调控活动和金融业务活动是以银行等金融机构为中心展开的。由此，在金融法律关系主体中，大多数情况下，至少一方是银行或非银行金融机构。

（三）金融法律关系是由国家强制力保证实施的、以金融法上的权利和义务为内容的社会关系

国家授予主体在法律上的权利与义务，是法律实现对社会关系调整的特有方式。如果法律关系主体违背了法律规定的权利和义务，势必破坏法制的统一和金融运行的秩序。因此，金融法律关系必须由国家强制力予以保障和实施，这样才能保障金融法主体之间权利义务的实现，从而有效发挥金融调控、金融监管的保障作用，实现金融活动的目的。

二 金融法律关系的范围

金融法的调整对象是金融关系。所谓金融关系，是指金融领域内有关主体之间发生的社会关系。主要包括以下几类。

（一）金融调控关系

金融调控关系是指国家以及有关国家机关，以稳定金融市场、引导资金流向、控制信用规模为目的，对有关的金融变量实行调节和控制而产生的关系。中央银行是我国的金融宏观调控机构。金融宏观调控的直接对象是商业银行和其他金融机构，间接对象是国民经济各部门及企业，其调整的方式是货币政策工具和法律规定的其他方式。金融宏观调控关系是中央银行在金融宏观调控活动中与商业银行、其他金融机构、国民经济各部门及企业之间发生的权利义务关系，其特点是中央银行主要利用经济手段依法对金融机构和金融活动进行调控。

（二）金融监管关系

金融监管关系是指国家金融监管部门在组织和管理全国的金融事业和对金融市场的监督管理过程中与金融活动参加者之间形成的经济监督管理关系。金融活动的参加者主要是金融机构，同时也包括参与融资活动的公民和法人及其他非法人组织。金融监管关系的主要内容是，金融监管机关依法制定监管规章，审批金融机构，对金融机构进行稽核和检查，对金融活动参加者的违法行为依法查处，等等。金融监管机关的监管行为必须依法进行，被监管主体必须服从监管。

(三) 金融业务关系

金融业务关系是指金融机构因业务活动而与其业务经营活动相对人之间发生的平等主体之间的经济关系。具体如金融机构与其他主体因存款、贷款、同业拆借、票据贴现、银行结算、证券买卖、金融信托、金融租赁、外汇买卖、保险等而发生的关系。金融机构与其业务相对人之间的关系本质上是一种民商事关系，因此，金融法对这种关系调整的基本要求是：当事人在从事该业务活动中的法律地位平等。设立、变更、终止权利义务关系，除法律有特别规定外，应按照双方协商自愿决定；遵守诚实信用原则，自觉善意履行义务，不规避法律与合同，公平合理地处理两者之间的纠纷。

三　金融法律关系的构成

和其他法律关系一样，金融法律关系一般也由主体、内容和客体构成。

(一) 金融法律关系的主体

金融法律关系的主体是指参加金融活动，依法享有权利和承担义务的金融关系当事人。金融法律关系的主体必须具有权利能力和行为能力。权利能力是指权利主体享有权利和承担义务的能力。行为能力是指权利主体能够通过自己的行为取得权利和承担义务的能力。金融法律关系主体的资格是由法律规范加以规定的。一般而言，公民、法人或其他组织参加平权性的金融法律关系，如存贷、投保等，由民法加以规定，法律对其并无特别规定。作为专门从事金融业务的银行和非银行金融机构，其资格则由专门的法律加以规定。金融机构的成立必须符合专门法规定的条件，依照法定程序经主管部门审查批准。

金融法律关系的主体不同于其他法律关系的主体，它包括平等主体之间形成的法律关系，也包括不平等主体之间形成的法律关系。通常来说，金融法律关系主体主要包括以下四种基本类型。

1. 执行国家金融调控和监管职能的机构。它们代表国家既执行金融法实施的监督职能，同时也执行金融业务经营的管理职能，是集立法职能、执法职能和管理职能于一身的金融法律关系主体。主要包括中国人民银行、国家外汇管理局、中国银行业监督管理委员会、中国证券监督管理委员会、中国保险监督管理委员会等。

2. 金融业的自律管理主体。它们或者不直接经营金融业务，或者既经营金融业务又承担着金融业自律管理的职能。其主要表现形式是金融行业自律组织、金融交易所和金融清算机构等。

3. 金融企业。它们是金融业务的主要经营机构，主要包括商业银行、信托公司、保险公司、证券公司和其他金融企业等。

4. 普通单位和个人。它们是金融企业的业务经营相对人。

(二) 金融法律关系的内容

金融法律关系的内容是指金融法律关系主体在从事金融活动中，依法享有的权利和应当承担的义务。金融法律关系不同于民事法律关系中以权利为中心的基本内容，也不同于行政法律关系中以行政职责和行政相对人的义务为中心的基本内容。金融法律关系的内容既不是完全以权利为中心，也不是完全以义务为中心。金融调控和金融监管机构享有的权力主要包括金融法规的立法权、金融法的执法权、金融业的管理权、货币政策权，以及货币流通与货币融通的监督管理权，这些权力同时也是其必须履行的职责。就金融业自律管理主体来讲，它们享有法定的特殊金融业务经营权，以及依据合同约定对其成员的监督管理权和违约处罚权，这些权利同时是其承担的义务。就金融机构来讲，它们享有金融义务经营权、金融财产权和业务经营收益权，同时它们必须承担经营业务相对人的金融财产保管义务、金融收益保护义务，以及货币流通和资金融通秩序维护义务。就金融业务相对人来讲，它们作为普通的民事法律关系主体，仅享有普通民事权利，承担普通民事义务。

(三) 金融法律关系的客体

金融法律关系的客体是指金融法律关系主体享有的权利和承担的义务所共同指向的对象。没有金融法律关系的客体，金融法律关系也就不可能产生，权利义务就会落空。金融法律关系的客体主要有货币、金银、有价证券和金融行为。

1. 货币。包括人民币和外币。人民币是我国流通领域中唯一合法的货币，它是金融法律关系适用最为广泛的客体。外币在我国不能随意流通，但它是外汇管理行为的对象和存储法律关系的客体。

2. 金银。一种可以充当一般等价物的特殊商品，具有商品和货币的双重属性。当它充当货币和结算支付工具时，就成为金融法律关系的客体。同时，金银也是金银管理行为的对象。

3. 有价证券。具有一定价格和代表某种所有权或债权的凭证，包括票据、股票和债券。票据是指发票人依法发行的，由自己无条件支付或委托他人以支付一定金额为目的的有价证券，包括汇票、本票和支票。股票是股份公司发给股东的用以证明其所有人股份及所持有的股权并据以定期取得股息、红利的一种资本性有价证券。债券是指国家、金融机构或公司企业向他人借款表明其债权债务关系的一种凭证，包括国库券、金融债券和公司债券等。

4. 金融行为。现代社会金融行业属于特种行业，具有较强的整体性和社会性，金融业务行为受到政府的严格监督管理，且这种监督管理不同于行政法律关系上的行政管理，其监督管理活动大多是通过金融业务活动得以实现。另外，金融企业与经营业务相对人之间以及金融企业内部的金融行为，需要具备严格的金融业务经营资格、经营范围标准和条件，必须严格按照金融技术规范和操作规范运行。

第四节 金融法的地位、渊源与体系

一 金融法的地位

金融法的地位是指金融法在整个法律体系中的地位，即金融法在法律体系中是否属于独立的法律部门，以及属于哪一个层次的法律部门。在我国，宪法是国家的根本大法，根据宪法制定的民法、行政法、经济法、刑法等基本法属于第二层次的法律部门，根据基本法制定的规范性文件属于第三层次的法律部门。金融法有自己特定的调整对象，因而毫无疑问是一个独立的法律部门，是属于第三层次的法律部门，属于经济法的重要组成部分。在我国整个法律体系中有着不可或缺的重要地位。

(一) 金融法具有确认金融机构的法律地位，建立、健全金融机构组织体系的重要功能

金融活动能否正常、有序进行，关键要看金融机构本身是否健全。金融法正是通过立法对各类金融机构的性质、职责权限、业务范围等加

以界定,对各类金融机构的组织管理结构、运行机制、设立、变更及终止等加以明确,使金融机构有健全的组织机构以及运行规则保证金融活动的正常进行,进而为金融活动的健康开展创造前提条件。

(二) 金融法具有培育和完善金融市场体系,规范金融市场行为的重要职能

金融活动是国民经济的重要组成部分,是连接生产、交换、分配、消费各个环节的纽带,市场经济更离不开货币的快速流通,离不开健全的银行和非银行金融机构,离不开活跃的金融市场和良好的金融秩序,因而也就离不开完备的金融法律体系。通过金融法的贯彻落实,有效协调并维护金融市场各参与者的合法权益,提高资金运营效益,实现资金融通的个体效益目标和社会整体效益目标的统一。金融市场是融通资金、买卖有价证券的场所;金融市场种类繁多,且每一个完善的金融市场必须具备交易主体、交易对象、交易工具、交易价格四大要素,金融法则专门对这些要素加以规范,建立起各类金融市场,并依法严格管理,才能形成统一、开放、有序竞争的市场局面,才能加速资金的横向流动和有效配置,提高融资的可选择性和及时性,最终提高资金的使用效益,维护市场交易各方的合法权益。

(三) 金融法是重要的宏观调控法

金融法负有确定金融调控目标,规范金融调控、管理、监督行为的特殊使命。在传统计划经济体制下,国家普遍采用的是直接调控;而在市场经济体制下,国家主要采用间接调控,金融调控已经成为对国民经济进行调控的重要手段。在现代社会里,金融业是事关经济全局、事关千家万户的公共性行业,金融市场是瞬息万变、充满了不确定性的高风险市场。任何一个金融机构金融活动的开展,其影响都超过了交易个体自身的范围,都在现实地或潜在地对其他市场主体产生影响,亦即对全社会发生作用。如何在尊重市场机能的前提下,趋利避害,就要求从社会整体利益需要出发,对金融业实行宏观调控和有效监管,而这正是金融法的特殊使命。金融法通过其确认、引导、规范、调节、保障机能,可以明确一国的货币金融政策的总体目标,确定金融监管机构的地位及职权,规范金融监管和调控的方式、方法,规定金融违法行为的惩处、制裁措施等。

二 金融法的渊源

金融法的渊源是指金融法律规范的表现形式。我国金融法的渊源包括国内渊源和国际渊源两大类。国内法渊源是指我国现行有关金融的法律、法规和规章等规范性文件；国际渊源是指我国参加或缔结的有关国际条约、协定以及一些具有广泛影响的国际惯例。

（一）国内渊源

1. 宪法。宪法作为我国的根本大法。宪法中关于加强国家宏观经济调控、维护社会经济秩序的规定，是我国金融立法的基础。

2. 金融法律。金融法律是指由国家立法机关即全国人大及其常委会依立法程序制定的有关金融活动的规范性文件。包括专门的金融法律，如《中国人民银行法》、《商业银行法》、《证券法》、《信托法》、《保险法》、《票据法》等，也包括如《合同法》、《担保法》等其他法律中涉及金融活动的有关规定。

3. 金融行政法规。金融行政法规是指国家行政机关即国务院依法制定的各种有关金融活动的规范性文件。如《中国人民银行货币政策委员会条例》、《外汇管理条例》、《储蓄管理条例》、《企业债券管理条例》等。

4. 金融行政规章。金融行政规章是指国家金融监管部门（或机构）根据金融法律、法规的规定或授权制定的有关金融活动的规范性文件。如中国人民银行制定的《金融业机构信息管理规定》、《支付结算办法》、《中国人民银行执法检查程序规定》、《国有独资银行监事会暂行规定》等。

5. 金融地方性法规。金融地方性法规是指省、自治区、直辖市人民代表大会及常委会制定的有关金融活动的规范性文件。

6. 自律性规章。自律性规章是指由金融行业或金融机构制定的有关自身金融活动的行为规范，它是国家权力机关、行政机关制定的法律性文件的有益补充，具有准法律的效力。如《中国证券业协会章程》，中国银行业协会制定的《文明服务公约》、《自律公约》和《反不正当竞争公约》、《深圳证券所股票上市规则》等均属自律性规章。

（二）国际渊源

1. 国际条约。作为法律渊源的国际条约，是指我国参加或缔结的一系列国际公约、多边条约、双边条约和协定，凡涉及有关金融活动的条约和协定都是我国金融法的渊源之一。国际公约成为调整我国金融关系的法律规范的一部分，具有法律效力。目前，我国缔结和参加的国际条约主要有《国际货币基金组织协定》、《国际复兴开发银行协定》、《国际复兴开发银行协定附则》、《国际金融公司协定附则》、《国际复兴开发银行贷款和国际开发协会信贷采购指南》等。

2. 国际惯例。国际惯例是指在国际经济交往中形成的，为国际社会普遍接受并予以认可，经双方确认便具有法律约束力的习惯性规范。许多国际惯例都经历了长期和反复的适用，现已相对稳定并且形成了书面文字，因此其一经援引便对当事人形成法律约束力。如1967年国际商会的《商业单据托收统一规则》、1983年的《商业跟单信用证统一惯例》、1985年世界银行的《贷款协定和担保通则》及《合同担保统一规则》、2004年巴塞尔银行监管委员会修订的《巴塞尔资本协议》、2006年修订的《有效银行监管的核心原则》和《加强银行公司治理》等。另外，某些国家货币金融事务的习惯做法，如辛迪加贷款协定的格式、条款和订立程序等都属于国际惯例。

三　我国的金融法体系

法的体系是指一个国家全部法律规范有机组合而构成的、内容和谐一致、形式完整统一的法律整体。我国金融法体系，就是指我国调整不同领域的金融关系的全部法律规范所组成的内容与形式和谐的、完整的、有机组合的统一体。

我国没有狭义的金融法，即以"金融法"来命名的单独的金融法典，但有广义的涉及金融类的具体法律，通常用它涉及的金融行业的名称来命名。例如，《中国人民银行法》、《银行业监督管理法》、《商业银行法》、《证券法》和《保险法》等。我国金融法体系，从法律的立法形式上，主要表现为金融法律、法规、规范性文件和行政规章。从立法的性质上，主要表现为涉及金融的行政法、民商法、经济法、刑法和程序法。从法律关系上，主要表现为金融主体法、金融交易行为法和金融客体法。这些法律、法规在《宪法》、《立法法》指导下，形成了以《中国人民银行法》为核心，金融基本法律、行政法规和金融规章为主体，金融方面的司法解释为补充的金融法律体系框架。金融法体系是相互联结、和谐统一、层次分明的、既适应中国国情又逐步与国际惯例接轨的金融法律制度统一整体，调整着金融关系的不同侧面，共同实现金融法制的任务。这些金融法律、行政法规和规章制度，基本上涵盖了我国金融业务的各个方面，使得我国金融法律规范基本上自成体系，为保障金融业合法稳健运行，促进国民经济平稳健康发展，实现国家宏观调控目标，发挥了重要而积极的作用。

金融法体系内容非常庞杂，各国金融立法也会根据金融、经济发展的具体情况有所不同。在我国，关于金融法体系的归类，学界有不同的认识。有学者归纳为六部分，有学者归纳为四部分。本书根据金融法的调整对象，将金融法的体系归纳为金融组织法、金融运行法、金融调控法和金融监管法四部分。

（一）金融组织法

金融组织法又称金融主体法或金融机构组织法，是用以确定银行和其他金融机构的性质、法律地位、职责权限、机构设置、业务范围及规则的法律规范的总称。金融机构是金融活动的前提和主体，是金融法规及金融监督管理的主要对象。为此，金融组织法是金融法的基础。金融组织法主要包括中国人民银行法、商业银行法、政策性银行法、非银行金融机构管理法、涉外金融机构管理法等。

（二）金融运行法

金融运行法是指调整金融市场里各类金融业务活动的法律规范。主要包括货币市场法律制度、外汇市场法律制度、信贷法律制度、支付结算法律制度、金融担保法律制度、信托法律制度、融资租赁法律制度、资本市场法律制度、保险市场法律制度和银行卡法律制度。

（三）金融调控法

金融调控法是调整金融调控关系的正式法律制度。金融调控就是指金融调控机关运用货币政策手段对货币供给量或信用量进行调节和控制，进而促进国家宏观经济平稳、协调发展的活动，其具有公共性、宏观性、专业性和裁量性的特点。[①] 通常而言，行使金融调控的机关一般

---

① 参见周昌发《金融调控法律制度论》，法律出版社2013年版，第16—18页。

都是各国的中央银行,在我国主要是中国人民银行。目前,我国没有专门的金融调控法,有关金融调控的法律规范基本都是嵌于各部法律法规和规章中,如《中国人民银行法》、《商业银行法》、《人民币管理条例》等。

(四) 金融监管法

金融监管法是调整国家实施金融监管活动中所发生的社会关系的法律规范,其任务是明确金融监管目标,确定监管机构,规范监管手段,打击破坏货币金融秩序的行为。包括对银行业、证券业和保险业等经营主体、经营活动的监督与管理。

本章复习思考题

1. 简述金融的含义。
2. 金融法具有哪些特点?
3. 简述金融法的基本原则。
4. 简述金融法律关系的构成要素。
5. 简述金融法调整的范围。
6. 简述金融法的地位和体系。

专著推荐

1. 周昌发:《金融调控法律制度论》,法律出版社2013年版。
2. 张忠军:《金融监管法论》,法律出版社2011年版。
3. 王亦平:《金融法律制度创新》,法律出版社2012年版。
4. 吕涛、马慧娟、佴鹏:《金融法律制度创新与实践》,高等教育出版社2013年版。
5. 李爱军:《后危机时代:我国金融安全的法律制度研究》,中国政法大学出版社2011年版。

相关链接

1. 法律法规链接

《中华人民共和国中国人民银行法》、《中华人民共和国银行业监督管理法》、《中华人民共和国商业银行法》、《中华人民共和国保险法》、

《中华人民共和国证券法》、《全国人民代表大会常务委员会关于惩治破坏金融秩序犯罪的决定》、《国务院办公厅关于金融支持小微企业发展的实施意见》、《国务院办公厅关于金融支持经济结构调整和转型升级的指导意见》、《国务院关于农村金融改革发展工作情况的报告》、《国务院关于清理整顿各类交易场所切实防范金融风险的决定》、《国务院办公厅关于应对国际金融危机保持西部地区经济平稳较快发展的意见》、《国务院关于积极采取措施应对国际金融危机确保国民经济平稳较快发展情况的报告》、《国务院办公厅关于当前金融促进经济发展的若干意见》、《最高人民法院印发〈关于人民法院为防范化解金融风险和推进金融改革发展提供司法保障的指导意见〉的通知》、《最高人民法院关于审理金融资产管理公司利用外资处置不良债权案件涉及对外担保合同效力问题的通知》。

2. 网络信息链接

金融法律网　　http：//www.cnfl.org/
中国银行法律网　　http：//www.bankinglawsociety.org/
中国信托金融网　　http：//www.trustlaws.net/
中国国际金融学院网　　http：//www.cifcedu.com/
中国法学创新网　　http：//www.lawinnovation.com/
北大法律信息网　　http：//www.chinalawinfo.com/
中国法律信息网　　http：//service.law-star.com/

3. 相关事例链接

金融改革与中国经济发展[①]

我国金融部门自改革开放以来所取得的辉煌成就，世人共睹，在此无须赘述；金融的发展，有力地支持和促进了中国经济的发展，同样是不争的事实。但我们也应看到，我国金融机构的竞争能力（特别是国际竞争力）、金融市场的发达程度、金融产品的多样性和丰富性及金融监管的水平等，与发达国家相比仍存在着很大的差距。以我国外汇市场为

---

① 魏本华：《金融改革开放红利将助推中国经济发展》，http//www.chinaforex.com.cn/zhuanjia/? p=3014。

例，2012年，人民币外汇市场累计交易额为9.18万亿美元，这大致仅相当于全球外汇市场两天的交易量；再比如，我们在资本账户管理方面还存在着众多的限制措施，导致我们的银行和企业在拓展业务，特别是拓展国际业务方面受到很大的局限。

因此，我们必须继续大力推进金融领域的各项改革。金融部门改革总体设计应遵循《金融业发展和改革"十二五"规划》进行，强调金融部门改革开放宗旨是为实体经济服务。当前，涉及外汇领域改革开放谈论最多的，是资本账户开放问题，即实现人民币在资本项下的可兑换问题。我国在1996年已实现人民币在经常项目下的可兑换，并从那时开启了资本项下可兑换的进程。在过去十几年的发展中，我国的资本账户开放顺时应势，推出了一系列的政策和措施，取得了可观的成绩。按照国际货币基金组织对资本账户七大类共40个分项的划分，我国实现基本可兑换和部分可兑换的已有30项，占总项目数的3/4。当然，未能实现的项目往往是最难啃的"硬骨头"。目前，对推进资本项目可兑换的看法大致可分为两大派：一派认为，应大力推进利率、汇率方面的改革及其他领域里的配套改革，以尽早实现人民币在资本项目下的全面可兑换；另一派则认为，全面开放资本账户风险太大，故应小心、谨慎推进，不要设定时间表。其实，这两派看法各有其道理，这里不作分析和论争。我国加入世界贸易组织时也曾有过类似的争论，而历史已经证明，正是从我国成为世贸组织成员那一天起，我国经济和贸易的发展获得了巨大的收益并在继续受益。

信贷资产证券化[①]

中国金融领域改革的突破口是商业银行的信贷资产证券化改革，该改革将有利于壮大债券市场，拓宽民众投资渠道，也将给银行及整个资本市场减压，从而最终改变整个金融结构。同时也必须进行利率市场化改革、扩大存贷款利率浮动幅度。要把商业银行资产负债表外的资产都纳入到财务体系中，使影子银行从"影子"里走出来。

---

① 李稻葵：《信贷资产证券化是金融改革的突破口》，http://www.chinaforex.com.cn/zhuanjia/? p=2982。

前人民银行货币政策委员会委员李稻葵预计，人民币资本项目可兑换未来5年内可以基本确定格局，再用5年的时间去完善机制。但是为应对风险，操作方案应设置"防火门"或是"紧急阀门"，防止超大规模资金流出。同时指出，目前中国的商业银行手握大量资产，银行利润也很高，但同时商业银行却频频使用再融资手段，相关部门要想方法对中国银行业进行大刀阔斧的改革。例如，可以通过试点的方式，把商业银行一部分安全性比较高的住房贷款、房屋贷款进行资产证券化。前期可以选择那些首付比例在50%以上的个人住房按揭贷款进行证券化，通过这种方式将银行资产引入债券市场。商业银行也能通过这种方式进行再融资、补充资本金、增加流动性，同时把债券市场做强做大。而且，中国的普通老百姓手握的资金也可以更多进入债券市场，大大拓宽了老百姓的投资渠道。同时，必须同步进行利率市场化改革，扩大存贷款利率浮动幅度，但是一定要和信贷资产证券化改革紧密结合。

本章参考文献

[1] 朱大旗：《金融法》，中国人民大学出版社2007年版。
[2] 甘功仁：《金融法》，中国金融出版社2003年版。
[3] 刘隆亨：《金融法学》，当代世界出版社2000年版。
[4] 刘少军：《金融法学》，中国政法大学出版社2008年版。
[5] 汪鑫主编：《金融法学》，中国政法大学出版社2002年版。
[6] 强力主编：《金融法》，法律出版社2004年版。
[7] 陶广峰主编：《金融法》，中国人民大学出版社2012年版。
[8] 周昌发：《金融调控法律制度论》，法律出版社2013年版。
[9] 徐孟洲：《金融监管法研究》，中国法制出版社2008年版。
[10] 张忠军：《金融监管法论》，法律出版社2011年版。

第二章 金融体制与金融立法

本章内容提要：金融体制内含金融机构组织体系、金融市场体系、金融监督管理体系等基本制度。金融体制的深度领悟有利于更好地把握金融架构，领略金融内核。金融立法在每个历史阶段的表现不尽相同，掌握金融立法的历史表现形式、经验和教训，可以有效地推进我国金融立法的顺利进行，加快实现法治梦、强国梦的进程。就金融体制与金融立法的关系而言，可以说，金融法制建设推动了金融体制的改革和发展、金融体制的改革和发展也必须重视金融立法。本章基于这个基本认识，分析了我国金融体制的主要内容，介绍了主要金融立法及其历史流变，重点介绍了我国主要的金融立法内容。通过本章学习，学生可以从历史的角度认识我国金融体制改革的意义，掌握我国主要的金融立法的概况。

关键词：金融体制　金融立法　金融管理　金融主体　中国人民银行法　商业银行法　信托法　银行业监督管理法　保险法　票据法　证券投资基金法

第一节　金融体制与金融立法

一　金融体制

金融体制是指一国确立金融监督管理机构和金融业务机构的法律地位、职责权限、业务范围，协商其相互关系而形成的基本制度，具体包括金融机构组织体系、金融市场体系、金融监督管理体系和金融制度体系。国内外许多研究均认为，目前世界上存在着两种代表性的金融体系：一是以英美为代表的市场主导型金融体系；二是以德日为代表的银行主导型金融体系。

西方国家的金融体制是在商品货币经济长期发展过程中逐渐形成的。目前，西方发达国家和地区已经形成了以国家金融监管部门为监督中心，以商业银行和证券机构为主体，信托、保险等其他金融机构相互共存的，以货币、证券和保险等市场为纽带的金融体制。由于各国政治、经济以及金融发展情况的差异，社会历史背景和文化条件的不同，各国的金融体制也不尽一致。西方国家主要的金融体制及其特征如下。

(一) 美国的金融体制及其特征

美国的金融体制由联邦储备体系（中央银行体系）、联邦证券交易委员会、商业银行、投资银行、养老基金、政府专业信贷机构等金融机构组成，与双重分权制的联邦政体相联系。其特点有以下几个方面。

1. 双轨注册制

双轨注册制是指在美国，金融机构既可以在联邦金融管理机构注册登记，也可以在各州的金融管理机构注册登记，形成所谓的双轨银行制。美国联邦政府货币监理局从1863年起作为国民银行的注册管理和监管部门，各州政府亦有权依州银行法接受金融机构的注册登记，并对登记的金融机构实施监管。就商业银行而言，既可以在联邦政府货币监理局注册领取执照，接受其管理成为国民银行，又可以在各州的金融管理机构注册领取执照，成立州银行。

2. 多头管理制

美国对金融机构的监督和管理是通过多家机构进行的。仅联邦一级的金融监管机构就有八个，各州也有相应的金融监管机构。其中对银行的监管在联邦一级有三个机构，分别是：财政部货币监理局，主管国民银行的注册登记事宜；联邦储备体系，对会员银行及银行控股公司进行监管；联邦存款保险公司，对参加存款保险的所有银行实施监管。此外，州银行还要受到各州银行监理官的管理。然而，这种模式下的多元化管理体制，衍生出了诸多弊病，如职能分工模糊，各机构管理松紧不一等，亟待解决。

3. 单一银行制

1863年颁布的《国民银行法》及其后的几部银行法均作出规定，国民银行不得跨州开设分支行，各州银行主管当局也禁止或限制银行设立分支机构,据此单一银行制度便已形成。因此,美国银行有着数量众多、规模普遍较小的特点。然而,随着控股公司的产生及不断发展,自20世纪80年代后美国立法便逐步放宽了对此方面的限制,对单一银行体制已有所突破。

4. 业务分离制

1933年《银行法》确立了银行业务、证券业务与保险业务的分业经营的格局,认定商业银行只能从事中短期贷款、存款和买卖政府债券等银行业务。同时,投资银行、储蓄贷款协会、信用合作社、人寿保险公司等金融机构也不能从事活期存款和工商信贷等商业银行业务。但至20世纪70年代,市场竞争促使金融机构创新金融活动,使金融业务的界限模糊化。于80年代到90年代间,美国政府鼓励并推动金融领域内跨市场的多元化经营和收购兼并活动,国会并于1999年通过了《金融现代化法案》,规定允许混业经营,故而结束了金融分业经营体制。但在长期分业经营体制中发展起来的银行控股公司、金融控股公司已然成为美国金融体制中的一种重要的金融组织形式。

(二) 英国的金融体制及其特征

英国的金融体制主要由中央银行(英格兰银行)、清算银行(商人银行)、商业银行(或称承兑所)、贴现银行和其他金融机构(包括保险公司、信托投资银行、国民储蓄银行和信托储蓄银行、房屋互助协会、伦敦票据交换所及证券交易所)等构成。英国的金融体制具有以下特性。

1. 商业银行为典型的"总分行制"

英国是西方发达国家中最早走上自由竞争和集中垄断道路的国家之一,其银行业的集中和垄断尤为显著。相对于单一银行制的总分行制,其特征是总行设在大城市,分支机构遍设国内外,少数几家清算银行主导全国的存贷款等金融业务。

2. 银行体系的"二重性"

英国的银行体系从组织形式和业务经营上有明显的"二重性"。从组织形式上来看,英国银行体系分为两种形式:一种是拥有众多分支机构的清算银行;另一种是不设分支机构的单一银行。从业务经营上来说,以银行接受存款的平均数额和货币种类进行分类,英国金融机构通常分成两类：一是零售银行，也称一级银行，直接面对社会公众；二是批发银行，又称二级银行，主要向大型公司企业和国家的公共机构办理大额外币融资业务。

3. 外国银行是英国金融体系的重要组成部分

伦敦是世界上最早和最重要的国际金融中心，同时也是重要的黄金市场、外汇市场和欧洲货币市场。英国对外国银行的设立条件和业务活动采取较为宽松的鼓励政策，因此，外国银行纷纷在伦敦设立分支银行机构、附属机构和合资银行等。由此，外国银行成为英国金融体系的重要组成部分。

(三) 德国的金融体制及其特征

德国的金融体制由德意志联邦银行（中央银行）、商业银行、储蓄机构、信用合作银行和专业银行构成。中央银行享有较高的独立性，具有独立制定与执行货币政策的职能。其特征主要有以下几个方面。

1. 商业银行实行全能银行制度

商业银行实行全能银行制度，是指所有银行可以从事全面的金融业务，包括全面的存贷款业务、全面的证券业务以及支付清算业务和其他业务。德国商业银行的全能化与其他多数西方国家业务分离制度有显著区别。

2. 商业银行与企业关系密切

德国的商业银行与企业、金融资本与产业资本紧密结合。具体表现在：第一，商业银行参与资本直接控制工商企业，银行通过购买企业股票实现资本参与，20世纪80年代末德国银行持有股份企业资本总额20%的股份，大量大型企业被银行控制。第二，银行与企业在人事上密切结合，银行和企业相互在对方的监事会及董事会等决策机构派驻重要人物代表。第三，随着银行与工商企业之间的资本结合和人事联系的深入加强，商业银行与企业组成垄断财团，这些财团资本雄厚、实力强大，成为德国的重要经济支柱。

(四) 法国的金融体制及其特征

法国的金融体制历经演变，十分庞大而复杂。其金融体制可以概括为以中央银行为核心、商业性金融机构为主体、政策性金融机构为补充的体系，具体包括法兰西银行、金融市场管理局等诸多监管机构、商业银行、会员制的互助与合作银行、专业信贷机构等。其中成立于1800年的法兰西银行是法国的中央银行，最初只是作为一家私人银行开展一般业务，后来逐步演变成中央银行，1946年国有化后转变为官方银行。而以吸收公众存款，经营包括贷款在内的银行业务的法国商业银行，其金融体系主要由在国家信贷委员会注册的存款银行、实业银行、中长期信贷银行等组成。对于专业金融机构，它主要由若干官方和半官方所有的专业性金融机构以及由政府领导、受政府控制与影响的部分互助合作性质的金融机构等组成。法国的金融体制特征有以下几个方面。

1. 政府直接干预下的银行体制。从二战后的银行国有化到1982年再度掀起的银行国有化浪潮，再到90年代后国有商业银行的私有化，法国政府对银行体制发展都进行了广泛的干预。这种政府干预在一定程度上刺激了法国经济的发展，特别是在二战后的经济恢复和重建中发挥了重要作用，但也直接导致了国家资本的过度集中垄断，影响了市场的有效竞争。事实证明，对国有商业银行的过度扶持和保护，并不利于国有商业银行经营能力和经济效益的提高，反而助长了其运行的低效率和不良经营状况。

2. 独立性不足的中央银行。虽然法兰西银行是法国的中央银行，但其独立性远不如美、英、德等发达资本主义国家的中央银行。美、德的中央银行直接对国会负责，而法兰西银行在许多方面要听命于财政部。在执行重大政策时，需经财政部批准，包括对外签订国际间金融性协定都要征得财政部同意，法兰西银行的财务计划指标、决算等都需经财政部审核。法国对金融体系的管理机构与其他国家有很大的不同，法兰西银行不是唯一的金融管理当局，法兰西银行需与国家信贷委员会、银行管理委员会、银行规章委员会、信贷机构委员会共同执行监督管理。

3. 私有化过程中的国有商业银行。20世纪90年代以后，伴随着法国经济私有化浪潮的兴起，国有商业银行私有化已成必然之势，但由于国有商业银行经营不善且资本规模庞大，实现国有商业银行私有化所面临的困难是可想而知的。

二　金融立法

金融是经济的核心，渗透于现代经济的方方面面，特别是金融市场运行和金融监管所涉及的系统性风险，对经济和社会生活具有重大的影响力，而金融市场和金融体系的健康稳健的运转离不开法律的规范和保障。在现代市场经济条件下，金融法律制度既覆盖传统的银行存贷款、结算、保险、票据、担保等业务，也涉及证券、期货、外汇、信托投资等新兴业务；既要从商事法律制度的角度对参与金融活动的平等主体之间的金融交易及其关系进行调整，也要从公法的角度对金融市场准入、金融风险防范以及处置等金融监管方面进行规范和引导。因此，金融法律制度是一个涉及多方利益和市场经济活动重要领域的相对独立的体系。

在金融法律制度中，最为重要和基础的是金融立法。金融立法是指国家为指导和管理金融行业，依照其职权范围，按照法定程序制定、颁布、修改和废止金融法律、法规的全部组织活动。既包括立法机关的金融立法活动，也包括被授权的其他国家机关的金融立法活动。

（一）金融立法的发展

金融是在商品生产和交换基础上产生和发展起来的，是商品经济高度发展的产物，是现代经济的核心。金融法同其他法律部门一样，都是基于调整一定的社会关系的需要而形成并发展起来的。现代意义上的金融法产生于金融产业形成之后，是资本主义商品经济和信用活动的高度发展、银行等金融机构大量涌现的产物。1587年，在当时地处东西方商业贸易中心的意大利城市威尼斯出现了第一家银行——威尼斯银行。其后的1694年，在伦敦组建了世界上第一家股份制银行——英格兰银行。一般认为，1844年英国国会通过的《英格兰银行条例》（又称《皮尔条例》）是世界上第一部银行法，也是第一部专门性的金融法律规范。继英国之后，法国、德国、瑞典、美国、日本等市场经济国家，先后制定了有关银行的法规，包括普通银行法和中央银行法等金融法律。

银行金融机构的出现，大大深化了金融活动。18世纪在美国出现了信托投资公司。19世纪70年代至20世纪初，基于股份公司的大量建立和国债制度的发展势头，证券交易所纷纷建立，财务公司、租赁公司、证券公司大量出现，存款、贷款、汇兑、信托、票据、证券、保险等金融业务蓬勃兴起。商业信用、银行信用、国家信用、民间信用、国际信用同时交替，极大地加快了货币流通和社会资金周转。与此同时，各种融资关系亦日益复杂化，客观上要求统一的、权威的行为规范来进行调整。因此，市场经济的发达国家先后制定并颁布了票据法、证券法、保险法、信托法等各种专门法，专门负责调整各类金融关系，以便形成一个完整、系统的法律体系。在金融立法方面，英美法系国家亦多采用成文法形式予以统一规范，彰显出各国对金融立法和金融活动的高度重视与极大关注。发展中国家和不发达国家在金融立法层面，受发达国家法律文本和金融立法模式的影响较大，进行着有益的法律移植活动。

1. 银行立法

银行法是金融法的基本法。在立法形式上，各国银行无外乎有两种方式：一种是混合式，即中央银行和普通银行统一立法，统称为银行法；另一种是分立式，即分别单独制定中央银行法和普通银行法。目前，绝大多数国家采用分立式立法。中央银行法明确规定中央银行的组织和行为，规定中央银行的性质、法律地位、组织体系、权利及义务及其与政府和经济管理部门的关系等，这有利于发挥金融调控经济、实现融通资金的宏观调控功能。普通银行是各国金融体系中的主体，肩负着社会经济发展中资金供给和调节的作用，存在意义重大。因普通银行主要是指商业银行，对此，大多数国家立法中将规范普通银行的立法称为银行法或者商业银行法。

2. 货币立法

货币法是各国最早的金融法内核之一。由于货币的发行及流通管理一般都是由中央银行统一负责，故大多数国家的货币立法内容常见于中央银行法之中。同时制定一些单行货币法规作为补充规定，而单独进行货币立法的国家较少。一般而言，各国的货币法都规定了本位货币及其单位、货币形态、货币铸造权及发行权的归属、货币发行限额、货币的发行流通范围、货币的保护等内容。

3. 证券立法

证券法是调整直接金融关系的主要法律形式，随着直接金融在整个社会资金流通中比重的提高，证券立法的重要性就越发明显。美国是世界上最早进行证券立法的国家。

4. 票据立法

票据法是调整商业信用的法律制度。票据立法最早起源于法国路易十四时期的《陆上商事条例》中关于票据的规定。法国、德国、英国的票据立法形成了近代世界三大票据法系。

5. 信托立法

法律与社会密切相关，相互影响，相互作用。随着信托业的迅速发展，西方各国纷纷从信托层面制定法律进行规范调整，其中英国和日本的立法最为系统和完备。

6. 保险立法

保险是一种用集中起来的保险费建立保险基金，用于弥补特定危险事故或人身约定事件的出现所造成损失的经济补偿制度。日本最早制定实施《保险法》，英国于1974年颁布了《保险合同法》，美国各州亦制定了保险法规，其中1939年的《纽约州保险法》最为完备。基于保险尤其是人寿保险在市场经济中发挥着重要作用，各国通过保险立法对保险业、保险合同等均有较为详尽的规定。

(二) 金融立法的发展趋势

第二次世界大战后，西方资本主义市场经济快速发展，国际贸易愈加活跃。特别是80年代以后，随着现代科学技术如电子信息、网络技术的发展以及在金融领域的广泛运用，加之各国政府对金融业的宽松管制，金融业的发展出现了一个崭新的发展局面。经济全球化、贸易自由化、金融市场一体化进程的日益加快，都促使金融立法在金融体制的改革中占据了越来越特殊的重要地位。具体来看，金融立法的发展趋势主要表现在：

1. 鼓励公平竞争

鼓励公平竞争是市场经济条件下国家对各市场主体的基本原则。随着金融自由化的深入推进，各国对金融业的管制都实行了较为宽松的政策，鼓励金融市场进行公平竞争。然而，金融市场的竞争是与一般市场自由放任的竞争不同的有限制的竞争。从世界范围看，各国对金融市场的竞争都存在着不同程度的规范度和限制，一方面对市场准入采取严格的标准和条件进行限制，实行许可制；另一方面，许多国家对金融主体业务交叉有明确界限，在实施分离制的国家，商业银行与投资银行的经营业务范围不可任意打破。

2. 加强宏观调控

加强宏观调控是各国金融立法的具体要求和调控国民经济的需要，

有利于更好地发挥金融的应有地位和作用。美国联邦储备系统是独立性很强的一种模式，它不隶属于政府体系，而是直接向国会负责，可以独立地制定和执行货币政策，无须接受政府的行政命令，不受政府的干预，这就极大地加强了中央银行对货币信用的调控能力。

3. 防范和化解风险，保障安全

安全性强调金融机构追求业务经营的长期稳定和最大限度地减小损失甚至免遭损失。经济安全是现代法律所追求的重要价值目标之一，防范和化解风险，保障安全是金融业经营的一项基本要求。因此，各国立法者在鼓励公平竞争的同时，亦注重业务经营的安全性。在立法上主要表现为：加强对金融机构的设立标准和条件的审查力度、有效执行存款准备金制度以及建立存款保险制度等。

第二节　中国金融体制

一　我国金融体制的沿革与发展

(一) 改革开放前中国高度集中的计划金融体制的建立

改革开放前，我国的经济体制效仿苏联模式，是高度集权的经济管理模式。为了适应此种模式，我国建立了排斥市场机制的、高度集中和严格管制的金融体制。这种金融体制具有鲜明的特质和相当程度的局限性，具体如下。

1. 计划金融体制的特点

我国计划金融体制的产生有其特定的历史背景，由此决定了这一体制本身的特征和局限性。其特点体现在以下几方面。

第一，所有制性质的一元化和运行方式的简单化。在"文革"时期，我国的金融机构形成了全民所有制的一元化格局。

第二，金融机构和金融业务一元化。在计划经济体制形成初期，我国还存在着从事多种业务活动的金融机构，50年代以后，中国农业银行、中国银行、中国建设银行、中国人民保险公司先后被撤销或者合并，同时中国人民银行各分支机构对国营和集体企业开展信贷业务，其他经济成分得不到银行的信贷支持。银行业务基本上由中国人民银行一家掌控，形成了一元化的金融机构和单一的金融业务。实行单一的国有银行制度，在金融运行机制上实行银行信贷和货币发行合一，没有中央银行与商业银行之分。在这种体制下，中国人民银行是政府机构，既执行中央银行的职能，发行货币、掌握货币政策等，也是国民经济中最大的垄断组织，全权办理普通银行的存款、贷款、汇兑业务，并对其他企业和组织实施行政性监管。

第三，金融工具种类单一。在改革开放前，所有金融机构资产都表现为债券类资产，即存贷款及转账结算等。金融组织机构和业务种类、金融工具的单一，也使单一金融市场失去了其存在的基础。

第四，真正意义上的金融法立法并不存在。国家调节经济生活采用的方式有：①对经济实行严格的统制，国民经济的运行均在政府的同意管理之下，资金的分配也是政府统一掌握，真正的信用并不存在，银行既没有自己独立的经济利益，也没有自己独立的经营自主权，银行不是真正意义上的金融市场主体，只是货币的发行者和政府运用资金的会计和出纳。②除了银行以外，没有其他信用主体。银行信用处于垄断的地位。

2. 计划金融体制的弊端

第一，在我国计划经济体制中，商品的价格与商品价值和货币价值的比价无必然联系，货币不能充分发挥其值尺度作用。另外，其支付手段、贮藏手段等职能亦受限于一定范围。

第二，从中国人民银行职能发挥情况上看，由于实行信贷计划管理，货币当局只能根据经济扩张的需要制订贷款计划、发放贷款，这就无形中增加了不合理的货币供给，给通货膨胀埋下隐患。另外，中国人民银行一身兼二任，其内部管理上完全采用行政手段进行，实行统一管理、垂直领导的体制。

第三，在信贷资金管理上实行统存统贷的供给制，严重忽视了经济核算与经济效益，运作效率低下，缺乏活力，既不能有效发挥货币政策对经济的宏观调控作用，又制约着金融支持经济发展职能的实现。

第四，中国人民银行货币政策的制定在宏观上受到财政计划的限制，微观上受制于企业个体的发展计划，因此，中国人民银行丧失了主动调控经济、调整经济结构的作用。

第五，从企业生产发展方面看，企业发展受制于财政拨款和银行的配套贷款，生产经营缺乏自主权。由于国家统一调配资金和物资，使企业不能根据自身实际情况制定发展规划。企业生产规模的扩大、技术革新完全依赖于国家财政拨款和银行信贷资金计划配套的资金支持，生产缺乏积极性、主动性，限制了企业快速可持续的发展。

(二) 改革开放初期的金融体制

改革开放初期的金融体制即指1978年至1993年的金融体制。随着社会主义商品经济的发展和计划经济体制改革的进行，过去那种政企不分、由中国人民银行一家包揽金融管理和经营信贷的金融体制形式，已经不能适应社会形势发展的要求。1978年以后，我国开始进入一个新的历史发展时期，改革了原有的计划经济体制，实行对外开放政策，由此我国金融体制改革也开始稳步推进。

1. 我国的金融体制改革起始于银行体制改革，中国人民银行如何发挥中央银行的作用最先提上改革日程。为了适应经济发展和经济体制改革的需要，1978年12月，十一届三中全会决定把恢复中国农业银行、大力发展农村信贷事业作为加快发展农业的一项重大决策，开创了设立国家专业银行的先例。1979年以后，基于新的各方发展需要，我国先后恢复和建立了一批专业银行、综合性银行和非银行金融机构，在金融机构的改革方面迈出较大的步伐。

2. 确立中央银行体制，建立多种金融机构，形成了以中央银行为主导、各类银行为主体、多种金融机构并存的金融体系。首先要改革中国银行、中国人民建设银行的体制，成立了国家外汇管理局，新设中国投资银行、中国工商银行、中国国际信托投资公司，重建中国人民保险公司，改革了农村信用社。由此一来，金融体系逐步实现了由单一化到多元化的调整，逐渐建立起分工协作的金融经济运行体系，形成了以中央银行为主导、各类银行为主体、多种金融机构并存和分工协作的社会主义金融体系。

3. 在金融领域，国家越发重视银行信贷，扩大了银行信贷领域，充分发挥了金融机构在国民经济发展中资金融通的主导作用。从1978年开始，我国逐渐实施流动资金"全额信贷"制度和固定资产投资除国家机关和事业单位外的"拨改贷"制度，各类金融机构除发放流动资金贷款外,开始发放中短期设备贷款、科研贷款和大型固定资产项目贷款等。同时,银行贷款的对象不断扩大,从全民所有制企业扩展到多种经济形式,从生产、流通领域扩展到教育、饮食、旅游、服务等行业,使金融机构成为国民经济发展中资金筹集和分配的主要承载者。国家对宏观经济的管理逐步从直接管理转向间接管理,开始重视价值规律对经济的调节作用,建立了以间接调控为主要特征的灵活、有序、分层次的宏观调控体系。

4. 改革单一的银行信用,发展多种信用形式和信用工具,建立以银行信用为主体,多渠道、多形式、多种信用工具筹集和融通资金的信用体系。1979年以后,我国先后发展了商业信用、国家信用、消费信用和民间信用等多种信用形式,各种商业票据、国家债券、金融债券、企业债券和股票等信用工具得到相应发展,多种信用形式和信用工具的发展,开辟了新的融资渠道和方式,有力地促进了我国经济的持续稳定发展。

(三) 社会主义市场经济体制时期我国金融体制的发展

随着经济体制改革的全面展开,金融体制也进入了全面改革与发展阶段。20世纪90年代后我国的金融体系发生了较大的变化。

1994年,国家开发银行、中国进出口银行和中国农业发展银行三家政策性银行先后挂牌成立。三家政策性银行的建立是完善我国金融组织体系,把中国人民银行办成真正的中央银行,把国家专业银行办成真正商业银行的重要环节。政策性信贷主要是按照国家产业政策为国家重点扶持的行业及企业提供资金融通,包括支持农业开发贷款、粮棉油等主要农副产品储备收购贷款、交通、能源等基础设施和基础产业的贷款。这些项目自身效益低,贷款期限长,风险较大,在利率上应给予优惠。政策性银行便是将原来国家专业银行中按国家政策给予优惠的信贷业务进行接管。因此,政策性银行的建立不仅有利于专业银行向现代商业银行的转变,同时,也有利于国家对固定资产投资规模的控制和国家产业结构的调整,有利于中央银行对货币、信贷总量的调控。同时,中国工商银行、中国农业银行、中国银行和中国建设银行四大专业银行按照商业化改革的要求,转换机制,强化内部管理和风险控制,改进金融业务,向真正的商业银行转化迈出新的步伐。1994年1月,国家外汇挂牌价和市场外汇调剂价实行并轨,实现了经常项目下人民币的有条件兑换,建立了以市场供求为导向、单一的浮动汇率制度。1995年3月,国家通过并实施了《中国人民银行法》,确立了中国人民银行作为中央银行的地位,保证了国家货币政策的制定和执行,加强了对金融业的监管,维护了金融的稳定,形成了中国金融体制的基本法律架构。1996年12月,人民币实现了经常项目下的完全兑换。

1997年11月,我国召开第一次金融工作会议,提出争取用3年时间建立与社会主义市场经济发展相适应的金融市场体系、金融调控监管体系和金融机构体系,提高金融业经营和管理水平,基本实现全国金融秩序的明显改善,为进一步全面推进改革开放和现代化建设创造良好的条件。1998年开始启动新一轮金融体制改革,建立银行、保险、证券业的分业经营、分业监管体制,强化金融监管;重新界定、规范信托投资公司的业务范围;在国有独资商业银行成立监事会;组建了4家金融资产管理公司,专门处置由四大国有商业银行剥离的部分不良贷款;允许外资银行在境内中心城市设立分支机构,资本市场日益健全和完善,股权分置改革基本完成。2002年2月,召开了第二次金融工作会议,进一步深化和完善金融体制。2006年股权分置改革完成,成功开启中国资本市场发展的新阶段。总之,以国有商业银行上市、资本市场股权分置改革、人民币汇率形成机制改革、短期融资融券的发行为标志,中国金融体制改革逐步走向规范化、市场化和国际化。

二 新中国金融体制发展的基本经验

我国金融管理体制的建立和发展,历经几大变革,亦积累了一些基本经验。

(一)重视金融在现代经济社会发展中的核心作用,明确中央银行的地位及独立性问题

历史已证明,唯有正确地认识金融在社会主义经济中的地位和作用,才能使金融健康顺利地发展。改革开放以来,我国金融业取得了长足发展,掌握着巨大的经济资源,在促进经济有序发展、调整经济结构、维护社会稳定等方面,发挥着越来越显著的作用。其次,金融的重要性还源于金融风险的巨大破坏性。金融是一柄双刃剑,"信息经济"、

"网络经济"的到来，使货币成为一种数字符号，金融业已然成为高风险行业，金融体制稍有漏洞，金融监管稍有不慎，都会对国民经济的有序和稳定产生深远影响。金融的重要性，要求我们必须建立健全稳定的金融体制，尤其要保证中央银行的权威性地位。中国人民银行作为我国的中央银行，在国家金融体系中处于主导性地位，在国家经济生活中亦需具有独立地位。这样才能更好地制定和执行货币政策。

（二）充分发挥市场机制在金融管理中的基础性作用，完善以金融监管为重点的金融管理体制

充分发挥市场机制在金融领域里的基础性作用，是金融健康运行的前提。金融是商品货币经济发展的产物，具有天然的市场性特质。实践证明，只有承认金融的市场性本质，尊重货币信用的客观规律，充分发挥货币信用的市场机制作用，金融才能真正在国民经济中发挥巨大作用。因此，金融改革仍需要从观念上进行改变，解放思想，革新计划经济体制遗留下来的金融制度、办法，确保市场机制在金融运行中的基础性作用。同时，还需要强化宏观调控和金融监管。中央银行对金融机构的有效监管是金融体制的一个重要方面，是金融管理的主要内容。目前，我国金融监管体制的改革和建设已取得了突破性进展，银行、证券、保险分业监管的格局已基本形成，跨行政区域垂直管理的金融体制已顺利运行。但是，新体制在运行中难免会遇到一些新问题、新矛盾，比如银行业务的综合化、网络化对分业监管就提出了新的挑战。针对金融领域违法违规活动的新特点，金融管理当局要不断增强监管能力，提高监管水平和效率，有效地防范金融风险，保证金融业的健康稳定发展。

（三）树立科学的金融发展观，正确处理金融改革、发展和稳定的关系

首先，只有保证金融的稳定方可进行金融改革和金融发展。中国金融改革坚持了渐进性和可控性原则，结合国内、国际的整体形势和国内各方面的承受能力，稳步地推进金融机构改革、汇率制度改革和资本市场改革，把金融稳定和金融安全放在第一位。在金融改革开放的过程中，我国采取了逐步放开金融市场、放宽外资准入条件和对资本账户的管制，逐步实现人民币在经常项目下可兑换等一系列渐进式改革方案和

政策，成功地抵御了金融危机的冲击，维护了人民币币值稳定和国内金融系统的稳定，充分证明了我国渐进式金融改革的成功。其次，以金融体制改革和发展来促进金融稳定。例如通过整顿、重组信托投资公司，关闭农村合作基金会，利用改革手段规范股市运行活动，维持了股市稳定发展。可以看出，金融体制改革和发展的最终目的在于金融的良性有序发展。

第三节 中国金融立法

建设社会主义市场经济，其根本目的就是要建立法治化的市场经济。与此相应，金融立法对于促进中国金融业持续稳定、健康发展，带动中国经济发展具有十分重要的意义。当前中国的金融立法与金融改革同步推进，进入全新阶段。加强金融立法是金融法治的基本前提，同时也是防范金融风险、促进金融发展的重要保障。金融立法的好坏直接关系到金融改革的力度和效果。

一 计划经济体制下的金融立法

新中国成立后的 30 年，由于实行高度集中的计划经济体制，我国金融事业发展缓慢，以行政手段管理和规范金融活动，国家计划在相当程度上等同于法律，再加上该时期金融信用领域狭小，资金运行效益低下，信用形式单一，金融机构结构单调，银行经营管理手段的行政化，金融对整个国民经济的调控作用十分微弱。因此，此阶段的金融立法几乎是空白，没有得到应有的重视。其中主要的金融法规有：1951 年颁布的《中华人民共和国关于禁止国家货币出入境的办法》、《妨害国家货币治罪暂行条例》，1963 年国务院发布的《关于严格禁止预收、预付货款的通知》，1977 年国务院发布的《关于整顿和加强银行工作的几项规定》和《关于实行现金管理的规定》等。

二 改革开放初期的金融立法

1978 年以后，原有的计划经济体制已不适应时代发展的需要，进而实行了金融改革和改革开放战略，金融立法迎来了一个历史发展时期。这个时期我国的金融立法可以分为两个阶段。

第一阶段：从1978年底中共十一届三中全会的召开至1983年年底，为金融立法的初创时期。基于适应工作重心的转移和对外开放的需要，我国开始重视金融立法工作。此阶段的金融立法成果主要有：《中华人民共和国金银管理条例》（1983年6月15日国务院发布）、《国务院关于整顿国内信托业务和加强更新改造资金管理的通知》（1982年4月10日）、《中华人民共和国财产保险合同条例》（1983年9月1日国务院发布）等。

第二阶段：从1984年中国人民银行履行中央银行职能始至1992年，这个阶段是我国金融立法的全面发展时期。在建立有计划的商品经济体制思想的指导下，我国金融体制改革全面展开。为了适应金融体制改革，国务院以及中国人民银行等政府金融管理部门制定和颁布实施了大量的金融法规，比如1986年1月发布的《银行管理暂行条例》。

三 社会主义市场经济条件下的金融立法

基于1992年邓小平同志南方谈话、党的十四大确立的建设社会主义市场经济体制的目标，我国金融体制的总目标得以最终确立，金融改革得以进一步深化，金融立法步入崭新的历史时期。

1995年《中国人民银行法》、《商业银行法》、《票据法》和《保险法》四部金融法律的相继出台，标志着中国金融法律框架的初步形成。《中国人民银行法》第一次以法律的形式确认了中国人民银行是中华人民共和国中央银行的法律地位，赋予中国人民银行在国务院领导下，制定和实施货币政策，对金融业实施监督管理的重要职能。《中国人民银行法》的颁布实施为金融法律体系框架的建立奠定了重要的基石，成为中国金融法律体系框架的核心，是中国金融法制建设的一个重要里程碑；《商业银行法》和《保险法》分别对中国金融领域内占主导地位的两大类金融机构的设立、变更、终止和业务经营活动原则作出了明确规定，1995年颁布实施的《保险法》作为保险业的基本法律，填补了中国保险立法中的众多空白；《票据法》对金融活动中的票据类型和票据行为进行了规定。这三部金融法律的颁布和实施为金融机构的规范经营活动和维护金融秩序的稳定，提供了强有力的法律保障。从此，我国金融基本法律规范欠缺的局面得以改变，我国金融法体系基本形成。

同时，1995年6月通过的《关于惩治破坏金融秩序犯罪的决定》、1997年3月新修订的《刑法》对金融犯罪的定罪量刑作了明确规定。在金融证券领域，自中国证券市场建立以来，证券市场法制建设力量得到加强。1998年12月制定并颁布了《证券法》，2006年1月新修订的《证券法》及《公司法》开始实行。目前，中国已初步建立起以《公司法》、《证券法》、《证券投资基金法》为主导，包括行政法规、部门规章和规范性文件在内的证券市场法律法规体系。在金融保险方面，2002年对《保险法》作了修改。目前我国已初步建立起以《保险法》为核心，包括《海商法》、行政法规、部门规章和规范性文件在内的保险法律法规体系。

截至2003年年底，全国人大先后颁布实施的主体金融法律有《中国人民银行法》、《商业银行法》、《票据法》、《保险法》、《担保法》、《证券法》、《证券投资基金法》、《银行业监督管理法》、《反洗钱法》、《信托法》等多部法律。特别值得一提的是在1995年，全国人大及其常委会先后颁布了《中国人民银行法》、《商业银行法》、《担保法》、《票据法》、《保险法》以及《全国人大常委会关于惩治破坏金融秩序犯罪的决定》五部金融方面的法律，因而1995年被称为"金融立法年"。

另外还有由最高人民法院出台的各类金融类司法解释、最高人民检察院出台的涉及金融方面的司法解释等。

这些法律、法规在宪法、金融法的基本原则指导下，形成了以《中国人民银行法》为核心，金融基本法律、行政法规和金融规章为主体，金融方面的司法解释为补充的金融法律体系框架，是相互联结、和谐统一、层次分明的、既适应中国国情又逐步与国际惯例接轨的金融法律制度统一整体，调整着金融关系的不同侧面，为保障金融业合法稳健运行，支持国民经济发展，实现国家宏观调控目标，发挥了重要而积极的作用。我国金融立法与金融改革同步推进、同步发展，金融改革和发展已取得了显著的成就，金融立法工作亦进入了全新阶段。总之，金融立法工作在保护金融改革、建立完善金融组织体系和规范金融业务等方面起到了不可替代的作用，我国金融法制建设已走上了规范化的发展道路。

四 主要金融立法简介

1. 《中华人民共和国中国人民银行法》

该法于 1995 年 3 月 18 日由全国人民代表大会通过并公布实施，修订后并于 2003 年 12 月 27 日经第十届全国人民代表大会常务委员会第六次会议通过，是一部重要的金融法律。它明确规定了中国人民银行的性质、地位、职能、组织机构、业务、权利、义务等重要内容，确立了"中国人民银行是中华人民共和国的中央银行"的法律地位；赋予了"中国人民银行在国务院领导下，制定和实施货币政策，对金融业实施监督管理"的重要职责；明确了"保持货币币值稳定，并以此促进经济增长"的货币政策目标；强化了"中国人民银行在国务院领导下依法独立执行货币政策，不受地方政府、各级政府部门、社会团体和个人干涉"的权利。《中华人民共和国中国人民银行法》的颁布与实施，为金融法律体系框架的建立奠定了重要的基石，对促进中国金融业的改革和发展发挥了重要作用，成为我国金融法律体系框架的核心。《中国人民银行法》的颁布与实施对于保障中国人民银行依法制定和实施货币政策，加强金融监管，维护金融秩序，保障国民经济健康发展都具有重要意义。

2. 《中华人民共和国商业银行法》

该法于 1995 年 5 月 10 日经第八届全国人民代表大会常务委员会第十三次会议通过，并于 2003 年 12 月 27 日第十届全国人民代表大会常务委员会第六次会议通过修订。《商业银行法》是根据建立社会主义市场经济体制的要求，结合当时我国金融体制改革的现状及其发展方向，借鉴国际上的通行做法所制定的一部符合我国国情的金融法。首先按照市场原则，把商业银行办成真正的商业银行作为立法起点，确立了商业银行实行"自主经营、自担风险、自负盈亏、自我约束"的经营原则和以其全部法人财产独立承担民事责任的法人地位，并规定"商业银行依法开展业务，不受任何单位和个人干涉"，"商业银行有权拒绝任何单位和个人强令要求其发放贷款或者提供担保"。同时《商业银行法》还确立了分业管理、分业经营的原则。第一次明确了法人财产制度原则，要求按照公司制规范我国的商业银行，为我国的商业银行建成真正的现代金融企业提供了法律依据。

3. 《中华人民共和国保险法》

该法于 1995 年 6 月 30 日第八届全国人民代表大会常务委员会第十四次会议通过，2002 年 10 月 28 日第九届全国人民代表大会常务委员会第三十次会议《关于修改〈中华人民共和国保险法〉的决定》修正，2009 年 2 月 28 日第十一届全国人民代表大会常务委员会第七次会议修订。目前适用的就是 2009 年修订的法律。《保险法》规定了我国开办保险业务、设立保险机构的条件及其业务范围、职责、权利、义务，明确了保险人与被保险人之间的权利和义务的对等关系和原则，对保险业的资金运用范围、方式等内容，对保险合同、保险业监督管理等作了具体规定。《保险法》是规范保险活动，保护保险活动当事人的合法权益，加强对保险业的监督管理，维护社会经济秩序和社会公共利益，促进保险事业健康发展的重要法律。

4. 《中华人民共和国证券法》

1998 年 12 月 29 日，第九届全国人民代表大会常务委员会第六次会议通过并于 2005 年 10 月 27 日第十届全国人民代表大会常务委员会第十八次会议修订的我国第一部规范证券发行与交易的基本法《证券法》出台，其宗旨是规范证券发行与交易行为，保护投资者和债权人的合法权益，维护社会经济秩序和社会公共利益，促进社会主义经济的发展。对我国证券市场的依法运行和健康发展起了重大作用。

5. 《中华人民共和国票据法》

1995 年 5 月 10 日第八届全国人民代表大会常务委员会第十三次会议通过，并于 2004 年 8 月 28 日第十届全国人民代表大会常务委员会第十一次会议《关于修改〈中华人民共和国票据法〉的决定》修订。《票据法》的出台旨在为了规范票据行为，保障票据活动中当事人的合法权益，维护社会经济秩序，促进社会主义市场经济的发展。并对票据类型和票据行为以及票据当事人的权利义务等内容进行了具体规范。

6. 《中华人民共和国银行业监督管理法》

该法是 2003 年 12 月 27 日第十届全国人民代表大会常务委员会第六次会议通过，2006 年 10 月 31 日第十届全国人民代表大会常务委员会第二十四次会议《关于修改〈中华人民共和国银行业监督管理法〉

的决定》进行修订,2007年1月1日正式实施的。《银行业监督管理法》是我国颁布的第一部关于银行业监督管理的专门法律。它的颁布适应了我国银行监管体制改革的需要,是我国金融法制建设进一步发展与深化的体现,对于加强银行业的监督管理、规范监督管理行为、防范和化解银行业风险、保护存款人和其他客户的合法权益、促进银行业健康发展,具有深远的历史意义。它从法律上明确了银监会负责对全国银行业金融机构及其业务活动进行监督管理的职责,规定了银监会监管的目标、原则和职责,强化了监管措施,切实解决了当前中国银行业存在的问题特别是监管手段薄弱的问题,为银监会依法履行监管职责、依法加强对银行业的监督管理以及依法行政提供了法律保证。它的主要目的是通过金融监管的专业化分工,进一步加强银行业的监管、降低银行风险,维护国家金融稳定和保护广大人民群众的财产安全,特别是保护存款人的利益。

7.《中华人民共和国信托法》

2001年4月28日,《信托法》正式颁布。《信托法》出台以前,专门规范信托公司的法律规范是中国人民银行于1986年4月26日制定并通过的《金融信托投资机构管理暂行条例》。但是该条例内容不过33条,并且专门处理对信托投资机构的监管问题,其中根本没有涉及信托作为法律概念在中国整个法律制度中的地位和作用,不能满足中国信托产业的飞速发展。《信托法》的出台使信托制度以法律的形式被确定下来。从制度的角度看,信托的最大功能是为社会提供了一项优良的外部财产管理制度。在许多国家,信托在社会生活的各个方面都得到了充分的应用,财产管理、家产传继、投资融资、商事活动、公益事业、社会保障甚至政治生活,都可以利用信托的组织形式。《信托法》是根据建立社会主义市场经济体制的要求,结合我国信托业的现状,借鉴国际上通行的做法,用法律的手段规范信托行为,保护信托当事人的合法权益,强化对信托业的监督管理,促进信托业健康、规范发展。《信托法》是调整信托当事人之间权利义务关系的一部重要法律。《信托法》的出台有利于形成我国规范的信托市场,为信托业的发展创造良好的外部环境。

8.《中华人民共和国证券投资基金法》

该法于2003年10月28日由第十届全国人民代表大会常务委员会

第五次会议通过，2012年12月28日由中华人民共和国第十一届全国人民代表大会常务委员会第三十次会议修订通过，并于2013年6月1日起正式施行。

《证券投资基金法》是继《证券法》出台之后规范我国证券市场的又一部重要法律，具有十分重大的现实意义和深远影响。该法的出台促进了证券投资基金业的健康发展，证券投资基金已经成为我国资本市场最重要的机构投资者之一。

同发达国家的市场相比，我国证券市场起步虽晚，规模尚小，但发展很快。全面建设小康社会和完善社会主义市场经济体制，需要全面发挥证券市场功能，进一步扩大直接融资规模，带动社会和民间投资，有效扩大内需，促进经济持续较快增长目标的实现。发展证券市场需要大力培育以证券投资基金为主体的机构投资者队伍，充分发挥机构投资者的重要作用。《证券投资基金法》的颁布以法律形式确认了基金业在证券市场中的地位和作用，有利于机构投资者的壮大和发展，对我国基金业乃至证券市场的进一步发展必将起到重大的推动作用，有助于推进基金公司的诚信建设步伐，切实维护持有人的利益，进一步坚定了中外股东长期投资中国基金市场的信心和决心。

《证券投资基金法》作为基金业的根本大法，对基金涉及的法律主体、基金运作的法律关系和基金活动的基本要求均作了明确规定，确立了基金规范运作的法律框架，界定了基金当事人之间的法律关系，为基金业的发展创造了良好的法律环境。《证券投资基金法》的出台，必将进一步规范基金的运作，增强基金对投资者的吸引力，促进基金业的快速健康发展，使以证券投资基金为代表的机构投资者在证券市场中的比例得以大幅提高、作用得以充分发挥，进而促进证券市场的长期持续发展。

9.《中华人民共和国担保法》

《担保法》由中华人民共和国第八届全国人民代表大会常务委员会第十四次会议于1995年6月30日通过，自1995年10月1日起施行。

金融的繁荣依赖于信用保障，担保制度的优劣直接影响到企业融资能力，影响到一个国家和地区引进外资水平。而《担保法》的立法宗旨就在于弘扬对债权的保护。《担保法》是市场经济的法律，其立法宗旨是保障债权的实现，法律制度的设置以债权人的合法权益为出发点，立法的最终目的是通过法律手段提升社会信用道德水平。

上述金融法律、行政法规和规章制度，基本上涵盖了我国金融业务的方方面面，使得我国金融法律规范基本上自成体系。既体现了建立和适应社会主义市场经济发展的金融体制的要求，又解决了当前金融业健康发展的突出矛盾和问题，使金融体制改革在各个主要方面，基本做到了有法可依，标志着中国金融事业已经步入法制化、规范化的轨道。

本章复习思考题

1. 金融体制的内涵是什么？西方发达国家的金融体制有哪些？
2. 当今金融立法的一般发展趋势如何？
3. 我国现行金融立法状况如何？有何不足之处？

专著推荐

1. 熊进光：《现代金融服务法制研究》，法律出版社2012年版。
2. 魏燕慎编：《国际金融体制与监管变革》，社会科学文献出版社2011年版。
3. 应宜逊：《金融体制改革：走向市场金融》，中国金融出版社2009年版。
4. 江薇薇：《中国金融体制演进与法治化研究》，中国社会科学出版社2012年版。

相关链接

1. 法律法规链接

《国务院关于推进国有商业银行股份制改革深化金融体制改革工作的报告》、《国务院关于农村金融体制改革的决定》、《国务院关于金融体制改革的决定》、《国家税务总局、财政部、国务院农村金融体制改革部际协调小组办公室关于做好农村信用社清产核资资金核实工作的通知》、《国务院农村金融体制改革部际协调小组关于做好当前农村信用社改革和管理工作的通知》、《国务院农村金融体制改革部际协调小组关于印发中国农业发展银行增设分支机构实施方案的通知》。

2. 网络信息链接

金融法律网　http：//www.cnfl.org/

北大法律信息网　http：//www.chinalawinfo.com/

3. 相关事例链接

吴英集资诈骗案①

吴英是原浙江本色控股集团有限公司法人代表，因涉嫌非法吸收公众存款罪，2007年3月16日被逮捕，2009年12月18日，金华市中级人民法院依法作出一审判决，以集资诈骗罪判处被告人吴英死刑，剥夺政治权利终身，并处没收其个人全部财产。2010年1月，吴英不服一审判决，提起上诉。2011年4月7日浙江省高级人民法院开始二审吴英案，吴英所借资金究竟是用于正常经营活动，还是个人挥霍挪作他用，成为判决的关键。2012年1月18日下午，浙江省高级人民法院对被告人吴英集资诈骗一案进行二审判决，裁定驳回吴英的上诉，维持对被告人吴英的死刑判决。由此，吴英案引发了一场罕见的大讨论，舆论集中在当前中国正试图突破但困难重重的金融体制改革上。

法学家、经济学家和一些企业家认为，计划经济时代不会有"吴英案"，完善的市场经济时代也不会有"吴英案"，"吴英案"是当前改革过渡期的产物，需要在改革中给予足够的重视并加以解决。一些知名学者和律师为吴英求情，认为吴英的犯罪行为背后有着深刻的制度原因，而且很多网友认为吴英罪不至死。吴英并非因集资诈骗而获死刑的第一人。2008年，浙江已有5人因此罪名被判处死刑，但大都没有引起太多社会关注。

然而，民间的热议并不止于死刑改革。人们对一个集资罪犯的同情，很大一部分是出自对现有金融制度的不满。改革开放已经30多年，但金融市场还没完全开放，企业尤其是民营企业融资从正规渠道没法满足，肯定要寻找其他渠道。民间借贷在中国特别是经济发达的长三角一带异常活跃。由于缺少统一的监管机构，对民间金融无法进行科学统计。"在现有的资金供给制度下，民间融资必然存在。因为银行的资金

---

① 《吴英集资诈骗案》，http：//www.ycxy.com/cn/lw/2012/32282.html。

供给里面,它的对象就锁定了,会有一大批人拿不到银行资金。但拿不到资金不等于不发展、不做生意、不投资",浙江省金融法学会副会长、浙江省律师协会刑事辩护委员会主任姜丛华说。金融垄断的结果,一方面是企业从正规渠道不能以市场价格借到钱,另一方面是地下金融市场极度活跃但也极度危险。

专家们认为,企业对资本的渴求和现有资金供给体制的矛盾已经成为当前经济领域的主要矛盾之一,把吴英判死刑,似乎难以帮助解决这个矛盾。对"吴英案"议论的理性民意集中体现在对现行法律制度、金融制度改革和社会公平的期盼。

曾成杰"集资诈骗案"

同样的,曾成杰案亦引发了社会各方面的诸多热议。茅于轼写道,"曾成杰案案情复杂,既有中国民间金融幽微侧影,也折射地方政府的多面角色。个中曲折,仍待有心人挖掘"。曾成杰案的主要疑问源于始终未出现的资产评估。法律明确规定各项笔录、司法报告、法医检验等等审计结论应当送被告人,但是曾成杰从一审到二审直至最高人民法院复核,始终都没有见过针对三馆公司的资产评估。

在王少光看来,"抛开程序上的诸多违法问题,单是一个资产评估报告,就始终未出现在庭审过程中,而这个报告又是对案情至关重要的"。李庄亦认为,如果这个程序上的评估报告都没有,又怎么能认定曾成杰集资诈骗多少钱?这直接关系到他有没有罪、罪的大小。事实上,一年之前,包括高铭暄、赵秉志、陈兴良等9名刑法学者就曾针对曾成杰案作出一份专家论证法律意见书,其中强调了对于非法集资案件,特别是涉及资产数额等事实的认定,必须进行专业的审计和资产评估。

在多次向法院申请调取资产评估未果后,王少光通过其他方式获得了这份报告。看到报告后的第一感觉是"资产被明显低估了",但是,王少光认为,即使是这份不到三馆公司资产实际价值1/3的资产评估报告,如果按照当时只还本金不计利息的处理政策,尚有2.8877亿元的盈余。

同样备受争议的是嫌疑人还没有被定罪,他的财产就已经被处置了。清华大学法学院副教授易延友认为，这既违反《宪法》也违反《刑事诉讼法》的相关规定，犯罪嫌疑人、被告人的财产尽管可以被扣押、查封，但不能够随意作出举措，一直要到第二审结束。而曾成杰案早在侦查阶段，政府就已将其资产卖掉，外界根本不清楚他到底有多少资产，究竟有没有资不抵债的问题，这也是导致公众和媒体对这个案件产生质疑的一个根源。①

本章参考文献

[1] 朱大旗：《金融法》，中国人民大学出版社2007年版。

[2] 刘隆亨：《金融法学》，当代世界出版社2000年版。

[3] 刘少军：《金融法学》，中国政法大学出版社2008年版。

[4] 熊进光：《现代金融服务法制研究》，法律出版社2012年版。

[5] 赵红梅、刘旭东主编：《金融法概论》，化学工业出版社2008年版。

[6] 朱明主编：《金融法概论》，中国金融出版社2006年版。

[7] 潘静成、刘文华主编：《经济法》，中国人民大学出版社1999年版。

[8] 李昌麒：《经济法学》，中国政法大学出版社2007年版。

---

① 参见《曾成杰始末》，http://news.hexun.com/2013-07-25/156476051.html。

第二编 金融组织法

第三章 中央银行法律制度

本章内容提要：中央银行是一国最高的货币金融管理机构，在各国金融体系中居于主导地位。因此确定中央银行的法律地位及其职责尤为重要。而各国都重视对中央银行的立法，也都制定颁布有中央银行法。中央银行法是确立中央银行的地位与职责，调整中央银行在组织管理和业务经营活动中形成的内外关系的法律规范总称。本章系统介绍了中央银行和中央银行法律制度的基本知识，阐明了中央银行在金融领域的地位和作用，分析了中央银行的产生、发展、地位、性质和职能，特别是阐述了中国人民银行作为我国中央银行所具有的法律地位、中国人民银行的组织机构、分支机构及其业务以及中国人民银行如何运用货币政策工具来对金融和经济进行宏观调控等内容。对本章内容的学习，有助于学生对中央银行法律制度的全面了解，特别是有助于理解中央银行对经济社会的调控作用。

关键词：中央银行　货币政策　发行　法定货币　宏观调控　防范风险　化解风险　金融稳定　金融监管　存款准备金　公开市场业务　同业拆借　反洗钱　货币政策委员会

第一节　中央银行概述

一　中央银行的产生和发展

（一）中央银行的萌芽

中央银行的萌芽可以追溯到17世纪末期的西欧资本主义国家。当时的西欧资本主义国家如英国、瑞典、德国、法国、荷兰等国家商品经济快速发展,商品经济的活跃带动了货币信用业务的发展,各国普遍设立了商业银行,早期的中央银行便是由商业银行演变发展起来的。1694年,被称为中央银行鼻祖的英格兰银行(Bank of England)成立,该银行最早是由私人出资以股份公司的形式组建的。但是当时英格兰银行只是一家普通的股份制商业银行,直至1833年国会立法规定英格兰银行发行的钞票为无限法定货币,英国1844年银行法出台促使银行券的发行日益集中于英格兰银行,才使英格兰银行正式开始向中央银行演变。[①] 由商业银行通过取得货币发行、清算、金融管理等权力逐渐转化发展成中央银行的方式是中央银行早期产生的一种主要途径,也有一些国家是直接创建中央银行,使它一开始就具备金融调控的职能,如美国的联邦储备银行。

(二) 中央银行的演变和发展

19世纪中期到20世纪初期,各国中央银行逐渐与商业银行划清界限并逐步垄断了货币发行权,中央银行的职能范围逐渐扩大,与政府的关系也日渐紧密,其独特的地位和作用也日益凸显。1920年在布鲁塞尔召开的国际金融会议在中央银行的发展史上具有里程碑的意义,此次会议强调了建立中央银行制度以应对经济危机和金融风险的必要性,并建议未建立中央银行的国家尽快设立中央银行。这次金融会议的召开标志着中央银行制度在世界范围内普遍推广和建立起来。

二战后,西方各国普遍加强了对中央银行的控制,中央银行的宏观调控和金融监管功能得到进一步的规范和加强,金融监督管理制度、存款准备金制度、再贴现制度、公开市场操作制度等一整套规范化的制度得以建立。与此同时,国际货币基金组织和世界银行的成立也为各国中央银行的发展与交流提供了规范化的平台。发展中国家也纷纷建立或改革了自己的中央银行制度,大部分以国家资本为主要形式,并把"贯彻执行货币政策,维持货币稳定"当作中央银行的主要职责。[②]

二 中央银行的地位

中央银行是在一国金融体系内居于主导地位,负责制定和执行国家

[①] 常健主编:《金融法教程》,对外经济贸易大学出版社2007年版,第36页。
[②] 李玫主编:《金融法概论》,高等教育出版社2008年版,第14页。

货币政策，维护国家金融稳定，提供公共金融服务，根据相关法律法规实施金融监管的金融机构。其主要功能是制定和执行国家货币政策，管理商业银行和金融市场。在世界范围内，虽然各国社会历史、经济政治制度及金融环境各不相同，但中央银行都是各国最高的货币金融管理机构，并在各国金融体系中居于主导地位。它是统领全国货币金融的最高权力机构，也是全国信用制度的枢纽。[1]

探讨中央银行的地位亦可从三个方面来分析：首先，中央银行掌控和垄断了货币发行权，是"发行的银行"；其次，中央银行针对普通金融机构开展业务，与普通金融机构（商业银行）的关系是主导与被主导、监管与被监管的关系，中央银行在此种意义上是"银行的银行"；最后，中央银行是"国家的银行"。

（一）发行的银行

中央银行是国家货币的发行机构。拥有货币发行权是中央银行区别于商业银行的最根本标志。这也是中央银行产生初期就具备的特性。货币发行权由国家以法律形式授予中央银行，中央银行可对货币供应量进行调节，保证货币流通的正常运行，进而对国民经济发挥宏观调控作用。

（二）银行的银行

中央银行被称为"银行的银行"，主要是因为中央银行的业务对象是商业银行和其他金融机构。商业银行针对个人、公司、企业等办理存贷业务，而中央银行则针对商业银行或其他金融机构来开展存贷等金融业务。中央银行是商业银行资金的最后来源。此外，中央银行可对商业银行和其他金融机构进行监督和管理。

（三）国家的银行

中央银行代表国家制定并执行有关金融法规，代表国家监督管理和干预各项有关经济和金融活动。此外，中央银行还为国家提供多种金融服务，例如代理国库、代理政府债券发行、为政府融资、保管外汇和黄金储备等。所以，中央银行也是"国家的银行"。

---

[1] 郝军主编：《货币金融学》，北京理工大学出版社2012年版，第202页。

三 中央银行的职能

(一) 宏观调控的职能

在中央银行的多种职能中,宏观调控是首要的、基本的职能。中央银行就是为了执行宏观调控的职能而产生的。在中央银行未产生以前,商业银行为了融资和追求盈利,大量发行银行券,这种银行券的发行虽然为商业银行的发展起到了积极的作用,但其弊端也日益凸显。一方面,如果在流通中产生银行券兑现危机而引起纸币过剩的现象,则会引起社会的信用危机,从而损害经济的健康发展。另一方面,一些银行由于规模和实力的限制,其发行的银行券只能在国内有限的地区流通,这给社会化大生产的发展带来了阻碍。为了克服这些弊端,顺应经济的发展,西方资本主义国家率先将银行券和货币发行权集中统一赋予某一实力强大、信誉良好的银行,来调控银行券的发行和货币发行量,避免信用和通货膨胀。而这些银行则通过操作这些政府所主导的业务而逐步演化为中央银行。中央银行最初的宏观调控职能就是通过这种货币发行量的控制来实现的。

随着整个社会经济的货币化程度愈来愈高,货币与经济的关系日益密切,各国的商业银行也不断拓展各类信用形式,开拓新的金融业务领域。在这样的情况下,中央银行的宏观调控任务也从货币发行控制扩展到了对商业银行的信用能力进行控制。存款准备金制度就是对商业银行的信用能力进行控制的一个有效手段。存款准备金是银行为准备存户提款而留存的现金,最初是存放在各家银行。在中央银行出现以后,商业银行将存款准备金存放在中央银行,不仅是为了便于资金周转和清算,也是银行清偿能力和信用的保证。中央银行也可以通过限定存款准备金及其比例来约束货币供应、将存款准备金集中存放在中央银行控制商业银行的信贷规模,从而调节国家宏观经济。美国是最早以法律形式规定商业银行必须向中央银行存放存款准备金的国家。1913年,美国通过了《联邦储备法》,规定加入联邦储备银行的会员银行,必须按存款数额的一定比例向联邦储备银行缴纳法定存款准备金。此后,各国的中央银行纷纷效仿,存款准备金制度成为通行世界的央行宏观调控手段。

(二) 金融监管和金融服务的职能

金融业是关系到国民经济命脉的行业,银行及其他金融机构与社会上的各类经济主体都有业务和经济往来。如果因为管理失范、竞争无序而导致银行或金融机构倒闭，则对社会经济带来的冲击比普通企业倒闭要大很多。所以，金融业规范、稳定、健康地发展，关系到全社会经济秩序的平稳运行。政府和金融行业需要一个代表国家和政府的意志、凌驾于商业银行及其他金融机构之上的专门机构，对金融业来进行监管，确保金融业健康、稳定、有序地发展。中央银行正是肩负这样的职能和使命而产生的。

此外，中央银行可以为政府、银行等金融机构提供金融服务。如经理国库、经营管理国家外汇储备等。

（三）我国中央银行法律制度对中央银行职能的具体规定

《中华人民共和国中国人民银行法》第4条规定：中国人民银行履行下列职责：（1）发布与履行其职责有关的命令和规章；（2）依法制定和执行货币政策；（3）发行人民币，管理人民币流通；（4）监督管理银行间同业拆借市场和银行间债券市场；（5）实施外汇管理，监督管理银行间外汇市场；（6）监督管理黄金市场；（7）持有、管理、经营国家外汇储备、黄金储备；（8）经理国库；（9）维护支付、清算系统的正常运行；（10）指导、部署金融业反洗钱工作，负责反洗钱的资金监测；（11）负责金融业的统计、调查、分析和预测；（12）作为国家的中央银行，从事有关的国际金融活动；（13）国务院规定的其他职责。

四　中央银行的独立性

中央银行的独立性，指中央银行作为一国金融体系的核心，在制定实施货币政策、调控监管一国金融时具有相对自主性。实际上，关于中央银行独立性的问题，就是关于中央银行权责的大小，政府对中央银行的干预程度、效果的大小和货币政策在经济中的地位的问题。总之，中央银行要真正发挥对经济的调控作用，保持经济、金融的稳定，就必须具有一定的独立性，但这种独立性是相对的，不是绝对的。[①]

由于各国社会制度、政治体制、经济发展水平、法律制度、金融发

[①] 宋瑞敏主编：《货币金融学》，中南大学出版社2011年版，第144页。

展水平以及历史上的传统习惯不同,中央银行在各国的独立地位也不尽相同。按照中央银行在各国开展业务活动的权力大小和独立程度来划分,主要有三种类型。第一,独立性较高的中央银行。这些国家的中央银行具有比较高的法律地位,它对国会负责,政府不能直接对其发布指令,不能干涉其金融政策。拥有独立性较高的中央银行的国家往往是法制比较发达、政治体制存在分权和制衡的国家,或者是联邦制国家。例如美国、德国、瑞典等国的中央银行就是这种类型。美国的中央银行是联邦储备银行(简称美联储),它直接对美国国会负责,可根据国会授权独立制定货币政策和金融政策;美国总统和其他政府机构对美联储没有任何隶属关系。欧洲中央银行也是一个超国家的独立性比较高的中央银行。第二,独立性居中的中央银行。这一类型的中央银行名义上隶属于政府,但是在实际业务的操作过程中,仍保持着较大的独立性,例如英国、日本等国。第三,独立性较小的类型。这类国家的中央银行只能根据政府的指令来制定和执行货币政策,采取金融措施之前必须经过政府部门的批准,意大利、巴西等国就是中央银行独立性较小的国家。

我国中央银行的独立性程度虽然较新中国成立初期有了明显的提高,尤其是《中国人民银行法》的颁布实施,对我国中央银行的地位、职责等作了明确的规定。然而,我国中央银行是隶属于国务院的一个机构,在高级管理人员的任免等问题上也由政府来组织安排,在政策的制定和执行上,必须接受政府部门即国务院的指导,故我国中央银行的独立性程度是不高的。

第二节　中国人民银行的法律地位

一　中国人民银行是我国的中央银行

(一) 中国人民银行是我国的中央银行的法律依据

《中国人民银行法》第2条规定:"中国人民银行是中华人民共和国的中央银行。中国人民银行在国务院领导下,制定和执行货币政策,防范和化解金融风险,维护金融稳定。"这条法律规定揭示了中国人民银行的性质和法律地位,也为中国人民银行行使各项职权提供了法律依据。

(二) 中国人民银行作为我国的中央银行具有双重属性

中国人民银行既是一个金融机关,又是一个行政机关。作为金融机关,它拥有资本,可以从事和经营法律规定的金融业务,但中国人民银行从事及经营金融业务并不以营利为目的,所获收益皆上缴国库;作为行政机关,它负责对国家的金融货币政策进行行政干预和宏观管理,其目的是防范和化解金融风险,维护健康稳定的经济和金融环境。它的地位在商业银行和其他金融机构之上,有管理权及金融立法权。所以,中国人民银行是一个"特殊的行政机关",对我国的金融秩序负有特殊的职权和责任。

二 中国人民银行是国务院的职能部门

中国人民银行是国务院领导下对金融业实施监督管理的国家机关。它是国务院的直属机构,也是国务院的一个职能部门。《中国人民银行法》规定,中国人民银行在国务院领导下,制定和执行货币政策,防范和化解金融风险,维护金融稳定。这说明中国人民银行是国务院的直属机构,与国务院其他职能部门相平行,其业务不受国务院其他部门的干涉。而全国人大及其常委会对中国人民银行的直接监督和指导,凸显了中国人民银行与国务院其他职能部门相区别的特殊地位。

由于中国人民银行承担着金融宏观调控的职能,故与国务院其他职能部门相比,中国人民银行具有一定的独立性。但中国人民银行的这种独立性是有限的。它不像美国的中央银行那样完全独立于政府,只对最高权力机关——国会负责,也不像一些国家的中央银行完全受政府领导而没有自身的独立性。

三 中国人民银行具有独立法人地位

(一) 中国人民银行独立享有民事权利,承担民事责任

中国人民银行在从事和开展金融业务时必须按照相关法律的规定,与相对方建立民事法律关系,在从事和开展金融业务的活动例如政府债券发行、外汇买卖等业务时,中国人民银行要以平等主体的身份来享受权利和承担义务。

(二) 中国人民银行独立执行货币政策

《中华人民共和国中国人民银行法》第 7 条规定：中国人民银行在国务院领导下依法独立执行货币政策，履行职责，开展业务，不受地方政府、各级政府部门、社会团体和个人的干涉。这是我国第一次以法律的形式规定了中国人民银行与中央政府、与地方政府和其他行政机关、其他金融机构以及社会团体和个人的关系，从而在法律上确立了中国人民银行作为我国中央银行的性质和地位。[1] 按照法律的精神，任何地方政府或其他部门、社会团体或个人，都不得干涉和损害中国人民银行作为中央银行的独立地位。

(三) 中国人民银行要对最高国家权力机关的常设机关即全国人民代表大会常务委员会负责，并受其监督

《中国人民银行法》第 6 条规定：中国人民银行应当向全国人民代表大会常务委员会提出有关货币政策情况和金融业运行情况的工作报告。此规定进一步明确了中国人民银行的法律地位，充分体现了中国人民银行作为国务院领导下相对独立的国家金融行政监督管理机关的法律地位。

第三节　中国人民银行的组织机构

一　中国人民银行组织机构概述

中国人民银行的组织机构是由《中国人民银行法》规定的，各级组织机构按照该法的规定安排和设置。该法具体规定了中国人民银行的领导机构及分支机构，以及各组织机构的职能和法律地位。根据该法的规定，中国人民银行的组织机构由领导机构、内部机构和外部分支机构组成。

二　中国人民银行的领导机构

(一) 中国人民银行行长及其法律地位

中国人民银行行长是中国人民银行的最高行政领导，也是其法定代

---

[1] 李玫主编：《金融法概论》，高等教育出版社 2008 年版，第 22 页。

表人。《中国人民银行法》第 11 条规定，中国人民银行实行行长负责制。行长领导中国人民银行的工作，副行长协助行长工作。可见，中国人民银行行长是中国人民银行组织机构的核心决策者，对内管理中国人民银行的事务，对外代表中国人民银行行使职权。如上一节所述，中国人民银行是国务院的分支机构，所以中国人民银行行长也是国务院的重要组成人员。

（二）中国人民银行行长的任免

根据《中国人民银行法》第 10 条规定，中国人民银行行长的人选，根据国务院总理的提名，由全国人民代表大会决定；全国人民代表大会闭会期间，由全国人民代表大会常务委员会决定，由中华人民共和国主席任免。中国人民银行副行长由国务院总理任免。

（三）中国人民银行行长的职责和职权

中国人民以行行长是中国人民银行的行政首长，对中国人民银行拥有领导权和支配权，有权召集和主持中国人民银行的行务会议；讨论决定中国人民银行的重大问题；签署上报国务院的重要请示、报告；根据国家法律、行政法规等，在中国人民银行的权限范围内发布命令、指示和规章。中国人民银行行长在履行法定的职责和职权的时候，应遵守相关法律的规定，肩负相应的义务。正如《中国人民银行法》第 14 条规定：中国人民银行的行长、副行长及其他工作人员应当恪尽职守，不得滥用职权、徇私舞弊，不得在任何金融机构、企业、基金会兼职。此外该法第 15 条也强调了中国人民银行行长的职责：中国人民银行的行长、副行长及其他工作人员，应当依法保守国家秘密，并有责任为与履行其职责有关的金融机构及当事人保守秘密。

三　中国人民银行的内部机构

（一）货币政策委员会

货币政策委员会是中国人民银行的内部机构，是中国人民银行制定货币政策的咨询议事机构。货币政策委员会也是一个相对独立的机构，其存在是为了更加民主、科学地制定货币政策，为稳定货币、防止通货膨胀进而稳定宏观经济起到积极的作用。《中国人民银行法》第 12 条规定，中国人民银行设立货币政策委员会。货币政策委员会的职责、组成和工作程序,由国务院规定,报全国人民代表大会常务委员会备案。中国人民银行货币政策委员会应当在国家宏观调控、货币政策制定和调整中,发挥重要作用。

为了明确货币政策委员会的职能,国务院于1997年4月发布了《中国人民银行货币政策委员会条例》,就货币政策委员会的职责、组织机构等方面作了具体的规定。

1. 货币政策委员会的职责

根据《中国人民银行货币政策委员会条例》,货币政策委员会的职责是在分析宏观经济形势的基础上,根据国家宏观经济调控目标,对货币政策的事项进行讨论并提出建议。主要讨论的事项包括以下五个方面:货币政策的制定、调整;一定时期内的货币政策控制目标;货币政策工具的运用;有关货币政策的重要措施;货币政策与其他宏观经济政策的协调。

2. 货币政策委员会的组织机构

货币政策委员会由下列人员组成:国务院副秘书长1人,国家发展和改革委员会副主任1人,财政部副部长1人,中国人民银行副行长2人,国家统计局局长,国家外汇管理局局长,中国银行业监督管理委员会主席,中国证券监督管理委员会主席,中国保险监督管理委员会主席,中国银行业协会会长,金融专家一人。货币政策委员会组成单位的调整,由国务院决定。

(二) 中国人民银行总行内部职能部门

根据职责,中国人民银行设19个内设机构,分别是:办公厅(党委办公室)、条法司、货币政策司、货币政策二司、汇率司、金融市场司、金融稳定局、调查统计司、会计财务司、支付结算司、科技司、货币金银局、国库局、国际司(港澳台办公室)、内审司、人事司(党委组织部)、研究局、征信管理局反洗钱局(保卫局)、党委宣传部(党委群工部)。[1]

---

[1] 国务院网站 http://www.gov.cn/gzdt/2008-08/14/content_1072077.htm。

四 中国人民银行的外部分支机构

(一) 中国人民银行分支机构概述

中国人民银行的分支机构是中央银行组织体系的重要组成部分,也是其执行货币政策和实施金融监管的组织基础。长期以来,我国按行政区划来设置分支机构。但按照行政区划设置分支机构的模式会损伤中国人民银行的独立性,地方政府干预央行业务的情形也时有发生。随着我国经济和金融环境的日益发展和日益复杂化,这种按照行政区划来设置分支机构的模式也凸显弊端。1998年12月,为强化中央银行的独立性,中国人民银行撤销了省级分行,在全国9个城市设立了跨省、自治区、直辖市的分行(也称为九大区行),即天津、沈阳、上海、南京、济南、武汉、广州、成都、西安分行。同时,在北京和重庆设立了中国人民银行总行营业管理部。[1] 其他省会城市则设置中心支行,如哈尔滨中心支行、长春中心支行、太原中心支行、厦门中心支行、昆明中心支行等。为了进一步完善中国人民银行作为中央银行的宏观调控水平,更好地发挥中央银行的决策与操作体系,2005年,成立了中国人民银行上海总部。这也是中央银行设置分支机构的创新性举措,推进了我国的金融宏观调控的发展和变革。

(二) 中国人民银行分支机构的职能

《中国人民银行法》第13条规定,中国人民银行根据履行职责的需要设立分支机构,作为中国人民银行的派出机构。中国人民银行对分支机构实行统一领导和管理。中国人民银行的分支机构根据中国人民银行的授权,维护本辖区的金融稳定,承办有关业务。具体来说,分支机构的职责主要是:(1) 贯彻执行国家有关法律、法规、方针、政策及总行的有关政策规定;(2) 负责辖区内贯彻执行中央银行资金、存款准备金、再贴现、利率等有关货币信贷政策,监督管理金融市场;(3) 防范化解辖区内系统性金融风险,维护地区金融稳定;(4) 分析、研究辖区内宏观经济金融形势,为总行的货币政策决定提供政策建议和依据;(5) 负责管理所在地金融统计工作及信贷征信业务,推动建立

---

[1] 强力主编:《金融法通论》,高等教育出版社2010年版,第37页。

社会信用体系；(6) 管理所在地货币发行、现金管理和反假人民币业务；(7) 管理所在地人民银行系统的会计财务、支付结算业务；(8) 管理所在地外汇、外债和国际收支业务；(9) 管理所在地国库业务、科技和安全保卫工作；(10) 承办总行交办的其他事项。[1]

第四节　中国人民银行的业务

中国人民银行的业务是其职能职责的体现，中国人民银行的职责主要是货币政策和金融监管，与此相适应，中国人民银行的业务也主要集中在以下几个方面：一是为执行货币政策经营的业务；二是为加强对金融机构的监管而开展的业务；三是为对金融机构、政府部门和其他机构提供服务而经营的业务。中国人民银行的业务范围在《中国人民银行法》第4章中有较为明确的规定。

一　为执行货币政策经营的业务

(一) 货币政策的内涵

货币政策是国家金融部门或中央银行为实现特定的经济目标而采取的控制干预和管理调节货币供应量和社会信用的金融方针和措施。货币政策起源于20世纪30年代，在第二次世界大战以后得到世界各国的广泛使用，如今已为各国中央银行积极使用，成为对宏观经济进行调节的有力手段。货币政策是最为重要的金融政策。

理解货币政策的内涵需要明确：第一，货币政策是一项宏观经济政策，它涉及经济运行中的货币供应量、信用量、利率、汇率等宏观经济指标，通过对这些宏观经济指标的调节和控制来影响社会总需求和总供给；第二，货币政策通过其传导机制调节社会总供给与总需求，使两者保持平衡；第三，货币政策主要采取经济手段和法律手段，通过市场对主体的经济活动实施间接的调控，同时辅助以必要的行政干预；第四，货币政策的目标是长期目标与短期目标相结合的，货币政策的最终目标是

---

[1] 该分支机构职能主要参照中国人民银行天津分行在其机构简介中关于主要职责的描述。

一种长期的、战略的政策目标；而特定时期、特定条件下的货币政策却是短期的、持续变动的或者随机的。①

(二) 货币政策的目标

《中国人民银行法》第3条规定，货币政策目标是保持货币币值的稳定，并以此促进经济增长。进一步来说，货币政策的目标是稳定物价、促进就业和经济增长，保持国际收支平衡。这一目标也充分地说明了经济增长与稳定币值之间的密切关联。币值稳定既指国内物价的稳定，又指对外币值的稳定。

(三) 货币政策的具体业务

1. 人民币发行和流通管理业务

《中国人民银行法》第18条规定，人民币由中国人民银行统一印制、发行。此外，中国人民银行亦组织残损人民币的兑换与销毁；打击假币伪币；平衡和控制人民币的发行量和供应量，保持人民币币值的稳定。

2. 存款准备金业务

存款准备金是指金融机构为保证客户提取存款和资金清算需要而准备的在中央银行的存款，是中央银行对商业银行的信贷规模进行控制的一种制度。我国20世纪80年代就开始启动该项制度，存款准备金业务是中国人民银行的一项重要业务，中国人民银行通过规定和调整准备金率来执行此项业务，同时还规定了缴存范围，以及迟缴、少缴的处罚。2004年我国开始实施差别存款准备金政策。所谓差别存款准备金政策是指金融机构适用的存款准备金率与其资本充足率、资产质量状况等指标挂钩。金融机构资本充足率越低、不良贷款比例越高，适用的存款准备金率就越高；反之，金融机构资本充足率越高、不良贷款比例越低，适用的存款准备金率就越低。实行差别存款准备金率制度可以制约资本充足率不足且资产质量不高的金融机构的贷款扩张。

3. 基准利率业务

基准利率是中央银行对商业银行的存、贷款利率。《中国人民银行法》将确定中央银行基准利率作为中国人民银行的货币政策工具之一，

---

① 强力主编：《金融法通论》，高等教育出版社2010年版，第37页。

是由基准利率和货币政策目标的关系所决定的。目前中国人民银行采取的利率工具主要有：调整中央银行的基准利率，包括再贷款率、再贴现利率、存款准备金利率、超额存款准备金利率；调整金融机构法定存贷款利率；制定金融机构存贷款利率的浮动范围；制定相关利率政策对各类利率结构和档次进行调整，等等。

4. 信贷业务

主要是向商业银行提供贷款和再贴现政策。中国人民银行根据经济发展的需要和货币供应量的状况，通过掌控对商业银行的贷款额来调节货币供应量和信贷规模。而再贴现是指金融机构以合格票据向中央银行贴现，中央银行对金融机构提供信用，实质上是中央银行与商业银行之间票据买卖和资金让渡的过程。中央银行通过调整再贴现率，来扩大或者缩小金融机构的信贷量，扩张和收缩信用。

5. 公开市场业务

公开市场业务是中国人民银行根据执行货币政策的需要，在公开市场上进行买卖国债、其他政府债券、金融债券和外汇的活动。这些公开市场活动可以调控货币供应量，同时通过影响国债供求来间接影响商业银行的利率。

公开市场业务也是一种货币政策工具，与其他货币政策工具相比，公开市场业务较为灵活和富有弹性，可以采取渐进的方式来贯彻货币政策，根据经济和金融市场的反应来调整和修正公开市场业务的力度和方向，是一种较为理想的货币政策工具。所以，公开市场业务在世界上很多国家的中央银行被视为金融宏观调控的重要手段。1994年，中国人民银行设立了公开市场操作室，负责公开市场操作业务。近年来，国债和金融债券不断增加，银行间债券交易市场也日益繁荣。可见公开市场业务在金融调控中发挥着越来越重要的作用。

6. 外汇业务

经营管理国家外汇储备和黄金储备是中国人民银行的传统业务。开展外汇和黄金买卖业务也是中国人民银行执行货币政策的手段之一。

二 对金融市场和金融机构的监督管理而开展的业务

《中国人民银行法》第31条规定，中国人民银行依法监测金融市场的运行情况，对金融市场实施宏观调控，促进其协调发展。具体而言，中国人民银行有权对金融机构以及其他单位和个人的下列行为进行检查监督：（1）执行有关存款准备金管理规定的行为；（2）与中国人民银行特种贷款有关的行为；（3）执行有关人民币管理规定的行为；（4）执行有关银行间同业拆借市场、银行间债券市场管理规定的行为；（5）执行有关外汇管理规定的行为；（6）执行有关黄金管理规定的行为；（7）代理中国人民银行经理国库的行为；（8）执行有关清算管理规定的行为；（9）执行有关反洗钱规定的行为。

此外，中国人民银行根据执行货币政策和维护金融稳定的需要，可以建议国务院银行业监督管理机构对银行业金融机构进行检查监督。当银行业金融机构出现支付困难，可能引发金融风险时，为了维护金融稳定，中国人民银行经国务院批准，有权对银行业金融机构进行检查监督。中国人民银行亦有权要求银行业金融机构报送必要的资产负债表、利润表以及其他财务会计、统计报表和资料。

三　对金融机构、政府部门和其他机构提供服务而经营的业务

中国人民银行除执行货币政策、履行金融监督管理职能外，也给金融机构、政府部门和其他机构提供多种服务。中国人民银行依照法律、行政法规的规定经理国库；可以代理国务院财政部门向各金融机构组织发行、兑付国债和其他政府债券；可以根据需要，为银行业金融机构开立账户，但不得对银行业金融机构的账户透支；中国人民银行应当组织或者协助组织银行业金融机构相互之间的清算系统，协调银行业金融机构相互之间的清算事项，提供清算服务。此外，中国人民银行根据执行货币政策的需要，可以决定对商业银行贷款的数额、期限、利率和方式，但贷款的期限不得超过1年。

四　法律禁止的业务

中国人民银行是我国的中央银行，其业务范围虽然涉及金融调控的方方面面，但其经营的原则不同于普通的商业银行，故法律对其业务经营有一定的禁止和限制。《中国人民银行法》在明文规定了中国人民银

行合法的业务范围之外，又对某些业务作了禁止性规定。《中国人民银行法》第26、29、30条规定，禁止性业务具体包括：

（一）不得对银行业金融机构的账户透支

中央银行对金融机构开立的账户包括存款准备金账户、财政性存款账户以及支付准备金账户。"不得对银行业金融机构的账户透支"中所指的账户是支付准备金账户。支付准备金账户是为了满足金融机构办理清算和应付提款的需要而开立的，金融机构必须保持与其业务规模相适应的存款余额来满足日常资金收付业务的需要。中国人民银行则以此维护支付清算系统的正常运行。透支是一种信贷方式，它会引起信贷资金紧张，引发投机行为从而导致金融市场的混乱。中国人民银行担负着金融宏观调控和金融监管的职能，如若对其开户的金融机构透支，则会造成信用膨胀，使中央银行的货币政策工具失去应有的调节作用，导致金融危机。所以，中国人民银行不得对银行业金融机构的账户透支。

（二）不得对政府财政透支，不得直接认购、包销国债和其他政府债券

首先，中国人民银行不得对政府财政透支。因为财政透支会迫使中央银行增加货币发行量，该部分增发的货币发行量由于没有物质保障，会致使社会总需求大于总供给，引起物价上涨和通货膨胀。所以，为了保持货币的稳定和防止通货膨胀，中国人民银行不得对政府财政透支。其次，发行国债和政府债券是政府弥补财政赤字的手段，由企业和个人用来认购国债的货币是有物质基础的，不会引起货币总量的变化，但作为中央银行的中国人民银行承担着货币发行的职责，如果以自有资本或信贷资金来购买国债或政府债券的话，则是一种变相的向政府财政透支，同样会导致通货膨胀的发生，损害实体经济。所以，为了保持货币币值稳定和促进经济增长，中国人民银行不得对政府财政透支，不得直接认购、包销国债和其他政府债券。

（三）不得向地方政府、各级政府部门、非银行金融机构以及其他单位和个人提供贷款，不得向任何单位和个人提供担保

中国人民银行的职能决定了中国人民银行在全国开展业务时，必须具有独立的地位，相关业务不受地方政府、各级政府部门、社会团体和个人的干涉。地方政府、各级政府部门如果要求中国人民银行向其贷款

同样会引发通货膨胀，进而扰乱金融秩序；非银行金融机构包括信托公司、证券公司、城市信用合作社、农村信用合作社、典当行等机构，它们不经营完全的信用业务，一般来说规模比较小，风险也较银行金融机构大。中国人民银行如果向其提供贷款，则会分散对商业银行等金融机构的风险控制能力。而如果允许中国人民银行向单位和个人提供担保，则会混淆中央银行和商业银行以及其他金融机构的职责和业务范围，并产生潜在的风险，所以也必须予以禁止。

本章复习思考题

1. 简述中央银行产生的背景。
2. 中央银行的地位和职能是如何演变的？
3. 中央银行货币政策的内容是什么？
4. 中国人民银行的性质和法律地位如何？
5. 法律禁止中国人民银行从事的业务有哪些？为何要禁止从事这些业务？

专著推荐

1. 郝军主编：《货币金融学》，北京理工大学出版社2012年版。
2. 李小丽主编：《金融理论与实务》，北京理工大学出版社2010年版。
3. 孟昭兰：《中央银行学》，西安交通大学出版社2007年版。
4. 黄萍、孟钊兰编：《中央银行理论与实务》，清华大学出版社2011年版。

相关链接

1. 法律法规链接

《中华人民共和国中国人民银行法》

2. 网络信息链接

中华人民共和国中央人民政府网站：中国人民银行主要职责、内设机构和人员编制规定 http://www.gov.cn/gzdt/2008－08/14/content_1072077.htm

3. 相关事例链接

典型事例[①]

事例1——美联储：20世纪以前美国政治的一个主要特征，是对中央集权的恐惧。这不仅仅体现在宪法的制约与平衡上，也体现在对各州权利的保护上。对中央集权的恐惧，是造成美国人对建立中央银行抱有敌意态度的原因之一。除此以外，传统的美国人对于金融业一向持怀疑态度，而中央银行又正好是金融业的最突出代表，美国公众对中央银行的公开敌视，使得早先旨在建立一个中央银行以管辖银行体系的尝试，先后两次归于失败：1811年，美国第一银行被解散；1832年，美国第二银行延长经营许可证期限的要求遭到否决。随后，因其许可证期满在1836年停业。

1836年美国第二银行停业后，由于不存在能够向银行体系提供准备金并使之避免银行业恐慌的最后贷款人，这便给美国金融市场带来了麻烦，19世纪和20世纪早期，全国性的银行恐慌已成为有规律的事情。1837年、1857年、1873年、1884年、1893年和1907年，都曾爆发过银行恐慌，1907年银行恐慌造成的如此广泛的银行倒闭和存款人的大量损失，终于使美国公众相信需要有一个中央银行来防止再度发生恐慌了。

不过，美国公众基于对银行和中央银行的敌视态度，对建立类似英格兰银行的单一制中央银行，还是极力反对的。他们一方面担心华尔街的金融业（包括最大的公司和银行）可能操纵这样一个机构从而对整个经济加以控制；另一方面，也担心联邦政府利用中央银行过多干预私人银行的事务。所以，在中央银行应该是一家私人银行还是一个政府机构的问题上，存在着严重的分歧。由于争论激烈，只能妥协。依据美国传统，国会便把一整套精心设计的带有制约和平衡特点的制度，写入了1913年的联邦储备法，从而创立了拥有12家地区联邦储备银行的联邦储备体系。

当初建立联邦储备系统，首先是为了防止银行恐慌并促进商业繁

[①] 摘自郝军主编《货币金融学》，北京理工大学出版社2012年版，第205—206页。

荣；其次才是充当政府的银行。但是第一次世界大战结束后，美国取代英国，成为世界金融的中心，联邦储备系统已成为一个能够影响世界货币结构的独立的巨大力量。20世纪20年代是联邦储备系统取得重大成功的时代。当经济出现摇摆的迹象时，就提高货币的增长率；当经济开始以较快的速度扩张时，就降低货币的增长率。它并没有使经济免于波动，但它的确缓和了波动。不仅如此，它是不偏不倚的，因而避免了通货膨胀。货币增长率和经济形势的稳定，使经济获得了迅速发展。

事例2——欧洲中央银行：欧洲中央银行（European Central Bank，ECB）是根据1992年《马斯特里赫特条约》的规定于1998年7月1日正式成立的，其前身是设在法兰克福的欧洲货币局。欧洲央行的职能是"维护货币的稳定"，管理主导利率、货币的储备和发行以及制定欧洲货币政策；其职责和结构以德国联邦银行为模式，独立于欧盟机构和各国政府之外。

欧洲中央银行是世界上第一个管理超国家货币的中央银行。独立性是它的一个显著特点，它不接受欧盟领导机构的指令，不受各国政府的监督。它是唯一有资格允许在欧盟内部发行欧元的机构，1999年1月1日欧元正式启动后，11个欧元国政府失去制定货币政策的权力，而必须实行欧洲中央银行制定的货币政策。

欧洲中央银行的组织机构主要包括执行董事会、欧洲央行委员会和扩大委员会。执行董事会由行长、副行长和4名董事组成，负责欧洲央行的日常工作；由执行董事会和12个欧元国的央行行长共同组成的欧洲央行委员会，负责确定货币政策和保持欧元区内货币稳定，其任务是保持欧盟中欧元国家与非欧元国家接触。

欧洲央行委员会的决策采取简单多数表决制，每个委员只有一票。货币政策的权力虽然集中了，但是具体执行仍由各欧元国央行负责。各欧元国央行仍保留自己的外汇储备。欧洲央行只拥有500亿欧元的储备金，由各成员国央行根据本国在欧元区内的人口比例和国内生产总值的比例来提供。

本章参考文献

[1] 郝军主编：《货币金融学》，北京理工大学出版社2012年版。

［2］宋瑞敏主编：《货币金融学》，中南大学出版社2011年版。

［3］强力主编：《金融法通论》，高等教育出版社2010年版。

［4］李玫主编：《金融法概论》，高等教育出版社2008年版。

［5］常健主编：《金融法教程》，对外经济贸易大学出版社2007年版。

第四章　商业银行法律制度

本章内容提要：本章对商业银行及商业银行法的基础理论和基本制度加以介绍，阐述了商业银行的概念和历史沿革，商业银行的特点、职能及法律地位、商业银行的组织机构、商业银行的市场准入与市场退出、商业银行的经营与监管，以及违反商业银行法的法律责任。通过本章的学习，可以使学生掌握商业银行的业务范围、经营的基本原则、商业银行设立的条件和程序，以及商业银行终止的各种形式，明确违反商业银行法的法律责任，对我国商业银行法律制度体系进行深入的思考，并进一步思考和总结法律制度完善和创新的路径。

关键词：商业银行　特许　企业法人　市场准入　市场退出　信用中介　支付功能　安全性原则　流动性原则　效益性原则　资产业务　中间业务　负债业务　吸收存款　发放贷款　结算　信用创造　金融服务

第一节　商业银行概述

一　商业银行的概念和历史沿革

一般而言，商业银行是以金融资产和负债为经营对象，以赢取利润为经营目标，并且提供各种金融服务的综合性信用中介机构。其基本功能就是信用中介、支付中介、信用创造以及金融服务。

商业银行是现代金融体系中最重要的主体之一。近代银行萌芽于中世纪意大利的威尼斯，当时的威尼斯是著名的国际贸易中心，商业的繁荣和发展催生了金融中介——商业银行的产生。当时这些城市商贾云集，市场繁荣，但由于各国商人所携带的货币各不相同，为了适应贸易发展的需要，必须进行货币兑换。于是，单纯从事货币兑换业并从中收取手续费的专业货币商便开始出现了。随着接受存款的数量不断增加，货币商们发现多个存款人不会同时支取存款，于是他们开始把汇兑业务中暂时闲置的资金贷放给社会上的资金需求者。最初，商人们贷放的款项仅限于自有资金，随着代理支付制度的出现，借款者即把所借款项存入贷出者之处，并通知贷放人代理支付。可见，从实质上看，贷款已不仅限于现实的货币，而是有一部分变成了账面信用，这标志着现代银行的本质特征已经出现。17世纪初期，阿姆斯特丹银行、汉堡银行、纽伦堡银行相继成立，1694年，第一家以公司组织创立的银行——英格兰银行成立，标志着资本主义现代银行制度开始形成。①

我国的银行与西方相比产生较晚。唐代的"飞钱"，是我国最早的汇兑业务。北宋的交子是我国早期的纸币形式。明清以后，当铺是中国主要的信用机构。一些较大的经营银钱兑换业的钱铺在明代末期逐渐发展成为银庄。银庄除兑换银钱外，还从事放贷活动。19世纪中叶，西方资本主义国家纷纷来华设立银行，推动了我国近代银行业的发展，但也在我国进行了大肆的资本掠夺。1897年，清政府在上海成立了中国通商银行，标志着中国现代银行的产生。

新中国成立后，随着我国经济和金融业的极大发展，我国的商业银行及相关法律制度也逐渐完善起来。1995年，我国出台了《商业银行法》，其中第2条明确规定：我国的商业银行是依照《中华人民共和国商业银行法》和《中华人民共和国公司法》设立的经营吸收公众存款、发放贷款、办理结算等业务的企业法人。这是我国商业银行的法定概念。

二 商业银行的特点

商业银行作为金融机构，有其自身区别于其他企业法人的特点，主要有以下三个方面。

（一）商业银行是特许成立的企业法人

企业法人是指以营利为目的，独立从事商品生产和经营活动的法

---

① 王建平：《金融法学》，立信会计出版社2003年版，第57页。

人。商业银行即是以营利为目的开展金融业务的企业法人。商业银行依法自主经营、自负盈亏、自担风险,以其全部法人财产独立承担民事责任。

由于商业银行是比较特殊的企业,故其成立实行特许制。商业银行由国家特许成立,发放银行经营许可证的部门是国务院银行业监督管理机构。特许审批过程主要是:首先由申请人提出申请,然后由银行业监督管理机构予以审查。形式审查要弄清各种申请文件、资料是否齐全,是否符合法律规定;实质审查要弄清申请人是否符合各项经营商业银行业务的条件。审查通过后,由申请人将填写的正式申请表和法律要求的其他文件、资料,报银行业监督管理机构特许批准并颁发经营许可证。值得一提的是,特许批准的权力完全属于国家,符合成立商业银行的各项条件也并不意味着一定能取得经营许可证。故特许制即是指按照法律要求,设立商业银行应符合《公司法》和《商业银行法》的相关规定,经过严格的审查后,由银监会决定是否特许批准并发放银行经营许可证。

(二) 商业银行按照公司制度来成立和运行

商业银行是按照公司制度建立的企业法人。《商业银行法》第17条规定,商业银行的组织形式、组织机构适用《中华人民共和国公司法》的规定。目前我国商业银行为有限责任公司、股份有限公司、国有独资公司三种类型。

(三) 商业银行是经营吸收公众存款、发放贷款、办理结算业务的企业法人

商业银行的业务具有综合性,商业银行的功能比其他金融机构更加全面,吸收公众存款、发放贷款、办理结算业务是商业银行的基本业务。除此之外,商业银行还开展证券投资、发行金融债券等其他业务。

三 商业银行的职能

商业银行作为特殊的金融机构,其职能主要是四个方面,即信用中介职能、支付中介职能、信用创造职能和金融服务职能。[①]

[①] 李玫主编:《金融法概论》,高等教育出版社2008年版,第65页。

第一，信用中介职能。信用中介职能是通过吸收公众存款、发放商业贷款实现的。这是商业银行的基础性职能。商业银行吸收社会闲散资金，通过发放贷款等业务将资金投放到需要的地方，而商业银行本身则通过存贷差获取利润。这种信用中介的职能将闲置货币转化为资本，优化了社会资源的配置，从而推动了经济和金融的发展。

第二，支付中介职能。商业银行通过客户在商业银行开立的账户，为客户办理货币保管、兑换、结算、收付等出纳和支付等业务，减少现金使用，节约流通费用，加速结算过程和货币资金周转，促进扩大再生产。支付中介和信用中介两种职能相互推进，构成商业银行借贷资本的整体运作。

第三，信用创造职能。商业银行把负债作为货币进行流通，在支票流通和转账结算的基础上，贷款转化为存款，在存款不提或不完全提现时，转嫁了商业银行的资金来源，形成数倍于原始存款的派生存款。信用创造的实质是流通工具的创造，而不是资本的创造。

第四，金融服务职能。为适应经济发展和科技进步，满足客户要求，商业银行不断拓展金融服务项目，如代发工资、提供信息咨询、提供信用证服务、代付代收各类费用、办理信用卡、代理融资、保管物品等，商业银行通过收取手续费和佣金创造利润，金融服务职能逐步成为商业银行的重要职能。

第二节　商业银行的组织机构

一　商业银行组织机构概述

组织机构是商业银行的重要组织要素，它不仅是商业银行开展各项业务经营活动的人、财、物等资源配置的载体，同时也是业务流程和分工协作方式的固化形态，对商业银行而言至关重要。[1] 所以如何设置组织机构，是商业银行能否科学合理运营的关键。

---

[1] 王霄勇：《国有商业银行组织机构变革历程回顾及思考》，《中央财经大学学报》2010年第5期。

随着银行业务领域的不断扩展和业务内容、服务项目的日益多元化，商业银行内部机构设置的专业化程度越来越强，分工也越来越细。例如商业银行普遍设立了各种委员会，如风险管理委员会、审计委员会等，来负责部门之间的协调，以保证资金的安全性和决策的合理性。

二 商业银行的组织机构

商业银行的组织机构一般包括决策机构、执行机构和监督机构三个部分。

（一）决策机构

商业银行的决策机构主要是指股东大会和董事会（包括董事会以下设置的各种委员会）。

1. 股东大会

股东大会是商业银行的最高权力机构。世界上绝大多数商业银行都是股份制银行。我国的国有银行也纷纷完成了股份制改革。股东是银行的投资人，享有对银行的决策权。尤其是掌握控股权的大股东更是如此。银行每年召开一次或数次股东大会，股东们有权听取和审议银行的经营报告，有权提出质询并对银行的经营方针、管理决策和各种重大的议案进行表决。

2. 董事会

商业银行董事会是由股东大会选举产生的决策机构，是商业银行公司治理的核心。商业银行一般实行董事会领导下的行长负责制，董事会具有独立性，负责执行股东大会的决议，制定商业银行的重大方针、政策和发展规划，决定商业银行的经营计划、投资方案和内部管理机构设置，制定年度财务预算、决算以及利润分配方案，组建常设委员会，聘任高级管理人员等。各银行董事会的人数为 3—19 人。董事的任期为 1—3 年，可连选连任。董事会设董事长 1 人，可以设副董事长 1—2 人。董事长和副董事长由全体董事的过半数选举产生。董事长是商业银行常设的业务执行及法人代表。

3. 董事会专门（常设）委员会

商业银行经营业务量大，涉及的业务范围复杂而广泛，董事会根据不同的功能需求组建若干专门委员会，为董事会的决策执行提供咨询和建议。专门委员会具有相对独立性，其活动和决策既不干扰银行的日常经营业务，同时也不受银行管理人员的影响。专门委员会直接向董事会负责。以我国股份制商业银行招商银行为例，其董事会下设六个专门委员会，分别是战略委员会、提名委员会、薪酬与考核委员会、风险与资本管理委员会、审计委员会和关联交易控制委员会。

（二）执行机构

执行机构是指商业银行常设的、执行董事会决议的行政和业务管理机构，主要包括行长（或首席执行官）、各业务部门和职能部门等。

1. 行长

行长（或首席执行官）是商业银行内部的最高领导。商业银行的行长（或首席执行官）依法由董事会聘任或解聘，并对董事会负责。其职责是执行董事会的决定，组织银行的各项业务活动，负责银行各项业务经营的组织和部署。

2. 业务部门和职能部门

业务部门和职能部门是指银行内部具体的执行机构。行长的业务经营理念和管理意图要通过业务部门和职能部门来实现，商业银行的业务部门和职能部门随着商业银行规模大小、业务量的多寡、业务范围的大小不同而有所区别。规模较大的商业银行业务部门和职能部门划分较细，例如办公室、计划财务部、投行业务部、信贷审批部、信贷控制部、贸易金融部、资产保全部、公司业务部、零售业务部、信用卡中心、同业机构部、发展研究部、信息科技部、电子银行部、人力资源部、监察保卫部、行政管理部、基金托管部，等等。

（三）监督机构

商业银行的监督机构包括监事会和稽核部。监事会是董事会的权力制衡机构，向股东大会负责；稽核部是商业银行内部机构，是行长（或总经理）权力的制衡机构，向董事会负责。

1. 监事会

监事会是以监督检查商业银行资产状况和经营情况为职责的机构。监事会由监事组成，监事由股东大会选任。监事有任职期限，但可以连选连任。监事资格与董事大致相同，但通常监事不能兼任商业银行董事和经理。监事会应在其组成人员中推选一名召集人。监事会以保护商业银行、股东、职工、债权人和其他利益相关者的合法权益为目标,对商业银行的财务活动、内部控制、风险管理、合法经营、董事会和高级管理层的履职尽责等情况进行监督。

2. 稽核部

稽核部是负责监督检查商业银行内部业务经营活动规范与否的常设机构。其职责是核查银行日常业务账目,检查银行会计、信贷业务及其他业务是否符合有关规定,是否按照董事会的方针、规定程序办事。稽核部向董事会负责,定期向董事会汇报检查情况,提出纠正错误和偏差的具体建议和改进方法。

第三节 商业银行的市场准入与市场退出

一 商业银行的市场准入

商业银行的市场准入主要是指允许某一市场主体可以进入银行业市场并从事银行业市场活动的一系列制度或规则。它一般是由金融监管部门规定的,影响着商业银行市场活动行为以及商业银行的市场结构。[①]我国商业银行的市场准入经历了一个从严格限制到逐渐放开的过程。改革开放以前,我国的金融体制是集中统一的形式,金融机构和信用形式都较为单一,银行市场准入的审批具有很强的行政色彩。改革开放以后,银行业的市场结构出现了较大的变化,市场准入标准逐渐放宽,各项规定也更加具体明确。

商业银行市场准入的法律依据主要是《商业银行法》、《银行业监督管理法》、《中国人民银行行政许可实施办法》、《中国银行业监督管理委员会中资商业银行行政许可事项实施办法》等法律法规。市场准入的监管机构主要是国务院银行业监督管理委员会,即银监会。

(一)商业银行的设立条件

《商业银行法》第11条规定,设立商业银行,应当经银监会审查批

---

① 陈颖:《商业银行市场准入与退出问题研究》,中国人民大学出版社2007年版,第9页。

准。未经银监会批准，任何单位和个人不得从事吸收公众存款等商业银行业务，任何单位不得在名称中使用"银行"字样。根据《商业银行法》第12条的规定，设立商业银行应当具备的条件主要有以下几个方面。

1. 有符合《商业银行法》和《公司法》规定的章程

商业银行应根据上述法律规定，制定银行章程，包括商业银行的名称、住所、注册资本、经营范围、法人代表、管理制度、利润分配等。银行章程是银行的"小宪法"，是规定银行的性质、地位、权责等方面的公开性文件，对商业银行具有约束力。

2. 有符合法律规定的注册资本

《商业银行法》第13条规定，设立全国性商业银行的注册资本最低限额为10亿元人民币。设立城市商业银行的注册资本最低限额为1亿元人民币，设立农村商业银行的注册资本最低限额为5000万元人民币。注册资本应当是实缴资本。国务院银行业监督管理机构根据审慎监管的要求可以调整注册资本最低限额，但不得少于前款规定的限额。

3. 有具备任职专业知识和业务工作经验的董事、高级管理人员

商业银行的管理人员应具有过硬的金融专业知识和丰富的工作经验，同时熟悉银行业务流程并能有效地开展银行各项业务。《商业银行法》第27条规定，有下列情形之一的，不得担任商业银行的董事、高级管理人员：（1）因犯有贪污、贿赂、侵占财产、挪用财产罪或者破坏社会经济秩序罪，被判处刑罚，或者因犯罪被剥夺政治权利的；（2）担任因经营不善破产清算的公司、企业的董事或者厂长、经理，并对该公司、企业的破产负有个人责任的；（3）担任因违法被吊销营业执照的公司、企业的法定代表人，并负有个人责任的；（4）个人所负数额较大的债务到期未清偿的。

4. 有健全的组织机构和管理制度

组织机构即公司治理结构，健全的组织机构是商业银行规范运营的基础，科学合理的管理制度亦是商业银行得以发展壮大的关键因素。故此项内容是商业银行设立的重要条件。

5. 有符合要求的营业场所、安全防范措施和与业务有关的其他设施

6. 符合其他审慎性条件

(二) 商业银行的设立程序

1. 提交申请文书

《商业银行法》第 14 条规定：设立商业银行，申请人应当向国务院银行业监督管理机构提交下列文件、资料：(1) 申请书，申请书应当载明拟设立的商业银行的名称、所在地、注册资本、业务范围等；(2) 可行性研究报告；(3) 国务院银行业监督管理机构规定提交的其他文件、资料。设立商业银行的申请经审查符合第 14 条规定的，申请人应当填写正式申请表，并提交下列文件、资料：(1) 章程草案；(2) 拟任职的董事、高级管理人员的资格证明；(3) 法定验资机构出具的验资证明；(4) 股东名册及其出资额、股份；(5) 持有注册资本 5% 以上的股东的资信证明和有关资料；(6) 经营方针和计划；(7) 营业场所、安全防范措施和与业务有关的其他设施的资料；(8) 国务院银行业监督管理机构规定的其他文件、资料。

2. 批准颁发许可证，办理登记、领取营业执照

《商业银行法》第 16 条规定：经批准设立的商业银行，由国务院银行业监督管理机构颁发经营许可证，并凭该许可证向工商行政管理部门办理登记，领取营业执照。

3. 公告

经批准设立的商业银行及其分支机构，由银行业监督管理委员会予以公告。商业银行及其分支机构自取得营业执照之日起无正当理由超过 6 个月未开业的，或者开业后连续停业 6 个月以上的，由银行业监督管理委员会吊销其经营许可证，并予以公告。

(三) 商业银行分支机构的设立

《商业银行法》第 19 条规定：商业银行根据业务需要可以在中华人民共和国境内外设立分支机构。设立分支机构必须经国务院银行业监督管理机构审查批准。在中华人民共和国境内的分支机构，不按行政区划设立。商业银行在中华人民共和国境内设立分支机构，应当按照规定拨付与其经营规模相适应的营运资金额。拨付各分支机构营运资金额的总和，不得超过总行资本金总额的 60%。

设立商业银行分支机构，申请人应当向国务院银行业监督管理机构

提交下列文件、资料：（1）申请书，申请书应当载明拟设立的分支机构的名称、营运资金额、业务范围、总行及分支机构所在地等；（2）申请人最近两年的财务会计报告；（3）拟任职的高级管理人员的资格证明；（4）经营方针和计划；（5）营业场所、安全防范措施和与业务有关的其他设施的资料；（6）国务院银行业监督管理机构规定的其他文件、资料。

经批准设立的商业银行分支机构，由国务院银行业监督管理机构颁发经营许可证，并凭该许可证向工商行政管理部门办理登记，领取营业执照。

二 商业银行的市场退出

商业银行的市场退出也即商业银行业务的市场退出，一般是指商业银行根据市场需求、自身经营特点以及业务发展状况等，调整其业务结构或类型，停止某些业务的运行、将其撤出市场的行为。[①] 商业银行的市场退出主要有以下几种方式：解散、行政关闭或撤销、破产、接管、并购、重组等。而我国商业银行的退出形式则主要是接管、解散、撤销、破产。

（一）接管

根据我国《商业银行法》第64条的规定，商业银行已经或者可能发生信用危机，严重影响存款人的利益时，国务院银行业监督管理机构可以对该银行实行接管。接管的目的是对被接管的商业银行采取必要措施，以保护存款人的利益，恢复商业银行的正常经营能力。被接管的商业银行的债权债务关系不因接管而变化。接管由银监会决定，并组织实施。根据要求，银监会的接管决定应当载明下列内容：（1）被接管的商业银行名称；（2）接管理由；（3）接管组织；（4）接管期限。接管决定由国务院银行业监督管理机构予以公告。自接管开始之日起，由接管组织行使商业银行的经营管理权力。

接管是有期限限制的，如果被接管银行的债权债务关系比较复杂而

[①] 陈颖：《商业银行市场准入与退出问题研究》，中国人民大学出版社2007年版，第127页。

需要延长监管期限的,可以由银行业监督管理委员会决定延期,但最长不得超过两年。如果在接管期限届满前,被接管的商业银行已经恢复正常的经营能力,或被合并,则接管可以终止。若接管期限届满前被接管的商业银行依法宣告破产,则接管也告终止。

银监会通过接管发生信用危机的银行,采取相应的救济措施,对被接管银行实施整顿和改组,能使银行恢复信誉和经营能力,防止被接管银行破产。对于那些发生严重信用危机的商业银行,接管组织采取了最大限度的措施后仍然不能帮助其恢复经营能力的,则应由银行业监督管理委员会确认后停止对其接管并进入破产程序。接管是银行业监督管理委员会对商业银行进行监督管理的手段,有利于保护存款人和客户的利益,维护金融业的稳定与安全。

(二) 解散

根据我国《商业银行法》第69条的规定,商业银行因分立、合并或者出现公司章程规定的解散事由需要解散的,应当向银监会提出申请,并附解散的理由和支付存款的本金和利息等债务清偿计划,经银监会批准后解散。实行商业银行解散的,应当依法成立清算组,进行清算,按照清偿计划及时偿还存款本金和利息等债务,并由国务院银行业监督管理机构监督清算过程。

商业银行的解散也涉及存款人和客户的利益与资金安全,故对商业银行的解散应规定较为严格的条件。除了银行业监督管理委员会应严格审查外,清算组也应按照银行业监督管理委员会批准的清偿计划及时偿还存款本金和利息等债务。为了保证清算依法进行,银行业监督管理委员会应当对清算过程进行监督,防止出现损害存款人和其他客户利益的行为。

(三) 撤销

撤销是指中国人民银行对经其报批设立的具有法人资格的金融机构依法采取行政强制措施,终止其经营活动,并予以解散的措施。依据我国《金融机构撤销条例》,金融机构有违法违规经营、经营管理不善等情形,不予撤销将严重危害金融秩序、损害社会公众利益的,应当依法撤销。《商业银行法》规定,商业银行因吊销经营许可证被撤销的,银监会应当依法及时组织成立清算组,进行清算,按照清偿计划及时偿还存款本金和利息等债务。

《商业银行法》第 74 条、第 75 条规定，商业银行有下列情形之一，由国务院银行业监督管理机构责令改正，情节特别严重或者逾期不改正的，可以责令停业整顿或者吊销其经营许可证：（1）未经批准设立分支机构的；（2）未经批准分立、合并或者违反规定对变更事项不报批的；（3）违反规定提高或者降低利率以及采用其他不正当手段，吸收存款，发放贷款的；（4）出租、出借经营许可证的；（5）未经批准买卖、代理买卖外汇的；（6）未经批准买卖政府债券或者发行、买卖金融债券的；（7）违反国家规定从事信托投资和证券经营业务、向非自用不动产投资或者向非银行金融机构和企业投资的；（8）向关系人发放信用贷款或者发放担保贷款的条件优于其他借款人同类贷款的条件的；（9）拒绝或者阻碍国务院银行业监督管理机构检查监督的；（10）提供虚假的或者隐瞒重要事实的财务会计报告、报表和统计报表的；（11）未遵守资本充足率、存贷比例、资产流动性比例、同一借款人贷款比例和国务院银行业监督管理机构有关资产负债比例管理的其他规定的。

《商业银行法》第 76 条、第 77 条规定，商业银行有下列情形之一的，中国人民银行可以建议银行业监督管理委员会吊销该商业银行的经营许可证：（1）未经批准办理结汇、售汇的；（2）未经批准在银行间债券市场发行、买卖金融债券或者到境外借款的；（3）违反规定同业拆借的；（4）拒绝或者阻碍中国人民银行检查监督的；（5）提供虚假的或者隐瞒重要事实的财务会计报告、报表和统计报表的；（6）未按照中国人民银行规定的比例交存存款准备金的。

（四）破产

破产是商业银行市场退出的最后一种形式。由于商业银行具有特殊性，其破产与普通公司企业的破产有很大区别。《商业银行法》第 71 条规定，如果商业银行不能支付到期债务，经银监会同意，可以由人民法院依法宣告其破产。商业银行破产的申请人可以是银行业监督管理委员会。商业银行被宣告破产的，由人民法院组织银监会等有关部门和有关人员成立清算组，进行清算。商业银行破产清算时，在支付清算费用、所欠职工工资和劳动保险费用后，应当优先支付个人储蓄存款的本金和利息。

三 商业银行市场准入与市场退出的关系

商业银行的市场准入与退出之间存在紧密的关系，作为形成完善的银行业市场结构的基本条件，两者缺一不可；市场准入与市场退出的因素相互包含，共同发生作用。因此，对于商业银行市场准入与退出之间关系的探讨，对于建立适宜的商业银行市场准入与退出制度非常重要。[①]

市场准入与市场退出之间的关系主要表现为：进入门槛高的行业，其退出条件可能也较高，从而使得这种行业的垄断性就越强；反之，进入门槛低的行业，退出条件可能也较低，这种行业也就越具有竞争性。同时，从政策的对应关系上看，其还表现为：对于市场进入较多使用行政性壁垒进行干预的国家，在市场退出方面也倾向于采用行政性壁垒来干预。

商业银行市场准入与退出的基本连接关系表明：应该将市场准入与市场退出放在同一个框架中进行研究；在实践中必须注意两者之间的关系，如在放宽银行市场准入的同时，应该相应降低银行市场退出的壁垒，因为只有这样，才能降低因市场准入的放松而带来的银行风险控制及防范的问题。商业银行市场准入与市场退出之间相互影响，相互制约。市场准入影响着市场退出，市场退出也制约着市场准入。一个健全、稳定、高效、创新和可持续发展的市场，也必然应该是市场准入与市场退出协调合理、互为前提的市场。

第四节 商业银行的经营与监管

一 商业银行经营的原则

（一）安全性原则、流动性原则、效益性原则

我国《商业银行法》第 4 条规定：商业银行以安全性、流动性、效益性为经营原则。

---

① 陈颖：《商业银行市场准入与退出问题研究》，中国人民大学出版社 2007 年版，第 160 页。

安全性原则指商业银行按期收回资产以及信誉、收入免遭损失的可靠程度,可靠程度越高,安全性就越强,反之则越弱。安全性是银行经营的关键。安全性原则主要针对商业银行的资产业务而言,资产业务是银行利润的主要来源,而商业银行是负债经营,为保证银行客户的利益,商业银行必须保证资金的安全。

流动性原则是指商业银行资金的流动和融通,能随时满足客户的需求。流动性原则包括资产流动性和负债流动性。资产流动性指银行资产在不发生损失的情况下变现的能力,负债流动性指银行能够以较低的成本随时获取需要的资金,以保证银行的支付能力和清偿能力。

效益性原则指商业银行的经营活动以追求利润最大化为目标。

(二) 自主经营、自担风险、自负盈亏、自我约束原则

《商业银行法》第 4 条规定了自主经营、自担风险、自负盈亏、自我约束的原则。商业银行拥有独立的业务经营自主权,任何单位和个人都不得加以干预。同时商业银行以其全部法人财产独立承担民事责任,不论是信用风险、利率风险,还是流动性风险、汇率风险,商业银行都必须自行独立承担。所谓自我约束,主要是指商业银行应加强内部管理,健全内部业务的稽查核算、检查监督制度。

(三) 平等、自愿、公平、诚实信用原则

《商业银行法》第 5 条规定,商业银行与客户的业务往来,应当遵循平等、自愿、公平和诚实信用的原则。商业银行和客户之间是平等的民事关系,该条法律规定实际上是对《民法通则》第 4 条"民事活动应当遵循自愿、公平、等价有偿、诚实信用的原则"的强调和重申。商业银行和客户之间的业务关系应建立在自愿的基础上,按照公平合理的标准来进行业务往来,应遵守商业道德,以诚信为本,善意、守信地履行责任和义务,不应有任何欺诈、隐瞒的情形。

(四) 守法经营、公平竞争原则

《商业银行法》第 8 条规定,商业银行开展业务,应当遵守法律、行政法规的有关规定,不得损害国家利益、社会公共利益。第 9 条规定,商业银行开展业务,应当遵守公平竞争的原则,不得从事不正当竞争。遵守法律法规是商业银行开展业务的前提,公平竞争是营造健康金融环境、稳定金融秩序的关键。不正当竞争会危害商业银行的正常健康

发展，破坏经济发展。所以商业银行在经营时要秉承守法经营、公平竞争的原则。

（五）接受监管的原则

《商业银行法》第 10 条规定，商业银行依法接受国务院银行业监督管理机构的监督管理，但法律规定其有关业务接受其他监督管理部门或者机构监督管理的，依照其规定。商业银行的经营状况关系到经济社会的安全与发展，故加强对商业银行的监督管理，是保障商业银行健康发展的必要手段。通过对商业银行的监管，还可以贯彻落实国家的货币政策等宏观调控措施，使市场经济得到良好的发展。在我国，对商业银行进行监管的机构和单位主要是中央银行即中国人民银行，以及中国银行业监督管理委员会，主要依据是《中国人民银行法》、《商业银行法》、《银行业监督管理法》等。

二　商业银行经营的业务范围

（一）规定商业银行业务范围的目的和意义

我国《商业银行法》明确规定了商业银行的业务范围，其目的在于保护商业银行的专业经营，也便于金融监管部门监管其业务范围，从而保护存款人和客户的利益。

法律规定商业银行的业务范围，等于为非银行金融机构和非金融机构划定了界限：只有商业银行才有权经营这些法律规定的特殊业务，非银行金融机构和非金融机构都不得经营这些业务。任何单位或任何人未经中国人民银行批准而擅自开展经营银行业务，法律将对这种违法行为进行处罚。根据我国《商业银行法》第 81 条规定：未经国务院银行业监督管理机构批准，擅自设立商业银行，或者非法吸收公众存款、变相吸收公众存款，构成犯罪的，依法追究刑事责任；并由国务院银行业监督管理机构予以取缔。

（二）我国商业银行的业务范围

我国《商业银行法》第 3 条规定了我国商业银行经营的 13 种业务，分别是：

1. 吸收公众存款

这里所指的"公众"不仅指个人，也指企事业单位、法人团体等。

个人既包括本国居民，也包括在本地的外国公民。而"存款"则特指活期存款，因为银行以外的其他金融机构可以吸收定期存款，但不得吸收活期存款。如信托公司可以吸收定期的信托存款。

2. 发放短期、中期和长期贷款

新中国成立初期，我国的长期贷款主要由专业银行来承办，例如中国建设银行，而中短期贷款则由中国工商银行承办。随着我国商业银行的改革和发展，商业银行逐渐呈现出综合性银行的特点，专业银行不再垄断特定业务。商业银行的业务也消除了限制，可以依法承办各类贷款。

3. 办理国内外结算

结算业务是商业银行特有的业务，其他非银行金融机构是不能从事结算业务的。商业银行通过收取结算服务费来获取利润，还可以在合理的结算期限内无偿使用客户的结算在途资金。我国《商业银行法》第44条规定，商业银行办理票据承兑、汇兑、委托收款等结算业务，应当按照规定的期限兑现，收付入账，不得压单、压票或者违反规定退票，有关兑现、收付入账期限的规定应当公布。第73条则规定了支付延迟履行的民事责任。

4. 办理票据承兑与贴现

票据贴现是商业银行贷款的方式之一。银行票据和商业汇票经过银行承兑后取得到期付款的保证，到期之前客户若需要资金周转，则可以将这种尚未到期的票据交给开户银行办理贴现，提前支取大部分资金。由于贴现会影响市场上的流通货币量，中国人民银行对贴现也进行了一些监管和指导。商业银行办理此类业务要遵守相关的法律规定和中国人民银行的政策方针。

5. 发行金融债券

商业银行通过发行金融债券来筹集资本，金融债券可以在证券市场上流通转让，其信誉度普遍高于一般企业。发行金融债券要符合国家法律的规定，发行的具体条件也必须经过有关部门的审查批准。

6. 代理发行、代理兑付、承销政府债券

商业银行可以代理发行、代理兑付、承销政府债券，但不能代理发行、代理兑付和承销企业债券。政府债券的风险性要大大低于企业债券,作此限制的目的主要是降低商业银行的资本流动性风险,进而保障存款人和客户的利益。

7. 买卖政府债券、金融债券

政府债券是非常稳定安全的债券,金融债券的风险性也小于公司债券,商业银行可以通过买卖政府债券和金融债券来实现资产保值和资产获利,提升自身的经济效益。

8. 从事同业拆借

同业拆借即商业银行之间的相互借贷,这是商业银行的特有业务。《商业银行法》第46条规定,同业拆借应当遵守中国人民银行的规定。禁止利用拆入资金发放固定资产贷款或者用于投资。拆出资金限于交足存款准备金、留足备付金和归还中国人民银行到期贷款之后的闲置资金。拆入资金用于弥补票据结算、联行汇差头寸的不足和解决临时性周转资金的需要。

9. 买卖、代理买卖外汇

从事买卖外汇、代理买卖外汇的业务是商业银行一项常规业务。

10. 从事银行卡业务

银行卡是现代社会一个非常便捷的存储和支付工具,商业银行的银行卡业务是一项盈利渠道多元化的业务。

11. 提供信用证服务及担保

商业银行为进出口企业提供信用证服务及担保服务也是银行的一项常规业务。银行信用证使得国际贸易变得安全便捷;信用卡业务使商品消费更加便利。银行的信用担保,提升了银行与生产企业之间的资金融通的安全性和便捷性,而银行也通过提供了信用证服务和担保服务来获取合理利润。

12. 代理收付款项及代理保险业务

商业银行代收代付款项的业务范围是非常广泛的,例如代收水费、电费、煤气费、话费等,或者代发工资、代收罚款,代理公司付账,等等。商业银行通过提供服务、收取服务费来盈利。银行也可以利用接触客户的便利条件,代理保险公司进行保险业务并从中收取一定的代理费。

13. 提供保管箱服务

商业银行提供的保管箱是安全度非常高的保管服务,客户将重要的财产资料交给银行代为保管，可防止价值较高的财产损毁灭失。商业银行收取保管服务费，也为客户提供了安全和便利。

14. 经国务院银行业监督管理机构批准的其他业务。

三 商业银行的监管

（一）中国人民银行对商业银行的监管

中国人民银行作为中央银行，对我国金融体系的安全和稳健负有监督管理的职责。为了保证金融秩序的安全和稳定，保障存款人和其他客户的利益，维护金融体系公平有序竞争，中国人民银行对商业银行的业务实施监督管理。这种监督管理也能促进商业银行形成自我监督机制。

中国人民银行有权对金融机构的下列行为进行检查监督：（1）执行有关存款准备金管理规定的行为；（2）与中国人民银行特种贷款有关的行为；（3）执行有关人民币管理规定的行为；（4）执行有关银行间同业拆借市场、银行间债券市场管理规定的行为；（5）执行有关外汇管理规定的行为；（6）执行有关黄金管理规定的行为；（7）代理中国人民银行经理国库的行为；（8）执行有关清算管理规定的行为；（9）执行有关反洗钱规定的行为。

中国人民银行根据执行货币政策和维护金融稳定的需要，可以建议国务院银行业监督管理机构对银行业金融机构进行检查监督。当银行业金融机构出现支付困难，可能引发金融风险时，为了维护金融稳定，中国人民银行经国务院批准，有权对银行业金融机构进行检查监督。

中国人民银行根据履行职责的需要，有权要求银行业金融机构报送必要的资产负债表、利润表以及其他财务会计、统计报表和资料。中国人民银行应当和国务院银行业监督管理机构、国务院其他金融监督管理机构建立监督管理信息共享机制。

（二）银行业监督管理机构对商业银行的监管

我国的银行业监督管理机构是中国银行业监督管理委员会，简称"银监会"。银监会于 2003 年 3 月成立，其成立标志着中国银行业监管专业化体制的确立。同年 12 月，《中华人民共和国银行业监督管理法》正式出台，为监管提供了有力的法律依据。

1. 银行业监督管理的目标和原则

银行业监督管理的目标是促进银行业的合法、稳健运行,维护公众对银行业的信心。银行业监督管理应当保护银行业公平竞争,提高银行业竞争能力。

银行业监督管理机构对银行业实施监督管理,应当遵循依法、公开、公正和效率的原则。

2. 监督管理的职责

银监会依照法律、行政法规制定并发布对银行业金融机构及其业务活动监督管理的规章、规则,依照法律、行政法规规定的条件和程序,审查批准银行业金融机构的设立、变更、终止以及业务范围。申请设立银行业金融机构,或者银行业金融机构变更持有资本总额或者股份总额达到规定比例以上的股东的,银监会应当对股东的资金来源、财务状况、资本补充能力和诚信状况进行审查。银行业金融机构业务范围内的业务品种,应当按照规定经银监会审查批准或者备案。需要审查批准或者备案的业务品种,由银监会依照法律、行政法规作出规定并公布。

银监会对银行业金融机构的董事和高级管理人员实行任职资格管理。具体办法由国务院银行业监督管理机构制定。依照法律、行政法规制定银行业金融机构审慎经营规则,包括风险管理、内部控制、资本充足率、资产质量、损失准备金、风险集中、关联交易、资产流动性等内容。

银监会应当对银行业金融机构的业务活动及其风险状况进行非现场监管,建立银行业金融机构监督管理信息系统,分析、评价银行业金融机构的风险状况,并对银行业金融机构的业务活动及其风险状况进行现场检查。银行业监督管理机构应当制定现场检查程序,规范现场检查行为。

银监会应当对银行业金融机构实行并表监督管理,应当建立银行业金融机构监督管理评级体系和风险预警机制,根据银行业金融机构的评级情况和风险状况,确定对其现场检查的频率、范围和需要采取的其他措施。

银监会应当建立银行业突发事件的发现、报告岗位责任制度。银监会应当会同中国人民银行、国务院财政部门等有关部门建立银行业突发事件处置制度，制定银行业突发事件处置预案，明确处置机构和人员及其职责、处置措施和处置程序，及时、有效地处置银行业突发事件。

银监会对银行业自律组织的活动进行指导和监督。银行业自律组织的章程应当报银监会备案。银监会可以开展与银行业监督管理有关的国际交流、合作活动。

值得一提的是，2013年1月，经过长期酝酿、周密论证和多轮征求意见，《商业银行资本管理办法（试行）》（以下简称《资本办法》）已发布并正式实施，这个管理办法也被称为"中国版第三版巴塞尔协议"。《资本办法》的出台有其深刻的社会背景。2012年1月召开的第四次全国金融工作会议明确要求，推动银行业实施国际新监管标准，建立全面审慎的资本监管和风险管理体系。2012年《政府工作报告》也明确将"推动实施银行业新监管标准"列为改革的重点任务之一。银行业稳步实施新的资本监管标准，强化资本约束机制，不仅符合国际金融监管改革的大趋势，也有助于进一步增强我国银行业抵御风险的能力，促进商业银行转变发展方式、更好地服务实体经济。

(三) 商业银行内部自我监管

《商业银行法》第59条规定：商业银行应当按照有关规定，制定本行的业务规则，建立、健全本行的风险管理和内部控制制度。第60条规定，商业银行应当建立、健全本行对存款、贷款、结算、呆账等各项情况的稽核、检查制度。商业银行对分支机构应当进行经常性的稽核和检查监督。

商业银行内部的自我监管主要通过监事会和稽核部来进行。

(四) 审计机关对商业银行的审计监督

《商业银行法》第63条规定，商业银行应当依法接受审计机关的审计监督。

国家审计机关对商业银行进行审计监督，可以确保国家信贷资产的安全和完整。通过审计可以及时发现和揭露商业银行在业务活动和财务活动中违反国家财经制度和金融法规的行为，从而促使其及时纠正和防止违法违纪行为，加强商业银行廉政建设，确保国家财政收入的合法合理增加。通过国家审计机关的检查监督，客观上可对商业银行的资金力量、经营状况和信誉等级等进行评价，及时准确地传递和反馈经济金融信息。审计监督的内容主要有以下几个方面：(1) 审计商业银行的收入、支出情况；(2) 审计商业银行的利润、利润留成、分配和使用的情况；(3) 审计商业银行国家资财情况；(4) 审计商业银行执行财经法纪的情况。[①]

第五节　违反商业银行法律制度的法律责任

一　违反商业银行法律制度的法律责任概述

违反商业银行法律制度的主体是银行业金融机构及其从业人员、非法从事银行业金融活动的组织或成员、银行业监督管理机构的工作人员。银行业违法行为的法律责任包括行政责任和刑事责任。行政责任包括警告、罚款，没收违法所得，取缔，责令改正，责令停业整顿，责令纪律处分，吊销金融许可证，取消董事、高级管理人员任职资格，禁止从业等责任形式。对于银行业的严重违法行为，构成犯罪的，依法追究刑事责任。[②]

我国的《商业银行法》和《银行业监督管理法》中都规定了银行业违法行为的法律责任，主要包括银行业金融机构违法的法律责任、擅自设立银行业金融机构或者非法从事银行业金融机构的业务活动的法律责任，商业银行从业人员的法律责任，以及银行业监督管理机构从事监督管理工作的人员违法的法律责任。

二　银行业金融机构违法的法律责任

商业银行有下列情形之一，对存款人或者其他客户造成财产损害的，应当承担支付迟延履行的利息以及其他民事责任：(1) 无故拖延、拒绝支付存款本金和利息的；(2) 违反票据承兑等结算业务规定，不予兑现，不予收付入账，压单、压票或者违反规定退票的；(3) 非法查询、冻结、扣划个人储蓄存款或者单位存款的；(4) 违反本法规定

---

① 王建平：《金融法学》，立信会计出版社2003年版，第89页。
② 李玫主编：《金融法概论》，高等教育出版社2008年版，第161页。

对存款人或者其他客户造成损害的其他行为。商业银行有上述情形的，由国务院银行业监督管理机构责令改正，有违法所得的，没收违法所得，违法所得5万元以上的，并处违法所得1倍以上5倍以下罚款；没有违法所得或者违法所得不足5万元的，处5万元以上50万元以下罚款。

商业银行有下列情形之一，由国务院银行业监督管理机构责令改正，有违法所得的，没收违法所得，违法所得50万元以上的，并处违法所得1倍以上5倍以下罚款；没有违法所得或者违法所得不足50万元的，处50万元以上200万元以下罚款；情节特别严重或者逾期不改正的，可以责令停业整顿或者吊销其经营许可证；构成犯罪的，依法追究刑事责任：（1）未经批准设立分支机构的；（2）未经批准分立、合并或者违反规定对变更事项不报批的；（3）违反规定提高或者降低利率以及采用其他不正当手段，吸收存款、发放贷款的；（4）出租、出借经营许可证的；（5）未经批准买卖、代理买卖外汇的；（6）未经批准买卖政府债券或者发行、买卖金融债券的；（7）违反国家规定从事信托投资和证券经营业务、向非自用不动产投资或者向非银行金融机构和企业投资的；（8）向关系人发放信用贷款或者发放担保贷款的条件优于其他借款人同类贷款的条件的。

商业银行有下列情形之一，由国务院银行业监督管理机构责令改正，并处20万元以上50万元以下罚款；情节特别严重或者逾期不改正的，可以责令停业整顿或者吊销其经营许可证；构成犯罪的，依法追究刑事责任：（1）拒绝或者阻碍国务院银行业监督管理机构检查监督的；（2）提供虚假的或者隐瞒重要事实的财务会计报告、报表和统计报表的；（3）未遵守资本充足率、存贷比例、资产流动性比例、同一借款人贷款比例和国务院银行业监督管理机构有关资产负债比例管理的其他规定的。

商业银行有下列情形之一，由中国人民银行责令改正，有违法所得的，没收违法所得，违法所得50万元以上的，并处违法所得1倍以上5倍以下罚款；没有违法所得或者违法所得不足50万元的，处50万元以上200万元以下罚款；情节特别严重或者逾期不改正的，中国人民银行可以建议国务院银行业监督管理机构责令停业整顿或者吊销其经营许可证；构成犯罪的，依法追究刑事责任：（1）未经批准办理结汇、售汇的；（2）未经批准在银行间债券市场发行、买卖金融债券或者到境外借款的；（3）违反规定同业拆借的。

商业银行有下列情形之一，由中国人民银行责令改正，并处20万元以上50万元以下罚款；情节特别严重或者逾期不改正的，中国人民银行可以建议国务院银行业监督管理机构责令停业整顿或者吊销其经营许可证；构成犯罪的，依法追究刑事责任：（1）拒绝或者阻碍中国人民银行检查监督的；（2）提供虚假的或者隐瞒重要事实的财务会计报告、报表和统计报表的；（3）未按照中国人民银行规定的比例交存存款准备金的。

商业银行有上述规定情形的，对直接负责的董事、高级管理人员和其他直接责任人员，应当给予纪律处分；构成犯罪的，依法追究刑事责任。

商业银行不按照规定向国务院银行业监督管理机构报送有关文件、资料的，由国务院银行业监督管理机构责令改正，逾期不改正的，处10万元以上30万元以下罚款。商业银行不按照规定向中国人民银行报送有关文件、资料的，由中国人民银行责令改正，逾期不改正的，处10万元以上30万元以下罚款。

三 擅自设立银行业金融机构或者非法从事银行业金融机构的业务活动的法律责任

未经国务院银行业监督管理机构批准，擅自设立商业银行，或者非法吸收公众存款、变相吸收公众存款，构成犯罪的，依法追究刑事责任；并由国务院银行业监督管理机构予以取缔。

伪造、变造、转让商业银行经营许可证，构成犯罪的，依法追究刑事责任。借款人采取欺诈手段骗取贷款，构成犯罪的，依法追究刑事责任。

有上述行为，尚不构成犯罪的，由国务院银行业监督管理机构没收违法所得，违法所得50万元以上的，并处违法所得1倍以上5倍以下罚款；没有违法所得或者违法所得不足50万元的，处50万元以上200万元以下罚款。

有下列情形之一，由国务院银行业监督管理机构责令改正，有违法所得的，没收违法所得，违法所得5万元以上的，并处违法所得1倍以上5倍以下罚款；没有违法所得或者违法所得不足5万元的，处5万元以上50万元以下罚款：（1）未经批准在名称中使用"银行"字样的；（2）未经批准购买商业银行股份总额5%以上的；（3）将单位的资金以个人名义开立账户存储的。

四　商业银行从业人员的法律责任

商业银行工作人员利用职务上的便利，索取、收受贿赂或者违反国家规定收受各种名义的回扣、手续费，构成犯罪的，依法追究刑事责任；尚不构成犯罪的，应当给予纪律处分。发放贷款或者提供担保造成损失的，应当承担全部或者部分赔偿责任。

商业银行工作人员利用职务上的便利，贪污、挪用、侵占本行或者客户资金，构成犯罪的，依法追究刑事责任；尚不构成犯罪的，应当给予纪律处分。商业银行工作人员违反本法规定玩忽职守造成损失的，应当给予纪律处分；构成犯罪的，依法追究刑事责任。违反规定徇私向亲属、朋友发放贷款或者提供担保造成损失的，应当承担全部或者部分赔偿责任。商业银行工作人员泄露在任职期间知悉的国家秘密、商业秘密的，应当给予纪律处分；构成犯罪的，依法追究刑事责任。

单位或者个人强令商业银行发放贷款或者提供担保的，应当对直接负责的主管人员和其他直接责任人员或者个人给予纪律处分；造成损失的，应当承担全部或者部分赔偿责任。商业银行的工作人员对单位或者个人强令其发放贷款或者提供担保未予拒绝的，应当给予纪律处分；造成损失的，应当承担相应的赔偿责任。商业银行违反《商业银行法》规定的，国务院银行业监督管理机构可以区别不同情形，取消其直接负责的董事、高级管理人员一定期限直至终身的任职资格，禁止直接负责的董事、高级管理人员和其他直接责任人员一定期限直至终身从事银行业工作。商业银行的行为尚不构成犯罪的，对直接负责的董事、高级管理人员和其他直接责任人员，给予警告，处5万元以上50万元以下罚款。

五　银行业监督管理机构从事监管工作人员违法的法律责任

银行业监督管理机构从事监督管理工作的人员有下列情形之一的，依法给予行政处分；构成犯罪的，依法追究刑事责任：（1）违反规定审查批准银行业金融机构的设立、变更、终止，以及业务范围和业务范围内的业务品种的；（2）违反规定对银行业金融机构进行现场检查的；（3）未依照本法第28条规定报告突发事件的；（4）违反规定查询账户或者申请冻结资金的；（5）违反规定对银行业金融机构采取措施或者处罚的；（6）违反本法第42条规定对有关单位或者个人进行调查的；（7）滥用职权、玩忽职守的其他行为。

本章复习思考题

1. 简述商业银行的概念和内涵。
2. 如何理解商业银行的职能及法律地位？
3. 商业银行的组织机构与公司治理结构有何区别和联系？
4. 为什么说商业银行的市场准入和市场退出是相互影响和相互作用的？
5. 商业银行经营的业务范围是什么？
6. 商业银行的监管主要是由哪些法律制度规定的？
7. 违反商业银行法律制度的法律责任有哪些？

专著推荐

1. 唐波主编：《金融法学案例评析》，上海人民出版社2012年版。
2. 陈颖：《商业银行市场准入与退出问题研究》，中国人民大学出版社2007年版。
3. 杨松等：《银行法律制度改革与完善研究：调控与监管的视角》，北京大学出版社2011年版。
4. [美]罗斯、[美]赫金斯：《商业银行管理》，刘园译，机械工业出版社2011年版。
5. 法规应用研究中心编：《银行法律规范集成典型案例与疑难精

解》，中国法制出版社 2012 年版。

6. 上海起航教育信息咨询有限公司研究院：《商业银行法律基本原理与制度》，中国金融出版社 2012 年版。

相关链接

1. 法律法规链接

《中华人民共和国商业银行法》、《中华人民共和国银行业监督管理法》、《中华人民共和国反洗钱法》。

2. 网络信息链接

中国银行业监督管理委员会官方网站　http：//www.cbrc.gov.cn/index.html。

3. 相关案例链接

典型案例[①]

案例 1——中银信托接管收购案：由于存在严重违规经营、内部管理混乱、资产质量差、不能支付到期债务等问题，1995 年 10 月 6 日，中国人民银行对中银信托投资公司进行了接管，包括其在全国 17 个省市的分支机构，接管期为一年。在接管期届满前，中银信托投资公司仍不能恢复其经营能力，中国人民银行又组织广东发展银行对其进行收购，从而避免了因中银信托投资公司破产而产生的社会负面影响，也使得广东发展银行的业务突破地区之间、城市之间限制，走向全国。在该案中，中国人民银行和政府部门充当了重要角色，通过先接管后合并的办法，取得了较好效果，没有出现严重的后遗症。

案例 2——海南发展银行关闭案：1998 年，因为兼并 28 家有问题的城市信用社、托管 5 家被关闭的信用社等而导致自身经营恶化，海南发展银行出现存户挤兑现象。几个月的挤兑行为耗尽了海南发展银行的准备金，而其贷款又无法收回。为保护海南发展银行，国家曾紧急调拨了 34 亿元资金救助，但只是杯水车薪。为控制局面，防止风险蔓延，

[①] 三个案例皆引自陈颖《商业银行市场准入与退出问题研究》，中国人民大学出版社 2007 年版，第 251 页。

1998年6月21日，国务院和中国人民银行宣布关闭海南发展银行，同时宣布从关闭之日起到正式解散之日前，由中国工商银行托管海南发展银行的全部资产负债，其中包括接受并行使原海南发展银行的行政领导权、业务管理权及财务收支审批权，承接原海南发展银行的全部资产负债，停止海南发展银行新的经营活动，配合有关部门实施清理清偿计划。对于海南发展银行的存款，则采取自然人和法人分别对待的办法，自然人存款即居民储蓄一律由工商银行兑付，而法人债权进行登记，将海南发展银行的全部资产负债清算完毕以后，按折扣率进行兑付。

案例3——广东国际信托投资公司破产案：广东国际信托投资公司（以下简称"广东国投"）是国内为数不多的几家对外融资窗口企业之一，对广东的经济发展作出了诸多贡献。但由于内部管理极度混乱，严重违法、违规经营，种种问题积重难返，中国人民银行于1998年10月份宣布关闭广东国投，并组成清算组对其债权债务进行处理。在清算过程中发现该公司仅有资产214.7亿元，负债则多达361.6亿元，资不抵债146.9亿元。广东国投的问题被发现后，政府没有像以往那样进行接管或者由政府把债务承担下来，而是依照国际惯例，通过司法程序宣告破产，首开我国处理不能清偿到期债务金融企业的先例，为今后处理其他有问题的金融机构指明了方向。

本章参考文献

［1］王建平：《金融法学》，立信会计出版社2003年版。

［2］李玫主编：《金融法概论》，高等教育出版社2008年版。

［3］王霄勇：《国有商业银行组织机构变革历程回顾及思考》，《中央财经大学学报》2010年第5期。

［4］陈颖：《商业银行市场准入与退出问题研究》，中国人民大学出版社2007年版。

第五章 政策性银行法律制度

本章内容提要：政策性银行是由政府创立、参股或保证的，不以营利为目的的，为贯彻和配合政府特定经济政策和意图而进行融资和信用活动的金融机构。政策性银行具有不同于中央银行和商业银行的性质和特点。本章介绍了政策性银行的性质、特征和法律地位，结合我国三大政策性银行的概况来分析政策性银行的职能和业务范围，对政策性银行的法律制度作了阐述，介绍了我国政策性银行的组织机构、业务范围及对政策性银行的监管。最后对我国政策性银行法律制度的缺陷和不足进行了探讨。通过本章的介绍，学生能掌握我国政策性银行的运行和发展状况，加强对银行制度的全面了解。

关键词：政策性 政府经济目标 政府主导 社会公益 国家开发银行 农业发展银行 进出口银行

第一节 政策性银行概述

一 政策性银行的概念

关于什么是政策性银行，理论界有不同的表述，一种比较常见的看法是：政策性银行是指由政府创立、参股或保证的，不以营利为目的，专门为贯彻、配合政府经济政策或产业政策，在特定的业务领域内，直接或间接地从事政策性融资活动，专门经营政策性货币信用业务的银行机构。[1] 也有学者认为，政策性银行是专门为贯彻实施国家的发展规划

---

[1] 徐孟洲：《银行法教程》，首都经济贸易大学出版社2002年版，第239页。

和产业政策,不以营利为目的而侧重追求社会经济协调发展的、带有社会公共性的、从事政策性金融活动的专业银行。①

第一种观点比较全面地概括了政策性银行的特征,而第二种观点则比较简明地道出了政策性银行的内涵。我们认为,对政策性银行概念可作如下表述:政策性银行是由政府创立、参股或保证的,不以营利为目的的,为贯彻和配合政府特定经济政策和意图而进行融资和信用活动的金融机构。

政策性银行的产生和发展是国家调控和干预经济的产物。政策性银行与商业银行和其他非银行金融机构相比存在一些共同之处,如要对贷款进行严格审查,贷款要还本付息、周转使用等。但作为政策性金融机构,也有其独特性:一是政策性银行的资本金多由政府财政拨付;二是政策性银行经营时主要考虑国家的整体利益、社会效益,不以营利为目的,但政策性银行也必须考虑盈亏,所以政策性银行还是应坚持银行管理的基本原则,力争保本微利;三是政策性银行有其特定的资金来源,主要依靠发行金融债券或向中央银行举债,一般不面向公众吸收存款;四是政策性银行有特定的业务领域,与商业银行不存在竞争关系。

二 设立政策性银行的意义

设立政策性银行首要的意义是确保国家调整经济结构政策的落实。其次,在经济发展过程中,常常存在一些商业银行从盈利角度考虑不愿意融资的领域,或者其资金实力难以达到的领域。这些领域通常包括那些对国民经济发展、社会稳定具有重要意义,投资规模大、周期长、经济效益见效慢、资金回收时间长的项目,如农业开发项目、重要基础设施建设项目等。为了扶持这些项目,政府往往实行各种鼓励措施,各国通常采用的办法是设立政策性银行,专门对这些项目融资。这样做,不仅是从财务角度考虑,而且有利于集中资金,支持重大项目的建设。②

---

① 王建平:《金融法学》,立信会计出版社2003年版,第127页。
② 引自中国人民银行官方网站关于政策性银行的概述,网址:http://www.pbc.gov.cn。

三 政策性银行的特征

(一) 政府主导性

政策性银行的启动资金来源于政府财政资金,主要有两大类资金来源:财政拨款和发行政策性金融债券。政策性银行一般不向公众吸收存款。政策性银行发行的金融债券往往能够取得政府的特殊优惠和财政担保,因此融资容易并且融资成本较低。日本的开发银行、美国的进出口银行、韩国的开发银行等都由政府出全资创立。也有一些国家的政策性银行由政府联合商业银行或其他金融机构共同设立,例如法国的对外贸易银行。总之,政策性银行在注册资本、资信保证方面与政府间的关系十分密切。

(二) 社会公益性

政策性银行是为贯彻、配合政府的社会经济政策而成立的,它与商业银行追求利润最大化有着明显的不同。政策性银行所提供的中长期信贷资金的贷款利率明显低于商业银行同期贷款利率,如果因为偿还困难而出现亏损,国家财政还会对政策性银行给予补贴。这些都说明政策性银行不以营利为目的,而以追求社会效益为目的。但不以营利为目的并不代表政策性银行必须负营利,政策性银行的业务仍然可以保本微利,这也是其自身生存发展的需要。但政策性银行存在的价值不在于追求利润,而在于"政策",即贯彻、配合政府的经济政策,为重大、基础性产业发展提供支持。例如,政策性银行在进行融资时,条件较商业银行优惠,贷款利率明显低于商业银行同期同类贷款利率,有的甚至低息免息。政策性银行对其他金融机构自愿从事的符合国家政策目标、意图的放款活动给予偿付保证、利息补贴或者再融资,从而支持、鼓励和推动更多的金融机构开展政策性融资活动。

(三) 业务特定性

政策性银行的业务范围一般为关系国计民生的特定基础领域。政策性银行的业务领域主要是农业开发项目等重要基础设施建设项目。这些领域有的是国民经济的薄弱环节,有的对社会稳定、经济均衡协调发展有重要作用,但由于这些业务领域周期长,盈利低,商业银行往往不愿意提供金融支持,所以需要有特定的政策性银行来从事和开展这些业务。

四 政策性银行的性质和法律地位

政策性银行是一国银行体系中与商业银行并存、互补,而又与之相对应的一种特殊类型的金融机构。它们是基于政府的特定政策目标或意图而设立的,所以,它们的经营行为深受政府部门的宏观经济决策与管理行为的左右,从而与政府之间保持某种依存关系。因此,也就决定了政策性银行的法律地位不能像商业银行那样成为自主经营、自担风险、自求发展的企业法人,而只能是为政府特定经济政策、产业政策服务的特殊金融机构,带有公益法人的性质。[①] 此外,我国的政策性银行也具有独立的法人地位。

政策性银行的法律地位主要体现在以下三个方面。

第一,政策性银行与政府的关系。政府是政策性银行的背后支持者,依法对政策性银行进行监管和领导。政策性银行为政府的经济、产业和社会政策服务,是政府对经济活动进行宏观管理的有力工具。政策性银行由与其经济产业领域相对应的政府部门来进行管理。例如,国家开发银行由国家发展和改革委员会管理;农业发展银行由农业部管理。政策性银行与政府的关系集中表现在其与财政部门的关系上,政策性银行的业务活动实质上是一种财政投融资活动。

第二,政策性银行与中央银行的关系。中央银行一般不直接管理政策性银行,与商业银行相比,政策性银行与中央银行的关系相对松散。但是政策性银行开展业务应与中央银行的政策目标相一致,中央银行也应给予政策性银行以必要的支持与指导。

第三,政策性银行与商业银行的关系。政策性银行与商业银行之间的关系是平等关系,但是又有一些差异、互补和配合。商业银行以营利为目的,其开展的业务范围种类多样,占我国金融业务的绝大部分。而政策性银行不以营利为目的,其所开展的业务范围是商业银行无法承担或不愿承担的领域,两者不存在竞争性,但有互补性和配合性。

从法律的角度看,政策性银行是一个独立的法人,自主经营、自负盈亏、自担风险、自我约束,但它作为实现政府特定政策目标而设立的

[①] 吕志祥、陶清德:《银行法律制度研究》,甘肃文化出版社2006年版,第91页。

金融机构，它的经营深受政府部门宏观决策与管理行为左右，其自主经营权不可能完全实现，只能是为政府特定经济政策、产业政策服务的特殊金融机构。①

五　中国的三大政策性银行

（一）国家开发银行

1993 年，国务院发布《关于金融体制改革的决定》，提出创建政策性银行。1994 年 3 月，我国组建了国家开发银行。设立国家开发银行的主要目的是，一方面为国家重点建设融通资金，保证关系国民经济全局和社会发展的重点建设顺利进行；另一方面把当时分散管理的国家投资基金集中起来，建立投资贷款审查制度，赋予开发银行一定的投资贷款决策权，并要求其承担相应的责任与风险，以防止盲目投资，重复建设。

2008 年 12 月，国家开发银行改制为股份制银行。改制后的国家开发银行股份有限公司主要从事中长期信贷与投资等金融业务，其主要任务是为国家基础设施、基础产业和支柱产业提供长期资金支持，业务范围包括吸收除居民储蓄存款外的公众存款，以及发放短期、中期和长期贷款等。改制后的国家开发银行成为我国继工、农、中、建行之后的第五家大型国有商业银行。改制后的国家开发银行仍然承担着政策性银行的职能，并在全球金融发展的浪潮中探索政策性银行改革和发展的新形式。

（二）中国进出口银行

1994 年 7 月，我国组建了中国进出口银行。在对外经济贸易扩大，运用补贴以施加特殊保护、促进出口的办法已经过时的背景下，成立进出口银行，主要是为了按国际惯例运用出口信贷、担保等通行做法，扩大机电产品，特别是大型成套设备和高新技术、高附加值产品的出口，合理促进对外贸易的发展，创造公平、透明、稳定的对外贸易环境。

（三）中国农业发展银行

1994 年 11 月，我国组建了中国农业发展银行。农业是国民经济的

---

① 战玉锋编：《金融法学理论与实务》，北京大学出版社 2010 年版，第 69 页。

基础性行业，我国农业的发展尤其是基础设施是较为落后的。一些农产品的生产、收购、销售、储备，很大程度上需要国家的支持。所以，为了集中财力解决农业和农村经济发展的合理的政策性资金需要，促进主要农产品收购资金的封闭运行，国务院决定成立中国农业发展银行。

第二节　我国的政策性银行法律制度

一　我国的政策性银行法律制度概述

政策性银行法律制度是规定政策性银行的组织和行为的法律规范的总称，主要包括政策性银行的性质、地位、资金来源与资金运作、业务范围、组织形式和组织机构的设立、变更和终止等内容。[①]

政策性银行一般实行单独立法。绝大多数国家的政策性银行不受普通银行法（或商业银行法）的制约，而是以单独的法律、条例规定政策性银行的相关内容。如《日本输出入银行法》即为日本输出入银行的专门立法，日本普通银行法的规定对其不适用。

我国还没有统一的或单独的政策性银行法，目前调整政策性银行的专门法律文件是1993年12月25日颁布的《国务院关于金融体制改革的决定》。该《决定》明确了组建我国政策性银行的目的：实现政策性金融和商业性金融分离，以解决国有专业银行身兼二任的问题；割断政策性贷款与基础货币的直接联系，确保中国人民银行调控基础货币的主动权。政策性银行要加强经营管理，坚持自担风险、保本经营、不与商业性金融机构竞争的原则，其业务受中国人民银行监督。

我国涉及政策性银行的法律文件还有：（1）《中国人民银行法》第35条规定："中国人民银行对国家政策性银行的金融业务进行指导和监督。"（2）国务院《关于组建国家开发银行的通知》、《关于组建中国进出口银行的通知》、《关于组建中国农业发展银行的通知》，经国务院批准的《国家开发银行章程》、《国家开发银行组建和运行方案》、《中国进出口银行章程》、财政部于1997年10月23日发布的《国家政策性银

[①] 唐波主编：《新编金融法学》，北京大学出版社2012年版，第69页。

行财务管理规定》，等等。

二 我国政策性银行的组织机构

政策性银行一般设董事会和监事会，实行董事会领导下的行长负责制。[①] 行长是政策性银行的法定代表人。董事会是最高决策机构，对国务院负责。政策性银行的董事长（正、副）由国务院任命，董事由有关部门提名，报国务院批准。政策性银行行长的主要职责是：负责银行全面经营管理工作；组织实施董事会决议；定期向董事会报告工作；组织制定全行的发展规划、经营方针和年度经营计划；组织拟订银行的人事管理、财务管理等规章制度；组织拟订银行内部管理机构设置方案等。政策性银行的业务方针、计划和重要规章，行长的工作报告、筹资方案和贷款项目、年度财务决算报告以及其他重大事项，由行长主持的行长会议研究决定。

政策性银行的监事会成员由中国人民银行、财政部、政府有关部门的代表和其他人员组成。监事会受国务院委托，对政策性银行的经营方针及国有资本的保值、增值情况进行监督检查，对政策性银行行长的经营业绩进行监督、评价和记录，提出任免、奖惩的建议。政策性银行对其派出机构、分支机构实行垂直领导。政策性银行在业务上要接受中国人民银行的指导和监督，其分支机构的设立须经过中国银行业监督管理委员会的批准。

三 我国政策性银行的行为法律制度

我国政策性银行的行为法律制度是规定我国政策性银行的成立、运行以及业务范围的相关法律制度。由于我国没有专门的政策性银行立法，故规定我国政策性银行行为法律制度的法律依据是国务院于1994年3月17日颁布的《国家开发银行章程》、同年3月19日颁布的《中国进出口银行章程》，以及4月19日颁布的《中国农业发展银行章程》。这三个行政法规规定了我国政策性银行的业务范围，是指导政策

[①] 国家开发银行进行了股份制改革后，组织机构增加了股东大会，国家开发银行的董事会对股东会负责。国家财政部和中央汇金投资有限责任公司是国家开发银行的两大股东。国家开发银行的组织机构按照公司治理结构运行。

性银行开展相关业务的法律依据。

(一) 国家开发银行行为法律制度

1994年颁布的《国家开发银行章程》对国家开发银行的业务范围已经有所限定,但由于2008年国家开发银行进行了股份制改革,加上经济的发展和国家宏观调控政策的变化,《国家开发银行章程》的相关规定已不完全符合现在的发展趋势。目前,国家开发银行的资金来源主要靠向金融机构发行政策性金融债券来解决。其业务领域主要包括增强综合国力的支柱产业和重大项目、高新技术在经济领域应用的重大项目、跨地区的重大政策性项目等。

(二) 中国农业发展银行行为法律制度

中国农业发展银行的主要资金来源是中国人民银行的再贷款,同时该行也发行少量的政策性金融债券。其主要业务包括:办理由国务院确定,中国人民银行安排资金并由财政部予以贴息的粮食、棉花、油料、猪肉、食糖等主要农副产品的国家专项储备贷款;办理粮、棉、油、肉等农副产品的收购贷款及粮油调销、批发贷款;办理承担国家粮、油等产品的政策性加工任务企业的贷款和棉麻系统棉花加工企业的贷款;办理国务院确定的扶贫贴息贷款、"老、少、边、穷"地区发展经济贷款、贫困县办工业贷款、农业综合开发贷款以及其他财政贴息的农业方面的贷款;办理国家确定的小型农、林、牧、水利基本建设和技术改造贷款;办理中央和省级政府的财政支农资金的代理拨付,为各级政府设立的粮食风险基金开立专户并代理拨付;办理开户企事业单位的结算以及经国务院和中国人民银行批准的其他业务。

(三) 中国进出口银行行为法律制度

中国进出口银行的主要业务是为大型机电成套设备进出口提供买方信贷和卖方信贷,为中国银行的成套机电产品出口办理贴息及出口信用担保。具体包括:为机电产品和成套设备等资本性货物进出口提供出口信贷(含买方信贷和卖方信贷);办理与机电产品出口信贷有关的外国政府贷款、混合贷款、出口信贷,以及我国政府的对外政府贷款、混合贷款转贷;办理国际银行间的贷款,组织或参加国际、国内银团贷款;提供出口信用保险、出口信贷担保、进出口保险和保险理赔业务的服务;经营经批准的外汇业务;参加国际进出口银行组织以及政策性金融保险组织;为进出口业务进行咨询和项目评审,为对外经济技术合作和贸易提供服务;办理经国家批准和委托的其他业务。

四 我国政策性银行的监管法律制度

(一) 我国政策性银行监管的法律依据

目前,对我国政策性银行监管的主要依据是《中华人民共和国银行业监督管理法》以及政策性银行成立之初国务院确定政策性银行的职能、任务、经营目标和宗旨的文件。《银行业监督管理法》第 2 条规定:国务院银行业监督管理机构负责对全国银行业金融机构及其业务活动监督管理的工作。本法所称银行业金融机构,是指在中华人民共和国境内设立的商业银行、城市信用合作社、农村信用合作社等吸收公众存款的金融机构以及政策性银行。

(二) 我国政策性银行的监管模式及思路

我国对政策性银行的监管实行的是以银行业监督机构为主的监管模式。此外,其他部门和金融机构在某些问题上也可以监管政策性银行。如中国人民银行、财政部、国家发改委等部门。

政策性银行是中国银行体系中的一个重要组成部分,随着经济的发展和国家宏观调控政策的进一步加强,政策性银行的地位和作用越来越重要。对其实施监管也成为银行业监管体系中的一个重要组成部分。对政策性银行的监管和对商业银行的监管侧重点和方式是不同的。政策性银行由于不以营利性为目的,往往风险防范和风险管理的能力都比较薄弱。对政策性银行的监管,要贯彻银监会的审慎性监管、持续性监管的原则。采取合规性监管与风险监管相结合的方式。要督促政策性银行提高风险防范意识,加强抗风险的能力,此外还要督促政策性银行的内部管理,健全内控和稽核机制。

(三) 我国政策性银行监管法律制度的主要内容

按照我国《银行业监督管理法》的相关规定,我国政策性银行监管法律制度的主要内容包括:市场准入监管、高级管理人员的准入监管。

市场准入监管主要是对政策性银行的设立、变更和终止的审批,对其业务范围和职能进行确定。主要包括机构准入程序的相关规定,以及对政策性银行业务是否满足金融机构的市场定位、是否符合市场需求、是否拥有管控业务风险的专业人员和能力以及是否建立审慎的业务管理制度等。

对政策性银行高级管理人员的审查，主要是考察此类人员是否具备与拟任职务相适应的政策水平和专业能力，以及丰富的从业经验。

五 我国政策性银行立法所面临的问题

1993年《国务院关于金融体制改革的决定》中，曾明确要求制定《国家开发银行条例》、《中国农业发展银行条例》以及《中国进出口信贷银行条例》，但迄今为止这些条例都尚未出台。政策性银行运行至今仅靠一些零散的行政法规和行政规章来加以调整，而且这些法律文件较为分散，存在相互矛盾冲突的地方。可见我国政策性银行立法是比较滞后的，这与政策性银行在金融体系中的地位和在经济社会发展中所发挥的作用不相匹配，也不符合我国依法治国的基本方略。

根据国外政策性银行的立法经验，设立政策性金融机构要进行专门立法，明确政策性银行的地位、职能、业务范围、经营和监管方式等方面的问题。我国应该借鉴相关制度较为发达完善的国家和地区的经验，尽快制定专门的政策性银行法，为政策性银行的运行和发展提供科学合理的依据。

本章复习思考题

1. 政策性银行的概念和特征是什么？
2. 为何要设立政策性银行？
3. 试述我国三大政策性银行的业务范围和职能。
4. 我国政策性银行的监管思路和模式是什么？
5. 我国政策性银行的立法面临怎样的现实问题？

专著推荐

1. 吕志祥、陶清德：《银行法律制度研究》，甘肃文化出版社2006年版。
2. 刘孝红：《我国政策性银行转型研究》，湖南人民出版社2010年版。

3. 巴曙松等：《政策性银行商业化改革对债券市场的影响研究》，经济科学出版社2010年版。

相关链接

1. 法律法规链接

《国务院关于金融体制改革的决定》、《关于组建国家开发银行的通知》、《关于组建中国进出口银行的通知》、《关于组建中国农业发展银行的通知》、《国家开发银行章程》、《国家开发银行组建和运行方案》、《中国进出口银行章程》、《国家政策性银行财务管理规定》。

2. 网络信息链接

国家开发银行官方网站　http：//www.cdb.com.cn/web/

中国进出口银行官方网站　http：//www.eximbank.gov.cn/

中国农业发展银行官方网站　http：//www.adbc.com.cn/

3. 相关事例链接

国家开发银行股份有限公司正式成立[①]

经国务院批准，国家开发银行于2008年12月11日整体改制为国家开发银行股份有限公司，国家开发银行股份有限公司在京成立。

股东代表中投公司董事长楼继伟说，国家开发银行股份有限公司的正式成立是开发银行改革发展的一座里程碑，标志着中国政策性银行商业化改革迈出了历史性的一步。

正如股东代表中投公司董事长楼继伟所说，国家开发银行的股份制改革，标志着中国金融改革深化的一个方向，也为另外两家政策性银行——中国农业发展银行、中国进出口银行的改革提供了经验。中国银监会副主席蔡鄂生为国家开发银行股份有限公司颁发了金融许可证，蔡鄂生说，国家开发银行股份有限公司的性质为商业银行，股份总额为3000亿股，每股面值为1元，其中财政部持股比例为51.3%，中央汇金投资有限责任公司持股比例为48.7%。国家开发银行股份有限公司承继原国家开发银行全部资产、负债、业务、机构网点和员工。财政部

[①] 引自中广网2008年12月17日相关新闻报道。

副部长李勇表示，开发银行实施商业化改革，是党中央、国务院为推进政策性银行改革进行的周密战略部署。国家开发银行董事长陈元表示，国家开发银行将继续发挥中长期融资优势、作用，为国家经济发展作出新的贡献。

经济学家在接受记者采访时表示，国家开发银行股份有限公司正式挂牌，这是中国政策性金融机构改革的标志性事件。

中银国际控股有限公司首席经济学家曹远征说："国家开发银行这次改成股份制，不仅仅是增强了资本金，更重要的它也改善了治理结构，从而抗风险能力会大大提高，这标志着中国金融改革深化的一个方向，第二，通过改善治理结构，形成新的流程银行，会在细微末节上提高风险防范水平，提高银行的整个质量、经营能力。"

国务院发展研究中心金融研究所副所长巴曙松分析，"我国政策性银行有必要根据金融环境的变化进行新的定位，那么从国际经验来看，往往对开发性金融都会给予信誉上的支持。随着改革的深化和政策的明确，这些疑虑消除之后，我们相信国家开发银行作为金融债市场上最重要的发行主体之一，还会依然非常活跃的"。

本章参考文献

[1] 徐孟洲：《银行法教程》，首都经济贸易大学出版社2002年版。
[2] 王建平：《金融法学》，立信会计出版社2003年版。
[3] 吕志祥、陶清德：《银行法律制度研究》，甘肃文化出版社2006年版。
[4] 战玉锋编：《金融法学理论与实务》，北京大学出版社2010年版。
[5] 唐波主编：《新编金融法学》，北京大学出版社2012年版。

第六章　证券机构法律制度

本章内容提要：本章以证券机构的市场准入制度为核心，简要介绍了证券公司的设立条件及业务范围、证券公司的变更事项及其终止事由、证券公司的组织机构的构成及任职人员的条件；并对证券交易所的设立和解散、职能、组织形式进行了简要概述；同时对证券登记结算机构的设立条件、证券登记结算机构的职能和禁止行为及其法定义务进行了介绍；对律师事务所、会计师事务所、证券投资咨询机构等证券服务机构从事证券服务业的条件、从业人员资格进行阐述。通过本章学习，以期展现我国证券机构的基本图谱脉络，让学生对我国证券机构及其职责有全面了解和掌握。

关键词：证券公司　证券公司的设立　业务范围　组织机构　高管任职条件　证券交易所　证券登记结算机构　律师事务所　会计师事务所　证券投资咨询机构　从业人员　从业条件

第一节　证券机构概述

一　证券机构的概念

所谓证券机构是指在证券市场中，为证券发行、交易提供媒介服务的机构。证券机构是随证券市场的形成、完善，并随证券市场中证券发行、交易各方的需求而不断出现、发展而来。如证券市场初期阶段，只有证券交易所的雏形，而随着证券交易的普遍化，使得许多并不具有证券专业知识的个人和公司企业也参与到证券交易中来，这就需要证券中介服务提供专业的证券咨询和证券交易服务等。而为满足发行、交易的客户的更高需求，也推动了证券机构的类型、组织机构、证券交易服务运作模式寻求不断地更新和完善。因此，从一定证券市场的发展来看，证券机构起着不可或缺的桥梁甚至是主动作用。

当然随着证券机构的不断发展，作为专业的服务机构，证券机构的日常运作行为和服务规则必然会对信息不对称的交易一方产生损害，而宏观上对整个证券市场产生损害，因此证券机构的设立、经营规则和日常经营行为必须纳入证券监督管理机关的监督管理中。

二 证券机构的特征

（一）证券机构需依法设立

为维护证券市场的正常秩序，证券机构的设立需经法定机关审批或特许设立。证券机构的设立需符合证券法以及证券监督管理机构的要求；根据相应的法律法规规定，证券机构除应符合设立的条件外，还需经过证券监督管理机关的审批，方能取得经营许可；持经营许可证照才能申请工商登记，完成设立，如证券公司。另外一些证券机构如证券交易所则采取的是特许设立。

（二）证券机构的服务中介功能

证券机构的基本作用在于或者证券机构通过向投资者提供集中竞价，或提供融资融券业务，或者向证券发行人提供辅导，辅助其发行证券等，因此，证券机构存在的基本价值在于其服务中介功能。当然随着证券业的不断发展，在法律的特别授权下，一些证券机构也发挥着监管的功能，如证券交易所对股票市场可以实施停牌停市的监管。

三 证券机构的类型

根据证券机构的作用不同可以将证券机构分为证券交易所、证券公司、证券登记结算机构、证券服务机构。上述证券机构将在以下几节分述。

第二节 证券公司

一 证券公司概述

（一）证券公司的概念

根据我国《证券法》第123条的规定，证券公司是指经国务院证券监督管理机构（以下均简称中国证监会）审查批准，依照《公司法》、《证券法》及相关法规规定设立的经营证券业务的有限责任公司或者股份有限公司。

（二）证券公司的功能和特点

1. 证券交易的中介功能。在我国现行的法律体系下，进行证券交易的投资者不能直接进入交易场所进行证券交易，必须通过合法设立的证券公司提供中介服务，才能实现证券交易。因此证券公司最基本的功能便是证券经纪业务。同时，由于证券市场交易的专业化，证券公司对于投资者的证券投资需求，也能采取有偿的投资咨询服务。

2. 证券发行的中介功能。对证券发行市场即一级市场而言，有意向通过发行有价证券融资的公司企业也需要经证券公司对证券的发行进行专业辅导，此项功能称为证券公司的保荐功能。同时，按照我国法律的相关规定，发行有价证券的公司企业必须通过证券公司采取包销和承销的方式来进行，任何个人和组织都不得擅自公开发行证券，因此，证券发行中证券公司起着必不可少的作用。

3. 证券公司设立、经营、管理的法定性。证券公司作为证券发行、交易过程中不可或缺的角色之一，证券监督管理机构必然对其设立、经营、管理过程中的每一环节进行监督。因此证券公司设立、经营、管理具有法定性。

（三）证券公司的类型和业务范围

1. 证券承销商、证券经纪商和证券自营商。按照从事的业务不同，我国证券法学界将证券公司分为证券承销商、证券经纪商和证券自营商。证券承销商是指取得证券承销业务资格，"从事证券承销业务的证券公司，按承销方式的不同可以分为包销商和代销商两种；证券经纪商是指经证监会批准，接受客户委托代理客户买卖证券、从事中介业务的证券公司；证券自营商是指不办理公众委托的证券买卖，而是以营利为目的，以自己的名义进行证券买卖的证券公司"。[①]

2. 证券公司的业务范围。根据证券法及相关法律法规的规定，经证监会批准，在我国境内设立的证券公司可以经营下列部分或者全部业

---

① 符启林主编：《证券法理论·实务·案例》，法律出版社2007年版，第355页。

务：(1) 证券经纪；(2) 证券投资咨询；(3) 与证券交易、证券投资活动有关的财务顾问；(4) 证券承销与保荐；(5) 证券自营；(6) 证券资产管理；(7) 其他证券业务，如发行、交易、销售证券类金融产品、融资融券业务。

依据《证券法》第127条的规定，经营不同的业务，对设立时的注册资本要求高低各有不同。

二 证券公司的设立

证券公司的设立须符合证券法、公司法和其他法律法规要求的条件，并获得证监会审查批准，才能从事批准经营的证券业务。根据目前我国证券法的规定，证券公司只能采用有限责任公司和股份有限公司两种形式。

(一) 证券公司的设立条件

根据我国证券法及证券公司监督管理条例的规定，设立证券公司，应当具备下列条件。

1. 有符合法律、行政法规规定的公司章程。

2. 主要股东具有持续盈利能力，信誉良好，最近三年无重大违法违规记录，净资产不低于人民币2亿元。而国务院《证券公司监督管理条例》进一步对股东以及实际控制人的资信条件进行了细化，该条例第9条对出资的形式和比例进一步要求为，证券公司的股东应当用货币或者证券公司经营必需的非货币财产出资。证券公司股东的非货币财产出资总额不得超过证券公司注册资本的30%。证券公司股东的出资，应当经具有证券、期货相关业务资格的会计师事务所验资并出具证明；出资中的非货币财产，应当经具有证券相关业务资格的资产评估机构评估。

同时，根据《证券公司监督管理条例》第10条的规定，具有如下情形之一的单位或者个人，不得成为持有证券公司5%以上股权的股东、实际控制人：(1) 因故意犯罪被判处刑罚，刑罚执行完毕未逾3年；(2) 净资产低于实收资本的50%，或者或有负债达到净资产的50%；(3) 不能清偿到期债务；(4) 证监会认定的其他情形。

3. 有符合证券法规定的注册资本；证券公司经营证券经纪、证投资咨询以及与证券交易、证券投资活动有关的财务顾问业务的,注册资本最低限额为人民币5千万元;经营证券承销与保荐、证券自营、证券资产管理业务之一的,注册资本最低限额为人民币1亿元;经营证券承销与保荐、证券自营、证券资产管理业务中两项以上的,注册资本最低限额为人民币5亿元,且证券公司的注册资本应当是实缴资本。[1]

4. 董事、监事、高级管理人员具备任职资格,从业人员具有证券从业资格;证券公司应当有3名以上在证券业担任高级管理人员满2年的高级管理人员。[2] 董事、监事、高级管理人员应当正直诚实,品行良好,熟悉证券法律、行政法规,具有履行职责所需的经营管理能力,并在任职前取得证监会核准的任职资格。有《公司法》第147条规定的情形或者下列情形之一的,不得担任证券公司的董事、监事、高级管理人员:(1)因违法行为或者违纪行为被解除职务的证券交易所、证券登记结算机构的负责人或者证券公司的董事、监事、高级管理人员,自被解除职务之日起未逾5年;(2)因违法行为或者违纪行为被撤销资格的律师、注册会计师或者投资咨询机构、财务顾问机构、资信评级机构、资产评估机构、验证机构的专业人员,自被撤销资格之日起未逾5年。因违法行为或者违纪行为被开除的证券交易所、证券登记结算机构、证券服务机构、证券公司的从业人员和被开除的国家机关工作人员,不得招聘为证券公司的从业人员;国家机关工作人员和法律、行政法规规定的禁止在公司中兼职的其他人员,不得在证券公司中兼任职务。

5. 有完善的风险管理与内部控制制度;证券公司设立时,其业务范围应当与其财务状况、内部控制制度、合规制度和人力资源状况相适应;证券公司在经营过程中,经其申请,证监会可以根据其财务状况、内部控制水平、合规程度、高级管理人员业务管理能力、专业人员数量,对其业务范围进行调整。

6. 有合格的经营场所和业务设施。

7. 法律、行政法规规定的和经国务院批准的证监会规定的其他

---

[1] 参见《证券法》第127条。
[2] 参见国务院《证券公司监督管理条例》第11条。

条件。

(二) 证券公司设立的程序

根据《证券法》第128条规定，证券公司应当按照下列程序完成设立行为：

1. 申请、审批。拟设立的证券公司向证监会提出设立申请并报送申请文件。证监会应当对申请进行审查，并在受理之日起6个月内，作出批准或者不予批准的书面决定，并通知申请人，不予批准的，应当说明理由。

2. 公司登记。获准设立申请的证券公司应按照《公司登记管理条例》的规定期限向公司登记机关申请设立登记，公司登记机关应当依照法律、行政法规的规定，凭证监会的批准文件，办理证券公司的设立登记，颁发营业执照。

3. 经营许可。证券公司应当自领取营业执照之日起15日内，证券公司在取得公司登记机关颁发的证券公司的营业执照后，应当向证监会申请颁发经营证券业务许可证。经营证券业务许可证应当载明证券公司的证券业务范围。向证监会申请经营证券业务许可证。未取得经营证券业务许可证，证券公司不得经营证券业务。

三 证券公司的变更

作为中介服务机构，证券公司的变更除应符合公司法关于有限责任公司和股份有限公司变更的一般规定外，还需符合证券法的规定。根据《证券法》第129条规定，证券公司设立、收购或者撤销分支机构，变更业务范围或者注册资本，变更持有5%以上股权的股东、实际控制人，变更公司章程中的重要条款①，合并、分立、变更公司形式、停业、解散、破产，必须经证监会批准。因此，证券公司的变更须经证监会的批准。证券公司合并、分立的，涉及客户权益的重大资产转让应当

---

① 根据《证券公司监督管理条例》第13条第2款的规定，公司章程中的重要条款，是指规定下列事项的条款：(1) 证券公司的名称、住所；(2) 证券公司的组织机构及其产生办法、职权、议事规则；(3) 证券公司对外投资、对外提供担保的类型、金额和内部审批程序；(4) 证券公司的解散事由与清算办法；(5) 国务院证券监督管理机构要求证券公司章程规定的其他事项。

经具有证券相关业务资格的资产评估机构评估。

证监会对变更注册资本、合并、分立或者要求审查股东、实际控制人资格的申请，自受理之日起3个月作出批准或者不予批准的书面决定；对变更业务范围、公司形式、公司章程中的重要条款或者要求审查高级管理人员任职资格的申请，自受理之日起45个工作日作出批准或者不予批准的书面决定。公司登记机关应当依照法律、行政法规的规定，凭证监会的批准文件，办理证券公司及其境内分支机构的变更、注销登记。

四 证券公司的终止

（一）申请解散或破产

证券公司解散、破产，必须经证监会批准。证监会应当对解散、破产申请进行审查，并在自受理之日起30个工作日内，作出批准或者不予批准的书面决定。

（二）撤销证券经营资格、强制解散

1. 证券公司成立后，无正当理由超过3个月未开始营业的，或者开业后自行停业连续3个月以上的，由公司登记机关吊销其公司营业执照。

2. 对于证券公司挪用客户的资金或者证券，或未经客户的委托，擅自为客户买卖证券的，除没收违法所得外，情节严重的，证监会责令关闭或者撤销相关业务许可。

3. 证券公司违反证券法规定，超出业务许可范围经营证券业务的，情节严重的，证监会责令关闭。

4. 证券公司的净资本或者其他风险控制指标不符合规定情节严重的，证监会撤销有关业务许可。

五 证券公司的组织机构

因证券公司的每一项决定都由其组织机构作出和执行，因此对证券市场秩序的影响重大，所以其组织机构和治理结构除应当符合公司法的一般规定之外，还应当符合证券法及相关法规规章的规定，证监会2012年12月11日颁布的《证券公司治理准则》对证券公司的组织机构和治理结构进行了规定。

(一) 股东

证券公司股东及其实际控制人应当符合法律、行政法规和证监会规定的资格条件。证券公司股东转让所持有的证券公司股权的,应当确认受让方及其实际控制人符合法律、行政法规和证监会规定的资格条件。证券公司应当以证监会或者其派出机构的核准文件、备案文件为依据对股东进行登记、修改公司章程,并依法办理工商登记手续。同时,证券公司应当确保公司章程、股东名册及工商登记文件所记载的内容与股东的实际情况一致。

1. 股东的法定知情权。证券公司应当建立和股东沟通的有效机制,依法保障股东的知情权。证券公司有下列情形之一的,应当以书面方式或者公司章程规定的其他方式及时通知全体股东,并向公司住所地证监会派出机构报告:(1)公司或者其董事、监事、高级管理人员涉嫌重大违法违规行为;(2)公司财务状况持续恶化,导致风险控制指标不符合证监会规定的标准;(3)公司发生重大亏损;(4)拟更换法定代表人、董事长、监事会主席或者经营管理的主要负责人;(5)发生突发事件,对公司和客户利益产生或者可能产生重大不利影响;(6)其他可能影响公司持续经营的事项。

2. 股东的出资义务。证券公司股东应当严格按照法律、行政法规和证监会的规定履行出资义务。证券公司股东存在虚假出资、出资不实、抽逃出资或者变相抽逃出资等违法违规行为的,证券公司应当在10个工作日内向公司住所地的证监会派出机构报告,并要求有关股东在1个月内纠正。并可责令其转让所持证券公司的股权。在股东按照要求改正违法行为、转让所持证券公司的股权前,证监会可以限制其股东权利。

3. 证券公司的股东①、实际控制人的通知义务。在下列情形下,证券公司的股东、实际控制人应当在5个工作日内通知证券公司:(1)证券公司的股东、实际控制人所持有或者控制的证券公司股权被采取财产保全或者强制执行措施;(2)质押所持有的证券公司股权;(3)持有

---

① 上市证券公司持有5%以下股权的股东不适用该规定。

证券公司5%以上股权的股东变更实际控制人;(4)变更名称;(5)发生合并、分立;(6)被采取责令停业整顿、指定托管、接管或者撤销等监管措施,或者进入解散、破产、清算程序;(7)因重大违法违规行为被行政处罚或者追究刑事责任;(8)其他可能导致所持有或者控制的证券公司股权发生转移或者可能影响证券公司运作的。证券公司应当自知悉前款规定情形之日起5个工作日内向公司住所地证监会派出机构报告。

4. 证券公司的控股股东、实际控制人的行为的特别禁止。

(1)禁止滥用控制地位或权利损害证券公司利益。证券公司的控股股东、实际控制人不得利用其控制地位或者滥用权利损害证券公司、公司其他股东和公司客户的合法权益。

(2)禁止越权任免管理层及高管层。证券公司的控股股东不得超越股东会、董事会任免证券公司的董事、监事和高级管理人员。

(3)禁止干预证券公司的经营管理活动。股东、实际控制人不得违反法律、行政法规和公司章程的规定干预证券公司的经营管理活动。

(4)证券公司与其股东、实际控制人或者其他关联方应当在业务、机构、资产、财务、办公场所等方面严格分开,各自独立经营、独立核算、独立承担责任和风险。证券公司股东的人员在证券公司兼职的,应当遵守法律、行政法规和证监会的规定。

(5)关联方竞业禁止。证券公司的控股股东、实际控制人及其关联方应当采取有效措施,防止与其所控制的证券公司发生业务竞争。证券公司控股其他证券公司的,不得损害所控股的证券公司的利益。

(6)关联交易不得损害证券公司利益。证券公司的股东、实际控制人及其关联方与证券公司的关联交易不得损害证券公司及其客户的合法权益。证券公司章程应当对重大关联交易及其披露和表决程序作出规定。

(7)证券公司与其股东(或者股东的关联方)之间不得有下列行为:持有股东的股权,但法律、行政法规或者证监会另有规定的除外;通过购买股东持有的证券等方式向股东输送不当利益;股东违规占用公司资产;法律、行政法规或者证监会禁止的其他行为。

(二)股东会

1. 股东会的召开。证券公司应当自每个会计年度结束之日起6个月内召开股东会年会。因特殊情况需要延期召开的，应当及时向公司住所地证监会派出机构报告，并说明延期召开的理由。证券公司股东会应当制作会议记录。会议记录应当真实、准确、完整，并依法保存。

2. 股东的提案权的特别规定。董事会、监事会、单独或者合并持有证券公司3%以上股权的股东，可以向股东会提出议案。

单独或者合并持有证券公司3%以上股权的股东，可以向股东会提名董事、监事候选人。证券公司任一股东推选的董事占董事会成员1/2以上时，其推选的监事不得超过监事会成员的1/3，但证券公司为一人公司的除外。

3. 累积投票制的特别规定。证券公司在董事、监事的选举中可以采用累积投票制度。证券公司股东单独或者与关联方合并持有公司50%以上股权的，董事、监事的选举应当采用累积投票制度，但证券公司为一人公司的除外。采用累积投票制度的证券公司应当在公司章程中规定该制度的实施规则。

4. 免除董事、监事的特别规定。证券公司股东会在董事、监事任期届满前免除其职务的，应当说明理由；被免职的董事、监事有权向股东会、证监会或者其派出机构陈述意见。

（三）董事

1. 董事。证券公司董事应当符合法律、行政法规和中国证监会规定的任职条件[①]（参见证券公司的设立条件）。证券公司应当采取措施保障董事的知情权，为董事履行职责提供必要条件。董事应当保证足够的时间和精力履行职责。

2. 独立董事

证券公司可以设独立董事，但经营证券经纪业务、证券资产管理业务、融资融券业务和证券承销与保荐业务中两种以上业务的证券公司，应当设独立董事。独立董事与公司其他董事任期相同，连任时间不得超过6年。

证券公司的独立董事，不得在本证券公司担任董事会外的职务，不

[①] 董事应当从事证券、金融、法律、会计工作3年以上或者经济工作5年以上；具有大专以上学历。

得与本证券公司存在可能妨碍其作出独立、客观判断的关系。证券公司聘任的独立董事应当符合法律、行政法规和中国证监会规定的任职条件。[①] 独立董事在任职期间出现证监会规定的不得担任独立董事的情形[②]的，证券公司应当及时解聘。独立董事在任期内辞职或者被免职的，独立董事本人和证券公司应当分别向公司住所地中国证监会派出机构和股东会提交书面说明。

建立独立董事制度的证券公司有下列情形之一的，独立董事人数不得少于董事人数的1/4：（1）董事长、经营管理的主要负责人由同一人担任；（2）内部董事人数占董事人数1/5以上；（3）中国证监会认定的其他情形。

独立董事不得与证券公司存在关联关系、利益冲突或者存在其他可能妨碍独立客观判断的情形。下列人员不得担任证券公司独立董事：（1）在证券公司或其关联方任职的人员及其近亲属和主要社会关系人员；（2）在下列机构任职的人员及其近亲属和主要社会关系人员：持有或控制证券公司5%以上股权的单位、证券公司前5名股东单位、与证券公司存在业务联系或利益关系的机构；（3）持有或控制上市证券公司1%以上股权的自然人，上市证券公司前10名股东中的自然人股东，或者控制证券公司5%以上股权的自然人，以及上述人员的近亲属；（4）为证券公司及其关联方提供财务、法律、咨询等服务的人员及其近亲属；（5）最近1年内曾经具有前四项所列举情形之一的人员；（6）在其他证券公司担任除独立董事以外职务的人员；（7）中国证监会认定的其他人员。

独立董事应当根据法律、行政法规和中国证监会的规定独立履行董事职责，并在股东会年会上提交工作报告。独立董事未履行应尽职责的，应当承担相应的责任。证券公司应当保障独立董事享有与其他董事同等的知情权。

---

① 独立董事应当从事证券、金融、法律、会计工作5年以上；具有大学本科以上学历，并且具有学士以上学位；有履行职责所必需的时间和精力。

② 拟担任独立董事的申请人不存在下列情形之一：（1）《证券法》第131条第二款、第132条、第133条规定的情形；（2）因重大违法违规行为受到金融监管部门的行政处罚，执行期满未逾3年；（3）自被中国证监会撤销任职资格之日起未逾3年；（4）自被中国证监会认定为不适当人选之日起未逾2年；（5）中国证监会认定的其他情形。

(四) 董事会及其专门委员会

1. 董事会的一般规定。证券公司章程应当明确董事人数。证券公司设董事会的,内部董事人数不得超过董事人数的 1/2。证券公司可以聘请外部专业人士担任董事。董事会应当在股东会年会上报告并在年度报告中披露董事的履职情况,包括报告期内董事参加董事会会议的次数、投票表决等情况。

2. 董事会议事表决程序的特别规定。证券公司章程应当明确规定董事会的职责、议事方式和表决程序。证券公司章程应当明确规定董事会会议采取通信表决方式的条件和程序。除由于紧急情况、不可抗力等特殊原因无法举行现场、视频或者电话会议外,董事会会议应当采取现场、视频或者电话会议方式。

董事会表决有关关联交易的议案时,与交易对方有关联关系的董事应当回避。该次董事会会议由过半数的无关联关系董事出席即可举行,董事会会议所作决议须经无关联关系董事过半数通过。出席董事会的无关联关系董事人数不足 3 人的,应当将该事项提交股东会审议。

证券公司董事会每年至少召开两次会议。董事会会议应当制作会议记录,并可以录音。会议记录应当真实、准确、完整地记录会议过程、决议内容、董事发言和表决情况,并依法保存。出席会议的董事和记录人应当在会议记录上签字。

3. 董事会不得越权干预经营层。证券公司董事会、董事长应当在法律、行政法规、证监会和公司章程规定的范围内行使职权,不得越权干预经理层的经营管理活动。证券公司董事会决议内容违反法律、行政法规或者中国证监会的规定的,监事会应当要求董事会纠正,经理层应当拒绝执行。

4. 董事会的专门委员会。证券公司经营证券经纪业务、证券资产管理业务、融资融券业务和证券承销与保荐业务中两种以上业务的,其董事会应当设立薪酬与提名委员会、审计委员会和风险控制委员会,公司章程中应当规定各委员会的组成、职责及其行使方式。专门委员会可以聘请外部专业人士提供服务,由此发生的合理费用由证券公司承担。董事会在对与专门委员会职责相关的事项作出决议前,应当听取专门委员会的意见。专门委员会应当向董事会负责,按照公司章程的规定向董事会提交工作报告。

专门委员会的任职资格。证券公司董事会各专门委员会应当由董事组成。专门委员会成员应当具有与专门委员会职责相适应的专业知识和工作经验。

审计委员会中独立董事的人数不得少于1/2，并且至少有1名独立董事从事会计工作5年以上。薪酬与提名委员会、审计委员会的负责人应当由独立董事担任。

专门委员会的职责。薪酬与提名委员会的主要职责是：（1）对董事、高级管理人员的选任标准和程序进行审议并提出意见，搜寻合格的董事和高级管理人员人选，对董事和高级管理人员人选的资格条件进行审查并提出建议；（2）对董事和高级管理人员的考核与薪酬管理制度进行审议并提出意见；（3）对董事、高级管理人员进行考核并提出建议；（4）公司章程规定的其他职责。

审计委员会的主要职责是：（1）监督年度审计工作，就审计后的财务报告信息的真实性、准确性和完整性作出判断，提交董事会审议；（2）提议聘请或者更换外部审计机构，并监督外部审计机构的执业行为；（3）负责内部审计与外部审计之间的沟通；（4）公司章程规定的其他职责。

风险控制委员会的主要职责是：（1）对合规管理和风险管理的总体目标、基本政策进行审议并提出意见；（2）对合规管理和风险管理的机构设置及其职责进行审议并提出意见；（3）对需董事会审议的重大决策的风险和重大风险的解决方案进行评估并提出意见；（4）对需董事会审议的合规报告和风险评估报告进行审议并提出意见；（5）公司章程规定的其他职责。

此外，证券公司可以设合规委员会，合规委员会对证券公司的治理结构、日常经营和风险控制是否符合法律法规规章的规定进行检查监督。证券公司董事会设合规委员会的，前述3个专门委员会职责中有关合规管理的职责可以由合规委员会行使。

（五）高级管理人员

证券公司高级管理人员（又称高管人员），是指证券公司的总经理、副总经理、财务负责人、合规负责人、董事会秘书以及实际履行上述职务的人员。证券公司高级管理人员应当对内部控制不力、不及时处理或者改正内部控制中存在的缺陷或者问题承担相应的责任。证券公司分管合规管理、风险管理、稽核审计部门的高级管理人员,不得兼任或者分管与合规管理、风险管理、稽核审计职责相冲突的职务或者部门。证券公司高级管理人员应当支持合规管理、风险管理、稽核审计部门的工作。

高管人员应当:(1)正直诚实,品行良好;(2)熟悉证券法律、行政法规、规章以及其他规范性文件,具备履行职责所必需的经营管理能力;(3)从事证券工作3年以上,或者金融、法律、会计工作5年以上;(4)具有证券从业资格;(5)具有大学本科以上学历或取得学士以上学位;(6)曾担任证券机构部门负责人以上职务不少于2年,或者曾担任金融机构部门负责人以上职务不少于4年,或者具有相当职位管理工作经历;(7)通过中国证监会认可的资质测试。同时,高级管理人员不得在其他营利性机构兼职,但法律、行政法规或者中国证监会另有规定的除外。

1. 董事会秘书及其职权。证券公司应当设董事会秘书,负责股东会和董事会会议的筹备、文件的保管以及股东资料的管理,按照规定或者根据中国证监会及其派出机构、股东等有关单位或者个人的要求,依法提供有关资料,办理信息报送或者信息披露事项。

2. 合规负责人及其职权。证券公司设合规负责人,对证券公司经营管理行为的合法合规性进行审查、监督或者检查。合规负责人由证券公司董事会决定聘任,并应当经证监会认可。合规负责人不得在证券公司兼任负责经营管理的职务。合规负责人发现违法违规行为,应当向公司章程规定的机构报告,同时按照规定向证监会或者有关自律组织报告。证券公司解聘合规负责人,应当有正当理由,并自解聘之日起3个工作日内将解聘的事实和理由书面报告国务院证券监督管理机构。

3. 总经理及经理层。证券公司设总经理的,总经理依据公司法、公司章程的规定行使职权,并向董事会负责。证券公司设立管理委员会、执行委员会等机构行使总经理职权的,应当在公司章程中明确其名称、组成、职责和议事规则,其组成人员应当取得证券公司高级管理人员任职资格。

证券公司经营管理的主要负责人应当根据董事会或者监事会的要求,向董事会或者监事会报告公司重大合同的签订、执行情况,资金运用情况和盈亏情况。经营管理的主要负责人必须保证报告的真实、准确、完整。未担任董事职务的经营管理的主要负责人可以列席董事会会议。证券公司经理层应当建立责任明确、程序清晰的组织结构，组织实施各类风险的识别与评估工作，并建立健全有效的内部控制制度和机制，及时处理或者改正内部控制中存在的缺陷或者问题。

(六) 监事及监事会

1. 监事及其职责。证券公司监事应当符合法律、行政法规和中国证监会规定的任职条件（监事的任职条件同前述董事）。证券公司可以聘请外部专业人士担任监事。证券公司应当采取措施保障监事的知情权，为监事履行职责提供必要的条件。证券公司监事有权了解公司经营情况，并承担相应的保密义务。

2. 监事会议事决议程序。证券公司章程应当规定监事会的职责、议事方式和表决程序。证券公司章程应当明确规定监事会会议采取通信表决方式的条件和程序。除由于紧急情况、不可抗力等特殊原因无法举行现场、视频或者电话会议外，监事会会议应当采取现场、视频或者电话会议方式。监事会应当在股东会年会上报告并在年度报告中披露监事的履职情况，包括报告期内监事参加监事会会议的次数、投票表决等情况。证券公司监事会会议应当制作会议记录，并可以录音。会议记录应当真实、准确、完整地记录会议过程、决议内容、监事发言和表决情况，并依法保存。出席会议的监事和记录人应当在会议记录上签字。

3. 监事会的组织结构及职权。证券公司设监事会的，监事会应当设主席，可以设副主席。监事会主席是监事会的召集人。监事会可以下设专门机构，负责监事会会议的筹备、会议记录和会议文件的保管，并为监事履行职责提供服务。

（1）监事会的知情权。证券公司应当将其内部稽核报告、合规报告、月度或者季度财务会计报告、年度财务会计报告及其他重大事项及时报告监事会。

（2）监事会的质询检查权。证券公司监事会可要求公司董事、高级管理人员及其他相关人员出席监事会会议，回答问题。监事会可根据需要对公司财务情况、合规情况进行专项检查，必要时可聘请外部专业人士协助，其合理费用由证券公司承担。监事会对公司董事、高级管理人员履行职责的行为进行检查时，可以向董事、高级管理人员及公司其他人员了解情况，董事、高级管理人员及公司其他人员应当配合。

（3）监事会提案权。对董事、高级管理人员违反法律、行政法规或者公司章程，损害公司、股东或者客户利益的行为，监事会应当要求董事、高级管理人员限期改正；损害严重或者董事、高级管理人员未在限期内改正的，监事会应当提议召开股东会，并向股东会提出专项议案。

（4）监事会向股东会的说明义务。监事会负有就公司的财务情况、合规情况向股东会年会作出专项说明的义务。

（5）监事会及时报告的义务。对董事会、高级管理人员的重大违法违规行为，监事会应当直接向中国证监会或者其派出机构报告。

监事知道或者应当知道董事、高级管理人员有违反法律、行政法规或者公司章程的规定、损害公司利益的行为，未履行应尽职责的，应当承担相应的责任。

第三节 证券交易所

一 证券交易所的概念

根据证券法的规定，证券交易所是为证券集中交易提供场所和设施，组织和监督证券交易，实行自律管理的不以营利为目的，实行会员制的事业单位法人。

证券二级市场由证券交易所和场外交易市场组成。作为证券二级市场中的基础角色之一，证券交易所是有组织地进行集中交易的有形场所，又称场内交易。场外交易市场是指在证券交易所之外进行证券交易的场所。场外交易市场有加强证券流动性等优点，但也存在这缺乏统一的组织和信息不灵的缺点。所以，在证券交易中处于枢纽和核心地位的是证券交易所。在我国仅有上海证券交易所和深圳证券交易所，分别简称沪市和深市。

二 证券交易所的特征

（一）证券交易所是实行会员制的事业单位法人

就我国目前的证券交易所的性质而言，有别于发达国家实行公司制，而是依法设立的事业单位。同时，要进场交易的证券公司必须向证券交易所申请成为会员,缴纳席位费和席位管理费。

(二)证券交易所是非营利性自律管理法人

依法设立的证券交易所不以营利为目的。虽然采取自律管理,但实际上我国的两个主要证交所均是由国家设立、由证监会监管的法人。

(三)证券交易所的监管职能

证券交易所主要对证券交易活动、对会员即进场交易的证券公司、对上市公司进行监管。

三 证券交易所的设立和解散

(一)证券交易所的设立

设立证券交易所,由证监会审核,报国务院批准。申请设立证券交易所,应当向证监会提交下列文件:(1)申请书;(2)章程和主要业务规则草案;(3)拟加入会员名单;(4)理事会候选人名单及简历;(5)场地、设备及资金情况说明;(6)拟任用管理人员的情况说明;(7)证监会要求提交的其他文件。

(二)证券交易所的解散

证券交易所的解散,经证监会审核同意后,报国务院批准。

四 证券交易所的职能

1. 证券交易所的职能

证券交易所的职能包括:(1)提供证券交易的场所和设施;(2)制定证券交易所的业务规则;(3)接受上市申请、安排证券上市;(4)组织、监督证券交易;(5)对会员进行监管;(6)对上市公司进行监管;(7)设立证券登记结算机构;(8)管理和公布市场信息;(9)证监会许可的其他职能。

2. 证券交易所的业务限制

证券交易所不得直接或者间接从事的业务包括:(1)以营利为目的的业务;(2)新闻出版业;(3)发布对证券价格进行预测的文字和资料;(4)为他人提供担保;(5)未经证监会批准的其他业务。

3. 业务许可

证券交易所上市新的证券交易品种、以联网等方式为非本所上市的证券交易品种提供证券交易服务、证券交易所制定和修改业务规则,由证券交易所理事会通过,应当报证监会批准。

五 证券交易所的组织形式

(一) 会员大会

会员大会为证券交易所的最高权力机构。会员大会有以下职权:(1) 制定和修改证券交易所章程;(2) 选举和罢免会员理事;(3) 审议和通过理事会、总经理的工作报告;(4) 审议和通过证券交易所的财务预算、决算报告;(5) 决定证券交易所的其他重大事项。章程的制定和修改经会员大会通过后,报证监会批准。

会员大会由理事会召集,每年召开 1 次。有下列情形之一的,应当召开临时会员大会:(1) 理事人数不足本办法规定的最低人数;(2) 占会员总数 1/3 以上的会员请求;(3) 理事会认为必要会员大会须有 2/3 以上会员出席,其决议须经出席会议的过半数以上会员表决通过后方为有效。会员大会结束后 10 日内,证券交易所应当将大会全部文件及有关情况报证监会备案。

(二) 理事会

理事会是证券交易所的决策机构,每届任期 3 年。理事会的职责是:(1) 执行会员大会的决议;(2) 制定、修改证券交易所的业务规则;(3) 审定总经理提出的工作计划;(4) 审定总经理提出的财务预算、决算方案;(5) 审定对会员的接纳;(6) 审定对会员的处分;(7) 根据需要决定专门委员会的设置;(8) 会员大会授予的其他职责。

证券交易所理事会由 7—13 人组成,其中非会员理事人数不少于理事会成员总数的 1/3,不超过理事会成员总数的 1/2。会员理事由会员大会选举产生。非会员理事由证监会委派。理事连续任职不得超过两届。理事会设理事长 1 人,副理事长 1—2 人。理事长、副理事长由证监会提名,理事会选举产生。总经理应当是理事会成员。

理事会会议至少每季度召开 1 次。会议须有 2/3 以上理事出席,其决议应当经出席会议的 2/3 以上理事表决同意方为有效。理事会决议应当在会议结束后两个工作日内报证监会备案。理事长负责召集和主持理事会会议。理事长因故临时不能履行职责时,由理事长指定的副理事长代其履行职责。理事长担任会员大会期间的会议主席。理事长不得兼任证券交易所总经理。

根据需要，理事会可以下设其他专门委员会。各专门委员会的经费应当纳入证券交易所的预算。

理事会可以常设监察委员会，每届任期3年。监察委员会主席由理事长兼任。监察委员会对理事会负责，行使下列职权：（1）监察证券交易所高级管理人员和其他工作人员遵守国家有关法律、法规、规章、政策和证券交易所章程、业务规则的情况；（2）监察高级管理人员执行会员大会、理事会决议的情况；（3）监察证券交易所的财务情况；（4）证券交易所章程规定的其他职权。

（三）总经理及中层干部

证券交易所设总经理1人，副总经理1—3人。总经理、副总经理由证监会任免。总经理、副总经理不得由国家公务员兼任。总经理、副总经理任期3年。总经理连续任职不得超过两届。总经理在理事会领导下负责证券交易所的日常管理工作，为证券交易所的法定代表人。总经理因故临时不能履行职责时，由总经理指定的副总经理代其履行职责。

证券交易所中层干部的任免报证监会备案，财务、人事部门负责人的任免报证监会批准。

（四）证券交易所从业人员及高管人员任职条件

有下列情形之一的，不得招聘为证券交易所从业人员，不得担任证券交易所高级管理人员：（1）犯有贪污、贿赂、侵占财产、挪用财产罪或者破坏社会经济秩序罪，或者因犯罪被剥夺政治权利；（2）因违法、违纪行为被解除职务的证券经营机构或者其他金融机构的从业人员，自被解除职务之日起未逾5年；（3）因违法行为被撤销资格的律师、注册会计师或者法定资产评估机构、验资机构的专业人员，自被撤销资格之日起未逾5年；（4）担任因违法行为被吊销营业执照的公司、企业的法定代表人并对该公司、企业被吊销营业执照负有个人责任的，自被吊销营业执照之日起未逾5年；（5）担任因经营管理不善而破产的公司、企业的董事、厂长或者经理并对该公司、企业的破产负有个人责任的，自破产之日起未逾5年；（6）被开除的国家机关工作人员，自被开除之日起未逾5年；（7）国家有关法律、法规、规章、政策规定的其他情况。

证券交易所高级管理人员的产生、聘任有不正当情况,或者前述人员在任期内有违反国家有关法律、法规、规章、政策和证券交易所章程、业务规则的行为,或者由于其他原因,不适宜继续担任其所担任的职务时,证监会有权解除有关人员的职务,并任命新的人选。

第四节 证券登记结算机构

一 证券登记结算机构概述

(一) 证券登记结算机构的概念

根据《证券法》第155条的规定,证券登记结算机构是指为证券交易提供集中登记、存管与结算服务,不以营利为目的的法人。

(二) 证券登记结算机构的特征

1. 证券登记结算机构属于非营利性法人。证券登记结算机构是为证券交易提供集中登记、存管与结算服务,不以营利为目的的法人。证券登记结算机构实行行业自律管理。

2. 证券登记结算机构属于为证券交易提供集中登记、存管与结算服务的法人。证券登记结算机构存在的基本功能,在于其独立于证券交易所之外,为证券交易提供集中登记、存管与结算服务。

二 证券登记结算机构的设立

根据《证券法》第156条的规定,设立证券登记结算机构,应当具备下列条件:(1) 自有资金不少于人民币2亿元;(2) 具有证券登记、存管和结算服务所必需的场所和设施;(3) 主要管理人员和从业人员必须具有证券从业资格;(4) 国务院证券监督管理机构规定的其他条件。

除具备上述条件外,证券登记结算机构还须经证监会批准。

证券登记结算机构章程、业务规则应当依法制定,并经国务院证券监督管理机构批准。

我国目前唯一的证券登记结算机构为中国证券登记结算有限责任公司,上海、深圳证券交易所是该公司的两个股东,各持50%的股份;

下设上海、深圳和北京数据技术分公司3家分公司。中国证监会为其主管部门。①

三 证券登记结算机构的职能和禁止行为

证券登记结算机构履行下列职能：（1）证券账户、结算账户的设立和管理；（2）证券的存管和过户；（3）证券持有人名册登记及权益登记；（4）证券和资金的清算交收及相关管理；（5）受发行人的委托派发证券权益；（6）依法提供与证券登记结算业务有关的查询、信息、咨询和培训服务；（7）中国证监会批准的其他业务。

同时证券登记结算机构作为非营利性法人，其主要功能为证券服务，因此不得从事如下营利行为：（1）与证券登记结算业务无关的投资；（2）购置非自用不动产；（3）在《证券登记结算管理办法》第65条、第66条规定之外②买卖证券；（4）法律、行政法规和证监会禁止的其他行为。

四 证券登记结算机构的义务

1. 托管与存管义务。证券持有人持有的证券，在上市交易时，应当全部存管在证券登记结算机构；证券登记结算机构不得挪用客户的证券。证券登记结算机构应当妥善保存登记、存管和结算的原始凭证及有关文件和资料。其保存期限不得少于20年。

证券公司应当将其自有证券和所托管的客户证券交由证券登记结算机构存管，但法律、行政法规和中国证监会另有规定的除外。

---

① 参见 http://www.chinaclear.cn/main/02/0203/0203.html。
② 根据《证券登记结算管理办法》第65条规定，结算参与人发生证券交收违约的，证券登记结算机构可以动用下列证券，完成与对手方结算参与人的证券交收：（1）违约结算参与人提交的用以冲抵的相同证券；（2）委托证券公司以专用清偿账户中的资金买入的相同证券；（3）其他来源的相同证券。
第66条规定，违约结算参与人未在规定的期间内补足资金、证券的，证券登记结算机构可以处分违约结算参与人所提供的担保物、质押品保管库中的回购质押券、卖出专用清偿账户内的证券。前款处置所得，用于补足违约结算参与人欠付的资金、证券和支付相关费用；有剩余的，应当归还该相关违约结算参与人；不足偿付的，证券登记结算机构应当向相关违约结算参与人追偿。在规定期限内无法追偿的证券或资金，证券登记结算机构可以依法动用证券结算互保金和证券结算风险基金予以弥补。依法动用证券结算互保金和证券结算风险基金弥补损失后，证券登记结算机构应当继续向违约结算参与人追偿。

2. 登记业务。上市证券的发行人，应当委托证券登记结算机构办理其所发行证券的登记业务。证券登记结算机构应当与委托其办理证券登记业务的证券发行人签订证券登记及服务协议，明确双方的权利义务。证券登记结算机构可以根据政府债券主管部门的要求办理上市政府债券的登记业务。证券登记结算机构根据证券账户的记录，确认证券持有人持有证券的事实，办理证券持有人名册的登记。证券登记结算机构应当保证证券持有人名册和登记过户记录真实、准确、完整，不得隐匿、伪造或者毁损。

（1）初始登记。证券公开发行后，证券发行人应当向证券登记结算机构提交已发行证券的证券持有人名册及其他相关资料。证券登记结算机构据此办理证券持有人名册的初始登记。

（2）变更登记。证券在证券交易所上市交易的，证券登记结算机构应当根据证券交易的交收结果办理证券持有人名册的变更登记。证券以协议转让、继承、捐赠、强制执行、行政划拨等方式转让的，证券登记结算机构根据业务规则变更相关证券账户的余额，并相应办理证券持有人名册的变更登记。

（3）限制登记。证券因质押、锁定、冻结等原因导致其持有人权利受到限制的，证券登记结算机构应当在证券持有人名册上加以标记。

3. 账户管理的权利和义务。投资者开立证券账户应当向证券登记结算机构提出申请。证券登记结算机构可以直接为投资者开立证券账户，也可以委托证券公司代为办理。投资者在证券账户开立和使用过程中存在违规行为的，证券登记结算机构应当依法对违规证券账户采取限制使用、注销等处置措施。

4. 证券结算义务。证券登记结算机构为证券交易提供净额结算服务时，应当要求结算参与人按照货银对付的原则，足额交付证券和资金，并提供交收担保。在交收完成之前，任何人不得动用用于交收的证券、资金和担保物。结算参与人未按时履行交收义务的，证券登记结算机构有权按照业务规则处理所担保财产。证券登记结算机构按照业务规则收取的各类结算资金和证券，必须存放于专门的清算交收账户，只能按业务规则用于已成交的证券交易的清算交收，不得被强制执行。

5. 设立结算风险基金的义务。证券登记结算机构应当设立证券结算风险基金，用于垫付或者弥补因违约交收、技术故障、操作失误、不可抗力造成的证券登记结算机构的损失。证券结算风险基金从证券登记结算机构的业务收入和收益中提取，并可以由结算参与人按照证券交易业务量的一定比例缴纳。证券结算风险基金应当存入指定银行的专门账户，实行专项管理。证券登记结算机构以证券结算风险基金赔偿后，应当向有关责任人追偿。

第五节　证券服务机构

一　证券服务机构的概念

证券服务机构指依法设立的为证券发行、证券上市或交易提供法律、会计咨询等中介辅助业务的机构。主要包括投资咨询机构、财务顾问机构、资信评级机构、资产评估机构、会计师事务所、律师事务所等。上述机构从事证券服务业务，必须经国务院证券监督管理机构和有关主管部门批准。本节主要对律师事务所、会计师事务所提供法律、会计服务的相关法律问题进行论述。

二　律师事务所

（一）证券法律业务范围

律师事务所从事证券法律业务，是指律师事务所及其指派的律师接受当事人委托，为其证券发行、上市和交易等证券业务活动，提供制作、出具法律意见书等文件的法律服务业务。

律师事务所从事证券法律业务，可以为下列事项出具法律意见：（1）首次公开发行股票及上市；（2）上市公司发行证券及上市；（3）上市公司的收购、重大资产重组及股份回购；（4）上市公司实行股权激励计划；（5）上市公司召开股东大会；（6）境内企业直接或者间接到境外发行证券、将其证券在境外上市交易；（7）证券公司、证券投资基金管理公司及其分支机构的设立、变更、解散、终止；（8）证券投资基金的募集、证券公司集合资产管理计划的设立；（9）证券衍生品种的发行及上市；（10）中国证监会规定的其他事项。

(二) 律师事务所及律师从事证券法律业务的基本条件

1. 律师事务所从事证券法律业务的基本条件

根据《律师事务所从事证券法律业务管理办法》第 8 条的规定，证监会鼓励具备：（1）内部管理规范，风险控制制度健全，执业水准高，社会信誉良好；（2）有 20 名以上执业律师，其中 5 名以上曾从事过证券法律业务；（3）已经办理有效的执业责任保险；（4）最近 2 年未因违法执业行为受到行政处罚的条件的律师事务所从事证券法律业务。

同一律师事务所不得同时为同一证券发行的发行人和保荐人、承销的证券公司出具法律意见，不得同时为同一收购行为的收购人和被收购的上市公司出具法律意见，不得在其他同一证券业务活动中为具有利害关系的不同当事人出具法律意见。

律师担任公司及其关联方董事、监事、高级管理人员，或者存在其他影响律师独立性的情形的，该律师所在律师事务所不得接受所任职公司的委托，为该公司提供证券法律服务。

2. 律师从事证券法律业务的基本条件

（1）最近 3 年从事过证券法律业务；（2）最近 3 年连续执业，且拟与其共同承办业务的律师最近 3 年从事过证券法律业务；（3）最近 3 年连续从事证券法律领域的教学、研究工作，或者接受过证券法律业务的行业培训。并且最近 2 年未因违法执业行为受到行政处罚的律师可从事证券法律业务。

但律师被吊销执业证书的，不得从事证券法律业务；或被中国证监会采取证券市场禁入措施或者被司法行政机关给予停止执业处罚的，在规定禁入或者停止执业期间不得从事证券法律业务。

(三) 律师事务所及律师从事证券法律业务的规则

律师事务所及律师从事证券法律业务应当谨慎勤勉，其所出具的法律意见书需要面对不特定的投资者公开相关证券发行、证券交易的信息，对社会公共利益影响很大，因此在出具法律意见以及在法律意见书中，应尽到如下义务，以保证公众投资者能全面了解证券发行人的基本信息、保证证券交易安全。

1. 谨慎勤勉义务。律师事务所及其指派的律师从事证券法律业务，应当按照依法制定的业务规则，勤勉尽责，审慎履行核查和验证义务。

律师在进行核查和验证时,可以采用面谈、书面审查、实地调查、查询和函证、计算、复核等方法。

律师事务所及其指派的律师应当依法对所依据的文件资料内容的真实性、准确性、完整性进行核查和验证;在进行核查和验证前,应当编制核查和验证计划,明确需要核查和验证的事项,并根据业务的进展情况,对其予以适当调整。

2. 特别注意义务和一般注意义务。律师在出具法律意见时,对与法律相关的业务事项应当履行法律专业人士特别的注意义务,对其他业务事项履行普通人一般的注意义务,其制作、出具的文件不得有虚假记载、误导性陈述或者重大遗漏。

3. 法律意见中的说明义务。律师从国家机关、具有管理公共事务职能的组织、会计师事务所、资产评估机构、资信评级机构、公证机构(以下统称公共机构)直接取得的文书,可以作为出具法律意见的依据,但律师应当履行注意义务并加以说明;对于不是从公共机构直接取得的文书,经核查和验证后方可作为出具法律意见的依据。

律师从公共机构抄录、复制的材料,经该机构确认后,可以作为出具法律意见的依据,但律师应当履行注意义务并加以说明;未取得公共机构确认的,对相关内容进行核查和验证后方可作为出具法律意见的依据。

4. 报告义务。律师在从事证券法律业务时,发现委托人提供的材料有虚假记载、误导性陈述、重大遗漏,或者委托人有重大违法行为的,应当要求委托人纠正、补充;委托人拒不纠正、补充的,律师可以拒绝继续接受委托,同时应当按照规定向有关方面履行报告义务。

5. 工作底稿保存义务。律师应当归类整理核查和验证中形成的工作记录和获取的材料,并对法律意见书等文件中各具体意见所依据的事实、国家相关规定以及律师的分析判断作出说明,形成记录清晰的工作底稿。工作底稿由出具法律意见的律师事务所保存,保存期限不得少于7年;中国证监会对保存期限另有规定的,从其规定。

(四)法律意见书概述

1. 法律意见书的概念

法律意见书是指律师事务所及其指派的律师针对委托人委托事项的

合法性，出具的明确结论性意见的法律文书。法律意见书是委托人、投资者和中国证监会及其派出机构确认相关事项是否合法的重要依据。法律意见应当由律师在核查和验证所依据的文件资料内容的真实性、准确性、完整性的基础上，按照法律、行政法规及相关规定作出。法律意见书应当列明相关材料、事实、具体核查和验证结果、国家有关规定和结论性意见。

2. 法律意见书的基本要求

法律意见书的具体内容和格式，应当符合中国证监会的相关规定，不得使用"基本符合"、"未发现"等含糊措辞。律师所出具的法律意见应当由2名执业律师和所在律师事务所负责人签名，加盖该律师事务所印章，并签署日期。法律意见书等文件在报送中国证监会及其派出机构后，发生重大事项或者律师发现需要补充意见的，应当及时提出补充意见。

有下列情形之一的，律师应当在法律意见中予以说明，并充分揭示其对相关事项的影响程度及其风险：（1）委托人的全部或者部分事项不符合中国证监会规定；（2）事实不清楚，材料不充分，不能全面反映委托人情况；（3）核查和验证范围受到客观条件的限制，无法取得应有证据；（4）律师已要求委托人纠正、补充而委托人未予纠正、补充；（5）律师已依法履行勤勉尽责义务，仍不能对全部或者部分事项作出准确判断；（6）律师认为应当予以说明的其他情形。

三 会计师事务所

（一）会计师事务所从事证券业务的范围

根据《财政部、证监会关于会计师事务所从事证券期货相关业务有关问题的通知》第7条第（一）项的规定，会计师事务所所从事的证券业务，是指证券、期货相关机构的财务报表审计、净资产验证、实收资本（股本）的审验、盈利预测审核、内部控制制度审核、前次募集资金使用情况专项审核等业务。

（二）会计师事务所从事证券业务的条件

会计师事务所从事证券、期货相关业务，应当取得证券、期货相关业务资格，会计师事务所申请证券资格，应当具备下列条件：（1）依法成立3年以上；（2）质量控制制度和内部管理制度健全并有效执行，执业质量和职业道德良好；(3) 注册会计师不少于80人，其中通过注册会计师全国统一考试取得注册会计师证书的不少于55人，上述55人中最近5年持有注册会计师证书且连续执业的不少于35人；(4) 有限责任会计师事务所净资产不少于500万元，合伙会计师事务所净资产不少于300万元；(5) 会计师事务所职业保险的累计赔偿限额与累计职业风险基金之和不少于600万元；(6) 上一年度审计业务收入不少于1600万元；(7) 持有不少于50%股权的股东，或半数以上合伙人最近在本机构连续执业3年以上。

存在下列情形之一的不得申请证券、期货相关业务资格：(1) 在执业活动中受到行政处罚、刑事处罚，自处罚决定生效之日起至提出申请之日止未满3年；(2) 因以欺骗等不正当手段取得证券资格而被撤销该资格，自撤销之日起至提出申请之日止未满3年；(3) 申请证券资格过程中，因隐瞒有关情况或者提供虚假材料被不予受理或者不予批准的，自被出具不予受理凭证或者不予批准决定之日起至提出申请之日止未满3年。

四 证券投资咨询机构

(一) 证券投资咨询机构的概念

证券投资咨询机构指为证券、期货投资人或者为客户提供证券、期货投资分析、预测或者建议等直接或者间接有偿咨询服务证券、期货投资咨询业务的机构。

(二) 证券投资咨询机构的设立

证券投资咨询机构一般只能以公司形式设立，因此除符合公司法的一般规定外，根据《证券、期货投资咨询管理暂行办法》的规定，从事证券、期货投资咨询业务必须取得中国证监会的业务许可。申请证券、期货投资咨询从业资格的机构，还应当具备下列条件。

1. 分别从事证券或者期货投资咨询业务的机构，有5名以上取得证券、期货投资咨询从业资格的专职人员；同时从事证券和期货投资咨询业务的机构，有10名以上取得证券、期货投资咨询从业资格的专职人员；其高级管理人员中，至少有一名取得证券或者期货投资咨询从业资格，另外具有从事证券投资咨询或者期货投资咨询从业资格的专职人员各不得少于 3 名。

2. 有 100 万元人民币以上的注册资本。

3. 有固定的业务场所和与业务相适应的通信及其他信息传递设施；该场所与设施应当专门用于证券、期货投资咨询业务。

4. 有公司章程。

5. 有健全的内部管理制度。

6. 具备中国证监会要求的其他条件。

证券经营机构、期货经纪机构申请从事超出本机构范围的证券、期货投资咨询业务的，或其他从事咨询业务的机构申请兼营证券、期货投资咨询业务的，除符合上述条件外，还应当设立独立的从事证券、期货投资咨询业务的部门，其业务、人员、场所、设施应当与证券经营机构、期货经纪机构的其他部门分开，咨询人员不得在机构其他部门兼职，方可申请兼营证券、期货投资咨询业务。

证券经营机构只能申请证券投资咨询业务资格，从事证券投资咨询业务；期货经纪机构只能申请期货投资咨询业务资格，从事期货投资咨询业务。

（三）证券投资咨询机构的业务范围

1. 接受投资人或者客户委托，提供证券、期货投资咨询服务，包括除证券经营机构外的从事证券、期货投资咨询业务的机构提供涉及证券发行、交易以及与之相关的企业财务顾问等方面的有偿咨询服务。

2. 举办有关证券、期货投资咨询的讲座、报告会、分析会等。

3. 在报刊上发表证券、期货投资咨询的文章、评论、报告，以及通过电台、电视台等公众传播媒体提供证券、期货投资咨询服务。

4. 通过电话、传真、电脑网络等电信设备系统，提供证券、期货投资咨询服务。

5. 中国证监会认定的其他形式。

（四）证券、期货投资咨询业务人员

证券、期货投资咨询业务人员是证券期货投资咨询机构中具体从事证券、期货投资咨询业务的组成人员。自然人须在证券期货投资咨询机构从事一定年限的证券期货业务后，方可申请证券、期货投资咨询业务从业资格。具体包括在证券、期货投资咨询机构中专职从事证券或者期货投资咨询业务的高级管理人员和业务人员。高级管理人员是指从事证券或者期货投资咨询业务的机构的正、副经理及相当职务者；业务人员是指在机构中从事证券或者期货投资咨询业务的分析、研究人员。

1. 申请证券、期货投资咨询业务的人员从业资格条件：（1）具有中华人民共和国国籍；（2）具有完全民事行为能力；（3）品行良好、正直诚实，具有良好的职业道德；（4）未受过刑事处罚或者与证券、期货业务有关的严重行政处罚；（5）具有大学本科以上学历；（6）证券投资咨询人员具有从事证券业务两年以上的经历，期货投资咨询人员具有从事期货业务两年以上的经历；（7）通过中国证监会统一组织的证券、期货从业人员资格考试；（8）中国证监会规定的其他条件。

2. 申请证券、期货投资咨询业务的人员及证券、期货投资咨询人员的从业资格的基本行为规范：（1）在取得证券、期货投资咨询从业资格后的自然人必须加入一家有从业资格的证券、期货投资咨询机构后，方可从事证券、期货投资咨询业务；（2）任何人未取得证券、期货投资咨询从业资格的，或者取得证券、期货投资咨询从业资格，但是未在证券、期货投资咨询机构工作的，不得从事证券、期货投资咨询业务；（3）不得出租、出借、转让、涂改业务资格证书；（4）证券、期货投资咨询人员不得同时在两个或者两个以上的证券、期货投资咨询机构执业；（5）证券、期货投资咨询机构及其咨询人员应当将其从事证券、期货投资咨询业务的资格证明文件原件放置于营业场所明显处，便于投资者或客户查验。

（五）证券、期货投资咨询机构及其投资咨询人员的义务

1. 谨慎勤勉义务。证券、期货投资咨询机构及其投资咨询人员，应当以行业公认的谨慎、诚实和勤勉尽责的态度，为投资人或者客户提供证券、期货投资咨询服务，并应当完整、客观、准确地运用有关信息、资料向投资人或者客户提供投资分析、预测和建议，不得断章取义地引用或者篡改有关信息、资料；引用有关信息、资料时，应当注明出处和著作权人。

2. 禁止以虚假信息、市场传言或者内幕信息为依据提供咨询。证券、期货投资咨询机构及其投资咨询人员，不得以虚假信息、市场传言或者内幕信息为依据向投资人或者客户提供投资分析、预测或建议。

3. 咨询建议无差别义务。证券、期货投资咨询机构就同一问题向不同客户提供的投资分析、预测或者建议应当一致。

4. 咨询业务合作的备案义务。证券、期货投资咨询机构与报刊、电台、电视台合办或者协办证券、期货投资咨询版面、节目或者与电信服务部门进行业务合作时，应当向地方证管办（证监会）备案。

5. 咨询资料的保存义务。证券、期货投资咨询机构应当将其向投资人或者社会公众提供的投资咨询资料，自提供之日起保存2年。

6. 证券、期货投资咨询机构及其投资咨询人员的业务禁止行为：（1）代理投资人从事证券、期货买卖；（2）向投资人承诺证券、期货投资收益；（3）与投资人约定分享投资收益或者分担投资损失；（4）为自己买卖股票及具有股票性质、功能的证券以及期货；（5）利用咨询服务与他人合谋操纵市场或者进行内幕交易；（6）法律、法规、规章所禁止的其他证券、期货欺诈行为。

本章复习思考题

1. 简述证券公司的类型和业务范围。
2. 简述证券公司的设立、变更、终止的条件。
3. 试述证券公司的组织机构。
4. 证券交易所的设立和解散条件及相应事项有哪些？
5. 简述证券交易所的职能及组织形式。
6. 证券登记结算机构设立、职能和禁止行为的法律规定如何？
7. 简述证券登记结算机构的义务。
8. 试述律师事务所从事证券业务的条件。
9. 简述法律意见书的基本要求。
10. 简述会计师事务所从事证券业务的条件。
11. 简述证券投资咨询机构业务范围。

专著推荐

1. 叶林：《证券法》，中国人民大学出版社2013年版。
2. 符启林、谢永江：《证券法理论·实务·案例》，法律出版社2007年版。

3. 刘俊海：《新视点·金融：现代证券法》，法律出版社 2011 年版。

4. 李智：《资产证券化及其风险之化解》，立信会计出版社 2013 年版。

相关链接

1. 法律法规链接

《中华人民共和国证券法》、《中华人民共和国证券投资基金法》、《证券交易所管理办法》、《证券公司监督管理条例》、《证券公司董事、监事和高级管理人员任职资格监管办法》、《财政部、证监会关于会计师事务所从事证券期货相关业务有关问题的通知》、《公开发行证券的法律意见书和律师工作报告》、《证券登记结算管理办法》、《证券公司治理准则》。

2. 网络信息链接

中国证券监督管理委员会网站　http：//www.csrc.gov.cn

中国证券业协会网站　http：//www.sac.net.cn

3. 相关事例链接

会计师事务所的法定义务[①]

根据《证券法》第 45 条第 2 款的规定：为上市公司出具审计报告、资产评估报告或者法律意见书等文件的证券服务机构和人员，自接受委托之日起至上述文件公开后 5 日内，不得买卖该种股票。由于为上市公司服务的审计、资产评估和法律等专业机构和人员，有机会掌握市场上一般投资者所无法知悉的重要信息。如果上述机构和人员在限制期内从事相关股票交易，不仅会造成利益冲突，对市场上的其他投资者来说也有失公平。

时任某会计师事务所注册会计师的刘某，在审计吉林制药股份有限公司（吉林制药）2006 年年度报告期间，买入该公司股票，违反《证

---

① 案例来源于中国证监会网站：http：//www.csrc.gov.cn/pub/newsite/jcj/aqfb/201107/t20110729_198297.htm。

券法》相关规定，受到证监会行政处罚。

据中国证监会调查，刘某是2006年吉林制药年报审计工作的项目负责人和签字会计师。自会计师事务所接受吉林制药委托之日起，至年报公告后5日期间，刘某先后共计买入"*ST吉药"股票1.87万股，卖出后获利35995.96元。

中国证监会认定，刘某的上述行为违反了《证券法》第45条第2款的规定，应按照《证券法》第201条的规定予以处罚。证监会决定没收刘某违法所得35995.96元，并处以1万元罚款。

本章参考文献

[1] 符启林、谢永江：《证券法理论·实务·案例》，法律出版社2007年版。

[2] 叶林：《证券法》，中国人民大学出版社2013年版。

[3] 范健、王建文：《证券法》，法律出版社2010年版。

[4] 李东方：《证券监管法律制度研究》，北京大学出版社2002年版。

[5] 郭锋：《中国证券监管与立法》，法律出版社2000年版。

第七章 保险机构法律制度

本章内容提要：本章以保险公司的设立、变更、解散以及营业范围、营业规则、保险资金的运用为基本内容。同时对于保险中介机构——保险专业代理机构、保险经纪机构、保险公估机构的设立、变更、解散、破产及其相应的业务范围及法定义务，以及从业人员的行为禁止事项进行了概要分析，旨在提供一个全面的我国对保险机构市场准入的法律制度及对其监管的脉络。学生通过本章的学习，可以更全面掌握我国保险机构的种类、行为规范、从业要求等主要内容，对保险机构及其运行有更好的认识。

关键词：保险　保险法　保险机构　保险合同　投保人　保险人　保险利益　保险代理人　保险投资　保险保障基金　保险经纪人　保险公估人　保险中介人　财产保险合同　人身保险合同　保险公司　保险费　再保险　保险理赔　中国保监会　保费准备金　赔款准备金　总准备金　责任准备金　保险保障基金　展业行为　从业人员资格　变更　解散　破产

第一节　保险机构概述

一　保险机构的概念和特征

（一）保险机构的概念

所谓保险机构是指从事保险商品营销，收取保险费，或在保险合同订立、履行、索赔过程中提供中介服务并收取佣金的营利性法人。

（二）保险机构的特征

1. 保险机构属于营利性法人或企业。无论进行保险营销，还是提供中介服务,保险机构所涉及的保险都为商业保险,保险机构从事上述活动,都是为了盈利,因此保险机构具有营利性毋庸置疑。同时,保险机构按照我国法律法规的规定,一般必须采用公司形式设立(对于保险公估人也可以采用合伙企业的形式设立),因此,保险机构属于营利性法人或企业。

2. 保险机构从事的业务范围包括保险营销、保险代理和经纪、保险公估等。保险机构中,保险公司从事保险商品开发营销,赚取保险费;保险代理和经纪、保险公估在保险合同履行和索赔理赔中,根据自身的专业知识为保险公司、被保险人、投保人等提供中介服务,收取佣金。

3. 保险机构应依法设立,并依法开展营业活动。保险机构的设立一般采取审批制,同时所开展的业务不得超出法定许可的范围,在日常经营中也需按照法律法规规定的规则进行营业活动。法定性源于保险机构的金融性和社会影响的普遍性,其设立、变更、解散到基本的经营活动对社会公共利益和金融秩序的稳定可能产生巨大影响,因此,此特征又称为保险机构的法定性。

二 保险机构的种类

保险机构根据我国保险法的规定和保险市场的情况来看,一般包括保险公司、保险代理人、保险经纪人和保险公估人。

第二节 保险公司

一 保险公司概述

(一) 保险公司的概念

保险公司,是指经国务院保险监督管理机构(以下简称保监会)批准设立,并依法登记注册的商业保险公司。同时,根据我国公司法的规定,我国法律所认可的公司类型,包括有限责任公司、股份有限公司两种,因此保险公司只能以上述两种形式设立。

(二) 保险公司的特征

1. 保险公司为营利性企业法人。保险公司的经营活动主要为开发并出售保险商品,从投保人缴纳的保险费中获取利润,因此保险公司为营利性法人。

2. 保险公司为依法设立的企业法人。保险公司除依法设立外,其日常经营活动以及解散等行为均需符合法定条件,并取得保监会的批准。

二 保险公司的设立

我国保险法对于保险公司的设立、经营范围、经营规则等采取了较一般公司严格的审批模式,即严格的核准主义。因此,除应符合我国公司法设立有限责任公司和股份有限公司的条件外,我国保险法对保险公司的设立也规定了较为严格的条件,且须经中国保监会批准。

(一)保险公司设立的条件

根据我国《保险法》第68条、第69条的规定,设立保险公司应当具备下列条件:(1)主要股东具有持续盈利能力,信誉良好,最近3年内无重大违法违规记录,净资产不低于人民币2亿元;(2)有符合本法和《中华人民共和国公司法》规定的章程;(3)注册资本的最低限额为人民币2亿元,且必须为实缴货币资本;(4)有具备任职专业知识和业务工作经验的董事、监事和高级管理人员;(5)有健全的组织机构和管理制度;(6)有符合要求的营业场所和与经营业务有关的其他设施;(7)具有明确的发展规划、经营策略、组织机构框架、风险控制体系;(8)有投资人认可的筹备组负责人;(9)法律、行政法规和国务院保监会规定的其他条件。

(二)保险公司的筹建

符合保险公司设立条件的申请人,应首先向中国保监会提出筹建申请。保监会应当对筹建保险公司的申请进行审查,自受理申请之日起6个月内作出批准或者不批准筹建的决定,并书面通知申请人。决定不批准的,应当书面说明理由。中国保监会在对筹建保险公司的申请进行审查期间,应当对投资人进行风险提示。同时,中国保监会应当听取拟任董事长、总经理对拟设保险公司在经营管理和业务发展等方面的工作思路。经中国保监会批准筹建保险公司的,申请人应当自收到批准筹建通知之日起1年内完成筹建工作。筹建期间届满未完成筹建工作的,原批准筹建决定自动失效。筹建机构在筹建期间不得从事保险经营活动。筹建期间不得变更主要投资人。

(三) 保险公司的开业

筹建工作完成后，申请人可以向中国保监会提出开业申请，中国保监会应当审查开业申请，符合保险法关于保险公司设立条件的，进行开业验收，并自受理开业申请之日起60日内作出批准或者不批准开业的决定。验收合格决定批准开业的，颁发经营保险业务许可证；验收不合格决定不批准开业的，应当书面通知申请人并说明理由。经批准开业的保险公司，应当持批准文件以及经营保险业务许可证，向工商行政管理部门办理登记注册手续，领取营业执照后方可营业。经批准设立的保险公司及其分支机构，凭取得的经营保险业务许可证向工商行政管理机关办理登记，领取营业执照。

(四) 保险公司董事、监事和高级管理人员[①]的任职条件

保险公司的董事、监事和高级管理人员，应当品行良好，熟悉与保险相关的法律、行政法规，具有履行职责所需的经营管理能力，并在任职前取得保险监督管理机构核准的任职资格。

1. 基本条件。董事、高级管理人员应当遵守法律法规和保险监管制度，遵守保险公司章程。董事、高级管理人员应当具备诚实信用的良好品行和履行职务必需的专业知识、从业经历和管理能力。且中资保险公司的法定代表人应当是中华人民共和国公民。有下列情况的不得担任保险公司的董事、监事、高级管理人员：(1) 因违法行为或者违纪行为被金融监督管理机构取消任职资格的金融机构的董事、监事、高级管理人员，自被取消任职资格之日起未逾5年的；(2) 因违法行为或者违纪行为被吊销执业资格的律师、注册会计师或者资产评估机构、验证机构等机构的专业人员，自被吊销执业资格之日起未逾5年的。

2. 担任保险公司董事长、总经理、副总经理、总经理助理应当具备下列条件：(1) 大学本科以上学历；(2) 从事金融工作5年以上，

[①] 高级管理人员，简称高管，是指对保险机构经营管理活动具有决策权或者重大影响的下列人员：(1) 总公司、分公司、中心支公司总经理、副总经理、总经理助理；(2) 总公司董事会秘书、合规负责人、总精算师、财务负责人；(3) 支公司、营业部经理；(4) 与上述高级管理人员具有相同职权的负责人。

或者从事经济工作8年以上；(3) 具有在企事业单位或者国家机关担任领导或者管理职务的任职经历。

3. 担任保险公司独立董事应当具有独立性，能够对保险公司经营活动进行独立客观的判断。担任保险公司其他董事应当具有5年以上金融、法律、财会等与其履行职责相适应的工作经历。

4. 担任保险公司董事会秘书应当具备下列条件：(1) 大学本科以上学历；(2) 有5年以上与其履行职责相适应的工作经历。

5. 担任保险公司分公司、中心支公司总经理、副总经理、总经理助理应当具备下列条件：(1) 大学本科以上学历；(2) 从事金融工作3年以上或者从事经济工作5年以上。

三　保险公司的变更、解散和破产的特别规定

保险公司属于公司的特别类型，因此其变更、解散和破产除适用公司法、破产法的一般规定外，还需要遵循保险法和中国保监会的相关规则的规定。如下即为保险公司变更、解散和破产的特别要求。

(一) 保险公司需经批准的变更事项

保险公司有下列情形之一的，应当经保监会批准：(1) 保险公司变更名称；(2) 变更组织形式；(3) 变更注册资本；(4) 扩大业务范围；(5) 变更注册地、营业场所；(6) 保险公司分立或者合并；(7) 修改保险公司章程；(8) 变更出资额占有限责任公司资本总额5%以上的股东，或者变更持有股份有限公司股份5%以上的股东；(9) 中国保监会规定的其他情形。

(二) 保险公司须报告的变更事项

保险机构有下列情形之一，应当自该情形发生之日起15日内，向中国保监会报告：(1) 变更出资额不超过有限责任公司资本总额5%的股东，或者变更持有股份有限公司股份不超过5%的股东，上市公司的股东变更除外；(2) 保险公司的股东变更名称，上市公司的股东除外；(3) 保险公司分支机构变更名称；(4) 中国保监会规定的其他情形。

(三) 保险公司的解散、撤销

1. 保险公司的解散、撤销和破产

保险公司的解散、撤销和破产除应符合我国公司法、破产法规定的

程序和要件外，还应符合保险法和中国保监会关于解散、撤销、破产的规定。保险公司因分立、合并需要解散，或者股东会、股东大会决议解散，或者公司章程规定的解散事由出现，经中国保监会批准后解散。经营有人寿保险业务的保险公司，除因分立、合并或者被依法撤销外，不得解散。

2. 保险公司解散需报送的文件

保险公司依法解散的，应当经中国保监会批准，并报送下列材料一式3份：（1）解散申请书；（2）股东大会或者股东会决议；（3）清算组织及其负责人情况和相关证明材料；（4）清算程序；（5）债权债务安排方案；（6）资产分配计划和资产处分方案；（7）中国保监会规定提交的其他材料。

3. 解散、撤销的清算

保险公司依法解散的，应当成立清算组，清算工作由中国保监会监督指导。保险公司依法被撤销的，由中国保监会及时组织股东、有关部门以及相关专业人员成立清算组。清算组应当自成立之日起10日内通知债权人，并于60日内在中国保监会指定的报纸上至少公告3次。清算组应当委托资信良好的会计师事务所、律师事务所，对公司债权债务和资产进行评估。保险公司依法解散或者被撤销的，在保险合同责任清算完毕之前，公司股东不得分配公司资产，或者从公司取得任何利益。

4. 破产财产的分配顺序

破产财产在优先清偿破产费用和共益债务后，按照下列顺序清偿：（1）所欠职工工资和医疗、伤残补助、抚恤费用，所欠应当划入职工个人账户的基本养老保险、基本医疗保险费用，以及法律、行政法规规定应当支付给职工的补偿金；（2）赔偿或者给付保险金；（3）保险公司欠缴的除第（1）项规定以外的社会保险费用和所欠税款；（4）普通破产债权。破产财产不足以清偿同一顺序的清偿要求的，按照比例分配。

破产保险公司的董事、监事和高级管理人员的工资，按照该公司职工的平均工资计算。经营有人寿保险业务的保险公司被依法撤销或者依法宣告破产的，其持有的人寿保险合同及责任准备金，必须转让给其他经营有人寿保险业务的保险公司；不能同其他保险公司达成转让协议的，由中国保监会指定经营有人寿保险业务的保险公司接受转让。

四 保险公司的经营规则

（一）保险公司的基本业务范围

根据我国《保险法》第 95 条规定，保险公司的业务范围包括：（1）人身保险业务，包括人寿保险、健康保险、意外伤害保险等保险业务；（2）财产保险业务，包括财产损失保险、责任保险、信用保险、保证保险等保险业务；（3）中国保监会批准的与保险有关的其他业务。

保险人不得兼营人身保险业务和财产保险业务。但是，经营财产保险业务的保险公司经中国保监会批准，可以经营短期健康保险业务和意外伤害保险业务。由上可以看出，我国对保险公司的经营范围采取的是分业经营的审批机制，即保险公司按照人身保险和财产保险分别开展业务，不得混业经营。

（二）保险公司应提取的资金范围

保险公司在经营业务中，应依法提取的资金包括保证金、责任准备金、保险保障基金、公积金等。不同的资金提取，对应不同的资金用途。

1. 保证金。保险公司应当按照其注册资本总额的 20% 提取保证金，存入中国保监会指定的银行，该项保证金只能用于公司清算时清偿债务，不可用于其他用途。

2. 责任准备金。"责任准备金是保险公司为保障被保险人的利益，从收取的保险费当中提取的资金。它是保险公司对广大投保人或被保险人的负债（总准备金除外），是保险公司在未来某一时期须偿付的资金。从资金来源上看，责任准备金包括保费准备金、赔款准备金和总准备金"。[①]

（1）保费准备金。保费准备金又称为未到期责任准备金，是保险公司在每个会计年度决算时，对于未到期的保单，将未到期责任部分的保险费提存出来而形成的准备金。

（2）赔款准备金。赔款准备金指保险公司在会计年度末决算时，

---

① 马宜斐、段文军：《保险原理与实务》，中国人民大学出版社 2011 年版，第 235 页。

为本会计年度末之前发生的应付而未付的保险赔付所提存的准备金。包括未决赔款准备金、已发生未报告赔款准备金、已决未付赔款准备金。

（3）总准备金。总准备金是保险公司为满足年度超常赔付及巨灾损失赔付的需要而提取的准备金。总准备金不用于平时的小额赔付，而只有在当年保险业务经营发生亏损且当年投资利润不足以弥补该业务亏损时才可动用。

3. 保险保障基金。按照2008年保监会出台的《保险保障基金管理办法》的规定，是用于救助保单持有人、保单受让公司[①]或者处置保险业风险的非政府性行业风险救助基金。保险保障基金是为保障保单持有人利益、维护保险业稳健经营而设立。由保险公司根据法定比例，向国家独资设立的中国保险保障基金有限责任公司缴纳，由中国保险保障基金有限责任公司依法负责保险保障基金的筹集、管理和使用。

保险保障基金动用的条件：（1）保险公司被依法撤销或者依法实施破产，其清算财产不足以偿付保单利益的；（2）中国保监会经商有关部门认定，保险公司存在重大风险，可能严重危及社会公共利益和金融稳定的。

4. 公积金。根据公司法的规定，保险公司也应依法提存公积金。其中法定公积金用于弥补保险公司上一年会计年度的亏损。法定公积金提取比例为公司利润的10%。法定公积金累计额为公司注册资本的50%以上的，可以不再提取。公司从税后利润中提取法定公积金后，经股东会或者股东大会决议，还可以从税后利润中提取任意公积金。

5. 再保险费。保险公司对每一危险单位，即对一次保险事故可能造成的最大损失范围所承担的责任，不得超过其实有资本金加公积金总和的10%；超过的部分应当办理再保险。保险公司在向再保险公司办理再保险的，应缴纳再保险费。

（三）保险资金的运用

保险资金的运用又称为保险投资，是指保险公司在提取上述各项资

[①] 根据《保险保障基金管理办法》第3条第2款、第3款的规定，保单持有人，是指在保险公司被依法撤销或者依法实施破产的情形下，对保单利益依法享有请求权的保险合同当事人，包括投保人、被保险人或者受益人。保单受让公司，是指经营有人寿保险业务的保险公司被依法撤销或者依法实施破产的，接受该保险公司依法转让的人寿保险合同的经营有人寿保险业务的保险公司。

金后，就其自有资金按照法律规定的范围和模式进行投资的行为。

保险公司的资金运用必须遵循稳健，遵循安全性原则，并应当保证法定的最低偿付能力。保险公司的资金运用限于下列形式：（1）银行存款；（2）买卖债券、股票、证券投资基金份额等有价证券；（3）投资不动产；（4）国务院规定的其他资金运用形式。保险公司可以成立资产管理公司，也可以委托资产管理公司对保险资金按照中国保监会规定的模式进行投资。

（四）保险公司的其他法定义务

1. 重大事项披露义务。保险公司应当按照中国保监会的规定，真实、准确、完整地披露财务会计报告、风险管理状况、保险产品经营情况等重大事项。

2. 对保险营销人员的监管义务。保险营销人员是保险公司进行展业活动的人员，从法律关系上而言，保险营销人员和保险公司的关系是代理和被代理的关系，保险营销人员以保险公司的名义开展保险营销活动，其法律后果及社会影响都归结于保险公司，因此，保险公司应当对保险营销人员履行监管义务。保险公司应建立保险代理人登记管理制度，并加强对保险代理人的培训和管理，不得唆使、诱导保险代理人进行违背诚信义务的活动。

3. 禁止进行不正当竞争的展业行为。展业指保险公司直接通过本公司的营销人员承揽保险业务的行为。在进行展业行为中，保险公司必须遵守《反不正当竞争法》中关于不正当竞争行为的禁止性规定，不得损害其他保险公司的利益。如以捏造、散布虚假事实等方式损害竞争对手的商业信誉，或者以其他不正当竞争行为扰乱保险市场秩序。

4. 其他禁止性行为。保险公司及其工作人员不得有下列行为：（1）欺骗投保人、被保险人或者受益人；（2）对投保人隐瞒与保险合同有关的重要情况；（3）阻碍投保人履行本法规定的如实告知义务，或者诱导其不履行本法规定的如实告知义务；（4）给予或者承诺给予投保人、被保险人、受益人保险合同约定以外的保险费回扣或者其他利益；（5）拒不依法履行保险合同约定的赔偿或者给付保险金义务；（6）故意编造未曾发生的保险事故、虚构保险合同或者故意夸大已经发生的保险事故的损失程度进行虚假理赔，骗取保险金或者牟取其他不正当利益;(7)挪用、截留、侵占保险费;(8)委托未取得合法资格的机构或者个人从事保险销售活动;(9)利用开展保险业务为其他机构或者个人牟取不正当利益;(10)利用保险代理人、保险经纪人或者保险评估机构,从事以虚构保险中介业务或者编造退保等方式套取费用等违法活动;(11)泄露在业务活动中知悉的投保人、被保险人的商业秘密;(12)违反法律、行政法规和国务院保险监督管理机构规定的其他行为。

第三节 保险代理人、经纪人和公估人

保险代理人、经纪人和公估人统称为保险中介人,保险代理人、保险经纪人和保险公估人在促成保险合同成立,履行、索赔理赔过程中对保险人、投保人和被保险人起到的是媒介作用,因此保险代理人、经纪人和公估人与保险人、投保人建立的关系统称为保险中介关系。

一 保险代理人

保险代理人从广义上而言,包括保险公司展业中的营销人员、与保险公司建立委托代理关系的具有保险代理业务许可证的保险专业代理机构。而从狭义上来看,保险代理人仅指后者,即保险专业代理机构。本节所述的保险代理人仅指保险专业代理机构。

(一) 保险专业代理机构的概念

保险代理机构根据保险人的委托,向保险人收取佣金,在保险人授权的范围内专门代为办理保险业务的机构。

(二) 保险专业代理机构的特征

1. 保险专业代理机构与保险公司为代理与被代理的关系。保险专业代理机构的营业目的在于代理保险公司营销保险商品、代理保险公司签订保险合同收取保险费,或者代理保险公司理赔,因此我国的保险专业代理机构与保险公司必须签订中国保监会要求的格式条款的保险代理合同,与保险公司形成委托代理合同关系,方能开展保险代理业务。

2. 保险专业代理机构属于营利性法人。保险专业代理机构代理保

险公司从事保险代理业务的目的在于依照代理合同完成保险代理业务后，从保险公司获取佣金，因此保险专业代理机构的设立目的在于营利；同时，保险专业代理机构必须按照保险法和中国保监会的规定以公司形式设立，并依法开展营业，因此保险专业代理机构属于营利性法人。

（三）保险专业代理机构的设立

1. 设立条件。保险专业代理机构应当公司的形式设立，设立保险专业代理公司，应当具备下列条件：（1）股东、发起人信誉良好，最近3年无重大违法记录；（2）注册资本最低限额为人民币5000万元，且必须为实缴货币资本；（3）公司章程符合有关规定；（4）董事长、执行董事、高级管理人员符合本规定的任职资格条件；（5）具备健全的组织机构和管理制度；（6）有与业务规模相适应的固定住所；（7）有与开展业务相适应的业务、财务等计算机软硬件设施；（8）法律、行政法规和中国保监会规定的其他条件。（9）保险专业代理机构的名称中应当包含"保险代理"或者"保险销售"字样，且字号不得与现有的保险中介机构相同。

符合上述条件的，全体股东或者全体发起人应当指定代表或者共同委托代理人，向中国保监会提出申请，经中国保险会审批同意后，应当向申请人颁发经营保险代理业务许可证。

2. 设立发起人和股东的限制。依据法律、行政法规规定不能投资企业的单位或者个人，不得成为保险专业代理公司的发起人或者股东。保险公司员工投资保险专业代理公司的，应当书面告知所在保险公司；保险公司、保险中介机构的董事或者高级管理人员投资保险专业代理公司的，应当根据公司法有关规定取得股东会或者股东大会的同意。

3. 开业。中国保监会依法批准设立保险专业代理机构的，应当向申请人颁发许可证。申请人收到许可证后，应当按照有关规定办理工商登记，领取营业执照后方可开业。保险专业代理机构自取得许可证之日起90日内，无正当理由未向工商行政管理机关办理登记的，其许可证自动失效。保险专业代理机构应当自领取营业执照之日起20日内，书面报告中国保监会。

(四) 保险专业代理机构管理层的任职条件

1. 保险专业代理机构董事长、执行董事和高级管理人员[①]的任职条件

拟任保险专业代理机构董事长、执行董事和高级管理人员应当具备下列条件，并报经中国保监会核准：（1）大学专科以上学历；（2）持有中国保监会规定的资格证书；（3）从事经济工作2年以上；（4）具有履行职责所需的经营管理能力，熟悉保险法律、行政法规及中国保监会的相关规定；（5）诚实守信，品行良好。从事金融工作10年以上，可以不受第（1）项的限制；担任金融机构高级管理人员5年以上或者企业管理职务10年以上，可以不受第（2）项的限制。

2. 任职资格的禁止情形

有我国《公司法》第147条规定的情形或者下列情形之一的，不得担任保险专业代理机构董事长、执行董事或者高级管理人员：（1）担任因违法被吊销许可证的保险公司或者保险中介机构的董事、监事或者高级管理人员，并对被吊销许可证负有个人责任或者直接领导责任的，自许可证被吊销之日起未逾3年；（2）因违法行为或者违纪行为被金融监管机构取消任职资格的金融机构的董事、监事或高级管理人员，自被取消任职资格之日起未逾5年；（3）被金融监管机构决定在一定期限内禁止进入金融行业的，期限未满；（4）受金融监管机构警告或者罚款未逾2年；（5）正在接受司法机关、纪检监察部门或者金融监管机构调查；（6）中国保监会规定的其他情形。

未经股东会或者股东大会同意，保险专业代理机构的董事和高级管理人员不得在存在利益冲突的机构中兼任职务。

(五) 保险专业代理机构的变更

1. 变更组织形式的变更。保险经纪机构组织形式的变更应当取得中国保监会的批准。

2. 其他事项的变更。保险专业代理机构有下列变更事项之一的，应当自事项发生之日起5日内，书面报告中国保监会：（1）变更名称或

[①] 保险专业代理机构高级管理人员是指下列人员：（1）保险专业代理公司的总经理、副总经理或者具有相同职权的管理人员；（2）保险专业代理公司分支机构的主要负责人。

者分支机构名称;(2) 变更住所或者分支机构营业场所;(3) 发起人、主要股东变更姓名或者名称;(4) 变更主要股东;(5) 变更注册资本;(6) 股权结构重大变更;(7) 修改公司章程;(8) 撤销分支机构。

3. 许可证的变更及续期。保险专业代理公司许可证的有效期为3年。保险专业代理机构变更事项涉及许可证记载内容的,应当交回原许可证,领取新许可证,并按照《保险许可证管理办法》有关规定进行公告。

保险专业代理公司应当在许可证有效期届满30日前,向中国保监会申请延续,中国保监会在许可证有效期届满前对保险专业代理机构前3年的经营情况进行全面审查和综合评价,并作出是否批准延续许可证有效期的决定。决定不予延续的,应当书面说明理由。保险专业代理机构应当自收到决定之日起10日内向中国保监会缴回原证;准予延续有效期的,应当领取新许可证。

(六) 保险专业代理机构的业务范围及法定义务

1. 保险代理的业务范围

保险专业代理机构可以经营下列保险代理业务:(1) 代理销售保险产品;(2) 代理收取保险费;(3) 代理相关保险业务的损失勘查和理赔;(4) 中国保监会批准的其他业务。

2. 保险专业代理机构的法定义务

(1) 培训、管理保险代理人员的义务。保险专业代理机构应当对本机构的从业人员进行保险法律和业务知识培训及职业道德教育。保险代理从业人员上岗前接受培训的时间不得少于80小时,上岗后每人每年接受培训和教育的时间累计不得少于36小时,其中接受法律知识培训及职业道德教育的时间不得少于12小时。

(2) 建立专用账户的义务。保险专业代理机构应当建立专门账簿,记载保险代理业务收支情况。对代收的保险费,应当开立独立的代收保险费账户进行结算。

(3) 建立专用业务档案的义务。保险专业代理机构应当建立完整、规范和真实的业务档案,业务档案应当至少包括下列内容:①代理销售保单的基本情况,包括保险人、投保人、被保险人名称或者姓名,代理保险产品名称,保险金额,保险费,缴费方式等;②保险费代收和交付被代理保险公司的情况；③保险代理佣金金额和收取情况；④其他重要业务信息。

(4) 妥善管理和使用被代理保险公司的材料的义务。保险专业代理机构应当妥善管理和使用被代理保险公司提供的各种单证、材料；代理关系终止后，应当在30日内将剩余的单证及材料交付被代理保险公司。

(5) 制作客户告知书的义务。保险专业代理机构应当制作规范的客户告知书，并在开展业务时向客户出示。客户告知书至少应当包括保险专业代理机构以及被代理保险公司的名称、营业场所、业务范围、联系方式等基本事项。保险专业代理机构及其董事、高级管理人员与被代理保险公司或者相关中介机构存在关联关系的，也应当在客户告知书中说明。

(6) 投保职业责任保险或者缴存保证金的义务。职业责任保险和保证金用于保险专业代理机构因违约或其他行为对委托人应承担赔偿责任时，保险经纪公司自有资金无力赔偿的，为其垫付赔偿金。保险专业代理机构应当自办理工商登记之日起20日内投保职业责任保险或者缴存保证金。

①投保职业责任保险或缴存保证金的备案。保险专业代理机构应当自投保职业责任保险或者缴存保证金之日起10日内，将职业责任保险保单复印件或者保证金存款协议复印件、保证金入账原始凭证复印件报送中国保监会。

②持续投保职业责任保险的义务。保险专业代理机构应当持续投保职业责任保险，以保障在开展经纪业务中产生赔偿责任时，有承担赔偿责任的经济能力。

③缴存保证金的法定要求。保证金应当以银行存款形式或者中国保监会认可的其他形式缴存。保险经纪公司缴存的保证金，应当按注册资本的5%缴存，保险经纪公司增加注册资本的，应当相应增加保证金数额；保险经纪公司保证金缴存额达到人民币100万元的，可以不再增加保证金。保证金以银行存款形式缴存的，应当专户存储到商业银行，保险经纪公司不得擅自动用或者处置保证金。保险经纪公司不得动用保证金。但有下列情形之一的除外：Ⅰ.注册资本减少；Ⅱ.许可证被注销；

Ⅲ.投保符合条件的职业责任保险;Ⅳ.中国保监会规定的其他情形。

(七) 保险专业代理机构及其从业人员的行为禁止事项

1. 保险专业代理机构不得伪造、变造、出租、出借、转让许可证。

2. 保险专业代理机构从事保险代理业务不得超出被代理保险公司的业务范围和经营区域;从事保险代理业务涉及异地共保、异地承保和统括保单,中国保监会另有规定的,从其规定。

3. 保险专业代理机构及其从业人员在开展保险代理业务过程中,不得有下列欺骗投保人、被保险人、受益人或者保险公司的行为:(1) 隐瞒或者虚构与保险合同有关的重要情况;(2) 误导性销售;(3) 伪造、擅自变更保险合同,销售假保险单证,或者为保险合同当事人提供虚假证明材料;(4) 阻碍投保人履行如实告知义务或者诱导其不履行如实告知义务;(5) 虚构保险代理业务或者编造退保,套取保险佣金;(6) 虚假理赔;(7) 串通投保人、被保险人或者受益人骗取保险金;(8) 其他欺骗投保人、被保险人、受益人或者保险公司的行为。

4. 保险专业代理机构及其从业人员在开展保险代理业务过程中,不得有下列行为:(1) 利用行政权力、股东优势地位或者职业便利以及其他不正当手段,强迫、引诱或者限制投保人订立保险合同或者限制其他保险中介机构正当的经营活动;(2) 挪用、截留、侵占保险费、退保金或者保险金;(3) 给予或者承诺给予保险公司及其工作人员、投保人、被保险人或者受益人合同约定以外的利益;(4) 利用业务便利为其他机构或者个人牟取不正当利益;(5) 泄露在经营过程中知悉的投保人、被保险人、受益人或者保险公司的商业秘密和个人隐私。

5. 保险专业代理机构不得以捏造、散布虚假事实等方式损害竞争对手的商业信誉,不得以虚假广告、虚假宣传或者其他不正当竞争行为扰乱保险市场秩序。

6. 保险专业代理机构不得与非法从事保险业务或者保险中介业务的机构或者个人发生保险代理业务往来。

7. 保险专业代理机构不得坐扣保险佣金。

8. 保险专业代理机构不得代替投保人签订保险合同。

9. 保险专业代理机构不得以缴纳费用或者购买保险产品作为招聘

业务人员的条件，不得承诺不合理的高额回报，不得以直接或者间接发展人员的数量或者销售业绩作为从业人员计酬的主要依据。

（八）保险专业代理机构的撤销、解散、破产

1. 撤销。保险专业代理机构因业务许可证到期后申请续期，不被中国保监会续期的，或被中国保监会撤销、吊销业务许可证的，或符合公司法的相关规定被撤销的，属于保险专业代理机构的撤销事由。

（1）业务许可证不被中国保监会续期的事由：①许可证有效期届满，没有申请延续；②不再符合除设立条件第①项之外的条件的；③内部管理混乱，无法正常经营；④存在重大违法行为，未得到有效整改；⑤未按规定缴纳监管费。

（2）被撤销的保险专业代理机构应当依法组织清算或者对保险代理业务进行结算，向中国保监会提交清算报告或者结算报告。

2. 解散。保险专业代理公司因分立、合并需要解散，或者根据股东会、股东大会决议解散，或者公司章程规定的解散事由出现的，应当经中国保监会批准后解散。保险专业代理公司申请解散的，应当自解散决议作出之日起10日内向中国保监会提交申请解散的申请及相关清算方案。由保险专业代理机构组成清算组，清算结束后，保险专业代理公司应当向中国保监会提交清算报告。

3. 破产。保险专业代理公司在解散清算中发现不能清偿到期债务，并且资产不足以清偿全部债务或者明显缺乏清偿能力的，或被依法吊销营业执照、被撤销、责令关闭或者被人民法院依法宣告破产的，应当依法提出破产申请，依法成立清算组，并向中国保监会提交清算报告，其财产清算与债权债务处理，按照法定破产程序进行。

保险专业代理机构被撤销、解散或破产的，中国保监会应依法注销其许可证，并予以公告。

二　保险经纪人

（一）保险经纪人的概念

根据保险法的规定，保险经纪人是基于投保人的利益，为投保人与保险人订立保险合同提供中介服务，并依法收取佣金的机构。从我国的法律规定来看，保险经纪人只能以企业组织的形式——保险经纪机构即

保险经纪公司来开展活动。

(二) 保险经纪人的特征

1. 保险经纪人的作用在于撮合投保人和保险人订立保险合同,因此其属于保险合同的中介人。现代社会中,一般民众对专业化的保险不甚了解,在投保时,保险经纪机构可以为作为投保人的一般民众提供专业化服务,根据投保人的需求,选择保险商品;同时,也可以受委托人的委托为其提供防灾、防损或者风险评估、风险管理等咨询服务。

2. 保险经纪人主要采用公司的形式设立,因此保险经纪人又称为保险经纪机构。保险经纪机构设立应当符合公司法、保险法和中国保监会规定的相关条件,并应获中国保监会的审批同意。其治理结构、经营规则均应当符合保险法和公司法的规定。

(三) 保险经纪机构的设立

保险经纪机构目前只能采用公司法规定的公司形式设立,并经中国保监会审批同意,颁发经营保险经纪业务许可证后,方能向工商行政管理机关办理登记,领取营业执照。

1. 保险经纪公司的设立条件:(1) 股东、发起人信誉良好,最近3年无重大违法记录;(2) 注册资本不得少于人民币1000万元,且必须为实缴货币资本;(3) 公司章程符合有关规定;(4) 董事长、执行董事和高级管理人员符合本规定的任职资格条件;(5) 具备健全的组织机构和管理制度;(6) 有与业务规模相适应的固定住所;(7) 有与开展业务相适应的业务、财务等计算机软硬件设施;(8) 法律、行政法规和中国保监会规定的其他条件。保险经纪公司的名称中应当包含"保险经纪"字样,且字号不得与现有的保险中介机构相同。中国保监会另有规定除外。

申请设立保险经纪公司的,全体股东、全体发起人应当指定代表或者共同委托代理人,向中国保监会办理审批申请。

2. 设立发起人和股东的限制。依据法律、行政法规规定不能投资企业的单位或者个人,不得成为保险经纪公司的发起人或者股东。保险公司员工投资保险经纪公司的,应当书面告知所在保险公司;保险公司、保险中介机构的董事或者高级管理人员投资保险经纪公司的,应当根据公司法有关规定取得股东会或者股东大会的同意。

3. 开业。中国保监会依法批准设立保险经纪机构的，应当向申请人颁发许可证。申请人收到许可证后，应当按照有关规定办理工商登记，领取营业执照后方可开业。保险经纪机构自取得许可证之日起90日内，无正当理由未向工商行政管理机关办理登记的，其许可证自动失效。保险经纪机构应当自领取营业执照之日起20日内，书面报告中国保监会。

（四）保险经纪机构董事长、执行董事和高级管理人员[①]的任职条件

1. 任职资格

拟担任保险经纪机构董事长、执行董事和高级管理人员应当具备下列条件，并报经中国保监会核准：（1）大学专科以上学历；（2）持有中国保监会规定的资格证书；（3）从事经济工作2年以上；（4）具有履行职责所需的经营管理能力，熟悉保险法律、行政法规及中国保监会的相关规定；（5）诚实守信，品行良好。

从事金融工作10年以上，可以不受前款第（1）项的限制；担任金融机构高级管理人员5年以上或者企业管理职务10年以上，可以不受前款第（2）项的限制。

2. 任职资格的禁止情形

有下列情形并具有我国《公司法》第147条规定的情形之一的人员，不得担任保险经纪机构董事长、执行董事或者高级管理人员：（1）担任因违法被吊销许可证的保险公司或者保险中介机构的董事、监事或者高级管理人员，并对被吊销许可证负有个人责任或者直接领导责任的，自许可证被吊销之日起未逾3年；（2）因违法行为或者违纪行为被金融监管机构取消任职资格的金融机构的董事、监事或者高级管理人员，自被取消任职资格之日起未逾5年；（3）被金融监管机构决定在一定期限内禁止进入金融行业的，期限未满；（4）受金融监管机构警告或者罚款未逾2年；（5）正在接受司法机关、纪检监察部门或者金融监管机构调查；（6）中国保监会规定的其他情形。

[①] 高级管理人员是指：（1）保险经纪公司的总经理、副总经理或者具有相同职权的管理人员；（2）保险经纪公司分支机构的主要负责人。

（五）保险经纪机构的变更

1. 组织形式的变更。保险经纪机构组织形式的变更应当取得中国保监会的批准。

2. 其他事项的变更。有下列情形之一的，应当自事项发生之日起5日内，书面报告中国保监会：（1）变更名称或者分支机构名称；（2）变更住所或者分支机构营业场所；（3）发起人、主要股东变更姓名或者名称；（4）变更主要股东；（5）变更注册资本；（6）股权结构重大变更；（7）修改公司章程；（8）撤销分支机构。

3. 许可证的变更及续期。保险经纪公司许可证的有效期为3年。保险经纪机构变更事项涉及许可证记载内容的，应当交回原许可证，领取新许可证，并按照《保险许可证管理办法》有关规定进行公告。

保险经纪公司在许可证到期前30日，向中国保监会申请延续。保险经纪公司申请延续许可证有效期的，中国保监会在许可证有效期届满前对保险经纪公司前3年的经营情况进行全面审查和综合评价，并作出是否批准延续许可证有效期的决定。决定不予延续的，应当书面说明理由。保险经纪公司应当自收到决定之日起10日内向中国保监会缴回原证；准予延续有效期的，应当领取新许可证。

（六）保险经纪机构的业务范围及法定义务

1. 保险经纪机构经营的业务范围包括：（1）为投保人拟订投保方案、选择保险公司以及办理投保手续；（2）协助被保险人或者受益人进行索赔；（3）再保险经纪业务；（4）为委托人提供防灾、防损或者风险评估、风险管理咨询服务；（5）中国保监会批准的其他业务。

保险经纪机构的业务范围应当经中国保监会批准，并明确记载于许可证的事项中。

2. 保险经纪机构的法定义务

（1）对本机构的保险经纪从业人员进行监督管理培训的义务。保险经纪从业人员[①]是保险经纪机构中具体从事经纪业务的自然人，是保险经纪机构的重要组成部分，因此为提高中介服务水平，防止损害委托

[①] 保险经纪从业人员是指保险经纪机构中，为投保人或者被保险人拟订投保方案、办理投保手续、协助索赔的人员，或者为委托人提供防灾防损、风险评估、风险管理咨询服务、从事再保险经纪等业务的人员。

人利益的行为发生，保险经纪机构除应对本机构的从业人员监督管理外，还需要持续对从业人员进行专业培训，提高经纪服务质量。保险经纪从业人员上岗前接受培训的时间不得少于80小时，上岗后每人每年接受培训和教育的时间累计不得少于36小时，其中接受法律知识培训及职业道德教育的时间不得少于12小时。

（2）不同收支、资金建立独立账簿、账户的义务。对于经纪业务的收支，保险经纪机构应当建立专门账簿明确记载；对于客户资金保险经纪机构应当开立独立的专用账户。下列款项只能存放于客户资金专用账户：①投保人、被保险人支付给保险公司的保险费；②为投保人、被保险人和受益人代领的退保金、保险金。

（3）建立法定内容的业务档案的义务。保险经纪机构应当建立完整规范真实的业务档案。以备查询。业务档案至少应当包括下列内容：①通过本机构签订保单的主要情况，包括保险人、投保人、被保险人名称或者姓名，产品名称，保险金额，保险费，缴费方式等；②佣金金额和收取情况；③保险费交付保险公司的情况，保险金或者退保金的代领以及交付投保人、被保险人或者受益人的情况；④其他重要业务信息。

（4）对客户履行告知、说明、公平分析的义务。首先，保险经纪机构在开展业务过程中，应当制作规范的客户告知书。向客户告知保险经纪机构的名称、营业场所、业务范围、联系方式，保险经纪机构及其董事、高级管理人员与经纪业务相关的保险公司、保险中介机构存在关联关系等事项。其次，保险经纪从业人员开展业务，应当向客户出示客户告知书，并按客户要求说明佣金的收取方式和比例。再次，保险经纪机构应当向投保人说明保险产品的承保公司，并明确提示保险合同中责任免除或者除外责任、退保及其他费用扣除、现金价值、犹豫期等条款。最后，保险经纪机构应当对推荐的同类产品进行全面、公平的分析。

（5）投保职业责任保险或者缴存保证金的义务。职业责任保险和保证金用于保险经纪公司因违约行为或其他行为对委托人应承担赔偿责任时，保险经纪公司自有资金无力赔偿的，为其垫付赔偿金。保险经纪机构应当自办理工商登记之日起20日内投保职业责任保险或者缴存保证金。

①投保职业责任保险或者缴存保证金的备案。保险经纪机构应当自投保职业责任保险或者缴存保证金之日起10日内,将职业责任保险保单复印件或者保证金存款协议复印件、保证金入账原始凭证复印件报送中国保监会。

②持续投保职业责任保险的义务。保险经纪机构应当持续投保职业责任保险,以保障在开展经纪业务中产生责任时,有承担损害赔偿责任的经济能力。

③缴存保证金的法定要求。保证金应当以银行存款形式或者中国保监会认可的其他形式缴存。保险经纪公司缴存的保证金,应当按注册资本的5%缴存,保险经纪公司增加注册资本的,应当相应增加保证金数额;保险经纪公司保证金缴存额达到人民币100万元的,可以不再增加保证金。保证金以银行存款形式缴存的,应当专户存储到商业银行,保险经纪公司不得擅自动用或者处置保证金。保险经纪公司不得动用保证金。但有下列情形之一的除外:Ⅰ.注册资本减少;Ⅱ.许可证被注销;Ⅲ.投保符合条件的职业责任保险;Ⅳ.中国保监会规定的其他情形。

(七) 保险经纪机构及其从业人员的行为禁止事项

除上述法定义务外,为保护委托人及保险经纪业务的同业竞争者,保险经纪机构及其从业人员在进行保险经纪业务中,不得有下列行为。

保险经纪机构及其从业人员在开展经纪业务过程中,不得有下列欺骗投保人、被保险人、受益人或者保险公司的行为:(1) 隐瞒或者虚构与保险合同有关的重要情况;(2) 误导性销售;(3) 伪造、擅自变更保险合同,销售假保险单证,或者为保险合同当事人提供虚假证明材料;(4) 阻碍投保人履行如实告知义务或者诱导其不履行如实告知义务;(5) 未取得投保人、被保险人的委托或者超出受托范围,擅自订立或者变更保险合同;(6) 虚构保险经纪业务或者编造退保,套取佣金;(7) 串通投保人、被保险人或者受益人骗取保险金;(8) 其他欺骗投保人、被保险人、受益人或者保险公司的行为。

保险经纪机构及其从业人员在开展经纪业务过程中,不得有下列行为:(1) 不得伪造、变造、出租、出借、转让许可证;(2) 利用行政权力、股东优势地位或者职业便利以及其他不正当手段强迫、引诱或者限制投保人订立保险合同或者限制其他保险中介机构正当的经营活动;

(3) 挪用、截留、侵占保险费、退保金或者保险金；（4）给予或者承诺给予保险公司及其工作人员、投保人、被保险人或者受益人合同约定以外的利益；（5）利用业务便利为其他机构或者个人牟取不正当利益；（6）泄露在经营过程中知悉的投保人、被保险人、受益人或者保险公司的商业秘密和个人隐私；（7）不得以捏造、散布虚假事实等方式损害竞争对手的商业信誉，不得以虚假广告、虚假宣传或者其他不正当竞争行为扰乱保险市场秩序；（8）不得与非法从事保险业务或者保险中介业务的机构或者个人发生保险经纪业务往来；（9）不得以缴纳费用或者购买保险产品作为招聘业务人员的条件，不得承诺不合理的高额回报，不得以直接或者间接发展人员的数量或者销售业绩作为从业人员计酬的主要依据。

（八）保险经纪机构的撤销、解散、破产

1. 撤销。保险经纪机构因业务许可证到期申请续期，不被中国保监会续期的，或被中国保监会撤销、吊销业务许可证的，或符合公司法的相关规定被撤销的，属于保险经纪机构的撤销事由。

（1）业务许可证不被中国保监会续期的事由：①许可证有效期届满，没有申请延续；②不再符合除设立条件第一项之外的条件的；③内部管理混乱，无法正常经营；④存在重大违法行为，未得到有效整改；⑤未按规定缴纳监管费。

（2）被撤销的保险经纪机构应当依法组织清算或者对保险代理业务进行结算，向中国保监会提交清算报告或者结算报告。

2. 解散。保险经纪机构因分立、合并需要解散，或者根据股东会、股东大会决议解散，或者公司章程规定的解散事由出现的，应当经中国保监会批准后解散。保险专业代理公司申请解散的，应当自解散决议作出之日起10日内向中国保监会提交申请解散的申请及相关清算方案。由保险经纪机构组成清算组，清算结束后，保险专业代理公司应当向中国保监会提交清算报告。

3. 破产。保险专业代理公司在解散清算中发现不能清偿到期债务，并且资产不足以清偿全部债务或者明显缺乏清偿能力的，或被依法吊销营业执照、被撤销、责令关闭或者被人民法院依法宣告破产的，应当依法提出破产申请，依法成立清算组，并向中国保监会提交清算报告，其财产清算与债权债务处理，按照法定破产程序进行。

保险经纪机构被撤销、解散或破产的，中国保监会应依法注销其许可证，并予以公告。

三　保险公估人

（一）保险公估人的概念

在我国保险市场中，公估人只能采用企业的组织形式设立，因此又称为保险公估机构。保险公估机构是指接受保险公司或被保险人委托，专门从事保险标的或者保险事故评估、勘验、鉴定、估损理算等业务，并按约定收取报酬的机构。

（二）保险公估人的特征

1. 保险公估人属于法定的企业组织。依据保险法和中国保监会的规定，保险公估人的设立应当采用公司和合伙企业的形式设立，并应当获得中国保监会的批准。其基本经营行为、企业治理除应符合公司法和合伙企业法的规定外，还应当符合保险法和中国保监会的规定。

2. 保险公估人的作用在于接受投保人或保险公司的委托，对保险标的的损失等事项进行评估。因此，保险公估人应与委托方签订书面的委托合同，其作用在于发挥公平的居间评估，因此称为保险公估。

（三）保险公估人的设立

保险公估机构只能采取的形式有：（1）有限责任公司；（2）股份有限公司；（3）合伙企业。因此，保险公估人除应当符合保险法和中国保监会规定的条件设立外，其一般设立条件还应当符合公司法和合伙企业法的规定。

1. 设立保险公估机构，应当具备下列条件：（1）股东、发起人或者合伙人信誉良好，最近3年无重大违法记录；（2）注册资本或者出资不得少于人民币200万元，且必须为实缴货币资本；（3）公司章程或者合伙协议符合有关规定；（4）董事长、执行董事和高级管理人员符合规定的任职资格条件；（5）具备健全的组织机构和管理制度；（6）有与业务规模相适应的固定住所；（7）有与开展业务相适应的业务、财务等计算机软硬件设施；（8）法律、行政法规和中国保监会规定的其他条件。

申请设立保险公估机构，全体股东、全体发起人或者全体合伙人应当指定代表或者共同委托代理人，向中国保监会提交设立材料并办理申请。

2. 设立发起人和股东的限制。依据法律、行政法规规定不能投资企业的单位或者个人，不得成为保险公估机构的发起人、股东或者合伙人。保险公司员工投资保险公估机构的，应当书面告知所在保险公司；保险公司、保险中介公司的董事、高级管理人员投资保险公估机构的，应当根据公司法有关规定取得股东会或者股东大会的同意。

3. 开业。中国保监会依法批准设立保险公估机构的，应当向申请人颁发经营保险公估业务许可证。申请人收到许可证后，应当按照有关规定办理工商登记，领取营业执照后方可开业。保险公估机构自取得许可证之日起90日内，无正当理由未向工商行政管理机关办理登记的，许可证自动失效。保险公估机构应当自领取营业执照之日起20日内，书面报告中国保监会。

（四）保险公估机构董事长、执行董事和高级管理人员[①]的任职条件

1. 任职条件

拟担任保险公估机构董事长、执行董事和高级管理人员应当具备下列条件，并报经中国保监会核准：（1）大学专科以上学历；（2）持有中国保监会规定的资格证书；（3）从事经济工作2年以上；（4）具有履行职责所需的经营管理能力，熟悉保险法律、行政法规及中国保监会的相关规定；（5）诚实守信，品行良好。

从事金融或者评估工作10年以上，可以不受第（1）项任职条件限制；担任金融、评估机构高级管理人员5年以上或者企业管理职务10年以上，可以不受第（2）项任职条件限制。

2. 任职资格的禁止情形

有下列情形并具有我国《公司法》第147条规定的情形之一的人员，不得担任保险公估机构董事长、执行董事或者高级管理人员：

[①] 高级管理人员是指：（1）公司制保险公估机构的总经理、副总经理或者具有相同职权的管理人员；（2）合伙制保险公估机构执行合伙企业事务的合伙人或者具有相同职权的管理人员；（3）保险公估分支机构的主要负责人。

(1) 担任因违法被吊销许可证的保险公司或者保险中介机构的董事、监事或者高级管理人员，并对被吊销许可证负有个人责任或者直接领导责任的，自许可证被吊销之日起未逾3年；(2) 因违法行为或者违纪行为被金融监管机构取消任职资格的金融机构的董事、监事或者高级管理人员，自被取消任职资格之日起未逾5年；(3) 被金融监管机构决定在一定期限内禁止进入金融行业的，期限未满；(4) 受金融监管机构警告或者罚款未逾2年；(5) 正在接受司法机关、纪检监察部门或者金融监管机构调查；(6) 中国保监会规定的其他情形。

同时，未经股东会或者股东大会同意，保险公估公司的董事和高级管理人员不得在存在利益冲突的机构中兼任职务。保险公估机构的合伙人不得自营或者同他人合作经营与本机构相竞争的业务。

(五) 保险公估机构的变更

1. 组织形式的变更。保险公估机构组织形式的变更应当取得中国保监会的批准。

2. 其他事项的变更。有下列情形之一的，应当自事项发生之日起5日内，书面报告中国保监会：(1) 变更名称或者分支机构名称；(2) 变更住所或者分支机构营业场所；(3) 发起人、主要股东或者出资人变更姓名或者名称；(4) 变更主要股东或者出资人；(5) 股权结构或者出资比例重大变更；(6) 变更注册资本或者出资；(7) 修改机构章程或者合伙协议；(8) 撤销分支机构。

3. 许可证的变更及续期。保险公估机构许可证的有效期为3年。保险公估机构变更事项涉及许可证记载内容的，应当交回原许可证，领取新许可证，并按照《保险许可证管理办法》有关规定进行公告。

保险公估机构在许可证到期前30日，应向中国保监会申请延续。保险公估机构申请延续许可证有效期的，中国保监会在许可证有效期届满前对保险公估机构前3年的经营情况进行全面审查和综合评价，并作出是否批准延续许可证有效期的决定。决定不予延续的，应当书面说明理由。保险公估机构应当自收到决定之日起10日内向中国保监会缴回原证；准予延续有效期的，应当领取新许可证。

(六) 保险公估机构的业务范围及法定义务

1. 保险公估机构的业务范围为：(1) 保险标的承保前和承保后的

检验、估价及风险评估；（2）保险标的出险后的查勘、检验、估损理算及出险保险标的残值处理；（3）风险管理咨询；（4）中国保监会批准的其他业务。

2. 保险公估机构的法定义务

（1）对本机构的保险公估从业人员[①]进行监督管理培训的义务。保险公估从业人员上岗前接受培训的时间不得少于 80 小时，上岗后每人每年接受培训和教育的时间累计不得少于 36 小时，其中接受法律知识培训及职业道德教育的时间不得少于 12 小时。

（2）不同收支、资金建立独立账簿、账户的义务。保险公估机构应当采用独立账簿的形式记录经纪业务的收支。

（3）建立法定内容的业务档案的义务。业务档案能真实地反映保险公估机构的业务经营情况。因此应当建立专门的业务档案，该业务档案应当符合法定内容：①保险公估业务所涉及的主要情况，包括保险人、投保人、被保险人和受益人的名称或者姓名，保险标的、事故类型、估损金额等；②报酬金额和收取情况；③其他重要业务信息。

（4）保险公估机构及其从业人员在从事公估业务中所享有的权利：①根据执行业务的需要，要求委托人及其他相关当事人提供有关保险公估的文件、资料和其他必要协助；②客观、公正从事保险公估活动，在当事人不提供协助或者要求出具虚假保险公估报告时，中止执行业务或者终止履行合同；③法律、行政法规和中国保监会规定的其他权利。

（5）保险公估机构及其从业人员在从事公估业务中应当履行下列义务：①遵守法律、行政法规及中国保监会规定，接受行业管理，维护行业声誉；②遵守评估准则、职业道德和有关标准；③对使用的有关文件、证明、资料的真伪进行查验；④法律、行政法规和中国保监会规定的其他义务。

（6）履行告知客户及回避的义务。保险公估机构应当制作规范的客户告知书，并在开展业务时向客户出示。客户告知书应当至少包括保险公估机构及其分支机构的名称、营业场所、联系方式、业务范围等基

---

① 保险公估从业人员是指保险公估机构及其分支机构中从事保险标的承保前检验、估价及风险评估的人员，或者从事保险标的出险后的查勘、检验、估损理算等业务的人员。

本事项。保险公估机构及其董事、高级管理人员与公估业务相关的保险公司、保险中介机构存在关联关系的,应当在客户告知书中说明。

保险公估机构、保险公估分支机构及其从业人员与保险公估活动当事人一方有利害关系的,应当告知其他当事人;公估活动当事人有权要求与自身或者其他评估当事人有利害关系的保险公估机构或者保险公估从业人员回避。

(7) 进行保险公估业务的谨慎勤勉义务。保险公估机构、保险公估分支机构及其从业人员在开展公估业务过程中,应当勤勉尽职,保险公估报告不得存在重大遗漏。

(8) 投保职业责任保险或者缴存保证金的义务。职业责任保险和保证金用于保险公估公司因违约行为或其他行为对委托人应承担赔偿责任时,保险公估公司自有资金无力赔偿的,为其垫付赔偿金。保险公估机构应当自办理工商登记之日起20日内投保职业责任保险或者缴存保证金。

①投保职业责任保险或者缴存保证金的备案。保险公估机构应当自投保职业责任保险或者缴存保证金之日起10日内,将职业责任保险保单复印件或者保证金存款协议复印件、保证金入账原始凭证复印件报送中国保监会。

②持续投保职业责任保险的义务。保险公估机构应当持续投保职业责任保险,以保障在开展公估业务中产生责任时,有承担损害赔偿责任的经济能力。

③缴存保证金的法定要求。保证金应当以银行存款形式或者中国保监会认可的其他形式缴存。保险公估公司缴存的保证金,应当按注册资本的5%缴存,保险公估公司增加注册资本的,应当相应增加保证金数额;保险公估公司保证金缴存额达到人民币100万元的,可以不再增加保证金。保证金以银行存款形式缴存的,应当专户存储到商业银行,保险公估公司不得擅自动用或者处置保证金。保险公估公司不得动用保证金。但有下列情形之一的除外:Ⅰ.注册资本或者出资减少;Ⅱ.许可证被注销;Ⅲ.投保符合条件的职业责任保险;Ⅳ.中国保监会规定的其他情形。

(七) 保险公估机构及其从业人员的行为禁止事项

除上述法定义务外,为保护委托人及保险公估业务的同业竞争者,保险公估机构及其从业人员在开展公估业务过程中，不得有下列欺骗投保人、被保险人、受益人或者保险公司的行为：（1）向保险合同当事人出具虚假或者不公正的保险公估报告；（2）隐瞒或者虚构与保险合同有关的重要情况；（3）冒用其他机构名义或者允许其他机构以本机构名义执业；（4）从业人员冒用他人名义或者允许他人以本人名义执业，或者代他人签署保险公估报告；（5）串通投保人、被保险人或者受益人，骗取保险金；（6）通过编造未曾发生的保险事故或者故意夸大已经发生保险事故的损失程度等进行虚假理赔；（7）其他欺骗投保人、被保险人、受益人或者保险公司的行为。

保险公估机构、保险公估分支机构及其从业人员在开展公估业务过程中，不得有下列行为：（1）不得伪造、变造、出租、出借、转让许可证；（2）虚假广告、虚假宣传；（3）以捏造、散布虚假事实，利用行政处罚结果诋毁等方式损害其他保险中介机构的商业信誉，或者以其他不正当竞争行为扰乱市场秩序；（4）利用行政权力、股东优势地位或者职业便利以及其他不正当手段强迫、引诱、限制投保人订立保险公估合同、接受保险公估结果或者限制其他保险中介机构正当的经营活动；（5）给予或者承诺给予保险公司及其工作人员、投保人、被保险人或者受益人合同约定以外的其他利益；（6）利用业务便利为其他机构或者个人牟取不正当利益；（7）利用执行保险公估业务之便牟取其他非法利益；（8）泄露在经营过程中知悉的投保人、被保险人、受益人或者保险公司的商业秘密及个人隐私；（9）虚开发票、夸大公估费。

2013年7月1日正式实施的2012年12月21日中国保险监督管理委员会主席办公会审议通过并公布的《保险经纪从业人员、保险公估从业人员监管办法》，对保险经纪从业人员、保险公估从业人员的行为禁止有进一步的明确规定。

（八）保险公估机构的撤销、解散、破产

1. 撤销。保险公估机构因业务许可证到期申请续期，不被中国保监会续期的，或被中国保监会撤销、吊销业务许可证的，或符合公司法的相关规定被撤销的，属于保险公估机构的撤销事由。

业务许可证不被中国保监会续期的事由：（1）许可证有效期届满，没有申请延续；（2）不再符合除设立条件第（1）项之外的条件的；

（3）内部管理混乱，无法正常经营；（4）存在重大违法行为，未得到有效整改；（5）未按规定缴纳监管费。

被撤销的保险公估机构应当依法组织清算或者对保险代理业务进行结算，向中国保监会提交清算报告或者结算报告。

2. 解散。保险公估机构因分立、合并需要解散，或者根据股东会、股东大会决议解散，或者公司章程规定的解散事由出现的，应当经中国保监会批准后解散。保险专业代理公司申请解散的，应当自解散决议作出之日起10日内向中国保监会提交申请解散的申请及相关清算方案。由保险公估机构组成清算组，清算结束后，保险专业代理公司应当向中国保监会提交清算报告。

3. 破产。保险专业代理公司在解散清算中发现不能清偿到期债务，并且资产不足以清偿全部债务或者明显缺乏清偿能力的，或被依法吊销营业执照、被撤销、责令关闭或者被人民法院依法宣告破产的，应当依法提出破产申请，依法成立清算组，并向中国保监会提交清算报告，其财产清算与债权债务处理，按照法定破产程序进行。

保险公估机构被撤销、解散或破产的，中国保监会均应依法注销其许可证，并予以公告。

本章复习思考题

1. 试述保险公司的设立要件及设立程序。
2. 简述保险公司的营业范围。
3. 简述保险公司提取保证金、责任准备金、保险保障基金的种类及其作用。
4. 简述保险专业代理机构设立的条件及业务范围。
5. 简述保险专业代理机构的法定义务。
6. 简述保险经纪机构设立的条件及业务范围。
7. 简述保险经纪机构的法定义务。
8. 简述保险公估机构设立的条件及业务范围。
9. 简述保险公估机构的法定义务。

专著推荐

1. 陈欣：《保险法》，北京大学出版社2010年版。

2. 黎建飞、王卫国：《保险法教程》，北京大学出版社2009年版。

3. 郑莹：《社会保险法制的理论重构与制度创新研究》，法律出版社2013年版。

4. 郭清：《中国保险公估业的发展研究：基于法学与新制度经济学视角》，社会科学文献出版社2008年版。

相关链接

1. 法律法规链接

《中华人民共和国保险法》、《保险经纪从业人员、保险公估从业人员监管办法》、《保险经纪机构监管规定》、《保险公估机构监管规定》、《保险专业代理机构监管规定》、《保险公司管理规定》、《保险公司董事和高级管理人员任职资格管理规定》。

2. 网络信息链接

中国保险监督管理委员会网站　http：//www.circ.gov.cn

3. 相关事例链接

相互保险公司制度的引入

相互保险公司是由所有参加保险的人自己设立的保险法人组织，其经营目的是为各保单持有人提供低成本的保险产品，而不是追逐利润。相互保险公司没有股东，保单持有人的地位与股份公司的股东地位相类似，公司为他们所拥有。相互保险公司没有资本金，也不能发行股票，其运营资金来源于保费，该公司设立前期所需的资金一般是通过借贷等方式由外部筹措；各成员也以其缴纳的保费为依据，参与公司的盈余分配和承担公司发生亏空时的弥补额。

作为现代保险业常见的两种公司组织形式，相互保险公司与股份保险公司各有优势。相对于相互保险公司而言，股份保险公司具有以下几个显著的优点：第一，筹集资金、扩展业务规模更为便利。股份保险公司可以通过资本市场来筹集资金，而相互保险公司筹集资金主要来自积累的盈余。第二，激励机制更有效。股份保险公司可以实行股权激励机制来吸引关键人才。股份保险公司归股东所有，股东对公司运作比相互保险公司的所有者（保单持有人）有更浓厚的兴趣，更关注于公司的经营管理。

而相互保险公司也具有自己独特的优势：第一，可以有效避免恶意收购。相互保险公司不发行股票，其竞争对手无法通过资本市场运作来进行恶意收购。第二，对消费者更有吸引力。与股份保险公司不同，相互保险公司经营所获得的绝大部分利润将返还给保单持有人，因此，保险消费者能最大限度地降低成本并获得保障。[1]

相互保险公司作为国外发展时间最为悠久的保险经营模式，得到了大多数国家保险法律的认可。而根据我国保险法的规定，可以进行商业保险行为的只是保险公司，这无疑对于我国而言是一大缺憾。毕竟相互保险公司同一般的保险公司在经营模式、公司组织机构、公司治理模式、偿付能力的监管等方面存在巨大差异，若引进相互保险公司对我国公司法和保险法，以及保险业务的开展都是一个新的挑战。因此我国对相互保险公司采取了谨慎引入移植的态度：目前而言，对于相互保险公司我国采取试点经营，由国务院特许成立——阳光农业相互保险公司为我国唯一一家相互制保险公司，对相互保险公司在我国目前保险经营环境、法律体系下如何生存并开展业务，发挥其优势以达到保险保障的功能进行有益的尝试。

本章参考文献

[1] 魏华林、林宝清主编：《保险学》，高等教育出版社2006年版。

[2] 贾林青：《保险法》，中国人民大学出版社2011年版。

[3] 马宜斐、段文军：《保险原理与实务》，中国人民大学出版社2011年版。

[4] 徐卫东、杨勤活、王剑钊：《保险法》，吉林人民出版社1996年版。

[5] 梁宇贤：《保险法新论》，中国人民大学出版社2004年版。

---

[1] http://www.circ.gov.cn/web/site0/tab40/i38272.htm.

第八章 其他金融机构法律制度

本章内容提要：在我国的金融体系中，除了中央银行、商业银行及政策性银行之外，还有大量的各种非银行类金融机构，统称为"其他金融机构"。包括信用合作机构、金融资产管理公司、信托公司、企业集团财务公司、金融租赁公司等。这些金融机构同银行类金融机构一同组成了我国完整的金融体系，在各自领域内发挥着专有的、灵活的、不可替代的作用。是银行类金融机构的补充，也是我国金融体系不可或缺的一部分。本章主要介绍了这些金融机构的概念、性质、地位、设立条件、业务范围、经营规则及其发展变革等，学生通过本章的学习，可以了解这些金融机构所具有的独特功能和所发挥的特有作用，完善和加深对金融整体法律制度的认识。

关键词：金融机构　信用合作社　信托方式　财务公司　金融租赁公司　金融资产管理公司　投资银行　金融体系　业务范围　业务规则　设立条件

第一节　其他金融机构概述

一　其他金融机构在我国金融体系中的地位和作用

所谓"其他金融机构"通常是指中央银行、商业银行、政策性银行之外的金融机构。也被称为"非银行金融机构"。从金融机构的重要性以及对社会的影响来看，银行与其他非银行金融机构都有较大差异，监管方式上也有所差异。传统上，以银行为主体的间接融资方式是社会资金融资的主渠道，银行办理零售金融业务，吸收公众存款，然后发放贷款。其他金融机构,如信用合作机构、信托公司、财务公司、金融租赁公司、投资银行等,都在提供一定的资金融通服务,但其业务范围比较有限,或者从事批发性金融业务,或者仅对内部成员提供金融服务,或者仅提供某种特定的融资服务。[①] 其他金融机构是银行的补充,也是金融体系不可或缺的一部分。

在我国改革开放的进程中,经济发展和对金融服务的需求不断增长,其他非银行金融机构在整个金融体系中的作用日益增大,对经济发展的推动作用日益明显。它有着其自身的特点,在融资、引进技术、支持企业发展等方面中起着其特有的作用。在非公有制经济比重日益扩大的趋势下,其他金融机构顺应了这一改革发展的模式,并且在改革和转变中起着积极的推动作用。

需要说明的是,信托机构的具体内容可以参见信托法律制度一章所述,本章不再赘述。

二 其他金融机构的特点

(一) 其他金融机构的业务范围较为单一

其他金融机构从事的业务范围受到相应法规的严格限制。这是因为其他金融机构的职能和地位与银行类金融机构不同,非银行类金融机构的业务是银行类金融机构的补充。两者相互配合构成我国的整体金融体系并发挥不同作用。

(二) 其他金融机构由单行法规调整

我国现阶段的金融立法,针对中央银行有《中国人民银行法》、针对商业银行有《商业银行法》,而其他金融机构由于各自的性质、组织形式、业务范围、管理体制的差别比较大,难以通过统一的立法对其加以规范。所以对其他金融机构的法律规制通常通过单行法规来实现。例如《信托公司管理办法》、《金融资产管理公司条例》等。

三 其他金融机构的范围

在我国,其他金融机构大致可以分为以下几类:第一,信用合作机

[①] 吴志攀:《金融法概论》,北京大学出版社2011年版,第84页。

构，包括城市信用合作社和农村信用合作社。目前城市信用合作社已经基本改制为城市商业银行，受《商业银行法》调整。农村信用合作社也在进行改革，根据不同情况分别改制为农村商业银行、农村合作银行以及严格按照合作制原则运作的信用合作社。第二，金融资产管理公司。金融资产管理公司的主要业务活动是处置银行不良贷款。第三，信托公司、企业集团财务公司、金融租赁公司等。这些非银行类金融机构不能吸收公众存款，用自有资金或者来自特定渠道的大额资金发放贷款或其他批发金融业务，其业务范围与银行类金融机构有着很大的不同。

四　其他金融机构的监管

其他金融机构虽然在业务范围、职能等方面与银行类金融机构不同，但它们都是依照法定程序设立、经营金融业务的特许机构，除了遵循相应的单行法外，还要接受中央银行、银监会等监督管理机构的监管。

可作为其他金融机构监管法律依据的立法除了《中国人民银行法》、《银行业监督管理法》、《金融机构管理规定》以外，主要是针对不同金融机构的单行法规，包括《金融资产管理公司管理条例》、《信托公司管理办法》、《企业集团财务公司管理办法》以及《金融租赁公司管理办法》等。

第二节　信用合作机构

一　信用合作机构概述

信用合作机构是指依法设立的，以社员集体投资为基础的合作性金融机构。在信用合作产生之初，主要包括城市信用合作社和农村信用合作社。城市信用合作社现已逐步改制为城市合作银行或城市商业银行。2007年7月3日，中国银行业监督管理委员会在《中国银监会关于制定、修改、废止、不适用部分规章和规范性文件的公告》中宣布：银行业监管机构在履行监管职责和行使监管职权时，不再适用《城市信用合作社管理办法》，据此可以说，城市信用合作社已退出历史舞台。2011

年 1 月 5 日，在《中国银监会关于发布银行业规章和规范性文件清理结果的公告》中亦宣布《农村信用社管理办法》不再适用。但农村信用社作为一种金融机构的形式仍然存在，地方政府可对农村信用社进行管理，其成立、审批和管理由银监会进行监管，并遵守《银行业监督管理法》的相关规定。本节主要介绍的信用合作社机构就是指农村信用合作社。

二　农村信用合作社的概念和性质

农村信用合作社（以下简称农村信用社），是指经银行业监督管理机构批准设立、由社员入股组成、实行社员民主管理、主要为社员提供金融服务的农村合作金融机构。农村信用社是独立的企业法人，以其全部资产对农村信用社的债务承担责任，依法享有民事权利，承担民事责任；其财产、合法权益和依法开展的业务活动受国家法律保护，任何单位和个人不得侵犯和干涉。农村信用社的社员，是指向农村信用社入股的农户以及农村各类具有法人资格的经济组织。农村信用社职工应当是农村信用社社员。社员以其出资额为限承担风险和民事责任。

我国农村信用合作社脱胎于中国农业银行。改革开放以来，我国的农村信用合作社得到了极大发展，在国务院下发的《深化农村信用社改革试点方案》中提出："对于农村信用社的产权制度改革，有条件的地区可以进行股份制改造；暂不具备条件的地区，可以比照股份制的原则和做法，实行股份合作制；股份制改造有困难而又适合搞合作制的，也可以进一步完善合作制。"到目前为止，我国形成了三种农村信用社模式：农村商业银行、农村合作银行、农村信用社。

三　农村信用合作社的设立

《农村信用合作社管理规定》已于 2011 年被银监会宣布失效，按照《银行业监督管理法》的相关规定，设立农村信用社要向金融监管机构提出申请并提交相关材料。银监会依照法律、行政法规规定的条件和程序，审查批准农村信用社的设立、变更、终止以及业务范围。农村信用社营业机构要按照方便社员、经济核算、便于管理、保证安全的原则设置。

四 农村信用社的改革与发展

我国农村信用社经过一定时期的发展，为推动我国农村地区金融的发展起到了积极的作用，但在实践中也存在一些问题，诸如产权制度模糊、法人治理结构欠缺、农村存款外流严重、信贷能力不足、服务质量缺位等问题成为制约农村信用社发展的障碍。这些问题也影响了农村信用社职能的发挥。2003年6月，国务院发布了《国务院关于印发深化农村信用社改革试点方案的通知》，2004年8月又发布了《国务院办公厅关于进一步深化农村信用社改革试点的意见》，两份规范性法律文件都对农村信用社的改革提出了具体要求，提出深化信用社改革，要重点解决好两个问题：一是以法人为单位，改革信用社产权制度，明晰产权关系，完善法人治理结构，区别各类情况，确定不同的产权形式；二是改革信用社管理体制，将信用社的管理交由地方政府负责。2010年，银监会提出用5年的时间完成农村信用社的股份制改革，中国银监会合作金融机构监管部表示，从2010年起，银监会陆续制定实施相关制度办法，推动资格股向投资股转化，支持组建农村商业银行或股份制的农村信用社，同时指导农村信用社引进新的优质合格股东，优化产权结构，改善公司治理。目前，全国农村信用社资格股占比已降到30%以下，已组建农村商业银行155家、农村合作银行210家，农村银行机构资产总额占全国农村合作金融机构的41.4%。另外，还有1424家农村信用社已经达到或基本达到农村商业银行组建条件。2010年，有17家农村商业银行进入英国《银行家》杂志评选的2009年全球银行业1000强，占我国入榜商业银行的20%；重庆农村商业银行成功在香港上市。通过改革，农村信用社治理模式已经发生了根本性变化，长期存在的内部人控制问题得到有效解决，机构自身已经形成了深入推进深层次体制机制改革的内生动力。[1]

五 其他农村金融机构

2006年12月20日，中国银监会发布了《关于调整放宽农村地区

---

[1] 腾讯财经：http://finance.qq.com/a/20110802/006450.htm。

银行业金融机构准入政策更好支持社会主义新农村建设的若干意见》，该《意见》阐明，为解决农村地区银行业金融机构网点覆盖率低、金融供给不足、竞争不充分等问题，中国银行业监督管理委员会按照商业可持续原则，适度调整和放宽农村地区银行业金融机构准入政策，降低准入门槛，强化监管约束，加大政策支持，促进农村地区形成投资多元、种类多样、覆盖全面、治理灵活、服务高效的银行业金融服务体系，以更好地改进和加强农村金融服务，支持社会主义新农村建设。根据此《意见》，大批村镇银行、贷款公司以及农村资金互助社得以建立并发展起来，极大地推动了农村地区的金融发展。

第三节　金融资产管理公司

一　金融资产管理公司的概念

金融资产管理公司（Asset Management Corporation，AMC）在国际金融市场上共有两类：从事"优良"资产管理业务的 AMC 和"不良"资产管理业务的 AMC，前者外延较广，涵盖诸如商业银行、投资银行以及证券公司设立的资产管理部或资产管理方面的子公司，主要面向个人、企业和机构等，提供的服务主要有账户分立、合伙投资、单位信托等；后者是专门处置银行剥离的不良资产的金融资产管理公司。

我国的金融资产管理公司是经国务院决定设立的收购国有独资商业银行不良贷款，管理和处置因收购国有独资商业银行不良贷款形成的资产的国有独资非银行金融机构。金融资产管理公司以最大限度保全资产、减少损失为主要经营目标，依法独立承担民事责任。

据此我们认为，金融资产管理公司是指经国务院决定设立的，收购国有银行不良贷款、管理和处置因收购国有银行不良贷款形成的资产的国有独资非银行金融机构。[1] 经过多年的经营，金融资产管理公司处置银行不良资产的任务已经基本完成，目前正处在商业化经营的转型过

---

[1] 陶广峰主编：《金融法》，中国人民大学出版社 2009 年版，第 131 页。

程中。

二 金融资产管理公司的性质和职能

如上文所述，我国的金融资产管理公司处于转型和改革中，其性质和职能也面临着转化。20 世纪末，我国成立了四大金融资产管理公司——华融、长城、东方、信达，用以收购和处置从中国工商银行、中国农业银行、中国银行、中国建设银行剥离出来的不良资产。这些金融管理公司所肩负的使命是运用投资银行手段收购、管理和处置银行不良资产。故在产生之初，我国的金融资产管理公司带有政策性金融服务的性质。因为它们也是由政府主导的，为了最大限度地保全资产、减少损失而成立的，此外，这些金融管理公司还担负着支持国有企业摆脱困境的重大历史使命。

由此看来，我国的金融资产管理公司是特定条件下的产物，但其存在是有必要性的。这是因为不良资产在任何时期都会存在，而且我国的金融资产管理公司在发展的十多年间已经积累了丰富的不良资产处理经验。但我国的金融资产管理公司在发展过程中也出现很多弊端，例如资产处置过程中的违法、违规现象严重；内部交易和关联交易多、评估随意性大；不良资产处置的相关法律法规不完善，地方政府行政干预的问题较为突出等。我国金融资产管理公司的发展还有赖于其自身积极探索转型、改革和发展的道路。

三 金融资产管理公司的业务范围

按照《金融资产管理公司管理条例》的规定，金融资产管理公司在其收购的国有银行不良贷款范围内，管理和处置因收购国有银行不良贷款形成的资产时，可以从事下列业务活动：追偿债务；对所收购的不良贷款形成的资产进行租赁或者以其他形式转让、重组；债权转股权，并对企业阶段性持股；资产管理范围内公司的上市推荐及债券、股票承销；发行金融债券，向金融机构借款；财务及法律咨询，资产及项目评估；中国人民银行、中国证券监督管理委员会批准的其他业务活动。金融资产管理公司可以向中国人民银行申请再贷款。

第四节 企业集团财务公司

一 企业集团财务公司的概念

财务公司诞生于18世纪的法国，其后美、英等国相继效仿开办。在西方国家，财务公司一般是独立的金融机构，主要经营批发性金融业务。虽然从组织体制上讲，这种财务公司可能是某些大集团的控股公司，但其业务却可以不受企业集团业务范围的限制。[①]

在我国，企业集团财务公司是指以加强企业集团资金集中管理和提高企业集团资金使用效率为目的，为企业集团成员单位提供财务管理服务的非银行金融机构。所谓企业集团，是指在中华人民共和国境内依法登记，以资本为联结纽带、以母子公司为主体、以集团章程为共同行为规范，由母公司、子公司、参股公司及其他成员企业或机构共同组成的企业法人联合体。

二 企业集团财务公司的设立、变更和终止

（一）企业集团财务公司的设立

根据2000年颁布实施、2006年修订的《企业集团财务公司管理办法》，设立财务公司，应当报经中国银行业监督管理委员会审查批准。财务公司名称应当经工商登记机关核准，并标明"财务有限公司"或"财务有限责任公司"字样，名称中应包含其所属企业集团的全称或者简称。未经中国银行业监督管理委员会批准，任何单位不得在其名称中使用"财务公司"字样。

申请设立财务公司的企业集团应当具备下列条件：符合国家的产业政策；申请前一年，母公司的注册资本金不低于8亿元人民币；申请前一年，按规定并表核算的成员单位资产总额不低于50亿元人民币，净资产率不低于30%；申请前连续两年，按规定并表核算的成员单位营业收入总额每年不低于40亿元人民币，税前利润总额每年不低于2亿

[①] 倪振锋等：《银行法学》，复旦大学出版社2010年版，第136页。

元人民币；现金流量稳定并具有较大规模；母公司成立2年以上并且具有企业集团内部财务管理和资金管理经验；母公司具有健全的公司法人治理结构，未发生违法违规行为，近3年无不良诚信记录；母公司拥有核心主业；母公司无不当关联交易。

设立财务公司，应当具备下列条件：确属集中管理企业集团资金的需要，经合理预测能够达到一定的业务规模；有符合《中华人民共和国公司法》和《企业集团财务公司管理办法》规定的章程；有符合规定的最低限额注册资本金；有符合中国银行业监督管理委员会规定的任职资格的董事、高级管理人员和规定比例的从业人员，在风险管理、资金集约管理等关键岗位上有合格的专门人才；在法人治理、内部控制、业务操作、风险防范等方面具有完善的制度；有符合要求的营业场所、安全防范措施和其他设施；符合中国银行业监督管理委员会规定的其他条件。

设立财务公司的注册资本金最低为1亿元人民币。财务公司的注册资本金应当是实缴的人民币或者等值的可自由兑换货币。经营外汇业务的财务公司，其注册资本金中应当包括不低于500万美元或者等值的可自由兑换货币。中国银行业监督管理委员会根据财务公司的发展情况和审慎监管的需要，可以调整财务公司注册资本金的最低限额。

财务公司根据业务需要，经银监会审查批准，可以设立分公司，分公司不具有法人资格。财务公司根据业务管理需要，可以设立代表处，并报银监会备案，代表处不得经营业务，只限于从事业务推介、客户服务、债权催收以及信息的收集、反馈等相关工作。

(二) 企业集团财务公司的变更

财务公司变更名称，调整业务范围，变更注册资本金，变更股东或者调整股权结构，修改章程，更换董事、高级管理人员，变更营业场所，银监会规定的其他变更事项，应当报经银监会批准。财务公司的分公司变更名称、营运资金、营业场所或者更换高级管理人员，应当由财务公司报银监会批准。

(三) 企业集团财务公司的终止

财务公司因解散、被撤销或被宣告破产而终止。财务公司解散或者被撤销，应当依法成立清算组，按照法定程序进行清算，并由银监会公告。银监会可以直接委派清算组成员并监督清算过程。清算组在清算中发现财务公司的资产不足以清偿其债务时,应当立即停止清算,并向银监会报告,经银监会核准,依法向人民法院申请该财务公司破产。

三 企业集团财务公司的业务范围

财务公司可以经营下列部分或者全部业务:对成员单位办理财务和融资顾问、信用鉴证及相关的咨询、代理业务;协助成员单位实现交易款项的收付;经批准的保险代理业务;对成员单位提供担保;办理成员单位之间的委托贷款及委托投资;对成员单位办理票据承兑与贴现;办理成员单位之间的内部转账结算及相应的结算、清算方案设计;吸收成员单位的存款;对成员单位办理贷款及融资租赁;从事同业拆借;中国银行业监督管理委员会批准的其他业务。

设立1年以上,且经营状况良好、注册资本金不低于3亿元人民币且具有相应合格的专业人员的财务公司(从事成员单位产品消费信贷、买方信贷及融资租赁业务的,注册资本金不低于5亿元人民币),经股东大会同意并经董事会授权,可以向中国银行业监督管理委员会申请从事下列业务:经批准发行财务公司债券;承销成员单位的企业债券;对金融机构的股权投资;有价证券投资;成员单位产品的消费信贷、买方信贷及融资租赁。

第五节 金融租赁公司法律制度

一 金融租赁公司的概念和特征

根据中国银监会于2006年12月28日颁布的《金融租赁公司管理办法》,金融租赁公司是指经中国银监会批准,以经营融资租赁业务为主的非银行金融机构。金融租赁公司名称中应标明"金融租赁"字样。未经中国银监会批准,任何单位和个人不得经营融资租赁业务或在其名称中使用"金融租赁"字样,但法律法规另有规定的除外。

按照相关法律规定,融资租赁是指出租人根据承租人对租赁物和供货人的选择或认可,将其从供货人处取得的租赁物按合同约定出租给承租人占有、使用，向承租人收取租金的交易活动。

金融租赁公司的特点主要有以下四个方面：第一，金融租赁公司的租赁对象一般是固定资产。因为固定资产的价值往往比较高，企业直接购买会占用大量现金资产，或者根本购买不起，这时便需要作为第三方的融资租赁公司的介入。第二，融资与融物相结合。承租者在租赁设备的同时解决了购置设备的资金。不是先向银行贷款再去购置设备，而是先得到设备，租物与借钱结合起来，借物还钱。第三，所有权与使用权分离。在租期内，设备的使用权归承租人，设备的所有权仍归出租者。但是，承租者在租期内有责任对设备进行维修和保养，租赁期满还有续租、留购、退还等选择。第四，以租金形式分期归还本息。承租者先以较少的投资取得设备使用权，同时，可以用新创造的价值支付租金，并可以获取相当的收益，"借鸡生蛋，以蛋还钱"，对承租者有利。而出租者除可收取垫付的设备价款和相应的利息外，又可以获得一笔劳务费，所以出租者也有利可图。[①]

二 金融租赁公司的设立和变更

申请设立金融租赁公司应具备下列条件：具有符合《金融租赁公司管理办法》规定的出资人；具有符合《金融租赁公司管理办法》规定的最低限额注册资本；具有符合《中华人民共和国公司法》和《金融租赁公司管理办法》规定的章程；具有符合中国银监会规定的任职资格条件的董事、高级管理人员和熟悉融资租赁业务的合格从业人员；具有完善的公司治理、内部控制、业务操作、风险防范等制度；具有合格的营业场所、安全防范措施和与业务有关的其他设施；中国银监会规定的其他条件。

金融租赁公司的出资人分为主要出资人和一般出资人。主要出资人是指出资额占拟设金融租赁公司注册资本50%以上的出资人。一般出资人是指除主要出资人以外的其他出资人。设立金融租赁公司，应由主要出资人作为申请人向中国银行业监督管理委员会提出申请。金融租赁

---

① 吴志攀：《金融法概论》，北京大学出版社2011年版，第109页。

公司主要出资人应符合《金融租赁公司管理办法》中规定的相关条件。[①] 金融租赁公司的最低注册资本为1亿元人民币或等值的自由兑换货币，注册资本为实缴货币资本。中国银行业监督管理委员会根据融资租赁业发展的需要，可以调整金融租赁公司的最低注册资本限额。金融租赁公司的设立需经过筹建和开业两个阶段。申请人提交的申请筹建、申请开业的资料，以中文文本为准。资料受理及审批程序按照中国银行业监督管理委员会有关行政许可事项实施规定执行。

金融租赁公司变更名称、注册资本、股权、注册地或营业场所、董事及高级管理人员，改变组织形式，调整业务范围，修改章程，合并与分立以及银监会规定的其他变更事项，须报经银监会批准。金融租赁公司经金融监管机构批准变更"金融许可证"上有关内容后，需按规定到金融监管机构更换许可证，并应到工商行政管理机关办理变更登记。

金融租赁公司因解散、依法被撤销或被宣告破产而终止。

三 金融租赁公司的业务范围和经营规则

（一）业务范围

经中国银监会批准，金融租赁公司可经营下列部分或全部本外币业务：融资租赁业务；吸收股东1年期（含）以上定期存款；接受承租人的租赁保证金；向商业银行转让应收租赁款；经批准发行金融债券；同业拆借；向金融机构借款；境外外汇借款；租赁物品残值变卖及处理业务；经济咨询；中国银监会批准的其他业务。

（二）经营规则

金融租赁公司的公司治理应当建立以股东（大）会、董事会、监事会、高级管理层等为主体的组织架构，明确各自之间的职责划分，保证相互之间独立运行、有效制衡，形成科学、高效的决策、激励和约束机制。金融租赁公司应当按照全面、审慎、有效、独立的原则，建立和健全内部控制制度，并报中国银行业监督管理委员会或其派出机构备案。金融租赁公司不得吸收银行股东的存款。金融租赁公司经营业务中涉及外汇管理事项的，需遵守国家外汇管理有关规定。金融租赁公司的关联

[①]《金融租赁公司管理办法》第9条。

交易应当按照商业原则，以不优于对非关联方同类交易的条件进行。金融租赁公司应当制定关联交易管理制度，重大关联交易应经董事会批准。

本章复习思考题

1. "其他金融机构"与银行类金融机构有什么样的区别和联系？
2. "其他金融机构"的范围是哪些？
3. 农村信用社的性质和地位如何？
4. 金融资产管理公司设立的条件是什么？
5. 金融租赁公司的经营规则是什么？

专著推荐

1. ［美］法博齐等：《金融市场与金融机构基础》，孔爱国等译，机械工业出版社2011年版。
2. 罗勇、杨德：《全球化与中国化视角下的金融机构与金融市场》，河北大学出版社2012年版。
3. 王曙光、乔郁等：《农村金融机构管理》，中国金融出版社2009年版。
4. 李健男：《金融资产管理公司法律问题比较研究》，中国金融出版社2006年版。
5. 杨圣军：《企业集团财务公司管理与实务》，中国金融出版社2012年版。

相关链接

1. 法律法规链接

《中国人民银行法》、《银行业监督管理法》、《金融机构管理规定》、《金融资产管理公司管理条例》、《信托公司管理办法》、《企业集团财务公司管理办法》、《金融租赁公司管理办法》。

2. 网络信息链接

中国银行业监督管理委员会信息公开官方网站，网址：http://www.cbrc.gov.cn/chinese/zwgk/index.html

3. 相关事例链接

金融创新：贵州省农村信用社的改革重组①

2003年6月，国务院下发《深化农村信用社改革试点实施方案》，开始了政府主导下的农村金融重组，贵州省是首批试点八个省份之一。这次金融重组改革的总体要求是：明晰产权关系、强化约束机制、增强服务功能、国家适当支持、地方政府负责。改革的重点是解决两个问题：一是以法人为单位，改革农村信用社产权制度，明晰产权关系，完善法人治理结构，区别各类情况，确定不同的产权形式；二是改革农村信用社的管理体制，将农村信用社的管理交由省级人民政府负责。主要做法：力图通过央行的再贷款和票据置换，实现"花钱买机制"。央行对农村信用社的坏账进行"埋单"，解决两个关键性问题：一是农村信用社产权关系，建立健康的公司治理结构；二是理顺农村信用社管理体制，让农村信用社成为"自主经营、自我约束、自我发展、自担风险"的市场主体。设计方案是：资本充足率达标——票据发行、兑付，使农村信用社甩掉历史包袱，摆脱经营困境。

政府的作为：给予资金、财税、利率等方面的扶持政策。一是对亏损信用社因执行国家宏观政策开办保值储蓄而多支付的保值贴补息给予补贴。二是从2003年1月1日至2005年年底，暂免征收企业所得税，营业税按3%征收。三是采取中央银行专项票据和专项再贷款两种方式给予适当的资金支持。四是实行灵活的利率政策，允许信用社贷款利率在基准贷款利率的1—2倍范围内浮动。

我们以下列实际情况分析改革重组及其变化。

首先是重组中贵州省农村信用社的情况。

贵州省按照股权结构多样化、投资主体多元化的原则，根据不同地区农村信用社的发展情况，分别实行不同的产权形式：对于金融环境好、经营绩效优的县市，建立农村合作银行；其他县市撤销原来的农村信用社法人资格，成立县级统一法人资格的信用联社。演进的结果：一

---

① 引自陈泽明《企业重组与产业转移》，清华大学出版社2010年版，第258页。有所删减。

是在2003年年底成立了省联社，按照省级政府管理、监管机构监管、农村信用社按照"四自"原则运作的新型管理模式。二是在2006年年底全面完成了4家农村合作银行和84家以县（市）为单位统一法人社组建工作。全面实施农信社"股份合作制"改造，设置"资格股""投资股"两种股权，截至2008年年末，全省农信社股本金25.26亿元，较2002年增加17.25亿元，资格股和投资股占比为6:4。三是2009年第一季度完成全省央行专项票据的兑付工作：认购专项中央银行票据10.5亿元。其中，转换不良贷款7.8亿元，占认购票据总额的74.1%，弥补历年亏损2.7亿元，占认购票据总额的25.9%。

其次是重组的效应分析。

先看法人治理及内部管理基本情况。

第一，法人治理运行正常。积极探索适合于股份合作制产权制度的法人治理结构形式，全系统建立了理（董）事会、监事会及高级管理层议事规则，明确了"三会"和高级管理层的权责，初步形成了科学有效的决策、执行和监督机制。理（董）事会、监事会及高级管理层议事规则和决策程序运行正常，职责分工明确，"三会一层"的专项审计和离任审计工作有序开展，重大事项已向股东代表大会作了说明。法人治理运行逐步形成了决策、执行和监督机制。

第二，内控制度日臻完善。各联社在票据兑付考核基础上，继续巩固和完善内控管理制度，相继修改完善了绩效考核、薪酬分配、不良贷款责任追究、贷款授权授信、利率定价、劳动用工等内控管理制度，基本形成了"事前防范、事中控制、事后监督"的内部控制体系。

再看资产、资本情况。

第一，资金实力不断壮大，有效支持"三农"和地方经济发展。截至2009年3月月末，全省农村信用社各项存款余额913.9亿元，较2002年年末增加770.4亿元，是2002年年末的6.4倍；各项贷款余额628.9亿元，较2002年年末增加503.4亿元，是2002年年末的5倍，存贷款余额已跃居全省银行业金融机构第二位。在支持"三农"和地方经济发展方面作出了重要贡献。

第二，资产质量不断改善，有效增强了持续发展能力。

最后看金融服务水平。

电子化建设方面取得了重大突破,先后实现了全省营业机构全部联网、省辖内通存通兑,发行了"信合卡",开发了"一折通",农民工银行卡走在全国的前列,并力求做到科技水平与客户金融需求和自身业务发展相适应。科技建设的快速发展、服务功能的不断完善有效地提高了农村信用社金融服务水平和质量。

本章参考文献

[1] 吴志攀:《金融法概论》,北京大学出版社2011年版。
[2] 陶广峰主编:《金融法》,中国人民大学出版社2009年版。
[3] 倪振锋等:《银行法学》,复旦大学出版社2010年版。
[4] 王煜宇:《金融法》,中国人民大学出版社2009年版。

第三编　金融运行法律制度

第九章 货币市场法律制度

本章内容提要：人民币是我国的法定货币。发行人民币、管理人民币，是我国法律赋予中国人民银行的重要职责和业务，是中国人民银行"发行的银行"的重要指标。货币发行是否科学、基础货币投资是否合理，直接关乎货币运行乃至金融的顺利运行。因此，学习研究票据、银行间债券、同业拆借等货币市场法律制度的价值和意义不言而喻，本章所介绍的相关货币市场法律制度亦就实属必要。学生通过本章的学习，可以对我国金融市场的金融运行活动有全面的了解，对金融运行的法律规制有深刻认识。

关键词：货币市场　直接融资　间接融资　人民币　短期证券　国库券　票据市场　银行间债券市场　同业拆借市场　短期资金交易　有形市场　无形市场　安全性　流动性　盈利性

第一节　货币市场概述

金融市场是市场经济体系中最主要的要素市场之一，发达国家金融市场基本上都经历了从货币市场到资本市场的发展历程。而票据市场、银行间债券市场和同业拆借市场作为货币市场的重要组成部分，反映了一个国家货币市场的发展水平，其对货币市场乃至整个金融市场体系的形成与发展起到了基础性的作用。

一　货币市场概述

货币市场是指融资期限在 1 年以内的短期资金交易市场。风险性低和流动性高的特质是货币市场受投资者欢迎的主要原因。货币市场是进行短期资金融通的市场，其交易主体和交易对象十分广泛，既有直接融资，如短期国库券交易、票据交易等交易活动，又有间接融资，如银行短期信贷、短期回购等交易；既有银行内的交易，也有银行外的交易。由于早期商业银行的业务主要局限于短期商业性贷款业务，因而货币市场是最早和最基本的金融市场。

（一）货币市场的形式

货币市场的参与者主要是机构，而以机构为主要参与者的货币市场具有交易规模大、客户数量较少、交易频繁的特点。这些特点使得货币市场交易完全可以借助于现代通信手段进行。因此，形成一个庞大的无形市场是货币市场的必然趋势，如短期国库券交易、外汇交易、可转让大额存单交易、同业拆借等都是通过无形市场进行的。当然，也不能绝对肯定没有场所固定的交易。货币市场既有无形市场又有有形市场，但以无形市场为主。

（二）货币市场的功能

货币市场最基本的功能就是短期资金融通，促进资金流动，对社会资源进行再分配。货币市场的存在使得工商企业、银行和政府可以从那里借取短缺资金，也可将它们暂时多余的、闲置的资金投放在那里作短期投资，生息获利，从而促进资金合理流动，解决短期性资金融通问题。

货币市场联络银行和其他金融机构，协调资金的供需。各家银行和金融机构的资金，通过货币市场交易，从分散到集中，从集中到分散，从而使整个金融机构体系的融资活动有机地联结起来。

货币市场显示出强大的资金优势，有助于宏观调控功能的发挥。货币市场在一定时期的资金供求及其流动情况，是反映该时期金融市场银根松紧的指示器，它在很大程度上是金融当局进一步贯彻其货币政策、宏观调控货币供应量的有力帮手。

二 货币市场的分类

（一）票据市场

票据市场是指在商品交易和资金往来过程中产生的，以汇票、支票和本票的发行、担保、承兑、贴现、转贴现、再贴现来实现短期资金融通的市场。票据市场是各类票据发行、流通及转让活动所形成的市场，主要由承兑和贴现市场以及融资性票据市场和中央银行票据市场构成。票据市场有以下几个特征：

1. 发行成本低。
2. 采用信用发行的方式。
3. 期限短、数额小、交易灵活。
4. 参与者众多，风险容易控制。

（二）短期证券市场

短期证券市场是指各种短期金融工具发行与交易的市场。证券作为信用工具，必须具备安全性、流动性和营利性，并符合有关的金融法律法规的规定。短期证券市场工具主要包括大额可转让定期存单、短期国库券、回购协议，等等。

（三）短期国库券市场

在国外，国库券是指国家为了解决急需的预算开支而由财政部发行的一种国家债券。政府发行国库券的主要目的是筹措短期资金，弥补财政收支短期的不平衡。国库券由于期限短，故而流动性强；又因是政府发行，所以还本付息的可靠性很高。有些国家还规定了购买国库券的投资收益可免缴个人所得税。因此，国库券常常被人们称为"金边证券"。国库券现已发展成为重要的短期信用工具，在货币市场上占有重要地位。国库券市场对于发行人来讲，其有利于以经济方法弥补国家财政收支差额，发挥国家财政在国家经济建设中的主导作用。对投资者来讲，国库券市场是短期资金投资的重要市场。国库券在市场上之所以受到欢迎，是由它本身的特性决定的。而对于中央银行来讲，国库券市场是贯彻其货币政策的首要场所。

（四）同业拆借市场

1. 同业拆借市场的含义

同业拆借市场，是指金融机构之间进行短期的（1年以内）、临时性资金拆出借入的市场。金融机构利用这个市场，每日调拨资金，短者拆进，多者拆出。同业拆借市场是一个无形市场，即交易双方并不聚集在某一特定的场所，而是使用现代化通信设备进行拆借的市场。

2. 同业拆借市场的类型

（1）银行同业拆借市场。银行同业拆借市场是指银行业同业之间短期资金的拆借市场。各银行在日常经营活动中会经常发生储备金不足或盈余的情况，银行同业间为了互相支持对方业务的正常开展，并使多余资金产生短期收益，就会自然产生银行同业之间的资金拆借交易。这种交易活动一般没有固定的场所，主要通过电讯手段成交。期限按日计算，有1日、2日、5日不等，一般不超过1个月，最长期限为120天，期限最短的甚至只有半日。拆借的利息叫"拆息"，其利率由交易双方自定，通常高于银行的筹资成本。拆息变动频繁，灵敏地反映资金供求状况。同业拆借每笔交易的数额较大，以适应银行经营活动的需要。日拆一般无抵押品，单凭银行间的信誉。期限较长的拆借常以信用度较高的金融工具为抵押品。

（2）短期拆借市场。短期拆借市场又叫"通知放款"市场，主要是商业银行与非银行金融机构之间的一种短期资金拆借形式。其特点是利率多变，拆借期限不固定，可以随时拆出，随时偿还。

第二节　票据市场法律制度

一　票据的一般理论

（一）票据的概念

我国《票据法》规定：本法所称的票据，是指汇票、本票和支票。我国票据法上的票据，就是指出票人依法签发的，约定自己或委托付款人在见票时或指定的日期向收款人或持票人无条件支付一定金额并可转让的有价证券。

（二）票据法律关系

票据法律关系是指由票据法规定的，基于票据的发行和流通转让而在票据当事人之间产生的权利义务关系。票据法律关系可分为票据关系和票据法上的非票据关系。其中票据关系是票据法律关系中最基本、最核心的法律关系，是指当事人之间基于票据行为而发生的债权债务关系，如出票人与受款人之间的关系、受款人与付款人之间的关系、背书人与被背书人之间的关系等。而非票据关系则是指由票据法所规定的，不是基于票据行为直接发生的法律关系，如票据上的正当权利人对于因恶意而取得票据的人行使票据返还请求权而发生的关系。

具体来看，票据法律关系的主体是指票据法律关系的当事人，有出票人、持票人、承兑人、付款人、受款人、背书人、被背书人、保证人等。票据法律关系的客体是票据债务人给付票据债权人票面金额的行为。

（三）票据行为

票据行为有广义和狭义之分，广义的票据行为是指依照票据法规定的形式要件加以实施，旨在产生、变更、消灭票据关系的法律行为。票据行为成立一般需满足以下有效条件。

1. 行为人必须具有从事票据行为的能力。

2. 行为人的意思表示必须真实或无缺陷，以欺诈、偷盗或者胁迫等手段取得票据的，或者明知有前列情形，出于恶意取得票据的，不得享有票据权利。

3. 票据行为的内容必须符合法律、法规的规定，票据行为本身必须合法，即票据行为的进行程序、记载的内容等必须合法。

4. 票据行为必须符合法定形式。票据行为是一种要式行为，必须符合法定形式，这里的形式是指票据上的签章和记载事项。

（四）票据权利与抗辩

1. 票据权利

首先，票据权利是指持票人向票据债务人请求支付票据金额的权利，票据权利包括付款请求权和追索权。付款请求权是持票人请求票据付款人或承兑人支付票面金额的权利。追索权是持票人行使付款请求权不能实现或出现法律规定的影响付款请求权实现的事由时，向其前手要求清偿票据金额及利息和相关费用的权利。

其次，票据权利是以获得一定金钱为目的的债权。它是一种支付金钱的请求权。与普通的债权请求权相比，票据权利的请求权是一种具有二次性或二重性的请求权，即付款请求权与追索权。票据权利以占有票据为前提，只有合法取得票据，持票人才能取得票据权利。票据的取得是指依一定的法律事实或行为的发生而占有票据。票据的取得在通常情况下包括原始取得与继受取得两类。

再次，票据权利的消灭是指因发生一定的法律事实而使票据权利不复存在。票据权利消灭之后，票据上的债权、债务关系也随之消灭。我国《票据法》第17条作出规定，票据权利在下列期限内不行使而消灭：（1）持票人对票据的出票人和承兑人的权利，自票据到期日起2年。见票即付的汇票、本票，自出票日起2年；（2）持票人对支票出票人的权利，自出票日起6个月；（3）持票人对前手的追索权，自被拒绝承兑或者被拒绝付款之日起6个月；（4）持票人对前手的再追索权，自清偿日或者被提起诉讼之日起3个月。票据的出票日、到期日由票据当事人依法确定。

最后，票据权利的行使、保全与补救也是学习研究票据法所不可忽视的重要内容。票据权利的行使是指票据权利人向票据债务人提示票据，请求实现票据权利的行为，如请求承兑、提示票据请求定期付款、行使追索权等。票据权利的保全是指票据权利人防止票据权利丧失的行为，如为防止付款请求权与追索权因时效而丧失采取中断时效的行为、为防止追索权丧失而请求作成拒绝证书的行为等。对于票据丧失后的补救，主要有挂失止付、公示催告、票据诉讼三种措施。但无论是采取哪一种补救措施，都必须符合以下条件：第一，必须有丧失票据的事实；第二，失票人必须是真正的票据权利人；第三，丧失的票据必须是未获付款的有效票据。

2. 票据抗辩

票据抗辩是指票据的债务人依照《票据法》的规定，对票据债权人拒绝履行义务的行为。根据抗辩原因及抗辩效力的不同，票据抗辩可分为对物抗辩和对人抗辩。其中对物抗辩是指基于票据本身的内容而发生的事由所进行的抗辩。这一抗辩可以对任何持票人提出。而对人抗辩是指票据债务人对抗特定债权人的抗辩。这一抗辩多与票据的基础关系有关，其票据权利人或持票人一经变更，抗辩将被切断，票据债务人不得再以该抗辩事由对抗其他票据权利人。

然而，权利不是绝对的，对于抗辩权的行使是有限制的，票据债务人不得以自己与出票人或者与持票人的前手之间的抗辩事由，对抗持票人。但是，持票人明知存在抗辩事由而取得票据的除外。

（1）票据债务人不得以自己与出票人之间的抗辩事由对抗持票人。

(2) 票据债务人不得以自己与持票人的前手之间的抗辩事由对抗持票人。

(3) 凡是善意的、已付对价的正当持票人可以向票据上的一切债务人请求付款，不受前手权利瑕疵和前手相互间抗辩的影响。

(4) 持票人取得的票据是无对价或不相当对价的，票据债务人可以对抗持票人前手的抗辩事由对抗该持票人。

至于票据的伪造，一般是指假冒他人名义或虚构某人名义而进行的票据行为，票据上的伪造包括票据的伪造和票据上签章的伪造两种。如假冒他人的名义背书，假冒他人的名义承兑票据等。对伪造人的法律后果，我国《票据法》作了严格规定，如伪造人不是以自己的名义在票据上签字，所以不承担票据法律责任，但应当承担其他法律责任如民法、刑法、行政法上的责任。

而票据的变造是指无权更改票据内容的人，对票据上签章以外的记载事项加以变更的行为。一般须符合以下条件：一是变造的票据是合法成立的有效票据；二是变造的内容是票据上所记载的除签章以外的事项；三是变造人无权变更票据的内容。

二　票据市场的概念及特点

票据市场是指票据交易和资金往来过程中产生的以商业汇票的签发、承兑、贴现、转贴现、再贴现来实现短期资金融通的市场。票据市场按照运作主体和功能的不同，分为一级市场、二级市场和三级市场。一级市场，即票据的发行市场。票据发行包括签发和承兑，其中承兑是一级市场的核心业务。在这个市场里，票据作为一种信用凭证诞生，实现融资的功能，票据的基本关系人因贸易交换给付对价关系或其他资金关系而使用票据，使其实现存在并交付。二级市场，即票据的交易市场。交易包括票据背书转让、直贴现、转贴现等业务。二级市场实现了票据的流动、货币政策的传导、市场信息反馈等功能，是票据流通关系人、投资机构、市场经纪人进行交易的场所。三级市场，即票据的再贴现市场。持有已贴现票据的商业银行因流动性需求，到中央银行再贴现窗口申请再贴现。中央银行承担双重角色：一是最终贷款人的角色；二是监控调节者，实现货币政策目标。

票据市场作为货币市场重要的组成部分,具有期限短、数额小、交易灵活、参与者众多、风险易于控制、发行成本低等特点。

三 票据承兑的法律规定

票据承兑是承诺兑付的简称,指票据到期前其付款人或指定银行确认票据记载事项,在票面上作出付款承诺并签章的业务。承兑为汇票所独有,汇票的发票人、付款人之间是一种委托关系,并不等于是付款人就一定付款,持票人为确定到期时能得到付款,在汇票到期前向付款人进行承兑提示,如果付款人签字承兑,那么他就对汇票的到期付款承担责任。

我国《票据法》对于票据承兑作了规定。第一,承兑提示。汇票在承兑前必须提示。因为汇票一般由债权人保管,在票据转让流通的情况下,通常情况下付款人不知道票据在谁手中,只有持票人出示汇票才能办理。第二,接受承兑。票据承兑人承兑票据后,必须遵循汇票上的付款请求,不能附加任何条件,不能改变付款日期,因为汇票上所记载的事项,都是交易双方协商达成的,具有法律效力,不可随意变更。第三,拒绝承兑。持票人向付款人提示票据,如果付款人不予承兑或者无法承兑的,都属于拒绝承兑。

四 票据贴现法律制度

票据贴现,是指持票人为了资金融通而在票据到期前以贴付一定利息的方式向银行出售票据的行为。其实质是票据持有人为了提前获取资金而向银行转让票据。对于银行来说,就是收购没有到期的票据。

五 票据再贴现法律制度

票据再贴现是指商业银行将其贴现获得的未到期票据向中央银行再次转让的行为,所以称再贴现,也称重贴现。它既是中央银行对商业银行或其他金融机构融通资金的一种形式和融资业务,又可以作为中央银行调节市场银根松紧即货币供应量的重要手段。

第三节 银行间债券市场法律制度

一 银行间债券市场的概念

银行间债券市场是指依托于中国外汇交易中心暨全国银行间同业拆借中心（简称同业中心）和中央国债登记结算公司（简称中央登记公司），包括商业银行、农村信用联社、保险公司、证券公司等金融机构进行债券买卖和回购的市场。记账式国债的大部分、政策性金融债券都在该市场发行并上市交易。经过近几年的迅速发展，银行间债券市场目前已成为我国债券市场的主体部分。

二 银行间债券市场的业务

（一）银行间债券市场的交易品种

银行间债券市场的交易品种包括国债、央行票据、金融债券（包括政策性银行债、商业银行债券）、企业债、短期融资券、中期票据等。

（二）债券交易的类型

其一是现券交易，是指交易双方以约定的价格在当日或次日转让债券所有权的交易行为；其二是回购交易，它又分为质押式回购与买断式回购两种；其三是利率互换、债券借贷等交易业务。

（三）银行间债券交易的特点

1. 交易方式为询价交易，而非撮合交易，所以交易不连续。

2. 单笔交易量大。现券买卖通常成交面额不低于 1000 万元，信用品种（短期融资券、中期票据、企业债等）的单笔成交 3 亿元内都属于正常成交量水平；而利率品种（国债、政策金融债等、央行票据）成交面额则更大，有时甚至超过 10 亿元成交面额。

3. 需要专业的交易员询价以及交易。由于成交价不连续以及部分价格为异常价格，故需要培养专业的人员实时跟踪市场走势。

4. 有专门的机构对债券进行估值。由于价格的不连续，需要专门的机构对债券进行估值，作为市场成员记账以及定价的基础。

（四）监管及中介机构

我们通过下表来介绍监管机构、交易前台、结算后台和清算后台。

职能	名称	职责
监管机构	中国人民银行	银行间债券市场的监管机构，负责制定银行间市场的发展规划、管理规定，对市场进行监督管理，规范和推动市场创新。
交易前台	全国银行间同业拆借中心（简称"交易中心"）	作为市场中介组织，为市场提供交易、信息、监管三大平台及其相应的服务。
结算后台	中央国债登记结算有限公司（简称"中债登"）	是银行间债券市场的后台之一，负责债券托管和结算工作，市场成员必须事先在该公司开设托管账户，以办理债券结算。中债登的另一项服务则是为市场机构提供每一只银行间市场的品种的估值以及债券收益率曲线。
清算后台	上海银行间市场清算所股份有限公司（简称"上清所"）	2009年成立，同年9月短期融资券的结算业务从中债登转移到上清所。其他银行间品种的结算依然通过中债登完成。未来中期票据、利率互换和其他创新品种的结算业务都可能转移到上清所。

三 银行间债券市场法律制度

近年来，金融市场法律框架逐步得以建立，有关银行间债券市场的法律框架亦日益完善。《中国人民银行法》规定，中国人民银行负责监督管理银行间同业拆借市场、银行间债券市场、外汇市场和黄金市场，为中国人民银行制定相关的规定提供了法律依据。有关债券市场的行政法规、部门规章、规范性文件和操作性文件，对各类债券的发行、登记、托管、交易、结算都作出了具体的规定，保证了市场的正常运行。如《全国银行间债券市场债券交易管理办法》，对市场的参与者和中介机构、债券交易、托管、结算作出了规定，是银行间债券市场第一个部门规章；《全国银行间债券市场金融债券发行管理办法》和《短期融资券管理办法》具体规定了特定债券品种发行、登记、托管、交易、结算等事项；《短期融资券信息披露规程》、《短期融资券承销规程》等则是对信息披露和交易的具体操作细节进行规范的操作性文件。

（一）《中国人民银行法》

《中国人民银行法》共分8章，包括总则、组织机构、人民币、业务、金融监督管理、财务会计、法律责任和附则。

该法第一章总则第4条第4款规定，中国人民银行负责监督管理银行间同业拆借市场和银行间债券市场。这就为人民银行制定相关的规定提供了法律依据。而有关债券市场的行政法规、部门规章、规范性文件和操作性文件，对各类债券的发行、登记、托管、交易、结算均作了具体的规定，保证了市场的正常运行。

(二)《全国银行间债券市场债券交易管理办法》

为了推动全国银行间债券市场的进一步发展，规范债券交易行为，防范市场风险，保护交易各方的合法权益，中国人民银行制定了《全国银行间债券市场债券交易管理办法》，并于2000年4月30日公布实施。

《全国银行间债券市场债券交易管理办法》一共有6章，分别是第1章总则，第2章参与者与中介服务机构，第3章债券交易，第4章托管与结算，第5章罚则，以及第6章附则。该《管理办法》对市场的参与者和中介机构、债券交易、托管、结算作出了规定，是银行间债券市场第一个部门规章。

(三)《全国银行间债券市场金融债券发行管理办法》和《短期融资券管理办法》

1.《全国银行间债券市场金融债券发行管理办法》

《全国银行间债券市场金融债券发行管理办法》是中国人民银行制定的，经2005年4月22日第五次行长办公会议通过，并于2005年6月1日起施行。

《全国银行间债券市场金融债券发行管理办法》的施行将推动金融债券在中国的发行，对提高金融机构资产负债能力、增加直接融资比重等均有积极意义。这项规章所称的"金融债券"，是指依法在中华人民共和国境内设立的金融机构法人在全国银行间债券市场发行的、按约定还本付息的有价证券。这些金融机构法人包括政策性银行、商业银行、企业集团财务公司及其他金融机构。该《管理办法》分为7章44条，从"申请与核准"、"发行"、"登记、托管与兑付"、"信息披露"、"法律责任"等方面，对金融债券发行行为作出规范。

2.《短期融资券管理办法》

《短期融资券管理办法》共6章41条，主要包括以下六个方面：一是明确中国人民银行依法对融资券的发行和交易进行监督管理，发行融资券须报中国人民银行备案；二是明确融资券只对银行间债券市场机构投资人发行，不对社会公众发行；三是规定融资券采取备案发行的方式；四是规定融资券的发行规模实行余额管理，期限实行上限管理，发行利率不受管制，融资券在中央结算公司无纸化集中登记托管；五是规定发行人应进行信用评级，应聘请注册会计师进行审计，聘请律师应出具法律意见书；六是明确了发行人的信息披露规范。

（四）《短期融资券信息披露规程》和《短期融资券承销规程》

《短期融资券承销规程》和《短期融资券信息披露规程》是《短期融资券管理办法》的两个配套文件，它们是对信息披露和交易的具体操作细节进行规范的操作性文件。

第四节　同业拆借市场法律制度

一　同业拆借市场概述

同业拆借市场是商业银行等金融机构之间以货币借贷方式从事短期资金活动而形成的市场。该市场的交易对象是各金融机构的多余头寸，由短期资金不足的金融机构向短期资金剩余的金融机构拆借，以满足临时性的资金需求。

同业拆借市场是各国货币市场的重要组成部分之一，该市场巨额的交易量、十分灵敏的利率变化以及与其他货币市场之间的密切联系，使之不仅成为金融机构实施流动性管理的重要手段，也在中央银行货币政策的实施中发挥着核心的作用。与其他货币子市场相比，同业拆借市场有着自己不同的特点。具体包括交易的批发性、无担保性、市场的高效率和拆借的资金免提存款准备金等特性。

二　我国同业拆借市场的发展历程

作为金融改革的重头戏，同业拆借市场产生于20世纪80年代。在僵化的金融体制、落后的金融市场、不健全的银行存款准备金制度、不完善的风险控制机制背景下，我国的同业拆借市场曾经承担着资本市场的功能，成为某些机构或地区从正规的金融体系以外进行资金借贷的重要手段，市场发展一度陷入混乱之中。然而，经过多年的治理整顿，市场开始走向有序、统一和规范的运行状态。总体看来，我国的同业拆借市场经历了初步发展（1984—1991年）、快速发展（1992—1995年）和规范统一发展（1996年至今）三个阶段。

三 我国同业拆借市场的功能定位

我国的拆借市场作为短期资金融通的市场，是货币市场的重要组成部分。在当前情况下，只有同业拆借市场的利率较为宽松，故而它的利率对于反映市场的资金状况发挥着重要的作用。拆借市场利率是整个金融市场主体取得批发性资金的成本，因而在整个金融市场的利率结构中具有导向性作用。这样一来，拆借市场利率既成了中央银行执行货币政策的主要渠道，也构成了金融市场的参与者掌握市场资金供求状况的重要参考性指标。在现代市场经济条件下，拆借市场具有重要的调控经济功能，拆借市场的发展直接影响着金融市场的整体运行。我国的拆借市场作为短期资金融通的市场，是货币市场的重要组成部分。在当前情况下，唯有更加重视同业拆借市场，放开市场利率，拆借市场才会发展得更好更快。

四 同业拆借市场监管路径考证

为了市场的健康有序发展和规范运行，中国人民银行制定了一系列市场法规体系对同业市场进行严格监管。1998年以来，中国人民银行组织制定了《银行间债券交易规则》、《银行间债券交易结算规则》、《政策性银行金融债券市场发行管理暂行规定》等一系列重要规定，与1997年的有关规定相互衔接，使同业拆借市场的运作有了更加具体的法律法规依据。

具体来看，规定在扩大同业拆借市场主体的同时，中国人民银行应该严格管理市场的准入资格，定期核定并公布成员的最高拆借资金余额，即时监控，并根据其拆借守约等各项情况及时调整限额，实施逾期拆借举报制度，加强成员间的自律约束机制。取消了一些不符合条件金融机构的成员的自律和相互制约制度，严格退出制度。对银行间债券市场，中国人民银行严格监管金融机构的严禁买空和卖空债券，对违反规定的金融机构进行从严处罚，保证了债券市场的规范安全运行，发挥了债券规避风险的功效。

对于一个成熟的市场而言，市场成员的自律意识对维护市场的正常秩序至关重要。2000年5月10日中国银行协会在北京宣布成立，首批会员共有22家银行，其中包括政策性银行、国有独资商业银行、股份制商业银行和城市商业银行。而且随着会员银行范围的扩大，今后外资银行也将被吸收加入。

中国银行业协会是社会团体，是我国银行业的自律组织，其主要职能是依据《中华人民共和国商业银行法》等有关法律法规，制定银行业同业公约和自律规则；督促会员之间在业务方面发生的争议；促进国内银行银行业与国外银行业的交往与合作；组织和促进会员间的职员业务培训和与业务有关的调查研究，为会员提供咨询服务等，更好地促进商业银行公平竞争、优质服务，维护正常的金融秩序。中国银行业协会第一次会员大会审议通过了《中国银行业协会章程》和《中国银行业同业自律公约》，倡导在公平、合理、平等的基础上开展业务经营活动，对会员银行提出的"不得"多达20余条，包括各会员银行不得以不正常手段争夺业务；不得擅自或变相提高利率吸收存款、降低利率发放贷款；严格执行中国人民银行规定的结算业务收费标准，并制定合理规范的其他中间业务的收费标准；不得擅自压低同业拆借利率；不得违法违规拆借资金；会员银行应按照国家的产业政策及信贷政策发放贷款；共同抵制企业逃避银行债务的行为，等等。中国银行业协会作为行业利益的代言人，可以向政府部门、中央银行等部门反映银行的意愿和要求。在行业内部协会也可以发挥协调和调解职能。随着中国金融市场迅速发展，市场主体日益增多，各家银行技术、业务和制度创新日新月异，相互之间的矛盾也不少，协会将逐步建立一套系统的行业标准，制定或修改有关业务规则，规范竞争秩序，调解同业纠纷。

事实上，成立银行协会是国际银行业加强行业自律和服务的普遍做法。随着中国金融市场的对外开放，特别是中国加入WTO后银行业界面临的双重压力，既要在国内应付国外同行的竞争，又要参加国际金融市场的竞争。中国银行业协会的成立既借鉴了国外先进经验的产物，今后还要吸收外资银行加入，这无疑有助于中国银行业扩大国际交流与合作，学习引进国外银行的金融产品、先进技术和现代经营管理经验。

然而，中国一些行业自律性组织在制止行业恶性竞争上并未发挥多大的作用，中国银行业协会是否会重蹈覆辙呢？能否得到同业的认可？能否树立起威信和影响力？这些都关系到协会职能作用的发挥，也关系到自律管理是否流于形式。中国人民银行已承诺将支持中国银行业协会的工作，并将逐步把一些非行政性的管理工作交给协会处理，这些是必不可少的，但各银行对内部的自我管理、自律亦显得更加重要。

此外，为了防范市场风险，全国同业拆借中心和中央国债登记公司应该负责对中央银行和市场成员的信息服务。具体包括：全国联网同业拆借市场成员应提供自身的背景材料，由全国同业拆借中心通过网络发布；向中央银行提供关于每日交易情况、每周和每月的市场分析、拆借资金逾期情况报告、市场动向和政策建议的分析报告；向交易成员提供关于每日的交易情况、证交所的债市情况和股市行情、国民经济和金融业主要指标、交易排名以及中央银行有关货币方面的规定等信息。还可以逐步利用信用评级机构对各交易成员进行信用评级，通过网络公布评级结果，积极引导金融机构自愿接受信用评级，这样在加强中央银行的宏观监管和调控的同时，有利于金融机构的自律和内部的风险管理。

本章复习思考题

1. 简述货币市场的形式。
2. 票据行为的概念是什么？
3. 为了防范市场风险，全国同业拆借中心和中央国债登记公司应负责对中央银行和市场成员的信息服务，具体包括哪些？

专著推荐

1. 金绍珍、马淑华编：《货币运行学》，东北林业大学出版社2002年版。
2. 任碧云：《货币、资本和经济协调运行研究》，中国财政经济出版社2000年版。
3. 董安生主编：《票据法》，中国人民大学出版社2009年版。
4. 时寒冰：《时寒冰说：欧债真相警示中国》，机械工业出版社2012年版。

相关链接

1. 法律法规链接

《中华人民共和国票据法》、《中华人民共和国人民币管理条例》、《最高人民法院关于审理伪造货币等案件具体应用法律若干问题的解释》、《最高人民法院关于审理伪造货币等案件具体应用法律若干问题的解释（二）》。

2. 网络信息链接

中国人民银行官方网站　http：//www.pbc.gov.cn/

国际货币基金组织官方网站（中文主页）　http：//www.imf.org/external/chinese/

3. 相关事例链接

底特律申请破产之省思：中国地方债风险需警惕[①]

长期以来，存在一种对破产法的普遍误解，即认为破产法是淘汰法、主体消灭法。随着现代破产法治的发展，破产程序更为重要的目标和价值已经从清产核资、保护债权转变为整合资源、重整再生，使破产主体通过制度性阵痛来彻底甩掉包袱，为下一步发展奠定基础。

地方政府申请破产，只标志该地方政府将失去清偿债务的能力，并不意味着政府职能的破产。2013年7月18日，因负债超过180亿美元，美国"汽车之城"、密歇根州最大的城市底特律，已根据《破产法》第九章规定正式向联邦法院申请地方政府破产保护，这有望成为美国历史上目前为止规模最大的城市破产案。

然而，我国破产法中未设置市政破产保护制度，我国地方债的风险问题值得警惕。地方债即地方政府债券，作为地方政府筹措财政收入的一种形式，收入列入地方政府预算，由地方政府安排调度，一般用于交通、通信、住宅、教育、医院和污水处理系统等地方性公共设施建设，以地方政府税收能力作为还本付息的担保。事实上，地方债在促进区域

[①] 殷华：《底特律申请破产是噩梦还是福音？中国地方债风险需警惕》，《经济参考报》2013年8月6日。

基础设施建设、投资拉动等方面具有很大作用，但不可忽视的问题是，伴随地方债的市场风险也很大。虽然我国目前地方债规模还小于美国等国家，但由于没有相应的制度约束，地方债的发行可能会进一步加剧我国经济的系统性风险，值得我们警惕。

地方政府举债之风险隐患[①]

我国地方政府举债规模几乎不受约束，存在很大的金融风险隐患。国家审计署今年对36个地区的地方政府性债务审计表明，不少地方政府的偿债能力堪忧。9个省会城市债务率超过100%，最高达219.57%；13个省会城市偿债率超过20%，最高达67.69%；5个省会城市借新还旧率超过20%，最高达38.01%；2个省会城市逾期债务率超过10%，最高达16.36%。在2011年上半年国家审计署对地方政府债务情况全面审计后，部分地方政府债务又有所增长，违法违规融资情况较为突出，偿债能力明显下降，已经严重危及我国宏观经济金融稳定。

利用金融市场筹集基础设施建设资金是各国通行做法，我国地方政府举债行为本身也无可厚非；即使通过土地出让收入偿还地方政府债务，也与美国地方政府依靠房产税还债原理大体相同，可以保证地方政府债务及时偿还。但需要注意的是，我国地方政府债务形成欠缺硬约束，导致债务资金使用效率低、挪用情况较为突出；而过于倚重土地出让收入的债务偿还机制，严重影响房地产市场健康平稳运行，增加了房价上涨压力。

通过地方政府债务全面审计，及时了解掌握地方政府债务规模和风险，是当前金融风险治理的需要。而建立地方政府债务约束机制则是经济金融长治久安的需要。如果仅仅将"审计"作为例行工作，不去解决问题，就有可能陷入"越审问题越多、越审风险越大"的怪圈。对此，应保持高度警惕。

[①] 项峥：《地方政府举债规模几乎无约束，存在大风险隐患》，《经济参考报》，2013年8月5日。

本章参考文献

［1］朱大旗：《金融法》，中国人民大学出版社2007年版。

［2］陶广峰主编：《金融法》，中国人民大学出版社2012年版。

［3］姚长辉：《货币银行学》，北京大学出版社2005年版。

［4］孔令秋、石磊主编：《电子商务法》，机械工业出版社2011年版。

［5］任碧云：《货币、资本和经济协调运行研究》，中国财政经济出版社2000年版。

［6］金绍珍、马淑华编：《货币运行学》，东北林业大学出版社2002年版。

［7］李昌麒：《经济法学》，中国政法大学出版社2007年版。

［8］杨紫烜：《经济法学》，北京大学出版社1994年版。

第十章 外汇市场法律制度

本章内容提要： 外汇是国际汇兑的简称。它是以外币表示的用于国际结算的支付凭证。其包括外币现钞、外币支付凭证或者支付工具、外币有价证券、特别提款权及其他外汇资产。我国实行有限的外汇管理制度，即对经常项目的外汇收支原则上不予限制，而对资本项目的外汇收支则加以限制。本章通过对外汇市场及其法律制度的介绍，重点研究我国的外汇管理体制改革与外汇管理立法，以及相关法律法规的适用范围及外汇的管理机关，使学生对我国外汇市场及其功能和制度建设有必要的了解。

关键词： 外汇　国际收支　逆差　国际结算　即期外汇市场　远期外汇市场　掉期外汇市场　售汇　结汇　实盘交易　按金交易　套汇

第一节　外汇市场概述

一　外汇的概念

外汇是以外币表示的用于国际结算的支付凭证。国际货币基金组织将外汇解释为：外汇是货币行政当局（中央银行、货币机构、财政部）以银行存款、财政部库券、长短期政府证券等形式所保有的在国际收支逆差时可以使用的债券。包括外国货币、外币存款、外币有价证券、外币支付凭证（票据、银行存款凭证、邮政储蓄凭证等）。

外汇具有双重含义，有动态和静态之分。动态意义的外汇是指"汇"和"兑"两方面的货币交换活动，即一国或地区的货币通过汇进汇出或者兑换等金融活动转换成另一国或地区的货币的过程，本质上说，就是国际资本的流动。静态意义的外汇指本国货币以外的一切外国货币。其又分为狭义的外汇和广义的外汇。

狭义的外汇指的是指被世界各国普遍接受的，可以在国际市场兑换其他货币的货币。它必须具备三个特点：可支付性（必须是以外国货币表示的资产）、可获得性（必须是在国外能够得到补偿的债权）和可兑换性（必须是可以自由兑换为其他支付手段的外币资产）。

广义的外汇指的是一国拥有的一切以外币表示的资产。在我国，根据《外汇管理条例》第3条的规定，外汇是指以外币表示的可以用作国际清偿的支付手段和资产，包括外币现钞，包括纸币、铸币；外币支付凭证或者支付工具，包括票据、银行存款凭证、银行卡等；外币有价证券，包括债券、股票等；特别提款权；其他外汇资产。

一种外币资产成为外汇须具有三个方面法定条件：一是自由兑换性，即这种货币资产必须能够自由兑换成本币资产；二是普遍接受性，即这种外币资产在国际经济往来中被各国普遍地接受和使用；三是可偿性，即这种外币资产是可以保证得到偿付的，能够用来清算国际收支差额的资产。

我们明确以上关于外汇的概念，目的就在于明确外汇的基本作用即转移国际间的购买力，使国与国之间的货币流通成为可能，并促进国际间贸易和非贸易经济往来的发展，促进国际资本流动和各国经济的发展。而关键就在于"购买力"的转移上，购买力的变化将从根本上影响外汇的变化。更为重要的是，只要国家间存在购买力互换的需求，需要通过国际贸易来调配资源和达到经济发展的目标，外汇就不会消失，与外汇相关的市场也不会消失，这也是由外汇的基本特性决定的。

二　外汇市场概述

外汇市场，是指经营外币和以外币计价的票据等有价证券买卖的市场，是金融市场的主要组成部分。

国际上因贸易、投资、旅游等经济往来，总不免产生货币收支关系。但各国货币制度不同，所以要想在国外支付，就必须先以本国货币购买外币；另外，从国外收到外币支付凭证也必须兑换成本国货币才能在国内流通。这样就发生了本国货币与外国货币的兑换问题。两国货币的比价称汇价或汇率。西方国家中央银行为执行外汇政策，影响外汇汇率，经常买卖外汇。所有买卖外汇的商业银行、专营外汇业务的银行、外汇经纪人、进出口商，以及其他外汇供求者都经营各种现汇交易及期汇交易。这一切外汇业务组成一国的外汇市场。

外汇市场从创始至今已历经数次的改变。以前，美国及其盟国皆以布雷顿森林协议（Bretton Wood Agreement）为准则，即一国货币汇率取决于其黄金储备的多寡，然而在1971年的夏天，时任美国总统尼克松暂停美元与黄金的兑换后，就产生了汇率浮动制度。现在一国货币的汇率取决于其供给与需求及其相对价值。障碍的减少及机会的增加，如共产主义的剧变、亚洲及拉丁美洲的戏剧性经济增长，已为外汇投资人带来了新的契机。

贸易往来的频繁及国际投资的增加，使各国之间的经济形成了密不可分的关系，全球的经常性经济报告如通货膨胀率、失业率及一些不可预期的消息如天灾或政局的不安定等，皆为影响币值的因素，币值的变动，也影响了这种货币在国际市场的供给与需求。美元的波动则持续抗衡着世界上其他的货币。国际性贸易及汇率的变动造就了全球最大的交易市场——外汇市场，一个具有高效率性、公平性及流通性的一流世界级市场。

外汇交易市场不是传统意义中的实体市场，它并不通过实体的场所进行交易而是通过电话及经由计算机终端机在世界各地进行。直接的银行间市场的主体主要是具有外汇清算交易资格的交易商，他们的交易占据了外汇总体交易中的大部分，并为外汇市场创造了巨额财富，从而使外汇市场成为最具流通性的市场。

外汇市场是全球最大的金融市场。在传统印象中，认为外汇交易的主体仅限于银行、财团及财务经理人，但是经过多年的发展，外汇市场日益完善，并已联结了全球的外汇交易人，包括银行、中央银行、经纪商及公司组织如进出口业者及个别投资人，许多机构组织，包括美国联邦银行，都通过外汇交易赚取丰厚的利润。现今，外汇市场不仅为银行及财团提供了获利的机会，也为个别投资者带来了获利的契机。

三 外汇市场的分类

依据不同的分类标准，外汇市场可以分为不同的种类。

(一) 无形外汇市场和有形外汇市场

按外汇市场的外部形态进行分类，外汇市场可以分为无形外汇市场和有形外汇市场。

无形外汇市场，也称为抽象的外汇市场，是指没有固定、具体场所的外汇市场。这种市场最初流行于英国和美国，故其组织形式被称为英美方式。目前，这种组织形式不仅从纽约、伦敦扩展到加拿大、东京、新加坡、中国香港等主要金融地区，而且也渗入到欧洲大陆。无形外汇市场的主要特点如下：第一，开盘与收盘的时间不固定；第二，外汇交易主体之间有相对较好的信任关系；第三，外汇交易双方无须进行面对面的实体交易，而是通过电传、电报和电话等通信设备与外汇机构进行联系，可随时通报市场行情并承接来自世界各地的外汇交易。无形外汇市场已成为今天外汇市场的主导形式。

有形外汇市场，也称为具体的外汇市场，是指有具体的固定场所的外汇市场。这种市场最初流行于欧洲大陆，故其组织形式被称为大陆方式。这种市场有以下几个特点：第一，固定场所一般指外汇交易所，通常位于世界各国的金融中心，如布鲁塞尔、法兰克福等；第二，从事外汇业务经营的双方都在每个交易日规定的时间内集中进行外汇交易。在自由经济时期，西方各国的外汇交易主要集中在外汇交易所。但进入垄断阶段以后，外汇交易被银行所垄断，导致外汇交易所日渐衰落。

(二) 自由外汇市场、外汇黑市和官方市场

按外汇所受管制程度进行分类，外汇市场可以分为自由外汇市场、外汇黑市和官方市场。

自由外汇市场，是指政府、机构和个人可以买卖任何币种、任何数量外汇的市场。

外汇黑市，是指非法进行外汇买卖的市场。

官方市场，是指按照政府的外汇管制法令来进行外汇交易的市场。这种外汇市场对参与主体、汇价和交易过程都有具体的规定。在发展中国家，官方市场较为普遍。

(三) 外汇批发市场和外汇零售市场

按外汇交易的范围进行分类，外汇市场可以分为外汇批发市场和外汇零售市场。

外汇批发市场，也称为狭义外汇市场，是指银行同业之间的外汇买卖行为及其场所。外汇批发市场的主要特点是交易规模大，主要采取整数批发交易，有最小交易金额的限制（例如欧洲美元买卖最低交易量是100万美元），交易量巨大，所以交易成本较低，买卖差价较小。外汇批发市场是外汇市场的主流，其交易占外汇交易总额的90%以上。我们一般在新闻报道中提到的外汇市场通常是指银行间外汇市场。

外汇零售市场，又称客户市场，是指银行与个人及公司客户之间进行的外汇买卖行为及场所。银行在与客户的外汇交易中起着中介作用，一方面从客户手中买入外汇，另一方面又将外汇卖给客户，从中赚取外汇买卖差价，也是银行对客户提供的外汇服务业务，是外汇市场存在的基础。

(四) 即期外汇市场、远期外汇市场和掉期外汇市场

按照外汇交易的交割时间来划分，可将外汇市场分为即期外汇市场、远期外汇市场和掉期外汇市场。

即期外汇市场是指从事即期外汇买卖的外汇市场，又叫现汇交易市场。即期外汇市场是外汇市场上最经济、最普通的形式。世界即期外汇市场每天进行着数量巨大的交易，而且交易笔数也是世界之最，这个市场容量巨大交易活跃而且报价容易，易于捕捉市场行情，是最主要的外汇市场形式。即期外汇市场是一个高度专业化的市场，由银行和外汇经纪商组成，公司和个人只能作为银行的客户，通过银行进行即期外汇买卖，他们不能成为市场的直接成员。目前即期外汇市场无论在总交易额上还是每笔交易的平均交易额上都远远超过外汇市场上其他交易方式，如期货、远期和期权。在我国，个人外汇交易主要是在即期外汇交易市场每个人不能直接进行交易，必须通过银行，想从事这一业务的个人可以到已开展外汇交易业务的银行去开户。

远期外汇市场又称"期汇外汇市场"，指成交日交易双方以约定的外汇币种、金额、汇率，在约定的未来某一日期交割结算的外汇对人民币的交易市场。远期外汇市场的主要功能是要避免即期汇率波动所带来的风险。

掉期外汇是指在外汇市场上买进即期外汇的同时又卖出同种货币的远期外汇，或者卖出即期外汇的同时又买进同种货币的远期外汇，也就

是说，在同一笔交易中将一笔即期和一笔远期业务合在一起做，或者说在一笔业务中将借贷业务合在一起做。

四　外汇市场的功能与作用

外汇市场的功能是外汇市场固有的内在的本质特征，而外汇市场的作用则是外汇市场功能运作之后所产生的影响和效果。

（一）外汇市场的功能

1. 实现购买力的国际转移

国际贸易和国际资金融通至少涉及两种货币，而不同的货币对不同的国家形成购买力，这就要求将该国货币兑换成外币来清理债权债务关系，使购买行为得以实现。而这种兑换就是在外汇市场上进行的。外汇市场所提供的就是便于这种购买力转移交易顺利进行的经济机制，它的存在使各种潜在的外汇售出者和外汇购买者的意愿能联系起来。当外汇市场汇率变动使外汇供应量正好等于外汇需求量时，所有潜在的出售和购买愿望都得到了满足，外汇市场处于平衡状态之中。这样，外汇市场就提供了一种购买力国际转移的机制。同时，由于发达的通信工具已将世界范围内的外汇市场联结为一个整体，货币兑换和资金汇付能够在极短时间内完成，进而迅速和方便地实现了购买力的转移。

2. 为资金融通提供便利

外汇市场向国际间的交易者提供了资金融通的便利。外汇的存贷款业务集中了各国的社会闲置资金，从而能够调剂余缺，加快资本周转。外汇市场为国际贸易的顺利进行提供了保证，当进口商没有足够的现款提货时，出口商可以向进口商开出汇票，允许延期付款，同时以贴现票据的方式将汇票出售，拿回货款。外汇市场便利的资金融通功能也促进了国际借贷和国际投资活动的顺利进行。例如，美国发行的国库券和政府债券中很大一部分是由外国官方机构和企业购买并持有的，这种证券投资在脱离外汇市场的情况下是不可想象的。

3. 提供外汇保值和投机的机制

在以外汇计价成交的国际经济交易中，交易双方都面临着外汇风险。由于市场参与者对外汇风险的判断和偏好的不同，有的参与者愿意花费一定的成本来转移风险，而有的参与者则愿意承担外汇风险以实现预期利润。由此产生了外汇保值和外汇投机两种不同的行为。在金本位和固定汇率制下，外汇汇率基本上是平稳的，因而就没有形成外汇保值和投机的需要及可能。而在浮动汇率下，外汇市场的功能得到了进一步的发展，外汇市场的存在既为套期保值者提供了规避外汇风险的平台，又为投机者提供了承担风险、获取利润的机会。

(二) 外汇市场的作用

1. 国际清算。因为外汇本身就是作为国际间经济往来的支付手段和清算手段而存在的，所以清算是外汇市场最基本的作用。

2. 兑换功能。在外汇市场买卖货币，把一种货币兑换成另一种货币作为支付手段，实现了不同货币在购买力方面的有效转换。国际外汇市场的主要功能就是通过完备的通信设备和先进的经营手段提供货币转换机制，将一国的购买力转移到另一国并交付给特定的交易对象，实现国与国之间货币购买力或资金的转移。

3. 授信。由于银行经营外汇业务，它就有可能利用外汇收支的时间差为进出口商提供贷款。

4. 套期保值。即保值性的期货买卖，这与投机性期货买卖的目的不同，它不是为了从价格变动中牟利，而是为了使外汇收入不会因日后汇率的变动而遭受损失，这对进出口商来说非常重要。如果当出口商有一笔远期外汇收入，为了避开因汇率变化而可能导致的风险，可以将此笔外汇当作期货卖出；反之，进口商也可以在外汇市场上购入外汇期货，以应付将来支付的需要。

5. 投机。即预期价格变动而买卖外汇，在外汇期货市场上，投机者可以利用汇价的变动牟利，产生"多头"和"空头"，对未来市场行情下赌注。"多头"是预计某种外汇的汇价将上涨，即按当时价格买进，而待远期交割时，该种外币汇价上涨，按"即期"价格立即出售，就可牟取汇价变动的差额。相反，"空头"是预计某种外币汇价将下跌，即按当时价格售出远期交割的外币，到期后，价格下降，按"即期"价买进补上。这种投机活动，是利用不同时间外汇行市的波动进行的。在同一市场上，也可以在同一时间内利用不同市场上汇价的差别进行套汇活动。

第二节 外汇市场主体制度

一 外汇市场的市场主体

外汇市场的主体,又称外汇市场的参与者。主要包括外汇银行、外汇经纪人、中央银行,以及众多的进出口商、非贸易外汇供求者和外汇投机者等。在我国,外汇市场参与主体包括了外汇指定银行、经营外汇业务的其他金融机构(农村合作金融机构、农村信用联社等)、进出口商、国际投资者、旅游者等。而外汇指定银行、非银行金融机构以及符合法定条件的非金融企业属于外汇市场的合格参与者。

(一) 外汇银行

又称外汇指定银行,是指根据外汇法由中央银行指定可以经营外汇业务的商业银行或其他金融机构。外汇银行大致可以分为三类:专营或兼营外汇业务的本国商业银行;在本国的外国商业银行分行及本国与外国的合资银行;经营外汇业务的其他金融机构。根据《外汇指定银行办理结汇、售汇业务管理暂行办法》,我国的外汇指定银行包括中资金融机构和外资金融机构两大类。其中,中资金融机构是指政策性银行、国有独资商业银行、股份制商业银行及其分支机构,城市、农村商业银行以及其他经批准的金融机构;外资金融机构是指《中华人民共和国外资金融机构管理条例》中所称外资银行、外国银行分行、合资银行以及其他经批准的金融机构。

(二) 外汇银行的客户

在外汇市场中,凡与外汇银行有外汇交易关系的公司和个人,都是外汇银行的供应者、需求者和投机者,在外汇市场上占有重要的地位。他们中有为进行国际贸易易、国际投资等经济交易而买卖外汇者,也有零星的外汇供求者,如国际旅游者、留学生等。我国外汇银行的顾客主要是有外汇需要的各类企业,由于生产经营和国际贸易的需要而产生了外汇的需求和供给。随着中国国门的开放和人们收入的普遍提高,个人在外汇交易中的地位开始变得越来越重要。

(三) 外汇经纪商

外汇经纪商是指介于外汇银行之间、外汇银行和其他外汇市场参与者之间,进行联系、接洽外汇买卖,从中赚取佣金的经纪公司或个人。目前中国外汇市场上外汇经纪商的角色已经出现,随着中国外汇市场的发展,外汇经纪商的作用将会逐步凸显。

(四)交易中心

大部分国家的外汇市场都有一个固定的交易场所,交易中心为参与交易的各方提供了一个有规则和次序的交易场所和结算机制,便利了会员之间的交易,促进了市场的稳定与发展。位于上海外滩的中国外汇交易中心是我国外汇交易的固定交易场所。

(五)中央银行与监管机构

外汇市场上另一个重要的参与者是各国的中央银行。这是因为各国的中央银行都持有相当数量的外汇余额作为国际储备的重要构成部分,并承担着维持本国金融市场稳定的职责。随着中国外汇储备的逐步增加,中央银行在中国外汇市场的作用日益重要,大量的外汇储备成为中央银行干预外汇市场的重要保证。另外由于外汇市场的重要性,各国一般由专门的监管机构来规范外汇市场的发展,我国外汇市场的监管机构为国家外汇管理局。

二 外汇市场主体对外汇市场的作用

(一)中央银行与监管机构的作用

中央银行与监管机构承担着最初的货币发行和管理职能,它们也是信用的承担者,货币在兑换时的价值正是由发钞行和政府的信用来体现的,同时,发钞行和政府也根据自己的需要制定了货币最初的兑换价值,并且它们会根据自身的状况来决定货币的价格——利息率。同时发钞行和政府也会根据自身需要和自身的经济状况来控制市场中货币的汇率,甚至于在必要的时候直接干预市场以稳定汇率。

(二)外汇银行的作用

外汇银行是外汇市场各类交易和各类风险的主要承担者,正是外汇银行的运作才形成了目前的外汇市场,所有的外汇交易,最终都会汇集到外汇银行那里。所以,外汇银行是整个外汇市场的中心。外汇银行的交易会决定各种货币当日的波动,而且外汇银行的信贷关系会决定一个时期内流通中的各种货币总量,这些流通中的货币,又会决定在一个时期货币的相对价格的趋势（货币多了相对价格就会下降，少了相对价格就会上升）。

（三）外汇经纪商的作用

任何活跃的外汇市场都有不少的外汇经纪商（exchange dealer），在美国称为"exchange trader"，像股票市场的经纪商角色一样，外汇经纪商（brokers）在外汇市场仅扮演着中介人（intermediaries）的角色，是以赚取佣金为目的，其主要任务是提供正确迅速的交易情报，以促进外汇交易的顺利进行，为客户洽外汇买卖的汇兑商定，拉拢撮合买主与卖方的交易关系。

外汇经纪商及经纪人本身不承担外汇交易的盈亏风险，其从事中介工作获取佣金收入（broker fee or commission），由于外汇经纪人熟悉市场外汇供需情形、消息及图表的分析以及汇率变化涨跌及买卖程序，故投资人乐于利用。

（四）外汇银行客户的作用

投资者和投机者只占外汇市场的很小一部分，但是他们是零售业务的主体，也是利润的主要来源之一。投资者主要是为了追逐高额利息收益，股权转让、储蓄、债券业务是投资者的主要业务，当然，还有一些其他的外汇交易存在于投资者的交易中。而投机者则是寻找外汇市场中的套利机会和时间上的价格差额机会，从而以期获得超额利润，从严格意义上讲，投资者的交易趋于理智和稳定，而投机者的交易具有极大的风险性，他们对利润的追求几乎达到了疯狂的地步。

第三节 外汇市场交易制度

一 外汇交易概述

（一）外汇交易的概念

外汇交易就是一国货币与另一国货币进行交换。与其他金融市场不同，外汇市场没有具体地点，也没有中央交易所，而是通过银行、企业和个人间的电子网络进行交易。"外汇交易"是同时买入一对货币组合中的一种货币而卖出另外一种货币。

外汇交易市场,也称为"Foreign Exchange"市场,是世界上最大的金融市场,平均每天超过1.5万亿美元的资金在当中周转,相当于美国所有证券市场交易总和的30余倍。

(二) 外汇交易的原则

1. 统一报价。除非有特殊说明,报出的汇率一般都是针对美元的,并采用直接标价法。英镑、美元采用间接标价法。

2. 报价简洁。报即期汇率通常只报最后的几位数字,对远期汇率只报掉期率,而不作完整报价。

3. 双向报价。既报买入价也报卖出价,报出价格后,交易商即有按照此价格买卖外汇的义务。

4. 数额限制。通常的外汇报价以及在报刊或者交易终端上的报价主要适用于银行同业外汇交易。较小规模的交易,在询价时要向银行预先说明具体的买卖金额,银行会作出适当调整。

5. 确认成交。一般认为,口头协议已是外汇买卖正式的成交,"一言为定",不能更改或者撤销合同。

二 外汇交易方式

(一) 即期外汇交易

又称现汇交易,是交易双方约定于成交后的两个营业日内办理交割的外汇交易方式。其类型包括:

1. 标准即期起息交易:起息日为交易日后的第二个工作日。
2. 明天起息交易:起息日为交易日后的第一个工作日。
3. 当天起息交易:起息日为交易日当天。

(二) 远期交易

又称期汇交易,外汇买卖成交后并不交割,根据合同规定约定时间办理交割的外汇交易方式。其功能主要有:一是套期保值(避险保值),分为买入套期保值和卖出套期保值;二是投机获利,投机交易者根据对汇率的预测,有意持有外汇的多头或空头,希望利用汇率变动牟取利润的外汇交易行为。

(三) 套汇

套汇是指利用不同的外汇市场,不同的货币种类,不同的交割时间以及一些货币汇率和利率上的差异，进行从低价一方买进，高价一方卖出，从中赚取利润的外汇交易方式。

（四）套利交易

是指利用两国货币市场出现的利率差异，将资金从一个市场转移到另一个市场，以赚取利润的交易方式。套利形式主要有：

1. 非抛补套利（不抛补套利、单纯套利）。投资者单纯根据两种货币利率差异和对汇率的预测，将资金从低利率货币兑换成高利率货币，从而谋取利差收益，但对所承担的汇率风险不加以抵补。

2. 抛补套利。投资者在即期外汇市场将资金从低利率货币兑换成高利率货币投资的同时，在远期外汇市场上卖出高利率货币（即在进行套利的同时做掉期交易），以避免汇率风险。

（五）掉期交易

是指将币种相同，但交易方向相反，交割日不同的两笔或者以上的外汇交易结合起来所进行的交易。其形式包括即期对远期的掉期交易、即期对即期的掉期交易、远期对远期的掉期交易。

（六）外汇期货

所谓外汇期货是指以汇率为标的物的期货合约，用来回避汇率风险。它是金融期货中最早出现的品种。

（七）外汇期权交易

外汇期权买卖的是外汇，即期权买方在向期权卖方支付相应期权费后获得一项权利，即期权买方在支付一定数额的期权费后，有权在约定的到期日按照双方事先约定的协定汇率和金额同期权卖方买卖约定的货币，同时权利的买方也有权不执行上述买卖合约。

三 外汇交易的种类

（一）现钞交易

具体来说，现钞交易是旅游者以及由于其他各种目的需要外汇现钞者之间进行的买卖，包括现金、外汇旅行支票等；现货交易是大银行之间，以及大银行代理大客户的交易，买卖约定成交后，最迟在两个营业日之内完成资金收付交割；合约现货交易是投资人与金融公司签订合同来买卖外汇的方式，适合于大众的投资；期货交易是按约定的时间，并按已确定汇率进行交易，每个合同的金额是固定的；期权交易是将来是否购买或者出售某种货币的选择权而预先进行的交易；远期交易是根据合同规定在约定日期办理交割，合同可大可小，交割期也较灵活。

从外汇交易的数量来看，由国际贸易而产生的外汇交易占整个外汇交易的比重不断减少，据统计，目前这一比重只有1%左右。那么，可以说现在外汇交易的主流是投资性的，是以在外汇汇价波动中营利为目的的。因此，现货、合约现货以及期货交易在外汇交易中所占的比重较大。

（二）现货外汇交易（实盘交易）

现货外汇交易是大银行之间，以及大银行代理大客户的交易，买卖约定成交后，最迟在两个营业日之内完成资金收付交割。

个人外汇交易，又称外汇宝，是指个人委托银行，参照国际外汇市场实时汇率，把一种外币买卖成另一种外币的交易行为。由于投资者必须持有足额的要卖出外币，才能进行交易，较国际上流行的外汇保证金交易缺少保证金交易的卖空机制和融资杠杆机制，因此也被称为实盘交易。

（三）合约现货外汇交易（按金交易）

合约现货外汇交易，又称外汇保证金交易、按金交易、虚盘交易，指投资者和专业从事外汇买卖的金融公司（银行、交易商或经纪商），签订位图买卖外汇的合同，缴付一定比例（一般不超过10%）的交易保证金，便可按一定融资倍数买卖10万、几十万甚至上百万美元的外汇。因此，这种合约形式的买卖只是对某种外汇的某个价格作出书面或口头的承诺，然后等待价格出现上升或下跌时，再作买卖的结算，从变化的价差中获取利润，当然也承担了亏损的风险。由于这种投资所需的资金可多可少，所以，近年来吸引了许多投资者的参与。

（四）外汇期货交易

外汇期货交易，是指在约定的日期按照已经确定的汇率，用美元买卖一定数量的另一种货币。外汇期货买卖与合约现货买卖有共同点亦有不同点。合约现货外汇的买卖是通过银行或外汇交易公司来进行的，外汇期货的买卖是在专门的期货市场进行的。

四 外汇零售市场交易制度

外汇零售市场即指外汇市场的外汇零售业务，它主要包括：(1) 银行与个人及公司客户之间进行的外汇买卖。(2) 中央银行由于政策性考虑干预外汇市场而引起的外汇交易。外汇零售市场业务主要通过结汇和售汇进行。

（一）结汇制度

结汇（exchange settlement/foreign exchange settlement）是指外汇收入所有者将其外汇收入出售给外汇指定银行，外汇指定银行按一定汇率付给等值的本币的行为。

结汇有强制结汇、意愿结汇和限额结汇等多种形式。强制结汇是指所有外汇收入必须卖给外汇指定银行，不允许保留外汇；意愿结汇是指外汇收入可以卖给外汇指定银行，也可以开立外汇账户保留，结汇与否由外汇收入所有者自己决定；限额结汇是指外汇收入在国家核定的数额内可不结汇，超过限额的必须卖给外汇指定银行。在我国，过去是实行强制结汇制的，在2008年8月1日《外汇管理条例》出台之后，目前，我国实行的是意愿结汇制。

（二）售汇制度

售汇（exchange surrendering）是指外汇指定银行将外汇卖给外汇使用者，并根据交易发生之日的人民币汇率的收取等值人民币的行为。对于用汇单位和个人来说，就是购汇。目前，我国实现了人民币经常项目的可兑换，用汇单位和个人持规定的有效凭证和有效商业票据，按照中央银行公布的汇率和浮动幅度折算的人民币在外汇指定银行购汇。

本章复习思考题

1. 简述外汇市场的分类。
2. 外汇交易的方式有哪些？
3. 外汇交易的种类有哪些？
4. 什么是结汇制度？
5. 什么是售汇制度？

专著推荐

1. 刘隆亨：《银行金融法学》，北京大学出版社2010年版。

2. ［美］罗伯特·希勒（Robert J. Shiller）：《金融与好的社会》，束宇译，中信出版社2012年版。

3. 魏强斌、W. St. Shocker：《外汇交易三部曲》，经济管理出版社2010年版。

相关链接

1. 法律法规链接

《中华人民共和国外汇管理条例》、《全国人大常委会关于惩治骗购外汇、逃汇和非法买卖外汇犯罪的决定》、《国务院办公厅关于印发〈国家外汇管理局主要职责内设机构和人员编制规定〉的通知》、《服务贸易外汇管理指引实施细则》、《服务贸易外汇管理指引》、《最高人民法院关于审理骗购外汇、非法买卖外汇刑事案件具体应用法律若干问题的解释》。

2. 网络信息链接

国家外汇管理局官网　http：//www.safe.gov.cn/

中国外汇网　http：www.chinaforex.com.cn/

国际清算银行网　http：//www.bis.org/

3. 相关事例链接

中国外债实况[①]

截至2013年3月末，我国外债余额为7649.68亿美元（不包括香港特区、澳门特区和台湾地区对外负债，下同）。其中，登记外债余额为4613.68亿美元，企业间贸易信贷余额为3036亿美元。

从债务期限结构看，中长期外债（剩余期限）余额为1992.93亿美元，短期外债（剩余期限）余额为5656.75亿美元，其中，企业间贸易信贷占53.67%，银行贸易融资占19.48%，二者合计占短期外债

---

① 国家外汇管理局官网 http：//www.safe.gov.cn/。

（剩余期限）余额的 73.15%。短期外债主要来自与贸易有关的信贷，具有真实的进出口贸易背景，与一般外债有较大不同，且与我国对外贸易和外汇储备相比规模较小，短期外债风险基本可控。

从债务人类型看，登记外债余额中，中资金融机构债务（含其负责转贷的外国政府贷款）余额 2151.17 亿美元，占 46.63%；外商投资企业债务余额 1485.35 亿美元，占 32.19%；外资金融机构债务余额 555.13 亿美元，占 12.03%；国务院部委债务（不含外国政府贷款）余额 361.57 亿美元，占 7.84%；中资企业债务余额 58.88 亿美元，占 1.28%。

从债务类型看，登记外债余额中，国际商业贷款余额 3993.68 亿美元，占 86.56%；外国政府贷款和国际金融组织贷款余额 620.00 亿美元，占 13.44%。

从币种结构看，登记外债余额中，美元债务占 79.49%，欧元债务占 6.51%，日元债务占 6.14%，其他债务占 7.86%。

从投向看，按照国民经济行业分类，登记中长期外债（签约期限）余额中，主要投向制造业，交通运输、仓储和邮政业，以及电力、煤气及水的生产和供应业，占比分别为 30.77%、13.85% 和 7.61%。

2013 年 1—3 月，我国新借入中长期外债 118.09 亿美元，偿还中长期外债本金 72.29 亿美元，支付利息 6.36 亿美元。中长期外债项下净流入资金 39.44 亿美元，同比增加 7.66 亿美元，增长 24.10%。

人民币正走向市场化机制[①]

2013 年 7 月 11 日，中国人民银行副行长、外管局局长易纲在中美战略与经济对话（S＆ED）记者会上表示，中国正坚定不移地沿着市场化的方向稳步推进人民币汇率形成机制改革，稳步推进资本项目的可兑换。指出改革的最大特征就是让市场供求决定汇率，中国在这方面已取得实质性的进展。举例而言，尽管 2013 年以来美元走强，但人民币对美元名义汇率仍然升值了 2%，若以美元指数加权计，则相对一篮子

---

① 易纲：《人民币正走向市场化机制》，http://www.chinaforex.com.cn/zhuanjia/? p＝3019。

货币的实际升值幅度达 6%。

"中国人民银行或中央并没有给人民币特殊优惠,而是与其他可兑换货币及地方货币放在同等竞争位置上,交予市场主体来选择",易纲强调。

美国财政部长雅各布·卢(Jacob Lew)也在记者会上对中国人民币升值成果、经常账户顺差的调整表示欢迎,但强调"还需要有更多的进展"。

事实上,人民币汇率在此次中美 S & ED 中鲜少被提及。彼得森国际经济研究所高级研究员尼古拉斯·拉迪(Nicholas Lardy)日前向财新记者表示,人民币在近半年来有显著的升值,美元对人民币也维持在 6.15 以上的水平,这使得在总统大选后,美国对中国操控人民币的指责声浪渐小。

易纲在记者会上表示,中国对美联储可能退出第三轮量化宽松(QE3)已有充分准备,中国拥有充裕的流动性和比较高的法定存款准备金率等缓冲措施,来应对 QE3 退出可能造成的外溢影响。

中国财政部部长楼继伟则在同场记者会上呼吁,美联储在退出时,应考虑对其他国家的冲击。但对中国而言,由于资本账项目仍未完全开放,受到的影响不大。

本章参考文献

[1] 姚长辉:《货币银行学》,北京大学出版社 2009 年版。
[2] 吴志攀:《中央银行法制》,中国金融出版社 2005 年版。
[3] 单飞跃主编:《经济法教程》,法律出版社 2006 年版。
[4] 黄达主编:《货币银行学》,中国人民大学出版社 2000 年版。
[5] 杨紫烜主编:《经济法》,北京大学出版社、高等教育出版社 2010 年版。
[6] 刘隆亨:《银行金融法学》,北京大学出版社 2010 年版。

第十一章　信贷法律制度

本章内容提要：本章以金融机构作为存款人、贷款人，从信贷制度入手，简要分析了存款的特征，以及我国存款关系的性质、种类，以单位存款和个人存款为核心对存款法律制度进行了简要介绍。同时也对贷款的性质、在合同法中的特征、贷款法律制度中贷款的程序、对金融机构贷款业务的监管制度等内容进行了概要分析。通过对信贷制度的学习，学生可以对信贷的功能和作用有所了解，理解信贷制度在经济中的意义，把握我国法律对信贷行为约束和规范的基本内容以及制度意义。

关键词：信用　货币运动　利率　单位存款　个人储蓄存款　借款合同　贷款的程序　不良贷款管理制度　贷款管理责任制度　贷款资产负债比例管理制度

第一节　存款法律制度

信贷是借贷活动的总称，是以偿还为条件的货币运动形式。信贷主要包括银行信贷和民间信贷两类。银行信贷是银行以及非银行金融机构通过存款和贷款制度筹集和分配资金，合理调节货币流通，促进经济发展，建立健全信贷法律制度，对于稳定国民经济运行、防范金融风险有重要意义。

一　存款概述

（一）存款的概念

存款是指客户（存款人）在其金融机构账户（一般为商业银行）上存入的货币资金。又被为"存款行为"或"存款业务"。存款是银行以及非银行金融机构的主要业务活动,也是各类银行和非银行金融机构为国民经济建设筹集资金的主要渠道。

(二) 存款的特征

1. 开展存款业务的只能为金融机构

能够为客户开立存款账户,收受客户存款的,有资质经营存款业务的,只能是银监会批准办理存款业务的金融机构,在我国主要为各类商业银行,或者是经许可的信用合作社。

2. 存款行为是客户与金融机构建立的合同法律关系

客户在金融机构存款,与金融机构形成存款合同关系:客户将资金存入金融机构,与金融机构约定存款的方式,在国家允许的利息范围计算利息,由金融机构定期还本付息的合同关系。

3. 存款合同关系的标的物为货币资金

存款是客户在其金融机构账户上存入的货币资金,这里的货币资金可以为本币也可以为外币。

(三) 存款的种类

1. 根据存款人的不同,分为单位存款和个人储蓄存款

单位存款指各级国家机关、企事业单位、社会团体等机构,将货币资金存入金融机构所形成的存款关系。个人储蓄存款,又称为储蓄存款,是指自然人将自有货币资金存入金融机构所形成的存款关系。

2. 根据存款期限和提取方式的不同,分为活期存款和定期存款

活期存款又可分为结算存款和活期储蓄存款。定期存款按存款人的不同,又可分为单位定期存款和个人定期储蓄存款。

3. 根据存款币种的不同,分为人民币存款和外币存款。

(四) 存款合同的性质

1. 存款合同属无名合同

在我国合同法律规范中,没有关于存款人和金融机构的权利义务的规定,合同法也没有明确规定存款合同,因此该类合同属于无名合同。这是我国合同法律制度的一个缺陷。存款法律关系只是在行政法规中(如储蓄条例等)进行了规定,但双方当事人的权利义务却没有具体明晰,立法层级较低。在实务中,存款人的利益因金融机构的疏忽或技术缺陷受到侵害时,金融机构往往以各种理由或本企业的内部规定推诿责

任，因此，亟须对存款合同的性质及双方权利义务进行明确立法，以保护存款人的合法权利。

2. 存款合同属于所有权移转型的合同

在我国，关于存款合同的性质，特别是存款是否转移所有权的问题，存在截然对立的两种观点。经济学界普遍认为存款只转移货币的使用权，所有权由存款人保留；而在法学界，大部分人认为存款转移所有权，即存款人在出让货币所有权给金融机构的同时，取得对金融机构的相应债权。本书认为，因存款合同的标的物为货币资金，在物的分类上属于种类物，因此存款人一旦向金融机构交付货币的占有后，该货币的所有权移转于金融机构，因此存款合同应属于所有权移转型的合同。

3. 存款合同属于单务有偿合同

存款人将资金存入金融机构，金融机构到期后，有按约定期限还本付息的义务，因此存款合同属于单务有偿合同。

4. 存款合同属于诺成合同或实践合同的争议

某一合同关系属于诺成合同抑或实践合同，对合同的成立时间而言，起着关键性的作用。存款合同也面临这样的问题，存款人在银行柜台办理存款必然有一个过程，须经过若干环节，具体何时交付完成，存款人将资金交付金融机构的时间是否为合同的成立时间，以及何时为存款人交付资金的时间？因此合理确定交付完成的时间至关重要，但是目前我国在立法中均未明确规定，这也是我国存款法律制度中的一大缺憾。

二 我国关于单位存款的法律规定

(一) 对单位存款的定义

根据中国人民银行颁布的《人民币单位存款管理办法》的规定，我国的单位存款是指企业、事业、机关、部队和社会团体等单位在金融机构办理的人民币存款。它最主要的特点就是办理存款的主体是单位。

(二) 单位存款的种类

1. 根据存款性质不同可分为企业存款和财政性存款

企业存款是指企业在生产流通过程中的支付准备金和部分扩大再生产的积累基金。按企业性质的不同，又可分为工业企业存款、商业企业存款、三资企业存款、私营及个体工商业存款等。财政性存款则是指各级财政金库和机关、团体、部队、学校等事业单位预算资金和预算外资金的存款，它是国家财政集中起来的、待分配、待使用的国民收入。

2. 根据存款的方式、期限不同，可以分为定期存款、活期存款、通知存款、协定存款。

（1）单位定期存款。单位定期存款指单位在法定存款期限内存入并到期支取的存款。单位定期存款的期限一般分三个月、半年、一年三个档次。起存金额1万元。

（2）活期存款。活期存款指单位存入的不定期限可随时支取的存款。单位活期存款按结息日挂牌公告的活期存款利率计息，遇利率调整不分段计息。

（3）协定存款。协定存款指金融机构根据规定，对特殊性质如保险资金、社保资金、养老保险基金等金额较大的资金，就存款期限、利率、结息付息方式等内容与单位协商定的人民币存款。金融机构开办协定存款须经中国人民银行批准，并遵守经中国人民银行核准的协定存款章程。协定存款利率由中国人民银行确定。

（4）通知存款。通知存款是指不定存款期限、一次性存入可多次支取，但支取时需提前通知金融机构，与金融机构约定支取日期和金额方能支取的存款。金融机构开办单位通知存款须经银监会批准，并遵守经银监会核准的通知存款章程。

（三）单位存款的基本管理原则

1. 财政拨款、预算内资金及银行贷款不得作为单位定期存款存入金融机构

任何单位和个人不得将公款以个人名义转为储蓄存款；任何个人不得将私款以单位名义存入金融机构；任何单位不得将个人或其他单位的款项以本单位名义存入金融机构；财政性存款应纳入中国人民银行的信贷资金管理范畴。

2. 对单位存款适用强制原则

凡在开户银行开立账户的开户单位，应将所收入的现金于当日送存开户银行，当日送存确有困难的，按其开户银行确定的时间送存，不得

擅自保存，不得坐支现金。①

3. 开户银行依法对开户单位支取和使用存款进行监督。

（四）单位定期存款的特别规定

1. 单位定期存款的开户

单位存款时单位须提交开户申请书、营业执照正本等，并预留印鉴。印鉴应包括单位财务专用章、单位法定代表人章（或主要负责人印章）和财会人员章。由接受存款的金融机构给存款单位开出"单位定期存款开户证实书"，证实书仅对存款单位开户证实。

2. 单位定期存款的支取

存款单位支取定期存款只能以转账方式将存款转入其基本存款账户，不得将定期存款用于结算或从定期存款账户中提取现金。单位定期存款可以全部或部分提前支取，但只能提前支取一次。

支取定期存款时，须出具证实书并提供预留印鉴，存款所在金融机构审核无误后为其办理支取手续，同时收回证实书。

（五）单位存款的查询、冻结、扣划

对单位存款，商业银行有权拒绝任何单位或者个人查询，但法律、行政法规另有规定的除外；有权拒绝任何单位或者个人冻结、扣划，但法律另有规定的除外。

在我国，人民法院、人民检察院、公安机关、税务机关、海关有权查询、冻结、扣划单位存款。国家审计机关、工商行政管理机关、技术监督机关、物价管理机关、国家监察机关等有权查询单位存款。

查询、冻结、扣划单位存款的具体程序，参见中国人民银行、最高人民法院、最高人民检察院、公安部联合发布的《关于查询、冻结、扣划企业事业单位、机关、团体银行存款的通知》。

（六）单位存款的变更、挂失

1. 因人事变动发生的单位存款变更

因存款单位人事变动，需要更换单位法定代表人章（或单位负责人章）或财会人员印章时，必须持单位公函及经办人身份证件向存款所在

---

① 坐支现金指单位从收入的现金中直接支付单位开销。单位的收入支出根据财务会计制度的要求，收入和支出应分别作账，收到的现金要存入银行，支出的现金要从日常备用金中支取。因此，禁止坐支现金。这是会计核算和国家对企业经营状况进行监督的基本要求。

金融机构办理更换印鉴手续，如为单位定期存款，应同时出示金融机构为其开具的证实书。

2. 因单位形式变更发生的单位存款变更

因存款单位机构合并或分立，其定期存款需要过户或分户，必须持原单位公函、工商部门的变更、注销或设立登记证明及新印鉴（分户时还须提供双方同意的存款分户协定）等有关证件向存款所在金融机构办理过户或分户手续，由金融机构换发新证实书。

3. 单位存款账户的挂失

存款单位的密码失密或印鉴遗失、损毁，必须持单位公函，向存款所在金融机构申请挂失。金融机构受理挂失后，挂失生效。如存款在挂失生效前已被人按规定手续支取，金融机构不负赔偿责任。

三 我国关于储蓄存款的法律规定

储蓄存款是指个人所有的存入在中国境内储蓄机构的人民币或外币存款。目前，储蓄管理法律法规主要有《中华人民共和国商业银行法》、国务院颁行的《储蓄管理条例》及中国人民银行发布的《关于执行〈储蓄管理条例〉的若干规定》。

（一）储蓄存款的原则

储蓄机构办理储蓄业务，必须遵循"存款自愿、取款自由、存款有息、为储户保密"的原则。

存款自愿是指个人是否将自己所有的或合法持有的货币存入储蓄机构，是由个人意愿所决定的，任何机构和个人不得以任何方式和理由进行强迫和干涉。这种权利是个人依法享有的财产权利的具体体现。

取款自由是指储蓄机构在储户要求取款时，不得以法律规定和双方约定以外的任何理由拒绝支付或拖延支付，也不得限制储户支取的数额和查询储户取款的用途和目的。

存款有息是指储蓄机构对合法吸收的存款必须按照国家规定的利率和计息方式以及储蓄期限和种类向储户支付利息，这是储户依法享有的财产收益权。

为储户保密是指储蓄机构对储户的与储蓄有关的信息和资料负有保密责任，不得随意泄露。除法律和国家有明文规定的以外，不得代任何单位和个人查询储户的信息资料。这项原则也是为了更好地保护储户的资金安全，防止给不法分子攫取他人财产留下可乘之机。

（二）储蓄存款的种类

1. 人民币储蓄存款

包括活期储蓄存款、整存整取定期储蓄存款、零存整取定期储蓄存款、存本取息定期储蓄存款、整存零取定期储蓄存款、定活两便储蓄存款、华侨（人民币）整存整取定期储蓄存款以及经中国人民银行批准开办的其他种类的储蓄存款。

（1）活期储蓄存款。1元起存，由储蓄机构发给存折，凭折存取，开户后可以随时存取。

（2）整存整取定期储蓄存款。一般50元起存，存期分3个月、半年、1年、2年、3年和5年，本金一次存入，由储蓄机构发给存单，到期凭存单支取本息。

（3）零存整取定期储蓄存款。每月固定存额，一般5元起存，存期分1年、3年、5年，存款金额由储户自定，每月存入一次，中途如有漏存，应在次月补存，未补存者，到期支取时按实存金额和实际存期计算利息。

（4）存本取息定期储蓄存款。本金一次存入，一般5千元起存。存期分1年、3年、5年，由储蓄机构发给存款凭证，到期一次支取本金，利息凭存单分期支取，可以一个月或几个月取息一次，由储户与储蓄机构协商确定。如到取息日未取息，以后可随时取息。如果储户需要提前支取本金，则要按定期存款提前支取的规定计算存期内利息，并扣回多支付的利息。

（5）整存零取定期储蓄存款。本金一次存入，一般1千元起存，存期分1年、3年、5年。由储蓄机构发给存单，凭存单分期支取本金，支取期分1个月、3个月、半年一次，由储户与储蓄机构协商确定，利息于期满结清时支取。

（6）定活两便储蓄存款。由储蓄机构发给存单，一般50元起存，存单分记名、不记名两种，记名式可挂失，不记名式不挂失。

（7）华侨（人民币）定期储蓄。华侨、港澳台同胞由国外或港澳地区汇入或携入的外币、外汇（包括黄金、白银）售给中国人民银行和在各专业银行兑换所得人民币存储本存款。该存款为定期整存整取一种。存期分为1年、3年、5年。存款利息按规定的优惠利率计算。开户时凭"外汇兑换证明"或"侨汇证明书"在规定的时间内办理存储手续，储蓄机构发给存单。存款到期，凭存单支取存款，如存款人在存款时有加凭印鉴的约定，支取时还必须加凭印鉴。如提前支取，则按人民币整存整取定期储蓄规定处理。该种储蓄支取时只能支取人民币，不能支取外币，不能汇往港澳台地区或国外。存款到期后可以办理转期手续，支付的利息亦可加入本金一并存储。

2. 外币储蓄存款

包括活期储蓄存款、整存整取定期储蓄存款以及经中国人民银行批准开办的其他种类的外币储蓄存款。办理外汇储蓄存款业务，须取得省级外汇主管部门的批准。

（三）对储蓄机构的管理

1. 办理储蓄业务的资格及条件

储蓄机构是依法取得《经营金融业务许可证》获准办理储蓄业务的银行、信用合作社和邮政储蓄银行。除储蓄机构外，任何单位和个人不得办理储蓄存款业务。

储蓄机构的设置必须同时具备三个条件：第一，有机构名称、组织机构和营业场所；第二，熟悉储蓄业务的工作人员不少于4人，保证营业时间内双人临柜；第三，有必要的安全防范设备。

2. 储蓄业务范围及经营行为规范

储蓄机构的业务范围包括：（1）办理各类人民币储蓄存款业务。（2）经外汇管理部门批准，办理各类外币储蓄存款业务。（3）根据国家住房改革的有关政策和实际需要，经批准办理个人住房储蓄业务。（4）经批准，发售和兑付以居民个人为发行对象的国库券、金融债券、企业债券等有价证券。（5）办理个人定期储蓄存款存单小额抵押贷款业务。（6）办理代发工资和代收房租、水电费等服务性业务。

储蓄机构应当按照规定时间营业，不得擅自停业或者缩短营业时间。储蓄机构必须严格执行由中国人民银行制定和公布的储蓄存款利率，并在其营业场所挂牌公告。

禁止储蓄机构的下列行为：（1）以散发有价馈赠品为条件吸收储

蓄存款；（2）发放各种名目的揽储费；（3）利用不确切的广告宣传；（4）利用汇款、贷款或其他业务手段强迫储户存款；（5）利用各种名目多付利息、奖品或其他费用等不正当手段吸收存款。

（四）个人存款账户实名制

自 2000 年 4 月 1 日起，我国开始实施个人存款账户实名制。个人存款账户实名制，就是要求个人在金融机构开立存款账户时，使用实名，出具实名证件。

实行个人存款账户实名制，有多方面的积极意义：（1）能够保证个人存款账户的真实性，有助于维护存款人的合法权益。（2）有利于推动个人信用制度和信用文化的发展，为金融业广泛开展信用卡、个人支票、个人贷款等零售业务创造条件。（3）有助于加强个人利息所得税的征管，且为政府逐步引入新的税种，调节个人收入创造条件。（4）有利于抑制公款私存、私款公存等违法行为，遏制腐败，打击各种经济犯罪和洗钱犯罪。

（五）储蓄存款的提前支取和挂失

未到期的定期储蓄存款由储户提前支取的，必须持存单和存款人的身份证明办理；代储户支取的，代支取人还必须持其身份证明。储蓄机构在验证存单开户人姓名与证件姓名一致后，方可办理支付。

存单、存折分为记名式和不记名式。记名式存单、存折可以挂失，不记名式的存单、存折不能挂失。储蓄机构受理挂失后，必须立即停止支付该储蓄存款；受理挂失前该储蓄存款已被他人支取的，储蓄机构不负赔偿责任。挂失 7 天后，储户需与储蓄机构约定时间，办理补领新存单、存折或支取存款手续。

（六）储蓄存款利息所得的个人所得税

1999 年 9 月 30 日，国务院发布《对储蓄存款利息所得征收个人所得税的实施办法》，并于 2007 年 7 月 20 日修订。2008 年 10 月 9 日，财政部、国家税务总局发布了《关于储蓄存款利息所得有关个人所得税政策的通知》。

储蓄存款在 1999 年 10 月 31 日前孳生的利息所得，不征收个人所得税；储蓄存款在 1999 年 11 月 1 日至 2007 年 8 月 14 日孳生的利息所得，按照 20% 的税率征收个人所得税；储蓄存款在 2007 年 8 月 15 日至

2008年10月8日孳生的利息所得，按照5%的税率征收个人所得税；储蓄存款在2008年10月9日后（含10月9日）孳生的利息所得，暂免征收个人所得税。

（七）个人储蓄存款的查询、停止支付和没收

对个人储蓄存款，除法律另有规定的情形外，商业银行有权拒绝任何单位或者个人查询、冻结、扣划。在我国，由于特殊需要，人民法院、人民检察院、公安机关、税务机关、海关等司法和行政机关则有权查询、冻结、扣划单位存款。

（八）存款人死亡后储蓄存款的过户或支付手续

1. 存款人死亡后，合法继承人为证明自己的身份和有权提取该项存款，应向储蓄机构所在地的公证处申请办理继承权证明书，储蓄机构凭以办理过户或支付手续。该项存款的继承权发生争执时，由人民法院裁判，储蓄机构凭人民法院的判决书、裁定书或调解书办理过户或支付手续。

2. 在国外的华侨和港澳台同胞等在国内储蓄机构的存款或委托银行代为保管的存款，原存款人死亡，其合法继承人在国内者，凭原存款人的死亡证明向储蓄机构所在地的公证处申请办理继承权证明书，储蓄机构凭以办理存款的过户或支付手续。

3. 继承人在国外者，可凭原存款人的死亡证明和经我国驻该国使、领馆认证的亲属证明，向我国公证机关申请办理继承权证明书，储蓄机构凭以办理存款的过户或支付手续。

4. 存款人死亡后，无法定继承人又无遗嘱的，经当地公证机关证明，按财政部门规定，全民所有制企事业单位、国家机关、群众团体的职工存款，上缴国库收归国有，集体所有制企事业单位的职工，可转归集体所有。储蓄机构对上缴国库或转归集体所有的存款一律不计付利息。

第二节 贷款法律制度

一 贷款的概念、基本原则和种类

（一）贷款的概念

贷款是指由金融机构作为债权人，对借款人提供的并按约定的利率

和期限还本付息的货币资金的资产业务及形成的合同法律关系。另外，贷款一词也常指贷款人向借款人贷放的货币资金。

我国关于调整贷款关系的现行法律主要有《中华人民共和国商业银行法》、《中华人民共和国合同法》以及中国人民银行发布的《贷款通则》。

(二) 贷款的基本原则

贷款的发放和使用应当符合国家的法律、行政法规和中国人民银行发布的行政规章，应当遵循效益性、安全性和流动性的原则。贷款人开展贷款业务，应当遵循公平竞争、密切协作的原则，不得从事不正当竞争。借款人与贷款人的借贷活动应当遵循平等、自愿、公平和诚实信用的原则。

金融机构不得向关系人发放信用贷款，向关系人发放担保贷款的条件不得优于其他借款人同类贷款条件的规定。关系人是指：(1) 商业银行的董事、监事、管理人员、信贷业务人员及其近亲属；(2) 前项所列人员投资或者担任高级管理职务的公司、企业和其他经济组织。

未经中国人民银行批准，金融机构不得对自然人发放外币贷款。

(三) 贷款的种类

1. 自营贷款、委托贷款和特定贷款

自营贷款，是指贷款人以合法方式筹集的资金自主发放的贷款，其风险由贷款人承担，并由贷款人收回本金和利息。自营贷款期限最长一般不得超过10年，超过的应当报中国人民银行备案。

委托贷款，是指由政府部门、企事业单位及个人等委托人提供资金，由贷款人（即受托人）根据委托人确定的贷款对象、用途、金额、期限、利率等代为发放、监督使用并协助收回的贷款。贷款人（受托人）只按照中国人民银行的规定收取手续费，不承担贷款风险。

特定贷款，是指经国务院批准并对贷款可能造成的损失采取相应补救措施后责成国有独资商业银行发放的贷款。

2. 商业性贷款和政策性贷款

根据贷款性质的不同，可以分为商业性贷款和政策性贷款。商业性贷款是指贷款人以营利为目的所进行的贷款，是银行和非银行金融机构贷款的主要形式，也是它们获取利益的主要途径；政策性贷款则是指政策性银行和经营政策性业务的非银行金融机构,以及受政策性银行委托的商业银行,按照政府产业政策和经济目标的要求,对特定对象和项目所发放的,不以营利为主要目的的贷款。其贷款的对象、利率、金额、期限等,都以政策目标来具体确定。

3. 短期贷款、中期贷款和长期贷款

根据贷款期限不同,可以分为短期贷款、中期贷款和长期贷款。短期贷款,是指贷款期限在1年以内(含1年)的贷款;中期贷款,是指贷款期限在1年以上(不含1年)5年以下(含5年)的贷款;长期贷款,是指贷款期限在5年(不含5年)以上的贷款。

4. 信用贷款和担保贷款

以贷款是否有担保不同,可以分为信用贷款和担保贷款。信用贷款即以借款人自身信誉为还款依据,实际上是没有担保的贷款。担保贷款指保证贷款、抵押贷款和质押贷款。除委托贷款以外,其他贷款均应当提供担保。

5. 流动资金贷款和固定资产贷款

以贷款的目的不同,可以分为流动资金贷款和固定资产贷款。固定资产贷款包括专用基金贷款、技术改造贷款和基本建设贷款。

6. 单独贷款和银团贷款

以贷款人的人数多少来划分,可以分为单独贷款和银团贷款。单独贷款指贷款人为一个金融机构的贷款形式;银团贷款指贷款人为数个贷款人的贷款形式,银团贷款一般适用在贷款目的项目较大或者风险较大的贷款合同。

7. 人民币贷款和外币贷款

这个划分主要是以贷款的标的物计算单位不同,分为人民币贷款和外币贷款。人民币贷款是指贷款人以人民币资金作为发放贷款的资金;而外币贷款则以外汇资金向发放对象发放。

二 借款合同概述

(一)借款合同的概念和特征

借款合同是建立贷款人和借款人贷款关系的合同,也是贷款人开展贷款业务的基本依据。根据合同法的规定,借款合同是指借款人向贷款人借款，到期返还借款本金并支付利息的合同。借款合同按照我国法律法规的规定，分为金融机构作为贷款人的借款合同和自然人之间的借款合同。本书此处只以金融机构作为贷款人的借款合同为论述重点。

借款合同具有以下特点。

1. 贷款人须依法具有贷款资格。

金融机构作为贷款人的借款合同，贷款人必须经银监会批准经营贷款业务，持有银监会颁发的《金融机构法人许可证》或《金融机构营业许可证》，并经工商行政管理部门核准登记。

2. 金融机构作为贷款人的借款合同为要式合同。

金融机构作为贷款人的借款合同须以书面形式签订。这类合同一般数额都比较大，因此如果借贷人不能够履行合同义务时，会给贷款人的利益带来很大的风险，故必须采用书面形式明确约定双方的权利义务与责任。

3. 金融机构作为贷款人的借款合同为双务合同和诺成合同。

4. 金融机构作为贷款人的借款合同为所有权移转型合同。

这类合同的贷款人以现金提供贷款的，自交付时起其所有权转移至借款人。

5. 金融机构作为贷款人的借款合同为有偿合同。

有偿合同是相对于无偿合同而言的。借款人除返还本金外，还须支付利息。

（二）借贷双方的权利与义务

1. 借款人的主要权利：(1) 按合同约定的日期和数额提取和使用贷款；(2) 在征得贷款人同意后向第三人转让借款合同项下的债务。

2. 借款人的主要义务：(1) 按合同约定的日期和数额提取贷款；(2) 按约定的用途使用贷款；(3) 按照约定的期限返还贷款；(4) 按照约定期限和利率（须合法）支付利息；(5) 向贷款人提供财务会计报表以及有关的计划、统计资料，接受贷款人对其贷款使用情况的监督。

3. 贷款人的主要权利：(1) 按照合同约定的日期和数额收取本息；(2) 检查、监督贷款的使用情况；(3) 如为担保贷款，作为保证受益人、抵押权人、质权人享有相应的权利。

4. 贷款人的主要义务：（1）按照合同约定的日期和数额提供贷款。贷款利息不得预先在本金中扣除；利息预先在本金中扣除的，只能按照实际贷款数额偿还贷款并计算利息。（2）对借款人的债务、财务、生产、经营情况保密，但对依法查询者除外。

三 贷款的程序

（一）贷款申请

借款人需要贷款，应当向主办银行或者其他银行的经办机构直接申请。借款人应当填写包括借款金额、借款用途、偿还能力及还款方式等主要内容的《借款申请书》并提供以下资料：（1）借款人及保证人基本情况；（2）财政部门或会计审计师事务所核准的上年度财务报告，以及申请借款前一期的财务报告；（3）原有不合理占用的贷款的纠正情况；（4）抵押物、质物清单和有处分权人的同意抵押、质押的证明及保证人拟同意保证的有关证明文件；（5）项目建议书和可行性报告；（6）贷款人认为需要提供的其他有关资料。

（二）对借款人的信用等级评估

金融机构应当根据借款人的领导者素质、经济实力、资金结构、履约情况、经营效益和发展前景等因素，评定借款人的信用等级。评级可由贷款人独立进行，内部掌握，也可由有权部门批准的评估机构进行。

（三）贷款调查和审批

贷款人受理借款人申请后，应当对借款人的信用等级以及借款的合法性、安全性、营利性等情况进行调查，核实抵押物、质物、保证人情况，测定贷款的风险度。贷款人应当建立审贷分离、分级审批的贷款管理制度。审查人员应当对调查人员提供的资料进行核实、评定，复测贷款风险度，提出意见，按规定权限报批。

（四）签订借款合同

贷款经审查批准，贷款人应当与借款人签订书面借款合同，约定借款的种类、用途、金额、利率、期限、还款方式、借贷双方的权利义务、违约责任以及双方认为需要约定的其他事项。担保贷款应当按照我国担保法和物权法的规定，签订书面担保合同，并依法办理相关担保物移转、登记手续。

(五) 贷款发放

借款合同签订后，贷款人要按借款合同的约定按期发放贷款。贷款人不按合同约定按期发放贷款的，应偿付违约金。借款人不按合同约定用款的，应偿付违约金。

(六) 贷后检查

贷款发放后，贷款人应当对借款人执行借款合同情况及借款人的经营情况进行追踪调查和检查。

(七) 贷款归还

借款人应当按照借款合同规定按时足额归还贷款本息；贷款人在短期贷款到期1个星期之前、中长期贷款到期1个月之前，应当向借款人发送还本付息通知单；借款人应当及时筹备资金，按时还本付息。贷款人对逾期的贷款要及时发出催收通知单，做好逾期贷款本息的催收工作；贷款人对不能按借款合同约定期限归还的贷款，应当按规定加罚利息；对不能归还或者不能落实还本付息事宜的，应当督促归还或者依法起诉。借款人提前归还贷款，应当与贷款人协商。

四 对金融机构贷款业务的监管

(一) 不良贷款管理制度

1. 不良贷款管理的基本原则

贷款人应当建立和完善贷款的质量监管制度，对不良贷款进行分类、登记、考核和催收。

2. 不良贷款的分类与登记

不良贷款包括呆账贷款、呆滞贷款、逾期贷款。呆账贷款指按财政部有关规定列为呆账的贷款；呆滞贷款指按财政部有关规定，逾期（含展期后到期）超过规定年限以上仍未归还的贷款，或虽未逾期或逾期不满规定年限但生产经营已终止、项目已停建的贷款（不含呆账）；逾期贷款指借款合同约定到期（含展期后到期）未归还的贷款（不含呆滞贷款和呆账贷款）。

不良贷款由会计、信贷部门提供数据，由金融机构稽核部门负责审核并按规定权限认定，贷款人应当按季填报不良贷款情况表。在报上级行的同时，应当报中国人民银行当地分支机构。

3. 不良贷款的考核

贷款人的呆账贷款、呆滞贷款、逾期贷款不得超过中国人民银行规定的比例。贷款人应当对所属分支机构下达和考核呆账贷款、呆滞贷款和逾期贷款的有关指标。

4. 不良贷款的催收和呆账贷款的冲销

信贷部门负责不良贷款的催收，稽核部门负责对催收情况的检查。贷款人应当按照国家有关规定提取呆账准备金，并按照呆账冲销的条件和程序冲销呆账贷款。

未经国务院批准，贷款人不得豁免贷款。除国务院批准外，任何单位和个人不得强令贷款人豁免贷款。

1998年5月，中国人民银行参照国际惯例，制定了《贷款分类指导原则》，要求商业银行依据借款人的实际还款能力进行贷款质量的五级分类，即按风险程度将贷款划分为五类：正常、关注、次级、可疑、损失，后三种为不良贷款。因此，至目前我国除上述按期限划分不良贷款的方法外，有按风险程度划分的五级分类法，但以风险管理为主的五级分类法已成主流。

(二) 贷款管理责任制度

金融机构应按照《贷款通则》的要求，建立贷款管理责任制制度。贷款管理责任制制度包括如下内容：

1. 贷款的分级管理制

贷款管理实行行长（经理、主任）负责制。贷款实行分级经营管理，各级行长应当在授权范围内对贷款的发放和收回负全部责任。行长可以授权副行长或贷款管理部门负责审批贷款，副行长或贷款管理部门负责人应当对行长负责。

2. 贷款审查委员会（小组）。贷款人各级机构应当建立有行长或副行长（经理、主任）和有关部门负责人参加的贷款审查委员会（小组），负责贷款的审查。

3. 审贷分离制

贷款调查评估人员负责贷款调查评估，承担调查失误和评估失准的责任；贷款审查人员负责贷款风险的审查，承担审查失误的责任；贷款发放人员负责贷款的检查和清收，承担检查失误、清收不力的责任。

4. 贷款分级审批制

贷款人应当根据业务量大小、管理水平和贷款风险度确定各级分支机构的审批权限，超过审批权限的贷款，应当报上级审批。各级分支机构应当根据贷款种类、借款人的信用等级和抵押物、质物、保证人等情况确定每一笔贷款的风险度。

5. 信贷工作岗位责任制及离职审计制

各级贷款管理部门应将贷款管理的每一个环节的管理责任落实到部门、岗位、个人，严格划分各级信贷工作人员的职责。贷款管理人员在调离原工作岗位时，应当对其在任职期间和权限内所发放的贷款风险情况进行审计。

6. 贷款人应对大额借款人建立驻厂信贷员制度

通过建立驻厂信贷员制度对贷款的使用进行适时的监督管理。

(三) 贷款资产负债比例管理制度

商业银行贷款，应当遵守下列资产负债比例管理的规定：(1) 资本充足率不得低于8%；(2) 贷款余额与存款余额的比例不得超过75%；(3) 流动性资产余额与流动性负债余额的比例不得低于25%；(4) 对同一借款人的贷款余额与商业银行资本余额的比例不得超过10%；(5) 国务院银行业监督管理机构对资产负债比例管理的其他规定。

本章复习思考题

1. 简述存款的种类。
2. 简述单位存款的种类。
3. 论述单位定期存款的特别规定。
4. 简述储蓄存款的种类。
5. 简述贷款的种类。
6. 试述借款合同的概念和特征。
7. 简述贷款的程序。
8. 简述不良贷款管理制度。
9. 贷款管理责任制度。
10. 简述贷款资产负债比例管理制度。

专著推荐

[1] 宾爱琪：《商业银行信贷法律风险精析》，中国金融出版社2011年版。

[2] 张炜：《银行业务法律合规风险分析与控制》，法律出版社2011年版。

相关链接

1. 法律法规链接

《中华人民共和国商业银行法》、《储蓄管理条例》、《关于执行〈储蓄管理条例〉的若干规定》、《人民币单位存款管理办法》、《人民币银行结算账户管理办法》、《贷款通则》。

2. 网络信息链接

信贷政策简介（中国人民银行网站） http：//www.pbc.gov.cn/-publish/jinrongshichangsi/1023/2010/20100915164335804922955/20100-915164335804922955_.html

中国人民银行网站 http：//www.pbc.gov.cn

中国银监会网站 http：//www.cbrc.gov.cn

3. 相关事例链接

对信贷政策之解读[①]

信贷政策是宏观经济政策的重要组成部分，是中国人民银行根据国家宏观调控和产业政策要求，对金融机构信贷总量和投向实施引导、调控和监督，促使信贷投向不断优化，实现信贷资金优化配置并促进经济结构调整的重要手段。制定和实施信贷政策是中国人民银行的重要职责。

中国社会主义市场经济处在初级阶段，间接融资居于主导地位，经济运行中的问题，有总量问题，但突出的是经济结构性问题。中国区域

---

① 转引自中国人民银行金融司对信贷政策的解读：http：//www.pbc.gov.cn/publish/jinrongshichangsi/1023/2010/20100915164335804922955/20100915164335804922955_.html。

经济发展不平衡，金融市场不够发达，利率没有市场化，单纯依靠财政政策调整经济结构受财力限制较大，信贷政策发挥作用是经济发展的内在要求，在相当长时期内将会存在。金融宏观调控必须努力发挥好信贷政策的作用，加强信贷政策与产业政策、就业政策和金融监管政策的有机协调配合，努力实现总量平衡和结构优化。

中国目前的信贷政策大致包含四方面内容：一是与货币信贷总量扩张有关，政策措施影响货币乘数和货币流动性。比如，规定汽车和住房消费信贷的首付款比例、证券质押贷款比例，等等。二是配合国家产业政策，通过贷款贴息等多种手段，引导信贷资金向国家政策鼓励和扶持的地区及行业流动，以扶持这些地区和行业的经济发展。三是限制性的信贷政策。通过"窗口指导"或引导商业银行通过调整授信额度、调整信贷风险评级和风险溢价等方式，限制信贷资金向某些产业、行业及地区过度投放，体现扶优限劣原则。四是制定信贷法律法规，引导、规范和促进金融创新，防范信贷风险。

信贷政策和货币政策相辅相成，相互促进。两者既有区别，又有联系。通常认为，货币政策主要着眼于调控总量，通过运用利率、汇率、公开市场操作等工具借助市场平台调节货币供应量和信贷总规模，促进社会总供求大体平衡，从而保持币值稳定。信贷政策主要着眼于解决经济结构问题，通过引导信贷投向，调整信贷结构，促进产业结构调整和区域经济协调发展。从调控手段看，货币政策调控工具更市场化一些；而信贷政策的有效贯彻实施，不仅要依靠经济手段和法律手段，必要时还须借助行政性手段和调控措施。在我国目前间接融资占绝对比重的融资格局下，信贷资金的结构配置和使用效率，很大程度上决定着全社会的资金配置结构和运行效率。信贷政策的实施效果，极大地影响着货币政策的有效性。信贷政策的有效实施，对于疏通货币政策传导渠道、发展和完善信贷市场、提高货币政策效果，发挥着积极的促进作用。

1998年以前，中国人民银行对各金融机构的信贷总量和信贷结构实施贷款规模管理，信贷政策主要是通过中国人民银行向各金融机构分配贷款规模来实现的。信贷政策的贯彻实施依托于金融监管，带有明显的行政干预色彩。近年来，随着社会主义市场经济的不断发展，中国人民银行的信贷政策正在从过去主要依托行政干预逐步向市场化的调控方式转变。依法履行中央银行信贷政策职责，进一步完善金融宏观调控机制，与时俱进，不断改进信贷政策实施方式，提高信贷政策调控效果，还需要在实践中继续探索完善。

本章参考文献

［1］张炜：《银行业务法律合规风险分析与控制》，法律出版社2011年版。

［2］汪鑫：《金融法学》，中国政法大学出版社2011年版。

［3］范玲：《金融法学》，黑龙江大学出版社2012年版。

第十二章　金融担保法律制度

本章内容提要：本章是金融法学和民法学中最为重要的一章。本章以金融信贷担保制度为主要内容，主要讲述了金融担保的性质，以及我国担保制度中，保证、抵押、质押的相关原理。其中，保证的性质、种类、不同责任形式保证的保证期间和保证诉讼时效的起算为论述的中心；抵押以及抵押权和抵押合同的关系，抵押合同的性质，不同抵押权的生效要件、抵押权的实现为论述重点；质押以及质权与质押合同的关系，质押合同的性质，不同质权的生效要件、质权的实现为另一论述重点。通过对本章的学习，有助于对金融法学和担保法律制度的深入了解，掌握我国担保制度的基本内容。

关键词：担保　从属性　独立性　要式性　债权人　债务人　担保法　保证　抵押　质押　定金　担保权人　被担保人　一般保证　连带保证　先诉抗辩权　动产　权利　抵押财产　动产质权　最高额担保　追偿权　集合抵押　流质契约　物上代位

第一节　金融担保法概述

一　金融担保法的概念

（一）金融担保关系的概念

金融担保关系指其他的企事业单位组织、自然人为自己或其他第三人贷款债务，提供信用或提供特定财产担保金融机构的借款债权得以实现的关系。提供担保的人称为担保人，而金融机构称为债权人。

调整金融担保关系的法律规范的总和称为金融担保法。我国目前调整金融担保关系的法律制度主要以物权法、担保法以及最高人民法院的相关司法解释为主。

(二) 金融担保的特征

通过我国金融法律制度的相关规定可以看出金融担保关系主要有以下特点。

1. 从属性

(1) 产生的从属性。金融担保关系是产生在金融机构和担保人之间的法律关系,该法律关系是为担保金融机构和债务人之间的债权债务关系而设立,因此其产生具有从属性。

(2) 无效的从属性。若金融机构和债务人之间的债权债务关系(主合同)无效必然导致担保关系无效(从合同)(参见《担保法》第5条),担保合同是主合同的从合同,主合同无效,担保合同无效。担保合同另有约定的,按照约定。

主合同无效,致担保合同无效的(参见《担保法司法解释》第8条),担保人无过错的,担保人不承担民事责任;担保人有过错的,担保人承担民事责任的部分,不应超过债务人不能清偿部分的1/3。

(3) 诉讼上的从属性。从当事人来看,主债权有担保的,金融机构向人民法院请求行使担保物权时,债务人和担保人应当作为共同被告参加诉讼。同一债权既有保证又有物的担保的,当事人发生纠纷提起诉讼的,债务人与保证人、抵押人或者出质人可以作为共同被告参加诉讼(参见《担保法司法解释》第128条)。

从管辖法院来看,主合同和担保合同发生纠纷提起诉讼的,应当根据主合同确定案件管辖。担保人承担连带责任的担保合同发生纠纷,金融机构向担保人主张权利的,应当由担保人住所地的法院管辖(参见《担保法司法解释》第129条)。

2. 相对独立性

尽管担保合同从属于主合同,但其作为一种法律关系,仍然具有一定的独立性,其双方当事人为主合同的金融机构和担保人,因此若主合同有效时,担保合同效力为无效的,则必然影响到主合同的最终实现。金融机构无过错的,担保人、债务人对主合同金融机构的经济损失,承担连带赔偿责任;金融机构、担保人有过错的,担保人承担民事责任的部分，不应超过债务人不能清偿部分的 1/2（参见《担保法司法解释》第 7 条）。

3. 要式性

所有的金融担保，都必须是要式合同，即都必须是以书面形式订立，否则该担保不成立（参见《担保法》第 13 条、38 条、64 条、90 条）。

上述担保合同可以是单独订立的书面合同，包括当事人之间的具有担保性质的信函、传真等，也可以是主合同中的担保条款（参见《担保法》第 93 条）。

二 金融担保的种类

以担保的标的种类划分为标准，分为物的担保、人的担保和金钱担保。

物的担保是指以物的交换价值为标的的担保形式，分为抵押、质押。该担保形式可以由债务人或第三人提供的物或财产性权利作为担保的标的。该担保形式主要由物权法规范，担保法和担保法司法解释补充调整。

人的担保是指由第三人的信用作为担保的标的的担保形式，又称为保证。保证只能由第三人进行担保。该保证形式主要由担保法和担保法司法解释规范。

金钱担保是指由主合同中的某一方当事人提供一定的金钱为担保的形式。该担保形式有定金，金钱作为一种特殊的物（种类物），其使用权移转即为所有权移转，因此不同于用特定物进行担保，故独立于物的担保。该担保形式主要由担保法和担保法司法解释进行调整。

三 反担保

第三人作为担保人为债务人提供担保，是为自己设定了一项负担，因此其可以在给债务人提供担保时，要求债务人或其他的第三人为自己的担保提供担保的形式，称为反担保（参见《担保法》第 4 条）。

反担保人可以是债务人，也可以是债务人之外的其他人。反担保方式可以是债务人提供的抵押或者质押，也可以是其他人提供的保证、抵押或者质押（参见《担保法司法解释》第2条）。

第二节　保证

一　保证合同概述

（一）保证及保证合同的概念

保证又称为人的担保，指主债权债务关系之外的第三人以自己的信用担保债务人债务实现的法律制度。保证合同则指第三人同债权人意思表示一致，由保证人提供担保，在债务人不履行债务时，由保证人承担保证责任的合同关系，因此其也属于合同的一种类型。其基本原理仍然适用合同法的相关规定。从性质上而言，保证同样具有担保的从属性、相对独立性等特点。

（二）保证合同的特征

1. 保证合同属于要式合同（参见《担保法》第13条）。

2. 保证合同属于单务无偿合同。保证合同中只有保证人按照约定对主债务承担保证责任的义务，而债权人对保证人没有相对应的义务，因此，保证合同属于单务合同；同时，在债权人取得保证人对主债务的担保时，并没有对保证人付出任何对价，因此，保证合同属于无偿合同。

3. 保证合同属于诺成合同。第三人与债权人意思表示一致时，第三人无须向债权人交付任何财产来设定担保，保证合同自双方当事人在保证合同中签字盖章时即成立，因此，保证合同属于诺成合同。

（三）保证合同当事人

保证合同作为一类合同关系，其双方当事人为主债权人、主债权债务关系之外的第三人，其中主债权人作为保证合同中的债权人，主债权债务关系之外的第三人作为保证合同中的债务人即保证人。

保证人的资格。作为一项合同关系，并非所有的人都可作为保证人来担保债权实现。依据《担保法》第7条的规定，一般情形下，具有完全民事行为能力的法人、其他组织①、自然人可以作为担保人。以上主体不以具有完全代偿能力为限。

同时《担保法》及其解释也规定，以下主体不可担任保证人。

1. 国家机关。《担保法》第8条规定，国家机关不得为保证人，但经国务院批准为使用外国政府或者国际经济组织贷款进行转贷的除外。

2. 事业单位②、社会团体。③《担保法》第9条规定，学校、幼儿园、医院等以公益为目的的事业单位、社会团体不得为保证人。但司法解释16条规定，从事经营活动的事业单位、社会团体为保证人的，如无其他导致保证合同无效的情况，其所签订的保证合同应当认定为有效。

3. 企业法人的分支机构。《担保法》第10条第2款规定，企业法人的分支机构有法人书面授权的，可以在授权范围内提供保证。

若法人书面授权不明的，该担保有效，法人的分支机构应当对保证合同约定的全部债务承担保证责任（参见《担保法司法解释》第17条第2款）；企业法人的分支机构经营管理的财产不足以承担保证责任的，由企业法人承担民事责任（参见《担保法司法解释》第17条第3款）。

若法人无书面授权或超出授权范围的部分，该担保无效（参见《担保法》第29条）。

法人和法人分支机构的诉讼地位。企业法人的分支机构为他人提供保证的，人民法院在审理保证纠纷案件中可以将该企业法人作为共同被告参加诉讼。但是商业银行、保险公司的分支机构提供保证的除外（参见《担保法司法解释》第124条）。

4. 企业法人的职能部门。企业法人的职能部门提供保证的，保证合同无效。债权人知道或者应当知道保证人为企业法人的职能部门的，

---

① 根据《担保法司法解释》第15条的规定，其他组织指：（1）依法登记领取营业执照的独资企业、合伙企业；（2）依法登记领取营业执照的联营企业；（3）依法登记领取营业执照的中外合作经营企业；（4）经民政部门核准登记的社会团体；（5）经核准登记领取营业执照的乡镇、街道、村办企业。

② 《事业单位登记管理暂行条例》第2条：事业单位，是指国家为了社会公益目的，由国家机关举办或者其他组织利用国有资产举办的，从事教育、科技、文化、卫生等活动的社会服务组织。

③ 《社会团体登记管理条例》第2条：社会团体，是指中国公民自愿组成，为实现会员共同意愿，按照其章程开展活动的非营利性社会组织。国家机关以外的组织可以作为单位会员加入社会团体。

因此造成的损失由债权人自行承担（参见《担保法》第10条、司法解释第18条）。

（四）保证合同的书面形式

如上所述，保证合同的成立必须由主债权人和第三人达成书面形式的合意。但保证合同的书面形式仍然有多种表现形式。

根据《担保法》第93条规定，保证合同、抵押合同、质押合同、定金合同可以是单独订立的书面合同，包括当事人之间的具有担保性质的信函、传真等，也可以是主合同中的担保条款。因此，保证合同的形式包括：（1）主合同中订立的保证条款；（2）在主合同之外单独订立书面的保证合同；（3）担保人向债权人发出的具有保证性质的信函、传真，债权人接受的；（4）保证人在主合同中以保证人身份签字。

（五）保证合同欺诈行为及其法律后果

1. 主合同当事人双方串通，骗取保证人提供保证的，保证人不承担保证责任（参见《担保法》第30条第1项）。

2. 主合同债权人采取欺诈、胁迫等手段，使保证人在违背真实意思的情况下提供保证的，保证人不承担责任（参见《担保法》第30条2项）。

3. 主合同债务人采取欺诈、胁迫等手段，使保证人在违背真实意思的情况下提供保证的，债权人知道或者应当知道欺诈、胁迫事实的，担保人免除担保责任（参见《担保法司法解释》第40条）。

4. 债务人与保证人共同欺骗债权人，订立主合同和保证合同的，债权人可以请求人民法院予以撤销。因此给债权人造成损失的，由保证人与债务人承担连带赔偿责任（参见《担保法司法解释》第41条）。

（六）保证合同的分类

1. 保证合同根据保证人承担责任的方式不同可以分为一般保证和连带（责任）保证（参见《担保法》第16条）。一般保证指保证人只在债务人不能完全清偿债务时，保证人才承担清偿责任的保证；连带保证指无论债权是否获得清偿，只要债务到期，则债权人可以向债务人或保证人请求清偿，债务人和保证人对债务承担连带责任的保证。该保证其实是由债务人和保证人就主债务承担连带责任的保证形式。

2. 根据保证人的人数多寡可以将保证分为单一保证（单独保证）

和多数人保证（共同保证）。单一保证指保证人为一人的保证。而多数人保证则指保证人为两人以上的保证。其中多数人保证因保证人之间的关系，又可以再分为按份共同保证和连带共同保证。

二 保证形式及其法律责任

（一）一般保证

1. 一般保证的含义

保证人和主债权人达成合意，在债务人不能履行债务时，由保证人承担保证责任的保证方式（参见《担保法》第17条）。此种保证方式的特点在于主债务人承担首要清偿责任，保证人承担补充责任。即在主合同纠纷未经审判、仲裁，并就债务人财产依法强制执行仍不能履行债务前，主债权人要求保证人承担责任的，保证人有权拒绝。

2. 先诉抗辩权

对于一般保证的保证人而言，如果主债权人没有向主债务人请求清偿的，一般保证人可以抗辩主债权人，该项权利称为先诉抗辩权（参见《担保法》第17条第2款），先诉抗辩权又称为检索抗辩权，即保证人在主债权人未就主债务人的财产依法强制执行而无效果时，对于主债权人可拒绝清偿的权利。一般情况下，先诉抗辩权可以通过诉讼行使。

但在以下情形下保证人不能行使先诉抗辩权。

（1）债务人住所变更，致使债权人要求其履行债务发生重大困难的（参见《担保法司法解释》第25条，该项规定的债权人要求债务人履行债务发生的重大困难情形，包括债务人下落不明、移居境外，且无财产可供执行）。

（2）人民法院受理债务人破产案件，中止执行程序的。

（3）保证人以书面形式放弃前款规定的权利的（参见《担保法》第17条第3款）。

3. 一般保证人保证责任的特殊免除事由

一般保证的保证人在主债权履行期间届满后，向债权人提供了债务人可供执行财产的真实情况的，债权人放弃或者怠于行使权利致使该财产不能被执行，保证人可以请求人民法院在其提供可供执行财产的实际价值范围内免除保证责任（参见《担保法司法解释》第24条）。

4. 一般保证中当事人在诉讼中的地位

一般保证的债权人向债务人和保证人一并提起诉讼的，人民法院可以将债务人和保证人列为共同被告参加诉讼。但是，应当在判决书中明确在对债务人财产依法强制执行后仍不能履行债务时，由保证人承担保证责任（参见《担保法司法解释》第125条）。

(二) 连带责任保证

1. 连带责任保证的含义

连带责任保证指第三人与债权人达成合意，由第三人与债务人对债务承担连带责任的保证形式。由上可以看出，此处的连带责任是保证人和债务人对主债务承担连带责任。

2. 连带责任保证的确认

当事人可以通过约定来确定连带责任保证。如果没有约定或者约定不明确的，推定保证方式为连带责任保证（参见《担保法》第19条）。

3. 连带责任保证人在诉讼中的地位

连带责任保证的债权人可以将债务人或者保证人作为被告提起诉讼，也可以将债务人和保证人作为共同被告提起诉讼（参见《担保法司法解释》第126条）。

(三) 按份共同保证

1. 按份共同保证的概念

按份共同保证是指两个或两个以上的保证人与债权人分别或共同约定保证份额的保证形式（参见《担保法》第12条）。由此可以看出，按份共同保证分为保证人与债权人共同约定；保证人与债权人分别约定。

2. 按份共同保证的追偿权的行使

按份共同保证的保证人按照保证合同约定的保证份额承担保证责任后，在其履行保证责任的范围内对债务人行使追偿权（参见《担保法司法解释》第21条）。

(四) 连带共同保证

1. 连带共同保证的概念

连带共同保证是指两个或两个以上的保证人与债权人约定，由保证人对债务承担连带责任的保证形式。

2. 连带共同保证的认定

连带共同保证可以由保证人与债权人明确约定；若分别或都没有同债权人约定责任承担方式的，推定为连带共同保证（参见《担保法》第12条）。

3. 连带共同保证的责任承担方式

连带共同保证关系中，主债务人和两个保证人对债务承担连带责任。因此，债权人可以向债务人请求清偿，也可以向保证人中的任何一人请求清偿；也可以向债务人和保证人请求清偿（参见《担保法司法解释》第20条第1款）。保证人之间有约定的按照约定承担责任，无约定的按照均额承担责任。

4. 连带共同保证的追偿权的行使

连带共同保证人之一清偿债务后，取得了对主债务人、其他保证人的追偿权（参见《担保法》第12条）。但对于是否有先后顺序，《担保法司法解释》第20条第2款规定，连带共同保证的保证人承担保证责任后，向债务人不能追偿的部分，由各连带保证人按其内部约定的比例分担。没有约定的，平均分担。由上可以看出，连带共同保证人应先向债务人请求清偿，向债务人不能追偿的部分，由各连带保证人按其内部约定的比例分担，未约定的平均分担。

（五）最高额保证

最高额保证又称为最高限额保证，指在预定的最高限额内，为担保将来一定期间内连续交易所产生的债权的清偿而设定的保证。最高额保证主要适用于连续交易关系、连续借贷关系，是为适应现代经济发展而产生的一项新型担保方式（参见《担保法》第14条），当事人也可以协议在最高债权额限度内就一定期间连续发生的借款合同或者某项商品交易合同订立一个保证合同。

与普通的保证方式相比，最高额保证具有如下特点。

1. 最高额保证合同成立在主合同之前。

2. 保证担保的主债权具有不特定性，即最高额保证合同签订时，所担保的主债权具体明确的数额尚未确定。要等待约定的时间或条件成熟时，方能确定。

根据《担保法》第27条的规定，未约定保证期间的最高额保证，保证人可以随时书面通知债权人终止保证合同（解除保证合同），但保证人对于通知到债权人前所发生的债权，承担保证责任。

三　保证期间和保证诉讼时效

（一）保证期间

1. 保证期间概述

保证期间是指保证责任的起始期间。保证期间从性质上而言，属于除斥期间，不适用中止、中断和延长（参见《担保法司法解释》第31条，与《担保法》第25条第2款相冲突）。在该期间内，债权人只有按照法定条件来进行一定的行为，才产生保证人承担保证责任的可能性（即债权人对保证人的保证责任请求权）；否则，保证人不再承担保证责任，债权人对保证人的请求权消灭。

2. 普通保证期间

保证期间可以由当事人自由约定，若无约定或者约定早于或等于主债务履行期限的，推定为6个月（参见《担保法》第25条第1款、《担保法》第26条第1款、《司法解释》第32条第1款）；主合同对主债务履行期限没有约定或者约定不明的，保证期间自债权人要求债务人履行义务的宽限期届满之日起计算（参见《担保法司法解释》第33条）。

3. 特别保证期间

保证合同约定保证人承担保证责任直至主债务本息还清时为止等类似内容的，视为约定不明，保证期间为主债务履行期届满之日起2年（参见《担保法司法解释》第32条第2款）。

4. 保证期间的起算

保证期间的起算因一般保证、连带责任保证和最高额保证而有所不同。

一般保证责任的保证期间的起算。一般保证的保证人与债权人未约定保证期间的，保证期间为主债务履行期届满之日起6个月。在该期间内，债权人未对债务人提起诉讼或者申请仲裁的，保证人免除保证责任（参见《担保法》第25条）。

连带保证责任的保证期间的起算。连带责任保证的保证人与债权人未约定保证期间的，保证期间为主债务履行期届满之日起 6 个月。在期间内，债权人未请求保证人承担保证责任的，保证人免除保证责任（参见《担保法》第 26 条）。

最高额保证的保证期间的起算。最高额保证合同对保证期间没有约定或者约定不明的，如最高额保证合同约定有保证人清偿债务期限的，保证期间为清偿期限届满之日起 6 个月。没有约定债务清偿期限的，保证期间自最高额保证终止之日或自债权人收到保证人终止保证合同的书面通知到达之日起 6 个月（参见《担保法司法解释》第 37 条）。

（二）保证诉讼时效

保证诉讼时效是指债权人在保证期间内进行法定行为后，自其请求之日起算的诉讼时效。在保证期间内债权人请求后，保证人有承担保证责任的可能性，但最终保证人保证责任的实现，还需债权人在保证诉讼时效内起诉或申请仲裁保证人。若未在保证诉讼时效之内，起诉或仲裁保证人的，债权人丧失胜诉权。保证诉讼时效为 2 年。

1. 保证诉讼时效的起算

（1）一般保证的诉讼时效的起算。一般保证的债权人在保证期间届满前对债务人提起诉讼或者申请仲裁的，从判决或者仲裁裁决生效之日起，开始计算保证合同的诉讼时效（参见《担保法司法解释》第 34 条第 1 款）。

（2）连带责任保证诉讼时效的起算。连带责任保证的债权人在保证期间届满前请求保证人承担保证责任的，从债权人请求保证人承担保证责任之日起，开始计算保证合同的诉讼时效（参见《担保法司法解释》第 34 条第 2 款）。

2. 保证诉讼时效与保证期间的关系

保证期间是产生债权人对保证人的请求权的法定不可变期间，该期间经过，则债权人丧失对保证人的请求权；而保证诉讼时效则是基于保证期间而产生，保证期间经过的，则保证诉讼时效没有存在的可能性。

3. 保证诉讼时效与主合同诉讼时效的关系

保证合同相对于主合同而言是从合同，其具有从属性，因此，保证合同的诉讼时效同主合同的诉讼时效也具有一定的关系。

一般保证中，主债务诉讼时效中断，保证债务诉讼时效中断；连带责任保证中，主债务诉讼时效中断，保证债务诉讼时效不中断。

一般保证和连带责任保证中，主债务诉讼时效中止的，保证债务的诉讼时效同时中止（参见《担保法司法解释》第36条）。

四　保证人的权利——追偿权

（一）追偿权的概念

保证人的追偿权是指保证人履行了保证责任后，享有向债务人进行追偿的权利（参见《担保法》第31条）。保证人承担了债务人应履行的债务，但毕竟保证人所承担的债务不是保证人自身的债务，因此，在保证人履行了保证责任后，享有对债务人的追偿权。根据《担保法司法解释》第42条的规定，法院判决保证人承担保证责任或者赔偿责任的，应当在判决书主文中明确保证人享有追偿权。判决书中未予明确追偿权的，保证人只能按照承担责任的事实，另行提起诉讼。

保证人自行履行保证责任时，其实际清偿额大于主债权范围的，保证人只能在主债权范围内对债务人行使追偿权。

（二）追偿权的预先行使

追偿权的预先行使是针对特定情况而言的。人民法院受理债务人破产案件后，债权人未申报债权的，保证人可以参加破产财产分配，预先行使追偿权。人民法院受理债务人破产案件后，债权人未申报债权的，各连带共同保证的保证人应当作为一个主体申报债权，预先行使追偿权。这样规定的目的是保障追偿权的实现。

保证人对债务人行使追偿权的诉讼时效，自保证人向债权人承担责任之日起开始计算。债权人知道或者应当知道债务人破产，既未申报债权也未通知保证人，致使保证人不能预先行使追偿权的，保证人在该债权在破产程序中可能受偿的范围内免除保证责任。

第三节　抵押

一　抵押的概念

根据《中华人民共和国物权法》（以下简称《物权法》）第179条

的规定，抵押是指为担保债务的履行，债务人或者第三人不转移财产的占有，在债务人不履行到期债务或者发生当事人约定的条件成就时，债权人有权就该财产折价或变卖、拍卖的价款优先受偿的法律制度。

由上可以看出，抵押属于以财产的交换价值为债务人债务的清偿而设定的一种担保方式，从物权法上而言属于物的担保的一种类型。

二　抵押合同

（一）抵押合同与抵押权的关系

根据物权法、担保法及担保法司法解释的规定，抵押合同是债务人或第三人与债权人签订的设立抵押权的合同。

（二）抵押合同的特征

1. 抵押合同属于单务合同。抵押合同约定的义务是由债务人或第三人就特定财产提供担保，担保债务人的债务的清偿，而无须对方当事人债权人履行任何义务，即债务人或第三人承担义务，是为单务合同。

2. 抵押合同属于无偿合同。债务人或第三人提供抵押担保，无须对方当事人——债权人提供对价，是为无偿合同。

3. 抵押合同属于诺成合同。抵押合同只需双方当事人即债务人或第三人和债权人就抵押合同条款达成一致，抵押合同即成立。若符合合同的生效要件时，抵押合同成立即生效。

4. 抵押合同属于要式合同。抵押合同的订立必须采取法律规定的方式，即以书面方式订立，否则抵押合同不成立。

（三）抵押合同的主体

抵押合同的双方当事人为债务人或第三人，称为抵押人；债权人称为抵押权人。一般情形下，只要有完全民事行为能力的自然人、法人、企事业单位都可以作为抵押人为债务人的债务提供担保。但为了保护交易安全，以及社会公共利益，物权法和担保法特别规定了一些公共服务机构、有关国计民生的企事业单位不得作为抵押人，否则抵押合同无效。

因此，学校、幼儿园、医院等以公益为目的的事业单位、社会团体不得提供其所有的教育设施、医疗卫生设施和其他社会公益设施为第三人提供抵押担保，但为自己债务提供抵押担保的除外。

（四）抵押合同的条款

一般情形下，抵押合同包括如下条款：（1）被担保主债权的种类和数额；（2）债务人履行债务的期限；（3）抵押财产的名称、数量、质量、状况、所在地、所有权归属或者使用权归属；（4）担保的范围。一般包括主债权、利息、实现抵押的费用、违约金、违约损害赔偿金等。

（五）抵押合同的标的——抵押财产的范围

根据《物权法》第180条、第181条的规定，债务人或者第三人有权处分的下列财产可以抵押：（1）建筑物和其他土地附着物，如房屋、林木等；（2）建设用地使用权；乡镇、村企业的厂房所占的建设用地使用权应与厂房一并抵押，但不得单独抵押；以建筑物抵押的，该建筑物占用的建设用地使用权一并抵押。以建设用地使用权抵押的，该土地上的建筑物一并抵押（即地随房走、房随地走原则）；（3）以招标、拍卖、公开协商等方式取得的荒地等土地承包经营权；（4）现有的以及将有的生产设备、原材料、半成品、产品；（5）正在建造的建筑物、船舶、航空器；（6）交通运输工具，如汽车、船舶、飞行器；（7）法律、行政法规未禁止抵押的其他财产。

不可抵押的财产范围。根据《物权法》第184条的规定，下列财产不得抵押：（1）土地所有权；（2）耕地、宅基地、自留地、自留山等集体所有的土地使用权，但法律规定可以抵押的除外；（3）学校、幼儿园、医院等以公益为目的的事业单位、社会团体的教育设施、医疗卫生设施和其他社会公益设施；（4）所有权、使用权不明或者有争议的财产；（5）依法被查封、扣押、监管的财产；（6）法律、行政法规规定不得抵押的其他财产。

（六）流质契约（条款）的禁止

所谓流质契约（条款）指抵押权人与抵押人在债务人的债务尚未届满时约定，在债务人不能完全清偿债务时，抵押财产即由抵押权人取得所有权的合同（条款）。因实际中，抵押权人即债权人在主合同和抵押合同中占有一定的优势地位，若抵押合同中约定流质契约，极有可能造成抵押人的利益的损害，因此，法律一般规定在抵押合同中不得出现流质契约（条款），否则该流质契约（条款）无效。这也是为平衡债权人和抵押人的利益的基本要求（参见《物权法》第186条）。

三 抵押权概述

（一）抵押权的概念

抵押权是指由抵押合同约定的，由债务人或第三人与债权人依照不同的抵押财产形式按照法律法规规定的形式所设立的担保物权。自设立之日起，债权人成为真正意义上的抵押权人，取得相应财产上对其债权实现的担保。一旦取得抵押权，该债权人的债权就该担保财产排除债务人的其他债权人取得优先受偿的地位，因此抵押权属于物权的一种。

如前所述，抵押合同的成立生效并不必然设立抵押权，因此只有在双方当事人办理了法律法规的形式（如登记）才能设立抵押权。

（二）抵押合同与抵押权的关系

抵押合同是债务人或第三人与债权人签订的设立抵押权的合同关系。而抵押权则是在抵押合同成立生效后，债务人或第三人与债权人依照物权法的规定，对抵押财产进行登记等所设立的权利。因此，抵押合同是抵押权的原因行为，抵押合同生效后，并不必然设立抵押权；抵押权的设立是抵押合同的结果行为，抵押权的设立依照抵押标的的不同应依照物权法所规定的形式采取不同的设立模式才能产生，如抵押财产为不动产或不动产权利的，必须到不动产或不动产权利的登记机关进行抵押权设立登记（一般是在该登记簿上设立他项权，由债权人取得他项权证），才产生不动产或不动产权利抵押权。[①]

（三）抵押权的类型及其设立模式

1. 一般抵押权和最高额抵押权。依据抵押权设立时，主债权是否已经确定，可以将抵押权分为一般抵押权和最高额抵押权。一般抵押权在设立时，其所担保的主债权的数额已经确定。而最高额抵押权在设立时，其所担保的主债权的数额尚未确定，须等到一定的时间到来或一定行为的发生，才能使其担保的主债权的数额确定。因此，一般抵押权在设立上具有从属性，其一般会同时于或晚于主债权而产生；因主债权数

---

① 此处担保法和物权法的规定有冲突，但无论从法理学、民法学或是司法实践上来看，物权法区分抵押合同和抵押权的规定是合理的。

额不具体明确,因此最高额抵押权的设立时间往往会早于主债权。

2. 不动产抵押、动产抵押、集合抵押。依据抵押权的标的不同,可以分为不动产抵押、动产抵押、集合抵押。

(1) 不动产抵押。是指以不动产或不动产权利为抵押标的的抵押权,根据物权法的规定,可以设立抵押的不动产及不动产权利为:建筑物和其他土地附着物;建设用地使用权;以招标、拍卖、公开协商等方式取得的荒地等土地承包经营权;正建的建筑物。以上述四项财产进行抵押的,应当办理抵押登记。抵押权自登记时设立。由于我国登记制度并不统一,因此进行登记的机关也有所不同。建筑物、在建的建筑物的抵押登记以当地住建行政主管部门为登记机关;建设用地使用权,以招标、拍卖、公开协商等方式取得的荒地等土地承包经营权进行抵押的以当地的国土资源部门为登记机关(参见《担保法》第42条)。

(2) 动产抵押。是指以动产为标的的抵押权,以一般的动产、汽车、飞行器和船舶,以及在建的飞行器、船舶为标的而设立的抵押权。以一般的动产、汽车、飞行器和船舶,以及在建的飞行器、船舶为标的而设立的抵押,抵押权自抵押合同生效时设立;未经登记,不得对抗善意第三人。由于动产具有流动性,允许抵押人不移转占有而继续使用,因此,动产抵押一般情形下抵押合同签订并生效时即设立抵押权,但为保护其他善意相对人,如债务人或第三人将已签订了抵押合同的抵押财产再次抵押并办理了登记,且该受让人不知晓该财产已经抵押的,则已经进行了的后来的抵押登记可以对抗之前签订了抵押合同的抵押权人,即在实现后手债权时,对该已登记的动产较之未登记而只签订抵押合同的前手债权享有优先受偿权。

(3) 集合抵押。又称浮动抵押,其属于特殊的动产抵押,是指以抵押人所有的生产经营设备、成品、半成品等集合动产的交换价值为抵押标的的抵押权。因该抵押标的的具体价值并不确定,且在设定抵押权后,抵押标的并未限制抵押人流通转让,其价值处于浮动状态,因此,又称为浮动抵押。

集合抵押人应当向其住所地的工商行政管理部门办理登记。抵押权自抵押合同生效时设立;不登记则不得对抗善意第三人。同时为保护与集合抵押人成立了买卖合同关系的相对人的利益，法律规定，抵押权人（债权人）在实现抵押权时，若买卖合同的相对人可提供证据证明，集合抵押的动产已经为买卖合同的标的物，且相对人已经支付了合理价款的，则抵押权人不得就该批买卖合同标的物实现抵押权（参见《物权法》第189条）。

集合抵押的财产因其价值具有一定的不稳定性，因此在下列情形之一发生时其价值确定：（1）债务履行期届满，债权未实现；（2）抵押人被宣告破产或者被撤销；（3）当事人约定的实现抵押权的情形；（4）严重影响债权实现的其他情形。

一般抵押和最高额抵押设立的标的均可以动产、不动产、集合动产为标的。即动产抵押、不动产抵押、集合抵押均可发生一般抵押和最高额抵押。

四 抵押权的效力

抵押权一经当事人依法律规定的模式设立时，即告成立。自成立之时，抵押权即发生法律效力。抵押权的效力涉及对哪些担保物产生效力，一经产生效力，对抵押人和抵押权人设定了哪些法定义务，即属于抵押效力应探讨的范围。

（一）抵押权效力对担保物的范围

抵押权涉及担保物的范围是抵押权利义务关系所指向的对象。其范围包括抵押财产原物，抵押财产的从物、附属物、孳息[1]，以及抵押物毁损灭失后所得的代位物[2]。即抵押权人可以就上述担保物在实现抵押权时，优先受偿。

（二）抵押权人的权利

1. 处分的权利。抵押权人可以将抵押权进行转让。因抵押权人为债权人，因此法律一般要求抵押权人转让抵押权的前提必须是债权人让

---

[1] 孳息属于与抵押财产分立出来的独立的物，因此一般情形下，孳息不属于抵押权的效力范围。但债务人不履行到期债务或者发生当事人约定的实现抵押权的情形，致使抵押财产被人民法院依法扣押的，自扣押之日起抵押权人有权收取该抵押财产的天然孳息或者法定孳息，但抵押权人未通知应当清偿法定孳息的义务人的除外，但该孳息应当先充抵收取孳息的费用。

[2] 参见《物权法》第174条：所谓代位物，指担保财产毁损、灭失或者被征收后，抵押人所获得的保险金、赔偿金或者补偿金。

与债权，抵押权随债权一起转让，因此我国法律原则上禁止抵押权单独转让。①

2. 顺位的权利。所谓顺位的权利指一个抵押物上存在数个抵押权，该数个抵押权存在顺序先后之分，顺位在先的抵押权人有优先于顺位在后的抵押权人，就抵押物拍卖、变卖、折价后受偿的权利。抵押权人可以放弃顺位的权利。

同时，顺位在先的抵押权消灭的，顺位在后的抵押权依次递进，享有先顺位的权利。

另外，顺位在先的抵押权人与顺位在后的抵押权人协议变更调换顺位次序的，未经其他抵押权人书面同意，不得损害其他顺位的抵押权人的抵押权的实现。

3. 保全的权利。保全的权利，又称为抵押权的保全，指在抵押人的行为造成抵押财产的价值不当减少时，抵押权人有权请求抵押人停止该行为并请求抵押人恢复抵押财产价值的权利。抵押权存在价值在于抵押财产的价值，若抵押财产的价值因抵押人的行为贬损的，则抵押权人实现债权的可能性减小，因此抵押权人有权保全抵押权，使抵押财产的价值恢复至抵押权成立之时。

若抵押人不恢复抵押财产的价值，抵押权人也可要求抵押人提供与减少的价值相应的担保；抵押人不恢复抵押财产的价值也不提供担保的，抵押权人有权要求债务人提前清偿债务。②

4. 放弃抵押权的权利。抵押权作为担保形式而存在，属于抵押权人的一项财产权利，因此抵押权人可放弃抵押权。而一旦抵押权人放弃抵押权的，抵押权人对债务人的债权成为没有担保的普通债权。但若一个抵押财产上存在数个抵押权的，抵押权人放弃抵押权，未经其他抵押权人的同意，不得损害其他抵押权人的利益。

---

① 参见《物权法》第192条：抵押权不得与债权分离而单独转让或者作为其他债权的担保。债权转让的，担保该债权的抵押权一并转让，但法律另有规定或者当事人另有约定的除外。

② 参见《物权法》第193条：抵押人的行为足以使抵押财产价值减少的，抵押权人有权要求抵押人停止其行为。抵押财产价值减少的，抵押权人有权要求恢复抵押财产的价值，或者提供与减少的价值相应的担保。抵押人不恢复抵押财产的价值也不提供担保的，抵押权人有权要求债务人提前清偿债务。

(三) 抵押人的权利和义务

1. 抵押人的权利

对抵押财产的使用和收益。第三人或债务人作为抵押人用自己所有的财产为债务人进行担保，因此除对抵押财产进行限制外，抵押人依然为所有权人占有该抵押财产，可以对该财产继续使用收益。

2. 抵押人的义务

(1) 抵押财产的转让。抵押期间，抵押人须经抵押权人同意才能转让抵押财产，抵押人应将转让所得的价款向抵押权人提前清偿债务或者提存。转让的价款超过债权数额的部分归抵押人所有，不足部分由债务人清偿。[①]

(2) 抵押财产的出租。抵押财产在设定抵押权后出租的，则原租赁关系不受该抵押权的影响。抵押权设立后抵押财产出租的，则租赁关系不得对抗已登记的抵押权，即抵押权人实现该抵押权后，对未到期的租赁关系中的承租人利益造成损害，抵押人有过错的[②]，抵押人应负损害赔偿责任。[③]

(3) 再次抵押的权利。财产抵押后，该财产的价值大于所担保债权的余额部分，可以再次抵押，但不得超出其余额部分，但抵押人所担保的债权不得超出其抵押物的价值。

五 最高额抵押

(一) 最高额抵押的概念

最高额抵押是指在预定的最高限额内，为担保将来一定期间内连续交易所产生的债权的清偿而设定的抵押。

---

① 参见《物权法》第 191 条：抵押期间，抵押人经抵押权人同意转让抵押财产的，应当将转让所得的价款向抵押权人提前清偿债务或者提存。转让的价款超过债权数额的部分归抵押人所有，不足部分由债务人清偿。

② 参见最高人民法院关于适用《中华人民共和国担保法》若干问题的解释第 66 条第 2 款，抵押人将已抵押的财产出租时，如果抵押人未书面告知承租人该财产已抵押的，抵押人对出租抵押物造成承租人的损失承担赔偿责任；如果抵押人已书面告知承租人该财产已抵押的，抵押权实现造成承租人的损失，由承租人自己承担。

③ 参见《物权法》第 190 条：订立抵押合同前抵押财产已出租的，原租赁关系不受该抵押权的影响。抵押权设立后抵押财产出租的，该租赁关系不得对抗已登记的抵押权。

(二) 最高额抵押的特征

最高额抵押的设定根据抵押物的不同，采取同一般抵押制度相同的设定模式。其基本原理与一般抵押相同。其特殊点在于：

1. 所担保的主债权具有不确定性。最高额抵押所担保的主债权数额在主合同及抵押合同签订时尚不能确定，要到主合同约定的期间或者法定的事由发生时，主债权数额才能确定；且主债权的具体数额被限定在主合同约定的最高额度内，因此被称为最高额抵押。

2. 所担保的主债权是将来一定期限内连续发生的。最高额抵押所担保的主债权具有不确定性还表现在主债权是在一定期限内连续发生，而不是一次性发生。

(三) 最高额抵押的特别规定

1. 主债权转让的限制。最高额抵押担保的债权确定前，部分债权转让的，最高额抵押权不得转让，但当事人另有约定的除外。

2. 最高额抵押所担保债权的确定。根据《物权法》第206条的规定，最高额抵押所担保的主债权通过如下方式确定：（1）约定的债权确定期间届满；（2）没有约定债权确定期间或者约定不明确，抵押权人或者抵押人自最高额抵押权设立之日起满两年后请求确定债权；（3）新的债权不可能发生；（4）抵押财产被查封、扣押；（5）债务人、抵押人被宣告破产或者被撤销；（6）法律规定债权确定的其他情形。

六 抵押权的实现

(一) 抵押权实现的条件

1. 主债务履行期限到期后债务人不履行债务的；主合同约定的债务履行期限到期后，债务人应按照约定期限履行主债务，债务人拖延履行债务或直接拒绝履行债务的，债务人除应负违约责任外，担保债务清偿的抵押权实现条件也已成熟，抵押权人可以实现抵押权。

2. 当事人约定的抵押权实现条件成就时；债权人和债务人可以在主合同中约定抵押权实现的条件，也可以由抵押权人和抵押人在抵押合同中约定抵押权实现的条件。

(二) 抵押权实现的方式

抵押权主要通过如下三种方式实现：折价、拍卖和变卖。根据《物权法》第 195 条第 2 款的规定，抵押权人与抵押人未就抵押权实现方式达成协议的，抵押权人可以请求人民法院拍卖、变卖抵押财产。

1. 折价。由上可以看出，我国抵押权的实现首先通过自力实现，即通过抵押权人和抵押人协议，根据抵押财产的市场价值将抵押财产折价。所谓折价即由抵押人将抵押财产的所有权按照市场价格移转所有权或其他权利给抵押权人，抵押财产市场价格超出所担保债权范围的，由抵押权人将超出部分返还抵押人的方式。若折价协议损害其他债权人利益的，其他债权人可以在知道或者应当知道撤销事由之日起一年内请求人民法院撤销该协议。

2. 拍卖、变卖。而抵押权人和抵押人无法协商折价的，则只有且只有通过法院拍卖变卖抵押财产，实现抵押权。通过法院实现抵押权的又有两种方式：（1）根据《民事诉讼法》第七章特别程序中的"实现担保物权案件"程序，由抵押权人直接向担保财产所在地或者担保物权登记地基层人民法院提出申请实现担保物权，经法院审查符合法律规定的，裁定拍卖、变卖担保财产，由抵押权人依据该裁定再向人民法院申请强制执行实现抵押权；（2）在上一程序中，经法院审查不符合法律规定的，由法院裁定驳回抵押权的申请后，抵押权人还可以主合同和抵押合同纠纷为由，通过向法院提起诉讼的方式实现抵押权。由法院审理判决抵押权人胜诉后，再向法院申请强制执行拍卖、变卖抵押财产实现抵押权。

第四节　质押

一　质押的概念

质押是指为担保债务的清偿，债务人或第三人将特定的动产或财产性权利移转于债权人占有或进行限定登记，在债务人不履行债务或者发生当事人约定的条件成就时，债权人有权就该财产折价或变卖、拍卖的价款优先受偿的法律制度。

质押一旦设立后，提供质物的债务人或第三人称为出质人，接受质物的债权人称为质权人。一般情形下，需要债务人或第三人与债权人签订质押合同后，债务人或第三人将质物移转于债权人占有，或者将财产性权利进行登记，才能产生质权。

二 质押的性质

（一）质押的标的为动产或非不动产性财产权利

质押的标的只能为动产或非不动产性财产权利。债务人或第三人提供动产或非不动产性财产权利，并非移转动产的所有权或非不动产性财产权利，对于动产而言只是移转占有，而非不动产性财产权利只是根据设定限制，因此不动产上不能设立质押。

（二）质押以移转占有为基本特点

质押区别于抵押的特点在于质押在以动产为标的时需要移转占有，而抵押以动产为标的时，不需要移转占有。质押以非不动产性财产权利的，需要进行相应的登记。

三 质押合同

质押合同指债务人或第三人与债权人约定，将特定的动产或特定的非不动产性财产权利移转占有或登记于债权人，以担保债务的清偿或合同约定的条件实现的合同关系。

（一）质押合同的特征

1. 质押合同为要式合同。质押合同必须采用书面形式订立，因此质押合同为要式合同。

2. 质押合同为诺成合同。质押合同自债务人或第三人和债权人意思表示一致合同时成立。

3. 质押合同为单务合同。质押合同约定的义务是由债务人或第三人就特定财产提供担保，担保债务人的债务的清偿，而无须对方当事人债权人履行任何义务，即由债务人或第三人承担义务，是为单务合同。

4. 质押合同属于无偿合同。债务人或第三人提供质押担保，无须对方当事人债权人提供对价，是为无偿合同。

（二）质押合同的条款

质押合同应当包括以下内容：（1）被担保的主债权种类、数额；（2）债务人履行债务的期限；（3）质物的名称、数量、质量、状况；

(4）质押担保的范围；（5）质物移交的时间；（6）当事人认为需要约定的其他事项。

流质条款的禁止。出质人和质权人在合同中不得约定在债务履行期届满质权人未受清偿时，质物的所有权转移为质权人所有。

(三）质押合同的标的——可质押的财产或财产性权利

质押合同签订的目的是要出质人将移转质物占有于债权人为债务的清偿提供担保，因此，能实现这一目的的财产范围必须是合法的、可流通的特定的动产，或者非不动产财产权利，而不得为不动产或不动产财产权利。因此，根据标的的不同，质押合同所设定的担保物权——质权，可以分为动产质权和权利质权。以下关于质权的分析，即以该种分类展开。

(四）质押合同与质权

质押合同是产生、设定质权的债权债务关系，其当事人为债务人或第三人与债权人。质权是质押合同成立生效后的结果。质押合同生效后，若债务人或第三人未设定质权（将动产交付债权人占有，或将财产权利限制登记于债权人名下），则须承担违约责任。而一旦质权设定后，债权人即成为质权人，债务人或第三人即成为出质人，在双方约定的条件或债务人不履行债务的，质权人即可依据法律规定，就质物优先受偿。因此，应区分质押合同和质权，以及它们不同的成立时间。

四　动产质权

(一）动产质权的概念

动产质权是指债务人或第三人将其动产移转于债权人占有，在债务人不履行到期债务或者发生当事人约定的条件成就时，债权人有权就该财产折价或变卖、拍卖的价款优先受偿。

(二）动产质权的设定

动产质权的实质在于，质权人能实际占有质物，在债务人不履行债务或约定的条件成就时，质权人能就质物优先受偿。因此，质权的设定在于，出质人将特定的动产（质物）交付于债权人占有，动产质权的成立时间即为出质人交付质权人占有的时间。

但根据物权法的规定，动产的交付占有又有现实交付、简易交付、指示交付、占有改定①等形式。为保证交易安全，使质权人能获得实际的保障，一般认定出质人应当以现实交付、简易交付的方式将动产实际交付于质权人。对于指示交付，会加重质权人的负担，实际上为质权的成立附加了条件。而占有改定则使实际占有人仍然为出质人，质权人在债务人不履行债务或约定的条件成就时，实现质权将会出现诸多障碍。

(三) 质权人的权利和义务

1. 占有并就出质的动产优先受偿的权利。质权人在债务人不履行债务或约定的条件成就时，可就占有的质物动产进行折价或拍卖、变卖，从拍卖、变卖的价款中优先受偿。在未获清偿前，质权人有权留置该质物动产。

2. 转质的权利。所谓转质，指质权人为担保自己或其他第三人的债务清偿，将所占有的质物动产出质于质权人或其他第三人的债权人的行为。质权人对于质物动产的占有目的是实现自己的债权。而质权人将为自己或第三人的债务担保而移转质物动产占有的，一定程度上侵害了出质人的权利，因此，若质权人转质的，则需要征得出质人的同意，造成质押财产毁损、灭失的，应当向出质人承担赔偿责任。因此该处的转质又称为承诺转质。转质权的效力优于原质权。

3. 物上代位的权利。即因质权人和出质人之外的原因，导致质物动产毁损灭失后产生的保险金或损害赔偿请求权，质权人可代位出质人请求行使的权利。在质物动产毁损灭失后，作为质物动产的所有人的出质人可以对第三人享有损害赔偿请求权，但基于质物上存在的质权，为保障质权人的利益，质权人可代位行使出质人对第三人的赔偿请求权。

4. 保全的权利。保全的权利，又称为质权的保全，是指在不因能归责于质权人的事由造成质物动产的价值不当减少或毁损灭失时，质权人有权请求出质人恢复质物动产价值的权利。质权存在基础在于质物动产的价值，若质物动产的价值非因质权人的行为而减少甚至毁损灭失

---

① 现实交付指占有人将动产实际地移转于对方占有的方式。这是交付的最基本方式。简易交付，指动产交付于对方占有前，对方当事人已经依法占有该动产的，则只需占有人与对方形成合同关系时，即发生交付占有的状态。指示交付指动产由第三人占有时，权利人并未实际占有该动产，则移转动产权利的，只需指示该第三人将动产交付于对方当事人占有的方式。占有改定，指动产物权转让时，双方约定由出让人继续占有该动产的，物权自该约定生效时发生移转的交付方式。

的，则质权人实现债权的可能性减小，因此质权人有权要求出质人提供与质物价值相当的担保；出质人不提供的，质权人可以拍卖、变卖质押财产，并与出质人通过协议将拍卖、变卖所得的价款提前清偿债务或者提存。

5. 收取孳息的权利。孳息是从质物动产产生的独立的物，作为所有权人的出质人本应有权收取质物的孳息，项孳息的所有权仍然归于出质人。但该动产质物由质权人占有，为了孳息的收取方便，一般情形下，质权人享有收取孳息的权利，但出质人和质权人另有约定的除外。在实现质权时，孳息应当先充抵收取孳息的费用。

6. 放弃质权的权利。质权作为一项财产权利，质权人可以放弃。但债务人以自己的财产出质时，质权人放弃质权的，其他担保人在质权人丧失优先受偿权益的范围内免除担保责任，但其他担保人承诺仍然提供担保的除外。

7. 妥善保管质押财产的义务。质权人占有的质物动产所有权属于出质人，因此，质权人应妥善保管质物动产，因保管不善致使质押财产毁损、灭失的，应当对出质人承担赔偿责任；质权人的行为可能使质押财产毁损、灭失的，出质人可以要求质权人将质押财产提存，或者要求提前清偿债务并返还质押财产。

8. 不得擅自使用、处分质物动产的义务。质权人在质权存续期间，未经出质人同意，擅自使用、处分质押财产，给出质人造成损害的，应当承担赔偿责任。

9. 返还质物的义务。在债务人清偿了债务或者出质人提前清偿所担保的债权的，质权人应当返还质物。

(四) 出质人的权利和义务

1. 对质物动产的所有权。出质人虽然将质物移转占有于质权人提供担保，但出质人仍然享有对质物动产的所有权，这一特点区别于让与担保等其他担保方式。因此，若质权人擅自使用、处分质物动产，造成损害的，则出质人因此享有损害赔偿请求权。另外，在债务已经获得清偿的情形下，出质人可要求质权人返还质物。这些权利的基础即为出质人对质物动产享有的所有权。

2. 提供担保的义务。所谓提供担保义务，是指在质物动产价值减少或毁损灭失时，出质人应质权人的请求应提供与质物动产相应的担保。

（五）动产质权的善意取得

动产质权的善意取得是指债务人或第三人以不享有所有权的动产向债权人出质的，债权人不知道或不应当知道该情况的，从而取得对该动产质物的质权的情形。动产质权是物权法中物权的善意取得的特殊情形。

动产质权要求债务人或第三人对动产享有所有权，才能移转动产占有于债权人，设定质权。若债务人或第三人对动产不享有所有权，但将动产作为担保出质，在债权人不知道该情形的，债权人主观即为善意，则应当根据法律的规定取得该动产质权。动产质权的善意取得制度目的在于保护交易安全即善意的债权人的利益。

（六）动产质权的实现

动产质权的实现在债务人不履行债务或合同约定的条件成就时，债权人可就所占有的质物动产与出质人协商折价，协商不成的，可向法院申请拍卖、变卖。具体内容同"抵押权的实现"。

五 权利质权

质权除了可以在动产上设定外，在非不动产财产权利上也可以设立，称为权利质权。权利质权中的权利必须为财产权利，且应具有可移转性。权利质权的设定除债务人或第三人与债权人达成权利质押合同外，根据不同的财产权利，权利质权也有不同的设定模式。

根据我国物权法和担保法的规定，可以设定质权的财产权利有：（1）汇票、支票、本票；（2）债券、存款单；（3）仓单、提单；（4）可以转让的基金份额、股权；（5）可以转让的注册商标专用权、专利权、著作权等知识产权中的财产权；（6）应收账款；（7）法律、行政法规规定可以出质的其他财产权利。

（一）票据质权

票据质权是指债务人或第三人作为汇票、支票、本票的持票人，依票据法的规定将所持票据"质押"背书转让于债权人，在债务人不履行债务时，由债权人向付款人等行使票据权利的质权。

1. 票据质权的设定

首先应当由债务人或第三人与债权人签订书面的质押合同,然后由债务人或第三人在票据背书记载"质押"字样,并将票据交付债权人,而设定票据质权。若票据上记载有"不得转让"字样的,则不得出质。

2. 票据质权的实现

票据质押背书转让于质权人的,质权人作为持票人,在债务人不履行债务时,质权人可以行使票据权利实现债权。(1)行使付款请求权。质权人可以根据不同票据行使向票据记载的付款人、承兑人、出票人、保证人请求支付票据记载的金额款项,获得清偿;(2)行使追索权,在质权人不能行使付款请求权时,在保全了票据权利后,质权人可向其背书的前手追索票据所记载的票款及相关利息,获得清偿。

(二)单位定期存单质权

1. 单位定期存单质权的概念

单位存款单质权是指以债务人或第三人(单位)在银行的定期存款单作为质物,出质于债权人担保债务人清偿债务而设立的质权。存款单为债务人或第三人在银行的存款的证明,债务人或第三人享有可凭此证明取款的权利,因此存款单属于证权凭证。因此,债务人或第三人用于出质的存款单必须真实,且该存款单所证明的存款账户上真实存在质押合同约定的确定数额的款项。

2. 存款单质权的设定流程

在债务人和第三人与债权人签订存款单质押合同后,债务人或第三人应将存款单交付于债权人,设定存款单质权。

一般情形下,首先由债务人或第三人的存款行出具《单位定期存款开户证实书》证明债务人或第三人定期存款的真实性。

其次,由债务人或第三人委托债权人向存款行申请开具单位定期存单的委托书,并向债权人提交预留的存款行的印鉴或密码,债权人经审查同意的,应将开户证实书和开具单位定期存单的委托书一并提交给存款行,向存款行申请开具单位定期存单和确认书。

再次,存款行经过审查认为开户证实书证明的存款属实的,应保留开户证实书及第三人同意由债务人使用其开户证实书的协议书,并在收到债权人的有关材料后3个工作日内开具单位定期存单,由债权人对该存款单和债务人预留的印鉴及密码占有，从而设立存款单质权。

3. 存款单质权的实现

有下列情形之一的，债权人可依法定方式处分单位定期存单：（1）质押贷款合同期满，借款人未按期归还贷款本金和利息的；（2）借款人或出质人违约，贷款人需依法提前收回贷款的；（3）借款人或出质人被宣告破产或解散的。

贷款人和出质人可以协议以单位定期存单兑现或以法律规定的其他方式处分单位定期存单。以单位定期存单兑现时，贷款人应向存款行提交单位定期存单和其与出质人的协议。

（三）个人定期存单质权

1. 个人定期存单质权的概念

个人定期存单质权是指以债务人或第三人（单位）以在商业银行的个人未到期定期存单作为质物，出质于债权人（商业银行）担保债务人清偿债务而设立的质权。

2. 个人定期存单的范围及所担保债权限额

作为质物的定期存单包括未到期的整存整取、存本取息和外币定期储蓄存款存单等具有定期存款性质的权利凭证。所有权有争议、已作担保、挂失、失效或被依法止付的存单不得作为质物。存单质权所担保主债权及利息上不得超过存单本金的90%（外币存款按当日公布的外汇（钞）买入价折成人民币计算）。

3. 个人定期存单质权的设定

首先，贷款人和出质人应当订立书面质押合同，出质人应委托债权人（贷款银行）申请办理存单确认和登记止付手续。存单开户银行（以下简称存款行）应根据出质人的申请及质押合同办理存单确认和登记止付手续。

其次，由出质人将质押存单及预留印鉴、密码交付于债权人（贷款银行），以凭有效身份证明支取的存单作为质物的，出质人应转为凭印鉴或密码支取。质权自出质人交付质押存单及印鉴、密码时生效。

再次，质权有效期间，未经债权人同意，存款行不得受理出质人提出的挂失申请。

4. 个人定期存单质权的实现

个人定期存单质权实现的条件：（1）主合同期满，债务人未按期归还借款本金和利息的；（2）债务人或出质人违约，债权人需依法提前收回借款的；（3）债务人或出质人被宣告破产的；（4）债务人或出质人死亡无继承人履行合同的。

符合上述条件的，债权人可直接将存单兑现以实现质权。存单到期日后于借款到期日的，债权人可继续保管质押存单，在存单到期日兑现以实现质权。

（四）基金份额、股权质权

基金份额、股权质权是指债务人或第三人以自己享有的基金份额、股权出质于债权人担保债务清偿而设立的质权。因此，对于股权质押而言，债务人或第三人须为有限责任公司或股份有限公司的股东享有股权，且该股权可以转让。对于基金份额质押而言，债务人或第三人须为基金份额的持有人或受益人。

1. 股权质权的设定

除应由债务人或第三人与债权人签订股权质押合同外，以有限责任公司的股权出质的，应向该公司登记的工商行政管理机关办理股权出质登记；以外商投资的公司的股权出质的，应当经原公司设立审批机关批准后方可办理出质登记。已在证券登记结算机构登记的股份有限公司的股权、基金份额应向证券登记结算机构办理出质登记。一经登记，出质人除质权人同意外，不可对已出质的股权进行转让，出质人转让基金份额、股权所得的价款，应当向质权人提前清偿债务或者提存。但其他的相应股东权利依然可以行使。

2. 股权质权的实现

在债务人不履行债务时，对于有限责任公司股权出质的，可以由出质人和质权人协商折价转让于质权人，但其他股东在同等条件下享有优先购买权，其他股东不购买也不同意折价转让于质权人的，股权转让于质权人，经向工商登记机关变更登记，质权人取得股权成为该公司的股东。

对于在证券登记结算机构登记的股份有限公司的股权、基金份额在实现质权时，可以由出质人、质权人协商折价转让的，由双方向证券登记结算机构申请变更登记。

（五）知识产权质权

知识产权属于无形资产，其类型包括商标权、专利权、著作权，一定程度上上述三种权利中的财产权经过评估均具有一定的价值，因此可以以三种类型的权利设定质权。

1. 商标专用权质权

以商标专用权中的财产权出质设定质权的，首先应对该注册商标专用权进行评估，且出质人必须为商标的合法所有人，在与债权人签订质押合同后，应向国家工商行政管理总局商标局申请注册商标专用权出质登记，质权自登记时生效。

2. 专利权质权

以专利权中的财产权出质设定质权的，首先应对该专利权进行资产评估，且出质人必须为专利权的合法所有人，在与债权人签订质押合同后，应向国家知识产权局申请专利权出质登记，质权自登记时生效。

3. 著作权质权

以著作权中的财产权出质设定质权的，首先应对该著作权进行价值评估，且出质人必须为著作权的合法所有人，在与债权人签订质押合同后，应向国家版权局申请著作权出质登记，质权自登记时生效。

4. 知识产权质权的实现

在债务人不履行债务时，质权人可以行使质权，拍卖变卖出质的知识产权，质权人优先受偿后，有剩余价款的，应退还出质人。

（六）应收账款质权

1. 应收账款质权的概念

所谓应收账款是指权利人因提供一定的货物、服务或设施而获得的要求义务人付款的权利，包括现有的和将来的金钱债权及其他收益，但不包括因票据或其他有价证券而产生的付款请求权。以上述金钱债权及其他收益出质担保主债权实现而设定的质权称为应收账款质权。

2. 应收账款的范围

应收账款包括下列权利范围：（1）销售产生的债权，包括销售货物，供应水、电、气、暖，知识产权的许可使用等；（2）出租产生的债权，包括出租动产或不动产；（3）提供服务产生的债权；（4）公路、桥梁、隧道、渡口等不动产收费权；（5）提供贷款或其他信用产生的债权。

3. 应收账款质权的设定

应收账款质权由出质人和债权人签订质押合同后，由质权人向中国人民银行征信中心申请办理应收账款质权登记，质权人自行确定登记期限，登记期限以年计算，最长不得超过5年。登记期限届满，质押登记失效。应收账款出质后，除经出质人与质权人协商同意外，不得转让。

4. 应收账款质权的实现

在债务人不履行债务时，质权人可以行使质权，与出质人协议作价归质权人所有，或者拍卖、变卖出质的应收账款，质权人优先受偿后，有剩余价款的，应退回出质人。

六 最高额质权

以动产、权利出质的，也可以担保将来一定时间内连续发生的最高债权限额的实现，因此也可以设定最高额质权。其基本原理除符合具体的质权外，其他特点与最高额保证、最高额抵押相同。

本章复习思考题

1. 简述担保的性质、作用及担保合同的特征。
2. 简述保证的类型及保证合同的特征。
3. 简述一般保证及先诉抗辩权。
4. 简述连带责任保证如何认定及与一般保证的区别。
5. 简述连带共同保证中追偿权的行使。
6. 保证期间的性质及其在不同保证类型中如何计算？
7. 保证诉讼时效与保证期间的关系如何？
8. 保证诉讼时效在不同保证类型中如何计算？
9. 主债务诉讼时效与不同保证类型保证诉讼时效的关系如何？
10. 担保合同与担保物权的关系如何？
11. 简述不同类型抵押权的生效模式。
12. 简述集合抵押的特点。
13. 简述抵押权与质权的区别。

14. 简述动产质权的生效模式。

15. 不同的权利质权的生效要件有哪些?

专著推荐

1. 郭明瑞:《担保法》,中国人民大学出版社2011年版。

2. 孙宪忠:《物权法》,社会科学文献出版社2011年版。

3. [美]万安黎(Annelise Riles):《担保论:全球金融市场中的法律推理》,江照信译,中国民主法制出版社2013年版。

4. 李国安:《国际融资担保的创新与借鉴》,北京大学出版社2012年版。

相关链接

1. 法律法规链接

《中华人民共和国民法通则》、《中华人民共和国物权法》、《中华人民共和国担保法》、《单位定期存单质押贷款管理规定》、《应收账款质押登记办法》、《个人定期存单质押贷款办法》、《中华人民共和国土地管理法》、《最高人民法院关于适用〈中华人民共和国担保法〉若干问题的解释》、《中华人民共和国专利法》、《中华人民共和国商标法》、《中华人民共和国著作权法》、《中华人民共和国票据法》。

2. 网络信息链接

中国民商法律网　　http://www.civillaw.com.cn

北大法律信息网　　http://www.chinalawinfo.com

3. 典型事例链接

信用与金融担保的风险成本问题[①]

信贷关系中借款人与贷款人是否选择担保制度及选择何种担保制度来保障信用是由创设信用的成本和风险规避两个因素所决定的。在几种借贷合同类型中,信用借贷的借款人所付出的信用成本最低,这种形式

---

① 吴晶:《交易、信用与金融担保》,http://www.civillaw.com.cn/article/default.asp?id=43706。

不要求借款人提供任何担保，可以自身的信用就获得银行的贷款，保证首先是一种成本较低的形式，通过增加一份协议即可完成，但保证人比较难找，而且保证人可能要求债务人要为此付出相应的代价，这样费用就增加了，而且保证人的信用如果很难确定，银行可能会拒绝提供贷款。另一种形式就是物的担保，由于物的信用是比较确定的，因此银行比较重视和相信这种信用，但是物作为担保物之前必须经过专业机构的价值评估并且办理一系列的手续，所以成本就比较高了。总的来说，物的担保优于人的担保，但信用成本较高，所以一种特殊组织的担保应运而生，担保公司的信用是经过特别程序审查并获得承认的，所以担保公司为借贷人担保时，银行便会放贷，因为银行可以确信担保公司有能力使它的借贷款项及利息全部回收。不过，担保公司也会要求被担保人向他支付一笔费用，所以，借贷人实际上仍然要负担较高的交易成本，担保公司的担保和物的担保构成了借贷人向银行提供信用的主要方式。由于人们在交易时不可能只考虑交易风险而不考虑交易成本，而设定担保物权便将产生较高的成本，所以，交易人往往会在他认为风险较小的时候，排除成本较高的担保物权，而采用签订借贷契约或保证以降低交易的成本。

本章参考文献

[1] 王利明：《民法学》，中国政法大学出版社2008年版。

[2] 蔡永明：《比较担保法》，北京大学出版社2004年版。

[3] 郭明瑞：《担保法》，法律出版社2010年版。

[4] 梁慧星、陈华彬：《物权法》，法律出版社2010年版。

[5] 江平：《民法学》，中国政法大学出版社2011年版。

[6] 马俊驹、陈本寒：《物权法》，复旦大学出版社2007年版。

第十三章 信托法律制度

本章内容提要：信托是一种特殊的财产管理制度和法律行为，同时又是一种金融制度，信托与银行、保险、证券一起构成了现代金融体系。信托制度在中国的历史并不长，许多人对该项制度了解不多。信托业在中国，最早可追溯到20世纪初，但是众所周知的原因使得信托制度远离了社会。当代信托行业最早伴随改革开放萌生，对于弥补我国传统单一的银行信用的不足，利用社会闲置资金，引进外资，拓展投资渠道，为我国经济的发展发挥了积极作用。随着市场经济的发展和改革的深入，社会财富的巨大增长，产权制度的多元化和全面建设小康社会进程的加快，委托他人管理和处分自己的财产势在必行，信托法的颁布将为信托业的健康发展奠定法制基础，因此，学习和掌握信托及其法律制度的内容实有必要。本章以信托法为依据，主要分析阐述了我国信托法律制度的主要内容，通过本章学习，可以帮助学生进一步熟悉和了解信托法律制度的内容，体会信托在我国较快发展的现实意义。

关键词：信托　信任　管理　信托法　自益信托　公益信托　委托人　受托人　受益人　信托财产　信托公司　资金信托　信托行为　信托业

第一节　信托法概述

一　信托的概念、特征与分类

（一）信托的概念

从世界各国的立法以及学者的观点来看，对于信托内涵的理解各有特色。

在英美法系中，有关信托的定义主要有：一是认为，信托是一种信任关系，其中持有财产权的人负有为他人利益管理或处分该财产的衡平法的义务；二是认为，信托是关于特定财产的一种信任关系，受托人为了他人利益而享有该特定财产法律上的所有权，他人作为受益人则享有该特定财产的衡平法上的所有权；三是认为，信托是受托人取得特定财产的所有权，但是受托人本身并不享有该特定财产上的任何利益，而必须依衡平法就该财产为特定方式的管理和处分。①

英美法系关于信托的内涵理解所体现出来的特点是承认"双重所有权"。基于信托受托人取得信托财产普通法上的所有权，可以对信托财产进行管理和处分；而受益人则享有对信托财产平衡法上的所有权，有权取得信托财产的收益。②

因为大陆法系与英美法系的所有权制度存在差别，故大陆法系国家对于信托的理解有异于英美法系。有代表性的是：日本1921年颁布、1975年修订的《信托法》第1条规定："本法称信托者，谓实行财产权转移及其他处分而使他人以一定的目的管理或处分财产。"这一定义明确地指出了信托中委托人和受托人之间的财产权的移转以及受托人的义务是管理或处分该财产权。但是没明确说明信托正是为了受益人的利益而设的基本目的。我国台湾地区的《信托法》第1条规定："称信托者，谓委托人将财产权转移或为其他处分，使受托人依信托本旨，为受益人之利益或为特定之目的，管理或处分信托财产之关系。"韩国的《信托法》第1条规定："信托是指设定信托人和受信托人之间，基于特别信任关系，委托将特定财产转移或为其他处分，使受托人为一定的利益或为特定的目的，管理或处分该财产的法律关系。"

大陆法系国家严格奉行财产权上"一物一权"的绝对主义原则，对信托采纳了物权效果和债权效果相区分的定义，即委托人和受托人之间进行财产权的转移或为其他处分，使信托财产的物权归属于受托人，同时受托人为一定目的管理或处分信托财产，使得受益人对信托财产具有

---

① 参见刘定华主编《金融法教程》，中国金融出版社2010年版，第237页。
② 参见周晓明《信托制度比较研究》，法律出版社1996年版，第29页。

了债权的效果。

我国信托法对于信托的定义基本上沿用了大陆法系的定义方式，尽可能多地囊括进信托的基本特征，并不与相关的财产法律制度相冲突。《中华人民共和国信托法》第 2 条规定："本法所称信托，是指委托人基于对受托人的信任，将其财产权委托给受托人，由受托人按委托人的意愿以自己的名义，为受益人的利益或者特定目的，进行管理或者处分的行为。"

(二) 信托的法律特征

1. 信托是一种涉及三方当事人的法律关系。在信托法律关系中，主要的信托当事人包括委托人、受托人和受益人。委托人是指有处分财产权利能力并将自己的财产委托给其他人管理处分，导致信托关系设立的人；受托人是指受让委托人财产权的转移或为其他处分，并按照委托人的委托管理处分信托财产的人；受益人则是指因受托人对信托财产的管理处分行为而享受信托利益的人。在自益信托中，委托人是为了自己的利益而设的信托，故委托人和受益人合一。

2. 信托是围绕一定财产而发生的法律关系。信托中的特定财产是指委托人转移或设定财产权与受托人的、与受托人自有财产相分离的、由受托人依信托宗旨而进行管理或处分的财产，是信托当事人之间发生关系的基础。只要是可以用金钱衡量的物和财产权利均可设立信托，即信托财产包括有形财产，也包括无形财产；相反，在不具有经济价值、不可用金钱衡量的非财产上则不可设立信托。

3. 信托是一种以信任为基础的法律关系。信托的本质是受托人接受委托人的信赖，忠实地为受益人的利益管理和处分信托财产。没有委托人对受托人的信赖，也就没有信托。相应的，受托人对委托人负有信任责任和义务。这些义务包括"善良管理人的注意义务"、"忠实义务"、"直接管理义务"、"不得从信托财产中获益的义务"，等等。

4. 信托是信托财产所有权与信托利益相分离的一种法律关系。信托财产上的所有权性质向来是民法尤其是大陆法系的民法关注的重点。按照传统物权理论，所有权是对于财产的绝对支配权，对于财产的管理处分和收益是不可分离的。但在信托关系中，受托人享有对信托财产的管理、处分甚至是占有权，这些都是所有权的核心权能，但是受托人因行使这些权能所得利益却归属于受益人。从受益人角度来讲，其享有信托财产的利益却不享有对财产的管理处分权。严格说来，受托人和受益人谁也不是信托财产的完全所有人。而在英美法，受托人是普通法上所有人，受益人是衡平法上的所有人，或者说受托人是信托财产名义上的所有人，受益人是信托财产的利益所有人，也就是说在信托财产上存在双重所有权。不管如何解释，处分权和受益权相分离是信托的一个重要特征，也是其生命力的源泉。

（三）信托与相关制度的区别

为了理解信托的概念和特征，有必要将其与民法上相关制度作一比较，这有助于深刻理解信托的本质。

1. 信托和代理

代理是代理人以被代理人名义，在代理授权范围内，与第三人进行的，确立被代理人和第三人之间的法律关系的法律行为。代理与信托主要有以下几点区别。

（1）主体的名义不同。信托中受托人以自己的名义对外从事活动，自己对财产处分行为负责；而在代理中代理人以本人的名义对外从事活动，代理行为责任归属于被代理人。

（2）行为的权限不同。受托人享有为实施信托行为所必需的权限，除信托文件和法律限制以外不需特别授权；而代理人的行为权限受到被代理人授权的严格限制，而且被代理人管理和监督着代理人。

（3）所有权的权能关系不同。信托中，受托人享有法律上的、形式上的所有权，受益人享有受益权，所有权的权能互相分离；在代理中，所涉及财产的所有权权能不发生分离。

（4）权利实施的期限不同。信托通常是长期性的，而代理的期限长短由代理的事务性质决定，可以是一次性的，也可以是持续性的。

2. 信托与行纪

行纪是大陆法系国家民法中的一项制度，是指行纪人接受他方委托，以自己的名义为委托人办理购、销等事务并收取报酬的营业。行纪与信托有以下几点区别。

（1）权限范围不同。行纪人所进行的主要是代客买卖，而信托人进行的事务内容则比较广泛，可以是买卖，也可以是其他管理、投资等处分。

（2）财产范围不同。行纪所设计的财产主要是动产，不动产一般不适用行纪，而信托的财产则没有此限制。

（3）行使权利的性质不同。行纪人在开展行纪业务时并不享有财产法律上的所有权，但信托中的受托人则享有对信托财产的法律上的所有权。

（4）所取得的利益归属不同。信托财产处分的利益归属于受益人，而行纪行为的利益则归属于委托人。

3. 信托与监护

虽然各国民法典中对监护的规定不尽相同，但通常认为，监护就是指民法上所规定的对于无民事行为能力人和限制民事行为能力人的人身、财产及其他合法权益进行监督、保护的一项制度。两者的区别如下。

（1）制度设立的目的不同。监护主要是为无行为能力人和限制行为能力人所设立的保护他们利益的一种法律制度，而信托从很大程度上来说是基于对信托财产的利用和受益而设的，不限于行为能力有缺陷的人。

（2）涉及的职责范围不同。在监护中，监护人的职责不限于处分被监护人的财产，还包括控制其人身；在信托中，而受托人的职责仅限于处分和管理信托财产，不兼及受益人的人身。

（3）终止和解除的条件不同。监护因为未成年人成年或精神病人恢复正常而终止、解除；为能力有缺陷的人而设定的信托，除了信托文件有规定以外，不因此而终止或解除。

（四）信托的分类

信托适用范围极广，可以从不同角度，根据不同标准对信托进行分类。

1. 民事信托和商事信托

按照信托的目的划分，可分为民事信托和商事信托。

凡是以民法为依据建立的信托称为民事信托，即民事信托是属于民法范围内的信托。

商事信托是"民事信托"的对称，是以商法为依据建立的信托，属于商法范围内的信托业务。

2. 资金信托和财产信托

按照信托的标的划分，可分为资金信托和财产信托。

资金信托又称为"金钱信托"，是指委托人基于对信托投资公司的信任，将自己合法拥有的资金委托给信托投资公司，由信托投资公司按委托人的意愿以自己的名义，为受益人的利益或特定目的管理、运用和处分资金的行为。

财产信托是指委托人将自己的动产、不动产（房产、地产）以及版权、知识产权等非货币形式的财产、财产权，委托给信托投资公司按照约定的条件和目的进行管理或者处分的行为。

3. 自益信托、他益信托和宣示信托

按照委托人与受托人的关系划分，信托可分为自益信托、他益信托和宣示信托。

委托人以自己为唯一受益人而设立的信托是自益信托。自益信托的委托人和受益人是同一人。自益信托只能是私益信托。

凡委托人要求设定的信托，其目的是为第三者的收益，则为他益信托。被指定的第三者可以表示同意也可以拒绝接受，有时亦可采取默认方式，因其并无明确的同意或拒绝的示意根据。

宣示信托又称宣言信托，是指财产所有人以宣布自己为该项财产受托人的方式而设定的信托。该项财产一经宣告受托就成为信托财产，财产并不转移但须与原有其他财产分别进行保管。这种信托只有在他益信托，以委托人以外的他人为受益人的场合始能成立。

4. 私益信托和公益信托

按照受益对象划分，信托可分为私益信托和公益信托。区别私益信托和公益信托的另一个主要标准是信托目的。

委托人为自己、亲属、朋友或者其他特定个人的利益而设立的信托是私益信托。私益信托可以是自益信托，也可以是他益信托。私益信托是信托业务中的主要部分，信托投资公司通过运用信托手段为受益人谋取信托收益。

委托人为了不特定的社会公众的利益或者社会公众利益而设立的信托是公益信托。公益信托只能是他益信托。设立公益信托不得有确定的受益人，只能以社会公众或者一定范围内的社会公众作为受益人，并且必须得到税务机关或者公益事业管理机构的批准或者许可。

5. 任意信托、推定信托和法定信托

以信托关系建立的法律依据为标准，信托可分为任意信托、推定信托和法定信托。

任意信托指信托当事人（委托人、受托人、受益人）的意思要成立信托关系，明确订定在有关信托文件（契约或遗嘱）之中，即这种信托的成立完全以各方当事人的自由意思表示为依据，不受外力干预，故又称"自由信托"，又因其意思表示订定在文件上，亦称为"明示信托"。

凡信托关系的成立，并没有订立明确的契约或遗嘱等，而是由法院根据信托关系人的来往书信或其他有关文件记载研究推定三方当事人确曾有建立信托关系的意思，继而明确真正的信托关系的信托称为推定信托。

法定信托是指依法律的规定来推测当事人的意思所发生的一种信托。即由司法机关确定其法律上信托的效力。

二 信托的历史沿革

（一）信托的雏形

信托是社会经济发展到一定阶段的产物。一般认为，英国的尤斯（USE）制度是现代信托制度的最初形态。英国早在封建时代，人们有着浓厚的宗教信仰，宗教徒一般自愿把财产在死后捐赠给教会，结果教会便逐渐扩大了对财产特别是对土地的占有。本来，在英国的封建制度下，君主可因臣下死亡而得到包括土地在内的贡献物。但在宗教势力扩大的情况下，不仅使封建君主不能因臣下死亡而得到土地等贡献物，而且对教会占有的土地不课征徭役和赋税，这样就大大降低了君主利益。教会掌握的土地越多，对君主利益触犯就越大。于是，12世纪，英王亨利三世颁布了《没收法》。该法规定，凡是将土地让予教会者，需经君主及诸侯的许可，否则官府没收。这一条例的目的是在于制止教徒捐赠土地，但是，当时英国的法官大多是教徒，他们积极设法为教会解困。于是，参照罗马法典中的信托遗赠制度而创设"尤斯"制度。该制度的基本办法是，凡是以土地捐献给教会者，不做直接的让予，而是先赠送给第三者，然后由第三者从土地上取得的收益转交给教会。这样教会虽没有直接掌握财产权，但教会能得到与直接捐献土地一样的受益。后来，这种制度被广泛地利用到逃避一般的土地没收以及保障家庭财产（主要是土地）的继承。按照当时英国封建制度习惯，长子独得其父亲的全部遗产。当时，有一定家庭财产的人，为保障其妻子和幼子在他死后的生活，委托第三者代为掌握土地产权，代为管理产业，将土地上的收益按其遗嘱分配给妻子和诸子。由此可见，尤斯制是一种为他人领有财产权并代其管理产业的办法。尤斯制的最初目的是维护宗教上的利益，回避法令的限制。其对象也局限于土地。随着经济的发展，尤斯制的运用开始转移到为社会公共利益、个人理财等方面。[1] 现代的信托业是在尤斯制的基础上发展起来的。

（二）信托的产生

英国是信托业的发源地。信托业最初由英国创始的时候，是由个人来承办的，而且不以营利为目的。当时，英国信托的受托者主要有教会牧师、学校教师和银行经理等社会上信誉较好、地位较高的人来充当。委托者不给受托者报酬，故称[2]为"民事信托"。这种依靠个人关系而进行的信托，经常发生受托人贪污或先于委托人死亡等情况，往往导致财产损失和纠纷。为此，英国政府于1883年颁布了"受托者条例"，于1896年又颁布了《官选受托者条例》，于1907年进一步公布了"官营受托法规"规定，于1908年成立了官营受托局，使信托业具有了法人资格，并开始收取信托报酬。根据1925年公布的"法人受托者条例"，由法人办理的以营利为目的的营业信托也正式开业。但由于种种原因，英国目前的信托业务不如美国和日本发达。

（三）信托的发展

现代意义的信托，一般认为充分发展于美国，并在日本达到创新。[3]美国的信托业务是从英国传入的。最初的美国信托业务是从受托执行遗嘱和管理财产等民事性质的任务开始的。随着美国经济的迅速发展，美

---

[1] 参见周玉华主编《信托法学》，中国政法大学出版社2001年版，第45页。
[2] 参见殷少平编《金融法》，中国人民大学出版社2005年版，第187—188页。
[3] 同上。

国的信托业就开展了由公司经营的、以营利为目的的商事性业务。原先个人承办的民事信托，不能适应经济发展的要求，以营利为目的的信托公司和银行信托部等法人组织在美国应运而生。信托从个人承办演进为由法人承办并做商事性经营，这在美国比英国还早。1822年，美国的"农民火灾保险及借款公司"开始兼营以动产和不动产为对象的信托业务。后来，为了适应业务发展的需要，该公司于1836年更名为"农民放款信托投资公司"。这是美国的第一家信托公司。

目前，美国的信托机构，主要由商业银行设立的信托部承办，专业信托公司很少。全美有15000家商业银行，其中4000多家商业银行设有信托部。

日本的信托业是从英国和美国传入的。据记载，明治三十五年（1902年），日本兴业银行首次办理信托业务。日本的信托业在吸收英美信托制度精华的同时，根据本国的具体特点创办了许多新的信托业务。

在日本，除了大银行设立的"信托部"外，还有许多专业信托公司。受托经营的财产种类，扩大到金钱、有价证券等各种动产和土地、房屋等不动产，还包括金钱债权和土地租借权等有关权益。受托的业务对象，从对财产物资的经营管理扩大到对人的监护和赡养，以及包罗万象的咨询、调查等方面。日本现行《信托法》和《信托业法》是1922年颁布的。

（四）信托在中国

中国的信托业始于20世纪初的上海。1921年8月，在上海成立了第一家专业信托投资机构——中国通商信托公司，1935年在上海成立了中央信托总局。到1936年，实有信托公司11家，还有银行兼营信托公司42家。当时这些信托机构的主要经营业务有信托存款、信托投资、有价证券信托、商务管理信托、保管信托、特约信托、遗产信托、房地产信托、代理信托等。

新中国成立至1979年以前，金融信托因为在高度集中的计划经济管理体制下不可能得到发展。党的十一届三中全会后，随着国民经济的调整和实行改革措施，我国出现了多种经济并存、多层次的经济结构和多种流通渠道，财政分权，企业扩权，国民收入的分配比例发生了变化，这对资金的运作方式和供求关系产生了重大影响。经济体制的变革呼唤多样性的信用体制的形成，金融信托作为一种重要的信用形式开始发展。1979年10月中国银行成立了信托投资咨询部，10月5日成立了中国国际信托投资公司，1980年后，各地的信托投资公司纷纷成立。在中国信托业发展过程中，随着市场经济的不断深化，全行业先后经历了五次清理整顿。

我国信托制度真正建立的标志应当是2001年4月《中华人民共和国信托法》的颁布实施。该法根据我国的法律特点和信托的本质，对信托的设立、信托当事人的关系和信托财产等制度作了规定。该法对于促进我国的经济发展、繁荣市场经济发挥了巨大的作用。目前越来越多的投资者和融资者认识了信托，信托参与者不断增加，整个信托业保持良好的发展态势。

三　信托法的概念

信托法是调整信托关系的法律规范的总称。信托关系是指委托人、受托人和受益人相互之间围绕特定财产权的转移、财产的管理或处分，以及受益而发生的权利义务关系。信托法有广义和狭义之分，狭义的信托法是指国家立法机关制定的信托法律，如我国的《中华人民共和国信托法》；广义的信托法除狭义的信托法律之外，还包括其他国家机关，如行政机关制定的信托行政法规和规章，司法机关有关信托的司法解释，等等。如我国的《信托公司管理办法》《信托公司净资本管理办法》《信托公司集合资金信托计划管理办法》《信托公司私人股权投资信托业务管理办法》《信托公司受托境外理财业务管理暂行办法》等。

由于我国《信托法》颁布实施时间不长，至今只有十多年的时间。目前我国信托法尚不完善。从内容上看，在指导思想、概念定义、制度安排等方面还需要更为积极的创新；从形式上看，除《信托法》之外，有关信托组织和机构的法律依据主要体现为部门规章，效力偏低，有赖于有关相配套法规、规章的制定和提升效力层次。这样才能真正发挥信托法对于信托市场的培育、保护、创新的功能和作用。

第二节　信托法的基本原则

信托法的基本原则是指贯穿于信托法的各种法律规范，尤其是狭义的信托法之中、对信托立法和执法起指导作用的基本精神，是信托法区别于其他财产管理法的根本特征。

一 信托目的合法性原则

信托目的是信托成立的基本要素。信托目的合法性是指通过信托的设定与实施，当事人所欲追求的目标效果必须合法。信托目的合法性原则是信托法基本原则中首要的原则。现代各国信托法普遍确立了信托目的合法性原则，不允许当事人为规避法律和违法性目的而设立信托，否则信托无效。我国信托法也同样将信托目的合法性原则作为一项基本原则。

信托法中的信托目的合法性原则具体体现在以下几个方面。

1. 信托目的合法为设立信托的必要前提。我国《信托法》第6条明确规定："设立信托，必须有合法的信托目的。"源出于英美法的信托制度，信托的设立和应用非常富有弹性，其种类之多、样态之复杂，但无论哪一种类和样态的信托，都以有合法的信托目的为信托有效设立的前提。

2. 合法的信托目的为信托文件的必要记载事项。设立信托为要式法律行为，应当采取合同、遗嘱等书面文件形式。我国《信托法》第9条规定了信托文件的必要记载事项和任意记载事项，其中，将合法的信托目的明定为信托文件应首先载明的必要记载事项。欠缺这一必要记载事项的信托文件将不产生法律效力。

3. 禁止为违法性目的而设立信托。我国《信托法》第11、12条进一步列举了违法信托的具体样态及其法律后果：信托目的违反法律、行政法规或者损害社会公共利益的，信托无效；专以诉讼或者讨债为目的设立的信托无效；委托人设立信托损害债权人利益的，债权人有权申请人民法院予以撤销。

二 信托财产独立性原则

信托财产处于信托关系的核心，没有独立可辨识的信托财产，便无信托。信托财产独立性是指信托一旦有效设立，信托财产即与委托人、受托人及受益人的固有财产相分离，而成为一项独立运作的财产，仅服从于信托目的。

我国《信托法》将信托财产独立性作为一项基本原则主要表现为：

1. 信托财产在范围上的独立性。信托财产的范围不仅包括委托人依法转移给受托人的财产，依《信托法》第 14、28 条的规定，受托人因信托财产的管理运用、处分或者其他情形而取得的财产，也均归属于信托财产，并且受托人不得将信托财产转为其固有财产，否则应承担恢复原状或赔偿损失的责任。

2. 信托财产在管理上的独立性。信托法对信托财产的分别管理要求十分严格。我国《信托法》第 29 条规定，受托人不仅必须将信托财产与其固有财产分别管理、分别记账，不得混同，而且应将不同委托人的信托财产分别管理、分别记账。

3. 信托财产在偿债上的独立性。我国《信托法》第 16、17、18 条规定，在信托关系存续期间，属于信托财产的债权与不属于处理信托事务所产生的债务不得抵消；非基于信托前存在于信托财产上的权利、处理信托事务中所产生的权利或信托财产本身应担负的税款，不得对信托财产申请强制执行；在受托人破产时，信托财产不属于受托人的破产财产，不得用于清偿受托人破产债权人的债权。

三 信托财产管理权与受益权相分离原则

信托关系的本质是"受人之托，代人理财"。受托人享有对信托财产进行管理的权利，但受益人却有享受信托利益的权利，这就是信托财产管理权与受益权相分离的原则。信托财产管理权与受益权相分离、信托财产权利主体与利益主体相分离，是信托制度最根本的特征，是信托制度与其他制度相区别的根本所在。

我国《信托法》确立了信托财产管理权与受益权相分离这一基本原则，具体表现为：

1. 明确受托人享有信托财产管理权。我国《信托法》第 2 条将信托明确定义为：委托人基于对受托人的信任，将其财产权委托给受托人，由受托人按委托人的意愿以自己的名义，为受益人的利益或者特定目的，进行管理和处分的行为。

2. 确定受益人享有受益权。我国《信托法》第 44 条规定，受益人为在信托中享有受益权的人，除非信托文件另有规定，受益人自信托生效之日起享有信托受益权。

3. 禁止受托人享受信托利益。依《信托法》第 25、26 条的规定，受托人应当遵守信托文件的规定，为受益人的利益处理信托事务，除非为共同受益人之一，不得以任何人名义享受信托利益。且受托人除依法取得报酬外，不得利用信托财产为自己谋取利益。即使受托人谋取了利益，也应将所得利益归入信托财产。

四 受托人的有限责任原则

受托人的有限责任是指受托人因信托行为而产生的给付责任，仅以信托财产为限承担有限清偿的责任。受托人的有限责任原则是我国《信托法》的又一基本原则，此原则源于信托财产独立性。

我国《信托法》中关于受托人的有限责任原则既体现在受托人与受益人的内部关系中，也体现在受托人与第三人的外部关系中。

1. 受托人与受益人的内部关系。我国《信托法》第 34 条规定，受托人因信托行为而对受益人所负的给付责任（即支付信托利益），只以信托财产为限承担有限责任。即是说，受托人在处理信托事务中，只要没有违反信托目的处分信托财产或者违背管理职责，即使没有取得信托利益或者致使信托财产受到损害，充其量是不向受益人支付信托利益或者在信托终止时将剩余财产交给受益人或其他继承人，而不会发生以其固有财产负无限责任的法律后果。

2. 受托人与第三人的外部关系。我国《信托法》第 37 条第 1 款规定，受托人因处理信托事务所支出的费用、对第三人所负的债务，都只以信托财产为限承担有限责任。如果受托人以其固有财产先行支付的，对信托财产享有优先受偿的权利。但是，如果受托人违背管理职责或者处理信托事务不当而对第三人造成损害，依《信托法》第 37 条第 2 款规定，应以其固有财产承担，不得从信托财产中偿付。这是为了使受托人更好地履行职责。

五 信托公示原则

所谓信托公示，是指信托关系当事人或有关主管机关将某项财产已设立信托的事实，通过法定方式告知公众，以让公众知晓。信托公示原则体现了对信托关系当事人以外的第三人利益的保护。

1. 信托公示的范围。我国《信托法》确立了信托公示的基本原则，但公示原则在我国的《信托法》中主要体现为对某些特定财产规定了公示方法。《信托法》第10条第1款规定："设立信托，对于信托财产，有关法律、行政法规规定应当办理登记手续的，应当依法办理信托登记。"根据相关法律法规，特定财产主要包括：土地使用权、房屋等不动产，以及船舶、机动车辆及有价证券等特殊动产。在这些特定财产上设立信托，除应依法办理财产转移登记外，还应办理信托登记。而对于其他动产、一般债权等财产，则因其经济价值不大，且数量、种类繁多，不必要，亦几乎不可能进行公示。

2. 信托公示的效力。从我国《信托法》的有关条文来看，信托的公示并非信托的成立要件，而是信托的生效要件。《信托法》第10条第2款规定"未依照前款规定办理信托登记的，应当补办登记手续；不补办的，该信托不产生效力"。由此可见，依法应当进行公示的信托财产而未办理信托公示的，虽然对信托的成立并无影响，但该信托并不生效，更不能对抗第三人。此时，如果受托人将信托财产不当地让与给第三人，第三人能够以不知受让财产上存在信托为由，拒绝委托人和受益人对信托财产的追索。当然，如果信托财产依法办理信托公示的，则信托自公示时生效，并产生对抗第三人的效力。

六 信托承继性原则

信托是一种具有长期性和稳定性的财产转移与管理制度，这突出表现在信托的承继性效力。所谓信托承继性，是指信托一经有效设立，在有效期内不因受托人和受益人的变更而受影响，也不因原定目的已实现或不能实现而影响公益信托的存续。

我国《信托法》确立了信托承继性的基本原则，主要体现在以下三方面。

1. 受托人的承继性。受托人的承继性意味着，在信托有效期内，受托人的欠缺或变更并不影响信托的有效成立，受托人欠缺后，依据法律或者信托文件产生的新的受托人继续执行信托事务。《信托法》第13条规定，设立遗嘱信托的，如果遗嘱信托指定的人拒绝或者无能力担任受托人，应由受益人另行选任受托人。第40条规定，信托设立后，若受托人因死亡、被依法宣告为无民事行为能力人或限制民事行为能力人、被依法撤销或被宣告破产、依法解散或法定资格丧失、辞任或被解任等情形而终止职责的，应依照信托文件选任新受托人。新受托人承继原受托人处理信托事务的权利和义务。

2. 受益权的承继性。受益权是受益人对信托利益的请求权，作为一种财产权，其既可以依法转让和继承，也可以放弃。我国《信托法》第46条规定，受益权人可以放弃信托受益权，全体受益人放弃受益权的，信托终止；部分受益人放弃受益权的，被放弃的受益权应按信托文件规定的人、其他受益人、委托人或者其继承人的顺序承继，不影响信托本身的成立。《信托法》第48条还规定，除信托文件另有规定外，受益权可以依法转让和继承，而不必经受托人同意，此时由受让人或者继承人继续享有受益权。

3. 公益信托的承继性。公益信托是以救济贫困、救助灾民、扶助残疾人、发展教育、科技、文化、艺术、体育、卫生、环保等公益事业为目的而设立的信托。对私益信托而言，当信托目的已经实现或者不能实现时，信托终止，应按信托文件或法律的规定确定信托财产的归属。与此不同，公益信托因信托目的已经实现或不能实现时而终止时，信托并不终止。对此，我国《信托法》第72条规定，如果没有信托财产权利归属人或者信托财产权利归属人是不特定的社会公众的，经公益事业管理机构批准，受托人应当将信托财产用于与原信托目的相近似的目的，或者将信托财产转移给具有近似目的的公益组织或者其他公益信托，从而使公益信托存续下去。

第三节　信托当事人

信托当事人是指信托法律关系的主体，包括委托人、受托人和受益人。这些当事人在信托法律关系中都具有独立的资格和相应的法定权利、义务。

一　信托委托人

（一）信托委托人的资格

信托委托人是指将信托财产委托他人管理和处分的人。信托委托人通过信托行为把自己的财产作为信托财产转移给受托人，并委托为自己或为自己在指定的其他人的利益对信托财产进行管理和处分，并以此设立信托关系。

信托法对于信托委托人有严格的资格要求。

1. 委托人必须具有信托行为的能力。自然人作为委托人必须具有完全民事行为能力，即达到法定年龄，并且精神状态正常。法人或者依法成立的其他组织需以登记名称实施信托行为，法人的分支机构在没有取得授权的情况之下，不得以法人的名义作为信托委托人。

2. 委托人必须是信托财产的权利人。信托财产不仅名义上属于委托人，而且必须在法律上也属于委托人。国有企业作为委托人时，对拟要信托的财产必须满足国有资产管理的要求。

(二) 信托委托人的权利

根据我国《信托法》的规定，委托人的权利主要包括：

1. 有关情况了解权。我国《信托法》第20条规定，委托人有权了解其信托财产的管理运用、处分及收支情况，并有权要求受托人作出说明。委托人有权查阅、抄录或者复制与其信托财产有关的信托账目以及处理信托事务的其他文件。

2. 管理方法变更权。我国《信托法》第21条规定，因设立信托时未能预见的特别事由，致使信托财产的管理方法不利于实现信托目的或者不符合受益人的利益时，委托人有权要求受托人调整该信托财产的管理方法。

3. 撤销处分请求权。我国《信托法》第22条规定，受托人违反信托目的处分信托财产或者因违背管理职责、处理信托事务不当致使信托财产受到损失的，委托人有权申请人民法院撤销该处分行为，并有权要求受托人恢复信托财产的原状或者予以赔偿；该信托财产的受让人明知是违反信托目的而接受该财产的，应当予以返还或者予以赔偿。委托人所享有的申请权，自其知道或者应当知道撤销原因之日起1年内不行使的，归于消灭。

4. 受托人解任权。我国《信托法》第23条规定，受托人违反信托目的处分信托财产或者管理运用、处分信托财产有重大过失的，委托人有权依照信托文件的规定解任受托人，或者申请人民法院解任受托人。

(三) 信托委托人的义务

信托法一方面要求委托人提供信托财产，另一方面又排除了委托人管理和处分信托财产的权利，因此委托人的义务并不体现在执行信托上，信托法也未直接规定委托人的义务内容。根据信托设立的基本要求，委托人应该承担的主要义务可以归纳为：

1. 确保信托财产转移给受托人。将信托财产转移给受托人，这是委托人作为信托关系设定人的最大义务。委托人只有将信托财产转移给受托人，使受托人成为信托财产名义上的所有人，才能对信托财产实施有效的管理与处分。

2. 作为信托关系人应履行的义务。委托人在信托成立后，即成为信托关系利害关系人，由此应承担相应义务。

(1) 委托人不得随意干预受托人管理和处分信托财产，但是，如果委托人在设定信托时，在信托文件中保留了干预的权利，那么委托人可以在相应的权限实施干预权。

(2) 向受托人支付报酬的义务。信托可以是有偿的，也可以是无偿的，但如果属于有偿信托，那么委托人有义务向受托人支付酬金。

(3) 补偿或赔偿受托人的义务。当委托人是唯一受益人时，如果信托不利于受益人而解除信托，由此给受托人造成的有关损失，委托人有赔偿的义务；如果因受托人在正当处理信托事务时使自己遭受了损失，委托人负有补偿的义务。

二　信托受托人

(一) 信托受托人的资格

信托受托人是指在信托关系中接受委托人的委托，或者按照国家机关的规定，以自己名义为受益人的利益或其他特定目的，对信托财产进行管理、运用或处分的人。

按照我国法律规定，受托人应当具有成为财产权主体的一般资格，即应当具有完全民事行为能力。

受托人可以是自然人，也可以是法人。受托人为自然人的，受托人为履行职责，应当有管理、处分信托财产的能力，即受托能力；同时，信托关系是以当事人之间的信赖关系为基础建立的，受托人既基于委托人的信任管理信托财产，并且以尽诚信、谨慎、有效管理的义务和为受益人最大利益亲自处理信托事务为原则，对其资格要求应当从严。因此，具有完全民事行为能力的自然人才能为受托人。受托人为法人时，该法人应当是依法设立并取得法人资格，可以在核准登记的范围内从事民事活动的民事主体。法人的权利能力和行为能力应受法人设立的目的、任务和业务范围等条件的限制，应当以在登记范围内从事业务活动为原则。因此，法人为受托人的，受托人应当具备依法设立并且可以在核准登记的范围内从事管理、处分信托财产活动的资格。

(二) 信托受托人的权利

根据我国《信托法》的规定，受托人的权利主要包括：

1. 信托财产的管理和处分权。受托人对信托财产的管理和处分权来源于信托文件的规定、法律的直接规定和信托目的要求，主要体现在以下几方面。

(1) 费用支出权。受托人可以支出为完成信托目的所必需的，或者为适当而不为信托文件所禁止的费用，可以支付其他信托文件授权的费用。

(2) 出售权。受托人可以出售的信托财产是：信托文件明确规定可以出售的财产；为了实现信托目的，出售为必要或适当的信托财产。如果信托文件明文禁止出售或者显示出必须采取指定方式保存的信托财产，受托人则不能出售。

(3) 出租权。受托人可以以合理的价格或条件，在适当的时间内出租信托财产，除非信托文件另有规定。

(4) 担保或者借贷权。在一般情况下，受托人不得就信托财产设定抵押或者质押等担保，但是，如果信托文件授予其设定抵押或者质押的，受托人可以在信托财产上设定抵押或质押。同样，在一般情况下，受托人不得以信托财产为信用贷款，但信托文件授予其贷款权利的，受托人可以就信托金钱进行信用贷款。

2. 费用和损失的补偿请求权与优先受偿权。受托人在管理和处分信托财产，处理信托事务时需要有相应的费用支出，还会对第三人发生债务。《信托法》第37条规定，受托人因处理信托事务所支出的费用、对第三人所负债务，以信托财产承担。受托人以其固有财产先行支付的，对信托财产享有优先受偿的权利。信托财产与其他财产分别管理、分别计账，受托人发生这些费用和债务，就在单独管理和单独立账的信托财产中以金钱或非金钱予以支付。

3. 报酬请求权。我国《信托法》第35条规定，受托人有权依照信托文件的约定取得报酬。信托文件未作事先约定的，经信托当事人协商同意，可以作出补充约定；未作事先约定和补充约定的，不得收取报酬。约定的报酬经信托当事人协商同意，可以增减其数额。实际上该规定并未对受托人取得报酬作强制性规定，而是采取交给当事人自己协商处理的办法，由当事人自己在信托文件中约定。如果信托文件约定受托人可以取得报酬，受托人有权依约定取得报酬。

4. 辞任权。辞任权是指受托人辞去受托人职务的权利。我国《信托法》第38条规定，设立信托后，经委托人和受益人同意，受托人可以辞任。法律对公益信托的受托人另有规定的，从其规定。辞任是受托人的权利，但因受托人的职责所致，其行为关系到受益人、委托人的财产物质利益，因此受托人辞任的，需经委托人和受益人的同意；并且考虑到前后两个受托人职责的衔接的必要，在新的受托人选出前，仍应履行管理信托事务的职责，也就是受托人的职责。

（三）信托受托人的义务

基于受托人在信托关系中的核心地位，信托目的的实现、受益人利益的保障以至于系统秩序的维护都有赖于信托受托人义务的确定和履行。对此，我国《信托法》规定了受托人的义务。主要包括以下内容。

1. 诚实和善良管理义务。这是要求受托人应当为受益人的最大利益处理信托事务。我国《信托法》第25条规定，受托人应当遵守信托文件的规定，为受益人的最大利益处理信托事务。受托人管理信托财产，必须恪尽职守，履行诚实、信用、谨慎、有效管理的义务。这一义务要求受托人在处理信托事务时，要从职业要求出发，尽自己最大的注意和最高的谨慎，坚守诚实信用原则，谋求信托财产的稳健经营和收益最大化。

2. 忠实于受益人的利益，不谋取私利的义务。这是要求受托人不能将自己的利益置于与受益人利益可能相冲突的地位，忠实于受益人的利益。我国《信托法》第26条规定，受托人除依照本法规定取得报酬外，不得利用信托财产为自己谋取利益。受托人如果违反该义务，利用信托财产为自己谋取利益的，所得利益归入信托财产。第 27 条规定，受托人不得将信托财产转为其固有财产。受托人将信托财产转为其固有财产的，必须恢复该信托财产的原状；造成信托财产损失的，应当承担赔偿责任。第 28 条规定，受托人不得将其固有财产与信托财产进行交易或者将不同委托人的信托财产进行相互交易，但信托文件另有规定或者经委托人或者受益人同意，并以公平的市场价格进行交易的除外。受托人违反前述规定，造成信托财产损失的，应当承担赔偿责任。

3. 对信托财产分别管理的义务。出于信托财产独立性的要求，我国《信托法》第 29 条规定，受托人必须将信托财产与其固有财产分别管理、分别记账，并将不同委托人的信托财产分别管理、分别记账。将信托财产与固有财产及不同委托人的信托财产分别管理、分别记账的最大目的，是明确受托人的责任，使其真正履行为受益人最大利益管理和处分信托财产的义务。

4. 亲自处理信托事务的义务。信托是建立在委托人对受托人资质、能力、人品、见识、工作业绩等较为个性化的特质的了解基础上的。对此我国《信托法》第 30 条规定，受托人应当自己处理信托事务，但信托文件另有规定或者有不得已事由的，可以委托他人代为处理。受托人依法将信托事务委托他人代理的，应当对他人处理信托事务的行为承担责任。即是说，除非另有规定或特殊事由，处理该特定的信托事务和管理处分该特定的信托财产必须由接受委托的受托人亲自完成，而不得再委托他人代为办理。

5. 报告和保密义务。受托人接受委托，代人理财，基于信任关系处理信托财产和信托事务，受信托法和信托文件的约束。我国《信托法》第 33 条规定，受托人必须保存处理信托事务的完整记录。受托人应当每年定期将信托财产的管理运用、处分及收支情况，报告委托人和受益人。受托人对委托人、受益人以及处理信托事务的情况和资料负有依法保密的义务。

6. 向受益人支付信托利益的义务。受托人应承担向受益人支付信托利益，这是信托与其他财产管理方式不同的地方，也是信托的本质所在。我国《信托法》第 34 条规定，受托人以信托财产为限向受益人承担支付信托利益的义务。受托人向受益人支付信托利益，仅以信托财产为限，不必牵连自己的固有财产，也不必用其他财产包括委托人的其他财产来支付受益人的信托利益。

7. 损失填补、赔偿义务。我国《信托法》第 36 条规定，受托人违反信托目的处分信托财产或者因违背管理职责、处理信托事务不当致使信托财产受到损失的，在未恢复信托财产的原状或者未予赔偿前，不得请求给付报酬。由于受托人管理信托财产，必须恪尽职守、履行善良管理的义务，当受托人违反信托目的处分信托财产或者因违背管理职责、处理信托事务不当致使信托财产受到损失的，应首先恢复信托财产的原状或者赔偿损失，此后，受托人才可以行使向委托人行使报酬请求权。

三 信托受益人

(一) 信托受益人的资格

受益人是指在信托法律关系中享有信托权的人。受益人并不需要通过承诺或者为一定的法律行为才能取得信托受益权，且受益人是信托法律关系中纯享利益之人，因此法律一般对于受益人没有资格限制，它与委托人和受托人不同，不论是自然人还是法人或者其他依法成立的组织，不论有无行为能力的人，均可以作为信托法律关系中的受益人。

在信托法律关系中，受益人通常为委托人指定的第三人，委托人也可以设立自益信托，指定自己为唯一受益人，将其财产权委托给受托人，由受托人为自己的利益管理和处分信托财产，也可以指定自己与其他受益人为共同受益人，由受托人为自己和其他受益人的利益管理和处分信托财产。委托人还可以指定受托人为共同受益人之一，由其管理和处分信托财产。但是，委托人不得指定受托人为某一信托的唯一受益人，因为当受托人是某一信托的唯一受益人时，信托财产的管理、处分权和信托受益权归于同一人，信托就失去了其设立和存在的意义。因此，根据《信托法》第 43 条的规定，受托人可以是共同受益人之一，但不得是同一信托的唯一受益人。

一个信托可以有两个以上的受益人，按照我国《信托法》第 45 条的规定，共同受益人按照信托文件的规定享受信托利益。信托文件对信托利益的分配比例或者分配方法未作规定的，各受益人按照均等的比例享受信托利益。

(二) 信托受益人的权利

根据我国《信托法》的规定，信托受益人的权利主要包括：

1. 受益权。即受益人依照信托文件享有信托利益的权利。《信托法》第44条规定，受益人自信托生效之日起享有信托受益权。信托文件另有规定的，从其规定。一般来说，信托受益权包括：在信托存续期间，享受信托财产收益的权利；在信托终止时获得信托财产本金的权利；为保护其利益及信托财产而监督受托人管理、处分信托财产的权利等。

2. 信托受益权的放弃权。信托受益权是一种财产权，受益人原则上可以自由放弃。因信托受益权的取得并不以受益人的承诺为要件，如果受益人表示沉默，应视为受益人接受信托受益权，即是说，受益人放弃信托受益权必须明确作出放弃的意思表示。我国《信托法》第46条规定，受益人可以放弃信托受益权。全体受益人放弃信托受益权的，信托终止；部分受益人放弃信托受益权的，被放弃的信托受益权按法定顺序确定归属。

3. 信托权的转让和继承权。《信托法》第48条规定，受益人的信托受益权可以依法转让和继承，但信托文件有限制性规定的除外。因信托是委托人为受益人的利益或者特定目的将其财产委托受托人管理和处分的制度，因此，信托受益权的行使亦应不违背信托目的，如果信托受益权的转让或者继承致使信托的存续违反信托目的或者导致信托目的不能实现，该信托归于终止，信托财产将按照法律规定确定归属人。这样，信托受益权的受让人或者继承人就不能从中取得信托受益权。因此，受益权的转让或者继承违反信托目的或者致使信托目的不能实现的，则该信托受益权不得转让或者继承。

4. 受益权的债务清偿权。受益权为私法上的权利，而且不属于人身权的范畴，原则上受益人可自由处分，因此，当受益人不能清偿到期债务时，可以用信托受益权予以清偿。对此，我国《信托法》第47条规定，受益人不能清偿到期债务的，其信托受益权可以用于清偿债务，但法律、行政法规以及信托文件有限制性规定的除外。

5. 受益人的监督权。受益人除享有上述权利外，还享有为保护其利益及信托财产而监督受托人管理、处分信托财产的权利。根据我国《信托法》的规定，受益人的监督权主要包括：有权了解其信托财产的管理运用、处分及收支情况，并有权要求受托人作出说明；有权查阅、抄录或者复制与其信托财产有关的信托账目以及处理信托事务的其他文件；因设立信托时未能预见的特别事由，致使信托财产的管理方法不利于实现信托目的或者不符合受益人的利益时，有权要求受托人调整该信托财产的管理方法；受托人违反信托目的处分信托财产或者因违背管理职责、处理信托事务不当致使信托财产受到损失的，有权申请人民法院撤销该处分行为，并有权要求受托人恢复信托财产的原状或者予以赔偿；受托人违反信托目的处分信托财产或者管理运用、处分信托财产有重大过失的，有权依照信托文件的规定解任受托人，或者申请人民法院解任受托人。

（三）信托受益人的义务

受益人享受信托利益，也要尽有限的信托义务。就受益人的义务而言，一般认为有以下几方面。

1. 依照信托文件的规定，向受托人给付报酬。

2. 补偿受托人因处理信托事务所支出的费用、负担的债务或受到的其他损失。也就是说，当受托人在处理信托业务的过程中，由于不是因为自己的过失而蒙受损失时，受益人就有义务接受受托人提出的费用要求或补偿损失的要求，在信托收益中予以扣除。但是，如果受益人放弃收益权利，就可以不履行这个义务。

第四节　信托财产

一　信托财产的概念和范围

（一）信托财产的概念

信托财产是指委托人通过信托行为，转给受托人并由受托人按照一定的信托目的管理或处理的财产，也叫信托标的物。信托财产包括管理和处理信托财产而获得的财产。

我国《信托法》第 14 条规定，受托人因承诺信托而取得的财产是信托财产。受托人因信托财产的管理运用、处分或者其他情形而取得的财产，也归入信托财产。法律、行政法规禁止流通的财产，不得作为信托财产。法律、行政法规限制流通的财产，依法经有关主管部门批准后，可以作为信托财产。一般来讲，只要有价值，可以计算、转让，并在法律上不禁止的物品，都可充作信托财产，能够作为信托财产的既包括有形财产，如股票、债券、物品、土地、房屋和银行存款等；又包括无形财产，如保险单，专利权商标、信誉等；甚至包括一些自然权益（如人死前立下的遗嘱为受益人创造了一种自然权益）。

（二）信托财产的范围

确定信托财产的范围，应以信托文件作为直接依据。有些国家信托法将信托文件作为法院确认信托财产范围的基本证据。如美国信托法。依据信托文件确定的信托财产是信托法律关系成立时信托人转移给受托人的财产，即原始信托财产，但在信托法律关系存续期间，受托人因对信托财产进行管理或处分或因其他情形而取得的财产，也属于信托财产的范围。根据我国《信托法》第14条的规定，信托财产具体包括如下：

1. 受托人因管理信托财产而取得的财产。有效管理信托财产是受托人的法定义务，经有效管理，一般会产生一定的收益，并且这种收益表现为一定形态的财产。

2. 受托人因处分信托财产而取得的财产。处分信托财产的方式可以是出售、投资、互易等，该处分信托财产的行为，必然使受托人取得其他财产，如价金、实物等，因处分信托财产而取得的财产自然应当属于信托财产。

3. 受托人因其他情形取得的财产。其他情形主要是：委托人依据信托文件或与受托人协商一致，追加的财产；受托人因信托财产的灭失毁损而取得的财产，如信托财产的灭失毁损后取得的保险金；受托人在管理、处分信托财产期间，因法律法规的修改、税收减免、汇率变化、利率调整、政府补贴、赠与、奖励、权利人放弃权利等，而取得的收益。

4. 由委托人增加的财产。在信托运行过程中，委托人根据信托契约中的专门授权，可以自行决定将自己的其他财产追加投入到信托运行过程中，由此而增加的财产，在性质上属于信托财产。此外，即使在信托契约中没有专门授权，委托人在信托运行过程中，只要与受托人协商一致，也可以将自己的其他财产追加投入到信托运行过程中。由于追加财产系经委托人与受托人协商一致，因此，追加的财产当然也属于信托财产。

二　信托财产的特征

信托是一种为他人利益而转移财产并加以管理的制度。信托财产作为其载体，具有下列特征。

（一）转让性

信托的成立，以信托财产由信托人转移给受托人为前提条件。因此，信托财产的首要特征是转让性，即信托财产必须是为信托人独立支配的可以转让的财产。信托财产的转让性，首先，要求信托财产在信托行为成立时必须客观存在。如果在设立信托时，信托财产尚不存在或仅属于信托人希望或期待可取得的财产，则该信托无法设立。其次，要求信托财产在设立信托时必须属于信托人所有。如果信托财产在设立信托时虽然客观存在，但不属于信托人所有，则因信托人对该财产不享有处分权而无权将其转移给受托人，信托无由成立。最后，信托财产的转让性要求凡法律、法规禁止或限制流通的财产，都不能成为信托财产。

（二）物上替代性

物上替代性是指任何信托财产在信托终了前，不论其物质形态如何变换，均属于信托财产。例如，如在信托设立时信托财产为不动产，后因管理需要受托人将其出售，变成金钱形态的价款，再由受托人经营而买进有价证券。在这种情况下，信托财产虽然由不动产转换为价款，再由价款转换为有价证券，在物质形态上发生了变化，但其并不因物质形态的变化而丧失信托财产的性质。信托财产的物上替代性不仅使信托财产基于信托目的而在内部结合为一个整体，不因物质形态的变化而丧失信托财产的性质，而且使信托财产在物质形态变化过程中，不因价值量的增加或减少而改变其性质。

（三）独立性

信托财产最根本的特征在于其独立性。信托一旦有效设立，信托财产即从信托人、受托人和受益人的自有财产中分离出来而成为一项独立的财产。

1. 信托财产独立于委托人的其他财产。就委托人而言,其一旦将财产交付信托,即从法律上失去对该财产的所有权,从而使信托财产完全独立于委托人的自有财产,由受托人管理和处分。对此,我国《信托法》第 15 条规定,信托财产与委托人未设立信托的其他财产相区别。设立信托后,委托人死亡或者依法解散、被依法撤销、被宣告破产时,委托人是唯一受益人的,信托终止,信托财产作为其遗产或者清算财产;委托人不是唯一受益人的,信托存续,信托财产不作为其遗产或者清算财产;但作为共同受益人的委托人死亡或者依法解散、被依法撤销、被宣告破产时,其信托受益权作为其遗产或者清算财产。

2. 信托财产独立于受托人的自有财产。就受托人而言,其虽因信托而取得信托财产的所有权,但由于他并不能享有因行使信托财产所有权而带来的信托利益,故其所承受的各种信托财产必须独立于其自有财产。如果受托人接受不同信托人的委托,其承受不同信托人的信托财产也应各自保持相对独立。对此,我国《信托法》第 16 条规定,信托财产与属于受托人所有的财产(以下简称固有财产)相区别,不得归入受托人的固有财产或者成为固有财产的一部分。受托人死亡或者依法解散、被依法撤销、被宣告破产而终止,信托财产不属于其遗产或者清算财产。

3. 信托财产独立于受益人的财产。就受益人而言,其虽然享有受益权,但这只是一种利益请求权,在信托法律关系存续期间,受益人并不享有信托财产的所有权,即使信托法律关系终了后,信托人也可通过信托条款将信托财产本金归于自己或第三人,故信托财产也独立于受益人的自有财产。由于信托财产在事实上为受托人占有和控制,故信托法对信托财产独立性的维持主要是通过区别信托财产与受托人的自有财产来体现。对此,我国《信托法》第 51 条规定,委托人可以变更受益人或者处分受益人的信托受益权,也可以解除信托;第 54 条规定,信托终止的,信托财产归属于信托文件规定的人;信托文件未规定的,才能够归属于受益人或者其继承人。

4. 排除委托人和受托人、受益人的债权人对信托财产的强制执行。

除了因为信托财产在信托前的理由发生的权利或在信托事务处理中发生的权利以外，信托财产不得被扣押、不得强制执行或进行拍卖。我国《信托法》第17条规定，除因下列情形之一外，对信托财产不得强制执行：(1)设立信托前债权人已对该信托财产享有优先受偿的权利，并依法行使该权利的；(2)受托人处理信托事务所产生债务，债权人要求清偿该债务的；(3)信托财产本身应担负的税款；(4)法律规定的其他情形。另外，第47条规定，受益人不能清偿到期债务的，其信托受益权可以用于清偿债务，但法律、行政法规以及信托文件有限制性规定的除外。

5. 信托财产在损益方面具有独立性。信托财产的独立性意味着受托人因处理信托事务所产生的损益原则上都属于信托财产本身，这样就必然要求信托财产的债权和不属于信托财产的债务不能相互抵消。对此，我国《信托法》第18条规定，受托人管理运用、处分信托财产所产生的债权，不得与其固有财产产生的债务相抵消。受托人管理运用、处分不同委托人的信托财产所产生的债权债务，不得相互抵消。这也就是说，只有属于信托财产的债权与处理信托事务所产生的债务才能抵消。

第五节 信托的设立、变更和终止

一 信托的设立

(一) 信托行为的定义

大陆法系国家一般规定信托因合同或遗嘱设立，我国《信托法》没有对信托行为作出定义，也没有规定信托行为的性质。信托行为的界定不仅影响着信托的成立和生效，而且对于信托当事人和与信托当事人有关的第三人相当重要。根据大陆法系国家信托法的学说，信托行为是指财产所有人就其财产规定一定的信托意图并将其交付受托人管理，以设立信托关系的民事法律行为。此概念一般认为是源自德国法，其后建立信托法的大陆法国家亦均将信托行为概念纳入法律行为的范畴。[1]

---

[1] 参见殷少平编《金融法学》，中国人民大学出版社2005年版，第191页。

(二) 信托设立的要件

按照我国《信托法》的规定设立信托的条件。设立信托应当具备以下条件。

1. 要有合法的信托目的。设立信托,必须有合法的信托目的。

2. 信托财产应当明确合法。设立信托,必须有确定的信托财产,并且该信托财产属于委托人合法所有的财产或者合法的财产权利。

3. 信托文件应当采用书面形式。我国《信托法》第8条规定,设立信托,应当采取书面形式。书面形式包括信托合同、遗嘱或者法律、行政法规规定的其他书面文件等。采取信托合同形式设立信托的,信托合同签订时,信托成立。采取其他书面形式设立信托的,受托人承诺信托时,信托成立。

书面的信托文件应当载明下列事项:(1)信托目的;(2)委托人、受托人的姓名或者名称、住所;(3)受益人或者受益人范围;(4)信托财产的范围、种类及状况;(5)受益人取得信托利益的形式、方法。除前款所列事项外,可以载明信托期限、信托财产的管理方法、受托人的报酬、新受托人的选任方式、信托终止事由等事项。

4. 设立信托要依法办理信托登记。设立信托的财产依照有关法律、行政法规的规定应当办理登记手续的,应当依法办理信托登记;未办理登记的应当补办,不补办的信托不产生效力。

(三) 无效信托及其法律后果

1. 无效信托的法定事由。信托的设立行为受法律的强制性规范的约束,如果信托的设立行为违反信托法的规定和其他法律、行政法规的规定,该信托不具有法律效力,视为自始无效。

根据我国《信托法》第11条规定,有下列情形之一的,信托无效:(1)信托目的违反法律、行政法规或者损害社会公共利益;(2)信托财产不能确定;(3)委托人以非法财产或者本法规定不得设立信托的财产设立信托;(4)专以诉讼或者讨债为目的设立信托;(5)受益人或者受益人范围不能确定;(6)法律、行政法规规定的其他情形。

2. 信托无效的法律后果。我国《信托法》对于信托无效的法律后果并无明确规定,而信托行为作为一种法律行为,其无效的法律后果能够适用民法有关无效的民事行为的规则予以处理,原则上应恢复到信托设立前的状态，如果委托人已经将委托财产转移给受托人，受托人应将该财产转回给委托人。而对信托无效具有过错的人，对于对方当事人因此受到的损失承担赔偿损失等相应的法律责任。

二 信托的变更

(一) 信托要素的变更

信托要素的变更实际上是指信托目的的变更。信托关系是以信托财产为中心而存续的法律关系，信托关系当事人发生变更，信托关系的内容并不发生变更。信托财产与所有信托当事人是受到信托目的的拘束，信托目的发生了变更，即使信托当事人不变更，信托关系也发生了变更。但是，变更后的目的与从前的信托目的明显不同时，无论目的是否实现，都应当作为原信托终止、新信托成立来处理。

(二) 信托当事人的变更

信托当事人的变更包括委托人、受托人和受益人的变更。

1. 委托人的变更权。信托依法设立后，委托人没有法律规定或者信托文件规定作为及依据，不得变更信托。我国《信托法》第 51 条规定，设立信托后，有下列情形之一的，委托人可以变更受益人或者处分受益人的信托受益权：(1) 受益人对委托人有重大侵权行为；(2) 受益人对其他共同受益人有重大侵权行为；(3) 经受益人同意；(4) 信托文件规定的其他情形。

2. 受托人的变更权。受托人一般没有变更信托的权利，但是如果委托人在信托文件中授予了，或者法律规定了受托人变更信托的权利，受托人便可以在授权范围内变更信托。受托人在行使此项权利时，应当出于信托目的，并尽到善良管理人的注意义务，而不得滥用变更权，否则，将承担由此造成信托财产损失或者受益人利益损失的法律责任。

3. 受益人的变更权。原则上讲，受益人享有变更信托的权利，因为受益人是信托利益的拥有者，他有权为了自己的利益而要求变更信托。

三 信托的终止

(一) 信托终止的事由

信托的终止是指信托关系由存在变为不再存在。信托可以因期限届满而终止,也可因信托文件或法律规定的事由发生而终止。此外,信托也可因信托存续违反信托目的、信托目的已经实现或不能实现而导致终止。当事人还能够通过协商同意,达成一致意见终止信托。

我国《信托法》第 53 条规定,有下列情形之一的,信托终止:(1)信托文件规定的终止事由发生;(2)信托的存续违反信托目的;(3)信托目的已经实现或者不能实现;(4)信托当事人协商同意;(5)信托被撤销;(6)信托被解除。

(二) 信托终止的法律后果

出现了信托终止的情形,存在于信托关系中的委托人、受托人、受益人所享有的、无论是信托文件规定的还是信托法规定的一切权利义务,均归于消灭。但是,此前还应当确定信托财产归属和进行信托事务的清算。

1. 信托财产的归属。我国《信托法》第 54 条规定,信托终止的,信托财产归属于信托文件规定的人;信托文件未规定的,按照下列顺序确定归属:(1)受益人或者其继承人;(2)委托人或者其继承人。信托财产归属确定之后,在信托财产转移给权利归属人的过程当中,信托视为存续,权利归属人视为受益人。信托终止后,人民法院依据信托法的规定对原信托财产进行强制执行的,以权利归属人为被执行人。

2. 信托事务的清算。我国《信托法》第 58 条规定,信托终止的,受托人应当作出处理信托事务的清算报告。受益人或者信托财产的权利归属人对清算报告无异议的,受托人就清算报告所列事项解除责任。但受托人有不正当行为的除外。

信托终止后,受托人依照信托法规定行使请求给付报酬、从信托财产中获得补偿的权利时,可以留置信托财产或者对信托财产的权利归属人提出请求。

第六节　公益信托

一　公益信托的概念和目的

(一) 公益信托的概念

公益信托又称慈善信托,是指出于公共利益的目的,为使社会公众或者一定范围内的社会公众受益而设立的信托。具体来说，就是为了救济贫困、救助灾民、扶助残疾人，发展教育、科技、文化、艺术、体育、医疗卫生事业，发展环境保护事业、维护生态平衡，以及发展其他社会公益事业而依法设立的信托。

公益信托起源于英美法系国家，最常见的公益信托的受托人是各种基金会，基金会是一种以公益为目的并以社会上捐赠的财产为基础成立的组织。基金会作为受托人，按照有关信托行为的要求管理信托财产，实现委托人实施某项或某些公益事业的目的。在大陆法系国家，公益委托通常以信托公司为受托人。[1]

公益信托的受托人是不特定的人，即属于信托文件规定的资助范围并符合该文件规定的资助条件的任何人。根据各国信托法的惯例，挑选与确定公益信托的受益人的权利原则上归属于受托人。

(二) 公益信托的目的

对于公共利益的目的，各国法律有不同的规定，根据我国《信托法》的规定，主要包括以下几种公益信托。

1. 救济贫困。救济贫困是各国信托法公认的一项重要公益目的，通过公益信托帮助贫困的人，是维持社会稳定的一个重要手段。属于救济贫困一般包括：(1) 对贫困者、孤寡老人和其他生活困难的人提供一般性经济资助，或者资助其生活费、医疗费等费用，或者给予物质资助；(2) 直接收养、照顾孤寡老人、孤儿弃婴等；(3) 为穷人建立免费施舍食物处、济贫院、护理所等。

2. 救助灾民。发生自然灾害或者其他灾害时，直接向灾民提供资金、物质帮助，或者通过其他机构提供经济或物质资助，帮助灾民解决生活、生产困难等救助灾民的行为。

3. 扶助残疾人。残疾人是社会的弱者，由于身体的障碍，生活一般比较困难。帮助残疾人是整个社会的责任，因此，通过提供财物设立信托来扶助残疾人属于公益信托。

4. 发展教育、科技、文化、艺术、体育事业。发展教育、科技、文化、艺术、体育事业的范围比较广泛，只要提供财物设立信托的目的

---

[1] 参见刘定华主编《金融法教程》，中国金融出版社2010年版，第254页。

是发展这些事业，都可以成为公益信托。比如：出资设立学校或者维持现有学校的运行，设立奖学金、帮助贫困学生，设立或资助新学科、新课程等，出资设立或者维护博物馆、美术馆、图书馆，资助公共艺术团体或组织，资助公共体育运动以及资助相关的科学研究等。

5. 发展医疗卫生事业。设立或者维护公益性的医院、诊所，救助某种疾病的患者或者一般性的救助病人，资助医学研究等。

6. 发展环境保护事业，维护生态平衡。我国《公益事业捐赠法》和《信托法》规定，发展环境保护事业、维护生态平衡属于公益目的，出资或者捐物设立信托，用于防止或清除环境污染，植树造林，采取措施防止沙漠化危害，科学处理工业废料和生活垃圾等致污物，进行环境保护方面的科学研究等。

7. 发展其他社会公益事业。由于公益事业的范围随着社会、经济的发展而变化，采用列举的办法确定公益事业的范围显然难以适应这种变化。为此用这种规定兜底，以便今后增加相应的公益目的。

二 公益信托的设立、变更和终止

（一）公益信托的设立

由于公益信托涉及社会公共利益，因此在设立程序上公益信托一般要严于私益信托，主要表现是公权力的介入。英美法系国家对公益信托的设立采取注册登记制，注册登记的功能在于公示和信托公益性证明，不登记不影响信托的生效。与英美法系的注册登记制不同，大陆法系国家公益信托的设立采取的是行政许可制，这种许可是指受托人承受该宗信托，而不是委托人设立公益信托进行的许可。在许可制下，未经许可不得设立公益信托。

我国《信托法》第62条规定，公益信托的设立和确定其受托人，应当经有关公益事业的管理机构（以下简称公益事业管理机构）批准。未经公益事业管理机构的批准，不得以公益信托的名义进行活动。公益事业管理机构对于公益信托活动应当给予支持。可见，我国公益信托的设立以公益事业管理机构的批准为前提条件。

（二）公益信托的变更

公益信托的变更包括主体的变更和内容的变更。一般情况下公益信托的受托人未经公益事业管理机构的批准,不得辞任。但如果公益信托受托人违反信托义务或者没有或丧失履行职责的,由公益事业管理机构变更受托人。

公益信托成立以后,发生设立信托时不能预见的情形,如存在可能导致公共利益的目的的实现存在障碍,公益事业管理机构可以根据信托目的,变更信托文件中的有关条款。

(三) 公益信托的终止

我国《信托法》没有专门规定公益信托终止的事由,故一般看来,与私益信托的终止事由相同。但在程序方面,终止公益信托有严格的要求。

1. 终止报告。《信托法》第 70 条规定,公益信托终止的,受托人应当于终止事由发生之日起 15 日内,将终止事由和终止日期报告公益事业管理机构。

2. 清算报告以及认可、核准和公告。我国《信托法》第 71 条规定,公益信托终止的,受托人作出的处理信托事务的清算报告,应当经信托监察人认可后,报公益事业管理机构核准,并由受托人予以公告。

3. 剩余信托财产的处理。公益信托终止清算完结后,其剩余财产转移给信托财产权利归属人,没有信托财产权利归属人或者信托财产权利归属人是不特定的社会公众的,根据《信托法》第 72 条规定,经公益事业管理机构批准,受托人应当将信托财产用于与原公益目的相近似的目的,或者将信托财产转移给具有近似目的的公益组织或者其他公益信托。

三 公益信托的监督管理

为保证公益信托的财产充分用于公益目的,各国法律规定了严格的监管制度。

(一) 公益信托监管机构

不同的国家设有不同的公益信托监管机构,美国信托法大多以各州检察代表受益人监督公益信托受托人执行监督职务,大陆法系国家,如日本、韩国的信托法则设计了不同的监督模式,即由委托人指定或者由法院选任信托管理人作为公益信托受益人的代表。

我国《信托法》第 64 条规定，公益信托应当设置信托监察人。信托监察人由信托文件规定。信托文件未规定的，由公益事业管理机构指定。信托监察人有权以自己的名义，为维护受益人的利益，提起诉讼或者实施其他法律行为。

（二）公益信托监管的内容

按照我国《信托法》的规定，公益信托的监管有以下内容。

1. 公益信托的许可。受托人接受公益信托，除信托文件约定外，须由公益事业管理机构的批准，未经批准，不得以公益信托的名义进行活动。

2. 受托人辞任许可。公益信托受托人如有正当理由或不得已的事由辞任，需经公益事业管理机构的批准，未经批准，不得辞任。

3. 变更信托条款。公益信托成立后，如果发生设立信托时不能预见的情形，公益事业管理机构可以根据信托目的，变更信托文件中的有关条款。

4. 变更受托人。公益信托的受托人违反信托义务或者无能力履行其职责的，由公益事业管理机构变更受托人。

5. 检查和报告。公益事业管理机构有权检查受托人处理公益信托事务的情况及财产状况。受托人应当至少每年一次作出信托事务处理情况及财产状况报告，经信托监察人认可后，报公益事业管理机构核准，并由受托人予以公告。

6. 核准清算报告。公益信托终止的，受托人作出的处理信托事务的清算报告，应当经信托监察人认可后，报公益事业管理机构核准，并由受托人予以公告。

第七节　信托业法律制度

一　信托业和信托业法

（一）信托业的概念

信托业是指经营信托业务的行业。我国银监会颁布的于 2007 年 3 月 1 日实施的《信托公司管理办法》第 2 条第 2 款规定，信托业务是指信托公司以营业和收取报酬为目的，以受托人身份承诺信托和处理信托事务的经营行为。

在我国，信托公司是根据《中华人民共和国公司法》和《信托公司管理办法》的规定设立的，主要经营信托业务的金融机构。作为信托受托人，除了是以法人组织的形式出现，并以获取报酬为目的外，信托公司开展信托业务与个人受托人并无区别，其功能仍然是受人之托，代人理财。因此从性质上说，信托公司是一种财产管理机构，以受托人身份承诺信托和处理信托事务，履行信托财产管理的职能；但是，信托公司又是一种金融机构，通过对信托资金的运用，融通了资金，从而发挥着金融机构的功能，属于金融机构的重要组成部分。我国以立法形式确立了信托业与银行业、证券业、保险业独立存在、分业管理的体制。

（二）信托业法

信托业由信托业法规范和调整。信托业法是信托法的重要组成部分，要从两个方面规范信托业。一是规范经营信托业的组织机构本身，对信托机构的设立、变更、终止等作出规定；二是规范信托业的业务活动，对信托机构的业务经营范围、经营规则、经营管理等活动作出规定。从性质上看，信托业法既有公法规范，也有私法规范；从内容上看，信托业法既有组织法规范，也有行为法规范。当前，我国调整信托业的法律规范，除《信托法》以外，主要是中国银监会2007年3月颁布的《信托公司管理办法》、《信托公司集合资金信托计划管理办法》和2010年7月颁布施行的《信托公司净资本管理办法》，以及中国银监会与国家外汇管理局2007年3月共同颁布的《信托公司受托境外理财业务管理暂行办法》等规章。

二 信托公司的设立、变更和终止

（一）信托公司的设立

对于具有金融机构性质的信托公司，各国信托法对其的设立一般都采取许可设立的方式，经信托主管机关批准后信托公司才能登记注册，开展信托业务。我国《信托公司管理办法》第7条规定，设立信托公司，应当经中国银行业监督管理委员会批准，并领取金融许可证。除法律法规另有规定的以外，任何单位和个人未经中国银行业监督管理委员会批准，不得在其名称中使用"信托公司"字样，亦不得经营信托业务。设立信托公司，应当采取有限责任公司或者股份有限公司的形式。

根据《信托公司管理办法》第 8 条规定，设立信托公司，应当具备下列条件：（1）有符合《公司法》和中国银行业监督管理委员会规定的公司章程；（2）有具备中国银行业监督管理委员会规定的入股资格的股东；（3）具有法定的最低限额的注册资本，《信托公司管理办法》规定，信托公司注册资本最低限额为 3 亿元人民币或等值的可自由兑换货币，注册资本为实缴货币资本；（4）有具备中国银行业监督管理委员会规定任职资格的董事、高级管理人员和与其业务相适应的信托从业人员；（5）具有健全的组织机构、信托业务操作规程和风险控制制度；（6）有符合要求的营业场所、安全防范措施和与业务有关的其他设施；（7）中国银行业监督管理委员会规定的其他条件。

中国银行业监督管理委员会依照法律法规和审慎监管原则对信托公司的设立申请进行审查，作出批准或者不予批准的决定；不予批准的，应说明理由。

（二）信托公司的变更和终止

1. 信托公司的变更。信托公司依法成立后，如有下列情形之一的，应当经中国银行业监督管理委员会批准：（1）变更名称；（2）变更注册资本；（3）变更公司住所；（4）改变组织形式；（5）调整业务范围；（6）更换董事或高级管理人员；（7）变更股东或者调整股权结构，但持有上市公司流通股份未达到公司总股份 5% 的除外；（8）修改公司章程；（9）合并或者分立；（10）中国银行业监督管理委员会规定的其他情形。

2. 信托公司的终止。（1）因解散而终止。信托公司出现分立、合并或者公司章程规定的解散事由，申请解散的，经中国银行业监督管理委员会批准后解散，并依法组织清算组进行清算。（2）因破产而终止信托公司不能清偿到期债务，且资产不足以清偿债务或明显缺乏清偿能力的，经中国银行业监督管理委员会同意，可向人民法院提出破产申请。（3）因被撤销而终止。信托公司有违法经营、经营管理不善等情形，不予撤销将严重危害金融秩序、损害公众利益的，由中国银行业监督管理委员会依法予以撤销。

信托公司终止时，其管理信托事务的职责同时终止。清算组应当妥善保管信托财产，作出处理信托事务的报告并向新受托人办理信托财产的移交。信托文件另有约定的，从其约定。

三 信托公司的业务经营范围

（一）信托业务

信托公司作为依法设立的主要经营信托业务的金融机构，其业务范围应由法律、法规所限定。

根据我国《信托公司管理办法》第16条的规定，我国信托公司能够经营下列部分或者全部本外币业务：（1）资金信托；（2）动产信托；（3）不动产信托；（4）有价证券信托；（5）其他财产或财产权信托；（6）作为投资基金或者基金管理公司的发起人从事投资基金业务；（7）经营企业资产的重组、购并及项目融资、公司理财、财务顾问等业务；（8）受托经营国务院有关部门批准的证券承销业务；（9）办理居间、咨询、资信调查等业务；（10）代保管及保管箱业务；（11）法律法规规定或中国银行业监督管理委员会批准的其他业务。

此外，信托公司可以根据《信托法》等法律法规的有关规定开展公益信托活动，还可以根据市场需要，按照信托目的、信托财产的种类或者对信托财产管理方式的不同设置信托业务品种。

（二）固有业务

信托公司的主要业务为信托业务，但作为金融机构，在法律规定的范围之内，也可开展固有业务。对此我国《信托公司管理办法》对信托公司的固有业务作出明确限定，一方面以保证其能够主要开展信托业务，另一方面也能使其在经营主业的前提下开展固有业务。

《信托公司管理办法》第20条规定，信托公司固有业务项下可以开展存放同业、拆放同业、贷款、租赁、投资等业务。投资业务限定为金融类公司股权投资、金融产品投资和自用固定资产投资。信托公司不得以固有财产进行实业投资，但中国银行业监督管理委员会另有规定的除外。另外，第21条规定，除中国银行业监督管理委员会另有规定之外，信托公司不得开展除同业拆入业务以外的其他负债业务，且同业拆入余额不得超过其净资产的20%。

《信托公司管理办法》还规定,信托公司可以开展对外担保业务,但对外担保余额不得超过其净资产的50%。信托公司开展固有业务,不得有向关联方融出资金或转移财产、关联方提供担保、以股东持有的本公司股权作为质押进行融资等行为。这些规定,是为了防止信托公司的固有财产的减少,避免因其过错使信托财产经营受损而无力赔偿的情况发生。

四 信托公司的经营规则

为保障委托人和受益人的利益得以充分实现,维护正常的信托市场秩序,各国信托业法都规定了信托公司应遵循的经营规则。我国《信托公司管理办法》专章规定了信托公司的经营规则。

1. 谨慎投资者规则。即信托公司必须履行像"任何一个谨慎人"管理处分自己的财产那样管理和处分信托财产。对此,我国《信托公司管理办法》第24条规定,信托公司管理运用或者处分信托财产,必须恪尽职守,履行诚实、信用、谨慎、有效管理的义务,维护受益人的最大利益。第26条规定,信托公司应当亲自处理信托事务。信托文件另有约定或有不得已事由时,可委托他人代为处理,但信托公司应尽足够的监督义务,并对他人处理信托事务的行为承担责任。第28条规定,信托公司应当妥善保存处理信托事务的完整记录,定期向委托人、受益人报告信托财产及其管理运用、处分及收支的情况。

2. 利益冲突防范规则。即信托公司不得从信托财产中获益,不得使自己处于与受益人利益相冲突的地位。《信托公司管理办法》第25条规定,信托公司在处理信托事务时应当避免利益冲突,在无法避免时,应向委托人、受益人予以充分的信息披露,或拒绝从事该项业务。

3. 保密规则。为了防止因信托行为致使委托人和所有人的隐私和商业秘密而受侵犯,《信托公司管理办法》第27条规定,信托公司对委托人、受益人以及所处理信托事务的情况和资料负有依法保密的义务,但法律法规另有规定或者信托文件另有约定的除外。违反了此规则,信托公司应当依法承担相应的责任。

4. 分别记账、分别管理规则。为了保障受益人的利益,避免信托财产与受托人的固有财产以及其他信托财产混同,《信托公司管理办法》第29条规定，信托公司应当将信托财产与其固有财产分别管理、分别记账，并将不同委托人的信托财产分别管理、分别记账。第30条规定，信托公司应当依法建账，对信托业务与非信托业务分别核算，并对每项信托业务单独核算。

5. 风险准备金规则。为了防止信托公司因违反信托文件和法律规定造成信托财产损失而无法赔偿，《信托公司管理办法》第49条规定，信托公司每年应当从税后利润中提取5%作为信托赔偿准备金，但该赔偿准备金累计总额达到公司注册资本的20%时，可不再提取。信托公司的赔偿准备金应存放于经营稳健、具有一定实力的境内商业银行，或者用于购买国债等低风险高流动性证券品种。

6. 禁止行为规则。除了履行命令性规则之外，信托公司开展业务活动，还应当遵守禁止性的行为规则。对于信托公司的固有业务，《信托公司管理办法》第33条规定的禁止性行为包括：（1）向关联方融出资金或转移财产；（2）为关联方提供担保；（3）以股东持有的本公司股权作为质押进行融资。对于信托公司的信托业务，《信托公司管理办法》第34条规定的禁止性行为包括：（1）利用受托人地位谋取不当利益；（2）将信托财产挪用于非信托目的的用途；（3）承诺信托财产不受损失或者保证最低收益；（4）以信托财产提供担保；（5）法律法规和中国银行业监督管理委员会禁止的其他行为。

五 信托业的监管

加强对信托业的监管是各国信托业法的一项重要内容。信托业的监管包括政府监管，即监管部门依照法律的授权，对信托业经营行为的合法性、合规性进行的监督和管理。如英国《银行法》和《金融服务业条例》授权英格兰银行和证券及投资委员会对法人信托投资机构实施监管，日本《信托业法》授权大藏省对信托投资机构实施监管。信托业监管是一个全局性的问题，既包括外部监管，又包括内部监管，因而信托业的监管不限于政府监管，在信托领域，信托公司自我约束和行业自律也发挥着重要作用。

信托业监管的目的是：保障委托人的合法权益，保持信托业的公平竞争，弥补信托公司自行管理的不足，建立和维持一个公平、有序和有效的信托市场。我国《信托公司管理办法》专章规定了信托公司的监管问题。

(一) 信托公司的自我约束和行业自律

1. 信托公司治理机制的监管。信托公司的组织形式为有限责任公司或股份有限公司，应当按照《公司法》的规定建立完善的公司治理结构。因此，信托公司应当建立以股东（大）会、董事会、监事会、高级管理层等为主体的组织架构，明确各自的职责划分，保证相互之间独立运行、有效制衡，形成科学高效的决策、激励与约束机制。

2. 信托公司的风险控制机制的监管。信托公司应当按照职责分离的原则设立相应的工作岗位，保证公司对风险能够进行事前防范、事中控制、事后监督和纠正，形成健全的内部约束机制和监督机制。

3. 信托公司内控机制的监管。信托公司应当按规定制定本公司的信托业务及其他业务规则，建立、健全本公司的各项业务管理制度和内部控制制度，并报中国银行业监督管理委员会备案。

4. 信托公司财务机制的监管。信托公司应当按照国家有关规定建立、健全本公司的财务会计制度，真实记录并全面反映其业务活动和财务状况。公司年度财务会计报表应当经具有良好资质的中介机构审计。必要时，信托公司在监管机构的要求下，提供由具有良好资质的中介机构出具的相关审计报告。

5. 行业自律。信托公司可以加入中国信托业协会，实行行业自律。行业协会有两大职能，一是协调会员之间的关系，二是监督会员的业务行为。中国信托业协会开展活动，应当接受中国银行业监督管理委员会的指导和监督。

(二) 政府监管

在我国，中国银行业监督管理委员会为信托业的监管部门，具体实施以下监督职责。

1. 对信托从业人员的管理监督。为保证信托业的健康发展，必须建立从业人员的管理制度。根据我国《信托公司管理办法》的规定，对信托从业人员的管理监督包括：（1）实行信托业务资格管理制度。中国银监会对符合条件的信托公司的信托从业人员，颁发信托从业人员资格证书；未取得信托从业人员资格证书的，不得经办信托业务。

(2) 对信托公司的董事、高级管理人员实行任职资格审查制度。未经中国银监会任职资格审查或者审查不合格的，不得任职。信托公司对拟离任的董事、高级管理人员，应当进行离任审计，并将审计结果报中国银监会备案。信托公司的法定代表人变更时，在新的法定代表人经中国银监会核准任职资格前，原法定代表人不得离任。（3）实行违法查处制度。信托公司的董事、高级管理人员和信托从业人员违反法律、行政法规或中国银行业监督管理委员会有关规定的，中国银监会有权取消其任职资格或者从业资格。

2. 对信托公司的经营行为的管理监督。中国银监会有权定期或不定期地对信托公司的经营活动进行检查，具体包括：（1）监督管理谈话。根据履行职责的需要，可以与信托公司董事、高级管理人员进行监督管理谈话，要求信托公司董事、高级管理人员就信托公司的业务活动和风险管理的重大事项作出说明。（2）行政处罚。信托公司违反审慎经营规则的，中国银监会责令限期改正；逾期未改正的，或者其行为严重危及信托公司的稳健运行、损害受益人合法权益的，可以区别情形，依据《中华人民共和国银行业监督管理法》等法律法规的规定，采取暂停业务、限制股东权利等监管措施。（3）信用危机的处置。信托公司已经或者可能发生信用危机，严重影响受益人合法权益的，中国银监会可以依法对该信托公司实行接管或者督促机构重组。（4）申请材料不实的处置。中国银监会在批准信托公司设立、变更、终止后，发现原申请材料有隐瞒、虚假的情形，可以责令补正或者撤销批准。

本章复习思考题

1. 什么是信托？信托在现代社会中有何作用？
2. 信托有哪些法律特点？
3. 信托法律关系中有哪些当事人？他们的权利义务如何？
4. 信托设立、变更、终止的法律规定是什么？
5. 信托公司的经营范围有哪些？
6. 信托公司的经营规则有哪些？
7. 对信托业为什么要进行监管？如何进行监管？
8. 公益信托的社会价值如何？

专著推荐

1. 王巍、王连洲：《信泽金智库系列丛书：金融信托投融资实务与案例》，经济管理出版社 2013 年版。
2. 王巍：《房地产信托投融资实务及典型案例》，经济管理出版社 2012 年版。
3. 何宝玉：《信托法原理与判例》，中国法制出版社 2013 年版。
4. 文杰：《信托法专题研究》，中国社会科学出版社 2012 年版。
5. 赵磊：《公益信托法律制度研究》，法律出版社 2008 年版。

相关链接

1. 法律法规链接

《中华人民共和国信托法》、《中华人民共和国民法通则》、《中华人民共和国合同法》、《中华人民共和国公司法》、《中华人民共和国物权法》、《中华人民共和国证券投资基金法》、《信托公司管理办法》、《信托公司集合资金信托计划管理办法》、《信托公司净资本管理办法》、《信托公司受托境外理财业务管理暂行办法》。

2. 网络信息链接

第 1 信托网　http：//www.dyxtw.com/news/2013071216161.html

3. 相关事例链接

信托法的修订[①]

著名金融信托基金专家、国际金融投资家联合会执行主席孙飞认为：信托法需统一顶层设计制度，大信托势在必行。

银行、证券公司等金融机构都在做类似信托的业务，但这部分业务是否应当受信托法规范？专家认为，信托法需要建立一个统一的顶层设计制度，以更好地对所有与信托有关的业务进行规范。

2013 年 7 月有消息称，受全国人大财经委委托，信托业协会组织相关机构对信托法修订进行摸底调研。"此番修订的初衷是，2001 年颁

[①] 《法治周末》2013 年 7 月 30 日记者蔡长春。

布信托法需要进行修正与完善，以更好地适应中国经济社会的发展"，著名金融信托基金专家孙飞在接受《法治周末》记者采访时表示。而新湖财富客户经理王森也告诉《法治周末》记者："目前信托业的发展需要更加完善的法律支持，修订后的信托法应该对行业提供更加完善的政策支持与引导，为信托行业创造一个更加宽松自由的市场环境。"而这场跨越多省市、多部门联动的信托法修法，一个主要的宗旨就在于，让已经实施了12年的信托法能够适应当下的市场需求。《法治周末》记者在采访中了解到，目前修法的焦点在于——如何使与信托相关的资产管理业务，能够纳入到信托法中进行统一规范。此外，相关配套制度——信托登记制度、公益信托等也应继续进行完善。

"接连两届人大都有很多代表联名提议修改信托法的配套制度，此次调研正是主动去配合推进此项工作的进行。"曾经的信托法起草小组成员、中国人民大学信托与基金研究所所长周小明告诉《法治周末》记者。

信托发展的掣肘

据新湖财富客户经理王森介绍，截至2013年6月底，信托业的资产规模估计已达9.7万亿元。可以说信托业在不到10年的时间里，经历了爆发式的增长。而在信托业发展变化的同时，与其相关的法规却一直沿用至今。据记者了解，现行的《信托法》于2001年10月1日实施。虽然之后相继颁布了《信托投资公司管理办法》和《信托投资公司资金信托业务管理暂行办法》，但这依然不能适应中国信托行业的爆发式发展。安徽省银监局局长陈琼就曾撰文称："10多年前制定的信托法缺乏应有的完整性和可操作性。"孙飞也认为，信托法在诞生之初的原创性缺陷很明显，主要在于：信托工商登记不明确、信托税制安排缺失、信托业未界定、信托统一交易平台未构建、跨境外汇信托未开展、公益性信托未推动、民事信托未发展等。而相比于信托业法规一直未修订的现状，证券、基金、保险等行业的相关法律法规都在不断地完善当中。

2012年以来，证监会、保监会针对资产管理市场密集出台一系列的新政，证券、基金、保险、期货甚至私募基金被赋予以信托公司经营信托业务、开展与信托公司同质化的资产管理业务的权限。这样一来，信托公司的业务无形中遭遇了强大的冲击。一位不愿透露姓名的信托工作人员向《法治周末》记者透露，许多银行、基金公司等金融机构都在做类似于信托的资产管理业务。而更让他不解的是，在业务准入、投资者条件等方面，根据现行信托法规定，单纯的信托业相比于银行、基金等金融机构从事的信托，在管理上往往显得更严格。

"当很多政策还不是很明确的时候，做起事情来往往会掣肘。"上述匿名人士表示，"比如信托公司管理的资产要受注册资本的限制，而金融机构的基金子公司则不受这方面的限制。"

中国政法大学民商经济法学院教授、商法研究所所长王涌告诉《法治周末》记者："一直以来，全国人大都没有明确地将信托法修法纳入到其议程中去，而此次信托法修法调研可以说就是一种自下而上的推动。"

是否该有"大信托"概念

王涌表示，中国信托法颁布之后，产生了很多问题，其中最主要的集中在两方面：一方面是民法法系固有的概念与信托法的冲突问题；另一方面是立法中一些概念、条文的含义不清，使得模糊领域的存在，一直影响中国信托法的应用。

对于其他金融机构也从事信托业务的现状，王涌认为，与信托相关的资产管理业务应该全部纳入到信托法中统一规范。王涌表示，根据我国法律的规定，金融行业这是要分业经营管理的，信托只能由信托公司来从事。而商业银行、证券公司等从事的理财产品业务，其本质上就是信托。而为了规避分业经营，它们通常美其名曰"委托"或"理财"服务。

根据现行法律规定，信托行业募集资金必须是以私募形式进行，即以合格的投资者这样一个概念来进行界定，每个投资者的投资金额应在100万元以上。而其他金融机构推出的类似信托的产品，采用的则是公募形式，因此对投资人的合格性要求并不是很高。王涌进一步解释称，不用信托法律来规制这些理财产品，就会导致很多问题。比如，一些理财产品广泛地采用公募形式，对投资人资格又没有严格的限定，因此往往识别不到一些潜在的风险。此外，信托财产本身具有独立性，可以在破产和法律执行中受到保护，但其他一些理财产品则不具有这种优势。从这两个角度来看，对投资人的利益影响会很大。

"信托法需要建立一个统一的顶层设计制度，以更好地对整个资产管理行业进行规范。"孙飞告诉《法治周末》记者，"此番如果对信托法进行修订，可能对此会有所突破"。不能仅仅是一部信托法。信托法从完整意义上来说，应包括信托行为法和信托业法两个部分，而我国信托法却将信托业排除在其调整范围之外，对于当时为何作出这样一个设定，孙飞有着自己独到的看法。

在孙飞看来，当时那样做是为了留下空间，逐步探索信托业的发展模式、监管系统、业务流程等，以便未来完善修订充实信托法。

"信托法律制度是一个体系，不是光靠一部信托法就能完成的，它也不能代替整个信托法律制度体系的完善，其他相应配套制度也要相应地进行推进。"周小明告诉《法治周末》记者。

周小明给记者举例道，比如信托的税收制度，它可能不会在信托法里得到体现，但是这个制度也是很重要的，整个信托法律体系的建立需要很多层面的法律法规来配套完成。

此外，周小明告诉《法治周末》记者，当年制定的信托法本身在信托关系层面有很多不够完善的地方，还有很多的配套制度也没有到位，比如信托登记制度、公益信托等。

他进一步解释道，目前来讲，信托登记制度还没有配套的东西，而公益信托实际上也是信托发挥其社会功能的一个很重要的渠道，但在审批上，这些规定都还不是很明确，配套政策也不清晰，这样自然就影响到了信托应有作用的正常发挥。

"信托法修改很重要的一点就是把信托业制度加以完善，其中包括信托机构、信托业务怎么界定等。"周小明表示，"我们觉得凡是具有信托本质的资产管理业务都应该纳入信托政策的调整范围"。

"钱荒"使信托受益权受关注[①]

银行6月末"钱荒"带来的影响仍在沉淀。在种种说法中，银行将

[①] 第1信托网（http://www.dyxtw.com/news/2013071216161.html）。

大量理财资金甚至自有资金投资信托受益权并导致季末流动性短缺，普遍被认为是这场"钱荒"发生的导火索。随着越来越多的上市银行披露2013年半年报，我们也终于可以透过确切的数据，一窥"低调"的信托受益权如何引发银行业的"大震动"。

截至昨日（2013年8月20日），上市银行中已经有招商银行、兴业银行、浦发银行和华夏银行公布了2013年半年报。除华夏银行在半年报中未明确列示投资信托受益权的情况外，其余三家上市银行均在年报中列出了投资信托受益权的部分资料。其中，在业内较早开展"投资信托受益权"业务的兴业银行，由于2012年年底的余额较多，今年上半年投资信托受益权的增长幅度相对并不大；而招商银行上半年则成"后起之秀"，仅在"买入返售金融资产"项下，其截至今年6月30日的信托受益权规模便达到1038.11亿元，与去年年底相比增加了逾6倍。

信托受益权引发银行业震动

2013年6月20日，银行间隔夜拆借利率飙升578个基点至13.44%，甚至有传闻称最高时曾达到30%。这场"钱荒"的导火索，普遍被认为是商业银行为规避贷款管控，利用同业业务拆短贷长、变相放贷。而"信托受益权"是银行同业业务中最终投向比例最高的类型。商业银行由于流动性管理失误，以及错误地预估了央行政策等因素，出现了流动性不足，并导致银行拆借市场利率飙升。

"钱荒"使得信托受益权浮出水面，事实上，银行投资信托受益权以规避信贷管控并非新鲜事物。在利率双轨制下，商业银行利用理财资金或自有资金表外放贷冲动强烈。资料显示，起步较早的兴业银行，2012年底可供出售金融资产、买入返售金融资产以及应收款项类投资三项会计科目下，投资以信托受益权为主的资产规模约为5300亿元，而这些资产也为兴业银行带来了非常可观的收益。事实上，监管层早已注意到商业银行这种不寻常的投资方式，2013年底便有消息爆出，监管部门正对银行投资信托受益权进行窗口指导。2013年年初银监会颁布的"8号文"，对银行理财资金投资非标资产规定了具体的比例限制，之后银行进一步探索引入自有资金规避监管。但是表外贷款的较高利差吸引，使得银行难以停下脚步。

规模降低是大势所趋

"钱荒"对银行的业绩也产生了一定影响。招商银行指出，市场流动性紧张事件在预期之中，但恶化程度和持续时间超出了公司预期，因此公司也受到一定冲击。

对于信托公司来讲，6月底的"钱荒"使得信托公司再一次对通道业务做出审视。上市银行在自身流动性紧张的条件下从信托计划中大量撤出资金，使信托公司看似稳健的流动性遭受极大冲击。

有信托公司人士对《证券日报》记者指出，自从"钱荒"以来，公司提出了新的发展规划，拟改进与商业银行的合作，其中一点便是降低与商业银行在信托受益权买入方面的合作。"这种合作的方法，信托计划的流动性很大程度上由银行把握，不符合公司风控的标准，我们降低与银行在此方面的合作，也是对自身业务负责的做法。"

随着未来利率市场化的逐步推进，大部分信托公司认为，信托公司的收益率优势降低，需要信托公司加强主动管理能力，向投资方向转型而非目前的"类信贷"业务。与商业银行的这一类"通道"业务的生存空间将逐渐被稀释，其业务余额长远来看逐步降低是大势所趋。

本章参考文献

［1］刘定华主编：《金融法教程》，中国金融出版社2010年版。

［2］刘少军主编：《金融法概论》，中国政法大学出版社2005年版。

［3］殷少平编：《金融法》，中国人民大学出版社2005年版。

［4］朱崇实主编：《金融法教程》，法律出版社2005年版。

［5］韩龙主编：《金融法》，清华大学出版社、北京交通大学出版社2008年版。

［6］周晓明：《信托制度比较研究》，法律出版社1996年版。

［7］周玉华主编：《信托法学》，中国政法大学出版社2001年版。

第十四章 融资租赁法律制度

本章内容提要：融资租赁作为一种较信贷更为便利的融资方式，为现代金融体系注入了新鲜血液，但融资租赁在我国毕竟尚未完全成熟。本章以融资租赁在金融学和法学中的概念、融资租赁与金融信贷的比较、融资租赁与租赁的比较，以及对金融租赁公司的监管，融资租赁合同在合同法学中的概念、特征，三方当事人的权利和义务等内容为论述重点，以期通过上述内容的介绍分析和阐述，让学生对融资租赁法律制度有一个较为清晰的把握，进而进一步理解融资租赁制度在市场经济条件下的作用以及必要性。

关键词：融资租赁 金融信贷 经营性租赁 金融租赁公司 融资租赁合同 多务合同 售后回租

第一节 融资租赁概述

一 融资租赁概述

(一) 融资租赁的概念

融资租赁属于金融学和民商法学上的一项重要制度，是市场经济发展到一定程度的产物，其最初产生于二战后的美国，战后美国的许多企业在大批设备需要更新时，资金需求较大，商业银行无法及时按照信贷流程办理贷款，满足其需求，融资租赁应运而生。[1]

而在商法学上融资租赁则是一种社会关系。它是指"出租人依据承

---

[1] 参见马丽娟主编《信托与融资租赁》，首都经济贸易大学出版社2013年版，第164—165页。

租人对出卖人、租赁物的选择,向出卖人购买租赁物后出租给承租人使用,承租人支付租金,并且实质上出租人将与租赁物所有权有关的全部风险和报酬移转给承租人,但是,租赁物的所有权最终可能从出租人转移给承租人,也可能不转移给承租人的一种租赁"。① 当然从不同的法律法规及不同的行业规则的规定来看,融资租赁也有不同的概念②,本书在此不再一一赘述。

(二) 融资租赁的特征

1. 融资租赁的主要目的在于实现由承租人获取对租赁物的使用权或所有权。出租人提供融资服务,向出卖人购买承租人所需的指定的租赁物,之后按照约定的期间到来,在承租人付清所有租金时,由承租人取得租赁物的所有权或使用权。因此,融资租赁是为缺乏资金而又准备扩大规模的中小企业提供了一条较银行信贷更为便捷的融资途径。

2. 融资租赁关系由三方当事人构成。融资租赁不同于一般的租赁合同,租赁合同只存在两方当事人即出租人和承租人;而融资租赁则有三方当事人,即出租人、承租人和出卖人。

3. 融资租赁中,出租人具有法定性和营利性。具有一定的法定性,是指出租人一般须为法律法规规定的依法批准设立的金融租赁公司方可开展融资租赁业务。同时,融资租赁的出租人通过与承租人签订融资租赁合同开展融资租赁业务,由出租人按照承租人的指示,购买设备,承租人分期缴纳租金,该笔租金相当于租赁物分期的本金和出租人融资及其费用的成本(相当于利息),一般要高于分期的租金,在承租人分期租金付清前,出租人为租赁物的所有权人。因此,出租人开展融资租赁主要以营利为目的。

二 融资租赁与相近制度的比较

(一) 融资租赁与金融信贷

金融信贷,又称为银行信贷,指银行通过对企业的信用进行审查,

---

① 李中华:《融资租赁运作实务与法律风险防范》,法律出版社2012年版,第1页。
② 如我国《民用航空法》第27条、《合同法》第237条、中国银监会颁行的《金融租赁公司管理办法》第3条第1款、国务院商务部颁行的《外商投资租赁业管理办法》第5条第2款等都对融资租赁进行了定义。

向企业提供贷款,按法律规定的利率幅度收取利息,由企业按照约定的用途对该笔贷款进行使用的经济制度。融资租赁在提供资金和收取利息方面与银行信贷有相同之处,但二者却有着质的区别。

1. 法律关系不同。融资租赁一般是通过签订融资租赁合同和买卖合同来实现;而金融信贷一般是通过贷款人与债权人签订的借款合同来实现。二者之间法律关系的类型完全有别。

2. 当事人不同。银行信贷的当事人为商业银行和对资金需求的企业。银行信贷的贷款方一般为依法成立的商业银行,而借款方为有资金需求的其他企业;融资租赁的当事人一般为三方,即出租人、承租人和出卖人。

3. 标的不同。银行信贷的标的为不特定的货币。而融资租赁的标的则为特定化了的机器设备及出租人所获取的租金。

(二) 融资租赁与租赁

在金融学上,租赁又被称为经营租赁。租赁是最常见的一种移转占有租赁物使用权,而获取租金的方式。在我国合同法上,租赁合同作为有名合同,成为我国民法制度中以及合同制度中比较重要的内容之一。融资租赁和租赁都具有将租赁物的使用权交付承租人使用,出租人定期收取租金的特点。但二者毕竟又有着重大区别。

1. 法律性质不同。融资租赁合同是融合了买卖合同和租赁合同,但不等用于买卖合同和租赁合同的简单相加,因此存在三方当事人,即出卖人、出租人、承租人。租赁合同只存在两方当事人,即出租人和承租人;且租赁合同只存在出租人将租赁物交付承租人使用,承租人按约定期限交付租金一种法律关系。

2. 经济性质不同。融资租赁从金融学上而言,属于金融行业,在金融业中属于银行业的分支,与银行信贷处于并列的地位。租赁属于一般的商业领域,与买卖、加工承揽属于同种经济性质。

3. 期限和标的物不同。融资租赁的租赁期限一般较长,但法律没有明文禁止最长期限;而租赁的期限较短,合同法明文规定,租赁期限最长不得超过20年。融资租赁的标的物一般为动产性资产,而租赁的标的物既可以为动产也可以为不动产,如房屋、土地使用权等。

4. 租赁期满后租赁物的处理方式不同。租赁期满后,融资租赁合同可以按约定，或者由承租人和出租人协商确定租赁物的所有权归属；但租赁合同中，期限届满后，出租人有权收回租赁物，因此不存在租赁物所有权归属的问题。

第二节 金融租赁公司

一 金融租赁公司概述

(一) 金融租赁公司市场准入的必要性及模式

从宏观上而言，融资租赁合同的订立、履行及其后产生的纠纷争议的解决对一国的金融体系都具有间接而深刻的影响。因此，各国对经营融资租赁业务的出租人的市场准入资格都加以限制，设定比经营普通业务的公司条件较高的准入门槛，从宏观上规范融资租赁业务的市场秩序。

我国也不例外。就法律规范而言，除了《公司法》以外，调整金融租赁公司行为和组织的规范主要为中国银行业监督管理委员会（以下简称银监会）2007年颁布实施的《金融租赁公司管理办法》（以下简称《管理办法》）。设立、变更、解散金融租赁公司必须符合公司法及该管理办法的规定。

我国经营融资租赁业务中的出租人只能为金融租赁公司，对金融租赁公司的设立审批、日常监督管理机关为银监会。

因此，我国对金融租赁公司的设立采取的是严格的核准主义设立模式。

(二) 金融租赁公司的概念及形式

根据银监会颁布的《管理办法》第2条规定，金融租赁公司是指经银监会批准，以经营融资租赁业务为主的非银行金融机构。因此融资租赁的出租人必须为依照公司法及相关法律法规章设立并取得融资租赁经营许可的公司制法人——有限责任公司和股份有限公司。

二 金融租赁公司的设立

(一) 金融租赁公司设立的条件

申请设立金融租赁公司应具备下列条件：(1) 出资人须符合规定；

（2）最低注册资本为1亿元人民币或等值的自由兑换货币，注册资本须为实缴货币资本；（3）具有符合公司法和金融租赁公司管理办法规定的章程；（4）具有符合中国银监会规定的任职资格条件的董事、高级管理人员和熟悉融资租赁业务的合格从业人员；（5）具有完善的公司治理、内部控制、业务操作、风险防范等制度；（6）具有合格的营业场所、安全防范措施和与业务有关的其他设施；（7）中国银监会规定的其他条件。

（二）金融租赁公司的出资人资格

根据《管理办法》第8条的规定，金融租赁公司的出资人分为主要出资人和一般出资人。主要出资人是指出资额占拟设金融租赁公司注册资本50%以上的出资人。一般出资人是指除主要出资人以外的其他出资人。

设立金融租赁公司，应由主要出资人作为申请人向银监会提出申请。

1. 中国境内外注册的具有独立法人资格的商业银行作为主要出资人的，还应具备以下条件：（1）资本充足率符合注册地金融监管机构要求且不低于8%；（2）最近1年年末资产不低于800亿元人民币或等值的自由兑换货币；（3）最近2年连续盈利；（4）遵守注册地法律法规，最近2年内未发生重大案件或重大违法违规行为；（5）具有良好的公司治理结构、内部控制机制和健全的风险管理制度；（6）中国银监会规定的其他审慎性条件。

2. 中国境内外注册的租赁公司作为主要出资人的，还应具备以下条件：（1）最近1年年末资产不低于100亿元人民币或等值的自由兑换货币；（2）最近2年连续盈利；（3）遵守注册地法律法规，最近2年内未发生重大案件或重大违法违规行为。

3. 在中国境内注册的、主营业务为制造适合融资租赁交易产品的大型企业作为主要出资人的，还应具备以下条件：（1）最近1年的营业收入不低于50亿元人民币或等值的自由兑换货币；（2）最近2年连续盈利；（3）最近1年年末净资产率不低于30%；（4）主营业务销售收入占全部营业收入的80%以上；（5）信用记录良好；（6）遵守注册地法律法规，最近2年内未发生重大案件或重大违法违规行为。

金融租赁公司一般出资人应符合银监会投资入股金融机构相关规定。

(三) 金融租赁公司的筹建与开业

金融租赁公司的设立需经过筹建和开业两个阶段。申请人提交的申请筹建、申请开业的资料,以中文文本为准。资料受理及审批程序按照银监会有关行政许可事项实施规定执行。

1. 金融租赁公司的筹建

申请筹建金融租赁公司,申请人应当提交下列文件:(1) 筹建申请书,内容包括拟设立金融租赁公司的名称、注册所在地、注册资本金、出资人及各自的出资额、业务范围等;(2) 可行性研究报告,内容包括对拟设公司的市场前景分析、未来业务发展规划、组织管理架构和风险控制能力分析、公司开业后3年的资产负债规模和盈利预测等内容;(3) 拟设立金融租赁公司的章程(草案);(4) 出资人基本情况,包括出资人名称、法定代表人、注册地址、营业执照复印件及营业情况以及出资协议。出资人为境外金融机构的,应提供注册地金融监管机构出具的意见函;(5) 出资人最近2年经有资质的中介机构审计的年度审计报告;(6) 中国银监会要求提交的其他文件。

2. 金融租赁公司的开业

金融租赁公司筹建工作完成后,应向银监会提出开业申请,并提交下列文件:(1) 筹建工作报告和开业申请书;(2) 境内有资质的中介机构出具的验资证明、工商行政管理机关出具的对拟设金融租赁公司名称的预核准登记书;(3) 股东名册及其出资额、出资比例;(4) 金融租赁公司章程。金融租赁公司章程至少包括以下内容:机构名称、营业地址、机构性质、注册资本金、业务范围、组织形式、经营管理和中止、清算等事项;(5) 拟任高级管理人员名单、详细履历及任职资格证明材料;(6) 拟办业务规章制度和风险控制制度;(7) 营业场所和其他与业务有关设施的资料;(8) 中国银监会要求的其他文件。

三 金融租赁公司的业务范围

经银监会批准,金融租赁公司可经营下列部分或全部本外币业务:

(1) 融资租赁业务；(2) 吸收股东 1 年期（含）以上定期存款；(3) 接受承租人的租赁保证金；(4) 向商业银行转让应收租赁款；(5) 经批准发行金融债券；(6) 同业拆借；(7) 向金融机构借款；(8) 境外外汇借款；(9) 租赁物品残值变卖及处理业务；(10) 经济咨询；(11) 中国银监会批准的其他业务。但商业银行作为出资人的金融租赁公司，不得吸收银行股东的存款。

四　金融租赁公司的变更、解散和破产

金融租赁公司变更、解散或破产的，除了应当符合公司法、破产法的相关规定外，还应符合《管理办法》规定的特殊要求。

（一）金融租赁公司的变更

金融租赁公司有下列变更事项之一的，须报经银监会批准：(1) 变更名称；(2) 改变组织形式；(3) 调整业务范围；(4) 变更注册资本；(5) 变更股权；(6) 修改章程；(7) 变更注册地或营业场所；(8) 变更董事及高级管理人员；(9) 合并与分立；(10) 中国银监会规定的其他变更事项。

（二）金融租赁公司的解散

金融租赁公司有以下情况之一的，经银监会批准后可以解散：(1) 公司章程规定的营业期限届满或者公司章程规定的其他解散事由出现；(2) 股东（大）会决议解散；(3) 因公司合并或者分立需要解散；(4) 依法被吊销营业执照、责令关闭或者被撤销；(5) 其他法定事由。

（三）金融租赁公司的破产

金融租赁公司不能清偿到期债务，并且资产不足以清偿全部债务或者明显缺乏清偿能力的，银监会可以向人民法院提出对该金融租赁公司进行重整或者破产清算的申请。

金融租赁公司有以下情形之一的，经银监会批准，可向法院申请破产：(1) 不能支付到期债务，自愿或其债权人要求申请破产的；(2) 因解散或被撤销而清算，清算组发现该金融租赁公司财产不足以清偿债务，应当申请破产的。

第三节　融资租赁合同法律制度

一　融资租赁合同概述

(一) 融资租赁合同的概念

融资租赁活动的开展，是通过融资租赁合同的订立和履行来进行的，因此，融资租赁合同处于融资租赁活动的核心。融资租赁合同从狭义上而言属于民商法的合同类型之一。

根据我国合同法的规定，融资租赁合同是指出租人（即金融租赁公司）、承租人约定，出租人根据承租人对出卖人、租赁物的选择，向出卖人购买租赁物，提供给承租人使用，承租人向出租人支付租金的合同关系。从性质上而言，融资租赁合同属于商事合同范畴。

(二) 融资租赁合同的特征

1. 融资租赁合同属于多务合同

融资租赁合同属于买卖合同与租赁合同的混合，却又不同于上述两个合同。融资租赁合同当事人包括出租人、承租人、出卖人，出租人对承租人负有依承租人的指示，向出卖人支付租赁物货款并提供租赁物与承租人使用的义务；承租人负有按合同约定按期交纳租金并合理使用租赁物的义务；出卖人负有向承租人交付租赁物的义务。因此，融资租赁合同属于多务合同。

2. 融资租赁合同属于有偿合同

融资租赁合同中，出卖人获得租赁物的价款，须向承租人交付租赁物；承租人获得租赁物的使用权，须向出租人交纳租金；出租人获得租赁物的所有权，须向出卖人付清租赁物的价款。综上，融资租赁合同属于有偿合同。

3. 融资租赁合同属于要式合同

根据《合同法》第 238 条的规定，融资租赁合同的订立须采用书面形式。因此，融资租赁合同属于要式合同。

4. 融资租赁合同主体的特殊性

融资租赁合同的主体包括出租人、承租人和出卖人。出租人按照我国法律法规的规定必须为依法成立取得金融租赁经营许可的公司法人，因此出租人只能为金融租赁公司（参见本章第二节"金融租赁公司"）。

5. 融资租赁合同的标的物为动产类的固定资产

根据相关规章的规定，融资租赁合同的标的物一般为动产，不动产以及无形资产不能作为融资租赁合同的标的物。

二　融资租赁合同三方当事人的权利和义务

（一）出租人的权利和义务

1. 按照承租人的要求，与出卖人订立买卖租赁物并向出卖人支付价金的义务。租赁物的购买应当符合融资租赁合同中承租人的选择要求，由出租人作为买受人向出卖人购买租赁物，并支付价金。

2. 不得任意变更买卖合同的义务。买卖合同由出租人与出卖人订立，但该买卖合同订立的目的在于使承租人能够占有符合其要求的租赁物，实现融资租赁合同。因此，该买卖合同中，出租人未经承租人同意，不得变更出卖人、租赁物等合同内容（参见《合同法》第241条）。

3. 对租赁物的所有权。出租人与出卖人订立买卖合同后，出卖人向承租人交付租赁物后，出租人对该租赁物享有所有权。

4. 对承租人收取租金的权利。按照融资租赁合同的约定，承租人应按期向出租人交纳租金，出租人以营利为目的，因此租金总和一般会高于租赁物的实际价值，并加算出租人的利润及相关费用确定。

5. 对租赁物的取回权。在承租人破产或解散后，租赁物不属于承租人的财产，出租人享有取回租赁物的权利（参见《合同法》242条）。

6. 租赁物不符合约定或者不符合使用目的的，出租人应负违约责任。若租赁物的选择是依赖出租人的技能或干预来确定，则租赁物选择不符合约定或使用目的的，则出租人应依据融资租赁合同承担违约责任。

（二）出卖人的权利和义务

1. 向承租人交付租赁物的义务。出卖人根据与出租人签订的买卖合同，负有向承租人交付租赁物的义务。

2. 向出租人请求交付价金的权利。根据出卖人与出租人签订的买卖合同，若出租人未向出卖人交付租赁物价金的，出卖人享有向出租人请求交付价金的权利。

3. 对租赁物的瑕疵担保义务。根据买卖合同，出卖人对其交付的租赁物负有瑕疵担保义务，但若出现瑕疵的，出卖人应对出租人承担违约责任。同时，若出租人与承租人约定了对瑕疵请求赔偿责任请求权可以由承租人行使的，则承租人可以对出卖人请求瑕疵损害或瑕疵违约责任，出租人当予以协助（参见《合同法》第240条）。

（三）承租人的权利和义务

1. 向出租人支付租金的义务。依据承租人与出租人签订的融资租赁合同，承租人应按期向出租人支付约定的租金。租人经催告后在合理期限内仍不支付租金的，出租人可以要求支付全部租金；也可以解除合同，收回租赁物。

2. 妥善保管、使用租赁物的义务。租赁物的所有权属于出租人，因此承租人只享有对租赁物占有使用的权利，对租赁物应妥善保管使用。

3. 租赁物的维修义务。租赁物是出租人所有之物，因此，根据租赁合同，若出租人与承租人双方没有特殊约定的，出租人负有对租赁物的维修义务。但在融资租赁合同中，若无特殊约定的，应当由出租人对租赁物负维修义务。

4. 租赁物侵权的损害赔偿责任。承租人占有租赁物期间，租赁物造成第三人的人身伤害或者财产损害的，出租人不承担责任，由承租人承担侵权损害赔偿责任。

5. 租赁物的返还义务。租赁期满后，出租人和承租人对租赁物的归属没有约定或者约定不明确，租赁物的所有权归出租人，承租人应负租赁物的返还义务。

三 售后回租

（一）售后回租的概念

根据《管理办法》第4条的规定，售后回租是指承租人将自有物件出卖给出租人，同时与出租人签订融资租赁合同，再将该物件从出租人处租回的融资租赁形式。售后回租是融资租赁中一种比较特殊的业务类型，其中承租人和出卖人（供货人）为同一人。同时，售后回租为供货人融通资金提供了一条便利的渠道，也为出租人的业务扩展增添了新的方式。

（二）售后回租的特征

1. 售后回租的出卖人与承租人为同一人

典型的融资租赁合同（又称为直接租赁）中，合同主体为三方当事人，出卖人和承租人分别为供方和需方，但在售后回租中，出卖人和承租人实际为同一人，这有别于典型的融资租赁合同。

2. 售后回租属于占有改定

售后回租从动产物权的交付而言，属于占有改定。由出卖人将物的所有权移转于买方（出租人即金融租赁公司），但实际并未交付，而由出卖人继续占有该物。

3. 售后回租为租赁物生产企业较为常用的融资方式之一

租赁物生产企业可以将自有的物加以使用，但无法较快地获得经营资金；为获得经营资金，企业可以通过售后回租的方式，将该物出卖给金融租赁公司，较快地获得流动性经营资金，同时通过对该物的占有使用，获得利润向金融租赁公司交纳租金，因此，售后回租业务成为租赁物生产企业较为常用的融资方式之一。

（三）法律对售后回租的特别限制

售后回租业务具有较典型的融资租赁合同的特殊性，但其仍然属于融资租赁合同的一个分支，因此除法律法规规章对其作出的特殊限制外，其基本法律特征及出租人和承租人的法律关系、权利义务仍然与典型的融资租赁合同相同。

依据《管理办法》的规定，售后回租业务有如下特殊限制和要求。

1. 租赁物所有权及负担的特殊要求。售后回租业务的标的物必须由承租人真实拥有并有权处分。金融租赁公司不得接受已设置任何抵押、权属存在争议或已被司法机关查封、扣押的财产或其所有权存在任何其他瑕疵的财产作为售后回租业务的标的物。金融租赁公司应真实取得相应标的物的所有权。

2. 售后回租业务中，金融租赁公司对标的物的买入价格应有合理的、不违反会计准则的定价依据作为参考，不得低值高买。

第四节　融资租赁的监督管理

根据《管理办法》的规定，我国对融资租赁的监管主要体现为对金融租赁公司的管理和监督。

一　金融租赁公司的业务经营规则要求

（一）公司治理的要求

《管理办法》第25条规定，金融租赁公司的公司治理应当建立以股东（大）会、董事会、监事会、高级管理层等为主体的组织架构，明确各自之间的职责划分，保证相互之间独立运行、有效制衡，形成科学、高效的决策、激励和约束机制。

（二）内部控制的要求

《管理办法》第26条规定，金融租赁公司应当按照全面、审慎、有效、独立的原则，建立和健全内部控制制度，并报银监会或其派出机构备案。

（三）对关联交易的要求

《管理办法》第27、28、29、30条分别对关联交易作了规定。

金融租赁公司的关联交易应当按照商业原则，以不优于对非关联方同类交易的条件进行。

金融租赁公司应当制定关联交易管理制度，具体内容应当包括：（1）董事会或者经营决策机构对关联交易的监督管理；（2）关联交易控制委员会的职责和人员组成；（3）关联方的信息收集与管理；（4）关联方的报告与承诺、识别与确认制度；（5）关联交易的种类和定价政策、审批程序和标准；（6）回避制度；（7）内部审计监督；（8）信息披露；（9）处罚办法；（10）银监会要求的其他内容。

金融租赁公司的重大关联交易应经董事会批准。重大关联交易是指金融租赁公司与一个关联方之间单笔交易金额占金融租赁公司资本净额5%以上，或金融租赁公司与一个关联方发生交易后金融租赁公司与该关联方的交易余额占金融租赁公司资本净额10%以上的交易。金融租赁公司董事会、未设立董事会的金融租赁公司经营决策机构及关联交易控制委员会对关联交易进行表决或决策时,与该关联交易有关联关系的人员应当回避。

二 金融租赁公司的各类监管指标要求

《管理办法》第 35 条规定,金融租赁公司应遵守以下监管指标:(1) 资本充足率。金融租赁公司资本净额不得低于风险加权资产的 8%;(2) 单一客户融资集中度。金融租赁公司对单一承租人的融资余额不得超过资本净额的 30%。计算对客户融资余额时,可以扣除授信时承租人提供的保证金;(3) 单一客户关联度。金融租赁公司对一个关联方的融资余额不得超过金融租赁公司资本净额的 30%;(4) 集团客户关联度。金融租赁公司对全部关联方的融资余额不得超过金融租赁公司资本净额的 50%;(5) 同业拆借比例。金融租赁公司同业拆入资金余额不得超过金融租赁公司资本净额的 100%。

银监会视监管工作需要可对上述指标作出适当调整。

三 金融租赁公司的信息披露、资产管理、会计报表、审计要求

《管理办法》第 36 条规定,金融租赁公司应按照相关企业会计准则及银监会有关规定进行信息披露。第 37 条规定,金融租赁公司应实行风险资产五级分类制度。第 38 条规定,金融租赁公司应当按照有关规定制定呆账准备制度,及时足额计提呆账准备。未提足呆账准备的,不得进行利润分配。第 39 条规定,金融租赁公司应按规定编制并向银监会报送资产负债表、损益表及银监会要求的其他报表。金融租赁公司法定代表人及直接经办人员对所提供的报表的真实性承担法律责任。第 40 条规定,金融租赁公司应在每会计年度结束后 4 个月内向银监会或有关派出机构报送前一会计年度的关联交易情况报告。报告内容应当包括关联方、交易类型、交易金额及标的、交易价格及定价方式、交易收益与损失、关联方在交易中所占权益的性质及比重等。第 41 条规定,金融租赁公司应建立定期外部审计制度,并在每个会计年度结束后的 4 个月内,将经法定代表人签名确认的年度审计报告报送银监会及相应派出机构。

四　法律责任

《管理办法》还规定了金融租赁公司违反法律法规所应该承担的法律责任。按照《管理办法》第 42 条规定，金融租赁公司违反本办法有关规定的，银监会可责令限期整改；逾期未整改的，或者其行为严重危及该金融租赁公司的稳健运行、损害客户合法权益的，银监会可以区别情形，依照《中华人民共和国银行业监督管理法》等法律法规的规定，采取暂停业务、限制股东权利等监管措施。第 43 条规定，金融租赁公司已经或者可能发生信用危机，严重影响客户合法权益的，银监会依法对其实行托管或者督促其重组，问题严重的，有权予以撤销。第 44 条规定，凡违反本办法有关规定的，银监会按《中华人民共和国银行业监督管理法》等有关法律法规进行处罚。金融租赁公司对银监会的处罚决定不服的，可以依法申请行政复议或者向人民法院提起行政诉讼。

本章复习思考题

1. 什么是融资租赁？
2. 融资租赁的基本功能是什么？
3. 融资租赁与信贷有何不同？
4. 金融租赁公司的设立条件如何？
5. 融资租赁与租赁有何区别？
6. 法律对金融租赁公司运行的要求是什么？
7. 试阐述融资租赁合同当事人及其法律关系。

专著推荐

1. 高圣平、钱晓晨：《中国融资租赁现状与发展战略》，中信出版社 2012 年版。

2. 史树林、乐沸涛、陈宗胜、柯卡生：《融资租赁制度概论》，中信出版社 2012 年版。

3. 郑雷：《船舶融资租赁法律问题研究》，法律出版社 2012 年版。

4. 姜仲勤：《融资租赁在中国：问题与解答》，当代中国出版社 2013 年版。

相关链接

1. 法律法规链接

《中华人民共和国合同法》、《最高人民法院〈关于审理融资租赁合同纠纷案件若干问题的规定〉》、《金融租赁公司管理办法》。

2. 相关事例链接

融资租赁在我国的现状[①]

融资租赁牌照是稀缺资源。中国有句老话叫"物以稀为贵"。融资租赁的牌照在中国是不多，总共加起来超不过200家，专业租赁公司才60多家。但目前真正干租赁的企业也就20家，经营好的企业不超过10家。这就形成一个"围城"现象，在城里面的大部分企业租赁业务处于植物人状态，不想干也不想出，看着当前的热乎劲，待价而沽。在城外面的总想拼命得到牌照后一门心思搞"资本经营"，根本就没考虑要干租赁，以为有了牌照银行就会积极给贷款，其他企业积极高价收购"干净"的租赁公司。其结果是：外面看着很热闹，行业内却是死水一潭。

融资租赁只能针对设备。融资租赁在引入我国初期确实只在设备租赁领域，而且融资租赁本身也是在工业化过程中发展起来的产业。但进入21世纪，世界进入知识经济时代，无形资产也已进入融资租赁领域。有人以为知识产权不能折旧，和我国目前许多政策不合拍，但这不是租赁本身的问题，是政府对这个领域的认识问题，是知识经济在中国是否普及的问题。不管你是否承认，现实是已经有了股权租赁、软件租赁、人才租赁、国企经营权改造租赁，与此配套的税务部门对软件也设定了折旧的规定。时代在前进，社会在进步，在知识经济时代，服务贸易占主导地位的经济社会，要看到知识的价值和市场的运作现实，这是谁也阻挡不了的潮流，是对是错让历史见证吧。

[①] 《"融资租赁"理论与现实的差距》，http：//www.flleasing.com/onews.asp？id＝259&Page＝2。

本章参考文献

[1] 马丽娟主编：《信托与融资租赁》，首都经济贸易大学出版社2013年版。

[2] 李中华：《融资租赁运作实务与法律风险防范》，法律出版社2012年版。

[3] 秦国勇：《融资租赁法律实务》，法律出版社2011年版。

[4] 史树林：《融资租赁制度概论》，中信出版社2012年版。

[5] 肖学治：《融资租赁合同》，中国民主法制出版社2003年版。

[6] 曹守晔、钱晓晨、乐沸涛编：《融资租赁典型案例评析》，人民法院出版社2004年版。

第十五章　资本市场法律制度

本章内容提要：资本市场是金融领域中较为重要的部分，资本市场对于经济发展具有特殊的作用，能够促进资本的社会化和公众化，起到资源配置的作用。本章对构成资本市场的股票市场、债券市场以及金融衍生工具市场进行了介绍，阐述了各类资本市场所涉及的基本概念、种类以及运行规则。学生通过本章的学习，可以了解资本市场的各类投融资工具，以及这些投融资工具的相关法律规定，从而完善对金融法体系的整体性认知。

关键词：资本　市场　股票　债券　金融衍生工具　投资者　资源配置　发行市场　交易市场　上市　流通性　变现性　风险性　收益性　偿还性　期货交易

第一节　资本市场概述

一　资本市场的概念和特征

资本，在金融领域是指一种金融财富，例如用于经商、兴办企业的金融资产。资本市场是一种市场形态，主要以股票、债券以及各种金融衍生品为交易对象。资本市场的资金供应者主要是银行、保险公司、信托投资公司、基金及个人投资者，而资金需求方主要是企业、社会团体、政府机构等。概括说来，资本市场是指融资期限在1年以上的资金交易市场，又称中长期资金市场。资本市场对于经济发展具有特殊的作用。资本市场具有融资功能，能够促进资本的社会化和公众化，起到资源配置的作用。

资本市场的特点主要有以下几个方面：第一，融资期限比较长，有利于资金的充分使用。资本市场提供的资金都是1年以上中长期的资金，有的长达几十年甚至无到期日，可以用来解决扩大再生产等对资金的需求。第二，相对于融资期限比较长的特点，资本市场资金流动性则相对较差。在资本市场上筹集到的资金多用于解决中长期融资需求，故流动性和变现性相对较弱。第三，风险大而收益较高。由于资本市场的融资期限较长，所以发生重大变故或其他风险的可能性也大。例如发行股票的上市公司破产等；而较长的融资期限也使得市场价格容易波动。基于这些原因，资本市场的投资者需承受较大风险。而风险与收益是成正比例关系的，故其收益也较高。

二　资本市场的构成

（一）股票市场

股票市场是股票发行和交易的场所，股票市场通过发行和买卖股票来融通企业资金，从而对资源进行有效配置。它分为发行市场和交易市场。发行市场是通过发行股票来为公司筹集永久性资金的市场，公司通过面向社会发行股票，迅速集中大量资金，扩大生产和经营的规模；交易市场是指买卖已发行的股票的市场。社会上的闲置资金持有者可以通过购买股票的方式直接投资公司，以谋求财富的增值。

（二）债券市场

债券市场是发行和买卖债券的场所，是指通过向投资者发行约定一定期限还本付息的有价证券的方式筹集资金的市场。债券市场的风险比股票市场要小。

（三）金融衍生工具市场

金融衍生工具市场主要是指金融期货、期权、互换等交易市场，由于它们是从证券交易演化而来，所以属于资本市场中的一种。

三　资本市场的立法

规范和完备的资本市场立法是我国资本市场规范发展和有效运行的基础。到目前为止，我国资本市场的法律制度已基本健全和完善。形成了国家法律、行政法规、行政规章相结合的法律法规体系。从国家法律的层面看，《公司法》、《证券法》、《证券投资基金法》等都是规制资本市场的核心法律制度，而国务院、中国银行业监督管理委员会等国家机关和部门则针对资本市场制定了一系列行政法规和行政规章。如国务院2007年通过的《期货交易管理条例》、银监会于2004年颁布的《金融机构衍生产品交易业务管理暂行办法》，还有2006年证监会颁布的《上市公司证券发行管理办法》、《首次公开发行股票并上市管理办法》等。

由于中国资本市场仍然处于新型加转轨的阶段，市场的一些体制性问题仍然存在，同时，由于资本市场自身的迅速发展，内部和外部环境也处于不断发展变化之中，现有的法律体系和法律制度仍需要不断进行调整、补充和完善。

第二节 股票市场法律制度

一 股票和股票市场

（一）股票的概念和特征

股票是股份证书的简称，是股份有限公司为了筹集资本而向出资人发行的股份凭证，出资人凭借股份凭证可以取得股息和红利。

股票代表着其持有者（即股东）对公司的所有权，因此，股东与公司之间的关系不是债权债务关系，而是所有权关系，这种所有权是一种综合权利，如参加股东大会、投票表决、参与公司的重大决策、收取股息和分享红利等。[1] 股东以其出资额为限对公司负有有限责任，承担风险，分享收益。股票是公司资本的组成部分，是资本市场的中长期信用工具。股票可以转让、买卖或作价抵押，但不得要求公司返还其出资。

（二）股票的特点

股票具有以下五个基本特点：第一，股票具有不可返还性。股票是股权在法律上的凭证，投资者认购了股票后，只能在交易市场上卖给第三方而不能要求发行股票的公司退股。而股票的转让只会改变股东，而不会减少公司资本。第二，股票意味着参与权。投资者凭借所持股票享

---

[1] 黄嵩编：《资本市场学》，北京大学出版社2011年版，第11页。

有股东权,有权出席股东大会,选举公司董事会,参与公司重大决策,以及收取股息和享受分红等。第三,流通性。股票的流通性是指股票可以通过买卖在不同投资者之间进行交易。此外,股票还可以抵押和赠与,亦凸显其灵活性和流通性。第四,风险性。股票价格会因为宏观经济的变化、公司经营状况的好坏而发生波动,此外,供求关系、传媒和大众信息等多种因素也会影响到股票的价格。故股票的价格有很大的波动性和不确定性。这种不确定性也导致了股东投资的风险性。第五,收益性。股东凭其持有的股票,可以获得收益。股票收益有两种方式,一是公司发放的股息和红利,二是股票投资的资本收益,也就是股票买卖的差价。

(三) 股票市场

股票市场是股票发行和交易的场所。根据市场的功能划分,股票市场可分为发行市场和交易市场;发行市场又称为一级市场,交易市场又称为二级市场。发行市场通过发行股票,把社会闲散资金转化为生产资本;而交易市场则为新的投资者提供投资机会,也是股票持有者将所持股票变现的场所。

根据市场的组织形式划分,股票市场可分为场内交易市场和场外交易市场。场内交易市场即股票集中交易的场所。我国的场内交易市场有上海证券交易所和深圳证券交易所。场外交易市场是在股票交易所之外的各种证券交易机构柜台上进行的股票交易市场。

二 股票发行法律制度

(一) 股票发行的核准

按照我国《证券法》的相关规定,股票发行的核准机构是国务院证券监督管理机构。故股票公开发行由中国证券监督管理委员会负责审核。《证券法》第22条规定,国务院证券监督管理机构设发行审核委员会,依法审核股票发行申请。发行审核委员会由国务院证券监督管理机构的专业人员和所聘请的该机构外的有关专家组成,以投票方式对股票发行申请进行表决,提出审核意见。发行审核委员会的具体组成办法、组成人员任期、工作程序,由国务院证券监督管理机构规定。

(二) 股票发行的条件和程序

股票发行有两种类型,第一种是设立发行,即为设立新公司发行股票；第二种是增资发行，是为了扩大现有公司的规模而发行股票。《公司法》第127条规定，股份的发行，实行公平、公正的原则，同种类的每一股份应当具有同等权利。《证券法》第12条规定，设立股份有限公司公开发行股票，应当符合《中华人民共和国公司法》规定的条件和经国务院批准的国务院证券监督管理机构规定的其他条件，向国务院证券监督管理机构报送募股申请和下列文件：公司章程；发起人协议；发起人姓名或者名称，发起人认购的股份数、出资种类及验资证明；招股说明书；代收股款银行的名称及地址；承销机构名称及有关的协议。聘请保荐人的，还应当报送保荐人出具的发行保荐书。法律、行政法规规定设立公司必须报经批准的，还应当提交相应的批准文件。

按照我国《证券法》第13、14条的规定，公司公开发行新股，还应当符合下列条件：具备健全且运行良好的组织机构；具有持续盈利能力，财务状况良好；最近三年财务会计文件无虚假记载，无其他重大违法行为；经国务院批准的国务院证券监督管理机构规定的其他条件。上市公司非公开发行新股，应当符合经国务院批准的国务院证券监督管理机构规定的条件，并报国务院证券监督管理机构核准。公司公开发行新股，应当向国务院证券监督管理机构报送募股申请和下列文件：公司营业执照；公司章程；股东大会决议；招股说明书；财务会计报告；代收股款银行的名称及地址；承销机构名称及有关的协议。聘请保荐人的，还应当报送保荐人出具的发行保荐书。

三 股票上市法律制度

(一) 股票上市的概念和意义

股票上市，是指股份有限公司公开发行的股票经批准在证券交易所进行挂牌交易。经批准在交易所上市交易的股票称为上市股票，发行股票的股份有限公司称为上市公司。

股份有限公司申请上市是为了在更大范围内筹集大量资本，形成比较稳定的资本来源。股票上市对上市公司而言，主要有以下意义：提高公司所发行股票的流动性和变现能力，便于投资者认购、交易；促进公司股权的社会化，防止股权过于集中；提高公司知名度，吸引更多顾客；便于确定公司价值，以利于促进公司实现财富最大化目标；有助确定公司增发新股的价格。而股票上市也有不利的方面：公司将负担较高的信息报道成本；各种信息公开的要求可能会暴露公司的商业秘密；股价有时会歪曲公司的实际状况，丑化公司声誉；可能会分散公司控制权，造成管理上的困难。①

（二）股票上市的条件和程序

我国《证券法》第51条规定，国家鼓励符合产业政策并符合上市条件的公司股票上市交易。同时在第50条中规定了股份有限公司申请股票上市的具体条件：股票经国务院证券监督管理机构核准已公开发行；公司股本总额不少于人民币3000万元；公开发行的股份达到公司股份总数的25%以上；公司股本总额超过人民币4亿元的，公开发行股份的比例为10%以上；公司最近3年无重大违法行为，财务会计报告无虚假记载。证券交易所可以规定高于上述规定的上市条件，并报国务院证券监督管理机构批准。

在申请上市交易的程序性要求方面，《证券法》第52、53条也作出了相应的规定：申请股票上市交易，应当向证券交易所报送下列文件：上市报告书；申请股票上市的股东大会决议；公司章程；公司营业执照；依法经会计师事务所审计的公司最近3年的财务会计报告；法律意见书和上市保荐书；最近一次的招股说明书；证券交易所上市规则规定的其他文件。股票上市交易申请经证券交易所审核同意后，签订上市协议的公司应当在规定的期限内公告股票上市的有关文件，并将该文件置备于指定场所供公众查阅。

（三）股票上市的暂停和终止

《证券法》第55条规定，当上市公司出现下列情况之一时，其股票上市即可被暂停：（1）公司的股本总额、股权分布等发生变化，不再具备上市条件；（2）公司不按规定公开其财务状况，或者对财务会计报告作虚假记载；（3）公司有重大违法行为；（4）公司最近3年连续亏损。

《证券法》第56条规定，当上市公司出现下列情况之一时，其股票上市可被终止：（1）第55条中规定的暂停情况的第2项、第3项出现时，经查实后果严重；（2）第55条中规定的暂停情况的第1项、第4

---

① 刘伟主编：《财务管理》，华中科技大学出版社2011年版，第92页。

项所列情形之一，在期限内未能消除，不具备上市条件的，由国务院证券管理部门决定终止其股票上市；（3）公司决议解散、被行政主管部门依法责令关闭或者被宣告破产，由国务院证券管理部门决定终止其股票上市。

四 股票交易法律制度

（一）股票交易的程序

股票交易程序是指股票在证券交易所挂牌上市后，投资者进行股票买卖、转让等活动的步骤。股票交易的基本程序包括开户、委托、竞价、清算以及过户等程序。

1. 开户。普通的投资者不能直接进入交易所买卖股票，必须委托证券经纪商代理买卖，所以投资者首先要选择一个证券经纪商进行股票交易。所以，投资者应当首先在证券公司进行开户申请并办理注册登记手续，取得交易账户。

2. 交易委托。在交易中，投资者向证券经纪商发出具体的以某种价格购进或卖出一定数量的某种股票的委托指令后，证券商接受委托，双方建立证券买卖委托关系。委托也有多种分类，例如限价委托、市价委托等。

3. 竞价。竞价是股票交易双方在证券交易所按照一定的规则和程序公开竞价，确定股票成交价格并达成交易的过程。竞价采用价格优先、时间优先的原则。竞价的方式有集合竞价和连续竞价。集合竞价时，确定成交价格的原则是价格优先原则，也即可实现最大成交量的价格原则；高于该价格的买入申报与低于该价格的卖出申报全部成交，与该价格相同的买方或卖方至少有一方全部成交。集合竞价的所有交易以同一价格成交。集合竞价期间未成交的买卖申报，自动进入连续竞价。依此规则，每一时点的证券买进申报如高于或等于证券卖出申报，即按价格顺序撮合成交；在每一同等成交价格点上，如买卖申报有时间差异，则按时间顺序使先申报者成交。凡不能成交者，将等待机会成交；部分成交者，剩余部分将处于等待成交的状态。投资者的委托如未能全部成交，证券公司在委托有效期限内可继续执行，直至有效期届满。①

---

① 陶广峰主编：《金融法》，中国人民大学出版社2009年版，第268页。

4. 清算与过户。指证券买卖双方在证券交易所买卖证券成交之后，通过证交所将证券商之间买入、卖出证券的数量和价款分别予以结算，并将应收、应付证券和价款在事先约定的时间内进行收付了结的过程。此后，证券商还要同投资者进行二次清算交割。我国沪深两市实行次日交割（即"T+1"交割）制度，即当天买入的股票，第二个交易日才能卖出（但对资金仍然实行"T+0"，即当日回笼的资金马上可以使用）。过户是指变更股东名册上的股东姓名的手续，在我国证券交易实行股票无纸化之后，过户手续由证交所统一结算过户。

（二）股票交易的限制

为了规范我国股票交易，使股票交易市场能够健康有序地运行，我国《证券法》规定了一系列股票交易的限制。限制交易的对象主要是上市公司的董事、高级管理人员、主要股东，以及证券交易所、证券公司和证券登记结算机构的从业人员、证券监督管理机构的工作人员、为股票发行出具审计报告、资产评估报告、法律意见书的证券服务机构和人员。由于这些人员是股票发行和交易的利害关系人或重要信息知情人，为了保证股票交易的公平性，故应对这类群体的交易行为作出一定程度的限制。具体的限制措施主要有以下几个方面。

《证券法》第43条规定，证券交易所、证券公司和证券登记结算机构的从业人员、证券监督管理机构的工作人员以及法律、行政法规禁止参与股票交易的其他人员，在任期或者法定限期内，不得直接或者以化名、借他人名义持有、买卖股票，也不得收受他人赠送的股票。

《证券法》第45条规定，为股票发行出具审计报告、资产评估报告或者法律意见书等文件的证券服务机构和人员，在该股票承销期内和期满后6个月内，不得买卖该种股票。除前款规定外，为上市公司出具审计报告、资产评估报告或者法律意见书等文件的证券服务机构和人员，自接受上市公司委托之日起至上述文件公开后5日内，不得买卖该种股票。

《证券法》第47条规定，上市公司董事、监事、高级管理人员、持有上市公司股份5%以上的股东，将其持有的该公司的股票在买入后6个月内卖出，或者在卖出后6个月内又买入，由此所得收益归该公司所有，公司董事会应当收回其所得收益。但是，证券公司因包销购入售后剩余股票而持有5%以上股份的,卖出该股票不受6个月时间限制。

(三) 上市公司的持续信息披露

在股票交易中,上市公司的信息披露是一个非常重要的环节,信息披露能让投资者及时了解公司的经营状况和财务状况,判断行情,作出最终的投资决策。信息披露也是上市公司的义务,上市公司应当忠实履行持续信息披露的义务,使股东能够及时了解所有可能对他们的决策产生实质性影响的信息,并保证所有的投资者能平等地获得信息。同时,上市公司持续信息披露制度也是对上市公司的经营活动进行监管的重要途径。我国的《证券法》以及证监会于2007年发布的《上市公司信息披露管理办法》对上市公司的持续信息披露作了具体的规定。

1. 持续信息披露的原则。按照《证券法》和《上市公司信息披露管理办法》的规定,发行人、上市公司依法披露的信息,必须真实、准确、完整,不得有虚假记载、误导性陈述或者重大遗漏。信息披露义务人应当同时向所有投资者公开披露信息。在境内、外市场发行证券及其衍生品种并上市的公司在境外市场披露的信息,应当同时在境内市场披露。上市公司的董事、监事、高级管理人员应当忠实、勤勉地履行职责,保证披露信息的真实、准确、完整、及时、公平。在内幕信息依法披露前,任何知情人不得公开或者泄露该信息,不得利用该信息进行内幕交易。

2. 定期报告披露。《证券法》第65条规定,上市公司和公司债券上市交易的公司,应当在每一会计年度的上半年结束之日起2个月内,向国务院证券监督管理机构和证券交易所报送记载以下内容的中期报告,并予以公告:(1) 公司财务会计报告和经营情况;(2) 涉及公司的重大诉讼事项;(3) 已发行的股票、公司债券变动情况;(4) 提交股东大会审议的重要事项;(5) 国务院证券监督管理机构规定的其他事项。第66条规定,上市公司和公司债券上市交易的公司,应当在每一会计年度结束之日起4个月内,向国务院证券监督管理机构和证券交易所报送记载以下内容的年度报告,并予以公告: (1) 公司概况;(2) 公司财务会计报告和经营情况;(3) 董事、监事、高级管理人员简介及其持股情况;(4) 已发行的股票、公司债券情况,包括持有公司股份最多的前10名股东的名单和持股数额;(5) 公司的实际控人；(6) 国务院证券监督管理机构规定的其他事项。

3. 临时报告披露。《证券法》第 67 条规定，发生可能对上市公司股票交易价格产生较大影响的重大事件，投资者尚未得知时，上市公司应当立即将有关该重大事件的情况向国务院证券监督管理机构和证券交易所报送临时报告，并予以公告，说明事件的起因、目前的状态和可能产生的法律后果。下列情况为前款所称重大事件：(1) 公司的经营方针和经营范围的重大变化；(2) 公司的重大投资行为和重大的购置财产的决定；(3) 公司订立重要合同，可能对公司的资产、负债、权益和经营成果产生重要影响；(4) 公司发生重大债务和未能清偿到期重大债务的违约情况；(5) 公司发生重大亏损或者重大损失；(6) 公司生产经营的外部条件发生的重大变化；(7) 公司的董事、1/3 以上监事或者经理发生变动；(8) 持有公司 5% 以上股份的股东或者实际控制人，其持有股份或者控制公司的情况发生较大变化；(9) 公司减资、合并、分立、解散及申请破产的决定；(10) 涉及公司的重大诉讼，股东大会、董事会决议被依法撤销或者宣告无效；(11) 公司涉嫌犯罪被司法机关立案调查，公司董事、监事、高级管理人员涉嫌犯罪被司法机关采取强制措施；(12) 国务院证券监督管理机构规定的其他事项。

(四) 相关法律责任

《证券法》第 69 条规定，发行人、上市公司公告的招股说明书、公司债券募集办法、财务会计报告、上市报告文件、年度报告、中期报告、临时报告以及其他信息披露资料，有虚假记载、误导性陈述或者重大遗漏，致使投资者在证券交易中遭受损失的，发行人、上市公司应当承担赔偿责任；发行人、上市公司的董事、监事、高级管理人员和其他直接责任人员以及保荐人、承销的证券公司，应当与发行人、上市公司承担连带赔偿责任，但是能够证明自己没有过错的除外；发行人、上市公司的控股股东、实际控制人有过错的，应当与发行人、上市公司承担连带赔偿责任。

(五) 禁止交易的行为

为规范我国的股票交易市场，《证券法》规定了几种禁止交易的行为，如内幕交易、操纵市场、虚假陈述、欺诈客户等。

1. 禁止内幕交易。我国《证券法》第 73 条规定，禁止证券交易内幕信息的知情人和非法获取内幕信息的人利用内幕信息从事证券交易活动。所谓"证券交易内幕信息的知情人"包括：发行人的董事、监事、高级管理人员；持有公司5%以上股份的股东及其董事、监事、高级管理人员，公司的实际控制人及其董事、监事、高级管理人员；发行人控股的公司及其董事、监事、高级管理人员；由于所任公司职务可以获取公司有关内幕信息的人员；证券监督管理机构工作人员以及由于法定职责对证券的发行、交易进行管理的其他人员；保荐人、承销的证券公司、证券交易所、证券登记结算机构、证券服务机构的有关人员；国务院证券监督管理机构规定的其他人。证券交易活动中，涉及公司的经营、财务或者对该公司证券的市场价格有重大影响的尚未公开的信息，为内幕信息。主要有以下几类：《证券法》第67条第2款所列重大事件；公司分配股利或者增资的计划；公司股权结构的重大变化；公司债务担保的重大变更；公司营业用主要资产的抵押、出售或者报废一次超过该资产的30%；公司的董事、监事、高级管理人员的行为可能依法承担重大损害赔偿责任；上市公司收购的有关方案；国务院证券监督管理机构认定的对证券交易价格有显著影响的其他重要信息。

2. 禁止操纵市场。我国《证券法》第77条规定，禁止任何人以下列手段操纵证券市场：（1）单独或者通过合谋，集中资金优势、持股优势或者利用信息优势联合或者连续买卖，操纵证券交易价格或者证券交易量；（2）与他人串通，以事先约定的时间、价格和方式相互进行证券交易，影响证券交易价格或者证券交易量；（3）在自己实际控制的账户之间进行证券交易，影响证券交易价格或者证券交易量；（4）以其他手段操纵证券市场。操纵证券市场行为给投资者造成损失的，行为人应当依法承担赔偿责任。

3. 禁止虚假陈述。我国《证券法》第78条规定，禁止国家工作人员、传播媒介从业人员和有关人员编造、传播虚假信息，扰乱证券市场。禁止证券交易所、证券公司、证券登记结算机构、证券服务机构及其从业人员，证券业协会、证券监督管理机构及其工作人员，在证券交易活动中作出虚假陈述或者信息误导。各种传播媒介传播证券市场信息必须真实、客观，禁止误导。

4. 禁止欺诈客户，损害客户利益。我国《证券法》第79条规定，禁止证券公司及其从业人员从事下列损害客户利益的欺诈行为：（1）违背客户的委托为其买卖证券；（2）不在规定时间内向客户提供交易的书面确认文件；（3）挪用客户所委托买卖的证券或者客户账户上的资金；（4）未经客户的委托，擅自为客户买卖证券，或者假借客户的名义买卖证券；（5）为牟取佣金收入，诱使客户进行不必要的证券买卖；（6）利用传播媒介或者通过其他方式提供、传播虚假或者误导投资者的信息；（7）其他违背客户真实意思表示，损害客户利益的行为。欺诈客户行为给客户造成损失的，行为人应当依法承担赔偿责任。

5. 其他禁止性规定：禁止法人非法利用他人账户从事证券交易；禁止法人出借自己或者他人的证券账户；依法拓宽资金入市渠道，禁止资金违规流入股市；禁止任何人挪用公款买卖证券；证券交易所、证券公司、证券登记结算机构、证券服务机构及其从业人员对证券交易中发现的禁止的交易行为，应当及时向证券监督管理机构报告。

第三节　债券市场法律制度

一　债券的概念及特征

债券是指发行人依照法定程序发行的、约定在一定期限内还本付息的有价证券。债券的本质是债权凭证，具有法律效力。债券购买者与发行者之间是一种债权债务关系，债券发行人是债务人，债券持有人是债权人。

债券的特征主要有以下几个方面：（1）偿还性。这是债券跟股票最大的区别，股票不具有偿还性，只可以交易和转让，但债券规定了偿还期，到期债务人必须向债权人偿还本金，支付利息。（2）安全性。债券和股票等其他有价证券相比，安全性是最高的，债券的利率是固定的，不受银行利率变化的影响，有的公司发行债券还要设定担保，故债券的风险较小。（3）流动性。流动性是指债券持有人可按自己的需要和市场的实际状况，自由转让债券以提前收回本金和实现投资收益。（4）收益性。债券能为投资者带来收益，投资者可以在期限届满时赎回本金，根据约定利率取得利息收益，也可以在期限届满之前转让债券获得价差。当然转让债券的获益程度根据市场的变化而不同。

二 债券的种类

债券可按照不同的分类方式划分类别。按照发行主体的不同，债券可以分为政府债券、金融债券和公司债券；按照期限来分类，债券可以分为短期债券、中期债券、长期债券；按照计息方式分类，债券可以分为单利债券、复利债券、贴现债券和累进利率债券等；按债券形态分类，债券还可以分为实物债券、凭证式债券和记账式债券。本节主要对第一种分类方式，即按发行主体的不同来分类的方式进行介绍。

（一）政府债券

政府债券是国家为筹措资金，按照信用的原则，向投资者发行的，承诺在一定时期支付利息和到期还本的债务凭证。依政府债券的发行主体不同，政府债券又可分为中央政府债券和地方政府债券。[1] 中央政府债券也称为国债（国库券），是中央政府为了筹集财政资金发行的。主要是为了弥补财政赤字、进行公共基础设施建设等目的而筹资。地方政府债券的发行主体是地方政府，其发行债券的目的也是弥补地方财政的不足或者出于建设大型公共基础项目的需要，但是地方政府发行债券是受到限制的，非经法律和国务院批准，地方政府不得发行债券。政府债券是安全性最高的一种债券，流动性也较强，往往是大众投资者追捧的投资类型，很多国家都规定购买政府债券可以享受更为优惠的税收甚至免税的待遇。

（二）金融债券

金融债券是指银行及非银行金融机构依照法定程序发行并约定在一定期限内还本付息的有价证券。金融债券能有效地解决银行等金融机构资金来源不足和期限不匹配的矛盾。银行的资金来源主要是吸收存款，但发行债券也是银行融资的一种重要形式。因为存款资金在某些特殊时期（如经济危机）会产生不稳定的情形，故金融机构需要一些期限较长且相对稳定的资金来源，而发行金融债券是一个比较理想的方式。金

---

[1] 胡金焱、霍兵、李维林编：《证券投资学》，高等教育出版社2008年版，第40页。

融债券也具有安全性好、期限长、流动性强的特点。与政府债券相比，金融债券的利率水平往往更高。金融债券也可根据不同的分类方式分为不同的类别。例如，根据利息的支付方式，金融债券可以分为附息金融债券和贴现金融债券；根据发行条件，金融债券可以分为普通金融债券和累进利息金融债券等。

（三）公司债券

按照我国《公司法》的规定，公司债券是指公司依照法定程序发行、约定在一定期限还本付息的有价证券。公司发行债券一般是用于筹措资金和扩大经营规模，故一般时间期限比较长。与政府债券和金融债券相比，公司债券的风险性较大。因为公司债券的还款来源是公司的利润，而公司的利润是否能保证具有很大的不确定性。当然，与风险大相对应的是收益也比较高。因为按照风险与收益成正比的原则，公司债券在要求投资人承担损失利息甚至本金风险的同时也要给予其相应的高收益。公司债券也有很多种分类形式，例如信用公司债券、抵押公司债券、保证公司债券、可转换公司债券，等等。

三　公司债券的发行和交易

（一）公司债券的发行

按照我国《证券法》的规定，公开发行公司债券，应当符合下列条件：（1）股份有限公司的净资产不低于人民币3000万元，有限责任公司的净资产不低于人民币6000万元；（2）累计债券余额不超过公司净资产的40%；（3）最近3年平均可分配利润足以支付公司债券1年的利息；（4）筹集的资金投向符合国家产业政策；（5）债券的利率不超过国务院限定的利率水平；（6）国务院规定的其他条件。

公开发行公司债券筹集的资金，必须用于核准的用途，不得用于弥补亏损和非生产性支出。上市公司发行可转换为股票的公司债券，除应当符合第一款规定的条件外，还应当符合本法关于公开发行股票的条件，并报国务院证券监督管理机构核准。

申请公开发行公司债券，应当向国务院授权的部门或者国务院证券监督管理机构报送下列文件：（1）公司营业执照；（2）公司章程；（3）公司债券募集办法；（4）资产评估报告和验资报告；（5）国务院授权的部门或者国务院证券监督管理机构规定的其他文件。依照本法规定聘请保荐人的，还应当报送保荐人出具的发行保荐书。发行人依法申请核准发行证券所报送的申请文件的格式、报送方式，由依法负责核准的机构或者部门规定。此外，法律也规定了不得再次公开发行债券的情形：（1）前一次公开发行的公司债券尚未募足；（2）对已公开发行的公司债券或者其他债务有违约或者延迟支付本息的事实，仍处于继续状态；（3）违反本法规定，改变公开发行公司债券所募资金的用途。

（二）公司债券的交易

公司债券可以转让，转让公司债券应当在依法设立的证券交易场所进行。我国债券上市交易的主要场所是证券交易所，根据《证券法》的相关规定，申请上市的公司债券须符合下列条件：（1）公司债券的期限为1年以上；（2）债券实际发行额不少于人民币5000万元；（3）公司申请债券上市时仍符合法定的公司债券发行条件。

申请公司债券上市交易，应当向证券交易所报送下列文件：（1）上市报告书；（2）申请公司债券上市的董事会决议；（3）公司章程；（4）公司营业执照；（5）公司债券募集办法；（6）公司债券的实际发行数额；（7）证券交易所上市规则规定的其他文件。申请可转换为股票的公司债券上市交易，还应当报送保荐人出具的上市保荐书。公司债券上市交易申请经证券交易所审核同意后，签订上市协议的公司应当在规定的期限内公告公司债券上市文件及有关文件，并将其申请文件置备于指定场所供公众查阅。

公司债券上市交易后，公司有下列情形之一的，由证券交易所决定暂停其公司债券上市交易：（1）公司有重大违法行为；（2）公司情况发生重大变化不符合公司债券上市条件；（3）发行公司债券所募集的资金不按照核准的用途使用；（4）未按照公司债券募集办法履行义务；（5）公司最近2年连续亏损。公司有第1项、第4项所列情形之一经查实后果严重的，或者有前条第2项、第3项、第5项所列情形之一，在限期内未能消除的，由证券交易所决定终止其公司债券上市交易。公司解散或者被宣告破产的，由证券交易所终止其公司债券上市交易。

第四节　金融衍生工具法律制度

一　金融衍生工具的产生和发展

金融衍生工具产生于 20 世纪 70 年代。其产生有着多种因素的推动。由于当时以美元为中心的布雷顿森林货币体系出现危机并瓦解，规避通货膨胀风险、利率风险和汇率风险就成为金融交易的一项重要需求。金融衍生工具正是基于这种"避险"的需求而产生的。技术进步是金融衍生工具产生和发展的推动力，为金融衍生工具的产生和发展提供了物质基础和手段；而金融机构的利润驱动是金融衍生工具产生和迅速发展的又一有力的加速器。由于金融业的竞争日益加剧，金融机构不断地进行金融创新，推出新的金融衍生工具，使金融衍生工具得到了极大发展。

进入 21 世纪，金融衍生工具的发展呈现出日益复杂化和多样化的特点。例如在衍生工具基础之上再衍生，期货期权就是一个例子；银行成为金融衍生工具的主要使用者也是金融衍生工具发展的一大趋势。此外，利率衍生工具发展迅速，衍生工具交易的地区较为集中。美国、欧洲、日本等发达国家和地区的金融衍生工具交易在全球最为集中和活跃。

二　金融衍生工具的概念和特点

（一）金融衍生工具的概念

金融衍生工具又称金融衍生产品、派生金融工具，它是在原生金融工具诸如即期交易的商品合约、债券、股票、外汇等基础上派生出来的。金融衍生产品是其价值依赖于基础资产价值变动的合约。这种合约可以是标准化的，也可以是非标准化的。标准化合约是指其标的物（基础资产）的交易价格、交易时间、资产特征、交易方式等都是事先标准化的，因此此类合约大多在交易所上市交易，如期货。非标准化合约是指以上各项由交易双方自行约定，因此具有很强的灵活性，如远期协议。① 理解什么是金融衍生工具，首先要明确，金融衍生工具是从货币、债券、股票、外汇

---

① 于长福、黄巍主编：《金融衍生工具基础》，哈尔滨工业大学出版社 2012 年版，第 1 页。

等基础金融工具（原生工具）派生出来的各种金融组合产品。运用各种衍生技术，可以在基础金融工具上设计出各种金融衍生工具。这些金融衍生工具的价值会受到基础金融工具的影响。例如，股票价格的变动会影响到股指期货这种衍生品的价格。其次，需要注意的是，金融衍生工具是对其原生工具未来可能产生的结果进行交易。此外，金融衍生工具的构造较为复杂，因为金融衍生产品的设计要求复杂的数学计算方法，大量采用现代科学和计算机技术，一般投资者难以理解和掌握，其设计也颇具灵活性，因为金融衍生工具的设计可以根据各种参与者所要求的时间、杠杆比率、风险等级和价格参数的不同进行设计组合。

（二）金融衍生工具的特点

1. 金融衍生工具具有"派生性"及其价值"依附性"。所有的金融衍生产品都是在一定原生产品的基础上产生的。在金融市场中，货币、外汇、股票、债券等金融产品是原生的，因为它们都直接是对某种真实资本的要求权，原生金融产品的价格如利率、汇率、股票价格和股票价格指数、债务工具的价格等也是原生的，因为它们的变动直接反映的是真实资本的收益变动，投资于这些金融产品所得收益来自相对应的实物资产的增值。既然衍生工具是由原生工具派生而来的，因此，它不能独立存在，其价值在相当程度上受制于相应的原生金融工具。这是衍生工具最为独到之处，也是其具有避险作用的原因所在。[①]

2. 金融衍生工具具有虚拟性。金融衍生工具是利用原生工具的信用进行交易的，交易对象是虚拟化了的产权、信用和风险。通过赚取差价来获得收益。金融衍生工具与实体经济是脱离的，独立于现实的资本运动之外。所以，金融衍生工具具有虚拟性。

3. 金融衍生工具具有杠杆性。金融衍生工具运作时采用财务杠杆的方式，通过缴纳保证金进入市场交易。只需动用少量资金即可进行资金量巨大的交易。这种杠杆作用可以极大地提高资金的利用率，提升经济效益，但随之而来的也是巨大的风险。因为这种杠杆作用既增大了利益，也放大了风险。

4. 金融衍生工具具有风险性。金融衍生工具的风险性一般来说要

---

① 蒋先玲：《货币银行学》，中国金融出版社 2010 年版，第 146 页。

大于原生金融产品，因为通过"杠杆性"使金融衍生工具的收益和风险成倍放大。且金融衍生工具的交易是对未来产生的结果进行交易，更增加了其风险性和不确定性。

三　金融衍生工具的分类

金融衍生工具的分类可以依据不同的标准。根据基础（原生）工具的不同，可以分为股票衍生工具、利率衍生工具、货币或汇率衍生工具。股票衍生工具包括股票期权、股指期货、认股权证等；利率衍生工具包括利率期货、债券期权、利率互换等；货币衍生工具包括外汇期货、外汇期权、货币互换等。根据交易场所的不同，金融衍生工具可以分为场内工具和场外工具。场内工具是指在交易所交易的金融衍生工具，比如期货合约和期权合约；场外工具是指交易上方直接成为交易对手的衍生工具，例如远期交易、期权交易和互换交易。

四　我国金融衍生工具法律制度

我国目前没有专门立法规制金融衍生工具的法律制度，对金融衍生工具的法律规定散见于各类法律法规中。除了应遵守《证券法》、《商业银行法》的相关规定以外，金融衍生工具也应遵从民事法律中的合同法、担保法等法律的规制。2004年1月31日，国务院颁布了《关于推进资本市场改革开放和稳定发展的若干意见》，其中有"研究开发与股票和债券相关的新品种"的相关政策。2004年2月4日，银监会公布《金融机构衍生产品交易业务管理暂行办法》；2007年2月7日，国务院通过了《期货交易管理条例》，并于2012年10月对该条例进行了修订。这些法律法规都是我国金融衍生工具进行上市和交易的依据。下面对《期货交易管理条例》和《金融机构衍生产品交易业务管理暂行办法》作简单介绍。

（一）期货交易管理条例

1. 期货交易和期货交易的原则

所谓期货交易，是指采用公开的集中交易方式或者国务院期货监督管理机构批准的其他方式进行的以期货合约或者期权合约为交易标的的交易活动。所谓期货合约，是指期货交易场所统一制定的、规定在将来某一特定的时间和地点交割一定数量标的物的标准化合约。期货合约包括商品期货合约和金融期货合约及其他期货合约。所谓期权合约，是指期货交易场所统一制定的、规定买方有权在将来某一时间以特定价格买入或者卖出约定标的物（包括期货合约）的标准化合约。

《期货交易管理条例》主要是为了规范期货交易行为，加强对期货交易的监督管理，维护期货市场秩序，防范风险，保护期货交易各方的合法权益和社会公共利益，促进期货市场积极稳妥发展而制定的。从事期货交易活动，应当遵循公开、公平、公正和诚实信用的原则。禁止欺诈、内幕交易和操纵期货交易价格等违法行为。期货交易应当在依法设立的期货交易所、国务院批准的或者国务院期货监督管理机构批准的其他期货交易场所进行。禁止在前款规定的期货交易场所之外进行期货交易。

2. 期货交易所和期货公司

设立期货交易所，由国务院期货监督管理机构审批。未经国务院批准或者国务院期货监督管理机构批准，任何单位或者个人不得设立期货交易场所或者以任何形式组织期货交易及其相关活动。期货交易所不以营利为目的，按照其章程的规定实行自律管理。期货交易所以其全部财产承担民事责任。期货交易所的负责人由国务院期货监督管理机构任免。法律对期货交易所的负责人、财务会计人员的任职资格作了具体的规定。[①] 期货交易所的管理办法由国务院期货监督管理机构制定。

期货交易所应当依照本条例和国务院期货监督管理机构的规定，建立、健全各项规章制度，加强对交易活动的风险控制和对会员以及交易所工作人员的监督管理。期货交易所履行下列职责：（1）提供交易的场所、设施和服务；（2）设计合约，安排合约上市；（3）组织并监督交易、结算和交割；（4）为期货交易提供集中履约担保；（5）按照章程和交易规则对会员进行监督管理；（6）国务院期货监督管理机构规定的其他职责。期货交易所不得直接或者间接参与期货交易。未经国务院期货监督管理机构审核并报国务院批准，期货交易所不得从事信托投资、股票投资、非自用不动产投资等与其职责无关的业务。

---

① 详见《期货交易管理办法》第9条。

期货交易所应当按照国家有关规定建立、健全相关的风险管理制度，当期货市场出现异常情况时，期货交易所可以按照其章程规定的权限和程序，采取紧急措施，并应当立即报告国务院期货监督管理机构。

期货公司是依照《公司法》和《期货交易管理条例》规定设立的经营期货业务的金融机构。设立期货公司，应当经国务院期货监督管理机构批准，并在公司登记机关登记注册。未经国务院期货监督管理机构批准，任何单位或者个人不得设立或者变相设立期货公司，经营期货业务。申请设立期货公司，应当符合《中华人民共和国公司法》的规定，并具备下列条件：（1）注册资本最低限额为人民币3000万元；（2）董事、监事、高级管理人员具备任职资格，从业人员具有期货从业资格；（3）有符合法律、行政法规规定的公司章程；（4）主要股东以及实际控制人具有持续盈利能力，信誉良好，最近3年无重大违法违规记录；（5）有合格的经营场所和业务设施；（6）有健全的风险管理和内部控制制度；（7）国务院期货监督管理机构规定的其他条件。

期货公司业务实行许可制度，由国务院期货监督管理机构按照其商品期货、金融期货业务种类颁发许可证。期货公司除申请经营境内期货经纪业务外，还可以申请经营境外期货经纪、期货投资咨询以及国务院期货监督管理机构规定的其他期货业务。期货公司不得从事与期货业务无关的活动，法律、行政法规或者国务院期货监督管理机构另有规定的除外。期货公司不得从事或者变相从事期货自营业务。期货公司不得为其股东、实际控制人或者其他关联人提供融资，不得对外担保。期货公司应当建立、健全并严格执行业务管理规则、风险管理制度，遵守信息披露制度，保障客户保证金的存管安全，按照期货交易所的规定，向期货交易所报告大户名单、交易情况。

3. 期货交易的基本规则

在期货交易所进行期货交易的，应当是期货交易所会员。期货公司接受客户委托为其进行期货交易，应当事先向客户出示风险说明书，经客户签字确认后，与客户签订书面合同。期货公司不得未经客户委托或者不按照客户委托内容，擅自进行期货交易。期货公司不得向客户作获利保证；不得在经纪业务中与客户约定分享利益或者共担风险。特定的单位和个人不得从事期货交易，期货公司不得接受其委托为其进行期货交易，这些单位和个人包括：（1）国家机关和事业单位；（2）国务院期货监督管理机构、期货交易所、期货保证金安全存管监控机构和期货业协会的工作人员；（3）证券、期货市场禁止进入者；（4）未能提供开户证明材料的单位和个人；（5）国务院期货监督管理机构规定不得从事期货交易的其他单位和个人。

期货交易所应当及时公布上市品种合约的成交量、成交价、持仓量、最高价与最低价、开盘价与收盘价和其他应当公布的即时行情，并保证即时行情的真实、准确。期货交易所不得发布价格预测信息。未经期货交易所许可，任何单位和个人不得发布期货交易即时行情。

期货交易应当严格执行保证金制度。期货交易所向会员、期货公司向客户收取的保证金，不得低于国务院期货监督管理机构、期货交易所规定的标准，并应当与自有资金分开，专户存放。期货交易所向会员收取的保证金，属于会员所有，除用于会员的交易结算外，严禁挪作他用。期货公司向客户收取的保证金，属于客户所有，除法律规定的可划转的情形外，严禁挪作他用。期货交易所、期货公司、非期货公司结算会员应当按照国务院期货监督管理机构、财政部门的规定提取、管理和使用风险准备金，不得挪用。期货交易的结算，由期货交易所统一组织进行。期货交易的交割，由期货交易所统一组织进行。期货交易所、期货公司和非期货公司结算会员应当保证期货交易、结算、交割资料的完整和安全。任何单位或者个人不得编造、传播有关期货交易的虚假信息，不得恶意串通、联手买卖或者以其他方式操纵期货交易价格。任何单位或者个人不得违规使用信贷资金、财政资金进行期货交易。

4. 期货交易的监管

国务院期货监督管理机构对期货市场实施监督管理，依法履行下列职责：（1）制定有关期货市场监督管理的规章、规则，并依法行使审批权；（2）对品种的上市、交易、结算、交割等期货交易及其相关活动，进行监督管理；（3）对期货交易所、期货公司及其他期货经营机构、非期货公司结算会员、期货保证金安全存管监控机构、期货保证金存管银行、交割仓库等市场相关参与者的期货业务活动，进行监督管理；（4）制定期货从业人员的资格标准和管理办法，并监督实施；（5）监督检查期货交易的信息公开情况；（6）对期货业协会的活动进行指导和监督;(7) 对违反期货市场监督管理法律、行政法规的行为进行查处;(8) 开展与期货市场监督管理有关的国际交流、合作活动;(9) 法律、行政法规规定的其他职责。

(二) 金融机构衍生产品交易业务管理暂行办法

1. **产品交易业务**。金融机构衍生产品交易业务可分为两大类:(1) 金融机构为规避自有资产、负债的风险或为获利进行衍生产品交易。金融机构从事此类业务时被视为衍生产品的最终用户。(2) 金融机构向客户(包括金融机构)提供衍生产品交易服务。金融机构从事此类业务时被视为衍生产品的交易商,其中能够对其他交易商和客户提供衍生产品报价和交易服务的交易商被视为衍生产品的造市商。

2. **市场准入**。金融机构申请开办衍生产品交易业务应具备下列条件:(1) 有健全的衍生产品交易风险管理制度和内部控制制度;(2) 具备完善的衍生产品交易前、中、后台自动连接的业务处理系统和实时的风险管理系统;(3) 衍生产品交易业务主管人员应当具备5年以上直接参与衍生交易活动和风险管理的资历,且无不良记录;(4) 应具有从事衍生产品或相关交易2年以上、接受相关衍生产品交易技能专门培训半年以上的交易人员至少2名,相关风险管理人员至少1名,风险模型研究人员或风险分析人员至少1名;以上人员均需专岗人员,相互不得兼任,且无不良记录;(5) 有适当的交易场所和设备;(6) 外国银行分行申请开办衍生产品交易业务,其母国应具备对衍生产品交易业务进行监管的法律框架,其母国监管当局应具备相应的监管能力;(7) 中国银行业监督管理委员会规定的其他条件。

政策性银行、中资商业银行(不包括城市商业银行、农村商业银行和农村合作银行)、信托投资公司、财务公司、金融租赁公司、汽车金融公司开办衍生产品交易业务,应由其法人统一向中国银行业监督管理委员会申请,由中国银行业监督管理委员会审批。城市商业银行、农村商业银行和农村合作银行开办衍生产品交易业务,应由其法人统一向当地银监局提交申请材料,经审查同意后,报中国银行业监督管理委员会审批。外资金融机构开办衍生产品交易业务，应向当地银监局提交由授权签字人签署的申请材料，经审查同意后，报中国银行业监督管理委员会审批；外资金融机构拟在中国境内两家以上分行开办衍生产品交易业务，可由外资法人机构总部或外国银行主报告行统一向当地银监局提交申请材料，经审查同意后，报中国银行业监督管理委员会审批。

3. 监督管理。中国银行业监督管理委员会是金融机构从事衍生产品交易业务的监管机构。金融机构开办衍生产品交易业务，应经中国银行业监督管理委员会审批，接受中国银行业监督管理委员会的监督与检查。

本章复习思考题

1. 简述资本市场的构成。
2. 股票的特征是什么？
3. 股票和债券有什么区别？
4. 我国证券市场有哪些禁止交易的行为？
5. 为何要有信息持续披露制度？
6. 公司债券发行需要什么样的条件和程序？
7. 金融衍生工具是如何产生并发展起来的？
8. 我国规制金融衍生工具的法律法规主要有哪些？

专著推荐

1. 中国证券监督管理委员会编：《中国资本市场二十年》，中信出版社2012年版。

2. 吴晓求：《全球金融变革中的中国金融与资本市场》，中国人民大学出版社2010年版。

相关链接

1. 法律法规

《期货交易管理条例》、《金融机构衍生产品交易业务管理暂行办法》、《上市公司证券发行管理办法》、《首次公开发行股票并上市管理办法》等。

2. 相关案例链接

典型案例[①]

招商银行发行上市：2002 年，招商银行向社会公开发行 15 亿股 A 股股票，募集资金 109 亿元，并在上海证券交易所上市。

成功上市，对招商银行意义重大：第一，筹集的资金，及时补充了资本金，增强了招商银行的风险掌控力；第二，通过上市改组，完善了公司治理结构，优化了招商银行的组织制度；第三，有效提升了管理素质，强化了招商银行的市场竞争力；第四，有效扩大了知名度，提升了招商银行的社会影响力。

（一）成立上市工作机构

2000 年，招商银行决定发行上市。决定上市后，第一步工作就是成立上市工作机构。2000 年 3 月 25 日，招商银行上市领导小组成立，行长马蔚华亲自挂帅，负责组织决策和协调上市重大事项，同时成立招商银行上市工作小组，具体组织落实上市的各项内容。

（二）聘请中介机构

上市工作机构成立后，接下来的工作就是聘请中介机构。经过慎重考虑，招商银行确定以招标方式选择中介机构。通过公开招标方式，招商银行最后确定中国国际金融有限公司为主承销商，君合律师事务所为法律顾问，天勤会计师事务所为审计师。另外，根据中国证监会关于商业银行上市的要求，在有国内会计师的同时，还应聘请中国证监会和财政部特别许可的国际会计师事务所，因此，招商银行又聘请了毕马威会计师事务所作为国际审计师。

（三）尽职调查

中介机构选定后，尽职调查工作随即展开。2000 年 8 月，中金公司、君合所、毕马威和天勤所开始了对招商银行上市的尽职调查，由此拉开了历时长达 10 个多月尽职调查的序幕。

1. 主承销商的尽职调查。2000 年 8 月 1 日，首次中介机构协调会后中金公司项目工作人员走进招商银行，正式开始了尽职调查。首先，

[①] 黄嵩编：《资本市场学》，北京大学出版社 2011 年版，第 15 页。

中金公司在总行先后进行了三轮部门访谈调查和资料收集工作。紧接着对招商银行的分支机构开展尽职调查。随着尽职调查的深入，在普遍调查的基础上，中金公司将尽职调查聚焦到需要招商银行整改或披露的内容上来，具体包括以下四个方面：一是不良资产；二是对外股权投资；三是关联交易；四是法人治理结构。最后，在其他尽职调查基本结束的时候，主承销商管理人员和项目人员同招商银行的管理层进行了访谈对话，毕马威和君合也参加了这次访谈。

2. 律师的尽职调查。君合所在了解招商银行的总体情况后，把尽职调查的重点放在了招商银行机构设立、股东、股权投资企业、诉讼案件、重大合同、关联交易、固定资产和招商银行历史沿革及历次扩股等方面。君合所采用的主要方式是：列出调查清单，要求招商银行按清单提供原始文件资料，然后根据其重要性原则和抽样原则进行现场或非现场核实，核对有关证书和文件原件。

3. 审计师尽职调查。审计师的尽职调查工作由计划调查组和信贷调查组分别展开。计划调查组的主要任务是收集招商银行各种报表和财务情况，分析报表结构，设计其审计需要的报表模式，并培训招商银行员工进行填报。信贷调查组的主要任务是了解招商银行信贷资产质量和五级分类情况，确定其对招商银行信贷审核的五级分类标准。

（四）辅导

招商银行的上市辅导工作，是与尽职调查既交叉又结合同步进行的。中金公司与招商银行经过多次协商，确定了如下的辅导方案：第一，辅导机构除中金公司外，邀请毕马威和君合所一起参加，以发挥它们的专业作用；第二，以尽职调查为基础，然后进行跟踪辅导，在辅导中规范和解决相关问题；第三，突出对董事和高级管理人员的培训作用，加强公司的法律责任感和诚信义务；第四，按辅导内容的9个方面，建立辅导工作底稿，对辅导过程加强监督，以保证达到如期的辅导效果。

2001年7月中旬，招商银行和中金公司向深圳证管办申请辅导验收。2001年8月中旬，深圳证管办验收完毕。

（五）股份制改组

招商银行在完成尽职调查后，结合辅导，开始了股份制改组。

1. 明确股份有限公司身份。通过尽职调查发现，招商银行营业执照上的企业性质仍然是"全民股份制"，而不是"股份有限公司"，这显然不符合上市要求。而历史事实是，招商银行于1994年进行了股份制改造，建立了股份有限公司的组织架构，并按照股份有限公司要求进行运作，但限于当时政策环境等原因，在营业执照中并没有确认。招商银行通过与工商管理部门反复沟通，终于使得工商管理部门认可了招商银行1994年股份制改组，确认招商银行为股份有限公司，成功完成营业执照的变更。

2. 规范公司治理结构。脱胎于传统计划经济体制环境的招商银行，在公司治理结构方面不可避免地留有传统企业的烙印。在尽职调查的基础上，对照上市公司法人治理结构规范要求，招商银行针对公司治理结构做了大量规范工作：第一，根据上市公司规范要求，参照中国证监会《上市公司章程指引》，结合招商银行实际情况，修改制定了新的《招商银行股份有限公司章程》，特别是对股东大会、董事会和监事会运作等一系列条款进行了修改。第二，根据新的公司章程，新制定了股东大会、董事会和监事会的议事规则和行长工作细则，进一步明确了权责利的结合和制衡。第三，招商银行还承诺，在上市以后，将进一步完善董事会，设立独立董事，并在董事会设立战略、审计、提名、薪酬与考核等专门委员会。第四，招商银行还计划在上市后，根据法规允许和实际情况，相机推出管理层股票期权方案，将管理层的个人收入与其工作表现和整个银行的经营状况更加紧密地联系起来。

3. 处置不良资产。银行不良资产是银行经营的一个必然结果。招商银行自1987年成立，业务发展的同时，不良贷款余额也不断增加。按"五级分类"要求，在股份制改组前，招商银行的不良贷款率达12.94%。为了达到上市要求，招商银行必须对不良贷款进行处置。招商银行用增提的拨备核销不良贷款呆账，用资本公积金和盈余公积金来弥补因大量拨备调整而出现的账面未分配利润。为此，招商银行动用了24.31亿元资本公积金和1750万元盈余公积金弥补因此出现的未分配利润，以及2000年一年的利润8.04亿元，总共核销总额37.49亿元的不良贷款，招商银行的不良贷款率从12.94%下降到10.25%。

4. 剥离股权投资。为符合上市的规范性要求，招商银行必须剥离与主营业务无关的对外股权投资。因此，招商银行在上市重组过程中，将持有的国通证券有限责任公司 20.18% 股权和深圳新江南投资有限公司 91.03% 股权，转让给招商银行全体股东，将持有的上海招商局大厦有限公司 40% 股权、武汉招银物业有限公司 70% 股权和招商局会所（中山）有限公司 8.5% 股权转让给深圳市招商创业有限公司。

5. 清理与规范关联交易。清理与规范关联交易，也是上市前重组的一项重要内容。招商银行上市前，股东就多达 106 家，其派生出的招商银行关联方体系极其复杂、庞大。仅第一大股东招商局轮船股份有限公司，其控股或参股的企业就有 400 多家。

从 2001 年 4 月开始，招商银行就会同中介机构，对招商银行的关联方进行了摸底，并经过反复沟通、咨询和协商，最终把披露关联方锁定在：最大股东、其他股东、最大股东母公司控股和参股的企业、招商银行董事和高级管理人员担任董事长或总经理的企业以及招商银行投资参股的企业。同时，招商银行对关联交易进行了清理和规范，关联交易总额呈现较大幅度下降，总体关联交易质量得以进一步优化。在与总共 238 家企业的关联关系中，按照"五级分类"要求，关联贷款中绝大部分为正常类，只有六家企业贷款归于次级不良贷款，而且相关的清收工作一直在有条不紊地进行着。

（六）申报与审核

由于银行业是特殊行业，上市首先应该获得当时的行业主管部门中国人民银行的同意。

2001 年 8 月 3 日，招商银行向中国人民银行申请出具监管意见书，2001 年 9 月 3 日，中国人民银行为招商银行出具了监管意见书。但由于种种原因，中国人民银行出具的监管意见书并不理想，因此，2001 年 11 月 21 日，招商银行向中国人民银行申请出具补充监管意见书，2001 年 12 月 20 日，中国人民银行出具了补充监管意见书。

2001 年 9 月 24 日，招商银行向中国证监会报送上市申请材料。此后三个月时间里，中国证监会对招商银行的上市申请材料进行了一轮又一轮的审核。2001 年 12 月 28 日，中国证监会发审委通过了招商银行的上市申请。2002 年 3 月 1 日，中国证监会发出了招商银行上市的正式批文。

（七）完成发行上市

招商银行上市申请通过中国证监会核准后，接下来要做的事情是怎样来保证发行上市的成功完成。

1. 发行规模和发行方式。招商银行根据实际资金需要，最后确定发行规模为15亿股。发行方式采用网上以摇号中签方式对所有投资者发行和网下以比例配售并设定一定的锁定期方式对所有战略投资者发行。

2. 预路演与确定发行价格区间。2002年3月19日至21日，中介机构分别在北京、上海、深圳三地开展预路演。3天预路演共举行10多场推介会，直接接触投资者300多人，收到预路演反馈表格200多张。通过预路演中的询价，招商银行和中金公司经过谈判，最后确定了6.68—7.30元的发行价格区间。

3. 路演、发行与定价。2002年3月22日、25日和26日，招商银行分别在深圳、上海、北京进行了路演。3天路演共举行10多场大、中、小型推介会，并获得圆满成功。2002年3月24日，招商银行股票发行网下申购开始，2002年3月27日为招商银行网上申购日。最后根据申购情况，决定网上发行为6亿股，网下发行9亿股。2002年3月26日，招商银行在全景网上进行了网上路演，与公众投资者进行交流。

2002年3月28日晚，招商银行和中金公司在深圳举行最后的发行定价会议，根据申购结果，双方一致确定招商银行A股发行价格为当时定价区间的最高限7.30元。

2002年4月1招商银行公布股票发行价格和网上中签率。4月2日，招商银行公布股票网下申购情况和中签率。

至此，招商银行股票发行圆满成功。招商银行发行15亿股股票，筹集资金109.5亿元，除去发行费用，实际获得资金107.43亿元。2002年4月9日，招商银行股票在上海证券交易所挂牌交易。

本章参考文献

[1] 刘伟主编：《财务管理》，华中科技大学出版社2011年版。

[2] 黄嵩编：《资本市场学》，北京大学出版社2011年版。

[3] 陶广峰主编：《金融法》，中国人民大学出版社2009年版。

［4］于长福、黄巍主编:《金融衍生工具基础》,哈尔滨工业大学出版社2012年版。

［5］蒋先玲:《货币银行学》,中国金融出版社2010年版。

［6］胡金焱、霍兵、李维林编:《证券投资学》,高等教育出版社2008年版。

第十六章　保险市场法律制度

本章内容提要：本章以金融体系中保险市场运行的核心——保险合同为核心展开，先简要介绍关于保险的基本知识，而后侧重以保险法中保险合同法律规范原理为论述重点，介绍了保险合同法中保险利益原则、近因原则、损失补偿原则以及保险合同中的重要制度——如实告知义务、保证条款、弃权与禁止反言、代位求偿权、委付等，并着重介绍了保险合同主体的权利和义务，同时对于保险合同条款的解释进行了扼要介绍。在以我国保险法将保险分为人身保险和财产保险的基础上，对财产保险合同中的具体险种、人身保险合同的具体险种及基本条款进行简要介绍，通过对本章内容的学习，学生能对保险市场运行及其规则以及保险合同有一个全面和深入的了解，并通过学习，理解我国法律对保险市场规制的重要意义。

关键词：可保风险　保险的种类　保险的基本原则　保险利益　如实告知义务　保证条款　弃权与禁止反言　代位求偿权　委付　保险合同的失效与复效　火灾保险合同　交通工具保险合同　货物运输保险合同　工程保险合同　责任保险合同　信用保险合同　保证保险合同　人身保险合同基本条款　人寿保险合同　意外伤害保险合同　健康保险合同

第一节　保险原理及保险市场概述

一　保险概述

广义的保险可以分为社会保险和商业保险。社会保险是指国家基于社会保障政策的需要，不以营利为目的而实施的一种福利保险。社会保险属法定保险，一般由社会保障立法予以规范，其费用主要来源于国家财政资金或企事业单位资金和经费，以及个人的缴费。商业保险是指社会保险以外的普通保险，它以营利为目的，其资金主要来源于投保人交纳的保险费，一般受保险法规范。

《中华人民共和国保险法》（以下简称保险法）规定的保险，也以商业保险为限。其第2条规定：为了规范保险活动，保护保险活动当事人的合法权益，加强对保险业的监督管理，维护社会经济秩序和社会公共利益，促进保险事业的健康发展，制定本法。在这里我们要讲的是狭义的保险，即商业保险。本书所述保险指的都是商业保险。

从经济学的角度来看，保险是指为确保社会经济生活的安定，运用多数机构和个人的集合力量，根据合理的计算，共同建立基金，对因特定危险事故所造成的财产损失给予补偿或对约定的人身事件的出现实行给付的一种经济保障制度。

从法律的角度来看，保险则是投保人与保险人之间建立的一种合同关系，即根据合同的约定，投保人向保险人支付保险费，而保险人对于约定的保险事故造成的承保财产的损失或被保险人的人身事件等承担保险责任的法律行为。

二　保险的特征

（一）保险从宏观上看是一种经济保障制度，从微观上而言则是一种商业经营行为和个人投资行为

保险是为确保社会经济生活的安定，通过运用多数社会成员的集合力量，根据合理的计算，共同建立保险基金，用于补偿少数社会成员因特定危险事故或因特定人身事件发生而造成的经济损失的经济保障制度。其功能在于分散风险、消化损失。同时，保险人作为转移保险商品的经营者，利用与投保人签订保险合同，确立彼此的保险关系。投保人获取保险保障的代价，是按照约定向保险人支付保险费；而保险人提供保险保障所取得的对价，则是根据保险费率收取的保险费，该保险费足以抵补保险人因保险事故所支出的保险赔付和保险经营所需费用开支，它是保险活动稳定发展的物质条件，也是保险利润的基础。没有这种利

润的存在，既不会有保险商人的产生，也不会有保险市场的存在，因此，保险是一种商业行为。而集合众人之力建立的保险基金，对于投保的个人而言，则是一项个人的单独行为，个人为保障自己不可预测的风险而产生的损失，投入到保险公司的保险费，是个人的一项投资行为，这种投资的性质随着保险公司的投资营销的广泛吸引而在当今社会变得越来越明显。

（二）保险是一种具有经济补偿性质的法律制度，是一种双务有偿的合同关系

保险是一种因合同而产生的债权债务关系。这种债权债务关系是基于保险法律规范和保险事实而产生的保险法律关系，其实质是当事人互为约定承担给付义务，即投保人承担给付保险费的义务，保险人承担保险赔偿或给付保险金的责任。在保险法律关系中，保险人承担赔偿或给付保险金的责任与一般民事法律关系中的损害赔偿责任是不同的。一般民事赔偿责任是当事人的侵权行为或违约行为所导致的法律后果，而保险法律关系中投保人所遭受的损失，并非保险人的行为所致，而是由不可抗力等危险事故造成的。因此，保险人承担的保险赔偿责任或给付责任，只是基于保险合同设定的一种义务，具有对损失进行经济补偿的性质。

（三）保险是以科学数理计算为依据的救济制度

保险人经营保险不是盲目的，也不是凭主观任意估计的，而是以科学数理计算为依据的。保险人是运用概率理论和大数法则，通过个别危险事故发生的偶然性，进行科学的概括、总结来发现其发生的必然性，从而把握各类危险的发生规律，预测保险责任范围可能造成的损失后果。概率论是数学的一门学科，它是研究可能发生，也可能不发生的随机现象所包含的必然规律性，它在保险业务中的运用为保险学奠定了科学的基本规则之一，而著名的贝努里大数法则（又称平均法则），则是概率论的基本规则之一，也是保险业赖以建立的数理依据。保险业运用这一法则，可以将个别危险发生及造成损失的不确定性，变成众多同类危险发生及造成损失的可预知性。保险人由此可以预测保险市场的供需关系，并合理地厘定保险费率，平均每一危险单位的风险责任，加强和完善保险公司的风险管理工作，促进防灾防损工作。

(四) 保险以经济补偿和给付作为保险手段

保险人经营保险，为投保人（被保险人）提供保险保障，并不是消灭危险，而是在保险事故发生后用货币方式给予经济补偿，以便被保险人迅速恢复正常的生产或生活。当然，保险的经济补偿功能，在财产保险和人身保险的体现不尽相同：由于财产保险针对的是可以用货币衡量其价值的财产及其有关利益，保险人可以在保险事故发生后，用保险补偿金弥补被保险人遭受的损失，而人身保险的对象是人的寿命和身体，无法直接用货币衡量其价值，故只能根据双方当事人事先约定的数额给付保险来实现保险的保障功能。因此，保险人在财产保险中的保险责任是补偿性的，而在人身保险中的保险责任则是返还性和给付性的。

三 保险的分类

保险按照不同的划分标准，可作多种分类。

(一) 财产保险和人身保险

按照保险标的性质不同划分，保险可分为财产保险和人身保险，这是我国保险法规定的基本险别。财产保险是以物质财产或财产性利益为保险标的，以实物的毁损或利益的灭失为保险事故的各种保险。包括普通财产保险、保证保险、责任保险和信用保险等。人身保险是以人的生命或健康为保险标的，以人的生理意外事故作为保险事故的保险。人身保险又可分为人身意外伤害保险、健康保险和人寿保险等。

(二) 补偿性保险和给付性保险

以支付保险金的目的为划分标准，保险可分为补偿性保险与给付性保险两种。补偿性保险，指保险人支付保险金的目的在于补偿被保险人因保险事故的发生所遭受的实际损失的保险形式。财产保险合同即属于补偿性保险合同，因这种合同的目的是补偿被保险人的损失，故在保险事故发生后，保险人在保险金额的限度内，以评定实际损失为基础来确定保险金的数额，因此又称为评价保险。

给付性保险，不是以补偿损失为目的。大多数人身保险合同都属于给付性保险合同。这是由于人身保险的标的——人的生命或健康是不能以价值来衡量的，保险事故发生后造成的损失也无法以货币来评价。而且，有些人身保险并无意外事故的发生，也无损失的存在，保险人依合同规定所给付的保险金只是为满足被保险人的特殊需要。大部分人身保险是给付性保险合同，当然也有少数例外，有些人身保险合同也是补偿性质的，如疾病保险、伤害保险等，即以治疗及住院等费用的补偿为限。

（三）自愿保险和强制保险

按照保险责任发生的效力依据划分，保险可分为自愿保险和强制保险。自愿保险是投保人与保险人双方平等协商、自愿签订保险合同而产生的一种保险形式。这种保险责任发生的效力依据是保险合同，投保人享有投保或不投保的自由，保险人则可决定是否承保。强制保险又称法定保险，是指国家法律、法规直接规定投保人必须投保的保险。其保险标的多与人民生命、健康和国家重大经济利益有关。这种保险关系依据法律规定而产生，具有全面性、法定性、自发性等特点。

（四）定值保险、不定值保险和定额保险

根据保险价值在保险合同中是否预先确定为标准，保险可分为定值保险、不定值保险和定额保险。此处的"定值"中的值指的是保险价值，保险价值又称为保险价额，是指财产保险中保险标的的价值；定值保险和不定值保险的划分仅适用于财产保险合同；在人身保险中，人的生命和健康成为保险标的，是无法估价的，故人身保险不存在保险价值，但可以事先按照一定的条件规定一个补偿或给付的金额。

1. 定值保险指保险合同双方当事人签订合同时，事先确定保险标的的价值，并在合同中约定确定的保险金最高限额的财产保险合同。在定值保险的保险事故发生后，保险人应当按照约定的保险价值作为给付保险赔偿金的基础，如我国《保险法》第55条第1款规定，投保人和保险人约定保险标的的保险价值并在合同中载明的，保险标的发生损失时，以约定的保险价值为赔偿计算标准。实践中，定值保险合同多适用于海上保险合同、内陆货物运输保险合同以及艺术品、矿石标本等不易确定价值的财产为标的的财产保险。

2. 不定值保险指保险双方当事人对保险标的不预先确定其价值，而在保险事故发生后再估算其价值，确定损失的财产保险合同。如我国《保险法》第55条第2款规定，投保人和保险人未约定保险标的的保险价值的，保险标的发生损失时，以保险事故发生时保险标的的实际价值为赔偿计算标准。

在不定值保险中，保险标的的价值是在保险事故发生后才进行估算的，而在保险合同成立至保险事故发生这段时间内，其价值可能发生变化，这就出现了保险价值的确定标准问题。实践中，保险标的损失的评估常常会出现分歧，保险标的的损失既不能由保险人来任意决定，也不能由被保险人来随便报价，因此需要一个中间人代为评估损失，即保险公估行业，通常以市场价格为标准来确定保险价值。

3. 定额保险是针对人身保险而言，指在订立合同时，由保险人和投保人约定保险金额，在被保险人死亡或达到合同约定的年龄、期限时，由保险人按照合同约定给付保险金的保险形式。

（五）足额保险、不足额保险、超额保险

按照保险金额和保险价值的关系，可以将保险分为足额保险、不足额保险、超额保险。

足额保险指保险金额和保险价值相等的保险。在足额保险中，当保险事故发生造成保险标的全部损失时，保险人应依据保险价值进行全部赔偿。如保险标的存有残值时，则保险人对之享有物上代位权，也可作价归被保险人，在支付保险金中扣除该部分价值。

当保险标的部分损失时，保险人应按实际损失确定支付的保险金。如保险人以提供实物或修复服务形式，保险人于支付保险金后，享有对保险标的的物上代位权，或者因修复增加了保险标的的实际价值或其功能明显改善时，保险人在赔款中可扣除被保险人增加的利益。我国《保险法》第59条1、2款规定，保险事故发生后，保险人已支付了全部保险金额，并且保险金额等于保险价值的，受损保险标的的全部权利归于保险人；保险金额低于保险价值的，保险人按照保险金额与保险价值的比例取得受损保险标的的部分权利。

不足额保险又称为低额保险，指保险金额小于保险价值的保险。这种情况主要出现在保险人没有正确估计保险标的的价值、在投保后保险标的市场价格上涨而产生不足额保险。在不足额的情况下，保险人一般按照比例赔偿和第一危险赔偿两种方式。比例赔偿即按照保险金额和财产实际价值的比例计算赔偿金额。其计算公式为：赔偿金额＝保险金额/保险价值×损失额。如我国《保险法》第55条第4款规定：保险金额低于保险价值的，除合同另有约定外，保险人按照保险金额与保险价值的比例承担赔偿保险金的责任。比例赔偿方式，即按照保险金额与财产实际价值的比例计算赔偿额。

第一危险赔偿即保险金额范围内的损失属于"第一危险"，超过保险金额范围的损失属于"第二危险"，而不考虑保险金额与实际价值的比例，只对保险金额限度内的损失（第一危险部分）进行赔偿，对超出保险金额的部分（第二危险部分），保险人不负赔偿责任。

超额保险指保险金额超过保险价值的保险。通常产生超额保险的原因有：投保人过高估计了财产的价值；投保人欺诈，谋取不正当利益；投保后，保险标的市场价格跌落等。由于超额保险极易诱发道德风险，对保险业的发展危害极大，因此各国立法对超额保险均加以限制。如我国《保险法》第55条第3款规定，保险金额不得超过保险价值。超过保险价值的，超过部分无效，保险人应当退还相应的保险费。

（六）单一保险和重复保险

按照保险人的人数划分，保险可分为单一保险和重复保险。单一保险是投保人对于同一保险标的、同一保险利益、同一保险事故，与一个保险人订立保险合同的行为。

重复保险有广义和狭义的区别，广义的重复保险是指投保人对同一保险标的、同一保险利益、同一保险事故分别与两个以上保险人订立保险合同的行为；而狭义的重复保险则是指广义的重复投保，并且超过了保险价值的行为。我国《保险法》第56条第4款对于重复保险采取的是狭义定义。

重复保险的法律规制。因重复保险大都由道德风险产生，且违背保险法的损失补偿原则，因此我国《保险法》第56条对重复保险进行了法律规制：首先，要求重复保险的投保人应当将重复保险的有关情况通知各保险人；其次，在赔付上要求保险人赔偿总和不得超过保险价值，并要求提倡采取比例分摊法进行赔偿；再次，重复保险的投保人可以就保险金额总和超过保险价值的部分，请求各保险人按比例返还保险费。

（七）原保险和再保险

根据危险的转移方式不同，保险可以分为原保险和再保险。原保险是由非经营保险业务的社会成员作为投保人与经营保险业务的保险公司作为保险人所建立的保险。原保险又称第一次保险。

而再保险是指由原保险中的保险人作为投保人，为避免或减轻其在原保险合同中承担的保险责任，以缴纳再保险费的方式，将其承保的危险的全部或部分转移给其他保险人所建立的保险。再保险又称分保或第二次保险，再保险其实是承保危险在保险人之间再次转移的法律形式。我国《保险法》第28条规定，保险人将其承担的保险业务，以分保形式部分转移给其他保险人的，为再保险。

再保险关系是再保险人与原保险人经签订再保险合同而建立的一种合同关系。双方当事人都是保险人，其中原保险人是将本身的原保险责任一部或全部分给再保险人承担，故称其为分出人，再保险人则为分入人。再保险不仅适用于财产保险，也适用于人身保险，其保险标的为分出人（原保险人）所转嫁的保险责任。原保险与再保险虽然在一定程度上有联系，但是原保险与再保险关系都是独立的保险合同关系，我国《保险法》第29条规定，再保险接受人不得向原保险的投保人要求支付保险费。原保险的被保险人或者受益人不得向再保险接受人提出赔偿或者给付保险金的请求。再保险分出人不得以再保险接受人未履行再保险责任为由，拒绝履行或者迟延履行其原保险责任。

四 保险的基本原则

（一）最大诚信原则

1. 最大诚信原则概述

诚信原则是民商法的基本原则之一，但由于保险市场的特殊性，更加要求强调诚实信用。较一般民商事活动而言，保险活动要求的诚信程度更高，更为严格，因此，包括我国在内的许多国家和地区保险立法将该原则加以强化，提升为最大诚信原则，又称为"绝对诚信原则"。

保险法作为民法的特别法，同样接受诚实信用的约束，而且具体演变为"最大诚信原则"。表述为保险合同的各方当事人在订立保险合同时，都须最大限度地按照诚实的精神，将各自知道的有关事实告知对方，不得隐瞒、伪报或欺诈。而在保险合同生效后，各方当事人应当按照信用的精神，认真履行各自的义务。

2. 最大诚信原则的适用内容

（1）告知。指保险的各方当事人应当就法定范围内的事项如实向对方当事人予以告知。其中，投保人在签订保险合同时，应将其知道或推定知道的有关保险标的的重要情况如实向保险人说明。同时，在签订保险合同时，应将保险合同的条款内容和办理保险的有关事项，如实告知被保险人及其代理人。我国《保险法》第 16 条和《海商法》第 222 条均规定了投保人的告知义务。若因故意或重大过失未对保险人的询问进行告知的，则应承担相应的责任。

（2）保证。指在保险合同中，投保人或被保险人以书面形式或通过法律规定的形式承诺某一事实状态存在或不存在，或承担履行某种行为的保险合同条款。保证从属于保险合同，是保险合同的组成部分，因此，如果承诺方违反保证的，受害方有权提出赔偿请求。如在财产损害保险合同中，投保人承诺在保险合同有效期限内不改变保险标的的用途。交通运输工具保险合同的投保人承诺正常保养保险标的，以维持其正常的技术状态。盗窃险合同的投保人承诺用于保险标的的防盗设施齐全有效。保证源自 18 世纪英国的海上保险，后由美国引入，并扩大适用于火灾保险和人寿保险。现代各国法律确认了保证作为最大诚信原则的组成部分。我国虽然没有关于保证的相关规定，但在我国的保险实务中同样也加以运用。

3. 弃权与禁止反言（参见第二节）

（二）保险利益原则

1. 保险利益的概念和分类

保险利益，又称可保利益，是指投保人对保险标的具有的法律上承认的利益。而保险标的是指作为保险对象的财产及其有关利益或者人的寿命和身体。可见，对保险标的有无保险利益是投保人能否投保和保险合同的生效要件。

保险利益可依性质不同分为积极的保险利益和消极的保险利益。积极的保险利益指投保人或被保险人享有的保险标的上的固有利益。消极的保险利益指投保人或被保险人为避免保险标的损失而可能遭受的不利益。

依据保险标的的不同可以分为财产保险中的保险利益和人身保险中

的保险利益。

2. 财产保险中的保险利益

首先,财产保险的保险利益是经济上确定的、可以实现的利益,必须可以用金钱尺度来衡量,可以用货币来计算,该项利益的数额是确定的;其次,保险利益必须是合法的利益,也就是法律上承认的利益。

(1) 财产上的现有利益

指投保人(被保险人)为保险投的所享有二保险利益,包括但不限于投保人(被保险人)为保险投的所有权利益、占有利益,用益物权以及担保物权利益等。

一般认为,在财产保险中,凡是因财产发生危险事故而可能遭受现有损失从而对该项财产具有经济利害关系的人都可享有财产上的现有利益。这些人包括财产所有人、经营管理人或对某项财产有直接利害关系的人。也可以是对该项财产有其他利害关系的人,如财产的抵押权人、质权人等。

(2) 财产上的期待利益

财产上的期待利益指投保人和保险人在缔结保险合同时,尚不存在经济利害关系,但基于现有的权利可以获得的将来利益。这里所指的期待利益必须是确实可以获得,并能为法律所保护的具体权利,而非希望或凭空的期待。如企业家对于所经营企业,必有利润的预期利益;果树主人对于果实的收获利益、货运公司对货物安全并及时到达的期待利益。建筑物因出租时,必有租金的收入等。这些基于现有财产而产生的期待利益,往往基于有效合同而产生。

(3) 财产上的责任利益

责任利益指投保人或被保险人对保险标的所承担的合同上的责任、侵权损害赔偿责任以及其他依法应当承担的损害赔偿责任。责任利益其实是一种消极的期待利益。所谓消极的期待利益,是指基于现有利益,而期待某项责任不发生的利益。如果发生特定意外事故时,将使被保险人因此遭受不利益,直接造成金钱上的损失。由此,构成财产保险中的责任保险的保险利益。如上述货运公司对于所承运的货物投保,不需经托运人同意,其保险利益即在于此;律师对于可能因自己的过失而造成的当事人的损失,有此金钱上的赔偿,为此,律师对该不利益有保险利益，可以就预期的不利益进行投保。

在财产保险中，在同一个保险标的上常常会存在数个不同的保险利益，具有不同的保险利益的人可根据自己的保险利益就同一标的签订数个保险合同。但保险金额应依不同的保险利益而受到限制。

3. 人身保险中的保险利益

在人身保险合同中，人身保险的保险利益与财产保险的保险利益在含义和范围上均不同。如投保人以自己的生命和健康投保的，自然存在保险利益。但对于以他人的生命或健康为保险标的投保的，如何认定投保人对被保险人享有保险利益，则存在三种不同的立法模式：其一，利益主义，即被保险人的继续生存或保持健康对投保人具有现实或预期利益的，即具有保险利益；其二，同意主义，即投保人与被保险人之间不必存在利害关系，只需经被保险人同意，即认为有保险利益；其三，折中主义，即一方面要求投保人与被保险人有利益关系，另一方面也要求须经被保险人同意，合同才能生效，即上述二主义的结合。我国即采折中主义，我国《保险法》第31条规定，投保人对下列人员具有保险利益：（1）本人；（2）配偶、子女、父母；（3）前项以外与投保人有抚养、赡养或者扶养关系的家庭其他成员、近亲属；（4）与投保人有劳动关系的劳动者。除前款规定外，被保险人同意投保人为其订立合同的，视为投保人对被保险人具有保险利益。

4. 保险利益的存续期间

不同的保险合同中，投保人对于保险标的具有保险利益的阶段各不相同。

（1）在财产保险合同中，一般要求投保人、被保险人在保险事故发生时，对保险标的应当具有保险利益（参见《保险法》第12条第2款）。这要求投保人在保险事故发生时，对于财产或财产性利益具有一定的权利或联系。但是可能存在因保险标的的转让而导致原投保人无保险利益的问题，此问题涉及之后保险利益的转让的问题。在很多财产保险合同中，投保人在就保险标的投保后，往往将保险标的转让于第三人，而取得保险标的的第三人可以通过变更保险合同，使自己在保险事故发生后，获得赔偿。同时，保险事故发生时，被保险人对保险标的不具有保险利益的，不得向保险人请求赔偿保险金（参见《保险法》第48条）。

(2) 在人身保险合同具有保险利益者，限于法定的特定人。极易产生谋财害命的道德风险。投保人在保险合同订立时，对被保险人应当具有保险利益，至于保险事故发生时是否存在保险利益则在所不问。在实务中，一些投保人在投保时，与被保险人往往都具有一定的关系，如夫妻关系、劳动关系等，而在保险事故或事件发生时，这些关系可能已经解除或不存在，因此，为保障投保人或受益人的利益，不可能像财产保险那样要求投保人在保险事故发生时，仍然具有保险利益，而是在保险合同订立时具有保险利益即可。同时对于投保人在投保死亡险的保险利益进行严格限制，可最大限度地防止道德风险的发生（参见《保险法》第 12 条第 1 款）。在订立合同时，投保人对被保险人不具有保险利益的，合同无效（参见《保险法》第 31 条第 3 款）。

(三) 近因原则

1. 近因原则概述

近因原则是为了明确事故与损失之间的因果关系，认定保险责任而专门规定的一项基本原则。它是指保险人对于承保范围内的保险事故具有决定性的、有效性的原因所引起的损失，承担赔偿责任，而对于承保范围以外的原因造成的损失，则不负赔偿责任。近因需要解决的是事故和损害结果之间的因果关系，以及何种致损原因是造成保险标的损失的主要原因，且该原因是否属于该保险险种的承保范围的问题。

在实践中，保险涉及的风险事故多种多样，错综复杂，因为危险事故导致保险标的损失的原因往往不止一个。而保险人出于其经营性质和自身利益的需要，不可能将致损原因全部承保。于是保险人根据各种危险事故的性质、发生概率及与损害后果的关系，予以分类研究，设立各种相应的保险险种、险别，确定各自所承保的危险范围及除外责任。

当损失发生后，保险人从致损原因与损害结果之间的因果关系入手，认定直接造成损失或最接近损失后果的原因是否属于其承保范围，进而判断是否承担赔偿责任。因此，近因原则是确认保险人之保险责任的主要依据。通过近因原则的适用，可以使保险合同的各方主体从复杂多变的保险案件事实中，按照法定标准排除各种非决定性因素，寻求一项公平合理、确定无误的法律原因作为认定依据。

2. 近因原则的适用

（1）近因的适用标准

近因原则在保险法领域中广泛适用，但如何认定致损的近因尚无统一标准，主要的有三种：第一，最近时间论。即将各种致损原因按发生时间顺序排序，以最后一个作为近因。第二，最后条件论。该学说将各种致损不可缺少的各个原因列出，以最后一个作为近因。第三，主要作用论。即将对于致损起着主要的、决定性作用的原因作为近因。该理论在保险界得到普遍认同。

（2）近因的认定

根据近因原则的要求，认定近因的关键，在于寻找致损的因果关系。

① 单一致损原因

若导致保险标的的损失，仅限于一个原因，则该原因即为近因。认定保险人是否承担保险责任，则取决于该致损原因是否属于保险合同约定的承保危险。

② 多种致损原因

如果多种原因并存导致保险标的损失，且其结果不易分别计算，若没有除外危险，则仅需其中某一原因为承保危险，保险人应当理赔。[1]

如果原因中有一个除外危险，损失无法分别计算，保险人不承担责任。[2]

③ 如果原因中有一个除外危险，损失可以分别计算，保险人仅对承保危险造成的部分损失承担责任。[3]

（3）连续发生的多种致损原因

① 如果损失发生是由有因果关系的连续原因引起的，若没有除外危险，则该承保危险为损失的原因，保险人应当理赔。

② 如果除外危险在承保危险之前发生，则承保危险造成的损失，实际上是除外危险的直接结果，保险人不承担责任。[4]

---

[1] 转引自陈欣《保险法》，北京大学出版社2010年版，第156页。
[2] 同上书，第157页。
[3] 同上。
[4] 同上书，第154页。

(四) 损失补偿原则

损失补偿原则是由保险的功能直接决定的，也体现了市场经济的要求，因此成为保险法的基本原则之一。

损失补偿原则，是指当保险事故发生时，被保险人遭受损失，保险人应对被保险人所受到的实际损失进行补偿，保险补偿的目的在于弥补损失，使遭受损失的人恢复到损失未发生时的状态，保持生产、生活的安定。若被保险人因补偿而获得了超过其损失的利益，则违反了损失原则。

由保险补偿派生出保险价值概念。保险价值是指财产保险中保险标的的价值，同时也是保险补偿中获得的最高法定限额。如果保险合同双方当事人在保险合同种约定的保险金额超过了保险价值，也就违反了损失补偿原则，超过保险价值的保险金部分无效。

五 保险市场

(一) 保险市场的概念

保险市场既是一个动态的概念，同时也是一个静态的概念。作为动态而言，保险市场是指保险商品交易关系和所有与保险商品交易关系相关的社会关系的有机构成。其包括了保险合同关系、保险代理关系、保险经纪关系、保险公估关系。就静态而言，保险市场是指为保险商品提供集中交易的固定场所。因此，本书采用保险市场的动态概念，同时本书所述的保险为商业保险，而非社会保险。

(二) 保险市场的特征

1. 保险市场的核心为保险合同关系（保险交易关系）

通过保险市场的概念可以看出，保险市场存在的终极目的是为了给保险需求方提供保险商品，其必须通过与保险商品供求方订立保险合同实现目的。而保险代理、保险经纪和保险公估所产生的历史和现实原因无不围绕保险合同的订立和保险合同的履行而展开。因此，保险市场的核心为保险合同关系，是毋庸置疑的。

2. 保险市场是保险商品交易关系和保险中介关系的有机构成

除了保险交易关系外，保险市场中辅助保险交易关系形成和保险交易实现的保险中介关系，包括保险代理关系、保险经纪关系、保险公估关系等，也是保险市场中不可或缺的有机组成部分。在现代社会分工细化，以及保险商品具有专业性和特殊性的特点，若没有保险中介关系的撮合和辅助，保险需求方和保险供求方很难就保险商品进行交易并最终顺利履行。

第二节　保险合同概述

一　保险合同的概念及特征

（一）保险合同的概念

根据我国《保险法》第10条的规定，保险合同是投保人与保险人约定保险权利义务关系的协议。在经过投保人和保险人的协商，就保险条款达成合意，保险合同成立，由此成立保险合同关系，依据保险合同的约定，投保人向保险人支付保费，并就保险标的的相关情况履行告知义务；在保险事故或保险事件发生时，及时通知保险人，并向保险人提出保险索赔请求。而保险人就被保险人因保险合同约定的事项发生，而向其提出索赔时，有支付保险赔偿金和给付人身保险金的义务。由上述可以看出，保险合同属于合同的一种类别。

（二）保险合同的特征

保险合同是合同的一种，但与其他合同相比，它有自己独特的特征。

1. 保险合同是双务有偿合同。保险合同的当事人按照合同的约定互负义务，保险人在合同约定的保险事故发生时或者在保险期限届满时，向投保人（或被保险人、受益人）支付赔偿金或保险金；投保人按约定向保险人缴纳保险费，并以此为代价将一定范围内的危险转移给保险人。

2. 保险合同为非要式合同。依据我国《保险法》第13条规定，保险当事人双方就保险条款达成协议，即双方的保险要约承诺达成一致后，保险合同成立。因此，保险合同为非要式合同。虽然保险合同为非要式合同，但为保障被保险人的利益，稳定保险当事人的关系，《保险法》第13条同样规定，保险人应当及时签发保险单或者其他保险凭证。

3. 保险合同是附合合同。附合合同或称格式合同、标准合同，是指一方当事人提出合同的主要内容，另一方必须服从、接受或拒绝对方提出的条件而成立的合同。在现代保险业务中，保险单及保险条款一般由保险人备制和提供，投保人在申请保险时，只能决定是否接受保险人出具的保险条款，而没有拟定或磋商保险条款的自由。因此，保险合同是典型的标准合同。

4. 保险合同是射幸合同（参见法国民法典第 1964 条对射幸合同的规定）。亦即碰运气的机会性合同。在保险合同中，投保人交付保险费的义务是确定的，但保险人是否承担保险赔偿责任则是不确定的，是机会性的。只有当特定的不确定的危险发生时或者在合同约定的给付保险金的其他条件具备时，保险人才承担给付保险金的义务。可见，危险发生的偶然性，决定了保险合同的射幸性质。

二　保险合同的构成

（一）保险合同的主体

保险合同的主体包括保险合同当事人、保险合同关系人。

1. 保险合同当事人。是指因订立保险合同而享有保险权利和承担保险义务的人。包括投保人和保险人。投保人，或称要保人，是指与保险人订立保险合同，并按照保险合同负有支付保险费义务的人（《保险法》第 10 条第 2 款）。投保人应具有完全民事行为能力。

保险人或称承保人，是指与投保人订立保险合同，并按照合同约定承担赔偿或者给付保险金责任的保险公司（《保险法》第 10 条第 3 款）。

在我国，保险人是指保险公司及其他依法设立的保险组织。保险公司为我国主要的保险经营人，因此，被称为保险人的一般都是指保险公司。

2. 保险合同的关系人。包括被保险人和受益人。被保险人是指其财产或者人身受保险合同保障，在财产保险中享有保险金请求权的人。投保人可以为被保险人。作为被保险人须有下述三项资格：其一，对保险标的须具有保险利益；其二，被保险人应当符合具体险种险别规定的承保范围；其三，被保险人资格的取得不得违反保险法的禁止性规定。

而受益人是指人身保险合同中由被保险人或者投保人指定的享有保险金请求权的人。投保人、被保险人可以为受益人。受益人不同于投保人和被保险人之处在于，受益人在保险合同中只享有权利，即保险金请求权，而不承担任何义务。根据我国《保险法》第18条的规定，受益人是由被保险人或者投保人指定产生；而如果是由投保人指定或变更的话，则该被指定的受益人还必须取得被保险人同意（《保险法》第39条）。因此，指定变更受益人的最终决定权仍然在被保险人处。

若受益人为数人的，被保险人或投保人可确定受益顺序和受益份额（参见《保险法》第40条）。同时，依据我国合同法变更合同权利的相关规定，在变更受益人中，无论被保险人或是投保人变更，必须就该项变更以书面形式通知保险人，否则对保险人不生效力。

出现下列情形时，被保险人的遗产由其继承人继承：（1）没有指定受益人，或者受益人指定不明无法确定的；（2）受益人先于被保险人死亡，没有其他受益人的；（3）受益人依法丧失受益权或者放弃受益权，没有其他受益人的。

受益人与被保险人在同一事件中死亡，且不能确定死亡先后顺序的，推定受益人死亡在先（参见《保险法》第42条）。

(二) 保险合同的客体与保险标的

保险合同的客体是给付行为。首先，保险合同属于债权行为的一种，而债的客体则是给付行为，因此保险合同的客体也必然是给付，具体来说也就是投保人的保险费给付行为和保险人的保险金给付行为。

保险标的，指保险事故或保险事件发生而直接受到损害的载体，即保险人在具体的保险合同中承保的直接对象。由上述可以看出，保险客体和保险标的是不同的概念，保险客体依保险标的而存在，而保险标的的损失则需要由保险客体来实现。当然不是所有的物都可以成为保险标的，下列情形不能成为保险标的：（1）危险的发生在时间和空间上都是确定的物；（2）不存在危险的物；（3）违反公序良俗的物。

三 保险合同的订立

保险合同与其他合同一样，必须通过要约与承诺，才能成立。而保险合同的要约与承诺又具有其自身的特点。我国《保险法》第13条规定，投保人提出保险要求，经保险人同意承保，并就合同的条款达成协议，保险合同成立。据此，订立保险合同的程序主要为投保和承保两个步骤。

（一）投保

投保，指投保人提出保险请求并提交投保单的行为，其实质为保险要约。投保一般采取由投保人填写投保单的行为，是投保人向保险人申请订立保险合同的书面要约。投保单一般由保险人事先印制好，投保人应根据要求如实填写各项内容，填写完毕后，即可送交保险人考虑是否承保。

在保险实务中，投保人投保的有效期可以是即时的，也可以是定期的，如果是即时有效的，则保险人即时承保，投保人即与其订立了保险合同。而对于定期有效的，则保险人在约定的有效期内承保，即对投保人产生保险合同的约束力。

在人身保险中，投保人不得为无民事行为能力人投保以死亡为给付保险金条件的人身保险，保险人也不得承保。父母为其未成年子女投保的人身保险的除外。但是，因被保险人死亡给付的保险金总和不得超过国务院保监会规定的限额。①

（二）承保

承保是指保险人同意接受投保人投保请求的行为，亦即保险承诺。在收到投保人的投保单后，保险人需要做的主要工作就是审核投保单（核保）。具体包括：（1）审核投保人、被保险人或者受益人的主体资格是否符合保险法的规定和具体险种的要求；（2）审核投保的标的是否符合具体险种的承保范围和投保条件；（3）审核投保内容所涉及的风险，进行风险评估，确定是否承保以及所应适用的保险费率。

在核保过后，对于可以承保的，保险人发出保险单，此时，保险合同自投保人收到保险单时成立。实践中，保险人的承诺大部分是由口头、电话或者书信寄送至投保人处而生效，则保险合同成立。

---

① 《关于父母为其未成年子女投保以死亡为给付保险金条件人身保险有关问题的通知》(2010) 95 号第一条规定：对于父母为其未成年子女投保的人身保险，在被保险人成年之前，各保险合同约定的被保险人死亡给付的保险金额总和、被保险人死亡时各保险公司实际给付的保险金总和均不得超过人民币 10 万元。

四 保险合同的基本条款

保险合同一般应该包括以下基本条款。

（1）当事人的姓名、名称和住所。

（2）保险标的。只有在明确了保险标的才能判明投保人是否具有保险利益。

（3）保险金额，简称保额，是保险合同双方当事人约定并在保险合同中载明的保险人为保险给付或赔偿的最高限额（《保险法》第18条第4款）。保险金额不仅是保险人承担保险责任的标准，而且是计算保险费的依据。在财产保险合同中，保险金额应以保险价值为基础，如果为足额保险，则保险金额与保险价值相等。超过保险价值的，即为超额保险，超额保险会导致保险合同部分或全部无效。在人身保险中，因保险标的是无法以金钱计算的，故不存在保险价值，一般对保险金额不做限制，保险事故发生后，保险人应根据约定的保险金额为充分给付，保险金额的确定仅受投保人的需要或承担保险费能力的限制。

（4）保险费及支付办法。保险费简称保费，是投保人支付给保险人，由保险人于保险事故发生或保险合同期限届满后承担保险给付义务的对价。保险费的数额是由保险金额和保险费率相乘确定的。因此，保险费的多寡是由保险金额决定的。保险金额越大，保险费率越高，保险费就越多。反之，保险费就少。

（5）保险责任。保险责任条款又称保险危险条款，在该项条款中明确保险人承保风险的范围，对该范围内的危险事故造成的损害承担赔偿或给付保险金的责任。

（6）保险期间。保险期间又称为保险期限，即保险合同效力发生和终止的期限。保险人仅对保险期间内保险事故发生所造成的损害负保险责任，在保险期间外发生的保险事故，即使属于保险责任条款范围，保险人也不承担保险责任。保险期间因保险合同的不同种类而不同。财产保险合同的保险期间一般较短，通常为一年，但也可根据投保人的需要延长或缩短。人身保险合同的保险期间可长达几十年。保险合同在起始日和终止日的何时生效或失效，各国法律有不同的规定。保险期间的计算方法有两种：一是以年、月、日、时来计算；二是以一项事件的始未来计算，如在货物运输保险合同中，保险期间则为自保险标的离开启运地点的仓库或储存处至到达目的地收货人的仓库或储存处这段期间。保险期间是保险人对保险合同约定的保险事故所造成的损失承担赔偿责任的期间，是保险责任的存续期间。保险事故在保险期间发生，保险人应负赔偿或给付保险金义务；超过保险期间的，则不再承担保险责任。

五　保险合同的生效要件

保险合同虽经当事人投保承保而成立，但并不当然地生效。只有符合保险合同的生效要件后，保险合同才对保险双方当事人产生效力。

（一）当事人具有相应的缔约能力

对于投保人而言，自然人和法人均可与保险人订立保险合同。作为自然人订立保险合同的缔约能力同其民事行为能力。而无行为能力和限制民事行为能力人，不具有保险合同的缔约能力，应由其法定代理人代为订立保险合同。法人的缔约能力亦同其行为能力。

（二）意思表示真实

意思表示真实即意思表示的行为人的表示行为与内心的效果意思一致，与其他合同一样，当事人意思表示真实是保险合同生效的生效要件之一。

（三）投保人对被保险人具有保险利益[①]

投保人必须对保险标的具有保险利益，这是保险合同的另一生效要件。为防止道德风险及赌博行为的发生，各国的保险立法均规定投保人对保险标的必须具有保险利益，否则保险合同无效。

（四）不违反法律的强制性规定和社会公共利益

不违反法律指保险标的必须合法和保险合同条款不得违反法律的强制性规定。保险标的必须合法，即投保人或被保险人对保险标的所享有的权利或利益是合法的。如不得以走私的货物为保险标的即为其一例，反之，则保险合同无效。保险合同的条款不得违反法律的强制性规范则是保险法律规范中的一大特色，保险合同一般情况下，法律都以强制规范的形式予以确定，除少数保险法律规范允许的范围当事人可以意思自

[①]　根据我国《保险法》第31条第3款的规定，该生效要件只适用于人身保险合同中。

治外,大部分基本条款当事人是不能变更的。当然,在这些少数当事人可自由约定的条款中,仍然不能违反其他法律的强制性规定。

六 投保人的如实告知义务

(一) 告知义务概述

1. 告知的概念和性质

告知即投保人在订立保险合同时应当将有关保险标的的重要事实向保险人如实说明,统称为如实告知义务。但实质上,告知并非合同的内容,由于告知存在于合同成立之前,保险合同的权利义务关系尚未存在,因此告知义务在合同法理论中,属于合同的缔约前义务,即如若不适当履行该义务,则构成缔约过失(参见我国《合同法》第42条关于缔约过失的规定),并承担相应的责任。

所谓重要事实,指影响保险人决定是否同意承保或提高保险费率的事实。告知义务设立的立法目的在于使保险人通过了解有关重要情况,使保险人正确估计危险,确定合理的保险费率;从一定程度上规避风险,防止投保人或被保险人谋取非法利益,防止道德风险的发生。

2. 告知的形式和内容

告知的形式可以采取书面或口头的形式。对于告知的内容,各国保险法规定有所不同,一是采取客观主义,即法律对告知的内容无确定性规定,投保人对与危险状况有关的一切情况都有义务如实告知保险人。二是采取主观主义,即投保人仅对保险人询问的问题负有如实告知保险人的义务,对询问以外的问题则不负告知义务。

我国保险法采取了主观主义立法(参见《保险法》第16条第1款、《海商法》第222条第2款、2006年2月21日保监会《关于保险合同纠纷案件有关问题的对重庆市高级人民法院的复函》),有利于保护被保险人的利益。

(二) 违反告知义务的构成要件

1. 投保人未履行告知,且未履行告知的内容为重要事实。

2. 投保人主观有过错(包括故意和重大过失,参见《保险法》第16条第2款);该条规定的主观有过错,较之2002年的《保险法》有了进一步明确的标准,即将过失限定在了重大过失。因保险合同毕竟属于专业技术较高的合同，且都为保险人单独制定。在一般过失程度下，如果要求投保人对不知道未告知事实为重要事实也要承担责任的话，未免过于苛刻，因此2009年《保险法》对过失限定在了重大过失范围内，只有投保人在明知某项事实很重要，但轻信其未履行告知不会对保险人是否承保、保险费率增减产生影响，则构成重大过失。

3. 因重大过失未履行告知义务的重要事实须与保险事故具有因果关系，故意未履行告知义务的重要事实不要求与保险事故具有因果关系（参见《保险法》第16条第4、5款，《海商法》第223条第1、2款）。在重大过失条件下，必须要求重大过失未履行告知的重要事实与气候发生的保险事故有因果关系（即16条第4款所称的"对保险事故的发生有严重影响"），若该项重要事实与保险事故有因果关系，即其对保险事故的发生有重大影响的，则构成对告知义务的违反。

(三) 违反告知义务的法律后果

各国对于违反告知义务的法律后果，立法规定不一。其一，有的国家以履行告知义务为合同的生效要件，违反此义务，则保险合同自始无效。其二，有的国家以告知义务的违反为合同的解除原因，即保险人在一定期间内享有解除权，既可解除合同，也可放弃解除权，而以其他方法处理，如改变保险费率或保险金额等，而使保险合同继续有效。我国保险法采取的是第二种立法模式，即违反告知义务只是导致保险合同解除的原因，即保险人可解除保险合同（参见《保险法》第16条第2款）。

根据主观要件可以将告知义务的违反分为两种类型：一是故意未履行告知义务；二是重大过失未履行告知义务。

1. 故意未履行告知义务，是指故意不告知或不实告知。未告知是指投保人对有关重要事实没有向保险人告知；未告知可以分为两种情况：一是隐匿，二是遗漏。不实告知是指投保人告知的内容与事实不符。在故意的主观状态下，不要求未履行告知的重要事实与保险事故有因果关系。因此，只要故意未履行告知的内容为重要事实，则即为违反履行如实告知义务，保险人可以解除合同，并不承担合同解除前发生的保险责任，也不退还保险费（参见《保险法》第16条第4款）。

2. 重大过失未履行告知义务，是指重大过失未告知或不实告知。即因重大过失未告知的重要事实对保险事故的发生没有严重影响的，则保险人应当承担保险责任。反之，对保险事故的发生有严重影响的，保险人可以解除合同，同时对于合同解除前发生的保险事故，不承担保险责任，但应当退还保险费（参见《保险法》第16条第5款）。

在海上保险合同中，海商法对告知义务要求较为严格，未区分如保险法上的故意和重大过失，只存在故意和过失两种主观要件，因海上保险的保险人和投保人之间的地位不像陆上保险中的地位处于不平等的状态，但是我国海商法没有作出这样的规定。当然违反如实告知义务的基本法律后果是保险人解除合同，但这并非唯一的解决方式，双方当事人也可协商提高保险费，从而消除双方的分歧，确保合同继续有效（参见《海商法》第223条第2款）。

七 保证

（一）保证概述

保证指在保险合同中，以书面的形式或通过法律规定的形式使被保险人或投保人承诺某一事实状态存在或不存在，或承担履行某种行为的保险合同条款。保证一般是在保险合同中以书面形式明确加以规定，因此又称保证条款。保证条款肇始于海上保险，后由美国引入扩展适用于火灾保险和人寿保险，我国法律目前对保证条款及其法律规制在海上保险中仅有部分规定。但在保险实务中，仍然有大量的保证条款存在于人身、财产保险合同中。

（二）保证的分类

1. 确认保证和承诺保证。以保证事项是否已经确实存在，保证可以分为确认保证和承诺保证；确认保证是投保人或被保险人对过去或现在某一事实存在或不存在的保证。如投保人投保寿险，保证过去从未患过心脏病，至于将来是否会患有心脏病则在所不问。承诺保证则是对某一事实现在存在或不存在并持续至将来或于将来存在或不存在的保证。如某人投保寿险，保证在保险期间内做定期身体检查。投保人对确认保证的违反，保险人有权自始解除合同；投保人对承诺保证的违反，保险人自违反事由发生时解除保险合同，在此之前，保险合同仍然有效。

2. 明示保证和默示保证。根据保证存在的形式不同，保证可以分为明示保证和默示保证。明示保证是当事人就个别特殊事项进行协商，明确记载于保险合同中的保证条款。默示保证是指虽未在保险合同中明确约定，但根据保险习惯认为应由投保人或被保险人对某些事项保证。默示保证一般适用于海上保险，主要有三项：一是船舶有适航能力；二是不变更航程；三是合法航行。

由于保证条款对于投保人及被保险人要求极为严格，若滥加运用，对投保人及被保险人很不利。故现代各国保险法对保证条款多方限制，主要表现为：（1）保证的内容必须是重要事实；（2）除默示保证外，保证条款必须明确载于保险合同中，如果是载于投保单之中，保险人应在出具的保险单中加以确认；（3）投保人或被保险人违反保证条款，保险人应向其发出书面通知，方可解除保险合同。

（三）违反保证的法律后果

保证作为保险合同的一个特殊条款，若投保人或保险人对保证条款要求的承诺或行为有违反的话，保险人可以解除保险合同，被保险人违反合同约定的保证条款未立即书面通知保险人，保险人可从违反保证条款之日起解除保险合同（参见《最高人民法院关于审理海上保险纠纷案件若干问题的规定》第6条）。

当然，保险人收到被保险人违反合同约定的保证条款的书面通知后，也可以修改承保条件、增加保险费，使保险合同继续有效（参见《最高人民法院关于审理海上保险纠纷案件若干问题的规定》第8条）。

八 弃权与禁止反言

（一）弃权与禁止反言的定义

弃权是指保险人放弃因投保人或被保险人违反告知义务或保证条款而产生的对抗性权利。该对抗性权利通常指保险人合同解除权、抗辩权和拒绝承担保险责任的权利。当然，保险人的弃权不得违反法律的强制性规定和社会公共利益，如不得放弃保险利益，不得违法放弃法定权利。弃权可以发生在订立合同之前，也可以发生在合同生效之后，还可以发生在损失发生之后。

禁止反言又称为禁止抗辩、失权或禁反言，是指保险人在已放弃其在合同中的某项权利之后，不得再向对方主张。具体而言，指基于先前放弃对抗性权利后，保险人其后不得再行主张。

（二）禁止反言的构成要件

1. 保险人知道或应当知道投保人或被保险人有违反约定或法定义务的行为，并且知道或应当知道其本身因此享有解除权或抗辩性权利。保险人的解除权或抗辩权是对相对方的保险合同的权利的否定，禁止反言规则实质上是保险人的上述权利为前提的权利否定之否定，其结果为投保人或被保险人的权利回复。

2. 保险人明示或默示放弃该抗辩性权利。保险人以明示或默示方式放弃权利，也因此受该意思表示的约束，在大多数情形下，保险人放弃解除权利或者其他抗辩权是由其行为推定的。

3. 投保人或被保险人善意信赖保险人的陈述或行为。

（三）禁止反言的适用

禁止反言主要适用于以下情形。

1. 在保险合同订立阶段：（1）保险人明知投保人因重大过失或故意未履行告知义务，而仍予以承保的；（2）保险人明知保险合同存在无效或其他可解除的情形，而仍收取保险费，交付保险单的；（3）保险代理人就投保单或保险单上的条款作出了错误的解释，而投保人或被保险人信以为真的；（4）保险代理人代替投保人填写投保单，为使投保申请容易为保险人接受，故意将不实的事项填入投保单或隐瞒某些事项，而投保人在投保单上签名时不知其为虚假的；（5）保险人或保险代理人表示已依照被保险人的请求为某一行为，而事实上并未实施的；（6）保险人或保险代理人对被保险人的身份或职业进行了错误的分类，而被保险人不了解该情况或未经其同意的。

2. 在合同生效后：（1）保险人明知投保人或被保险人未履行危险显著增加的通知义务，没有要求增加保险费或解除合同的；（2）保险人明知投保人或被保险人不履行减灾防损义务，没有要求变更或解除合同的；（3）保险人明知投保人或被保险人违反保证等特约条款约定的义务，没有要求变更或解除合同的；（4）保险人依照约定或法定可选择两种以上不同权利，因为已选择行使其中一种权利，则不得再主张已放弃的另一种权利的；（5）保险人在原保险单上批注、附贴批单或者以其他书面形式变更保险合同内容，则不得再主张原保险合同变更前条款规定的权利或利益；（6）保险人受领预期保险费，而未主张法定或约定的解除权及其他抗辩性权利的。

3. 在保险事故发生后：（1）投保人或被保险人超过约定或法定期间通知保险事故发生的，保险人明示或默示接受该逾期通知的；（2）保险人明知被保险人或投保人提交的损失证明有瑕疵，而无条件接受该证明的。[①]

弃权和禁止反言所产生的后果，是保险人不得解除保险合同，也不得拒绝赔偿或给付保险金。

我国2002年《保险法》对弃权和禁止反言没有进行规定，这使得在很多实际发生的案例中，保险人因自己的过错没有解除合同，却在纠纷产生后，又不承担保险责任，把自己的过错完全推给投保人或被保险人。而实践中很多法官和律师对于该类案件也多采用《合同法》的一般原理解决纠纷，这使得被保险人的利益得不到很好的保护。

因此，2006年最高人民法院就海上保险纠纷作出司法解释，就被保险人违反如实告知义务、违反保证条款，保险人明知被保险人有上述行为，而仍收取保险费或者支付保险赔偿的情形，第一次承认了弃权和禁止反言（《最高人民法院关于审理海上保险纠纷案件若干问题的规定》第4条，保险人知道被保险人未如实告知《海商法》第222条第1款规定的重要情况，仍收取保险费或者支付保险赔偿，保险人又以被保险人未如实告知重要情况为由请求解除合同的，人民法院不予支持。第7条规定，保险人收到被保险人违反合同约定的保证条款书面7日后仍支付保险赔偿，又以被保险人违反合同约定的保证条款为由请求解除合同的，人民法院不予支持）。由此，在海上保险中确立了弃权和禁止反言。

2009年《保险法》中，进一步在第16条第6款对人身保险合同和财产保险合同订立中的弃权和禁止反言加以规定，即保险人在合同订立时已经知道投保人未如实告知的情况的，保险人不得解除合同；发生保险事故的，保险人应当承担赔偿或者给付保险金的责任。虽然该项规定尚显简陋，但不啻为一大进步。该条款还需在将来的实践中，不断完善，以期真正建构起我国《保险法》的弃权和禁止反言制度。

[①] 杨华柏、乐沸涛、吴晓琦主编：《保险法纠纷典型案例评析》，人民法院出版社2004年版，第43—44页。

(四) 除斥期间

保险人的对抗性权利如解除权只有在一定期间内行使，超过期间则权利消灭，不得再行主张。除斥期间一般由保险法强制规定，当事人不得以约定变更。我国《保险法》对于保险人的解除权规定了一个统一的除斥期间，根据《保险法》第16条第3款规定，因投保人或被保险人未履行如实告知义务，保险人的合同解除权，自保险人知道有解除事由之日起，超过30日不行使而消灭。自合同成立之日起超过2年的，保险人不得解除合同；发生保险事故的，保险人应当承担赔偿或者给付保险金的责任。

九 保险合同的形式和解释

(一) 保险合同的形式

保险合同是非要式合同，但我国保险法则鼓励保险合同采用书面形式。因此保险合同的形式具体可包括：

1. 保险单。简称为保单，又称"大保单"，是投保人与保险人订立保险合同的正式书面凭证。由保险人或其代理人制作并签发给投保人。保险单中一般印有保险条款。当保险标的遭受损失时，保险单就成为被保险人向保险人索赔的主要凭证，同时也是保险人向被保险人理赔的主要依据。

保险单是订立保险合同的主要书面形式，但并不完全是保险合同本身，而是保险合同成立的正式凭证。因此，如在正式保险单签发之前发生保险事故，保险合同仍具有法律效力，保险人应按合同约定负赔付责任。除非当事人事先约定以正式签发保险单为合同成立条件，保险人才可免除赔偿义务。

2. 保险凭证。又称"小保单"，是一种内容和格式简化了的保险单。它一般不记载具体的保险条款，只记载投保人和保险人约定的主要内容。保险凭证上记载的内容，虽然不是保险合同的全部内容，但与保险单具有同等的法律效力。对于保险凭证未列明的内容，以相应的保险单记载为准，当保险凭证内容与相应的保险单内容发生冲突时，以保险单的记载为准。保险人向投保人出具保险凭证的，不再签发保险单。

3. 暂保单。又称"临时保单"，指保险人或其代理人在同意承保而又不能立即出具保险单或保险凭证时,向投保人签发的临时书面形式。暂保单不同于保险单,但在有效期限内在保险单作成交付之前,具有与保险单相同的效力。签发暂保单不是订立保险合同的必经程序,但在下列情况下可使用暂保单:

(1) 保险代理人争取到保险业务,但尚未向保险人办妥保险单之前。

(2) 保险公司的分支机构,在接受投保时,须经上级公司或总公司的审批,而未获批准前。

(3) 保险人和投保人就标准保险单的条款达成一致,但就标准保单记载以外的个别事项尚未达成一致,而保险人原则上同意承保的。

4. 投保单。又称要保书,是保险人预先提供,由投保人提出保险要约的格式化文书。根据我国《保险法》第17条的规定,保险人向投保人提供的投保单应当附格式条款,保险人应当向投保人说明合同的内容。因此,至少投保单中应包括保险单中的一些基本条款。因此投保单一般包括如下内容:(1) 投保人姓名(名称)、地址;(2) 投保人的职业或经营性质;(3) 保险标的及其坐落位置;(4) 保险价值或保险价值的确定方法;(5) 保险金额或保险责任限额;(6) 保险期间;(7) 投保人签章;(8) 投保日期。

投保单本身不是保险合同,也非保险合同的正式组成部分。但投保单经投保人如实填写,并由保险人签章承保后,就成为保险合同的组成部分。

5. 其他书面形式。指投保人和保险人以上述五种方式以外的书面形式订立的保险合同。同时可以证明双方保险合同关系存在的保费收据也属于其他书面形式。

(二) 保险合同的解释

保险合同是一种附合合同,合同条款多为保险人事先拟定,故又称为定型化合同。因此,对保险合同的解释,在遵循普通的合同解释原则的同时,又要根据其自身的特殊性,进行公平、合理的解释。首先在免责条款的效力上,《保险法》第17条第2款对于对保险合同中免除保险人责任的条款,保险人在订立合同时应当在投保单、保险单或者其他保险凭证上作出足以引起投保人注意的提示,并对该条款的内容以书面或者口头形式向投保人作出明确说明;未作提示或者明确说明的,该条款不产生效力。第19条采用保险人提供的格式条款订立的保险合同中的下列条款无效:(1)免除保险人依法应承担的义务或者加重投保人、被保险人责任的;(2)排除投保人、被保险人或者受益人依法享有的权利的。

1. 文义解释。一般应按合同条款文句本身的普通意思解释,但对于某些具有特殊含义的文句或术语,则应参照相关规定及保险习惯,进行统一解释。例如,对于保险合同中的保证不能按债法中的保证来解释;如保险合同中的保险责任条款中规定有"暴雨",不能按照普通人说的"下得非常大的雨",而是由具体衡量标准,即每小时降雨量16毫米以上,或24小时降雨量大于50毫米以上的大雨。再如,暴风指风速在17.2米/秒以上,相当于风力等级表中的8级大风。

2. 目的解释。含混不清,则应按合同条款的真实含义和订立合同时的背景综合分析,探求当事人的真实意图,具体规则如下:当书面约定内容和口头约定冲突时,应当以书面内容为准;当投保单与保险单中规定的内容不一致时,应以保险单中规定的内容为准;在保险单条款特约条款的内容不一致时,应以特约条款为准;当保险合同的内容以不同方式记载且内容相抵触时,打印的优于印刷的,手写的优于打印的。

3. 不利于保险人的解释,对于保险合同的解释还应有利于被保险人,这是各国解释保险合同的一大原则。保险合同是附合合同,不论是投保单、保险单,还是特约条款大部分都由保险人指定,在指定时,必须经过反复推敲,深思熟虑,内容多对自己有利。而对于投保人而言,他仅能在投保或不投保上选择,而对于合同条款的内容一般不能更改。且保险人处于专业水平,而投保人往往不是专业人士,对合同理解毕竟肤浅。因此,一旦合同成立后发生纠纷,投保人将处于不利地位。因此,保险合同应作不利于保险人而有利于被保险人的解释。

但这一原则不能与其他解释原则并用,只有在应用其他解释方式不能获得正确解释的情况下,才适用不利于保险人解释,如我国《保险法》第30条规定,采用保险人提供的格式条款订立的保险合同,保险人与投保人、被保险人或者受益人对合同条款有争议的,应当按照通常理解予以解释。对合同条款有两种以上解释的,人民法院或者仲裁机构应当作出有利于被保险人和受益人的解释。

十 保险合同主体的主要义务

(一) 投保人、被保险人受益人的主要义务

在不同种类的保险合同中，投保人、被保险人受益人应承担义务的内容有所不同，但一般包括以下几项。

(1) 投保人应按照约定按期缴纳保险费义务（参见《保险法》第14条）。保险合同是双务有偿合同，保险费是投保人转移危险，由保险人承担保险责任的代价，法律不允许存在无给付保险费义务的保险合同。保险费的给付可由投保人自行履行，也可由有利害关系的第三人为之（如被保险人、受益人等）。

缴纳保险费的方式。根据当事人的约定，可以分为一次给付和分期给付两种形式。而且给付保险费合同的效力的关系，也依当事人的约定。一般财产保险采取一次给付的方式，根据合同的约定，保险合同可以从投保人履行保险费给付义务后生效，也可以在给付保险费之前就生效。在人身保险合同中，通常采取分期给付保险费的形式。保险费一般以现金给付为原则，但经保险人同意，也可以票据或其他形式为之。

未按约定缴纳保险费的法律后果。投保人如果未依约定缴纳保险费的，则产生以下后果：在约定保险费给付为保险合同成立要件的，则合同不成立。在财产保险合同中，保险人可以请求投保人给付保险费及迟延利息，也可终止合同。在人身保险合同中，如为分期给付的，各国一般规定，在合同有效期内，如果投保人未按约定定期给付保险费，保险人进行催告，投保人应在一定期限内给付保险费，否则保险合同效力中止（如《保险法》第36条和第37条的规定）。

人寿保险的保险费的诉讼请求禁止。保险人对人寿保险的保险费，不得以诉讼的形式要求投保人支付（我国《保险法》第38条规定）。我国2002年《保险法》对保险人通过诉讼的方式请求投保人缴纳保险费的范围为人身保险，在实践中，人身保险的范围很广，在一些短期意外伤害险中，投保人一般是一次性缴纳保险费，若其没有缴纳保险费，则保险人请求保险费的方式很窄，且在发生保险事故时，往往就保险理赔在是否缴纳保险费的问题上发生纠纷。为防止该情况的发生，2009

年《保险法》特将不可诉讼请求保险费的范围限制在人寿保险中。

（2）被保险人的减灾防损义务。此为财产保险合同中被保险人的一项重要义务（参见《保险法》第51条）。被保险人应当遵守国家有关消防、安全、生产操作、劳动保护等方面的规定，维护保险标的的安全。保险人可以按照合同约定对保险标的的安全状况进行检查，及时向投保人、被保险人提出消除不安全因素和隐患的书面建议。投保人、被保险人未按照约定履行其对保险标的的安全应尽责任的，保险人有权要求增加保险费或者解除合同。保险人为维护保险标的的安全，经被保险人同意，可以采取安全预防措施。

投保人、被保险人未按照约定履行其对保险标的的安全应尽责任的，保险人有权要求增加保险费或者解除合同（参见《保险法》第51条第3款）。

（3）被保险人危险增加的通知义务。此为财产保险合同中的关于危险的规定。此处的危险增加特指危险的显著增加。所谓危险显著增加，是指订立保险合同时，当事人双方未曾估计到的危险可能性的明显增加并有导致保险事故发生的可能性。如在投保房屋火灾险的场合，如果该房屋原为住宅，后改为工厂厂房，则为"危险显著增加"。

应当强调的是，在保险合同中，"危险显著增加"有其特殊适用阶段，即必须是在订立保险合同时当事人未估计到的危险性的增加，如果当事人在订约时已经估计到，则不属于也不能归入危险显著增加的范畴。

危险显著增加有两种情形，一是由投保人或被保险人的行为所致，对此，被保险人事先通知保险人。二是由于投保人或被保险人以外的原因所致，投保人应在知道危险增加后的法定期限内通知保险人（根据《保险法》第52条，在合同有效期内，保险标的的危险程度显著增加的，被保险人应当按照合同约定及时通知保险人，保险人可以按照合同约定增加保险费或者解除合同）。保险人解除合同的，应当将已收取的保险费，按照合同约定扣除自保险责任开始之日起至合同解除之日止应收的部分后，退还投保人。

保险人在接到通知后，在增加保险费的情况下，如果投保人不同意，则保险合同自动终止。在保险人接到危险显著增加的通知或虽未接到通知但已经知道的，应在一定期限内作出增加保险费或解除合同的表示，如果不作任何表示，则视为默认，事后不得再主张增加保险费或解除合同，即前述的弃权和禁止反言。被保险人未履行危险显著增加的通知义务的，因保险标的的危险程度显著增加而发生的保险事故，保险人不承担赔偿保险金的责任。

(4) 投保人、被保险人或受益人的危险事故发生后的通知义务。又称为出险通知义务。保险合同订立后，如果危险事故发生，应由被保险人及时通知保险人。危险事故发生的及时通知，对保险人承担保险责任至关重要。危险事故发生意味着保险人承担保险责任的条件已成就，一方面，投保人或被保险人可以采取适当的措施，防止损失扩大；另一方面，保险人及时得知此情况，可以迅速查明事实，确定损失，明确责任，不致因调查的拖延而丧失证据。

通知期限。关于出险通知的期限各国有所规定，有的规定为知道危险事故发生后的 5 日内，有的为 10 日内或两周内，我国《保险法》第 21 条规定，投保人、被保险人或者受益人知道保险事故发生后，应当及时通知保险人。故意或者因重大过失未及时通知，致使保险事故的性质、原因、损失程度等难以确定的，保险人对无法确定的部分，不承担赔偿或者给付保险金的责任，但保险人通过其他途径已经及时知道或者应当及时知道保险事故发生的除外。我国保险法对该问题没有规定。但没有具体的时间规定，这些可以在保险合同中由当事人自行约定。

对于违反危险事故发生通知义务的后果，各国通常采取两种做法，一是保险人可请求赔偿因此而受到的损失，但不能解除保险合同；二是保险人免除保险责任。就我国《保险法》第 21 条来看，采取的是有条件地免除保险人保险责任。根据第 21 条规定来看，要求被保险人或受益人故意或重大过失未及时通知（主观构成要件），致使保险事故的性质、原因、损失程度等难以确定的（客观构成要件），保险人对无法确定的部分，不承担赔偿或者给付保险金的责任。

(5) 避免损失扩大的义务。各国法律一般规定，避免损失扩大为投保人或被保险人的主要义务。我国《保险法》第 57 条规定，保险事故发生时，被保险人应当尽力采取必要的措施，防止或者减少损失。保险事故发生后，被保险人为防止或者减少保险标的的损失所支付的必要的、合理的费用，由保险人承担；保险人所承担的费用数额在保险标的损失赔偿金额以外另行计算，最高不超过保险金额的数额。因此在保险事故发生后，投保人不仅应及时通知保险人，还应采取积极措施，以减少物质损失。投保人因此而支出的费用，保险人负赔偿责任，该费用另行计算。

（6）投保人、被保险人或者受益人提供损失证明的义务。保险事故发生后，按照保险合同请求保险人赔偿或者给付保险金时，投保人、被保险人或者受益人应当向保险人提供其所能提供的与确认保险事故的性质、原因、损失程度等有关的证明和资料。保险人按照合同的约定，认为有关的证明和资料不完整的，应当及时一次性通知投保人、被保险人或者受益人补充提供（参见《保险法》第22条）。

保险事故发生后，投保人、被保险人或者受益人以伪造、变造的有关证明、资料或者其他证据，编造虚假的事故原因或者夸大损失程度的，保险人对其虚报的部分不承担赔偿或者给付保险金的责任（参见《保险法》第27条第3款）。

（二）保险人的义务

保险合同作为具有保障功能的合同，保险人的义务主要是按照合同约定的时间开始承担保险责任，在保险事故发生后或保险合同规定的事项发生后对损失给予赔偿或向受益人支付约定的保险金。该项由保险人承担的给付保险金的义务又称为保险责任。具体而言，在给付性保险合同中，保险人履行义务就是于约定的保险事件出现后给付合同规定的保险金。补偿性保险合同中，保险人履行义务就是对保险事故发生而使保险标的遭受的损失进行补偿。

补偿性保险合同中，保险人承担保险责任应具备以下条件：其一，必须有保险事故发生或存在，这里必须说明的是：该保险事故必须是承保的危险；该事故必须在保险合同有效期间内发生。其二，必须造成保险标的损失。其三，保险事故的发生与损失之间有因果联系。此处的因果联系意指上述的近因。至于给付性保险合同而言，只要约定的保险事件出现，保险人就应履行给付保险金的义务，不必存在实际损失，也不必探究因果关系，但保险人对被保险人的故意行为导致保险事件发生的，不承担责任。

(1) 承担保险责任的方式和内容。保险人履行义务的方式，以现金支付为原则，但也有例外情况，如财产保险中约定负责重建或修理；伤害或健康保险中约定负责医疗等；其履行义务的方式就属于非现金方式。保险人履行义务的限额以保险合同中规定的保险金额为限，在财产保险合同中，保险人承担赔偿金的内容包括四个方面：①保险标的实际损失；②施救费用，即发生保险责任范围内的灾害或事故时，投保人或被保险人为抢救及保护、整理保险财产所支出的合理费用；③投保人或被保险人的诉讼支出（参见《保险法》第66条）；④其他合理费用。如为了确定保险责任范围内的损失所支付的受损标的的检验、估价、出售的合理费用（参见《保险法》第57条）。

(2) 相关期限。我国《保险法》第23条规定，保险人收到被保险人或者受益人的赔偿或者给付保险金的请求后，应当及时作出核定；情形复杂的，应当在30日内作出核定，但合同另有约定的除外。保险人应当将核定结果通知被保险人或者受益人；对属于保险责任的，在与被保险人或者受益人达成赔偿或者给付保险金的协议后10日内，履行赔偿或者给付保险金义务。保险合同对赔偿或者给付保险金的期限有约定的，保险人应当按照约定履行赔偿或者给付保险金义务。

未发生保险事故，被保险人或者受益人谎称发生了保险事故，向保险人提出赔偿或者给付保险金请求的，保险人有权解除合同，并不退还保险费。

投保人、被保险人故意制造保险事故的，保险人有权解除合同，不承担赔偿或者给付保险金的责任；除交足2年人寿保险费的可退还保单现金价值外，不退还保险费。

保险事故发生后，投保人、被保险人或者受益人以伪造、变造的有关证明、资料或者其他证据，编造虚假的事故原因或者夸大损失程度的，保险人对其虚报的部分不承担赔偿或者给付保险金的责任。

十一 保险合同的履行

保险合同的履行以保险合同当事人的权利义务为基础，以索赔和理赔为基本形式。但在不同的保险合同中还有其特殊的履行规则。其中以财产保险合同中的代位求偿和海上保险的委付为代表。

(一) 索赔与理赔

1. 索赔与理赔概述

索赔是投保人、被保险人或受益人在保险事故发生后或保险合同约定的事件出现后，按照保险合同的规定，在法定期限内向保险人请求承担保险责任的行为。理赔是保险人在接到被保险人或受益人的索赔通知后，根据保险合同的约定，对保险标的的损失或被保险人的人身事件进行调查核实，并处理有关保险赔偿或保险给付的行为。简言之，索赔与理赔是投保人或被保险人行使权利、保险人履行义务的过程，它是保险合同履行的核心环节。

2. 索赔与理赔的时效及程序

保险事故发生后，投保人或被保险人应将事故发生的时间、地点、原因及其他有关情况以最快的方式通知保险人，此为上节所述的投保人或被保险人的一项合同义务。

索赔的诉讼时效。索赔为请求权的行使，因此有时效限制，我国《保险法》第26条规定，人寿保险以外的其他保险的被保险人或者受益人，向保险人请求赔偿或者给付保险金的诉讼时效期间为2年，自其知道或者应当知道保险事故发生之日起计算。人寿保险的被保险人或者受益人向保险人请求给付保险金的诉讼时效期间为5年，自其知道或者应当知道保险事故发生之日起计算。

投保人或被保险人提出索赔请求后，还应采取积极措施，协助保险人的理赔工作。

我国《保险法》第21条至第26条就索赔与理赔的程序作了如下规定。

（1）出险通知。投保人、被保险人或者受益人知道保险事故发生后，应当及时通知保险人。因故意或重大过失及时通知的，保险人对于无法确定的部分，不承担赔偿或者给付保险金的责任（参见《保险法》第21条）。

（2）提供索赔单证。保险事故发生后，按照保险合同请求保险人赔偿或者给付保险金时，投保人、被保险人或者受益人应当向保险人提供其所能提供的与确认保险事故的性质、原因、损失程度等有关的证明和资料。保险人按照合同的约定，认为有关的证明和资料不完整的，应当及时一次性通知投保人、被保险人或者受益人补充提供（参见《保险法》第 22 条）。

（3）核定赔偿。保险人收到被保险人或者受益人的赔偿或者给付保险金的请求后，应当及时作出核定；情形复杂的，应当在 30 日内作出核定，但合同另有约定的除外。保险人应当将核定结果通知被保险人或者受益人；对属于保险责任的，在与被保险人或者受益人达成赔偿或者给付保险金的协议后 10 日内，履行赔偿或者给付保险金义务。保险合同对赔偿或者给付保险金的期限有约定的，保险人应当按照约定履行赔偿或者给付保险金义务。保险人未及时履行前款规定义务的，除支付保险金外，应当赔偿被保险人或者受益人因此受到的损失（参见《保险法》第 23 条第 1、2 款）。

（4）拒绝赔偿的通知。保险人依法作出核定后，对不属于保险责任的，应当自作出核定之日起三日内向被保险人或者受益人发出拒绝赔偿或者拒绝给付保险金通知书，并说明理由。保险人收到索赔要求后，对不属于保险责任的，应当向被保险人或者受益人发出拒绝赔偿或者拒绝给付保险金通知书（参见《保险法》第 24 条）。

（5）部分先予赔偿。保险人自收到赔偿或者给付保险金的请求和有关证明、资料之日起 60 日内，对其赔偿或者给付保险金的数额不能确定的，应当根据已有证明和资料可以确定的数额先予支付；保险人最终确定赔偿或者给付保险金的数额后，应当支付相应的差额（参见《保险法》第 25 条）。

（6）索赔时效。人寿保险的索赔时效为被保险人或受益人自知道或应当知道保险事故发生之日起 5 年；其他保险的索赔时效为被保险人或受益人自知道或应当知道保险事故发生之日起 2 年（参见《保险法》第 26 条）。

（二）代位求偿权制度

1. 代位求偿权的概念

代位求偿权是指在财产保险中，保险人在向被保险人支付保险金后，有权代位被保险人向造成保险标的损失并负有赔偿责任的第三人请求赔偿的权利。

因财产保险为典型的补偿性保险，因此代位求偿制度只存在于财产保险中，人身保险中不存在代位求偿权，对于其他短期人身保险，如意外伤害险中的伤残支出费用的补偿，因人身伤害涉及社会公德及善良风俗，因此也不适用代位求偿制度。

我国《保险法》第60条第1款规定，因第三者对保险标的的损害而造成保险事故的，保险人自向被保险人赔偿保险金之日起，在赔偿金额范围内代位行使被保险人对第三者请求赔偿的权利。代位求偿权的实质是权利的代位行使，其本质不是保险人自己的权利，而是被保险人的权利。因此，从性质上看，代位求偿权属于法定的权利移转。

2. 代位求偿权的功能

（1）禁止被保险人获得双重赔偿。保险合同为对人合同，原则上合同效力只及于当事人和关系人，不及于第三人。但在财产保险中，保险人依据保险合同对于被保险人负担损失后，如果允许被保险人仍可向第三人请求损失赔偿的权利，则被保险人可获得两次赔偿，有违保险的损失补偿原则。

（2）避免被保险人投机取巧，防止道德风险。如果保险法规定被保险人只能向保险人求偿，无异于鼓励第三人借他人所订的保险合同而达到自己逃避法律责任的目的。而如果保险法仅规定被保险人只能向第三人求偿，则形同鼓励保险人因合同外第三人行为而获得不当得利，有失保险及保险立法的目的。

3. 代位求偿权的成立要件

一般认为代位求偿权的成立应有以下三方面的要求。

第一，被保险人对第三人享有赔偿请求权。首先保险标的所受损失是第三人的原因所致，如侵权或违约；其次，依据法律或合同的规定，该第三人对保险标的的损失应负赔偿责任。

第二，保险人对保险标的的损失负有赔偿义务。其中重要的一点就是，造成保险标的损失的原因，即第三人的行为或由第三人的行为导致的危险事故，必须是保险合同约定的责任事故，否则与保险人无关，不存在保险人代位求偿的问题。

第三，保险人已支付了赔偿金。被保险人的赔偿请求权只有在保险人支付赔偿金之后才能由保险人代位行使（参见《保险法》第60条第1款）。被保险人已经从第三者取得损害赔偿的，保险人赔偿保险金时，可以相应地扣减被保险人从第三者已取得的赔偿金额（参见《保险法》第60条第2款）。

4. 代位求偿权的行使

（1）代位求偿行使的对象限制。一般来说，代位求偿的对象是对保险标的造成损害并负有赔偿义务的第三人，同时在很多国家立法中，对代位求偿的对象有所限制，即保险人对被保险人本人和其一定范围内的亲属（家庭成员）或雇员过失造成损害的，不得行使代位求偿权（参见《保险法》第62条）。其意义在于，如果保险人向被保险人追偿，则被保险人损失无法得到保险的补偿，保险也就失去其存在的意义。而被保险人的家庭成员或雇员往往与被保险人有一致的利益，向他们行使代位求偿权，与向被保险人本人追偿有类似效果，其结果也是被保险人的经济利益的再损失。但如果因被保险人的近亲属或雇员的故意行为所造成保险标的损失，保险人仍享有代位求偿权。

（2）代位求偿权的范围。保险人的代位求偿权应以其实际支出的赔偿金额为限。被保险人已经从第三者取得损害赔偿的，保险人赔偿保险金时，可以相应扣减被保险人从第三者处已取得的赔偿金额。保险人行使代位请求赔偿的权利，不影响被保险人就未取得赔偿的部分向第三者请求赔偿的权利（参见《保险法》第60条第2、3款）。

（3）被保险人抛弃损害赔偿请求权的禁止及其法律后果。如前所述，代位求偿权为法定的权利移转，而在保险事故发生后保险人赔付之前的时间里，对第三人的赔偿请求权仍由被保险人享有，如若被保险人抛弃该请求权，即使保险人赔付后也不能取得代位求偿权，使保险人的利益受到损害。

《保险法》第61条规定，保险事故发生后，保险人未赔偿保险金之前，被保险人放弃对第三者请求赔偿的权利的，保险人不承担赔偿保险金的责任。保险人向被保险人赔偿保险金后，被保险人未经保险人同意放弃对第三者请求赔偿的权利的，该行为无效。被保险人故意或者因重大过失致使保险人不能行使代位请求赔偿的权利的，保险人可以扣减或者要求返还相应的保险金。

代位求偿权的设立，在于禁止被保险人获得双重赔偿及减轻保险人的赔偿金额。如果赔偿第三人为企业且已破产，保险人行使代位权也许将徒劳无功，又如船舶碰撞沉没于航道，若保险人行使代位权，须另增加消除残骸费用等情形，因此保险人可自由选择是否行使代位求偿权。双方当事人也可以用特约条款的方式同意排除保险人代位求偿权的行使，而采取其他的方法如委付来避免保险人的损失。

(三) 委付

1. 委付的概念

委付是海上保险中经常采用的一项被保险人向保险人索赔的制度 (abandonment)。委付原为放弃而交付之意（委者，委弃，即放弃；付者，交付），指投保人或被保险人将保险标的物的一切权利移转给保险人，而获得保险人支付全部保险金的法律制度。我国《海商法》第249条第1款要求，保险标的发生推定全损，被保险人要求保险人按照全部损失赔偿的，应当向保险人委付保险标的。委付制度作为海上保险中常用的一项规则，与一般财产保险制度中的代位求偿制度相辅相成。

2. 委付的意义

在海上保险中，委付是处理保险标的损失常见的一种手段。委付制度中，海上保险标的物，有时虽非全部损失，但却和全部灭失不同，或者虽不是全部损失，却无从取得相关的损失证明；就算取得损失证明，但其手续过于繁复，且费时较长，因此为便于保险合同双方谋求实际便利，法律汲取海上保险习惯，将上述损失视为全部损失，使被保险人可将保险标的的一切权利转移于保险人，在保险人权衡利弊后，决定是否将全部保险金额赔偿给被保险人，从而取得该保险标的的全部权利。

委付制度是损失补偿原则的基本体现。如在被保险人发出委付的意思表示时，不能附条件是其基本体现。

目前，各国海上保险立法都对委付加以明文规定。如我国《海商法》第249条第1款规定：保险标的发生推定全损，被保险人要求保险人按照全部损失赔偿的，应当向保险人委付保险标的。保险人可以接受委付，也可以不接受委付，但是应在合理的时间内将接受委付或者不接受委付的决定通知保险人。这一规定与国际通行的做法大体一致。

3. 委付的性质

关于委付的性质，到目前为止各国立法上存在一定分歧。有单方法律行为说、双方法律行为说。单方法律行为说认为，委付在推定全损条件成就时，被保险人可以发出委付的意思通知，委付即产生效力，因此该项意思通知为单方行为，此说为大陆法系德日商法所认许；双方法律行为说认为，委付的意思通知只是一项意思表示，被保险人向保险人发出该项通知的，还需保险人承诺后才发生法律效力，因此该项意思表示被视为要约。我国采取的是和英国1906年《海上保险法》相同的立法模式，即认为委付属于双方法律行为。

（1）委付是被保险人和保险人的合意。委付作为一项法律制度，就被保险人或保险人而言，则为一项意思表示。此项行为须以被保险人的通知意思表示，并须取得保险人的同意，始生效力。且该项意思表示在内容上受到一定法律的限制。

（2）委付是移转保险标的物的一切权利于保险人，而请求全部保险金的法律行为。被保险人委付的目的，在于请求给付全部的保险金额，因此须将保险标的物的一切权利，移转于保险人；否则被保险人将因此取得双重利益，为法律所不许。

（3）委付是在法定条件下，被保险人所为的请求支付全部保险金法律行为。当海上保险标的物全部损失时，被保险人当然可以请求保险人支付全部保险金，但有时保险标的物不是全部损失，其状态和全部损失无异时，海商法为保护保险人的利益，特别规定具备法定原因时，允许被保险人移转保险标的物一切权利于保险人，而据以请求给付全部保险金额的行为。

4. 委付的实质成立要件——推定全损

委付的成立应以推定的全部损失为实质要件。如果为实际的全部损失，被保险人无权利可转移，保险人应负全部赔偿责任，并不发生委付的问题。我国《海商法》第246条规定了推定全损含义，主要包括船舶的推定全损和货物的推定全损。

（1）船舶的推定全损。船舶发生保险事故后，认定实际全损已经不可避免或者为避免发生实际全损所需支付的费用超过保险价值的，分为船舶发生事故和船舶被扣押两种情形。分述如下：

①船舶失踪超过一定期限。除合同另有约定外，船舶在合理时间内未从被获知最后消息的地点抵达目的地，满2个月后仍没有获知其消息的，为船舶失踪。船舶失踪视为实际全损，即船舶的推定全损（参见

《海商法》第248条)。

②船舶不能修缮或者修缮费用超过保险价值。船舶虽非全损，但是其损毁已接近不能修缮的程度，则该船舶不能再行利用。即使有残骸，也和全损无异，则视为推定全损。

（2）货物的推定全损。货物发生保险事故后，认为实际全损已经不可避免，或者为避免发生实际全损所需支付的费用与继续将货物运抵目的地的费用超过保险价值的。详述如下：

①船舶遇难，或因其他事件不能航行超过一定期间，而货物尚未交付于收货人、投保人或被保险人的。通常船舶遇难不能航行时，运送人应及时将存留的货物另行以其他船舶送达至目的地，在此情况下不构成委付。如果经过一定的期间，货物尚未达到收货人、投保人或被保险人处，则对于托运人和收货人极为不利，因此允许其委付。

②装运货物的船舶行踪不明已经过一定期间（2个月）。船舶行踪不明，则货物也不能幸免，因此，也推定为全损。

③货物因保险事故的损害，其回复原状、继续或转运至目的地费用总额超过到达目的地的实际价值。在此情形下，为免除双方计算费时费力并维护双方利益，也可由被保险人委付。

5. 委付的形式要件

（1）委付应就保险标的的全部提出请求。委付具有不可分性，如果仅将标的部分进行委付，而其余部分不委付，则容易产生纠纷，且有违推定全损的要求，与补偿原则也不相符。实务中被保险人往往采取向保险人发出授权函或者授权书，以确定所有权或追偿权的移转。

（2）委付请求不得附有条件。被保险人请求委付但又附有条件，极易造成保险当事人的纠纷，且对相对人也不公平。与委付的目的相违背，即使保险人同意，法律也不承认其效力。我国《海商法》第249条第2款规定：委付不得附带任何条件。如某船被推定全损，被保险人请求委付，同时又声明如船被修复，其将返还赔偿金取回该船。这是法律所不允许的。

（3）委付须经保险人承诺方能成立。投保人或被保险人因保险标的被推定全损而要求委付的，应于保险事故发生后及时向被保险人发出委付通知，保险人收到通知后可以承诺，也可拒绝。但无论是承诺或拒绝，保险人都应在合理的时间内通知被保险人。但保险人一旦承诺，委付即告成立，被保险人不得撤回委付通知，且保险人也不得撤回承诺通知，并应及时赔付保险金额。多数国家保险立法还规定，被保险人在保险人拒绝委付后，于一定期间内可诉讼请求委付，判决的效力与保险人的承诺或拒绝相同。我国虽然没有相关的规定，但是在实践中，被保险人通常也通过诉讼的方式来请求保险人接受委付，从而获得全额赔偿金。

6. 委付的效力

我国《海商法》第250条规定，保险人接受委付的，被保险人对委付财产的全部权利和义务转移给保险人。因此，可以看出，首先，委付有效成立后，保险标的物自接受委付的通知之日起转移给保险人，保险人对保险标的的所有权、利益和义务必须同时接受，被保险人应将一切有关保险标的物的权利证书、各种契约及其上的各种债务，移转并通知于保险人。

其次，由于保险标的的所有权已经转移，保险人得以保险标的所有人的身份行使权利，因此其所获得的利益超过其所支付的赔偿金额，该超过部分也归保险人所有。在此，如果第三人对保险标的的损害负有赔偿责任，保险人也可基于相应的请求权请求其赔偿，如果所获金额超过其所支付的保险金，也同样归保险人所有。

再次，委付产生的另一个效果是发生保险金的赔偿。在保险人同意接受委付通知后，即可取得保险标的的一切权利，同时被保险人获得全额保险金。

十二　人身保险合同中的效力变更

效力的变更，是指保险合同全部或者部分无效、失效后又复效。保险效力的变更一般规定在人身保险合同中，投保人因未按期交付保险费致保险合同失效后，在一定期间内，投保人可依一定的手续恢复保险合同的效力，即保险合同的失效又复效，称为保险合同的效力变更。

在人身保险合同中，如果保险费为分次给付，依保险惯例，保险合同于投保人给付第一次保险费后生效。在以后的保险费给付中，如果投保人未按期给付，一般要经保险人催告或规定宽限期限，投保人应在规定期限内给付保险费。如果期限届满投保人仍未给付，保险合同自到期日起失效，在失效期间发生保险事故，保险人不承担保险责任。我国《保险法》第36条规定，合同约定分期支付保险费，投保人支付首期保险费后，除合同另有约定外，投保人自保险人催告之日起超过30日未支付当期保险费，或者超过约定的期限60日未支付当期保险费的，合同效力中止，或者由保险人按照合同约定的条件减少保险金额。被保险人在前款规定期限内发生保险事故的，保险人应当按照合同约定给付保险金，但可以扣减欠交的保险费。

但人身保险合同的失效并非合同效力的绝对消灭，投保人在一定期间内可以申请复效。我国《保险法》第37条规定，效力中止的，经保险人与投保人协商并达成协议，在投保人补交保险费后，合同效力恢复。但是，自合同效力中止之日起满2年双方未达成协议的，保险人有权解除合同。

保险人依照前款规定解除合同的，应当按照合同约定退还保险单的现金价值。依保险惯例，保险人在接到投保人的复效申请后，有权进行审查，如果符合要求，保险人不能拒绝。自投保人向保险人付清所欠交的保险费和利息之日起，保险合同效力恢复。已恢复效力的保险合同应视为自始未失效的原保险合同。

十三　保险合同的解除

（一）保险合同解除的概念

保险合同的解除是指在保险合同关系有效期内，一方当事人依据法律规定或合同约定，通过单方意思表示提前消灭保险合同的行为。一般由有解除权的一方向他方为单方意思表示，使已经成立的保险合同自始消灭。

（二）保险合同的解除的条件

保险合同的解除条件可以由当事人在合同中约定，也可以由法律规定，即约定解除和法定解除。我国《保险法》规定的解除条件包括以下几项。

1. 投保人的任意解除。保险合同成立后，投保人可以解除合同，保险人不得解除合同（参见《保险法》第15条）。

2. 违反告知义务。在保险合同订立时，因错误或重大过失隐匿、遗漏或不实告知,足以影响保险人对危险的正确估计或保险费的计算的,保险人有权解除保险合同(参见《保险法》第 16 条第 2 款)。

3. 违反通知义务。当事人一方依合同规定负有危险增加的通知义务而不为通知的,除因不可抗力而无法通知的,无论是否过错,另一方当事人有权解除合同(参见《保险法》第 52 条)。

4. 违反保证条款。保险合同当事人一方违背保证条款的规定,另一方当事人可解除合同。

5. 违反保险费给付义务。给付保险费是投保人的主要义务,如若未按期给付,保险人有权解除合同。人身保险合同中的保险人须在投保人复效请求期限届满后方能解除合同。

6. 被保险人或受益人谎称发生保险事故,向保险人提出赔偿或给付保险金的请求的,保险人有权解除合同(参见《保险法》第 27 条第 1 款)。

7. 投保人、被保险人或受益人故意制造保险事故的,保险人有权解除保险合同,不承担赔偿或给付保险金的责任(参见《保险法》第 27 条第 2 款)。

8. 投保人、被保险人未按保险合同约定履行对保险标的安全应尽的责任的,保险人有权解除合同(参见《保险法》第 51 条)。

9. 长期性人身保险效力中止后,在 2 年内投保人未续交保险费并且未同保险人达成协议的,保险人可以解除保险合同(参见《保险法》第 37 条)。

(三) 保险合同解除的禁止

有如下情形的,不得解除保险合同:

保险合同成立后,除合同约定或法律的规定外,保险人不得解除合同(参见《保险法》第 15 条)。

货物运输保险合同和运输工具航程保险合同,保险责任开始后,合同当事人不得解除合同(参见《保险法》第 50 条)。

第三节 财产保险合同

一 财产保险合同概述

(一) 财产保险合同的概念

财产保险合同是以有形财产及财产性利益为标的、以自然灾害及意外事故为保险事故的保险合同。"广义上的财产保险包括财产损失保险、责任保险和信用保证保险。"[①] 我国保险法对财产保险采取的是广义的财产保险的概念（参见《保险法》第 95 条）。同时，对于广义的财产保险合同而言，还包括我国海商法所调整的海上保险（主要包括海上船舶保险合同和海上货物运输保险合同）。狭义的财产保险则仅指以有形财产为保险标的的保险，因此狭义的财产保险仅包括财产损失险。

（二）财产保险合同的特征

1. 财产保险合同属于补偿性保险合同

财产保险合同以有形财产及财产性利益为保险标的，财产保险合同的目的在于保障被保险人在损失发生后，通过保险赔付能恢复或至少恢复到保险事故发生前的状态，禁止被保险人通过保险赔付获取不正当的利益。

2. 财产保险合同的保险标的具有有价性

因财产保险合同属于补偿性保险合同，因此保险标的的价值可通过金钱进行衡量，即产生保险标的的保险价值。而保险人的赔付一般是依据保险标的的保险价值来进行，因此又可将财产保险合同分为定值保险合同和不定值保险合同（参见第一节"保险市场概述"中定值保险和不定值保险）。

3. 财产保险合同具有短期性、普遍性和复杂性

财产保险合同的保险期间较短，因财产保险标的的流动性较大，且风险程度变化性较大，因此财产保险合同具有短期性。同时，因财产保险合同针对的是小到家庭生活的有形财产，大到工程甚至卫星发射等有形财产或财产性利益等标的所面临的毁损灭失，所以财产保险合同具有普遍性和复杂性。

二 财产损失保险合同

（一）财产损失保险合同简述

1. 财产损失保险合同的概念

财产损失保险合同传统上又称为火灾保险合同，火灾保险起源于英

[①] 马宜斐、段文军：《保险原理与实务》，中国人民大学出版社 2011 年版，第 88 页。

国[1]，其后经不断发展，承保范围从当初单一的火灾，扩展至其他自然灾害和意外事件。

2. 财产损失保险合同的主要种类

（1）火灾保险合同。火灾保险合同属于财产保险合同中基本的保险合同类型。目前我国的火灾保险合同主要包括团体火灾保险合同、家庭财产保险合同、机器损坏保险合同、利润损失保险合同等。

（2）运输工具保险合同。运输工具保险合同主要以运输工具为保险标的，如机动车、飞机等。广义的运输工具保险合同的保险标的还包括船舶保险。

（3）货物运输保险合同。货物运输保险合同是以运输中的货物为保险标的的保险合同类型。广义的货物运输保险合同主要包括海上货物运输保险合同，国内水路、陆路货物运输保险合同。

（4）工程保险合同。工程保险合同主要以在建工程项目为保险标的的保险合同类型。主要包括建筑工程保险合同、安装工程保险合同等。

（二）火灾保险合同简述

1. 火灾保险合同的保险标的

火灾保险的保险标的是存放在固定场所并处于相对静止状态的财产物资。一般情况下，包括房屋及其他建筑物和附属装修设备，但不包括：土地、矿藏；机器设备、工具、仪器及生产用具；低值易耗品、原材料、半成品等；生活消费资料等。以及基于上述财产而产生的合法的直接预期利益的损失，如利润损失、租金损失等。对于保险金额难以确定、风险较特别的财产物资，如古物、艺术品等，需要通过投保人和保险人特别约定才能承保。

2. 火灾保险合同的保险责任

我国火灾保险承保的保险责任通常包括：（1）火灾及相关危险；（2）自然灾害，包括地震、洪水、暴雨、暴风、海啸、雪灾、崖崩等；（3）意外事故等。

3. 火灾保险合同的除外责任

一般情形下我国火灾保险合同的除外责任包括：（1）战争、军事

---

[1] 徐卫东、杨勤活、王剑钊：《保险法》，吉林人民出版社1996年版，第198页。

行动或暴力行为、政治恐怖活动；(2) 核辐射或污染；(3) 间接损失；(4) 因保险标的本身缺陷、保管不善而致的损失、变质、霉烂、受潮及自然磨损；(5) 被保险人的故意行为等。

(三) 运输工具保险合同①简述

依据我国《机动车交通事故责任强制保险条例》的规定来划分，汽车保险合同可以分为强制保险合同与商业保险合同。

1. 汽车强制保险合同。汽车强制保险合同主要指的是依据国务院颁布的《机动车交通事故责任强制保险条例》强制机动车车主作为投保人和被保险人，普通商业保险公司作为保险人，对被保险机动车发生道路交通事故造成本车人员、被保险人以外的受害人的人身伤亡、财产损失，在责任限额内予以赔偿的强制性责任保险合同。又称为机动车交通事故责任强制保险，简称为交强险。实质为责任保险合同的一种。

交强险实行统一的保险条款、基础保险费率、保险金额，具备从事机动车交通事故责任强制保险业务资格的保险公司须强制接受承保。交强险的赔偿范围为被保险机动车发生道路交通事故造成本车人员、被保险人以外的受害人人身伤亡、财产损失。

2. 汽车商业保险合同。根据我国保险公司的商业惯例，依据汽车商业保险合同承保的保险责任不同，还可以分为基本险和附加险。基本险包括车辆损失险、第三者责任险；投保人可以选择投保其中部分险种，也可以选择投保全部险种。

附加险包括全车盗抢险、车上人员责任险、玻璃单独破碎险、自燃损失险、无过失责任险、车载货物掉落责任险、车辆停驶损失险、新增设备损失险、不计免赔特约险等。玻璃单独破碎险、自燃损失险、新增加设备损失险，是车身损失险的附加险，必须先投保车辆损失险后才能投保这几个附加险。

车上人员责任险、无过错责任险、车载货物掉落责任险等，是第三者责任险的附加险，必须先投保第三者责任险后才能投保这几个附加险；每个险别不计免赔作为一个独立的险种可独立投保。

---

① 本处的交通工具保险只指狭义的交通工具，即机动车、飞机。不包括海上保险中的船舶。本节主要论述以机动车为保险标的的险种合同。

（1）车辆损失险。车辆损失险的保险责任为：由于自然灾害或意外事故造成的车辆自身的损失。这是车辆保险中最主要的险种。属于机动车的基本险种。

（2）第三者责任险。第三者责任险的保险责任为：保险车辆在使用中发生意外事故造成他人（即第三者）的人身伤亡或财产的直接损失的赔偿责任。

（3）全车盗抢险。全车盗抢险的保险责任为：保险车辆因被盗窃、被抢劫、被抢夺造成车辆的全部损失，以及其间由于车辆损坏或车上零部件、附属设备丢失所造成的损失。

（4）车上人员责任险。车上人员责任险的保险责任为：保险车辆发生意外事故造成车上人员的人身伤亡、车上所载货物直接损毁的赔偿责任。

（5）无过失责任险。无过失责任险的保险责任为：所投保车辆在使用中，因与非机动车辆、行人发生交通事故，造成对方人员伤亡和财产直接损毁，投保车辆一方无过失，且被保险人拒绝赔偿未果，对被保险已经支付给对方而无法追回的费用。

（6）车载货物掉落责任险。车载货物掉落责任险的保险责任为：保险车辆在使用过程中，所载货物从车上掉下来造成第三者遭受人身伤亡或财产的直接损毁而产生的经济赔偿责任。

（7）玻璃单独破碎险。玻璃单独破碎险的保险责任为：车辆在停放或使用过程中，其他部分没有损坏，仅挡风玻璃单独破碎的损失。

（8）车辆停驶损失险。车辆停驶损失险的保险责任为：保险车辆发生车辆损失险范围内的保险事故，造成车身损毁，致使车辆停驶而产生的损失。

（9）自燃损失险。自燃损失险的保险责任为：保险车辆在使用过程因本车电器、线路、供油系统发生故障或运载货物自身原因起火燃烧给车辆造成的损失。

（10）新增加设备损失险。新增加设备损失险的保险责任为：车辆发生车辆损失险范围内的保险事故，造成车上新增设备的直接损毁损失。

（11）不计免赔特约险。不计免赔特约险须在同时投保了车辆损失险和第三者责任险的基础上才可投保。该险种的保险责任为：车辆发生车辆损失险及第三者责任险造成的损失，由保险公司负责全额赔偿。

（四）货物运输保险合同简述

1. 货物运输保险合同的概念

货物运输保险合同是指运输合同中托运人向承运人交运货物时，向保险人支付保险费，对在运输中的货物发生约定的保险事故时，由保险人负责赔偿损失的保险合同。因此，货物运输保险合同的保险标的是运输过程中的货物。

货物运输保险合同的目的在于补偿被保险货物在运输过程中因自然灾害或意外事故所造成的经济损失。货物运输保险合同按照运输方式不同，分为航空货物运输保险合同、陆上货物运输保险合同、水上货物运输保险合同、邮包保险合同和联合运输货物保险合同。

而按照适用范围的不同划分为国内货物运输保险合同，涉外海上、陆上、航空货物运输保险合同。

2. 货物运输保险合同的特征

（1）货物运输保险的标的是运输途中货物，因此，流动性较大，这区别于一般的财产保险合同。因此，若发生保险事故，保险标的往往都不在保险合同订立地，这对保险人的理赔、勘验技术等要求较高。

（2）货物运输保险合同的保险期期间，一般以一次航程或运程来计算的，因此又称为航程保险合同。因此，大部分货物运输保险合同都会采取仓至仓（即从货物起运地的仓库至货物目的地的仓库）条款作为保险责任的起始和终止期间，其保险期间比起一般的财产损失保险合同较短。

（3）货物运输保险合同一般为定值保险合同。区别于其他财产损失保险合同一般为不定值保险合同的性质，货物运输保险合同一般为定值保险合同。由于货物运输保险合同的保险标的流动性较大，因此，若赔偿时按照出险地同种类货物的价格定损，易受市场交易价波动的影响，则对于被保险人或者保险人的利益产生不利，因此，货物运输保险合同一般为定值保险合同。

（4）货物运输保险合同的保单可随提单背书转让。一般情形下，财产损失保险合同的保单的转让随保险标的而移转，同时必须通知保险人，才对保险人产生效力（参见《保险法》第 49 条第 1 款）。但货物运输保险合同则无须通知保险人，直接通过被保险人随提单一起转让给受让人，这是由于在途运输货物的流动性较强，货物在运输过程中可能已经几经易手，因此为适应这种贸易需求，货物运输保险合同的保险人一般都允许货物运输保险合同空白背书（参见《保险法》第 49 条第 2 款）。

（5）货物运输保险合同保险责任开始后，合同当事人不得解除合同（参见《保险法》第 50 条）。因货物运输保险合同的保险期间较短，因此投保人和保险人在对保险标的的安全和使用等情况的掌握上不对等，投保人掌握保险标的的有关安全情况，而保险人一般不了解上述情况，如果允许投保人在保险责任开始后解除合同，容易诱发道德风险。至于保险人，除法律另有规定或者保险合同另有约定外，保险合同成立后，是无权解除保险合同的。①

3. 货物运输保险合同的保险金额的确定

货物运输保险合同属于定值保险合同，因此货运运输保险合同的保险金额一般由投保人和保险人按照下列方式在保单中确定保险价值和保险金额。

（1）按货物发票价确定。货物发票价是买方购买该货物的实际支付给卖方的金额。这是国内货物运输保险合同中较常采用的一种保险金额。

（2）按离岸价格确定。该价格以起运地货物发票价加上装船或装上其他运输工具签的一切费用作为保险金额。该价格实际上相当于起运地货物成本价。

（3）按到岸价格确定。该价格以起运地发票价加上到达目的地的运杂费再加保险费作为保险金额。该价格实际上相当于目的地货物成本价。

（4）按到岸价格加利润确定。这是在第三种方式的基础上，再加上被保险人的预期利益，即目的地销售应缴纳的各种税费和可获得的利润。

---

① 奚晓明主编：《中华人民共和国保险法保险合同章条文理解与适用》，中国法制出版社 2010 年版，第 333 页。

（五）工程保险合同简述

1. 工程保险合同的概念

工程保险合同是以各种工程项目为保险标的的保险合同的总称。工程保险合同一般包括建筑工程保险合同、安装工程保险合同、科技工程保险合同。

2. 工程保险合同的保险责任

工程保险的保险责任包括：（1）工程项下的物质损失部分，包括工程标的有形财产的损失和相关费用的损失；（2）对被保险人在施工过程中可能产生的对第三人造成人身财产损害所应承担损害赔偿责任导致的损失。

三　责任保险合同

（一）责任保险合同概述

1. 责任保险合同的概念

责任保险合同属于新兴的保险合同类型，其主要以被保险人对第三人所应承担的民事损害赔偿责任为保险标的。现代社会中，各种风险性较高的行业或行为一般都建立了相关的责任保险制度。其主要包括职业责任险、雇主责任险、产品责任险、公众责任险等。责任保险合同的保险期间较短，一般为1年。本书中在汽车保险中也介绍了相关的汽车相关责任保险，在此不再赘述。

责任保险合同的产生对传统侵权责任制度存在的目的和价值都产生了较大的冲击，致使民法学界与保险法学界产生了责任保险存废或如何协调二者之间关系的争论，本书在此不再赘述。

2. 我国保险法对责任保险合同的一般规定

（1）保险人可对第三人直接赔偿。保险人对责任保险的被保险人给第三者造成的损害，可以依照法律的规定或者合同的约定，直接向该第三者赔偿保险金。根据被保险人的请求，保险人应当直接向该第三者赔偿保险金。被保险人怠于请求的，第三者有权就其应获赔偿部分直接向保险人请求赔偿保险金。

（2）被保险人直接获取保险金的限制。责任保险的被保险人给第三者造成损害，被保险人未向该第三者赔偿的，保险人不得向被保险人赔偿保险金。

(3) 责任保险的被保险人因给第三者造成损害的保险事故而被提起仲裁或者诉讼的，被保险人支付的仲裁或者诉讼费用以及其他必要的、合理的费用，除合同另有约定外，由保险人承担。

(二) 职业责任保险合同简述

1. 职业责任保险合同的概念

职业责任保险合同是指由各专业技术人员投保，约定由保险公司对专业技术人员或机构在从事执业活动中造成第三人人身财产损害依法应承担的赔偿责任承担保险责任的保险合同。

2. 职业责任保险合同的保险责任

职业责任保险合同的保险责任包括：(1) 各专业技术人员的执业失职行为造成的第三人的人身财产损害赔偿责任，失职行为的主观方面为过失。(2) 第三人对专业技术人员或机构提起仲裁或者诉讼的，专业技术人员或机构所支付的仲裁或者诉讼费用以及其他必要的、合理的费用。

(三) 雇主责任保险合同简述

1. 雇主责任保险合同的概念

雇主责任保险合同是指由雇主投保，约定保险公司对雇主对其雇员在雇佣期间从事业务活动，因意外事故或职业病导致人身伤亡，依法应由雇主承担的赔偿责任承担保险责任的保险合同。

2. 雇主责任保险合同的保险责任

雇主责任保险合同的保险责任包括：(1) 雇员在保单列明的地点和保险期限内从事与其职业有关的工作时遭受意外导致的人身伤亡，雇主依法或依约定应负的赔偿责任；(2) 因患职业病而导致雇员人身伤亡，雇主应负的赔偿责任；(3) 雇主应承担的雇员因上述原因导致伤残期间或死亡前的医疗费用；(4) 雇员对雇主提起仲裁或者诉讼的，雇主所支付的仲裁或者诉讼费用以及其他必要的、合理的费用。

(四) 产品责任保险合同简述

1. 产品责任保险合同的概念

产品责任保险合同是指产品生产者或销售者投保的，约定保险公司对产品生产者或销售者所因产品质量责任造成的第三人的人身财产损害所负的赔偿责任，承担保险责任的保险合同。

2. 产品责任保险合同的保险责任

产品责任保险合同的保险责任包括：（1）产品生产者或销售者对所投保区域内发生的产品缺陷造成的第三人人身财产损害应依法承担的赔偿责任。（2）第三人对产品生产者或销售者提起仲裁或者诉讼的，产品生产者或销售者所支付的仲裁或者诉讼费用以及其他必要的、合理的费用。

（五）公众责任保险合同简述

1. 公众责任保险合同的概念

公众责任保险合同是指法人或自然人投保的，约定由保险公司对法人或自然人在日常活动中因过失造成公众人身财产损害所应承担的损害赔偿责任承担保险责任的保险合同。

2. 公众责任保险合同的保险责任

公众责任保险合同的保险责任包括：（1）法人或自然人因过失造成公众人身财产损害所应承担的损害赔偿责任，一般不包括精神损害赔偿；（2）第三人对自然人或法人提起仲裁或者诉讼的，法人或自然人所支付的仲裁或者诉讼费用以及其他必要的、合理的费用。

四　信用、保证保险合同

（一）信用、保证保险合同概述

1. 信用、保证保险合同的概念

信用保险合同指债权人投保的，以债务人的信用作为保险标的，在债务人违约造成债权人损失时，由保险人对债务人的违约所应负的赔偿责任承担保险责任的保险合同。保证保险合同是指债务人投保的，以自己的信用作为保险标的，在债务人违约造成债权人损失时，由保险人对债务人的违约所应负的赔偿责任向债权人承担保险责任的保险合同。

信用保险合同一般包括商业信用保险合同、出口信用保险合同、雇员忠诚保险合同、投资保险合同。保证保险合同一般包括：履约保证保险合同、产品保证保险合同。信用保险合同和保证保险合同与一般的财产保险合同不同在于，二者不适用以概率论的大数法则来厘定风险发生的概率，从而确定不同层级的保险费率，而是通过一定的市场信息来确定保险费率。

2. 信用、保证保险合同的性质

信用保险合同和保证保险合同以债务人的信用——履约能力作为保险标的，对债务的履行具有一定的担保作用，因此在保险法学界产生了对二者性质是否为担保合同的争论。但二者都是由保险人开展独立的保险活动而产生，从法律性质上具有独立于主债权债务关系的特点，因此，二者均不属于从属于主债权债务关系（如买卖合同、借款合同）的担保合同，而属于独立的保险合同法律关系。

3. 信用保险合同和保证保险合同的比较

信用保险合同和保证保险合同虽然都以债务人的信用作为保险标的，但二者从法律性质上仍然有所区别。二者最重要的区别在于：（1）主体构成不同。信用保险合同的主体中，投保人、被保险人均为债权人；而保证保险合同的主体中，投保人为债务人、被保险人为债权人。（2）保险人在赔偿后的处理方式不同。信用保险合同中，保险人对被保险人（债权人）赔偿后，一般是通过代位求偿权的行使来向债务人追偿；而保证保险合同中，保险人在对被保险人（债权人）赔偿后，一般是向投保人（债务人）行使追偿权来获得保障。

（二）信用保险合同简述

1. 商业信用保险合同

商业信用保险合同又称为国内商业信用保险合同，是由作为债权人的企业为投保人对债务人的履约信用进行投保，在债务人不能履约给债权人造成损害的，由保险人承担保险责任的保险合同。一般情形下，商业信用保险合同的保险期限较短，一般最长为6个月。其可以在细分为赊销信用保险合同、贷款信用保险合同、个人贷款信用保险合同。

2. 出口信用保险合同

是由出口商作为投保人，对进口商方面的商业风险或政治风险造成的出口商的经济损失，由保险人承担保险责任的保险合同。出口信用保险合同的主要目的在于鼓励出口，其经营方针主要体现国家的经济政策，非以营利为主，因此一般的商业保险公司不会开展该项业务，往往由政府指定或投资设立的政策性保险公司承保，如我国的出口信用保合同业务主要由中国出口信用保险公司（简称中国信保）① 经营。

3. 投资保险合同

投资保险合同又称为政治风险保险合同。它是保险人对本国投资者在国外投资期间因投资国的政治原因造成的投资损失承担保险责任的保险合同。根据不同的政治风险，投资保险合同的责任范围包括汇兑风险、征用风险、战争及类似行为风险。对于一般的商业风险不属于投资保险合同的保险责任范围，投资保险合同的保险期间较一般的信用保险合同的期间较长，最长为 15 年。

4. 雇员忠诚保险合同

雇员忠诚保险合同又称为诚实保证保险合同。是雇主投保的对雇员的不诚实（忠诚）行为而造成的损失进行投保，保险人对该损失承担保险责任的保险合同。根据雇主投保的类型不同又可以分为团体忠诚保险合同和指名忠诚保险合同。

（三）保证保险合同简述

1. 履约保证保险合同

履约保证保险合同是指由债务人投保，保险人对债务人违约行为对债权人造成损失承担保险责任，直接向债权人赔偿的保险合同。我国对履约保证保险业务的开展范围主要为商业领域。

2. 产品保证保险合同

又称为产品质量保证保险合同或产品信誉保证保险合同。是产品生产者或销售者投保的，由保险人对产品生产者或销售者所生产或销售的产品存在质量瑕疵造成客户的损失承担保险责任的保险合同。

第四节 人身保险合同

一 人身保险合同概述

（一）人身保险合同的概念

人身保险合同是指投保人以被保险人的寿命、身体为保险标的进行

---

① http：//www.sinosure.com.cn/sinosure/index.html（相关中国信保信息，请参考中国信保官网）

投保，在合同约定的人身事件发生时，由保险人向受益人给付约定的保险金的保险合同（参见《保险法》第 12 条第 3 款）。

(二) 人身保险合同的特征

1. 人身保险合同为给付性保险

人的寿命、健康、身体不能以金钱进行衡量，因此一旦约定的人身事件发生时，保险人只能按照约定的保险金额给付保险金，而不像财产保险合同中，损失多少赔付多少。但在意外伤害险中，残疾赔偿及医疗费用的赔偿，则体现为补偿性保险的性质。

2. 人身保险合同为定额保险

保险人在人身保险合同中，按照合同约定的保险金额给付受益人保险金，而被保险人的寿命和身体却是无价的，因此人身保险合同为定额保险，即在保险合同中确定保险金额，而无保险价值的确定。

3. 人身保险合同的保险费厘定以生命表[①]为厘定保险费率的基础

这不同于财产保险合同中保险费率的厘定以概率论的大数法则为基础。

(三) 人身保险合同的分类

根据我国《保险法》第 95 条的规定，我国的人身保险合同主要包括人寿保险、健康保险、意外伤害保险三类。

二　人身保险合同的基本条款

(一) 不可抗辩条款

该条款适用于长期性的人身保险合同中，如人寿保险合同、健康保险合同等。人身保险合同成立 2 年后，保险公司不得以投保人违反如实告知义务为由解除合同（参见《保险法》第 16 条第 3 款）。

(二) 保单现金价值条款

该条款适用于人寿保险合同中，所谓保单现金价值是指人寿保险合同的保单所具有的价值。它来源于保险人为履行合同责任而提存的责任准备金，该责任准备金是保险人按照保险法及相关规定为准备履行给付

[①] 生命表又称为死亡表，是某一国家或地区不同年龄结构中生存死亡规律的汇总表。对生命表的论述及计算公式详见魏华林、林宝清主编《保险学》，高等教育出版社 2006 年版，第 296—297 页。

保险金责任而提取的准备金。因此，一般的人寿保险合同的保单中，往往都会出现在保单中以列表的方式告知投保人在不同的年限累计的具体金额的保单现金价值，该现金价值在投保人退保后，应由保险人扣除相关费用退还投保人。同时现金价值也是投保人进行保单质押贷款额度的依据。

（三）故意自杀条款

以被保险人死亡为给付保险金条件的合同，自合同成立或合同效力恢复之日起2年内，被保险人自杀的，保险人不承担给付保险金的责任，应当按照合同约定退还保单的现金价值，被保险人自杀时为无民事行为能力人的除外（参见《保险法》第44条）。而在合同成立或合同效力恢复之日起2年后，被保险人自杀的，保险人应当对受益人给付保险金。

（四）宽限期条款

长期性的人身保险合同，合同约定分期支付保险费，投保人在支付首期保险费后，未支付当期保险费，保险人催告之日起超过30日或者超过约定的期限60日未支付当期保险费的，合同效力中止，即合同失效（参见《保险法》第36条第1款）。

（五）复效条款

人寿保险合同中，因投保人不按期缴纳保费致使保单失效后，2年之后，投保人可向保险公司申请复效，经过保险公司审查同意后，投保人补交失效期间的保险费及利息，合同效力恢复。但是，自合同效力中止之日起满2年双方未达成协议的，保险人有权解除合同，但应当按照合同约定退还保单的现金价值（参见《保险法》第37条）。

（六）年龄误报条款

人寿保险合同中，投保人申报的被保险人年龄不真实，并且其真实年龄不符合合同约定的年龄限制的，保险公司可以以投保人违反如实告知义务为由解除合同，并退还合同约定的保单的现金价值，但是自合同成立之日起超过2年的除外。

投保人申报的被保险人年龄不真实，致使投保人支付的保险费少于应付保险费的，保险公司有权更正并要求投保人补交保险费，或者在给付保险金时，按照实付保险费与应付保险费的比例支付。

投保人申报的被保险人年龄不真实，致使投保人实付保险费多于应付保险费的，保险公司将多收的保险费还投保人（参见《保险法》第32条）。

（七）不丧失价值条款

不丧失价值条款又可称为不丧失价值任选条款或者不没收价值条款。是指人寿保险合同中，保险合同解除或失效后，投保人可以在合同约定的范围内选择相应的方式来要求保险人返还保单的现金价值。

依据保险业惯例，投保人可以选择的方式有：（1）投保人退保的，可以要求保险人给付退保金，办理退保手续；（2）要求保险人办理缴清保险，即将保单的现金价值作为趸交的保险费，在原保单的保险期间和保险责任不变的情形下，重新确定保险金额，新的保险金额比原保险金额低；（3）要求保险人对原保单展期，即在原保单保险责任不变的情形下，将保单的现金价值作为趸交的保险费，重新确定新的保险期间，新的保险期间比原保险期间短。

三　人寿保险合同概述

（一）人寿保险合同的概念

人寿保险合同指投保人投保的，以被保险人的生存或死亡为保险事件，在事件发生时，由保险人按照合同约定向受益人给付保险金的保险合同。

（二）人寿保险合同的特征

人寿保险合同以被保险人（自然人）的生存或者死亡（自然死亡或宣告死亡）为保险人给付保险金的条件，因此人寿保险合同为典型的给付性保险合同，这点区别于意外伤害险合同和健康保险合同。人寿保险合同属于长期性保险，保险期间一般为10年以上，交费方式一般为分期缴纳。因投保人长期投保，在保险人处累积了保单的现金价值，一般情形下，只有人寿保险合同具有保单的现金价值，因此人寿保险合同具有一定的储蓄功能。

（三）人寿保险合同的分类

1. 生存保险合同

生存保险合同是以被保险人生存至一定年限或年龄为给付保险金条件的人寿保险合同。在保险经营中，一般不能不会把单纯的生存险作为独立的险种。生存保险合同的保险金给付方式为一次性给付，若被保险人生存至合同约定的年龄或期限，保险人按照约定分期向受益人给付保险金的保险合同又称为年金保险合同。

2. 死亡保险合同

死亡保险合同是以被保险人死亡为给付保险金条件的人寿保险合同。其保障的是受益人在被保险人死亡后可以维持一定的生活水平。死亡保险合同一般又可分为定期死亡保险合同和终身死亡保险合同。定期死亡保险合同以被保险人在合同约定的期限内死亡为保险金给付的条件，而终身死亡保险合同以被保险人的最终死亡为保险金给付条件。

3. 生死两全保险合同

即以被保险人的生存和死亡为给付保险金条件的人寿保险合同。被保险人生存至一定的期限或年龄时，保险人向被保险人给付保险金；若被保险人在保险期间内死亡的，则保险人向受益人给付保险金。

四 意外伤害保险合同概述

（一）意外伤害保险合同的概念

意外伤害保险合同指以被保险人因意外事件造成伤残或死亡为赔偿或给付保险金条件的人身保险合同。

（二）意外伤害保险合同的特征

1. 意外伤害保险合同的保险责任范围是特定的

意外伤害保险合同的保险责任范围为：（1）被保险人因意外事件造成的伤残所产生医疗费用、残疾赔偿金；该范围的险种是对被保险人伤残所支出的费用进行补偿，因此属于补偿性保险合同，保险业务中，禁止对该险重复投保。（2）被保险人因意外事件造成死亡的，按照合同约定，被保险人给付保险金。

2. 意外伤害保险合同的中的意外事件必须为外来的、不可预见的偶发性事件

若属于被保险人自身的疾病或过失故意行为造成的伤残或死亡则不属于外来的事件，不属于意外伤害保险合同的承保范围。

3. 意外伤害保险合同的保险期间较短

比起人寿保险合同的保险期间，意外伤害保险合同一般为 1 年期，

或者某一特定原因行为起始和终结的期间，如航空意外伤害保险合同等。

（三）意外伤害保险合同的分类

1. 按承保方式不同，意外伤害保险合同可分为个人意外伤害保险和团体意外伤害保险

个人意外伤害保险合同是由个人投保，以单个自然人作为被保险人的意外伤害保险合同；团体意外伤害保险合同是由单位或团体作为投保人，以单位或团体的成员作为一个保险单位进行投保的意外伤害保险合同。团体意外伤害保险合同往往只有一张保单，而被保险人可能只持有保险凭证。

2. 按危险类型不同，意外伤害保险合同可分为普通意外伤害保险合同和特定意外伤害保险合同

普通意外伤害保险合同是对被保险人在保险期间内发生的各种意外伤害作为承保危险；特定意外伤害保险合同是针对特定时间、地点或行为为承保危险，如旅游意外伤保险合同、电梯乘客意外伤害保险合同等。

五 健康保险合同概述

（一）健康保险合同的概念

健康保险合同是指以被保险人因疾病支出的费用、伤残或死亡为赔偿或给付保险金条件的人身保险合同。

（二）健康保险合同的特征

1. 健康保险合同的保险事件为被保险人的疾病

疾病作为健康保险合同的保险事件，疾病属于人体内在生理原因所致，而非来自外来的原因所致。这区别于人寿保险合同和意外伤害保险合同。

2. 被保险人的疾病须为非先天性和非自然性

被保险人的疾病不能是先天性疾病，也不能是因自然机理所致，如人的自然衰老不能称为疾病。

3. 健康保险合同对被保险人的身体健康标准要求较高

健康保险合同是对被保险人的身体健康作为保险标的，因此对被保险人的身体健康要求较高，一般在投保时往往需要对被保险人进行身体检

查。并且在投保后,在保险合同中约定等待期,即在该期间内,若被保险人没有发生疾病则保险合同生效,若被保险人在该期间内发生疾病,则保险人不承担保险责任,这种类型的合同实际是附生效条件的保险合同。

4. 免赔额条款的运用广泛

作为保险标的的被保险人的身体健康,保险人不可能对被保险人的感冒发烧等日常疾病支出的轻微费用进行理赔,这样程序繁复且不利于共担风险的原则。因此,对于一些轻微的费用支出,如门诊费用或一定数额限度的费用,按照保险合同的约定,保险人不予理赔,该条款在健康保险中较为常见。

5. 健康保险合同主要为补偿性保险

健康保险合同的目的在于补偿被保险人因疾病所支出的费用或收入的损失,因此为补偿性保险合同,禁止被保险人获得额外的利益。

(三) 健康保险合同的类型

1. 医疗保险合同

又称为医疗费用保险合同,主要对被保险人因疾病所支出的费用进行补偿的保险合同。医疗费用主要针对的是大额医疗费用的支出,如住院费、手术费等,除有免赔额的计算外,医疗费用也按照风险分摊的方式,由保险人按照预定的比例赔付给被保险人。

2. 收入损失保险合同

收入损失保险合同以被保险人因疾病、分娩等导致丧失劳动能力无法继续工作所发生的收入损失为承保范围的保险合同。一般情形下收入损失的补偿周期以周、月为单位,期限一般为1—2年至身体恢复劳动能力为止。

3. 重大疾病保险合同

该保险合同实际上是就一些特殊的重大疾病所支出的费用作为承包范围,投保人可以单独选择作为附加险种,也可以独立地选择某几项重大疾病作为单独的保险险种投保。

本章复习思考题

1. 比较商业保险和社会保险的异同。
2. 比较补偿性保险和给付性保险的不同特点及作用。

3. 试述定值保险和不定值保险的划分依据及其适用范围。
4. 试述超额保险的特征及法律对其规制的方式。
5. 试述保险的概念和特征及法律对其规制的方式。
6. 简述再保险的法律特征。
7. 简述保险合同的法律特征。
8. 试论保险利益原则及在保险合同中的适用。
9. 简述保险近因原则的适用。
10. 简述如实告知义务的概念、性质、违反如实告知义务的构成及其法律后果。
11. 简述弃权禁止反言的概念构成及法律后果。
12. 简述保证的概念、类型及违反保证的法律后果。
13. 简述投保人、被保险人在保险合同中的基本义务。
14. 简述索赔理赔的程序及相应期间。
15. 试述保险代位求偿权。
16. 试述保险委付制度。
17. 试述人身保险合同的失效复效的概念及其相应的法律后果。
18. 简述保险合同解除的法定事由及其限制性条件。
19. 简述保险合同的特殊解释规则。
20. 简述财产保险合同的特征。
21. 简述财产保险合同的类型。
22. 简述财产损失保险合同的概念及类型。
23. 简述信用保险合同和保证保险合同的异同。
24. 简述人身保险合同的基本条款。

专著推荐

[1] 陈欣:《保险法》,北京大学出版社2010年版。

[2] 黎建飞、王卫国:《保险法教程》,北京大学出版社2009年版。

相关链接

1. 法律法规链接

《中华人民共和国保险法》、《中华人民共和国海商法》、《最高人民法院关于适用《中华人民共和国保险法》若干问题的解释（二）》、《最高人民法院关于审理海上保险纠纷案件若干问题的规定》、《保险资金运用管理暂行办法》、《保监会关于父母为其未成年子女投保以死亡为给付保险金条件人身保险有关问题的通知》、《保险保障基金管理办法》、《机动车交通事故责任强制保险条例》

2. 网络信息链接

中国保险监督管理委员会　http：//www.circ.gov.cn

中国再保险（集团）股份有限公司　http：//www.chinare.com.cn

中国出口信用保险公司　http：//www.sinosure.com.cn

3. 相关案例链接

典型案例 [①]

2012年2月，发货人东莞某家具厂委托深圳AAA货代公司将5个HQ（High Cube，高箱，即40英尺集装箱）出口到澳大利亚，并由深圳AAA货代公司代其向保险公司投保了海运货物险。随后，深圳AAA货代公司向某船运公司订舱托运。货物上船起运之后，深圳AAA货代公司向发货人签发了提单，船东也向深圳AAA货代公司签发了"Shipper栏"为深圳AAA货代公司的提单。然而，其中2个HQ在黄埔到香港的驳船运输途中掉落海中。在事故发生后，发货人要求保险公司理赔，保险公司一直拖延推诿，却向深圳AAA货代公司发来律师函，要求深圳AAA货代公司承担承运人的责任，向发货人赔付2个HQ的货值损失，否则保险公司将直接对深圳AAA货代公司提起诉讼。然而，在深圳AAA货代公司向船运公司交涉赔偿事宜时，船运公司以货柜落海是因"风暴天气"所致为由，拒绝赔付。深圳AAA货代公司应该如何应对保险向船运公司索赔，是否要为货物损失承担赔偿责任呢？

案例解析：这属于保险公司在海运保险中的"代位求偿权"的法律问题。本案例是海上货物运输保险合同常见的纠纷之一，此类纠纷往往突显了海运货物保险的保险人（保险公司）和被保险人代理人（货代公司）之间的主要矛盾和利益冲突。

[①] http://blog.sina.com.cn/caowending.

保险代位求偿权又称保险代位权,是指当保险标的遭受保险事故造成损失,依法应由第三者承担赔偿责任时,保险公司自支付保险赔偿金之日起,在赔偿金额的限度内,相应地取得向第三者请求赔偿的权利。保险代位权是基于保险利益原则,为防止被保险人获得双重利益而公认的一种债权移转制度。

保险公司是否可以直接起诉物流公司呢?对于代位求偿权的成立要件,按照法律的规定,一般应具备下述要件方能成立:(1)保险人因保险事故对第三者享有损失赔偿请求权。首先,保险事故是由第三者造成的;其次,根据法律或合同规定,第三者对保险标的的损失负有赔偿责任,被保险人对其享有赔偿请求权。(2)保险标的损失的原因在保险责任范围内,即保险人负有赔偿义务。如果损失发生原因属于除外责任,那么保险人就没有赔偿义务,也就不会产生代位求偿权。(3)保险人给付保险赔偿金。对第三者的赔偿请求权转移的时间界限是保险人给付赔偿金,并且这种转移是基于法律规定,不需要被保险人授权或第三者同意,即只要保险人给付赔偿金,请求权便自动转移给保险人。

显而易见,依据代位求偿权的成立要件,本案中的保险人尚未给付保险赔偿金,因此,保险公司直接起诉物流公司、船运公司要求赔偿货物损失的主张是缺乏法律依据的。

《最高人民法院关于审理海上保险纠纷案件若干问题的规定》的第13条规定,保险人在行使代位请求赔偿权利时,未依照海事诉讼特别程序法的规定,向人民法院提交其已经向被保险人实际支付保险赔偿凭证的,人民法院不予受理;已经受理的,裁定驳回起诉。因此,保险公司直接起诉物流公司、船运公司要求赔偿货物损失的诉讼请求是不会被海事法院支持的。

近因原则的适用[①]

2003年12月,宏兴甘鲜果品有限责任公司与哈尔滨东星有限责任

[①] 本案例改编自杨华柏、乐沸涛、吴晓琦主编《保险法纠纷典型案例评析》,人民法院出版社2004年版第225页之案例。

公司签订了一份购销合同。哈尔滨东星有限责任公司购买宏兴甘鲜果品有限责任公司一批柑橘，共计5000篓，价值9万元。铁路运输，共2车皮。宏兴甘鲜果品有限责任公司通过铁路承运部门投保了货物运输综合险，保费3500元。2003年12月25日，保险公司出具了保险单。2004年1月，到达目的地以后，收货人发现：一节车厢门被撬开，保温棉被被掀开2米，货物丢失120篓，冻坏变质240篓。直接损失6480元。当时气温为零下20摄氏度。宏兴甘鲜果品有限责任公司向保险公司索赔。保险公司同意赔偿丢失的货物120篓，拒绝赔偿被冻坏的240篓。认为造成该240篓损失的原因是天气寒冷，不在货物运输综合险的保险责任范围内。宏兴公司起诉至法院。①

本案中，盗窃、棉被破损、天气寒冷为造成货物损害的原因。盗窃是前因，棉被破损是后因，又是天气寒冷的前因，天气寒冷是后因。天气寒冷冻坏货物是盗窃的必然的结果，合理的自然延续的结果。因此，盗窃是本案保险事故发生的近因。因此，在认定上，如果承保危险在除外危险之前发生，则除外危险造成的损失，实际上是承保危险造成的直接结果，保险人应承担责任。

综上，本案中盗窃是保险事故发生的近因，而盗窃行为又是保险人承保的范围，因此，应由保险人承担保险责任。

本章参考文献

[1] 魏华林、林宝清主编：《保险学》，高等教育出版社2006年版。

[2] 郑云瑞：《财产保险法》，中国人民公安大学出版社2004年版。

[3] 贾林青：《保险法》，中国人民大学出版社2011年版。

[4] 杨华柏、乐沸涛、吴晓琦主编：《保险法纠纷典型案例评析》，人民法院出版社2004年版。

[5] 奚晓明主编：《中华人民共和国保险法保险合同条文理解与适

---

① 本案例改编自杨华柏、乐沸涛、吴晓琦主编《保险法纠纷典型案例评析》，人民法院出版社2004年版第225页之案例。

用》，中国法制出版社2010年版。

［6］马宜斐、段文军：《保险原理与实务》，中国人民大学出版社2011年8月第2版。

［7］徐卫东、杨勤活、王剑钊：《保险法》，吉林人民出版社1996年版。

［8］陈欣：《保险法》，北京大学出版社2010年版。

［9］詹昊：《新保险法实务热点详释与案例精解》，法律出版社2010年版。

［10］刘建勋：《新保险法经典、疑难案例判解》，法律出版社2010年版。

［11］梁宇贤：《保险法新论》，中国人民大学出版社2004年版。

［12］［美］约翰·F. 道宾：《美国保险法》，梁鹏译，法律出版社2008年版。

第十七章　银行卡法律制度

本章内容提要：银行卡是现代金融领域不可或缺的支付结算工具，本章介绍了银行卡产生发展的历程，探讨了银行卡的功能并列举了银行卡的种类，分析了银行卡业务当事人及其法律关系，再分层次介绍了银行卡的管理；最后阐述了银行卡网上支付系统的定义、运作形式和相关法律问题。学生通过本章的学习，能了解银行卡在金融领域当中的作用和地位，学习规制银行卡的相关法律制度，了解银行卡的功能与业务，并思考银行卡业务领域的拓展和创新。

关键词：银行卡　支付工具　信用卡　借记卡　贷记卡　存款　取款　结算　转账　支付　汇兑　代收　代付　消费　发卡人　持卡人　网上支付　风险管理

第一节　银行卡概述

一　银行卡的产生和发展

（一）银行卡的产生

作为一种现代支付工具，银行卡是在金融和经济较为发达的西方国家产生的。人类社会的支付工具随着社会的发展不断变化，从石头、贝壳到金银，再到统一发行的货币，支付工具的多样化和便捷化极大地促进了社会交换和社会发展。20世纪初期，商业和金融较为发达的美国开始出现一些由百货公司、石油公司、运输公司发行的商业信用卡。这些商业信用卡不是真正意义上的银行卡，却具有某些银行卡的特性，可以说是银行卡的雏形。1951年，世界上第一张银行卡在美国纽约的富兰克林国民银行产生。1959年,美国的美洲银行相继发行了美洲银行卡。当时发行银行卡无须经过信用审查,银行向个人发行信用卡,商户与银行签订协议认可和接受这些信用卡。由于这种方式可以为个人带来消费和信用的便利并能促进消费,增加商户收入,还能给银行带来资金和收益,故20世纪60年代,这种信用卡在全球范围内迅速发展起来。从加拿大、欧洲国家,推广到日本、新加坡、马来西亚等国家。随着信用卡运用规模的扩大,一些信用卡组织推进了信用卡的统一化和标准化,为不同的发卡机构提供清算服务的便利。信用卡变得越来越便捷,安全度也较高。故信用卡逐渐成为不可或缺的支付结算工具。

(二) 银行卡在我国的现状和发展

银行卡在我国的发展较晚,但近年来,随着社会经济的飞速发展和金融行业的不断进步,我国银行卡业务的发展可谓突飞猛进,银行卡的发行量也迅速增加,且逐渐与国际发展接轨。银行卡业务在我国的首次产生是1979年,中国银行广东省分行同香港东亚银行签订协议,开始代理信用卡业务,随后,当时的四大国有银行相继发行了自己的银行卡,如中国银行于1985年发行了长城卡,中国工商银行于1989年发行了牡丹卡,中国建设银行于1990年代理人民币万事达卡和人民币VISA卡,中国农业银行于1991年发行了金穗卡。

据2011年国内金融市场调查数据显示,截至2011年第二季度末,全国已发行的银行卡数量已经超过了26.7亿。调查数据还显示,截至2011年第二季度末,上半年的总交易金额已经达到了178.6万亿元,在这些交易金额中,消费金额为7.5万亿元左右。银行已发行的贷记卡已经超过了2.3亿张,而且上半年的银行卡交易金额也超过了3.3万亿,其中用于消费的金额占一半以上,大约为1.8万亿元人民币。我国银行卡业务发展迅猛,而且已经打破了传统的经营模式,尤其在功能上已经不再是单纯的存款、取款、汇款以及贷款等业务的载体,而是在发展层次和业务种类上有了很大的创新和改进,逐渐成为一种综合性的服务载体。[1]

---

[1] 李碧伟:《我国银行卡业务的发展现状与对策》,《金融经济》2012年第20期。

二 银行卡的概念和特征

中国人民银行于1999年颁布了《银行卡业务管理办法》，其中规定，银行卡是指由商业银行（含邮政金融机构）向社会发行的具有消费信用、转账结算、存取现金等全部或部分功能的信用支付工具。

银行卡的特征主要有以下几个方面。

第一，银行卡是信用支付工具。银行卡具有支付、转账、结算、消费、信用、提存现金等方面的功能，所以银行卡是一种信用支付工具。

第二，银行卡是由特定发行机构发行的。发行银行卡须经过中央银行——中国人民银行的批准。未经允许的商业银行不得发行银行卡。其他单位、组织和个人未经允许也不得发行银行卡。

第三，银行卡有统一规格的外观形式。《银行卡业务管理办法》第64条规定，中华人民共和国境内的商业银行（或金融机构）发行的各类银行卡，应当执行国家规定的技术标准，但发行带有国际信用卡组织标记的银行卡除外。单位卡应当在卡面左下方的适当位置凸"DWK"字样。银行卡卡面应当载有以下要素：发卡银行一级法人名称、统一品牌名称、品牌标识（专用卡除外）、卡号（IC卡除外）、持卡人使用注意事项、客户服务电话、持卡人签名条（IC卡除外）等。

三 银行卡的种类

按照不同的标准，银行卡可以分为不同的类别。《银行卡业务管理办法》规定，银行卡按币种不同分为人民币卡、外币卡；按发行对象不同分为单位卡（商务卡）、个人卡；按信息载体不同分为磁条卡、芯片（IC）卡。按照功能和信用权限的不同可以分为信用卡和借记卡，这是银行卡最通常的分类。

（一）信用卡

信用卡按是否向发卡银行交存备用金分为贷记卡、准贷记卡两类。贷记卡是指发卡银行给予持卡人一定的信用额度，持卡人可在信用额度内先消费后还款的信用卡。准贷记卡是指持卡人须先按发卡银行要求交存一定金额的备用金，当备用金账户余额不足支付时，可在发卡银行规定的信用额度内透支的信用卡。

(二) 借记卡

借记卡按功能不同分为转账卡（含储蓄卡，下同）、专用卡、储值卡。借记卡不具备透支功能。转账卡是实时扣账的借记卡。具有转账计算、存取现金和消费功能。专用卡是具有专门用途、在特定区域使用的借记卡。具有转账计算、存取现金功能。专门用途是指在百货、餐饮、饭店、娱乐行业以外的用途。储值卡是发卡银行根据持卡人要求将其资金转至卡内储存，交易时直接从卡内扣款的预付钱包式借记卡。

(三) 其他银行卡类别

联名/认同卡是商业银行与营利性机构/非营利机构合作发行的银行卡附属产品，其所依附的银行卡品种必须是已经中国人民银行批准的品种，并应当遵守相应品种的业务章程或管理办法。发卡银行和联名单位应当为联名持卡人在联名单位信用卡提供一定比例的折扣优惠或特殊服务；持卡人领用认同卡表示对认同单位事业的支持。

芯片（IC）卡既可应用于单一的银行卡品种，又可应用于组合的银行卡品种。

四　银行卡的功能

(一) 储蓄、存取款功能

我国是一个储蓄大国，储蓄是我国商业银行的主要业务，故储蓄就成为了银行卡的一大重要功能。各商业银行都发行具有储蓄功能的借记卡来吸收存款。银行对持卡人持有的银行卡存款账户按照规定的储蓄存款利率支付利息。持卡人凭卡可在发卡银行指定的受理网点办理存、取款业务，也可在发卡银行提供的自动柜员机（ATM机）上取款和查询账户余额等。

(二) 消费、支付结算功能

持卡人在特约商户消费，无论是购买商品还是享受服务，无须以现金货币支付账款，只需使用银行卡，通过POS机刷卡进行直接消费。其后由发卡银行扣除持卡人银行卡账户资金后，将持卡人所支付款项划拨给特约商户。消费、支付结算功能是银行卡的重要功能，这种功能大大方便了消费，给特约商家、消费者（持卡人）双方都带来了便捷，免去了携带现金的风险和麻烦，也能以很高的效率促成交易。此外，在信用卡消费中，信用卡还具有透支的功能，持卡人不必在账户中先存款，而是在一定的信用额度下可以先消费，后还款。

（三）转账、汇兑功能

持卡人可以进行卡与卡之间的转账业务，也可以委托发卡银行将款项汇兑到指定银行；此外，转账功能还体现在发卡银行通过接受证券公司委托，用储蓄卡实现股东储蓄账户与证券账户双向实时划转业务的转账结算。转账和汇兑业务极大地方便了公众的储蓄、投资、理财等活动，也保障了资金的安全。

（四）代收、代付功能

我国的商业银行发展迅速，很多商业银行在每个城市、乡镇都设有营业网点，商业银行往往和各类行政单位或企事业单位签订协议，利用自身发达便利的网点代理收费或付费的业务。例如水电费、煤气费、税费、通话费等；或者代发职工工资等。这种代收代付的功能也极大地方便了个人和单位，提升了办事效率，节约了时间。

（五）其他方面的功能

随着社会的发展和金融、科技等的进步，银行卡除了上述四方面的主要功能外，还具有理财、贵宾服务等功能。这些方面的功能也随着银行卡业务的拓展而不断推陈出新。

五　银行卡相关立法

由于我国银行卡的发展起步较晚，银行卡的立法仍然处于初级阶段。银行卡相关业务除了遵守《中国人民银行法》、《商业银行法》及《银行业监督管理法》之外，还要遵守相关的专门立法。1996年，中国人民银行出台了《信用卡业务管理办法》，对银行发行信用卡进行了规定。1999年中国人民银行颁布了《银行卡业务管理办法》，原《信用卡业务管理办法》废止。2001年中国人民银行出台了《网上银行业务管理暂行办法》，对我国网上银行业务作了引导和规范。2004年，银监会发布了《关于加强银行卡安全管理有关问题的通知》。随着互联网业务及电子支付业务的进一步发展，2005年，中国人民银行又出台了《电子支付指引》，并会同九个部委发布了《关于促进银行卡产业发展的若干意见》。这些规章政策为我国银行卡业务的发展提供了保障和支持。

此外，为防止利用银行卡进行犯罪，1995 年，我国最高人民法院、最高人民检察院印发了《关于办理利用信用卡诈骗犯罪案件具体适用法律若干问题的解释》的通知。1997 年《刑法修正案》中增加了信用卡诈骗罪。此后的刑法修改和实践中亦进一步加大了对伪造信用卡及使用伪造信用卡进行犯罪活动的打击力度。

我国银行卡的立法虽逐步健全，但也存在着一些弊端，主要的问题是立法层次较低，多为一些行政规章；其次是立法较为分散，体系性不强，加之银行卡业务发展的速度较快，金融环境的变化日新月异，故我国有关银行卡的法律制度有待进一步完善。

第二节 银行卡业务法律关系

一 银行卡业务法律关系概述

（一）银行卡业务法律关系中的当事人

银行卡业务涉及多方当事人。银行向客户发放银行卡，客户成为持卡人，银行和持卡人之间要形成相应的法律关系；特约商户在银行开户，二者之间形成法律关系；持卡人在商户消费，资金通过银行划拨和结算，形成法律关系；银行组织（银联）是不同商业银行之间进行结算的中介，彼此亦形成法律关系。若持卡人所持某银行所发行的卡片到商户消费，而该商户的开户行是另一银行（可称为收单银行），则收单银行亦为银行卡业务的当事人。此外，国家银行业监督管理部门要依法对银行卡业务进行监管，也属于银行卡业务法律关系中的当事人。可见，银行卡业务中的当事人涉及发卡银行、持卡人、特约商户、收单银行、银行卡组织及国家银行业监管部门。本节将重点阐述发卡银行和持卡人、发卡银行与特约商户，以及持卡人与特约商户之间的法律关系。厘清银行卡业务法律关系，有助于深入了解银行卡业务和功能，明确各方当事人的权利义务和职责。

（二）银行卡业务法律关系的客体

法律关系的客体是指权利义务共同指向的对象。通常，在民事法律关系中，客体包括物、行为、智力成果和人身利益四大方面。银行卡业务法律关系涉及各方当事人之间的债权债务关系,也有国家对银行卡业务的监管法律关系。故银行卡业务法律关系的客体应属于"行为"的范畴,可以说,银行卡法律关系的客体是银行卡各方当事人之间的资金划拨行为和国家对银行卡业务的监管行为。[①] 所谓资金划拨行为包含了持卡人到银行存款、持卡到特约商户消费、特约商户与银行结算、银行之间通过银行组织结算等。

(三) 银行卡业务法律关系的内容

法律关系的内容是相关主体在法律关系中所享有的权利和承担的义务。银行卡业务中法律关系的内容即是各方当事人享有的权利和承担的义务。由于银行卡业务法律关系的当事人较多,在不同的各方当事人之间亦会形成不同的法律关系,并具有不同的内容。

二 发卡银行与持卡人之间的法律关系

发卡银行与持卡人是银行卡业务中最重要的当事人。二者之间的法律关系因银行卡功能的不同而有所不同。

(一) 储蓄和借贷关系

以借记卡为例,持卡人凭卡在银行存入款项,银行必须按照利率计息,发卡人是债权人,银行是债务人;持卡人可以向发卡银行发出指令用预先存在银行的款项向特约商户付款。而在信用卡法律关系中,当信用卡持卡人透支时,发卡银行向持卡人提供了一种消费信贷,此时,发卡银行和持卡人之间就变成了一种借贷法律关系。

(二) 委托代理关系

银行卡的主要功能是代理结算。持卡人在特约商户进行消费后用银行卡进行转账结算,此时发卡银行和持卡人之间就形成了一种委托代理关系。持卡人在商户提供的凭证上签字,商户将持卡人签名的凭证交给自己的开户银行,然后通过开户银行把该凭证交给发卡银行,发卡银行凭此将此款项从持卡人的账户中划给商户的开户银行,商户的开户银行再将此款项划入商户的账户内。在这个过程中,持卡人没有与商户进行直接的结算手续,而是委托发卡银行办理。因此,在此转账结算的关系

---

① 韩龙主编:《金融法》,清华大学出版社2008年版,第154页。

中，持卡人是结算委托人，发卡银行是结算受托人。持卡人的签字即视为授权。① 此外，在于持卡人用银行卡进行汇兑时，持卡人和发卡银行之间也存在委托代理的关系，持卡人委托发卡银行将相关款项汇到持卡人指定的地方，持卡人是委托人，发卡银行是受托人。

（三）发卡银行与持卡人的权利和义务

1. 发卡银行的权利和义务

根据《银行卡业务管理办法》的规定，发卡银行的权利主要有：（1）发卡银行有权审查申请人的资信状况、索取申请人的个人资料，并有权决定是否向申请人发卡及确定信用卡持卡人的透支额度。（2）发卡银行对持卡人透支有追偿权。对持卡人不在规定期限内归还透支款项的，发卡银行有权申请法律保护并依法追究持卡人或有关当事人的法律责任。（3）发卡银行对不遵守其章程规定的持卡人，有权取消其持卡人资格，并可授权有关单位收回其银行卡。（4）发卡银行对储值卡和 IC 卡内的电子钱包可不予挂失。

发卡银行的义务主要是：（1）发卡银行应当向银行卡申请人提供有关银行卡的使用说明资料，包括章程、使用说明及收费标准。现有持卡人亦可索取上述资料。（2）发卡银行应当设立针对银行卡服务的公平、有效的投诉制度，并公开投诉程序和投诉电话。发卡银行对持卡人关于账务情况的查询和改正要求应当在 30 天内给予答复。（3）发卡银行应当向持卡人提供对账服务。按月向持卡人提供账户结单，在下列情况下发卡银行可不向持卡人提供账户结单：①已向持卡人提供存折或其他交易记录；②自上一份月结单后，没有进行任何交易，账户没有任何未偿还余额；③已与持卡人另行商定。发卡银行应向持卡人提供银行卡对账单，对账单应当列出以下内容：①交易金额、账户余额（贷记卡还应列出到期还款日、最低还款额、可用信用额度）；②交易金额记入有关账户或自有关账户扣除的日期；③交易日期与类别；④交易记录号码；⑤作为支付对象的商户名称或代号（异地交易除外）；⑥查询或报告不符账务的地址或电话号码。

此外，发卡银行应当向持卡人提供银行卡挂失服务，应当设立 24

---

① 王远均主编：《财政金融法》，四川人民出版社 2005 年版，第 417 页。

小时挂失服务电话，提供电话和书面两种挂失方式，书面挂失为正式挂失方式。并在章程或有关协议中明确发卡银行与持卡人之间的挂失责任。发卡银行应当在有关卡的章程或使用说明中向持卡人说明密码的重要性及丢失的责任，发卡银行对持卡人的资信资料负有保密的责任。

2. 持卡人的权利和义务

根据《银行卡业务管理办法》的规定，持卡人的权利主要有：(1) 持卡人享有发卡银行对其银行卡所承诺的各项服务的权利，有权监督服务质量并对不符服务质量投诉。(2) 申请人、持卡人有权知悉其选用的银行卡的功能、使用方法、收费项目、收费标准、适用利率及有关的计算公式。(3) 持卡人有权在规定时间内向发卡银行索取对账单，并有权要求对不符账务进行查询或改正。(4) 借记卡的挂失手续办妥后，持卡人不再承担相应卡账户资金变动的责任，司法机关、仲裁机关另有判决的除外。(5) 持卡人有权索取信用卡领用合约，并应妥善保管。

持卡人的义务主要是：(1) 申请人应当向发卡银行提供真实的资料并按照发卡银行规定向其提供符合条件的担保。(2) 持卡人应当遵守发卡银行的章程及《领用合同》的有关条款。(3) 持卡人或保证人通信地址、职业等发生变化，应当及时书面通知发卡银行。(4) 持卡人不得以和商户发生纠纷为由拒绝支付所欠银行款项。

(四) 发卡银行与特约商户之间的法律关系

发卡银行与特约商户之间存在一种合同关系。《银行卡业务管理办法》第55条规定，商业银行发展受理银行卡的商户，应当与商户签订受理合约，受理合约不得包括排他性条款。受理合约中的手续费率标准低于本办法规定标准的不受法律保护。可见，发卡银行与特约商户间的法律关系由"受理合约"这一合同规制。但在发卡银行与特约商户之间法律关系这一问题上，学界存在着不同的看法。西南财经大学金融法研究所的王远均教授认为，发卡银行与特约商户之间的关系就是代理关系。发卡银行与特约商户之间通过订立受理银行卡协议的方式建立了代理关系，发卡银行为委托人，特约商户为代理人。

(五) 持卡人与特约商户之间的法律关系

持卡人和特约商户之间的法律关系应属于买卖（服务）合同法律关

系。在现代社会，银行卡交易的金额和比例已大大超过现金交易，银行卡成为了最为便捷和广泛使用的支付工具。持卡人使用银行卡消费，与特约商户建立买卖合同，这种合同关系成为了银行卡交易的基础。但这种买卖合同关系是一种独立的合同关系。《银行卡业务管理办法》第54条规定：持卡人不得以和商户发生纠纷为由拒绝支付所欠银行款项。从此规定中可以看出，持卡人与商户之间的买卖合同是独立于银行的。

第三节 银行卡的管理

一 银行卡的业务审批

《银行卡业务管理办法》规定，商业银行开办银行卡业务应当具备下列条件：(1) 开业3年以上，具有办理零售业务的良好业务基础；(2) 符合中国人民银行颁布的资产负债比例管理监控指标，经营状况良好；(3) 已就该项业务建立了科学完善的内部控制制度，有明确的内部授权审批程序；(4) 合格的管理人员和技术人员、相应的管理机构；(5) 安全、高效的计算机处理系统；(6) 发行外币卡还须具备经营外汇业务的资格和相应的外汇业务经营管理水平；(7) 中国人民银行规定的其他条件。

如符合上述条件，欲开办银行卡业务的商业银行，应向中国人民银行提出申请，并提交下列材料：(1) 申请报告：论证必要性、可行性，进行市场预测；(2) 银行卡章程或管理办法、卡样设计草案；(3) 内部控制制度、风险防范措施；(4) 由中国人民银行科技主管部门出具的有关系统安全性和技术标准合格的测试报告；(5) 中国人民银行要求提供的其他材料。

《银行卡业务管理办法》还规定了银行卡的管理权限和审批程序：(1) 商业银行开办各类银行卡业务，应当按照中国人民银行有关加强内部控制和授权授信管理的规定，分别制定统一的章程或业务管理办法，报中国人民银行总行审批。商业银行总行不在北京的，应当先向中国人民银行当地中心支行申报，经审查同意后，由中国人民银行分行转报中国人民银行总行审批。(2) 已开办信用卡或转账卡业务的商业银行可向中国人民银行申请发行联名/认同卡、专用卡、储值卡；已开办人民币信用卡业务的商业银行可向中国人民银行申请发行外币信用卡。（3）商业银行发行全国使用的联名卡、IC 卡、储值卡应当报中国人民银行总行审批。（4）商业银行分支行机构办理经中国人民银行总行批准的银行卡业务应当持中国人民银行批准文件和其总行授权文件向中国人民银行当地行备案。商业银行分支机构发行区域使用的专用卡、联名卡应当持商业银行总行授权文件、联名双方的协议书报中国人民银行当地中心支行备案。（5）商业银行变更银行卡名称、修改银行卡章程应当报中国人民银行审批。

2006 年银监会颁布的《中资商业银行行政许可事项实施办法》第 102 条对中资商业银行开办银行卡业务作了更为明确的规范：（1）国有商业银行和股份制商业银行申请发行银行卡，由银监会受理、审查并决定。（2）银监会自受理之日起 3 个月内作出批准或不批准的书面决定。（3）城市商业银行、城市信用社股份有限公司申请发行银行卡，由所在地银监局受理并初步审查，银监会审查并决定。（4）银监会自收到完整申请材料之日起 3 个月内作出批准或不批准的书面决定。

2006 年银监会颁布的《中国银行业监督管理委员会合作金融机构行政许可事项实施办法》第 2 条、第 147 条、第 148 条又补充规定：合作金融机构，即包括农村信用合作社、县（市、区）农村信用合作社联合社、县（市、区）农村信用合作联社、地（市）农村信用合作社联合社、省（自治区、直辖市）农村信用社联合社（以下简称省（区、市）农村信用社联合社）、农村合作银行和农村商业银行等组织申请发行银行卡，应当符合以下条件：（1）经营状况良好，主要风险监管指标符合要求；（2）有符合要求的风险管理和内部控制制度；（3）有保障信息安全的技术能力及安全、高效的计算机处理系统；（4）有合格的技术人员、管理人员和相应的管理机构；（5）最近 3 年内无重大违法违规行为；（6）发行外币卡还应当符合外汇管理的有关规定；（7）银监会规定的其他审慎性条件。

省（市、区）辖区内的农村信用合作社及其联社和农村合作银行（农村商业银行可以自愿参加）可以以省（区、市）农村信用社联合社为单位统一申办银行卡业务。

银监分局辖区内的县（市、区）农村信用合作社联合社、县（市、区）农村信用合作联社、地（市）农村信用合作社联合社、农村合作银行和农村商业银行申请开办借记卡业务，由银监分局受理并初步审查、银监局审查并决定。银监局自收到完整申请材料之日起3个月内作出批准或者不批准的书面决定。

银监局所在城市的辖区内的县（市、区）农村信用合作社联合社、县（市、区）农村信用合作联社、地（市）农村信用合作社联合社、农村合作银行、农村商业银行开办借记卡业务，由银监局受理、审查并决定。银监局自受理之日起3个月内作出批准或者不批准的书面决定。

省（区、市）农村信用社联合社开办借记卡业务，由银监局受理并初步审查、银监会审查并决定。银监会自收到完整申请材料之日起3个月内作出批准或者不批准的书面决定。

申请开办贷记卡，由银监局受理并初步审查、银监会审查并决定。银监会自收到完整申请材料之日起3个月内作出批准或者不批准的书面决定。

二 银行卡的计息和收费标准

（一）银行卡的计息

银行卡的计息包括计收利息和计付利息，均按照《金融保险企业财务制度》的规定进行核算。发卡银行对准贷记卡及借记卡（不含储值卡）账户内的存款，按照中国人民银行规定的同期同档次存款利率及计息办法计付利息。发卡银行对贷记卡账户的存款、储值卡（含IC卡的电子钱包）内的币值不计付利息。

贷记卡持卡人非现金交易享受如下优惠条件：（1）免息还款期待遇。银行记账日至发卡银行规定的到期还款日之间为免息还款期。免息还款期最长为60天。持卡人在到期还款日前偿还所使用全部银行款项即可享受免息还款期待遇，无须支付非现金交易的利息。（2）最低还款额待遇。持卡人在到期还款日前偿还所使用全部银行款项有困难的，可按照发卡银行规定的最低还款额还款。（3）贷记卡持卡人选择最低还款额方式或超过发卡银行批准的信用额度用卡时，不再享受免息还款期待遇，应当支付未偿还部分自银行记账日起，按规定利率计算的透支利息。贷记卡持卡人支取现金、准贷记卡透支，不享受免息还款期和最低还款额待遇，应当支付现金交易额或透支额自银行记账日起，按规定利率计算的透支利息。

发卡银行对贷记卡持卡人未偿还最低还款额和超信用额度用卡的行为，应当分别按最低还款额未还部分、超过信用额度部分的5%收取滞纳金和超限费。贷记卡透支按月计收复利，准贷记卡透支按月计收单利，透支利率为日利率万分之五，并根据中国人民银行的此项利率调整而调整。

(二) 银行卡的收费标准

《银行卡业务管理办法》规定，商业银行办理银行卡收单业务应当按下列标准向商户收取结算手续费：(1) 宾馆、餐饮、娱乐、旅游等行业不得低于交易额的2%；(2) 其他行业不得低于交易金额的1%。跨行交易执行下列分润比例：(1) 未建信息交换中心的城市，从商户所得结算手续费，按发卡行90%、收单行10%的比例进行分配；商业银行也可以通过协商，实行机具分摊、相互代理、互不收费的方式进行跨行交易。(2) 已建信息交换中心的城市，从商户所得结算手续费，按发卡行80%、收单行10%、信息交换中心10%的比例进行分配。

持卡人在ATM机跨行取款的费用由其本人承担，并执行如下收费标准：(1) 持卡人在其领卡城市之内取款，每笔收费不得超过2元人民币；(2) 持卡人在其领卡城市以外取款，每笔收费不得低于8元人民币；从ATM机跨行取款所得的手续费，按机具所有行70%、信息交换中心30%的比例进行分配。

商业银行代理境外银行卡收单业务应当向商户收取结算手续费，其手续费标准不得低于交易金额的4%。境内银行与境外机构签订信用卡代理收单协议，其分润比例按境内银行与境外机构分别占商户所交手续费的37.5%和62.5%执行。

三 银行卡的账户及交易管理

(一) 账户的开立、使用和销户

1. 银行卡的开立。个人申领银行卡（储值卡除外），应当向发卡银行提供公安部门规定的本人有效身份证件，经发卡银行审查合格后，为其开立记名账户；凡在中国境内金融机构开立基本存款账户的单位，应当凭中国人民银行核发的开户许可证申领单位卡；银行卡及其账户只限经发卡银行批准的持卡人本人使用，不得出租和转借。

2. 银行卡的使用。银行卡账户只限持卡人本人使用，不得出租、转借。

3. 银行卡的销户。持卡人在还清全部交易款项、透支本息和有关费用后，可申请办理销户。销户时，单位人民币卡账户的资金应当转入其基本存款账户，单位外币卡账户的资金应当转回相应的外汇账户，不得提取现金。

(二) 交易管理

单位人民币卡账户的资金一律从其基本存款账户转账存入，不得存取现金，不得将销货收入存入单位卡账户。单位外币卡账户的资金应从其单位的外汇账户转账存入，不得在境内存取外币现钞。其外汇账户应符合下列条件：(1) 按照中国人民银行境内外汇账户管理的有关规定开立；(2) 其外汇账户收支范围内具有相应的支付内容。

个人人民币卡账户的资金以其持有的现金存入或以其工资性款项、属于个人的合法的劳务报酬、投资回报等收入转账存入。个人外币卡账户的资金以其个人持有的外币现钞存入或从其外汇账户（含外钞账户）转账存入。该账户的转账及存款均按国家外汇管理局《个人外汇管理办法》办理。个人外币卡在境内提取外币现钞时应按照我国个人外汇管理制度办理。除国家外汇管理局指定的范围和区域外，外币卡原则上不得在境内办理外币计价结算。

发卡银行对贷记卡的取现应当每笔授权，每卡每日累计取现不得超过 2 千元人民币。发卡银行应当对持卡人在自动柜员机（ATM）机取款设定交易上限，每卡每日累计提款不得超过 5 千元人民币。

发卡银行依据密码等电子信息为持卡人办理的存取款、转账结算等各类交易所产生的电子信息记录，均为该项交易的有效凭据。发卡银行可凭交易明细记录或清单作为记账凭证。银行卡通过联网的各类终端交易的原始单据至少保留 2 年备查。

四 银行卡的风险管理

银行卡风险管理是银行卡业务是否能顺利开展的关键。由于银行卡业务存在较高的技术性和复杂性，风险比传统的银行中间业务要大，诸如恶意透支、信用卡诈骗、银行卡被冒用、盗用等情形屡屡出现，都说明了银行卡风险管理的必要性。银行卡风险管理也是一个多层次的综合性体系，既要强调内部的管理，又要加强外部的监管。对相关的责任人、犯罪嫌疑人要采用民事、刑事、行政等多种法律手段来加以制裁，以达到对银行卡风险进行防范的目的。

(一) 信用卡申请人的风险管理

发卡银行应当认真审查信用卡申请人的资信状况，根据申请人的资信状况确定有效担保及担保方式。发卡银行应当对信用卡持卡人的资信状况进行定期复查，并应当根据资信状况的变化调整其信用额度。

(二) 发卡行内部风险管理

发卡银行应当建立授权审批制度，明确对不同级别内部工作人员的授权权限和授权限额。发卡银行应当加强对止付名单的管理，及时接收和发送止付名单。通过借记卡办理的各项代理业务，发卡银行不得为持卡人或委托单位垫付资金。发卡银行应当遵守下列信用卡业务风险控制指标：(1) 同一持卡人单笔透支发生额个人卡不得超过2万元（含等值外币），单位卡不得超过5万元（含等值外币）。(2) 同一账户月透支余额个人卡不得超过5万元（含等值外币），单位卡不得超过发卡银行对该单位综合授信额度的3%。无综合授信额度可参照的单位，其月透支余额不得超过10万元（含等值外币）。(3) 外币卡的透支额度不得超过持卡人保证金（含储蓄存单质押金额）的80%。(4) 从本办法施行之日起新发生的180天（含180天，下同）以上的月均透支余额不得超过月均总透支余额的15%。准贷记卡的透支期限最长为60天。贷记卡的首月最低还款额不得低于其当月透支余额的10%。

(三) 发卡行进行风险管理的相关措施

发卡银行通过下列途径追偿透支款项和诈骗款项：(1) 扣减持卡人保证金、依法处理抵押物和质物；(2) 向保证人追索透支款项；(3) 通过司法机关的诉讼程序进行追偿。发卡银行采取了上述所列措施后仍不足以弥补的，将按照财政部《呆账准备金管理办法》执行。对已核销的透支款项又收回的，本金和利息作增加"呆账准备金"处理。

五 刑法中关于信用卡风险管理的相关规定

信用卡诈骗罪，是我国《刑法》中规定的专门针对利用信用卡进行犯罪的罪名。指使用伪造的信用卡，或者使用以虚假的身份证明骗领的信用卡，或者使用作废的信用卡，或者冒用他人的信用卡，或者利用信用卡恶意透支进行诈骗活动，数额较大的行为。

根据《刑法》第196条规定，犯本罪的，有下列情形之一，进行信用卡诈骗活动，数额较大的，处5年以下有期徒刑或者拘役，并处2万元以上20万元以下罚金；数额巨大或者有其他严重情节的，处5年以上10年以下有期徒刑，并处5万元以上50万元以下罚金；数额特别巨大或者有其他特别严重情节的，处10年以上有期徒刑或者无期徒刑，并处5万元以上50万元以下罚金或者没收财产：(1) 使用伪造的信用卡，或者使用以虚假的身份证明骗领信用卡的；(2) 使用作废的信用卡的；(3) 冒用他人信用卡的；(4) 恶意透支的、盗窃信用卡并使用的，依照《刑法》第264条的规定定罪处罚。

《刑法》中关于信用卡诈骗罪的相关规定是银行卡管理的一个组成部分，它惩治利用银行卡所为的严重犯罪行为，为防范银行卡风险设定了《刑法》底线。

第四节 银行卡与网上支付系统

一 银行卡网上支付概述

近年来，电子商务在我国的发展呈现出突飞猛进的势头，在线交易使得网上支付的需求大量增加。网上支付是保障电子商务交易顺利进行的前提，而银行卡网上支付是网上支付手段当中运用最为广泛的方式，银行卡网上支付的技术手段也是最为成熟的。银行卡网上支付利用现有的银行卡结算系统进行，客户可以通过网络转移自己账户上资金来进行支付，比如"电子支票"、"网上贷记卡"等。我国的商业银行无一例外推出了网上银行服务系统，为在线交易、支付、结算提供着越来越丰富多样的服务。但是，银行卡网上支付在给消费带来便捷的同时也存在着一定的风险。根据中国互联网络信息中心发布的《第 30 次中国互联网络发展状况统计报告》显示，截至 2012 年 6 月，中国使用网上支付的用户规模达到 1.87 亿人，在网民中的渗透率为 34.8%。本次报告还显示，整体网上支付安全使用状况较好，仅 5.3% 的网上支付用户认为网上支付不安全。而用户可能遭遇的不安全事件中，钓鱼网站诱骗支付居首位，占 64.4%。[1] 除了网上支付的技术手段仍需改进外，我国关于银行卡网上支付的相关法律法规也还不健全，与日新月异的互联网发展和网上支付安全性需求相比仍然滞后。

二　银行卡网上支付的定义

一般而言，银行卡网上支付是指在互联网环境下，发生在购买者和销售者之间的利用银行卡进行电子交易的网上支付方式。在经济学中，银行卡网上支付是指为清偿网上商品交换和信息服务引起的债权债务关系，由银行卡这种数字金融工具提供的金融服务业务。[2]

银行卡网上支付实际上是银行与客户之间在互联网上的经济交往活动，包括银行与客户、商家和客户开户行之间的资金收付关系。银行信用在网上支付中起到了中介的作用。

三　银行卡网上支付系统

银行卡网上支付系统由五个部分组成：拥有互联网浏览设备的客户；在互联网提供商品或服务的商家；商家开户银行；客户的开户银行；为参与网络交易的各方提供身份认证的机构。

我国银行卡网上支付的方式主要有两种：第一种是网银模式，就是通过各商业银行的网上银行来进行支付。第二种是第三方支付模式，即由第三方提供一个支付平台，用户在平台上设置账户来付费，例如支付宝即是这种支付模式，目前很多小额支付都首选第三方支付模式。

---

[1]　信息来源：中国互联网络信息中心（http：//www.cnnic.cn/gjymaqzx/aqzxhydt/201212/t20121203_37330.htm）。

[2]　帅青红、胡成果、段久芳：《我国银行卡网上支付的风险分析与防范对策》，《中国金融电脑》2008 年第 1 期。

四 银行卡网上支付的相关法律问题

（一）网上交易合同的效力问题

通过电子数据达成的合同应当和传统的纸质合同具有同样的法律效力，但是在证据认定上需要保留一定的法定形式，并防止作假。而这种网上交易合同的合法性还需要相关法律进一步加以确认。

（二）支付指令的接受和认证问题

支付指令在网上支付中较为常见的问题是对客户身份的核实。银行应当为鉴别和确认发出支付指令的客户身份采取一系列措施，防止他人的恶意盗发或冒发指令来骗取资金。在实践中，银行采取的防范措施有实名认证、手机绑定等。

（三）未经授权使用银行卡造成损失的责任承担

未经授权使用银行卡造成损失的责任承担问题是银行卡互联网支付的一个核心问题。各国法律侧重于保护消费者。同时规定调查责任应当由发卡银行来承担。我国在这个问题上还没有一个明确的法律界定，我们认为在将来的相关立法中也应秉承保护消费者的原则。

（四）信息和隐私权的保护

由于互联网的开放性和互通性，客户进行网上交易不可避免地要上传个人信息。世界各国都曾经出现过利用黑客入侵手段盗取银行卡信息进行诈骗的案件，所以这也是银行卡网上支付制度所面临的一个法律问题。

本章复习思考题

1. 银行卡作为一种现代支付工具是如何产生发展起来的？
2. 银行卡的功能是什么？
3. 简述银行卡业务中当事人法律关系的主体、客体和内容。
4. 发卡银行的义务是什么？
5. 持卡人有哪些权利？
6. 什么是信用卡诈骗罪？如何量刑？
7. 我国银行卡网上支付存在哪些法律问题？

专著推荐

1. 刘泽华、梅明华、陈云：《银行卡业务法律风险防控理论与实务》，中国金融出版社2013年版。

2. 最高人民法院研究室编：《银行卡犯罪司法认定和风险防范》，中国人民公安大学出版社2010年版。

相关链接

1. 法律法规链接

《信用卡业务管理办法》、《银行卡业务管理办法》、《网上银行业务管理暂行办法》、《关于加强银行卡安全管理有关问题的通知》、《电子支付指引》、《关于促进银行卡产业发展的若干意见》、《关于办理利用信用卡诈骗犯罪案件具体适用法律若干问题的解释》、《中资商业银行行政许可事项实施办法》。

2. 网络信息链接

《中国网络支付安全状况报告（2012）》，http://www.cnnic.cn/gywm/xwzx/rdxw/2012nrd/201211/W020121121341233073010.pdf

3. 相关事例链接

典型案例[①]

2004年12月，原告余铜海向招商银行股份有限公司信用卡中心（以下简称招行信用卡中心）申请并经招行信用卡中心核准，成为招行信用卡中心发行的卡号为439226000681784双币种国际信用卡——国航知音信用卡（以下简称1784号信用卡）的持卡人。该卡正面除印有卡号以及招商银行、银联、VISA等标记，还印有与持卡人姓名发音相同的汉语拼音凸字，背面有持卡人签名栏，信用额度为人民币20000元。在填写国航知音信用卡申请表时，余铜海预留了"余铜海"签名样式。2005年11月26日晚20时许，余铜海准备使用1784号信用卡时，才发现遗失并寻找未果。当晚20时58分，余铜海向招行信用卡中心进行挂

---

① 引自张金锁《银行风险与规避法律实务应用全书》，中国法制出版社2011年版。

失。21时45分，向派出所报案。经查询，1784号信用卡已被他人冒用，于当晚20时24分、20时31分，在被告上海城隍庙第一购物中心有限公司城隍珠宝总汇（以下简称城隍珠宝总汇）店堂内的编号为18923001号的POS终端上，先后刷卡消费两次，金额分别为人民币6382.50元、人民币6596.40元，在签账单签名处留有"余铜海"、"余铜×（该字迹不清）"等字样的签名。城隍珠宝总汇出售千足金摆件两件，以接受上述信用卡刷卡的方式收取了该两件商品的相应价款，总计为人民币12978.90元。上述款项已被招行信用卡中心记入1784信用卡的"本期应还金额"中。2006年1月20日，基于合同约定的相关条款，招行信用卡中心与余铜海达成由余铜海承担上述款项、招行信用卡中心免收滞纳金和循环利息的协议。在案件审理过程中，第三人招行信用卡中心就本案中1784号信用卡被他人冒用而致的损失与原告达成新的付款协议：第三人招行信用卡中心免除原告人民币3214.79元的还款责任，原告承担人民币9764.11元的还款责任，且已履行完毕。

裁判要旨

上海市第二中级人民法院认为：在案件审理中，招行信用卡中心决定免除原告所承担的上述债务中人民币3214.79元还款责任的做法是恰当的。法院据此认定原告财产损失的数额为人民币9764.11元。判决城隍珠宝总汇的公司法人上海城隍庙第一购物中心有限公司赔偿原告财产损失人民币6800元。一审宣判后，当事人均未上诉，一审判决已发生法律效力。

法条链接

1.《银行卡业务管理办法》第54条第（四）项规定：持卡人不得以和商户发生纠纷为由拒绝支付所欠银行款项。

2. 中国银行业监督管理委员会《关于加强银行卡安全管理有关问题的通知》第5条规定：各商业银行应注重对银行卡待卡人有效身份的确认，对于持卡人在POS机上进行刷卡消费行为的，应要求商户核对持卡人的签名；在进行电子银行交易时，可以采取动态密码技术和增加持卡人身份号码验证等方法增强交易的安全性。

3.《银行卡联网联合业务规范》(银发〔2001〕76号第二章第2.1条规定:收单行有义务做好商户的培训和再培训工作,要根据商户不断变化的实际情况,如人员流动、经营范围改变等,进一步做好商户的培训工作,提高商户查验和受理卡片、交易操作等的效率和质量,防止和减少特约商户人员操作不当而造成的风险损失。

本章参考文献

[1] 李碧伟:《我国银行卡业务的发展现状与对策》,《金融经济》2012年第20期。

[2] 韩龙主编:《金融法》,清华大学出版社2008年版。

[3] 王远均主编:《财政金融法》,四川人民出版社2005年版。

[4] 帅青红、胡成果、段久芳:《我国银行卡网上支付的风险分析与防范对策》,《中国金融电脑》2008年第1期。

[5] 吴志攀:《金融法》,北京大学出版社2011年版。

[6] 张金锁:《银行风险与规避法律实务应用全书》,中国法制出版社2011年版。

第四编 金融调控法律制度

第十八章　中央银行金融宏观调控法律制度

本章内容提要：中央银行金融宏观调控法律制度是实施一国金融宏观调控、保持一国币值稳定、促进经济增长和防范金融风险的重要制度。本章介绍了各国中央银行宏观调控法律制度的产生和发展，分析了中央银行金融宏观调控法律制度运行的特征及法律地位，探讨了金融宏观调控和金融监管的内在联系和区别。列举了中央银行金融宏观调控制度施行的具体调控工具，包括存款准备金制度、基准利率、再贴现制度以及公开市场业务等，最后结合我国的实际和现状探讨了中央银行金融宏观调控法律制度的运行实效。通过本章的学习，学生可以充分了解中央银行金融宏观调控法律制度的概况，对我国金融运行的政策性法律制度和现状有进一步的认识。

关键词：中央银行　金融宏观调控　币值稳定　经济可持续发展　防范金融风险　存款准备金率　基准利率　再贴现　公开市场业务　金融体系　核心　储备银行　货币政策工具　金融市场

第一节　中央银行金融宏观调控概述

一　中央银行金融宏观调控的历史发展

中央银行是国家管理金融机构的机关，是制定和实施货币政策的部门，是国家信用制度的指针和国家干预、调节经济的重要工具，也是一国整个金融体系的核心。一个国家的金融宏观调控制度是以中央银行制度为核心和内容的，中央银行宏观调控制度对于实施金融宏观调控、保持币值稳定、促进经济可持续增长和防范金融风险有着重要作用和意义。

本书第三章"中央银行法律制度"中曾阐述过中央银行制度产生发展的历程。中央银行制度最早产生于17世纪末期，最先执行中央银行职能的是1694年成立的英格兰银行。中央银行产生以后，其职能随着各国金融的发展而演进。1844年英国通过的《英格兰银行条例》是世界上最早的中央银行法。19世纪以后，世界各国相继成立了中央银行，形成各自的中央银行制度。只是各国对自己的中央银行命名各有不同。有的直接用国家命名，例如，英格兰银行、法兰西银行、日本银行等；有的则冠之以"国家"的称谓，如比利时国家银行、希腊国家银行；而有的则称为储备银行，例如，美国联邦储备银行、印度储备银行，等等。到了近现代社会，各国中央银行最为重要的职能之一便是金融宏观调控。各国通过立法的形式来行使和推行中央银行金融宏观调控的职能。

所谓金融宏观调控，是各国根据本国或者本区域经济发展的总体目标，运用货币政策工具对货币供应量和信贷总量加以调节和控制，以保证国民经济在宏观上实现总供给与总需求平衡。总的来说，各国中央银行立法的基本原则，就是稳定和维护货币秩序以及保持中央银行金融调控地位的独立性。但在实践中，由于各国的经济、政治和金融体制的不同，因而中央银行的独立性程度也各不相同。

二 中央银行金融宏观调控的法律地位

中央银行金融宏观调控的法律地位是指一个国家以立法的形式所规定的中央银行的权力、职责以及在金融调控法律关系中所处的地位。中央银行金融宏观调控的职能和作用在世界各国得到重视有一个渐进的过程，其在各国经济金融领域法律地位的确立和提高也经历了一个发展变化的历程。虽然中央银行最初产生于17世纪末期，但中央银行调控的法定地位真正得以确立是在20世纪二三十年代经济危机爆发以后。其时各国意识到金融宏观调控的重要性，相继立法设定中央银行的地位和职能，二战后，中央银行的作用得到了更广范围的发挥，中央银行宏观调控的法律地位得到了普遍的确立。在当今世界，中央银行是一国为实现其总体经济目标而设立的管理全国货币体系的金融管理机构。中央银行的宗旨是制定国家金融政策，监督和管理金融业及金融市场，调控货币供应量，以确保经济长期稳定增长。中央银行制度已成为现代金融经济的重要组成部分，中央银行职能的发挥直接关系到一国国民经济的健康运行和发展。①

三　中央银行金融宏观调控法律制度的特征

中央银行是特殊的金融机构，其宏观调控有突出的特征，主要表现为以下三个方面。

（一）中央银行作为宏观调控的主体掌握法定的金融调控权

我国《中国人民银行法》明确规定对货币政策的制定和实施集中于中国人民银行，由中国人民银行依法行使金融调控权。各国的中央银行法也对中央银行的金融调控权作了明确的法律规定。依法调控是中央银行科学合理地执行各项调控措施的保障。只有依法调控，才能保证权力不被滥用，才能维护金融市场的健康运行。

（二）中央银行运用间接调控为主要的宏观调控手段

在计划经济体制下，中央银行普遍采用的是直接调控的方式来干预金融和经济。但市场经济体制下，不宜采取直接干预的手段，中央银行往往是运用间接调控的方式来进行金融宏观调控。间接调控是指调控措施不直接针对受控主体，而是中央银行运用货币政策来实现宏观经济的均衡和经济稳定增长。间接调控手段是世界各国普遍运用的方式。在某些情况下，直接调控（干预）也可以作为辅助的手段来实现宏观经济和金融调控的目的。

（三）中央银行的金融宏观调控手段是以货币政策为核心，采用多种货币政策工具来进行的金融宏观调控

货币政策是调节社会总需求的一种间接性调控措施，也是一种长期的宏观金融调控政策。主要的货币政策工具有存款准备金、利率、再贴现、公开市场操作、信用控制，等等。中央银行运用货币政策工具来实现金融宏观调控的目标。此外，货币政策也以整个银行系统的资产运用

---

①　岳文婷：《金融调控法律制度研究》，山西人民出版社2008年版，第45页。

和负债经营为干预对象，通过调控货币供应量、信用量和一般利率水平来影响整个经济社会的货币和信用状况。需要注意的是，货币政策本身并不是法律，不具有法律的确定性和稳定性的特点，而是随着经济和金融环境的变化而可以进行灵活调整的政策。所以中央银行宏观调控具有较为突出的政策性特点，同时也具有变动性的特点。

四　中央银行金融宏观调控相关法律制度

中央银行金融宏观调控法律制度是中央银行在控制与调节货币供给量、利率、贷款量等过程中发生的金融宏观调控关系的法律规范系统。[1] 各国的中央银行调控法律制度是以中央银行法为主，各种规章、政策共同构成的规范体系。以我国为例，我国金融调控法的主要规范性法律文本是《中国人民银行法》。以此为依据，我国的中央银行即中国人民银行可以起草有关的法律和行政法规、完善有关金融机构运行规则并发布与履行职责有关的命令和规章。此外，在《商业银行法》和《银行业监督管理法》中，也有关于为执行货币政策、防范和化解金融风险、维护金融稳定，而对存贷款利率、同业拆借、境外借款、系统性银行业风险等方面的规定；《外汇管理条例》、《人民币管理条例》也有金融宏观调控的相关规定。这些法律法规可视为中央银行金融宏观调控法律制度的配套性或辅助性规定。中央银行的货币政策委员会还可依据经济运行情况依法制定和执行货币政策。我国的《中国人民银行货币政策委员会条例》就是执行货币政策的重要法规。英格兰银行的中央银行研究中心曾作过一项调查，发现在调查的 88 个国家和地区的中央银行中，有 79 个中央银行是由货币政策委员会或类似的机构来制定货币政策。[2] 所以，中央银行法仍旧是金融调控法的核心。

五　金融调控与金融监管

金融调控和金融监管共同体现着国家对经济的干预，但二者分属宏观调控领域和经济监管范畴，金融监管是金融管理机关对商业银行以及

---

[1] 徐孟洲：《金融法》，高等教育出版社2012年版，第286页。
[2] 《主要国家和地区中央银行货币政策委员会制度》，http://www.pbc.gov.cn/publish/huobizhengceersi/3144/2010/20100915175151815787372/20100915175151815787372_.html。

其他金融机构的组织和经营活动进行的监督管理。金融调控重在实现社会总需求与社会总供给之间的平衡；而金融监管追求的目标是经济安全、控制金融风险和抵御金融危机。我国金融宏观调控和金融监管的职能最初都集中在中央银行，2003年，在中央银行机构职权调整中，中国人民银行内部的监管局分离出来，成立了专门的金融监管机构——银监会。并出台了专门的金融监管法律制度——《银行业监督管理法》。这一举措不仅提高了我国中央银行独立制定和执行货币政策的地位，也使得我国的金融监管更加专业和规范。金融调控和金融监管的专业化、科学化水平都得到了提高。

第二节 中央银行金融宏观调控工具

中央银行金融宏观调控工具是中央银行为了实现宏观金融调控的终极目标而采取的措施和手段。中央银行作为国家经济和金融的宏观调控机构，其首要的职能就是实施金融宏观调控。而金融宏观调控的核心内容就是中央银行的货币政策。货币政策是国家金融部门或中央银行为实现特定的经济目标而采取的控制干预和管理调节货币供应量和社会信用的金融方针和措施。中央银行的货币政策是国家对经济进行宏观调控的手段之一，它与财政、税收、价格、产业政策等一起构成了一国宏观调控制度的整体。制定和实施货币政策，是中央银行的基本职责，货币政策制定过程的科学程度、货币政策运用程度的高低、货币政策作用的大小，是一国经济金融发达程度高低的重要标志，也是一国中央银行成熟与否的标志之一。[1]

中央银行进行金融宏观调控，最根本的目的是保持币值稳定，从而促进经济的增长、保持物价的稳定、保证国际收支平衡和充分就业；为了实现这些宏观金融调控的最终目标，中央银行需要强有力的金融调控工具即货币政策工具。目前我国比较重要的中央银行金融宏观调控工具主要有以下几大类。

---

[1] 岳文婷：《金融调控法律制度研究》，山西人民出版社2008年版，第69页。

一 存款准备金制度

存款准备金是指金融机构为保证客户提取存款和资金清算需要而准备的在中央银行的存款，是中央银行对商业银行的信贷规模进行控制的一种制度。假设商业银行吸收工资存款100万元，如果法定准备率为11%，那么商业银行应向中央银行交存11万元作为法定存款准备金，剩余的89万元可用作发放贷款。如果中央银行收紧银根，将法定准备率提高到12%，商业银行就必须减少放款和投资量1万元。反之，若中央银行放松银根，可将法定准备率降至10%，货币乘数变大，商业银行就可提供90万元贷款，比原来可多发放1万元贷款。

我国于20世纪80年代初期就开始执行存款准备金制度。随着我国经济和金融环境的发展变化，存款准备金率也几番更易。1984年初规定存款准备金时，企业存款准备金率为20%，储蓄存款准备金率为40%，农村存款准备金率为25%；1985年，存款准备金率调整为这几项存款和其他存款总额的10%；1988年，存款准备金率又提高到13%。1998年，中国人民银行对存款准备金制度进行了改革，将原各金融机构在中国人民银行的"准备金存款"和"备付金存款"两个账户合并，称为"准备金存款"；从2004年4月25日起实行差别存款准备金率制度，将资本充足率低于一定水平的金融机构存款准备金率提高0.5个百分点，对不同金融机构执行差别存款准备金率制度。差别存款准备金率制度的主要内容是，金融机构适用的存款准备金率与其资本充足率、资产质量状况等指标挂钩。金融机构资本充足率越低、不良贷款比例越高，适用的存款准备金率就越高；反之，金融机构资本充足率越高、不良贷款比例越低，适用的存款准备金率就越低。实行差别存款准备金率制度可以制约资本充足率不足且资产质量不高的金融机构的贷款扩张。2006年，经国务院批准，中国人民银行上调了存款类金融机构人民币存款准备金率0.5个百分点，农村信用社（含农村合作银行）的存款准备金率则不上调。2007年，我国中央银行又再次上调金融机构法定存款准备金率。

在2007年一年间，我国中央银行上调了10次存款准备金率。2010

年 10 月以来我国中央银行先后 9 次提高存款准备金率。2012 年曾两次下调存款准备金率。我国存款准备金率的调整频率在世界范围内来看是较为频繁的，其原因一方面是我国经济社会发展变化较快，在经历了经济运行中固定资产投资增长过快、货币信贷增长过快以及对外贸易顺差扩大等问题之后，随着世界经济大环境的疲软，又出现了经济增速放缓的情况；另一方面，存款准备金这一货币政策工具也是一种相对简便的措施，比较便于操作推行。我国中央银行实行存款准备金制度，对保证存款支付、增强中央银行资金实力、控制商业银行的信用能力、调控货币供应量发挥了重要作用。

二 基准利率制度

基准利率是人民银行公布的商业银行存款、贷款、贴现等业务的指导性利率。基准利率是金融市场上具有普遍参照作用的利率，其他利率水平或金融资产价格均可根据这一基准利率水平来确定。基准利率是利率市场化的重要前提之一，在利率市场化条件下，融资者衡量融资成本，投资者计算投资收益，客观上都要求有一个普遍公认的利率水平作参考。所以，基准利率是利率市场化机制形成的核心。

我国利率主要有三个层次：第一个层次是中央银行对商业银行的存贷利率；第二个层次是商业银行对客户的存贷利率；第三个层次是金融市场的利率。第一个层次的利率就是作为货币政策调控工具的基准利率。基准利率在利率体系中处于核心地位，是中央银行利率政策中最主要的成分。基准利率直接影响着金融机构存贷款活动的开展，进而影响到整个社会的信贷规模。中央银行通过提高基准利率中的贷款利率可以抑制金融机构向中央银行贷款，限制整个社会信贷规模的扩大；而降低贷款利率，则可以起到扩张社会信贷规模的作用。基准利率水平的高低直接影响到金融机构、金融市场对中央银行货币的需求，从而达到调控货币供应量和信用总量的目的。

基准利率具体包括：再贷款利率，指中国人民银行向金融机构发放再贷款所采用的利率；再贴现利率，指金融机构将所持有的已贴现票据向中国人民银行办理再贴现所采用的利率；存款准备金利率，指中国人民银行对金融机构缴存的法定存款准备金支付的利率；超额存款准备金利率，指中央银行对金融机构缴存的准备金中超过法定存款准备金水平部分支付的利率。

三 再贴现制度

贴现是指持票人为了资金融通的需要而在票据到期前以贴付一定利息的方式向银行出售票据。对于贴现银行来说，就是收购未到期的票据。再贴现则是指银行业金融机构通过贴现获得的未到期的票据，向中央银行所作的票据转让。再贴现是中央银行向商业银行提供资金的一种方式。所谓再贴现制度，是指中央银行对商业银行持有的未到期票据向中央银行申请再贴现时所作的政策性规定。包括制定再贴现率。贴现率实际就是中央银行向商业银行的放款利率。

再贴现制度也是中央银行进行金融宏观调控的重要工具。当商业银行急需资金时，可以用其对工商企业贴现的票据向中央银行进行再贴现。当经济发展过热时，中央银行提高贴现率，收紧银根，使得商业银行向中央银行融资的成本提高，限制商业银行的融资需求，此时，商业银行会因融资成本上升而提高对企业放款的利率，从而减少社会对借款的需求，达到收缩信贷规模和货币供给量的目的。反之，中央银行降低贴现率，则会放松银根，增加货币供给，从而刺激经济发展。中央银行作为"银行的银行"，充当着"最后贷款人"的角色。再贴现是中央银行向金融机构融通资金的重要方式。

调整再贴现率还有一种所谓的"告示性效应"，即贴现率的变动，可以作为向银行和公众宣布中央银行政策意向的有效办法。近年来，贴现政策在某种程度上已演变成为心理宣传的效果。[①]

四 公开市场业务

公开市场业务是指中央银行在公开的金融市场上买卖国债、其他政府债券、金融债券和外汇的活动。中央银行通过买卖国债，可影响国债的供求和国债的利率，对商业银行利率产生间接的影响；中央银行买卖有价证券和外汇，可以进行基础货币的吞吐，达到增加或者减少货币供

---

① 刘建波主编：《金融学概论》，清华大学出版社2011年版，第282页。

应量的目的。

公开市场业务作为中央银行最重要的货币政策工具之一，有其特有的优势，中央银行可以通过公开市场业务来左右整个银行体系的基础货币量，使其符合政策目标的需要；中央银行可以根据市场的变化和宏观调控的需要来主动开展公开市场业务，使得公开市场业务具有了灵活性强、适应性高的特点。同时，中央银行在买卖有价证券的时候可以根据宏观经济情况进行自由灵活的调节，大量或者适量买卖皆可。这样的间接调控方式不会对宏观经济造成震荡和冲击，而是适时适量地产生循序渐进的效果。公开市场业务在很多国家都被视为中央银行进行宏观调控的重要手段。例如美国负责公开市场操作的机构是联邦公开市场委员会，该委员会负责全权制定公开市场政策，决定联邦银行在公开市场上买卖证券的种类、数量和证券买卖的时间、地点及其他条件。

公开市场政策的实施，必须具备以下三个条件：一是中央银行必须具有强大的、足以干预和控制整个金融市场的势力；二是要有一个发达、完善的金融市场且市场必须是全国性的，证券种类必须齐全并达到一定的规模；三是必须有其他政策工具的配合。目前，只有少数发达国家才具备这些条件，其他的国家都为条件所限制，对这一政策难以充分利用。[①]

五　其他金融宏观调控工具

除了上述几种主要的中央银行宏观货币政策调控工具以外，中央银行还会针对个别部门、企业或者有特殊用途的信贷而采用一些政策工具，主要有以下几类。

（一）优惠利率政策

针对一些对国家重点发展产业，如农业、重工业、出口工业等，中央银行为其制定较低放款利率或贴现率，来鼓励这些部门扩大生产，增加投资，降低风险。在发展中国家，这种优惠利率政策的运用比较广泛。

---

① 刘建波主编：《金融学概论》，清华大学出版社2011年版，第286页。

（二）消费信用控制

中央银行可以根据需求和消费以及货币流通的状况，对消费者信贷量进行控制，这种控制主要通过规定最低的首期付现的比例和最高偿还期限来实现。如果中央银行提高法定的首期付现比例，实际上提高了消费者消费的门槛，进而就降低了最高放款额，消费者对此类消费的需求就降低；反过来中央银行可降低首期付现比例，刺激消费。故通过消费信用的控制，可以达到抑制过度消费需求或刺激消费量增长的目的。

（三）证券保证金比例

证券保证金比例是为了控制证券市场的信用投资规模，防止市场出现过度投机，中央银行实行对证券购买者在买进证券时必须支付现金的比例加以规定并可随时调节的制度。例如，在保证金比例为60%时，证券购买者就必须支付60%的现款，其余40%才可以向银行贷款，但同时以购入的证券向银行作抵押。中央银行可通过变化证券保证金比例来控制银行信贷规模，从而达到控制市场货币供应量的目的。保证金比率越高，信用规模越小。如果中央银行认为证券投机过度，证券价格过高，则可通过提高保证金比例来抑制市场需求，使价格回落。反之，在证券市场低迷时则降低保证金比例。

（四）预缴进口保证金制度

是指为保证国际收支平衡，抑制进口过度增长，中央银行要求进口商按照进口商品总值的一定比例，预缴的进口商品保证金，并将其存入中央银行。预缴进口保证金制度多为国际收支经常出现逆差的国家采用。

（五）房地产信贷控制

是中央银行为了阻止房地产投机，而限制银行或金融机构对房地产的放款。主要内容包括规定最低付现额和最高偿还期两方面。

除了上述几种宏观调控方式以外，中央银行还会以行政命令的方式直接对银行放款或接受存款的数量进行控制。最普遍的工具是银行贷款量的最高限额和银行存款利率的最高限额，或者对商业银行进行一些信用指导。

第三节 我国中央银行金融宏观调控法律制度的运行及其实效

一 中央银行金融宏观调控法律制度的传导机制

(一) 中央银行金融宏观调控法律制度的传导机制运行过程

中央银行金融宏观调控法律制度的传导机制主要是指中央银行运用货币政策工具来影响中介目标，进而最终实现既定调控目标的途径和作用过程。由于中央银行金融宏观调控法律制度大多是运用间接干预的方式，其调控目的的实现亦取决于多种因素。货币政策是中央银行调控的核心内容，故中央银行金融宏观调控法律制度的传导机制实际上就是货币政策的传导机制。

货币政策的传导过程是：中央银行制定和实施货币政策，并以金融市场（主要是资本市场和货币市场）为中介，将货币与信息注入以生产、流通和消费为主要环节的实体经济，进而影响厂商和个人的投资与消费决策，最终导致社会总产出的变化。根据货币主义理论，通货数量的变化与经济活动直接相关，通过货币供应量的调节，可以有效地调节物价水平和名义产出，经济增长因此也会发生变化。[1] 货币政策的传导途径有三个基本的环节，从中央银行到商业银行等金融机构和金融市场，再从商业银行等金融机构和金融市场到企业、公众等非金融部门的各类经济主体，再从非金融部门的各类经济主体反馈到社会经济变量。中央银行通过这三个基本环节使用货币政策工具，最终实现其货币政策目标。由此可见，中介也就是金融市场在货币政策传导机制中的作用非常关键。

(二) 货币政策传导的中介——金融市场

金融市场之所以在中央银行货币调控政策中起到关键的作用，是因为中央银行主要通过金融市场实施货币政策工具，同时商业银行等金融机构则通过金融市场了解中央银行货币政策的调控动态。此外，企业、

---

[1] 单玲娜：《中国货币政策有效性分析》，《科技信息》2011年8月。

公众等非金融部门经济主体通过金融市场利率的变化，来进行投资和消费决策。而社会各经济因素的变化也通过金融市场来反馈信息，从而影响中央银行和各金融机构的行为。

(三) 我国的货币政策运行传导机制

我国目前是以间接融资为主，通过金融市场进行的直接融资所占的比重较低，我国居民的大量资产都存在商业银行，所以基准利率等货币政策极大地影响着居民的储蓄和消费倾向，也影响着企业的融资成本。我国中央银行货币政策措施大多直接作用于各金融机构；各金融机构则在既定的政策和经营规则约束下，向社会提供货币；客户则按照一定的利率标准，衡量资金的使用成本，在货币供应许可的条件下，获得货币进行生产和经营。我国中央银行货币政策的推行某种程度上也得益于一些行政命令式的运行和管理模式。我国这种传导机制的优势体现在政策意图传导迅速、直接，中央银行对个金融机构经营活动能够有效约束，社会货币供给能严格控制。但是也存在明显的弊端，很多时候政策要求、金融机构经营效果与社会需求的实际情况相脱节，最终并不利于实现政策目标。

二 中央银行金融宏观调控法律制度的运行实效

(一) 中央银行金融宏观调控法律制度的运行实效概述

法的实效是指具有法律效力的制定法在社会生活中被执行、适用、遵守的实际情况，是在运行过程中实施的状况和结果。法的实效受到多方面因素的影响和制约。中央银行宏观调控法的运行实效具体指中央银行作为重要的金融宏观调控部门，在制定和实施货币政策中产生的实际效果。具体而言，就是中央银行宏观调控法律制度能在多大程度上达成经济增长、物价稳定、充分就业和国际收支平衡的宏观调控预期目标。由于中央银行宏观调控法律制度有政策性和变动性的特点，故中央银行宏观调控法律制度的运行实效与经济环境和金融环境的变化有着密切的联系。除此之外，中央银行宏观调控法律制度的运行实效还会受到我国政治、文化等方面因素的影响。中央银行的独立性、货币政策的传导性以及政府的经济目标和经济政策都是影响中央银行调控法律制度运行实效的因素。

(二) 我国中央银行金融宏观调控法律制度运行实效的法律条件

1. 内部条件。中央银行金融宏观调控法律制度实效产生的内部条件主要是指调控主体之间的关系。宏观调控主体之间是否有一个科学、合理、相互协调的宏观调控权利的分配机制，是关系到中央银行金融宏观调控法律制度能否取得实效的关键。衡量这一因素的标准是看中央银行货币政策有没有一个相对独立的制度安排。前文曾经提到过英格兰银行的中央银行研究中心所做的调查，在88个国家和地区的中央银行中，有79个中央银行是由货币政策委员会或类似的机构来制定货币政策。我国的中央银行也设置了货币政策委员会。2003年原属于我国中央银行的金融监管机制从中央银行分离出来，也进一步理顺了中央银行金融宏观调控的内部关系。然而，我国中央银行相较于政府的独立性虽然有所加强，但仍然有诸多限制。例如《中国人民银行法》第5条中明确规定了其权力的限制性："中国人民银行就年度货币供应量、利率、汇率和国务院规定的其他重要事项作出的决定，报国务院批准后执行。中国人民银行就一前款规定以外的其他有关货币政策事项作出决定后，即予执行，并报国务院备案。"而中国人民银行虽设有货币政策委员会，但却只是其咨询议事机构，而非决策机构。这些对中央银行独立地位的限制在某种程度上会影响到其金融宏观调控政策的权威性和稳定性。

2. 外部条件。外部条件主要指的是宏观调控主体与受控主体之间的关系。这包括中央银行与受控主体的直接调控关系和中央银行与受控主体的间接调控关系。直接作用的对象主要是金融机构和金融市场，而间接作用的对象包括企业、个人等。中央银行通过货币政策直接作用于各个金融机构，间接引导社会投资和消费。所以中央银行货币政策在外部的这种传导机制应有一个合理的法律保障，才能保证货币政策目标得以实现。我国在中央银行金融宏观调控法律制度的建设发展中逐步地在完善此方面的法律保障，继《中国人民银行法》之后出台了《商业银行法》、《银行业监督管理法》、《证券法》、《证券投资基金法》、《保险法》等一系列法律法规，都为中央银行货币政策的有效传导提供了法律保障。

本章复习思考题

1. 中央银行调控的法律特征是什么？

2. 如何理解我国的货币政策目标？
3. 我国中央银行的金融宏观调控工具有哪些？
4. 如何保证中央银行金融宏观调控的时效性？

专著推荐

1. 岳文婷：《金融调控法律制度研究》，山西人民出版社2008年版。

2. 黄荣哲：《有限理性行为与中央银行宏观调控绩效》，中国金融出版社2012年版。

3. 汪世银编：《预期作用于金融宏观调控的效率》，中国金融出版社2010年版。

4. 皮剑龙：《律师金融法律实务：创新与操作》，法律出版社2012年版。

相关链接

1. 法律法规链接

《中华人民共和国中国人民银行法》、《中华人民共和国银行业监督管理法》。

2. 网络信息链接

《主要国家和地区中央银行货币政策委员会制度》，http：//www.pbc.gov.cn/publish/huobizhengceersi/3144/2010/20100915175151815787-372/20100915175151815787372_.html

3. 相关事例链接

央行年内第三次上调存款准备金率点评[①]

中国人民银行2010年5月2日宣布，决定自10日起上调存款类金融机构人民币存款准备金率0.5个百分点，农村信用社、村镇银行暂不上调。存款准备金率是传统的三大货币政策工具之一，通常是指中央银行强制要求商业银行按照存款的一定比例保留流动性。这是2010年央

[①] 引自刘建波主编《金融学概论》，清华大学出版社2011年版。

行第三次上调存款准备金率,调整后,大中型商业银行存款准备金率达到17%的高点。

第一,上调存款准备金率的原因。

央行年内第三次上调准备金率,是货币政策向常态的进一步回归。一方面体现出央行对流动性过于充裕的担忧,另一方面则意在加强对通胀风险的管理。

首先是为了防止经济全面过热。

财政部副部长李勇认为,此次上调存款准备金率旨在管理流动性与引导市场预期。因为银行过度放贷将给通货膨胀与资产价格造成上涨压力,中国将对此灵活使用工具。申银万国首席分析师李慧勇认为,此次上调存款准备金率的一个重要原因就是为了防止全面过热。2010年第一季度GDP增速达11.9%,据央行估计环比年增长率为12.2%,超过了经济的潜在增长速度;煤、电、油、运等虽然未出现紧张局面,但产量均已超过趋势值;虽然CPI处于低位,但是PPI,尤其是原材料、燃料购进价格已经呈现快速上升之势,物价压力明显加大。在经济已经呈现明显过热的情况下,此次准备金率的上调旨在控制流动性,防止经济出现全面过热。

其次是回收流动性。

中信证券首席经济学家褚建芳认为,央行此举主要是出于回收流动性的考虑。从国内层面来讲,要对冲大量的到期票据;从国际层面来讲,要应对很多外部流入的资金,如FDI、贸易顺差等。

第二,上调存款准备金率的影响。

首先,上调存款准备金率对银行的影响。

对银行信贷的影响。国泰君安证券研究所首席经济学家李迅雷认为,从一季度以来的政策执行情况来看,央行运用数量型的手段持续收紧,包括4个月之内连续三次上调存款准备金率。在公开市场上则进行了更大力度的资金回笼,央行3月份净回笼资金6020亿元,4月份净回笼资金4370亿元,三次上调存款准备金率也可锁定8500亿元,商业银行投放信贷的能力无疑受到一定遏制。分析人士指出,与大银行相比,一些资金略显紧张的小银行可能会承受更大的资金压力。今年来一些中小银行受到的管制较国有银行松,信贷投放较为迅猛,因此,存款准备金率上调可能对小银行带来一定的压力，进而影响到其信贷投放能力。但也有专家对此持有不同观点。

对银行盈利的影响。中国人民大学财政金融学院副院长赵锡军认为，存款准备金率的上调，将直接影响到商业银行的放贷能力，贷款数量的下降将对商业银行的盈利能力形成抑制。

其次，上调存款准备金率对资本市场的影响。

对资本市场形成一定的压力。国务院发展研究中心金融研究所副所长巴曙松认为，目前资本市场受冲击比较大的板块是由房地产市场的调整引起的，进而引起了市场对于银行板块的担心，而银行和房地产占资本市场市值的比重非常大，所以政策调控和预期的强烈，会加大资本市场的波动幅度。

加速股票市场的风格转换。中国人民大学产业经济与竞争政策研究中心主任吴汉洪认为，此次上调存款准备金率实际上是央行对于国家货币政策的一种微调，这只是一种货币调控手段，表明了国家紧缩的货币政策态度。中国根据自身国情的需要，对于货币的调控频度较大。其实相较于上调存款准备金率，对于利率的调整实际上更为激进，因为利率调整对比存款准备金率调整波及范围更加大，影响更为深远。存款准备金率会让中国商业银行信贷规模缩小，对于A股市场冲击则较小。

第三，上调存款准备金率对房地产行业的影响。

分析人士认为，提高存款准备金率对楼市的不利十分明显，因为对楼市的放贷经过几次楼市紧缩政策后已十分紧，此次调整令银行的贷款空间更小，可获贷款更少。准备金率的上调对资产泡沫和价格抑制作用最为明显。

第四，上调存款准备金率后的货币政策走向。

首先，存款准备金率还有上调可能。

美银美林亚太区经济学家陆挺认为，上调存款准备金率显示出央行近期内并不希望采取加息措施。央行上半年的货币政策将以数量控制为主，比如采取调高存款准备金率以及控制银行信贷等措施，他同时预计央行今年还将上调存款准备金率两次，每次50个基点，全年将共提高250个基点。

其次，利率政策走向仍存在较大的分歧。

近期加息的概率不大。国务院发展研究中心金融研究所副所长巴曙松认为，短时间内加息的可能性不大。因为今年以来，央行在货币政策操作上延续了一贯的风格，就是比较多地用数量工具公开市场操作，比如信贷窗口指导以及准备金率调整；比较谨慎地用价格工具，比如利率、汇率的调整。他认为这次调整会延缓或减弱加息的可能性，具有比较大的替代性。因为加息会对企业造成严重的贷款成本上升的问题，而且还有可能造成贷款安全性问题，对资本市场的影响也很大，所以能不用加息就不用加息。

年内加息的可能性仍然存在。申银万国首席分析师李慧勇认为，存款准备金率是数量调控工具，而利率是价格手段，二者并不能相互替代，我们维持2010年7月之前加息的判断。与加息相比，发行央票、上调存款准备金率等可以吸收过多流动性，但是并不能解决负利率问题。存款准备金率的上调不能替代加息。加息有助于稳定通胀预期，这是加息操作的独一无二的优点。从GDP、投资、CPI、信贷投放以及货币供应五大因素看，加息已经到了势在必行的阶段。

本章参考文献

［1］岳文婷：《金融调控法律制度研究》，山西人民出版社2008年版。

［2］徐孟洲：《金融法》，高等教育出版社2012年版。

［3］刘建波主编：《金融学概论》，清华大学出版社2011年版。

［4］单玲娜：《中国货币政策有效性分析》，《科技信息》2011年。

［5］陈琨：《我国中央银行宏观调控法的运行实效研究》，贵州大学2009届硕士研究生学位论文，2009年5月。

第五编　金融监管法律制度

第十九章 金融监管法律制度概说

本章内容提要：在自由交易的金融市场上，面对众多自由而又自主经营的市场参与者，唯有用统一严格、公平公开并具有相对确定性的法律才能协调各种市场关系，规范参与者的行为，并尽力维持有序的良性运作，金融监管法律制度正是这样的一种制度安排。金融监管法律制度是指金融监管机构对金融市场、金融机构及其行为实施监督和管理的法律规范的总称。本章主要对金融监管的理论基础、金融监管机构及其权限、金融监管的目标与原则、金融监管法律责任作基本的介绍和阐述，旨在为学习后续章节的具体内容奠定基础。

关键词：监管　经济安全　自律不足　信息不对称　金融监管　金融监督　金融管制　金融消费者　社会利益理论　特殊利益理论　社会选择论　法律不完备论　市场失灵　政府失灵　金融危机　中国人民银行　银监会　证监会　保监会

第一节　金融监管的理论基础

金融监管是现代经济的"安全阀门"，加强金融监管是维护国家经济安全的重要保证。金融监管以促成建立一个稳定、健全和高效的金融体系，保证金融机构和金融市场的健康发展，从而保护金融活动各方特别是存款人和投资者的利益，推动经济和金融发展为目标。

当前我国的金融监管法律制度，还存在金融监管法律体系不完备、金融监管的有效性不强、金融机构自律监管不足等弊端。因此，完善我国金融监管法律制度应当确立金融行业的混业监管模式、完善自律监控机制、借鉴外国的成功经验等，以实现维护金融安全、促进和规范金融竞争、保护金融消费者权利的终极目标。

金融监管是指一国政府或其代理机构对金融机构所实施的各种监督和管理，包括对金融机构市场准入、业务范围、市场退出等方面的限制性规定，对金融机构内部组织机构、风险管理和控制等方面的合规性、达标性的要求，以及一系列相关的立法和执法体系及过程。金融监管包括金融监督和金融管制两方面。金融监督侧重于复杂的日常行为，而金融管制则侧重于具有同一性规范的编制。

金融监管的理论根基源于微观经济学里的市场失灵理论，即金融市场并非完美，金融市场的诸多缺陷使得市场机制仅靠自身力量是无法克服的，因此，必须借助金融监管来克服、弥补金融市场中出现的各种缺陷。

一　金融监管的代表性理论

金融监管有着特别的现实意义和重要性，其历史虽不太长，但相关理论的研究一直处于活跃态势，诞生了诸如社会利益论、特殊利益论、动机理论、社会选择论、法律不完备论、多元利益论、信息不对称等理论观点，下面拟将对其主要理论作简要梳理与评判。

(一) 社会利益论

又称公共利益论，其产生较早并且影响广泛，代表人物是凯恩斯。此种理论认为，政府干预是必要的，因为市场不是万能的，存在着其自身无法克服的种种缺陷。它为20世纪30年代大危机后各国管制的广泛推行提供了理论依据，况且，该理论本身就属于广义上的政府管制，但将其用以解释金融监管同样有效。例如，针对金融领域里存在的自然垄断、金融供给者与金融需求者之间的信息不对称等问题，依据社会利益论实施金融监管，可以有效满足公众的信息需求、缓解市场自由运行的弊端。

(二) 特殊利益论

亦称监管占据论，以波斯纳（R. Posner）、斯蒂格勒（G. Stigler）等芝加哥学派的经济学家为代表，20世纪五六十年代西方各国放松管制浪潮的理论根源即在于此。这种理论认为监管政策反映的是参与政治过程中的各利益集团的要求，监管服务于被监管行业及行业利益，监管特别需要保护主宰监管机构的一个或几个利益集团的利益。鉴于此，监管存在着诸如道德危险、动态成本、屈从成本等方面的成本和危险，是故特殊利益论与社会利益论存有不谐之处，形成相互冲击的局面。旨在保护利益而实施的监管实际上只是保护了少数集团的特殊利益，通常会对社会公共利益造成损害。

（三）社会选择论

社会选择论是在特殊利益论的基础上发展起来的，布坎南是其代表人物。该理论认为，各种特殊利益是监管需求者，政府是监管供给者，监管是政治经济体系的一部分。政府未必是公共利益的天然代表，代表政府的监管者本身也是"经济人"，也具有追求自身利益最大化的趋利本性，因此，监管很可能成为某些特殊利益集团的代表行为。事实上，监管往往是对不同竞争集团之间的财富进行再分配，是各竞争集团相互讨价还价的结果。

（四）法律不完备论

法律不完备论是一种新型理论，主要用于解释金融领域内的监管事宜，代表人物有哥伦比亚大学法学院的德国法学家皮斯特和伦敦经济学院的许成钢。该理论认为，现实中的任何法律都是不完备的。当法律不完备时，引入监管机构以主动式执法可以改进法律效果，比司法机构被动执法去完善法律的效果更好，完善法律是监管者最基本的功能。当出现法律特别不完备、有害行为足够大，监管需求成本过高时就确实需要引入监管者进行有效监督与管理。金融创新让金融法在很多情况下处于特别不完备的情况；金融领域一旦出现有害的行为便会使整个经济垮台，对此，进行高成本的监管亦是值得的。

不论是从法学抑或经济学角度考证，金融监管都有其实然需要、应然价值和意义。金融机构作为一种特殊的社会实体承担了一定的社会职能，而且这种社会实体是法律允许并确保其垄断经营的，从社会公共利益角度确实需要对金融领域进行有效监管。况且金融业在经济中具有特殊地位与重要作用，金融系统风险的易传播与扩散及金融系统的高负债导致的脆弱性，金融业提供金融服务的公共性，决定了金融监管的必要性与重要性。

二　金融监管理论的演进历程

纵观金融监管理论的演进历程，大致包含了形成、发展和成熟三个阶段。

(一) 金融监管理论形成阶段——注重金融安全目标

20世纪30年代以前，盛行的是金融安全和稳定优先的金融监管理论。金融业由于自身的特性，一方面在整个经济中处于举足轻重的地位，另一方面，它又具有很强的脆弱性和不稳定性，金融机构的倒闭所产生的强大的连锁反应会导致整个经济活动的剧烈波动。因此，早期的金融监管理论立足于金融安全目标，以维持金融稳定为己任。

(二) 金融监管理论发展阶段——金融安全目标与金融效率目标的交替

20世纪30年代大危机后，主张政府干预、弥补市场缺陷的宏观政策理论，以及市场失灵理论和信息经济学的发展进一步推动了强化金融监管的理论主张。在凯恩斯主义宏观经济理论的影响下，传统上中央银行的货币管理职能已经转化为制定和执行货币政策并服务于宏观经济政策目标，金融监管更加倾向于政府的直接管制，并放弃自由银行制度。从法律法规和监管重点上，对金融机构的具体经营范围和方式进行规制和干预逐渐成为这一时期金融监管的主要内容。但是，凯恩斯主义无法解释20世纪六七十年代弥漫于发达国家的"滞胀"现象，于是以新古典宏观经济学和货币主义、供给学派为代表的自由主义理论和思想开始复兴，在金融监管理论方面形成了金融自由化理论，其以金融效率优先为目标。该理论认为，政府的严格监管，会使得金融机构和金融体系的效率下降，从而压制金融业的发展，最终导致金融监管的效果与促进经济发展的目标不相符合。此外，金融监管是一种政府行为，而政府也同市场一样会失灵，而且其失灵后果很可能比市场失灵更为严重。因此，金融自由化理论主张放松对金融机构的过度严格管制，特别是解除对金融机构在利率水平、业务范围和经营的地域选择等方面的种种限制，恢复金融业的竞争，以提高金融业的活力和效率。

(三) 金融监管理论成熟阶段——安全目标与效率目标并重的金融监管理论

进入20世纪90年代后，一系列区域性金融危机的相继爆发，迫使人们又重新开始关注金融体系的安全性及其系统性风险，金融危机的传染与反传染一度成为金融监管理论的研究重点。与以往的金融监管理论有较大不同的是，现在的金融监管理论除了继续以市场的不完全性为出发点研究金融监管问题之外，也开始越来越注重金融业自身的独特性对金融监管的要求和影响。这些理论的出现和发展，不断推动金融监管理论向着管理金融活动和防范金融体系中的风险方向转变。鉴于风险和效益之间存在着替代性效应，金融监管理论这种演变的结果，既不同于效率优先的金融自由化理论，也不同于安全稳定优先的金融监管理论，而是对二者的新的融合与均衡。

第二节　金融监管机构及其权限

一　金融监管机构概述

金融监管机构是根据法律规定对一国的金融体系进行监督管理的机构。其职责包括：按照规定监督管理金融市场；发布有关金融监督管理和业务的命令和规章；监督管理金融机构的合法合规运作等。我国目前的金融监管机构包括"一行三会"，即中国人民银行、中国银行业监督管理委员会（简称银监会）、中国证券监督管理委员会（简称证监会）和中国保险监督管理委员会（简称保监会）。

（一）中国人民银行

中国人民银行是中华人民共和国的中央银行，总行设在北京。成立于1948年12月1日，由当时的华北银行、西北农民银行和北海银行合并而成，成立地址在河北省石家庄市。1949年2月总行迁往北京。1983年9月，国务院决定中国人民银行专门行使国家中央银行职能。1995年3月18日，第八届全国人大第三次会议通过的《中华人民共和国中国人民银行法》第一次以法律形式确定了中国人民银行是中华人民共和国的中央银行。中国人民银行是我国货币发行的银行、银行的银行及政府的银行，肩负着调控国家经济、提供公共服务、进行金融监管的重任。

（二）银行业监督管理机构

为了加强对银行业的监督管理，规范监督管理行为，防范和化解银行业风险，保护存款人和其他客户的合法权益，促进银行业健康发展，我国于2003年4月28日正式挂牌成立中国银行业监督管理委员会（China Banking Regulatory Commission，CBRC），简称银监会，是国务院直属的正部级事业单位。2003年12月27日第十届全国人民代表大会常务委员会第六次会议通过了《中华人民共和国银行业监督管理法》，该法明确规定：银监会对在中华人民共和国境内设立的金融资产管理公司、信托投资公司、财务公司、金融租赁公司以及经国务院银行业监督管理机构批准设立的其他金融机构进行监督管理。包括防范和化解银行业风险，保护存款人和其他客户的合法权益，促进银行业健康发展等内容。

（三）保险业监督管理机构

根据银行与保险分业经营、分业监管原则，为加大对保险业统一监管的力度，围绕保险业风险防范与控制，在结合中国国情、借鉴国外经验的基础上，建立与社会主义市场经济相适应的全国统一的保险监管体系，中国保险监督委员会（简称保监会）亦于1998年11月18日正式成立。中国保监会是全国商业保险的主管部门，根据国务院授权履行行政管理职能，依照法律、法规统一监督管理全国保险市场。在结构层面，中国保监会内设15个职能部门，并在全国各省、直辖市、自治区、计划单列市设有35个派出机构，依法履行相应职责。中国保监会成立以后，中国人民银行不再肩负保险业的监管职责。成立之初的保监会是国务院直属副部级事业单位。2003年3月之后，中国保监会荣升为国务院直属正部级事业单位，获得了与银监会和证监会同样的地位。

（四）证券业监督管理机构

改革开放以来，随着中国证券市场的发展，建立集中统一的市场监管体制势在必行。1992年10月，国务院证券委员会（简称国务院证券委）和中国证券监督管理委员会（简称中国证监会）宣告成立，标志着中国证券市场统一监管体制开始形成。国务院证券委是国家对证券市场进行统一宏观管理的主管机构。中国证监会是国务院证券委的监管执行机构，依照法律法规对证券市场进行监管。证监会为国务院直属正部级事业单位，依照法律、法规和国务院的授权，统一监督管理全国证券期货市场，维护证券期货市场秩序，保障其合法运行。根据《证券法》第14条规定，证监会还设有股票发行审核委员会，委员由中国证监会专业人员和所聘请的会外有关专家担任。证监会在省、自治区、直辖市和计划单列市设立36个证券监管局。

二 金融监管机构的权限

根据《银行业监督管理法》、《证券法》、《保险法》和其他法律、法规的规定，金融监管机构的权限主要有：

1. 制定发布有关金融机构及其业务活动监督管理的规章和命令权。如《银行业监督管理法》规定，银行业监督管理机构依照法律、行政法规制定并发布对银行业金融机构及其业务活动监督管理的规章、规则。

2. 设置、变更金融机构审批权。它包括三个方面的内容：一是根据金融机构的条件，决定是否发给金融机构许可证；二是对金融机构的合并、兼并、购买进行审批，以鼓励和保持金融业的合法竞争，防止垄断；三是对金融机构市场退出的审批权。《银行业监督管理法》重申了金融业监管机构的这一职权，即依照法律、行政法规规定的条件和程序，审查批准银行业金融机构的设立、变更、终止以及业务范围。

3. 业务经营管理监督权。具体包括以下方面：

（1）资格审查权。申请设立金融机构，或者金融机构变更持有资本总额或者股份总额达到规定比例以上的股东的，金融监管机构有权力和责任对股东的资金来源、财务状况、资本补充能力和诚信状况进行审查。《银行业监督管理法》对此已有明确规定。

（2）业务范围决定权。金融机构业务范围的最初决定、嗣后扩展以及新业务的开发创新都必须向金融监管部门申请，经批准后方可实施。银行业金融机构业务范围内的业务品种，应当按照规定在国务院银行业监督管理机构审查批准或者备案。

（3）资金结构管理权。为了保证金融机构的安全运营，金融监管机构有权对金融机构擅自变更存贷利率、对某一客户贷款的最高限额、法定风险资产比例等，进行检查、监督和处理。

（4）业务和经营状况检查权。业务经营状况的检查重点是资产质量、资本充足率、盈利状况和资产流动性等。国务院金融监管部门可依照法律、行政法规的规定，制定包括风险管理、内部控制、资本充率、资产质量、损失准备金、风险集中、关联交易、资产流动性在内的审慎经营规则。

(5) 信息披露权。金融监管机构有负责统一编制全国有关金融统计数据、报表，并按照国家有关规定予以公布的权力。

(6) 指导监督权。金融监管机构对金融机构有进行指导性监督的权力。

(7) 报表管理权。金融监管机构有要求金融机构按时向其报送资产负债表、损益表等财务报表和资料的权力。

(8) 经营水平评定权。在《银行业监督管理法》颁布前，我国法律尚无明文规定。《银行业监督管理法》首次明确，银行业监督管理机构应当建立银行业金融机构监督管理评级体系和风险预警机制，根据银行业金融机构的评级情况和风险状况，分别加以监督管理。

(9) 行政处罚权。对于违反法律法规规定的金融机构，金融监管机构有权责令其停止违法行为，并依法给予其相应的行政处罚，如责令停业整顿、吊销金融业务经营许可证等。当事人依法提出复议，金融监管部门有行政复议权。

第三节 金融监管的目标与原则

金融监管是金融监督与管理的合称，金融监管法是调整金融监管主体在监管金融业运行过程中所形成的金融监管关系的法律规范的总称。金融监管法律的制定和实施，有利于保证金融监管行为的规范适度，维护金融体系的安全稳定，保护金融消费者的合法权益。

一 金融监管的目标

金融监管目标是金融监管活动所要达到的境地和标准，是监管行为取得的最终效果或达到的最终目标，也是实现金融有效监管的前提和监管当局采取行动的依据。

有效的金融监管要求监管目标明确，并以此来检验一国金融监管实践的好坏。尽管由于国情和发展阶段的不同，但从总体来看，保护金融机构的安全、稳健经营，维护金融市场秩序，限制金融领域的不正当竞争，维护金融业的公平、有序竞争，以保护存款人、投资者和社会公众利益，从整体上维护金融体系的安全和金融市场的秩序，促进金融、经济的稳定、健康发展，应该说是现在各国实施监管的共同目标。

为实现前述目标，我国特依照本国国情制定了以下金融监管目标。

（一）保护金融秩序的安全

金融业的安全稳定对整个国民经济有重要影响，促进金融业的合法、稳健运行，防范和化解金融风险，维护金融市场稳定是金融监管的首要目标。

（二）保护金融消费者和公众利益

这不仅要求保护债权人、存款人的利益，约束债务人行为，从而保护金融消费者（包括存款人、投资者和其他社会公众等）的合法权益，更要求维护公众对金融业的信心，以维持金融市场稳定和秩序。

（三）维护公平竞争秩序

竞争是市场经济条件下的一条基本规律，也是保护先进、淘汰落后的一种有效机制。各国金融监管当局无不追求一个适度的竞争环境，以求创造一个公平、高效、有序竞争的环境，促进金融业的健康、有序发展，提高金融业竞争能力，从而改善金融市场的资源配置效率，实现有效配置和社会公平。

（四）维护金融的稳定

提高商业性金融机构的生存能力，增强金融市场的内在稳定性，确保负债性商业金融机构的稳定性和安全。维持金融业健康运行的秩序，最大限度地减少银行业的风险，以金融业带动整个社会经济的健康发展，还可以确保金融服务达到一定水平从而提高社会福利。

二 金融监管的原则

金融监管的原则，即在政府金融监管机构以及金融机构内部监管机构的金融监管活动中，始终应当遵循的价值追求和行为准则，是实现金融监管目标的基本要求和可靠保证。根据我国《中国人民银行法》、《中国银行业监督管理法》、《保险法》、《证券法》以及巴塞尔银行监管委员会颁布的《有效银行监管核心原则》等规定，我国的金融监管应遵循如下几大原则。

(一) 依法监管原则

依法监管原则，又称合法性原则，监管的主体、监管的职责权限、监管措施等均由金融法律法规和其他相关法律法规作出规定，监管活动均应依法进行。依法监管是现代金融监管的内在要求，比如我国《证券法》与《保险法》分别规定了，"国务院证券监督管理机构依法对全国证券市场实行集中统一监督管理"，"国务院保险监督管理机构依法对保险业实施监督管理"。该原则内容具体包括：

1. 金融监管机关的设立及职权的取得须有法律依据。金融监管法对监管主体的法律地位和职责权限作出明确的法律规定，是保证金融监管的权威性和有效性的必要条件。

2. 金融监管权的行使必须依法进行。这意味着金融监管机关必须在法律授权的范围内行使权力，其监管行为必须符合金融监管实体法和程序法的规定。

3. 必须控制金融监管自由裁量权的滥用。监管主体有必要具有一定的自由裁量权，但同时，还必须使其监管权的行使受到相应的制约和监督。正如孟德斯鸠所言，一切有权力的人都容易滥用权力，这是万古不易的一条经验。有权力的人们使用权力一直到遇有界限的地方才休止。

(二) 公开公正原则

公开公正原则是现代金融监督管理制度的必然要求。监管的公开公正能有效避免公权对私权的不当干预，保证监管主体监管职能的有效行使和监管目标的顺利实现。我国《银行业监督管理法》第4条规定，"银行业监督管理机构对银行业实施监督管理，应当遵循依法、公开、公正和效率的原则"。

公开原则，亦称"透明度原则"，其基本含义是金融监管机构对于相关金融信息除依法应当保守秘密的外，应全面及时告知当事人和社会公众，监管行为一律公开进行。公正原则是指金融监管主体要按照公平、统一的监管标准和监管方式对金融机构实施监管，规范金融机构的市场行为，保证金融市场的交易秩序，维护交易各方的合法权益。

(三) 合理适度原则

合理适度是现代金融监管的根本要求。该原则要求金融监管机构在保证金融安全稳健的前提下，发挥市场的价格规律和调节作用，促进金融业健康发展。我国《银行业监督管理法》和其他金融监管法律既明确了监管机构的职责，强化了监管的手段和措施，也对监管权力的运作进行了规范和约束。根据该原则，金融监管主体的监管行为须满足以下要求。

1. 金融监管不能替代市场调节。监管主体应充分尊重金融市场的运行规律，以市场的自发调节为基础，科学界定金融监管机构的法律地位和职责权限。

2. 金融监管机构应避免直接管理金融机构的微观活动。监管主体不是金融机构的经营管理者，不能干涉金融机构的经营决策权和金融自主权。

3. 监管者须充分发挥金融业自律机制和社会中介的作用。金融监管机构应利用好银行业同业组织、证券业协会等自律组织以及信用评级机构等中介机构，发挥其社会监管功效。

(四) 监管主体独立性原则

监管主体的独立性原则，也称为不干涉金融机构内部管理的原则，是现代金融监管制度的基本要求，即在一个有效的金融监管体系下，参与金融监管的每个机构都要有明确的责任和目标，并充分享有操作上的自主权和充分的资源。我国《银行业监督管理法》第5条规定，"银行业监督管理机构及其从事监督管理工作的人员依法履行监督管理职责，受法律保护。地方政府、各级政府部门、社会团体和个人不得干涉"。

(五) 高效监管原则

高效监管原则是现代金融监管理念的本质要求。《商业银行法》第4条规定，"商业银行以安全性、流动性、效益性为经营原则，实行自主经营，自担风险，自负盈亏，自我约束"。高效监管原则有两层含义，其一是监管主体要降低监管成本，以最小的负担达到金融监管的目标；其二是金融监管应创造公平的竞争环境，促进金融业在平稳安全的基础上高效发展。该原则反映了金融监管法社会本位的根本属性，体现了金融监管是经济效益、行政效益和社会效益的统一。

(六) 协调统一原则

协调统一原则也是现代金融监管制度的根本要求。《有效银行监管核心原则》中原则第25规定,"母国和东道国的关系:跨境业务的并表监管需要母国银行监管当局与其他有关监管当局,特别是东道国监管当局之间进行合作及交换信息"。其主要内容包括以下三方面。

1. 各金融监管机构之间的监管职责应分工明确、协调统一,并对全国金融市场实行集中统一监管。

2. 金融监管主体对某一金融机构进行监管时,要对其市场准入、持续经营以及市场退出进行系统的风险监管。

3. 鉴于金融混业和金融创新的发展,金融业务的相互渗透、金融市场的相互联系日益加强,各监管机构应建立分工合作、信息共享、协调配合的监管机制,实现对金融业整体的统一性监管。

综上所述,依法监管、监管主体的独立性、合理适度、公开公正、高效监管及协调统一这六大原则相互联系、相互制约,共同构成了我国金融监管法的基本原则。确立我国金融监管法的基本原则,有助于更好地推动我国金融监管的高效、有序、合法运行,有助于实现我国金融监管目标的基本要求,对于防范市场风险、推动金融业发展以及维护社会的整体利益具有重要意义。

第四节 金融监管的法律责任

金融监管的法律责任包括监管主体的法律责任、被监管主体的法律责任与其他主体的法律责任。而在我国的金融监管体系之中,具体为违反银行业监管法的法律责任、违反证券业监管法的法律责任和违反保险业监管法的法律责任三个方面。

一 违反银行业监管法的法律责任

(一) 银行业监管主体的法律责任

银行业监管主体即银行业监督管理机构及其工作人员。在《银行业监督管理法》中,对监管机构及其工作人员违反监督管理规范的行为应承担的法律责任作了明确规定。具体如下:

银行业监督管理机构从事监督管理工作的人员有下列情形之一的,依法给予行政处分;构成犯罪的,依法追究刑事责任。

1. 违反规定审查批准银行业金融机构的设立、变更、终止，以及业务范围和业务范围内的业务品种的。
2. 违反规定对银行业金融机构进行现场检查的。
3. 未依照规定报告突发事件的。
4. 违反规定查询账户或者申请冻结资金的。
5. 违反规定对银行业金融机构采取措施或者处罚的。
6. 违反规定对有关单位或者个人进行调查的。
7. 滥用职权、玩忽职守的其他行为。

银行业监督管理机构从事监督管理工作的人员贪污受贿，泄露国家秘密、商业秘密和个人隐私，构成犯罪的，依法追究刑事责任；尚不构成犯罪的，依法给予行政处分。

(二) 银行业被监管主体的法律责任

银行业被监管主体即银行业金融机构。《银行业监督管理法》中对银行业金融机构的法律责任作了细致明确的规定。

1. 违反经营管制规定的法律责任。《银行业监督管理法》第45条规定，银行业金融机构违反经营管制规定的，由国务院银行业监督管理机构责令改正，有违法所得的，没收违法所得，违法所得50万元以上的，并处违法所得1倍以上5倍以下罚款；没有违法所得或者违法所得不足50万元的，处50万元以上200万元以下罚款；情节特别严重或者逾期不改正的，可以责令停业整顿或者吊销其经营许可证；构成犯罪的，依法追究刑事责任。

2. 违反诚实经营和审慎经营义务的法律责任。《银行业监督管理法》第46条规定，银行业金融机构违反诚实经营和审慎经营义务的，由国务院银行业监督管理机构责令改正，并处20万元以上50万元以下罚款；情节特别严重或者逾期不改正的，可以责令停业整顿或者吊销其经营许可证；构成犯罪的，依法追究刑事责任。

3. 违反提交财务资料义务的法律责任。《银行业监督管理法》第47条规定，银行业金融机构不按照规定提供报表、报告等文件、资料的，由银行业监督管理机构责令改正，逾期不改正的，处10万元以上30万元以下罚款。

4. 补充性法律责任与制裁措施。银行业金融机构违反法律、行政法规以及国家有关银行业监督管理规定的，银行业监督管理机构除依照本法第 44 条至第 47 条规定处罚外，还可以区别不同情形，采取下列措施：

（1）责令银行业金融机构对直接负责的董事、高级管理人员和其他直接责任人员给予纪律处分。

（2）银行业金融机构的行为尚不构成犯罪的，对直接负责的董事、高级管理人员和其他直接责任人员给予警告，处 5 万元以上 50 万元以下罚款。

（3）取消直接负责的董事、高级管理人员一定期限直至终身的任职资格，禁止直接负责的董事、高级管理人员和其他直接责任人员一定期限直至终身从事银行业工作。

另外，《银行业监督管理法》第 49 条规定，阻碍银行业监督管理机构工作人员依法执行检查、调查职务的，由公安机关依法给予治安管理处罚；构成犯罪的，依法追究刑事责任。

（三）银行业中其他主体的法律责任

银行业中其他主体的法律责任主要是违反市场准入规定的法律责任。违反市场准入规定的，由国务院银行业监督管理机构予以取缔；构成犯罪的，依法追究刑事责任；尚不构成犯罪的，由国务院银行业监督管理机构没收违法所得并处罚款。

二　违反证券业监管法的法律责任

（一）证券业监管主体的法律责任

证券业监管主体即证券业监督管理机构及其工作人员。证券监督管理机构的工作人员和发行审批审核委员会的组成人员，不履行法律规定的职责，滥用职权、玩忽职守，利用职务便利牟取不正当利益或者泄露所知悉的有关单位和个人的商业秘密的，依法追究法律责任。证券监督管理机构工作人员进行内幕交易的从重处罚。

（二）证券业被监管主体的法律责任

被监管主体即证券机构及其工作人员，其主要法律责任有以下几个方面。

1. 违反证券发行规定的法律责任。《证券法》第 188 条、第 189

条、第 190 条、第 193 条规定违反证券发行规定将由证券监督管理机构责令改正、给予警告、予以取缔、罚款等行政处罚和责令其承担相应的赔偿责任。

2. 违反证券交易规定的法律责任。《证券法》第 201 条至第 208 条对相关违反证券交易规定的违法行为的法律责任作了相应的规定。主要包括给予警告、责令改正、没收违法所得、罚款、对直接负责的主管人员和其他直接责任人员给予警告并处罚款等，属于国家工作人员的，依法给予行政处分。

3. 违反证券机构管理、人员管理的法律责任。《证券法》第 196 条、第 197 条、第 199 条、第 200 条规定，违反证券机构管理、人员管理的，由证券监督管理机构予以取缔、罚款、撤销相关工作人员与从业人员的证券从业资格、对直接负责的主管人员和其他直接责任人员给予警告并处罚款，属于国家工作人员的，依法给予行政处分。

4. 证券机构的其他法律责任。我国《证券法》对于证券机构除以上行为外的法律责任也作了明确规定。

（三）证券业中其他主体的法律责任

其他主体有以下情形之一的，由证券监督管理机构给予警告、责令改正、没收违法所得、予以取缔、罚款等行政处罚和责令其承担相应的赔偿责任：（1）收购人未按照本法规定履行上市公司收购的公告、发出收购要约、报送上市公司收购报告书等义务或者擅自变更收购要约的；（2）违反法律规定，收购人或者收购人的控股股东利用上市公司收购损害被收购公司及其股东的合法权益的；（3）未经批准，擅自从事证券服务业务的。

另外，除了行政责任与民事责任，《证券法》第 231 条补充规定，违反本法规定，构成犯罪的，依法追究刑事责任。

三　违反保险业监管法的法律责任

（一）保险业监管主体的法律责任

保险业监管主体即保险业监督管理机构及其工作人员。保险监督管理机构从事监督管理工作的人员不履行法律规定的职责、滥用职权、玩忽职守、利用职务便利牟取不当得利或者泄露所知悉的有关单位和个人的商业秘密的，依法追究法律责任。

（二）保险业被监管主体的法律责任

保险业被监管主体即保险业机构及其工作人员。其主要法律责任在我国《保险法》第七章中均有详细明确的规定。

（三）保险业中其他主体的法律责任

1. 违反法律规定，擅自设立保险公司或者非法从事商业保险业务活动的，由保险监督管理机构处以没收违法所得、罚款或者予以取缔。

2. 未取得经营保险代理业务许可证或者经纪业务许可证，非法从事保险代理业务或者经纪业务活动的，由保险监督管理机构予以取缔。

另外，除了行政责任与民事责任，《保险法》第181条规定，违反本法规定，构成犯罪的，依法追究刑事责任。

本章复习思考题

1. 什么是金融监管？金融监管理论的演进历程是什么？
2. 我国的金融监管机构有哪些？它们分别有哪些职责？
3. 金融监管的一般性原则有哪些？
4. 违反《银行业监督管理法》要承担哪些法律责任？

专著推荐

1. 解川波：《货币政策与金融监管》，西南财经大学出版社2009年版。

2. 祁敬宇、祁绍斌主编：《全球化下的金融监管》，首都经济贸易大学出版社2011年版。

3. 李成：《金融监管案例》，西安交通大学出版社2011年版。

4. 韩忠亮：《全球化背景下金融监管的博弈研究》，北京大学出版社2013年版。

相关链接

1. 法律法规链接

《财政部关于进一步明确财政监察专员办事处做好财政金融监管工

作的通知》、《中国银监会办公厅关于认真做好农村合作金融监管改革六项重要工作的意见》、《中国人民银行金融监管办事处管理暂行办法》。

2. 网络信息链接

金融监管网　　http：//www.flr-cass.org/

中国信托金融网　　http：//www.trustlaws.net/

金融法律网　　http：//www.cnfl.org/

3. 相关事例链接

国务院批准建立金融监管协调部际联席会议制度

近日，为进一步加强金融监管协调，保障金融业稳健运行，国务院正式批复同意建立金融监管协调部际联席会议制度。国务院要求联席会议由中国人民银行牵头，成员单位包括银监会、证监会、保监会、外汇局，必要时可邀请发展改革委、财政部等有关部门参加。中国人民银行行长担任联席会议召集人，各成员单位主要负责同志为组成人员。联席会议重点围绕金融监管开展工作，不改变现行金融监管体制，不替代、不削弱有关部门现行职责分工，不替代国务院决策。

中国建跨部委金融监管机制，利于解决金融监管难题[①]

"中国要成立'超级机构'协调金融监管"，英国版的《国际财经时报》20日以此为题称，中国将进一步协调并强化金融监管。路透社20日援引中国政府网的公报称，国务院同意建立金融监管协调部际联席会议制度。联席会议由中国人民银行牵头，成员单位包括银监会、证监会、保监会、外汇局，必要时可邀请发展改革委、财政部等有关部门参加。中国专家20日对《环球时报》表示，这实际上是一个议事制度，有助于解决跨行业监管等问题。

路透社称，文件显示，联席会议重点围绕金融监管开展工作，不改变现行金融监管体制，不替代、不削弱有关部门现行职责分工，不替代国务院决策，重大事项按程序报国务院。联席会议通过季度例会或临时

---

① 参见 http：//news.163.com/13/0821/08/96PP86CN00014JB6.html。

会议等方式开展工作。《国际财经时报》称，这将有助于解决金融监管的难题，如债券市场就存在多头监管问题等。《华尔街日报》说，过去人们总在争论，随着金融领域的关联程度越来越高，应不应该由某个单一监督机构来负责所有的金融监管工作。中国国务院的决定意味着这种争论至少可以暂时告一段落，但该机制并不涉及成立权力更集中的机构来削弱现有机构的力量。

中国人民大学财政金融学院副院长赵锡军20日对《环球时报》表示，联席会议的功能还是沟通信息，对共同面临的问题提出共同的对策。随着金融业的发展，需要对跨行业和跨市场的业务进行监管。金融业和实体经济的联系也越来越密切，这就需要实体经济管理的相应部门比如发改委和财政部来参与监管。目前跨行业、跨市场的业务越来越多，风险也越来越明显，加上跟实体经济相关联，必要性就更加凸显，比如6月20日银行间同业拆借利率飙升，6月24日股市大幅度下滑，这些表明市场事件越来越密切，有必要进行更严格和完善的监管。

本章参考文献

[1] 朱大旗：《金融法》，中国人民大学出版社2007年版。

[2] 甘功仁：《金融法》，中国金融出版社2003年版。

[3] 刘隆亨：《金融法学》，当代世界出版社2000年版。

[4] 刘少军：《金融法学》，中国政法大学出版社2008年版。

[5] 谢平、蔡浩仪等：《金融经营模式及监管体制研究》，中国金融出版社2003年版。

[6] 陈建华：《金融监管有效性研究》，中国金融出版社2002年版。

[7] 周道许：《现代金融监管体制研究》，中国金融出版社2000年版。

[8] 赵霜茁主编：《现代金融监管》，对外经济贸易大学出版社2004年版。

[9] 祁敬宇、祁绍斌主编：《全球化下的金融监管》，首都经济贸易大学出版社2011年版。

［10］潘静成、刘文华主编：《经济法》，中国人民大学出版社1999年版。

［11］杨紫烜：《经济法学》，北京大学出版社1994年版。

［12］李昌麒：《经济法学》，中国政法大学出版社2007年版。

第二十章　银行业监管法律制度

本章内容提要：金融业是国民经济的重要行业，银行业是金融行业中的重要主体，银行经营的有序、安全和效率直接决定和影响着一国国民经济运行的有序、安全和效率，因此，建立银行业监督管理制度是国民经济健康发展的需要。同时银行业的经营活动又与存款人的利益密切相关，如何保证银行业的稳健运行和保护存款人的合法利益，是各国政府必须重视的问题。本章就如何对银行业进行监管以及如何保护存款人的利益等问题进行了阐述和分析，通过本章学习，可以使学生对银行业监管的意义有很好的了解，同时，掌握国家对银行业监管的法律依据。

关键词：银行业　监督管理　监督管理原则　监督管理目标　监督管理方式　监督管理模式　功能监管　激励相容　风险管理　信息披露　分业监管　混业监管　审慎监管

第一节　银行业监管制度概述

一　银行业监管的概念

监管，就是监督和管理。银行业监督管理就是指银行业监督管理机构对监管对象，即银行业（包括金融机构，即在中华人民共和国境内设立的商业银行、城市信用合作社、农村信用合作社等吸收公众存款的金融机构以及政策性银行）的活动是否符合政策和法律的要求所进行的监督管理。包括防范和化解银行业风险、保护存款人和其他客户的合法权益、促进银行业健康发展等内容。2003年12月27日第十届全国人民代表大会常务委员会第六次会议通过（已于2006年10月修订）的

《中华人民共和国银行业监督管理法》第 2 条明确规定:"国务院银行业监督管理机构负责对全国银行业金融机构及其业务活动监督管理的工作。本法所称银行业金融机构,是指在中华人民共和国境内设立的商业银行、城市信用合作社、农村信用合作社等吸收公众存款的金融机构以及政策性银行。对在中华人民共和国境内设立的金融资产管理公司、信托投资公司、财务公司、金融租赁公司以及经国务院银行业监督管理机构批准设立的其他金融机构的监督管理,适用本法对银行业金融机构监督管理的规定。"

银行业监督管理(以下简称银行业监管)有广义和狭义两种理解。从狭义上讲,银行业监管是指国家金融监管机构对银行业金融机构的组织及其业务活动进行监督和管理的总称。广义的银行业监管不仅包括国家金融监管机构对银行业金融机构的外部监管或他律监管,也包括银行业金融机构的内部监管或自律监管。巴塞尔银行监管委员会于 1997 年发布并于 2006 年修订的《有效银行监管的核心原则》规定监管部门必须拥有纠正违规行为的权利,指出监管不是"指导"或"劝说",而是"纠正违法行为的强制力","监管强调的是通过组织、协调、控制等行为达到一定的秩序和状态,实现一定的目标"。[①]

二 银行业监管的特点

(一)银行业监管的主体是负有监管职权的主体

在我国,负有银行业监督管理职权的主体就是银行业监督管理委员会及其派出机构,简称银监会。银监会的监督管理职权是法律所赋予的。按照我国《银行业监督管理法》第 2 条的规定,银监会是监督管理的主体,享有监督管理的权限。另外,对监管机构的监管也有法律依据,《银行业监督管理法》第 14 条规定,国务院审计、监察等机关,应当依照法律规定对国务院银行业监督管理机构的活动进行监督。

(二)银行业监管的对象是各类从事金融活动的主体

银行业监管对象的范围一般是由各国经济社会发展的具体国情决定,并受国际金融业发展趋势的影响,传统意义上的监管对象主要是国

---

① 韩龙:《金融法》,清华大学出版社、北京交通大学出版社 2008 年版。

内银行业和非银行金融机构，但是，随着经济的发展以及金融工具的不断创新，银行业监管的范围发生了比较大的变化。特别是市场经济发达的国家，监管的领域已逐步扩大到那些业务性质与银行类似的准金融机构。进入20世纪70年代以后，各国银行业监管的范围开始进一步扩大，许多国家都在研究和采取扩大监管范围的办法。比如荷兰1987年修订了信贷体系监管条例，扩大了监督范围。挪威从1979年开始将贷款协会纳入监管范围。

我国银监会监管的对象目前仍主要是传统金融机构。即《银行业监督管理法》第2条规定的主体范围，包括在中华人民共和国境内设立的商业银行、城市信用合作社、农村信用合作社等吸收公众存款的金融机构以及政策性银行。但随着我国金融市场的逐渐完善和金融创新的日趋活跃，银监会监管的对象根据金融业发展的趋势也会有所改变。

（三）银行业监管的目的有多重性

银行业监管是不仅是为了加强对银行业的监督管理，规范监督管理行为，防范和化解银行业风险，而且也是为了保护存款人和其他客户的合法权益。这也是银行业监督管理法的立法宗旨。这样的监管目的既加强了对银行业的监管又规范了监管行为，使监管有法可依，还突出了防范和化解金融风险，保护存款人合法权益的立法意图。

（四）银行业监管的手段适应了监管目的的需要

不同国家、不同时期的监管手段是不同的。如市场体制健全的国家，主要采用法律手段对银行及其活动进行监管，而市场体制不发达的国家，更多的是使用行政手段进行监管。总的来看，目前银行业监管使用的手段主要有定期或不定期的现场和非现场的监督检查以及对违规行为的督促和处罚。

现场检查：《银行业监督管理法》第34条规定，银行业监督管理机构根据审慎监管的要求，可以采取下列措施进行现场检查：（1）进入银行业金融机构进行检查；（2）询问银行业金融机构的工作人员，要求其对有关检查事项作出说明；（3）查阅、复制银行业金融机构与检查事项有关的文件、资料，对可能被转移、隐匿或者毁损的文件、资料予以封存；（4）检查银行业金融机构运用电子计算机管理业务数据的系统。

非现场检查:《银行业监督管理法》第 33 条规定,银行业监督管理机构根据履行职责的需要,有权要求银行业金融机构按照规定报送资产负债表、利润表和其他财务会计、统计报表、经营管理资料以及注册会计师出具的审计报告;第 35 条规定:银行业监督管理机构根据履行职责的需要,可以与银行业金融机构董事、高级管理人员进行监督管理谈话,要求银行业金融机构董事、高级管理人员就银行业金融机构的业务活动和风险管理的重大事项作出说明;第 36 条规定:银行业监督管理机构应当责令银行业金融机构按照规定,如实向社会公众披露财务会计报告、风险管理状况、董事和高级管理人员变更以及其他重大事项等信息。这些都属于非现场检查。

三 银行业监管模式和监管职责

银行业监管模式,是指国家对银行业进行监督管理的职权和职责划分的方式和组织制度。一般来讲,银行业监督管理的模式与本国的政治经济体制、市场经济发展程度、国家采用的宏观调控手段、金融体制、金融市场发育程度是相适应的。根据上述情况,各国确立了各自不同的银行业监管模式。概括起来,主要有以下两种类型。

(一) 中央银行与其他金融监管机关共同监管

这种监管模式即银行业由中央银行与其他金融管理机关共同监管。采用这种模式的有美国、德国等发达国家。

德国采取货币政策执行与银行监管相分离的模式,其中央银行——德意志联邦银行主要负责国家货币政策的制定与执行,联邦金融市场监管局则统一行使对银行、保险、证券及其他金融服务公司的监管职责。但在银行业具体监管上,德意志联邦银行与联邦金融市场监管局分工协作,两者职能密不可分。联邦金融市场监管局是银行业监管的主体,负责制定联邦政府有关金融监管的规章制度,在银行的市场准入、信息披露、重大的股权交易、资本充足性、市场退出等方面实行全面监管。

(二) 设立专门的银行业监管机构

这种监管模式即由专门的银行业监管机构行使银行业监管职能,中央银行不行使对银行业的监管职能。采用这种模式的有英国、日本等国。应当指出,采用这种模式的国家有的采取综合监管体制,即所设立的专门的金融监管机构具有统一监管银行、证券、保险等所有金融领域的职能；有的采取分业监管体制，即银行、证券、保险业分别由专门的银行业监管机构、证券业监管机构以及保险业监管机构进行监管。

我国采用的监管模式是分业监管的模式。按照法律规定，由中国银行业监督管理委员会（银监会）作为专门的银行业监管机构，依法对全国银行业金融机构及其业务活动进行监督管理；同时，中国证券监督管理委员会（证监会）和中国保险监督管理委员会（保监会）依法分别对全国证券市场和全国保险业实施监督管理。我国的这一金融分业监管模式是随着经济体制和金融体制改革的不断深入而逐步形成的，经历了一个较长的发展过程。从新中国成立到1984年，我国实行的是大一统的人民银行体制，谈不上真正的金融监管和银行监管。1984年，随着中国工商银行的建立，我国形成中央银行、专业银行的二元银行体制，中国人民银行行使中央银行职能，对银行业、证券业、保险业、信托业实行综合监管。1992年，国务院决定成立国务院证券委和中国证监会（两者于1998年4月合并），证券业的监管职能从中国人民银行分离。其后，我国的金融体制发生了重大变化，国家专业银行商业化改革步伐加快，若干股份制银行设立，证券市场和保险业迅速发展，信托业经历重大调整和重组。1995年，《中国人民银行法》、《商业银行法》和《中华人民共和国保险法》相继颁布实施，从法律上确立了分业经营、分业监管的体制。1998年，国务院决定成立中国保险业监督管理委员会，负责对中国保险业的监督管理，将保险业的监管从中国人民银行分离，中国人民银行主要负责银行业和信托业的监管。从1998年开始，针对亚洲金融危机的严重局势和中国经济实际情况，党中央、国务院决定对我国金融体制进行重大改革。2003年，根据国务院提请十届全国人大一次会议审议通过的《关于国务院机构改革方案的决定》以及十届全国人大常委会第二次会议通过的《关于中国银行业监督管理委员会履行原由中国人民银行履行的监督管理职能的决定》，中国银行业监督管理委员会成立，履行原由中国人民银行行使的审批、监督管理银行、金融资产管理公司、信托投资公司及其他存款类金融机构的职责。2003年12月27日，十届全国人大常委会第六次会议通过了《中华人民共和国银行业监督管理法》以及修改后的《中国人民银行法》和

《商业银行法》。至此，中国银监会、中国证监会、中国保监会分工明确、独立监管、相互协调的金融分业监管体制正式确立，中国人民银行则专注于制定和执行货币政策、维护金融稳定和提供金融服务。

中国银监会的监管职责包括：根据《银行业监督管理法》和国务院的授权，统一监管银行业金融机构，维护银行业的合法、稳健运行。具体而言，中国银监会的主要职责有：制定有关银行业金融机构监管的规章制度和办法；审批银行业金融机构及分支机构的设立、变更、终止及其业务范围；对银行业金融机构实行现场和非现场监管，依法对违法违规行为进行查处；审查银行业金融机构高级管理人员任职资格；负责统一编制全国银行数据、报表，并按照国家有关规定予以公布；会同有关部门提出存款类金融机构紧急风险处置意见和建议；负责国有重点银行业金融机构监事会的日常管理工作；承办国务院交办的其他事项。

第二节 银行业监管的目标和原则

一 银行业监管的总体目标

银行业监管的目标是根据银行业监管的使命及立法目的提出的实施银行业监管的总体方向、要求和应达到的目的。银行业监管的目标是什么，取决于一国社会经济发展的现实状况。我国实行市场经济，又面临经济全球化、金融网络化的现实背景，需要银行高效、稳健和有序地运行，才能起到促进国民经济的持续、健康、稳定以及协调发展的作用。也就是说，银行业监管必须以有利于金融安全和经济发展为基本立场，银行业监管的目标必须与社会发展现实状况相吻合。只有这样，监管才能有效发挥作用。《银行业监督管理法》第 3 条规定："银行业监督管理的目标是促进银行业的合法、稳健运行，维护公众对银行业的信心。""银行业监督管理应当保护银行业公平竞争，提高银行业竞争能力。"这是法律对银行业监督管理活动的总体目标和总体要求的规定。

银行业监管的目标分为广义目标和狭义目标。广义目标是保持银行体系的稳定，促进银行业的合法、安全、稳健运行。狭义目标则是保护存款人的利益，维护公众对银行业的信心。这两个目标之间有着密切的联系。只有保护了广大存款人的利益公众才能维护公众对银行业的信心，只有公众对银行业有信心才能保持银行体系的稳定。

巴塞尔银行监管委员会在《有效银行监管的核心原则》中提出银行监管的目标是保持金融系统的稳定性和信心，以降低存款人和金融体系的风险。银行监管还应努力建设一个有效的、充满竞争性的银行体系。

二 银行业监管的具体目标

（一）建立有效的公司治理机制

现代企业制度及其公司治理结构是否有效，关键因素在于其股权所有者、债权所有者与企业经营管理人员之间恰当的权力分配和制衡机制安排。对于现代商业银行而言，良好的公司治理结构和内控制度更是确保其正常运转的根本所在，但基于商业银行特殊的债权人结构，债权人自发的外部监管往往较弱，需要政府为此提供专业性的外部监管，以保证各方权力的均衡和商业银行内部治理结构的完善。银行是金融企业，因此，对银行业监管的基本目标是建立符合各类银行业金融机构特点的有效的公司治理机制，努力达到现代金融企业制度要求；努力实现银行业整体风险程度大幅度降低，风险调整后资本充足率不低于监管最低要求；促进银行业加强内控机制建设，完善监督和制约功能，降低道德风险；大力增强银行业核心竞争力，提高自主创新能力、盈利水平和自我积累能力，形成有效的银行监管的内部运行机制，同时形成银行业发展与监管的良好外部环境。

要实现这个目标，需要监管机构加强监管能力建设，提高银行业监管有效性。完善监管法规体系建设，全面建立既符合国情又适应国际监管趋势、覆盖面宽、操作性强的银行业监管法规体系。

（二）保护存款人和消费者的利益、维护公众对银行业的信心

保护存款人和消费者利益、维护公众对银行业信心的监管目标的确立，要求银行业金融机构的经营管理者必须把保护存款人利益作为从业和经营的最高目标，并以此规范自己的经营行为和经营方向。当利润最大化或效益最大化与保护存款人利益发生冲突时，绝不能以牺牲存款人利益换取利润或效益最大化。只有这样才能真正有效地防范金融风险，维护金融的安全和稳定，实现银行业的可持续稳健发展，维护公众对银

行业的信心。这包括三层含义：一是银行业监管活动要从维护公众的利益出发，提高监管活动的透明度，加强对银行活动的社会监督；二是监管机构有责任宣传金融知识，提高社会公众对银行业务活动的了解程度和知识水平；三是要大力打击金融违法行为，严厉惩处金融腐败。

(三) 减少金融犯罪

由于我国目前仍处于市场经济发展初期，各项市场活动的规则尚未深入人心，法制建设仍需进一步完善，加之全球经济的不稳定和不可预测的各种风险的影响，市场主体急功近利的现象并不少见，在经营过程中不规范的行为时有发生，违法犯罪案件难以完全避免。因此，为从根本上保护存款人的合法权益，监管机构就必须依法严密监管银行等金融机构的活动，强化监管。通过加强监管，建立起防范金融犯罪的机制，防止黑社会、国际犯罪集团与恐怖主义组织的各种"洗钱"活动，有效减少金融犯罪。同时，通过严厉打击各类金融违法犯罪活动，维护良好的金融市场秩序，最大限度地减少资金损失，进而促进整个金融体系的稳定，促进社会经济的持续、健康、稳定和协调发展。

(四) 促进银行业合法、稳健运行

保持银行体系的稳定是银行业监督管理的根本目标。而银行体系的稳定依赖于银行业合法、稳健的运行。银行是金融的核心，金融是现代经济的核心。银行体系是否合法、稳健运行直接关系到整个金融、经济乃至社会的稳定和发展。银行业是高风险聚集的行业，同时银行风险会引起系统风险，一家银行的破产倒闭可能导致"多米诺骨牌"效应，引起金融体系的连锁反应，破坏整个支付结算体系，并通过货币信用紧缩影响经济增长。因此，需要政府部门介入，通过外部监管来消除银行倒闭的不利影响，保持整个金融体系的健康稳定。从现实来看，我国银行业的资产占整个金融业资产的80%以上，在社会资金资源配置中居于主导地位。因此保持我国银行体系的稳定是保证国家经济与金融安全的基础，是支持经济增长的重要保障。要通过审慎有效的监管，及时预警、控制和处置风险，有效防范金融系统性风险，通过增加信息供给，加强信息披露，提高银行业经营的透明度，进而增进公众对银行体系的信心，防止出现因集中性的恐慌而引起金融市场的混乱，维护银行业稳健运营。银行的经营活动要坚持稳健性原则，还要求银行要建立健全各类规章制度，加强风险管理，完善内部控制，保持充足的资本和健全的财务状况。

（五）保护银行业的公平竞争、提高银行业的竞争能力

保持银行业具有竞争能力也是银行业监管的目标之一。与市场经济发展完备国家的银行业相比，我国银行业的国际竞争能力从总体上而言较差。由于银行的治理结构和约束机制不健全，不公平竞争甚至恶性竞争的现象在一定程度上还比较普遍。必须有效地解决这些问题，银行业监督管理的目标才能实现。同时，我国目前还是一个经济不发达国家，银行业监管机构在加强监管的同时，还需要鼓励银行业金融机构业务创新，积极促进市场发展，维护公平竞争的市场秩序。因此，保护银行业公平竞争、提高银行业的竞争能力，就成为银行业监督管理机构为实现银行监管目标而必须履行的一项义务，也顺理成章地成为银行业监管的目标之一。银行业监督管理机构在加强监督管理，促进银行业合法、安全、稳健运行的同时，还应当注意鼓励银行业提高竞争能力，允许银行业不断地进行业务创新，向市场提供更多的金融产品和服务，以满足经济发展对金融服务的需求，支持经济的稳定发展。银行业金融机构不具有竞争能力就不能在激烈竞争的市场中占有一定的份额、保持盈利，最终将会被市场淘汰而倒闭。

三　银行业监管的原则

银行业监管的原则是银行业监督管理行为所应遵循的基本准则。我国银行业监管应遵循以下几方面的原则。

（一）依法监管原则

依法原则是指银行业监管机构的监管职权必须以法律为准绳，必须来源于法律的明确规定，并应严格依据法律行使其监管职权，履行监管职能。中国银监会是国务院银行业监督管理机构，依据《银行业监督管理法》的规定和国务院的授权，统一监督管理银行业金融机构，促进银行业的合法、稳健运行。

（二）公开、公正和效率的原则

公开原则是指对银行业的监督管理行为除依法应当保守秘密的以外，都应当向社会公开。这一原则主要包含两方面的内容：一是监管信

息的公开披露，这些信息包括监管立法、政策、标准、程序等方面的信息，银行业金融机构依法应当向社会公开的信息，必须公开的金融风险信息，监管结果的信息等；二是监管行为的公开，即监管机关的监管行为、行政执法行为都应当按照法定程序公开进行。

公正原则是指所有依法成立的银行业金融机构都具有平等的法律地位，它们都是被监管的对象，而监管机关应当平等对待每一个被监管对象，依法监管，平等监管。这一原则既包括实体公正也包括程序上的公正。

效率原则是指监管机关在监管活动中应合理配置和利用监管资源，以最低成本实现最佳效果，努力做到提高监管效率，降低监管成本，并在法律规定的期限内完成监管任务，既要保证被监管对象的利益不因监管不当而受到影响，也要保证监管机构对监管制度的合理设计和运用，避免监管资源的浪费。

(三) 独立监管的原则

独立监管原则是指银行业监督管理机构及其监管工作人员依法独立履行监督管理职责，受法律保护，地方政府、各级政府部门、社会团体和个人不得干涉。

(四) 审慎监管原则

审慎监管原则是各国银行业监管实践的通行原则，也是巴塞尔银行监管委员会（以下简称巴塞尔委员会）发布的《银行业有效监管核心原则》的一项重要的核心原则。根据审慎监管原则，银行业监督管理机构应当以认真谨慎的态度对银行的资本充足性、流动性、风险管理、内部控制机制等内容，制定标准并进行有效的监督和管理。我国《银行业监督管理法》及其他有关银行业监管法规借鉴国际银行业监管惯例和《银行业有效监管核心原则》的基本精神，确立了银行业审慎监管的原则，以促使我国银行业监管实现规范化、专业化和国际化。

(五) 协调监管原则

协调监管原则是指在中央银行、银行业监管机构、证券业监管机构、保险业监管机构之间建立协调合作、互相配合的机制。由于我国实行的是分业监管的模式，如果不能坚持协调监管的原则，各监管机构各行其是，各自为政，互不沟通，势必会发生监管权的冲突、缺位或者重复监管的后果。《银行业监督管理法》第 6 条也明确规定:"国务院银行业监督管理机构应当和中国人民银行、国务院其他金融监督管理机构建立监督管理信息共享机制",这实际上就是要求监管中要做到相互协调、互相沟通。协调监管原则要求各监管机构各自在自己法定监管权限范围内履行好监管职责,提高监管效率,从而维护整个金融体系的稳定、效率和竞争力。坚持这一原则对于我国目前的金融监管实践具有重要意义。其中,建立监管信息共享机制是监管协调机制的重要组成部分。国务院建立的四大监管机构的联席会议制度就是协调监管的体现。

(六) 国际合作监管原则

随着金融国际化和网络化的发展,各国金融市场之间的联系和依赖性不断加强,金融机构跨国经营、资本全球流动,势必带来各种金融风险在国家之间相互转移、扩散和危机跨国传播,一个国家也难以凭借一国之力单独进行有效监管。因此,国际合作监管是为了确保所有跨境银行都能得到其母国和东道国监管当局的有效监管,这就要求跨国经营银行的母国和东道国监管当局之间应当建立合理的监管分工和合作。按照巴塞尔委员会确定的跨境银行合作监管原则,我国主动推进与境外银行监管机构之间建立正式的监管合作机制。到目前为止,中国银监会已与美国、加拿大、英国、德国、法国、波兰、韩国、新加坡、吉尔吉斯斯坦、巴基斯坦、中国香港、中国澳门等国家和地区的金融监管当局签订了监管合作谅解备忘录,涵盖信息交换、市场准入和现场检查中的合作、人员交流和培训、监管信息保密、监管工作会谈等多项内容。

(七) 监管中维护和尊重银行经营自主权的原则

银行是企业,有自己的合法经营自主权限,监管机构要注意维护和尊重银行的经营自主权,以保证银行获得合法的经营利益,因此,要求监管机构在监管中不得越位、不得错位,不得干预或限制银行经营自主权。

四 现代银行业监管发展趋势

在新的经济环境下,由于传统的监管方式和风险管理方式已经显得难以应付,为提高金融监管(包括银行业监管)的有效性,各国也进行了广泛的探索。从近年来的情况看,现代银行业监管的发展趋势主要体现为以下几个方面。

(一) 强调功能监管

功能监管是按照经营业务的性质来划分监管对象的监管模式，例如将金融业务划分为银行业务、证券业务和保险业务，监管机构针对业务进行监管，而不管从事这些业务经营的机构性质如何。其优势在于：监管的协调性高，监管中发现的问题能够得到及时处理和解决；金融机构资产组合总体风险容易判断；可以避免重复和交叉监管现象的出现，为金融机构创造公平竞争的市场环境。[1]

功能监管对应的是机构监管。机构监管与功能监管是金融市场监管的两种不同方法，机构监管是按照不同机构来划分监管对象的金融监管模式，如银行机构、证券机构、保险机构、信托机构等。机构监管与分业经营、分业监管的模式相适应。其优势在于：当金融机构从事多项业务时易于评价金融机构产品系列的风险，尤其在越来越多的风险因素如市场风险、利率风险、法律风险等被发现时，机构监管也可避免不必要的重复监管，一定程度上提高了监管功效，降低了监管成本。[2] 二者各有其存在价值和适用领域，在金融监管中是共存共生而不是非此即彼的关系。对二者进行适当协调和有机结合，可以使金融监管的内涵更加丰富、定位更加清晰、目标更加明确、手段更加灵活。

而目前各国在国际金融竞争和金融不断创新发展的背景下都实施了混业经营的探索，混业经营也成了金融业发展的趋势，故而必然使得机构监管不能适应形势发展的需要，从而推动功能监管的运行，功能监管的出现正是金融混业经营进行监管的需要。

(二) 实施全面风险监管

风险管理是指"运用一般的管理原理去管理一个组织或一种活动的资源要素，并通过运用各种风险管理技术和方法，以有效控制和处置所面临的各种风险，从而达到以最小的成本获得最大安全保障的目标"。[3] 随着国际金融市场的发展和银行业国际化趋势的增强，仅仅管理信用风险而形成的传统风险管理已经难以满足有效监管的要求了。对信用风

---

[1] 黄绥彪：《金融学》，广西人民出版社2008年版，第258页。
[2] 同上。
[3] 周民源主编：《新编银行业监管手册》，中国金融出版社2006年版，第127页。

险、市场风险、利率风险、流动性风险、操作风险、法律风险、声誉风险等各种风险实施全面风险管理，成为国际银行业监管的一个重要趋势。特别是银行面临的系统风险问题更是需要全面风险管理机制的形成和运作。在金融领域中，系统风险指由于政治经济和社会心理等因素影响，一个或几个银行倒闭导致整个银行体系发生"多米诺骨牌"式坍塌的危险。系统风险发生的可能性虽然比较小，但可能造成的危害却极大，甚至造成世界性的金融危机。目前，不少国家建立了不同程度的银行存款保险体系，目的在于使人们相信，即便其存款的银行出现问题，他们的存款仍然是安全的。一些银行体系较为集中的国家则主要依靠发挥中央银行的"最后贷款人"的职能，来处理银行危机。

（三）强化银行内部控制制度

有效的银行监管，必须注重外在约束和自我约束的有机统一。巴塞尔委员会制定的《有效银行监管的核心原则》确定的监管理念认为，良好的公司治理结构和内控制度是防范风险的第一道防线，市场约束机制、社会公众和专业机构的监督是第二道防线，政府监管则是第三道防线。[①] 国际银行界亏损倒闭事件频频发生，使得国际银行业和各国监管机构对银行内部控制制度的健全性、有效性越来越给予高度的重视。完善商业银行内部控制制度，提高银行自律管理水平，成为国际银行有效监管的又一重要趋势。

（四）激励相容监管

哈维茨（Hurwiez）创立的机制设计理论中"激励相容"是指：在市场经济中，每个理性经济人都会有自利的一面，其个人行为会按自利的规则行为行动；如果能有一种制度安排，使行为人追求个人利益的行为，正好与企业实现集体价值最大化的目标相吻合，这一制度安排，就是"激励相容"。换言之，使被监管者追求自身利益的行为与监管者的监管目标相吻合的制度安排就是"激励相容"[②]监管。监管与银行之间的信息不对称，决定了两者激励相容的必要性。如果两者在风险控制上激励不相容，将不可避免地出现银行的道德风险问题或监管当局的监督

[①] 李伟颖：《国际银行监管趋势对完善我国银行监管法律体系的启示》，《科技风》2008年第10期。

[②] 何伟：《激励相容原理：双赢的选择》，《金融时报》2005年5月30日。

成本过高的问题，而且激励不相容程度越大，银行的道德风险问题就越严重，监管当局需要支付的监督成本就越高。激励相容的银行业监管注重发挥市场机制的作用，并不认为银行和监管当局是"猫和老鼠"的关系，强调给予银行一定的自由裁量权，激励其发挥其积极性和主动性，与监管者形成良性互动，既维护了金融稳定，又给予了银行广阔的发展空间，是我国银行业监管方式演进的必然趋势。银行内部风险控制与外部监管的激励相容机制的科学设计与建立，对于降低监管当局的监督成本，提高监管效率，有效遏制银行的道德风险和过度风险承担的问题，从而维护金融体系的安全与稳定，都是非常重要的。

（五）重视信息披露制度

准确、及时、全面地获取和处理各种信息，对于银行业的监管和风险管理至关重要，它是对银行业实施有效监管的一个基本前提。信息披露要求银行要按照信息披露的要求，披露资本状况、风险状况等有关信息。因此，完善信息披露制度也成为加强银行业监管的一个重要趋势。

（六）强调监管程序的规范化和全程化

银行业监管活动应该贯穿银行运行的全过程，对银行事前、事中、事后采取规范化的监管程序，也是银行业监管的一个重要发展趋势。在具体操作过程中，主要应采取事前预防性措施、事中援救性措施和事后补救措施等。事前预防性措施包括对银行确立的市场准入标准、审批和开业登记、资本充足性、清偿力、利率管制等各方面的监督管理。事中援救性措施主要是指金融监管当局（主要是中央银行）担当起最终贷款人的职责，对遇到临时清偿困难的商业银行提供紧急资金援助，帮助它们渡过难关，避免倒闭事件的发生，还包括接管制度，即当商业银行已经或者可能发生信用危机，严重影响存款人的利益时，为恢复商业银行的正常经营能力而采取的措施。而事后补救措施的主要形式是存款保险制度，它是保护存款人利益、稳定金融体系的最后一道防线，该制度是一种金融保障制度，是指由符合条件的各类存款性金融机构集中起来建立一个保险机构，各存款机构作为投保人按一定存款比例向其缴纳保险费，建立存款保险准备金，当成员机构发生经营危机或面临破产危机时，存款保险机构向其提供财务救助或直接向存款人支付部分或全部存款，从而保护存款人利益，维护银行信用，稳定金融秩序的一种制度。

2012年7月16日，中国人民银行在其发布的《2012年金融稳定报告》中称，我国推出存款保险制度的时机已经基本成熟。西方多数国家已建立了这种制度。

(七) 推进银行监管的全球化

随着经济的全球化趋势，银行业的国际化趋势也在所难免，金融风险在国家之间相互转移、扩散的趋势不断增强，加强金融监管的国际合作变得日益重要和迫切，全球性统一监管成为大势所趋。

第三节 国际银行监管规则

随着2008年金融危机对全球经济的影响，国际金融监管改革目标也随之确立。2008年11月，二十国集团（G20）华盛顿峰会通过了加强金融监管的行动方案和原则，包括提高透明度和问责制、强化审慎监管、提升金融市场的诚信和改进金融监管国际合作。2009年4月2日G20伦敦峰会提出，建立强有力的、全球一致的金融监管框架，主要包括：重新构建监管架构识别和应对宏观审慎风险；扩大金融监管范围，将系统重要性金融机构（SIFIs）、市场和工具纳入审慎监管范围；改进金融机构的薪酬机制；提高金融体系资本质量和数量，遏制杠杆率累积；改革国际会计规则，建立高质量的金融工具估值和准备金计提标准等。2009年9月25日G20匹兹堡峰会进一步指出，建立高质量的监管资本，缓解经济周期效应，2010年底完成资本和流动性监管改革，主要经济体2011年底前开始实施"新资本协议"（Basel Ⅱ），并从2012年底开始实施新的资本和流动性监管标准；提升金融体系稳定性；改进场外衍生品市场，2012年底前所有标准化的场外衍生合约通过中央交易对手清算；2010年底提出降低系统重要性金融机构道德风险的一揽子方案。

2010年6月25日的G20多伦多峰会首次明确了国际金融监管的四大支柱：一是强大的监管制度，确保银行体系依靠自身力量能够应对大规模冲击，采用强有力的监管措施强化对冲基金、外部评级机构和场外衍生品监管；二是有效的监督，强化监管当局的目标、能力和资源，以及尽早识别风险并采取干预措施的监管权力；三是风险处置和解决系重要性机构问题的政策框架，包括有效的风险处置、强化的审慎监管工具和监管权力等；四是透明的国际评估和同行审议，各成员国必须接受国际货币基金组织和世界银行的金融部门评估规划（FSAP）和金融稳定理事会的同行审议（peer review），推进金融监管国际新标准的实施。

为有效应对全球金融危机揭示出的金融体系脆弱性，国际金融监管改革的主要内容涵盖了微观、宏观和中观三个层面，这三个层面的改革既各有侧重，针对性地解决不同性质的问题；又具有逻辑一致性，相互支持和有机结合。

1. 微观金融机构层面的监管改革。目的是提升单家金融机构的稳健性，强化金融体系稳定的微观基础。微观层面的改革包括：提升金融机构的风险管理能力；全面改革资本充足率监管制度，大幅度提升银行体系吸收损失的能力；引入杠杆率监管，约束银行体系的杠杆效应，缓解去杠杆化的负面影响；建立量化的流动性监管标准，增强单家银行应对短期流动性冲击的能力，降低资产负债期限错配程度；改革金融机构公司治理监管规则，引导金融机构建立集团层面的风险治理架构，推动金融机构实施稳健的薪酬机制，确保薪酬发放的数量、期限与所承担的风险暴露及风险存续期更加一致；提高金融机构的透明度要求，增强市场约束等。

2. 中观金融市场层面的监管改革。目的是强化金融市场基础设施建设，修正金融市场失灵。中观层面的改革措施包括：改革国家会计准则，建立单一的、高质量的会计制度；扩大金融监管范围，将不受监管约束或仅受有限约束的准金融机构（"影子银行体系"），如对冲基金、私人资金池、按揭贷款公司、结构化投资实体、货币市场基金等纳入金融监管框架；加强外部评级机构监管，减少利益冲突，降低金融监管以及金融机构对外部评级的依赖程度；改革场外衍生品市场，推动场外交易合约标准化，鼓励通过中央交易对手进行交易；提高不同金融部门监管标准的一致性，缩小不同金融市场之间监管套利的空间；改革金融交易的支付清算体系，降低风险传染性。

3. 宏观金融系统层面的监管改革。目的是将系统性风险纳入金融监管框架，建立宏观审慎监管制度。宏观层面的改革措施包括：建立与宏观经济金融环境和经济周期挂钩的监管制度安排，弱化金融体系与实体经济之间的正反馈效应;加强对系统重要性金融机构的监管,包括实施更严格的资本和流动性监管标准,提高监管强度和有效性,建立"自我救助"机制,降低"大而不倒"导致的道德风险;对具有全球系统重要性影响的金融机构,还应加强监管当局之间的信息共享和联合行动,建立跨境危机处置安排,降低风险的跨境传递。

应对改革需要而必须关注以下两个重要的国际银行监管规则。

一 《有效银行监管核心原则》

(一)《有效银行监管核心原则》的制定及修订概说

《有效银行监管核心原则》(Core Principles for Effective Banking Supervision),简称《核心原则》,是巴塞尔银行监管委员会发布的成员国国际银行监管领域里一份重要文献,1997年9月1日正式生效。巴塞尔银行监管委员会是1975年由十国集团国家中央银行行长建立的。委员会由比利时、加拿大、法国、德国、意大利、日本、卢森堡、荷兰、西班牙、瑞典、瑞士、英国和美国的银行监管当局及中央银行的高级官员所组成。委员会的秘书处设在巴塞尔的国际清算银行,并经常在此举行会议。

随着银行监管理念与实践的不断发展,《核心原则》同样需要与时俱进。因此,2004年12月,巴塞尔委员会开始启动《核心原则》的修订工作。经过一年多的努力,于2006年正式颁布了新版《核心原则》。《核心原则》修订内容主要反映在体例及内容这两个方面。从体例方面来看,总体上新版的原则仅由25条核心原则和涉及银行监管有效性的前提条件所组成,以往每条核心原则对应的解释内容都不再保留。涉及国有银行监管及存款保险制度的两个附件也不再保留,主要考虑是存款保险制度不完全属于银行监管的范畴,而国有银行则需要等同其他银行进行监管,不单独考虑不同所有制对银行监管的影响。

从内容方面来看,一是新添了一条原则全面论述银行风险管理原则,同时还通过合并或新增的方式推出了几条新原则,专门论述银行账户利率风险、流动性风险和操作风险,充分突出了对全面风险管理程序的重视,并细化了流动性风险、银行账户利率风险和操作风险监管有效性的评估标准,丰富了风险监管的内容。二是新版《核心原则》还补充了有关加强监管当局透明度、治理结构及问责制等原则性要求,突出现场和非现场检查的重要性,间接地推出了以风险为本监管的新理念。最后,新版《核心原则》不要求各国对整个银行业实施1988年的资本协议或新资本协议,而将其实施范围仅局限于"国际活跃银行",由各国自主选定"审慎、合适的资本监管制度"。

《核心原则》的修订主要是由巴塞尔核心原则联络小组完成的。小组成员来自包括中国在内的16个非巴塞尔委员会成员国的银行监管当局以及国际货币基金组织和世界银行的代表。中国银行业监督管理委员会积极参与了《核心原则》及《评估方法》的修订工作,在我国银行系统内广泛征求意见,并通过多种渠道,提出了我们对修订《核心原则》的意见和建议。其中,涉及风险管理、监管方法、对有问题资产的处理、操作风险、跨境监管的意见得到采纳。

核心原则是良好监管实践的最低标准,适用于世界各国。委员会认为,在世界各国实施核心原则将有助于大大提高国内外金融稳定,并为强化有效的监管体系奠定很好的基础。

(二)《有效银行监管的核心原则》的主要内容

《核心原则》规定了有效监管体系应遵循的25条原则。这些原则总体上可划分为七个方面的内容:目标、独立性、权力、透明度和合作(原则1),许可的业务范围(原则2至5),审慎监管规章制度(原则6至18),持续监管的各种方法(原则19至21),会计处理与信息披露(原则22),监管当局的纠正及整改权力(原则23)和并表及跨境监管(原则24至25)。各类原则的具体内容如下:

原则1——目标、独立性、权力、透明度和合作:有效的银行监管体系要求每个银行监管机构都有明确的责任和目标。每个监管机构都应具备操作上的独立性、透明的程序、良好的治理结构和充足的资源,并就履行职责情况接受问责。适当的银行监管法律框架也十分必要,其内容包括对设立银行的审批、要求银行遵守法律、安全和稳健合规经营的权力和监管人员的法律保护。另外,还要建立监管当局之间信息交换和保密的安排。

原则2——许可的业务范围:必须明确界定已获得执照并等同银行接受监管的各类机构允许从事的业务范围,并在名称上严格控制"银行"一词的使用。

原则 3——发照标准：发照机关必须有权制定发照标准，有权拒绝一切不符合标准的申请。发照程序至少应包括审查银行及其所在集团的所有权结构和治理情况、董事会成员和高级管理层的资格、银行的战略和经营计划、内部控制和风险管理，以及包括资本金规模在内的预计财务状况；当报批银行的所有者或母公司为外国银行时，应事先获得其母国监管当局的同意。

原则 4——大笔所有权转让：银行监管当局要有权审查和拒绝银行向其他方面直接或间接转让大笔所有权或控制权的申请。

原则 5——重大收购：银行监管当局有权根据制定的标准审查银行大笔的收购或投资，其中包括跨境设立机构，确保其附属机构或组织结构不会带来过高的风险或阻碍有效监管。

原则 6——资本充足率：银行监管当局必须制定反映银行多种风险的审慎且合适的最低资本充足率规定，并根据吸收损失的能力界定资本的构成。至少对于国际活跃银行而言，资本充足率的规定不应低于巴塞尔的相关要求。

原则 7——风险管理程序：银行监管当局必须满意地看到，银行和银行集团建立了与其规模及复杂程度相匹配的综合的风险管理程序（包括董事和高级管理层的监督），以识别、评价、监测、控制或缓解各项重大的风险，并根据自身风险的大小评估总体的资本充足率。

原则 8——信用风险：银行监管当局必须满意地看到，银行具备一整套管理信用风险的程序；该程序要考虑到银行的风险状况，涵盖识别、计量、监测和控制信用风险（包括交易对手风险）的审慎政策与程序。这应包括发放贷款、开展投资、贷款和投资质量的评估，以及对贷款和投资的持续管理。

原则 9——有问题资产、准备和储备：银行监管当局必须满意地看到，银行建立了管理有问题资产、评价准备和储备充足性的有效政策及程序，并认真遵守。

原则 10——大额风险暴露限额：银行监管当局必须满意地看到，银行的各项政策和程序要能协助管理层识别和管理风险集中；银行监管当局必须制定审慎限额，限制银行对单一交易对手或关联交易对手集团的风险暴露。

原则11——对关联方的风险暴露：为防止对关联方的风险暴露（表内外）所带来的问题并解决利益冲突问题，银行监管当局必须规定，银行应按商业原则向关联企业和个人发放贷款；对这部分贷款要进行有效的监测；要采取适当的措施控制或缓解各项风险。冲销关联贷款要按标准的政策和程序进行。

原则12——国家风险和转移风险：银行监管当局必须满意地看到，银行具备在国际信贷和投资中识别、计量、监测和控制国家风险和转移风险的有效政策和程序，并针对这两类风险建立充足的准备和储备。

原则13——市场风险：银行监管当局必须满意地看到，银行具备准确识别、计量、监测和控制市场风险的各项政策和程序；银行监管当局应有权在必要时针对市场风险暴露规定具体的限额和/或具体的资本要求。

原则14——流动性风险：银行监管当局必须满意地看到，银行具备反映银行自身的风险状况的管理流动性战略，并且建立了识别、计量、监测和控制流动性风险及日常管理流动性的审慎政策和程序。银行监管当局应要求银行建立处理流动性问题的应急预案。

原则15——操作风险：银行监管当局必须满意地看到，银行应具备与其规模及复杂程度相匹配的识别、评价、监测和控制/缓解操作风险的风险管理政策和程序。

原则16——银行账户利率风险：银行监管当局必须满意地看到，银行具备与该项风险的规模及复杂程度相匹配的识别、计量、监测和控制银行账户利率风险的有效系统，其中包括经董事会批准由高级管理层予以实施的明确战略。

原则17——内部控制和审计：银行监管当局必须满意地看到，银行具备与其业务规模和复杂程度相匹配的内部控制。各项内部控制应包括对授权和职责的明确规定、银行作出承诺、付款和资产与负债账务处理方面的职能分离、上述程序的交叉核对、资产保护、完善独立的内部审计、检查上述控制职能和相关法律、法规合规情况的职能。

原则18——防止利用金融服务从事犯罪活动：银行监管当局必须满意地看到，银行具备完善的政策和程序，其中包括严格的"了解你的客户"的规定，以促进金融部门形成较高的职业道德与专业水准，防止有意、无意地利用银行从事犯罪活动。

原则19——监管方式：有效的银行监管体系要求监管当局对单个银行、银行集团、银行体系的总体情况以及银行体系的稳定性有深入的了解，工作重点放在安全性和稳健性方面。

原则20——监管技术：有效的银行监管体系应包括现场检查和非现场检查。银行监管当局必须与银行管理层经常接触。

原则21——监管报告：银行监管当局必须具备在单个和并表基础上收集、审查和分析各家银行的审慎报告和统计报表的方法。监管当局必须有手段通过现场检查或利用外部专家对上述报表独立核对。

原则22——会计处理和披露：银行监管当局必须满意地看到，银行要根据国际通用的会计政策和实践保持完备的记录，并定期公布公允反映银行财务状况和盈利水平的信息。

原则23——监管当局的纠正和整改权力：银行监管当局必须具备一整套及时采取纠改措施的工具。这些工具包括在适当的情况下吊销银行执照或建议吊销银行执照。

原则24——并表监管：银行监管的一项关键内容就是监管当局对银行集团进行并表监管，有效地监测并在适当时对集团层面各项业务的方方面面提出审慎要求。

原则25——母国和东道国的关系：跨境业务的并表监管需要母国银行监管当局与其他有关监管当局、特别是东道国监管当局之间进行合作及交换信息。银行监管当局必须要求外国银行按照国内银行的同等标准从事本地业务。

巴塞尔委员会提出了有效银行监管的先决条件。委员会认为，有效的银行监管体系取决于一些外部因素或前提条件。虽然这些前提条件不在银行监管当局的直接管辖范围之内，但是实践中它们对银行监管的有效性有直接的影响。如果前提条件不完善，银行监管当局应提请政府注意这些问题，以及这些问题对实现监管目标的现实或潜在的负面影响。作为工作的一项内容，银行监管当局应对此有所反应，力争降低上述问题对监管效果的不良影响。这些外部因素包括：稳健且可持续的宏观经济政策；完善的公共基础设施；有效的市场约束；适度的系统性保护机制（或公共安全网）。而完善的公共基础设施包括以下内容：有助于公平解决争议的长期实施的商业法律体系，其中包括公司法、破产法、合同法、消费者保护法和私有财产法；国际普遍接受的综合、明确的会计准则和规定；对规模较大的公司进行独立审计的体系，以确保财务报表的使用者（包括银行）相信各类账目能真实公允地反映公司的财务状况，各类账户应是按照既定的准则制定的，并且审计师对其工作负责；有效、独立的司法部门和接受监管的会计、审计和律师行业；具备针对其他金融市场以及在适当情况下这些市场的参与者的明确规章制度和充分的监督；安全、有效的支付和清算系统，确保金融交易的清算，并且控制交易对手风险。同样，有效的市场约束取决于市场参与者能否得到充分的信息、管理良好的银行能否得到适度的财务奖励，是否存在使投资者对其决策结果负责的各项安排。这里涉及的许多问题包括公司治理结构，以及借款人向投资者及债权人提供准确、有意义、及时、透明的信息。如果政府试图影响或改变商业决定（特别是贷款决定）以实现公共政策目标，市场信号将受到扭曲，市场纪律将受到削弱。在这些情况下，如果政府提供贷款担保，则应披露担保内容，并采取措施，当政策贷款违约时，对金融机构予以补偿。

《核心原则》从有效银行监管的前提条件、发照和结构、审慎法规和要求、持续监管手段、信息要求、正式监管权力、跨境银行监管等方面，分别对监管主体和监管行为作出规定。并提出了银行风险监管的最低资本金要求、外部监管、市场约束三大原则，这些原则是世界各国近百年银行监管经验教训的系统总结，反映了国际银行业发展的新变化和银行监管的新趋势。

可以说，《核心原则》是继《巴塞尔资本协议》后国际上有关银行业监管的又一纲领性和指导性文献。《核心原则》作为国际上有效银行监管的通行标准，不仅为评价银行监管体系的有效性提供了评判准绳，也为各国银行监管方面存在的差距和问题提供了评估方法；不仅为十国集团所遵循，也陆续得到其他国家的认同，并作为建立和完善本国银行监管体系的指导准则。

2011年，鉴于2008年金融危机后国际金融市场的变化以及对有效银行监管标准的变化，BIS又修订了《核心原则》，将原先的25条《核心原则》扩展到 29 条，新的《核心原则》在 2012 年正式出台。[①]

二 《巴塞尔新资本协议》

(一)《巴塞尔新资本协议》概说

《巴塞尔资本协议》是国际清算银行（BIS）的巴塞尔银行业条例和监督委员会的常设委员会——"巴塞尔委员会"于 1988 年 7 月在瑞士的巴塞尔通过的"关于统一国际银行的资本计算和资本标准的协议"的简称。该协议第一次建立了一套完整的国际通用的、以加权方式衡量表内与表外风险的资本充足率标准，有效地扼制了与债务危机有关的国际风险。

《巴塞尔新资本协议》全称《统一资本计量和资本标准的国际协议：修订框架》(International Convergence of Capital Measurement and Capital Standards: A Revised Framework)，由巴塞尔银行委员会制定，于在 2004 年 6 月 26 日发布。

2004 年的新资本协议以国际活跃银行的实践为基础，详细地阐述了监管当局对银行集团的风险监管思想，同时新资本协议通过对商业银行计算信用风险加权资产和操作风险加权资产的规范，来约束商业银行内部建立完整而全面的风险管理体系，以达到保证全球银行体系稳健经营的目的。[②] 根据新资本协议的初衷，资本要求与风险管理紧密相联。新资本协议作为一个完整的银行业资本充足率监管框架，由三大支柱组成：一是最低资本要求；二是监管当局对资本充足率的监督检查（外部监管）；三是银行业必须满足的信息披露要求（市场约束）。这三点也通常概括为最低资本要求、监督检查和市场纪律。

三大支柱的首要组成部分是第一点，即最低资本要求，其他两项是对第一支柱的辅助和支持。资本充足率仍将是国际银行业监管的重要角色。新协议进一步明确了资本金的重要地位，称为第一支柱。巴塞尔委员会认为"压倒一切的目标是促进国际金融体系的安全与稳健"，而充足的资本水平被认为是服务于这一目标的中心因素。《巴塞尔新资本协

[①] 百度百科。

[②] 同上。

议》对此增加了两个方面的要求。

第一个支柱是要求大银行建立自己的内部风险评估机制，运用自己的内部评级系统，决定自己对资本的需求。但这一定要在严格的监管之下进行。另外，委员会提出了一个统一的方案，即"标准化方案"，建议各银行借用外部评级机构特别是专业评级机构对贷款企业进行评级，根据评级决定银行面临的风险有多大，并为此准备多少的风险准备金。一些企业在贷款时，由于没有经过担保和抵押，在发生财务危机时会在还款方面发生困难。通过评级银行可以降低自己的风险，事先预备相应的准备金。

第二个支柱即加大对银行监管的力度，监管者通过监测决定银行内部能否合理运行，并对其提出改进的方案。监管约束第一次被纳入资本框架之中。基本原则是要求监管机构应该根据银行的风险状况和外部经营环境，保持高于最低水平的资本充足率，对银行的资本充足率有严格的控制，确保银行有严格的内部体制，有效管理自己的资本需求。银行应参照其承担风险的大小，建立起关于资本充足整体状况的内部评价机制，并制定维持资本充足水平的战略；同时监管者有责任为银行提供每个单独项目的监管。

第三个支柱是市场对银行业的约束，要求银行提高信息的透明度，使外界对它的财务、管理等有更好的了解。《巴塞尔新资本协议》第一次引入了市场约束机制，让市场力量来促使银行稳健、高效地经营以及保持充足的资本水平。稳健的、经营良好的银行可以以更为有利的价格和条件从投资者、债权人、存款人及其他交易对手那里获得资金，而风险程度高的银行在市场中则处于不利地位，它们必须支付更高的风险溢价、提供额外的担保或采取其他安全措施。市场的奖惩机制有利于促使银行更有效地分配资金和控制风险。《巴塞尔新资本协议》要求市场对金融体系的安全进行监管，也就是要求银行提供及时、可靠、全面、准确的信息，以便市场参与者据此作出判断。根据巴塞尔新资本协议，银行应及时公开披露包括资本结构、风险敞口、资本充足比率、对资本的内部评价机制以及风险管理战略等在内的信息。

(二) 我国实施《巴塞尔新资本协议》的安排

2007年2月28日，中国银监会发布了《中国银行业实施新资本协议指导意见》，标志着我国正式启动了实施《巴塞尔新资本协议》的工程。按照我国商业银行的发展水平和外部环境，短期内我国银行业尚不具备全面实施《巴塞尔新资本协议》的条件。因此，中国银监会确立了分类实施、分层推进、分步达标的基本原则。

（1）分类实施的原则。国内商业银行在资产规模、业务复杂性、风险管理水平、国际化程度等方面差异很大，因此，对不同银行应区别对待，不要求所有银行都实施《巴塞尔新资本协议》。中国银监会规定，在其他国家或地区（含中国香港、中国澳门等）设有业务活跃的经营性机构、国际业务占相当比重的大型商业银行，应自2010年底起开始实施《巴塞尔新资本协议》，如果届时不能达到中国银监会规定的最低要求，经批准可暂缓实施《巴塞尔新资本协议》，但不得迟于2013年底。这些银行因此也称为新资本协议银行。而其他商业银行可以自2011年起自愿申请实施《巴塞尔新资本协议》。

（2）分层推进的原则。我国大型商业银行在内部评级体系、风险计量模型、风险管理的组织框架流程开发建设等方面进展不一。因此，中国银监会允许各家商业银行实施《巴塞尔新资本协议》时间先后有别，以便商业银行在满足各项要求后实施《巴塞尔新资本协议》。

（3）分步达标的原则。《巴塞尔新资本协议》对商业银行使用敏感性高的资本计量方法规定了许多条件，涉及资产分类、风险计量、风险管理组织框架和政策流程等许多方面，全面达标是一个渐进和长期的过程。商业银行必须结合本行实际，全面规划，分阶段、有重点、有序推进、逐步达标。在信用风险、市场风险、操作风险三类风险中，国内大型银行应先开发信用风险、市场风险的计量模型；就信用风险而言，现阶段应以信贷业务（包括公司风险暴露、零售风险暴露）为重点推进内部评级体系建设。[1]

(三)《巴塞尔资本协议》的发展[2]

2010年12月，巴塞尔委员会发布了《第三版巴塞尔资本协议》，对资本和流动性提出了更加严格的规定。《第三版巴塞尔资本协议》确

---

[1] 百度百科。
[2] 中国银监会官方网站 http://www.cbrc.gov.cn/index.html。

立了微观审慎和宏观审慎相结合的金融监管新模式，大幅度提高了商业银行监管资本要求，建立全球一致的流动性监管量化标准，将对商业银行经营模式、银行体系稳健性乃至宏观经济运行产生深远影响。

2009 年以来，基于金融危机的教训，巴塞尔委员会对现行银行监管国际规则进行了重大改革，发布了一系列国际银行业监管新标准，统称为《第三版巴塞尔资本协议》(Basel Ⅲ)。Basel Ⅲ体现了微观审慎监管与宏观审慎监管有机结合的监管新思维，按照资本监管和流动性监管并重、资本数量和质量同步提高、资本充足率与杠杆率并行、长期影响与短期效应统筹兼顾的总体要求，确立了国际银行业监管的新标杆。

1. 强化资本充足率监管标准。金融资本监管在巴塞尔委员会监管框架中长期占据主导地位，也是本轮金融监管改革的核心。

（1）提高监管资本的损失吸收能力。2010 年 7 月，巴塞尔委员会确定了监管资本工具改革的核心要素。一是恢复普通股（含留存收益）在监管资本中的主导地位；二是对普通股、其他一级资本工具和二级资本工具分别建立严格的合格标准，以提高各类资本工具的损失吸收能力；三是引入严格、统一的普通股资本扣减项目，确保普通股资本质量。此外，巴塞尔委员会正在研究提升系统重要性银行各类资本工具损失吸收能力的具体方案，包括：各类非普通股资本工具通过强制核销或转换为普通股等机制吸收损失、发行应急资本（contingent capital）和自救债券（bail-in debt）以降低破产概率的可行性。

（2）扩大资本覆盖风险的范围。2008 年金融危机表明，新资本协议框架下的资产证券化风险暴露、交易头寸、场外衍生产品交易的风险权重方法不能充分反映这些业务的内在风险。为此，2009 年 7 月以来，巴塞尔委员会调整风险加权方法以扩大风险覆盖范围。一是大幅提高证券化产品（特别是再资产证券化）的风险权重；二是大幅度提高交易业务的资本要求，包括增加压力风险价值（S-VaR）、新增风险资本要求等；三是大幅度提高场外衍生产品交易和证券融资业务的交易对手信用风险的资本要求。巴塞尔委员会定量影响测算结果表明，风险加权风险的修订导致国际化大银行资本要求平均上升 20%。

（3）提高资本充足率监管标准。根据自下而上的定量影响测算和自上而下的监管标准校准的结果，9 月 12 日巴塞尔委员会确定了三个最低资本充足率监管标准,普通股充足率为 4.5%,一级资本充足率为 6%,总资本充足率为 8%。为缓解银行体系的亲周期效应,打破银行体系与实体经济之间的正反馈循环,巴塞尔委员还建立了两个超额资本要求:一是要求银行建立留存超额资本(capital conservation buffer),用于吸收严重经济和金融衰退给银行体系带来的损失。留存超额资本全部由普通股构成,最低要求为 2.5%。二是建立与信贷过快增长挂钩的反周期超额资本(counter-cyclical buffer),要求银行在信贷高速扩张时期积累充足的经济资源,用于经济下行时期吸收损失,保持信贷跨周期供给平稳,最低要求为 0—2.5%。待新标准实施后,正常情况下,商业银行的普通股、一级资本和总资本充足率应分别达到 7%、8.5% 和 10.5%。此外,巴塞尔委员会还与会计标准制定机构密切对话,推动建立前瞻性的动态损失拨备制度。

2. 引入杠杆率监管标准。2008 年金融危机之前,金融工具创新以及低利率的市场环境导致银行体系积累了过高的杠杆率,使得资本充足率与杠杆率的背离程度不断扩大。危机期间商业银行的去杠杆化过程显著放大了金融体系脆弱性的负面影响。为此,巴塞尔委员会决定引入基于规模、与具体资产风险无关的杠杆率监管指标,作为资本充足率的补充。2009 年 12 月发布了杠杆率计算方法的征求意见稿,2010 年 7 月巴塞尔委员会就杠杆率计算方法与监管标准达成共识,自 2011 年初按照 3% 的标准(一级资本/总资产)开始监控杠杆率的变化,2013 年初开始进入过渡期,2018 年正式纳入第一支柱框架。

3. 建立流动性风险量化监管标准。金融危机爆发的前几年,全球金融市场较低的利率水平以及金融交易技术的创新,增强了资本市场活力,银行融资流动性和资产流动性同时扩大,对金融市场流动性的依赖性明显增强。本轮危机暴露出欧美大型银行过度依赖批发型融资来源的内在脆弱性。为增强单家银行以及银行体系维护流动性的能力,2009 年 12 月巴塞尔委员会发布了《流动性风险计量标准和监测的国际框架(征求意见稿)》,引入了两个流动性风险监管的量化指标。一是流动性覆盖率(LCR),用于度量短期压力情境下单个银行流动性状况,目的是提高银行短期应对流动性中断的弹性。二是净稳定融资比例(NSFR),用于度量中长期内银行解决资金错配的能力,它覆盖整个资产负债表，目的是激励银行尽量使用稳定资金来源。

4. 确定新监管标准的实施过渡期。鉴于目前全球经济复苏存在不确定性，为防止过快引入新的银行监管国际标准对经济复苏潜在的不利影响，按照 G20 领导人的要求，巴塞尔委员会从宏观和微观两个层面对国际新监管标准实施可能带来的影响进行了评估。根据评估结果，9 月 12 日召开的中央银行行长和监管当局负责人（GHOS）会议决定设立为期 8 年（2011—2018 年）的过渡期安排。各成员国应在 2013 年之前完成相应的国内立法工作，为实施新监管标准奠定基础，并从 2013 年初开始实施新的资本监管标准，随后逐步向新标准接轨，2018 年底全面达标。2015 年初成员国开始实施流动性覆盖率，2018 年初开始执行净稳定融资比例。

5. 强化风险管理实践。除提高资本与流动性监管标准外，金融危机以来巴塞尔委员会还发布了一系列与风险管理相关的监管原则、指引和稳健做法等。2008 年 9 月巴塞尔委员会发布了《流动性风险管理和监管的稳健原则》，从定性方面提出了加强流动性风险管理和审慎监管的建议；2009 年 4 月发布了《评估银行金融工具公允价值的监管指引》；2009 年 5 月发布了《稳健压力测试实践及监管指引》；2009 年 7 月巴塞尔委员会大幅度强化了新资本协议第二支柱框架，要求商业银行建立集团层面的风险治理框架、加强对各类表外风险的管理、重视对各类集中度风险的管理等；2010 年发布了《加强银行机构公司治理》和《薪酬原则和标准的评估方法》等，推动商业银行提升风险治理有效性和风险管理能力。

（四）我国实施《第三版巴塞尔资本协议》的安排

2011 年，中国银监会又颁布了新的关于中国银行业实施新监管标准的指导意见，主要内容如下。

第一，总体目标和指导原则。

1. 总体目标

借鉴国际金融监管改革成果，根据国内银行业改革发展和监管实际，构建面向未来、符合国情、与国际标准接轨的银行业监管框架，推动银行业贯彻落实"十二五"规划纲要，进一步深化改革，转变发展方式，提高发展质量，增强银行业稳健性和竞争力，支持国民经济稳健平衡可持续增长。

2. 指导原则

原则1：立足国内银行业实际，借鉴国际金融监管改革成果，完善银行业审慎监管标准。基于我国银行业改革发展实际，坚持行之有效的监管实践，借鉴《第三版巴塞尔资本协议》，提升我国银行业稳健标准，构建一整套维护银行体系长期稳健运行的审慎监管制度安排。

原则2：宏观审慎监管与微观审慎监管有机结合。统筹考虑我国经济周期及金融市场发展变化趋势，科学设计资本充足率、杠杆率、流动性、贷款损失准备等监管标准并合理确定监管要求，体现逆周期宏观审慎监管要求，充分反映银行业金融机构面临的单体风险和系统性风险。

原则3：监管标准统一性和监管实践灵活性相结合。为保证银行业竞争的公平性，统一设定适用于各类银行业金融机构的监管标准，同时适当提高系统重要性银行监管标准，并根据不同机构情况设置差异化的过渡期安排，确保各类银行业金融机构向新监管标准平稳过渡。

原则4：支持经济持续增长和维护银行体系稳健统筹兼顾。银行体系是我国融资体系的主渠道，过渡期内监管部门将密切监控新监管标准对银行业金融机构的微观影响和对实体经济运行的宏观效应，全面评估成本与收益，并加强与相关部门的政策协调，避免新监管标准实施对信贷供给及经济发展可能造成的负面冲击。

第二，提高银行业审慎监管标准。

根据《第三版巴塞尔资本协议》确定的银行资本和流动性监管新标准，在全面评估现行审慎监管制度有效性的基础上，提高资本充足率、杠杆率、流动性、贷款损失准备等监管标准，建立更具前瞻性的、有机统一的审慎监管制度安排，增强银行业金融机构抵御风险的能力。

1. 强化资本充足率监管

（1）改进资本充足率计算方法。一是严格资本定义，提高监管资本的损失吸收能力。将监管资本从现行的两级分类（一级资本和二级资本）修改为三级分类，即核心一级资本、其他一级资本和二级资本；严格执行对核心一级资本的扣除规定，提升资本工具吸收损失能力。二是优化风险加权资产计算方法，扩大资本覆盖的风险范围。采用差异化的信用风险权重方法，推动银行业金融机构提升信用风险管理能力；明确操作风险的资本要求;提高交易性业务、资产证券化业务、场外衍生品交易等复杂金融工具的风险权重。

(2) 提高资本充足率监管要求。将现行的两个最低资本充足率要求(一级资本和总资本占风险资产的比例分别不低于4%和8%)调整为三个层次的资本充足率要求:一是明确三个最低资本充足率要求,即核心一级资本充足率、一级资本充足率和资本充足率分别不低于5%、6%和8%。二是引入逆周期资本监管框架,包括2.5%的留存超额资本和0—2.5%的逆周期超额资本。三是增加系统重要性银行的附加资本要求,暂定为1%。新标准实施后,正常条件下系统重要性银行和非系统重要性银行的资本充足率分别不低于11.5%和10.5%;若出现系统性的信贷过快增长,商业银行需计提逆周期超额资本。

(3) 建立杠杆率监管标准。引入杠杆率监管标准,即一级资本占调整后表内外资产余额的比例不低于4%,弥补资本充足率的不足,控制银行业金融机构以及银行体系的杠杆率积累。

(4) 合理安排过渡期。新资本监管标准从2012年1月1日开始执行,系统重要性银行和非系统重要性银行应分别于2013年底和2016年底前达到新的资本监管标准。过渡期结束后,各类银行应按照新监管标准披露资本充足率和杠杆率。

2. 改进流动性风险监管

(1) 建立多维度的流动性风险监管标准和监测指标体系。建立流动性覆盖率、净稳定融资比例、流动性比例、存贷比以及核心负债依存度、流动性缺口率、客户存款集中度以及同业负债集中度等多个流动性风险监管和监测指标,其中流动性覆盖率、净稳定融资比例均不得低于100%。同时,推动银行业金融机构建立多情景、多方法、多币种和多时间跨度的流动性风险内部监控指标体系。

(2) 引导银行业金融机构加强流动性风险管理。进一步明确银行业金融机构流动性风险管理的审慎监管要求,提高流动性风险管理的精细化程度和专业化水平,严格监督检查措施,纠正不审慎行为,促使商业银行合理匹配资产负债期限结构,增强银行体系应对流动性压力冲击的能力。

(3) 合理安排过渡期。新的流动性风险监管标准和监测指标体系自2012年1月1日开始实施，流动性覆盖率和净稳定融资比例分别给予2年和5年的观察期，银行业金融机构应于2013年底和2016年底前分别达到流动性覆盖率和净稳定融资比例的监管要求。

3. 强化贷款损失准备监管

（1）建立贷款拨备率和拨备覆盖率监管标准。贷款拨备率（贷款损失准备占贷款的比例）不低于2.5%，拨备覆盖率（贷款损失准备占不良贷款的比例）不低于150%，原则上按两者孰高的方法确定银行业金融机构贷款损失准备监管要求。

（2）建立动态调整贷款损失准备制度。监管部门将根据经济发展不同阶段、银行业金融机构贷款质量差异和盈利状况的不同，对贷款损失准备监管要求进行动态化和差异化调整：经济上行期适度提高贷款损失准备要求，经济下行期则根据贷款核销情况适度调低；根据单家银行业金融机构的贷款质量和盈利能力，适度调整贷款损失准备要求。

（3）过渡期安排。新标准自2012年1月1日开始实施，系统重要性银行应于2013年底达标；对非系统重要性银行，监管部门将设定差异化的过渡期安排，并鼓励提前达标：盈利能力较强、贷款损失准备补提较少的银行业金融机构应在2016年底前达标；个别盈利能力较低、贷款损失准备补提较多的银行业金融机构应在2018年底前达标。

第三，增强系统重要性银行监管有效性。

根据国内大型银行经营模式以及监管实践，监管部门将从市场准入、审慎监管标准、持续监管和监管合作几个方面，加强系统重要性银行监管。

1. 明确系统重要性银行的定义。国内系统重要性银行的评估主要考虑规模、关联性、复杂性和可替代性四个因素，监管部门将建立系统重要性银行的评估方法论和持续评估框架。

2. 维持防火墙安排，改进事前准入监管。为防止系统重要性银行经营模式过于复杂，降低不同金融市场风险的传染，继续采用结构化限制性监管措施：一是维持现行银行体系与资本市场、银行与控股股东、银行与附属机构之间的防火墙，防止风险跨境、跨业传染。二是从严限制银行业金融机构从事结构复杂、高杠杆交易业务，避免过度承担风险。三是审慎推进综合经营试点。对于进行综合经营试点的银行，建立正式的后评估制度，对于在合理时限内跨业经营仍不能达到所在行业平均盈利水平的银行，监管部门将要求其退出该行业。

3. 提高审慎监管要求。除附加资本要求之外，监管部门将视情况对系统重要性银行提出更高的审慎监管要求，以提升其应对外部冲击的能力：一是要求系统重要性银行发行自救债券，以提高吸收损失的能力。二是提高流动性监管要求。三是进一步严格大额风险暴露限制，适度降低系统重要性银行对单一借款人和集团客户贷款占资本净额的比例。四是提高集团层面并表风险治理监管标准，包括集团层面风险偏好设定、统一的风险管理政策、管理信息系统建设、集团内部交易等。

4. 强化持续监管。一是监管资源向系统重要性银行倾斜，赋予一线监管人员更广泛的权力，加强对系统重要性银行决策过程、执行过程的监管，以尽早识别风险并采取干预措施。二是丰富和扩展非现场监管体系，完善系统重要性银行的风险监管评估框架，及时预警、有效识别并快速处置风险。三是进一步提升系统重要性银行现场检查精确打击的能力，督促系统重要性银行加强公司治理和风险管理，防止和纠正不安全、不稳健的经营行为。四是实现功能监管与机构监管相结合，采用产品分析、模型验证、压力测试、同业评估等监管手段，保证监管技术能够适应系统重要性银行业务和组织机构日益复杂化的趋势。五是指导并监督系统重要性银行制订恢复和处置计划、危机管理计划，增强系统重要性银行自我保护能力。

5. 加强监管合作。在跨境合作方面，建立对境外监管当局监管能力的评估机制，健全跨境经营系统重要性银行的监管联席会议机制，提高信息交流质量，加强在市场准入、非现场监管、现场检查以及危机管理方面的合作。在跨业合作方面，在国务院统一领导下，监管部门将加强与中国人民银行、证券监管部门、保险监管部门的协调配合，构建"无缝式"金融监管体系，改进对银行集团非银行业务的风险评估。

银监会还对实施新监管标准提出了工作要求。

本章复习思考题

1. 简述对银行业实施监管的意义。
2. 银行业监管机构的职责有哪些？

3. 简述银行业监管的目标和原则。

4. 银行业监管的发展趋势如何？

5. 主要的国际银行监管规则有哪些？

专著推荐

1. 中国银行业监督管理委员会江苏监管局编：《银行业监管的实践与探索》，中国金融出版社 2011 年版。

2. 阎庆民编：《现代银行业监管前沿问题研究》，中国金融出版社 2010 年版。

相关链接

1. 法律法规链接

《银行业监督管理法》

2. 网络信息链接

百度百科 http://baike.baidu.com/link?url=y542ZNT2wjASAazsF4-afRMpM5OUqah8B0cpDMbk7ggkU4DUO0hVbhLxCrD9BwxGx

中国银监会官方网站 http://www.cbrc.gov.cn/index.html

3. 相关事例链接

国际银行监管三大支柱及内涵

巴塞尔银行监管委员会通过的《有效银行监管核心原则》明确了国际银行监管的三大支柱：资本充足率、持续监管、市场纪律。不管其具体计量风险因素的内容和标准如何变化，三大监管支柱基本统一。其含义与内容是：

（一）资本充足率

它是以银行资本为核心，以规范统一的方法，对银行经营及资产面临的八大风险持续进行识别、计量、分析、判断，以确认银行资产损失及拨备率状况、资本净额及充足率情况，进而对银行的所有者、经营者和监督者提出保持性、完善性、治理性、整顿性、处置性措施，以确保银行经营的拨备充足、资本达标，始终是一家运行稳健、治理健全的好银行。

(二) 持续监管

它是指银行业监管部门对银行机构的市场准入、业务运行和市场退出的事项、活动及行为的全过程持续监管。围绕这三个过程，通常是准入事项的审查和审批，业务运行的现场检查和借助统计信息的持续非现场监管，重大变更事项的审查与机构和业务的重组甚至市场退出。市场准入监管主要是银行业机构的资本、高级管理人员、业务与技术、章程与管理办法、营业场所等。业务运行监管是针对银行机构的业务活动及规范、风险程度等相关的检查与分析和治理，这是影响甚至决定监管组织体制、工作方式的关键。重大事项变更与市场退出监管与业务运行或者风险处置密切相关，是持续监管过程中治理性或整顿性措施的具体体现。

(三) 市场纪律

也称为市场约束，或者称为信息披露。就是通过持续有效监管，严格依据资本充足率的计量方法，对银行的决策、经营、管理和经营效果作出风险综合评价与分类，并将结果披露。通过提高信息透明度，让银行的客户和其他金融消费者清楚与他交往的银行的本质与情况，据此判断和选择后续银行服务。目的在于让好的银行做大做强，具有持续发展的市场客户基础，让差的或不好的银行面对市场压力，自觉改善管理，提高竞争力，由市场竞争力淘汰坏的银行。

2008年全球金融危机爆发以后，围绕如何进一步改进和加强金融监管这一主题，理论界、实务界展开了广泛深入的讨论，其中最系统、最有影响力的成果是巴塞尔银行监管委员会（以下简称巴塞尔委员会）陆续发布的一系列监管文件，包括2008年发布的《稳健的流动性风险监管原则》，2009年发布的《稳健的压力测试实践和监管原则》、《新资本协议框架改进方案》、《新资本协议市场风险框架的修订稿》、《交易账户新增风险资本计提指引》、《增强银行体系稳健性》和《流动性风险计量、标准和监测的国际框架》的征求意见稿。预计，巴塞尔委员会、金融稳定论坛、G20会议等还可能就宏观审慎监管、亲周期性问题、缓冲资本等问题进行研究，发布一系列新的指引要求。综合分析这些新的银行监管要求，基本可以勾画出银行监管的发展趋势。

在坚持新资本协议总体框架的基础上,进一步要求银行建立全面风险管理体系。巴塞尔委员会发布的一系列文件都反复重申,新资本协议的核心内容和框架有助于提高银行体系的稳定性,三大支柱的体系是合理的,但需要进一步完善。尤其是针对这次金融危机中发现的资产证券化产品的过度杠杆化、资本套利、信息不透明等问题,要求银行建立全面的风险管理体系,主要的改进有以下内容。

第一,提高再证券化产品的风险权重。整体而言,再证券化产品的风险权重比证券化产品提高一倍或更高,比如采用标准法,级别为AAA级到AA$^-$级证券化敞口的风险权重是20%,再证券化的风险权重为40%。证券化敞口的风险系数保留下来,说明原来的方案有合理性,进一步加大再证券化敞口的系数,则说明原来的方案有缺陷,低估了再证券化敞口的风险。

第二,加强交易账户的风险管理,改进市场风险监管资本计量。对交易账户要计量特定风险和新增风险,以更好地捕捉金融工具的违约风险和迁徙风险。同时要求银行计算在压力环境下的风险价值,即压力VaR,压力情境至少包括2008年的金融危机等情景,明确银行市场风险监管资本至少是压力测试VaR的3倍与正常情况下VaR值3倍之和。

第三,进一步加强交易对手信用风险管理,全面管理信用风险。2008年金融危机中交易对手风险表现得非常突出,雷曼和贝尔斯登破产、美林被收购都和交易对手风险管控不当有关。巴塞尔委员会提出了交易对手信用风险管理的完善措施,包括审慎确定风险暴露的大小、控制错向(wrong way)风险、合理确定信用风险调整项CVA的大小、提高大型金融机构之间的资产相关系数、加强保证金管理等。在这些调整的基础上,银行要进一步改进交易对手的信用风险管理,完善管理制度和流程。

第四,建立银行层面的风险管理体系。在第二支柱完善方案中强调,风险管理首先是董事会、管理层的责任,银行要能够突破部门、业务种类、风险种类的限制,实现风险的整合;银行要建立恰当的政策、程序和限额,从整体上管理风险;要有管理风险的信息系统,及时全面地识别、计量、监测、报告风险;要建立健全的内部控制体系;要改革薪酬管理体系,建立风险与长期回报的关系。这些要求的核心是银行要能够管控所有风险，最大的亮点就是要求银行整合各类风险的管理，能够在银行层面实现跨账户、跨业务条线、跨风险种类的管理。

第五，重新修改资本标准，提高资本的质量。资本质量和资本数量同样重要。根据新的资本划分意见，银行的资本被分为两级：一级资本和二级资本，取消了原来专门用于市场风险的三级资本。一级资本是维持银行持续经营的资本，主要表现形式必须是普通股和留存收益，对不能吸收损失的无形资产、递延所得税资产等进行扣除。创新性工具作为一级资本将被严格限制，非累积性永久优先股也可以作为一级资本，但必须满足没有分红和利息要求，没有到期期限，没有赎回的强制条款。二级资本是在银行清盘时发挥作用的资本，原来二级资本中的五种划分将被取消，改为11条严格的条件。银行必须明确披露一级资本中有形普通股比例、核心一级资本、权益一级资本等，而且普通股比例必须占主导地位。

第六，调整减值准备的计提方式，建立缓冲资本制度。要根据经济周期的运行阶段，探索建立反周期的缓冲资本要求。改变减值准备的计提标准，将预期损失作为减值准备的基础，预期损失的减值准备缺口全部从一级资本的普通股中扣除，而不是目前从一级资本和二级资本中各扣50%。高于预期损失的超额减值准备，将不再设置最高限额（目前是加权风险资产的0.6%），或者提高限额比例。根据超额资本占最低要求资本的比例，设定不同的留存收益比例，通过这种方式促使银行增加资本。用信贷总量和GDP之比作为衡量指标，建立制约信贷过快增长的资本防御机制。

第七，进一步加大信息透明度。在第三支柱修改方案中，要求银行进一步披露交易账户的资产证券化风险敞口、表外工具、资产支持的流动性便利、再证券化敞口、证券化敞口的估值以及各类管道机构的相关信息。①

沃克尔规则

2010年7月21日，经美国总统奥巴马签署，《多德—弗兰克华尔

---

① 参见《中国金融》印刷版2010年第11期。

街改革和消费者金融保护法案》（The Dodd-Frank Wall Street Reform and Consumer Protection Act）（以下简称《多德—弗兰克法案》）生效，该法案致力于提高美国金融系统的稳定性，防止银行类金融机构为追求利润过度承担风险，避免金融危机的再次发生。《多德—弗兰克法案》被认为是自20世纪30年代"大萧条"以来最全面、最严厉的金融改革法案，将成为与美国《1933年银行法案》中"格拉斯—斯蒂格尔法案"相比肩的一块金融监管基石。

《多德—弗兰克法案》的第619节（Section 619）被市场称为"沃尔克规则"（Volcker Rule），是此次美国金融监管改革的核心。

本次金融危机的教训表明，由商业银行交易账户所持有的市场化证券产品带来的损失，是危机爆发的导火索。据国际货币基金组织统计，危机爆发初期银行交易账户证券的损失远远高于银行账户的贷款损失。与此同时，商业银行通过并购、参股、控股等多种形式发起和持有的对冲基金、私募股权基金在本次危机中也遭受重大损失，美国政府不得不耗费巨资实施救助，这在一定意义上可以视为银行综合经营潜在风险的集中爆发。与投资银行、对冲基金和私募基金相比，商业银行一方面可以凭借联邦存款保险公司（FDIC）的支持，以更低的价格获得更稳定的存款资金来源；另一方面可以通过联邦补贴窗口获得流动性支持，在不公平竞争中形成并积累优势。

有鉴于此，2010年1月，美国总统奥巴马公布了前美联储主席沃尔克提出的一揽子加强金融监管有效性的政策建议：一是禁止商业银行从事高风险的自营交易，将传统商业银行业务和其他业务分隔开来。二是禁止商业银行拥有对冲基金和私募股权基金，限制衍生品交易。三是对金融机构的规模施以严格限制。业界将上述政策统称为"沃尔克规则"。

"沃尔克规则"规定，禁止或限制"银行业实体"与美联储监管的非银行金融公司从事某些风险很高、有可能与顾客发生重大利益冲突的金融活动。这些限制措施旨在"通过降低这些金融机构的风险敞口，减少联邦安全网保护的机构带来的潜在纳税人损失，减少对金融稳定的威胁"。另外，"减少那些目前积极参与自营交易或拥有对冲基金、私募股权基金的银行机构与非银行业金融机构的规模、复杂性与关联性"，防止"太大而不能倒"的情况发生。"沃尔克规则"特别禁止银行业实体从事自营交易、支持与投资对冲基金与私募股权基金。同时对某些联邦储备委员会监督的非银行业金融机构施加了新的资本要求与数量限制。

2011年1月18日，美国金融稳定监督委员会（Financial Stability Oversight Council）就"沃尔克规则"的立法问题，发布了一份长达81页的研究报告。随后，美联储作为主要落实部门之一，于2月率先出台了有关"沃尔克规则"实施过渡的细则规定。上述报告和细则的出台，标志着美国实施"沃尔克规则"的序幕已经拉开，但其彻底实施仍需经过一些步骤。

第一，由金融稳定监管委员会对实施沃尔克规则的原则、方法进行研究，对实施中可能的问题进行分析，提出指导性意见并形成书面材料，该步骤已于2011年1月21日完成；第二，由各类监管机构根据上述意见在2011年10月21日前制定相应的实施细则；第三，各项工作准备就绪后，沃尔克规则的实施细则将于2012年7月21日开始正式生效；第四，给予金融机构两年的过渡期，在此期间金融机构清理其自营交易机构，处理相关历史头寸，重新安置人员；第五，2014年7月21日开始，金融机构必须遵照执行沃尔克规则，否则将面临监管处罚（部分机构在监管允许的情况下可以再延长过渡期）。

沃尔克规则出台后，对美国银行业现有的组织架构、盈利模式势必造成较大冲击，影响广泛而深远。[1]

本章参考文献

［1］刘定华主编：《金融法教程》，中国金融出版社2010年版。

［2］韩龙主编：《金融法》，清华大学出版社、北京交通大学出版社2008年版。

［3］周民源主编：《新编银行业监管手册》，中国金融出版社2006年版。

---

[1] 以上资讯综合整理自：（1）戴维·斯基尔：《金融新政：解读〈多德—弗兰克法案〉及其影响》，丁志杰、张红地等译，中国金融出版社2012年版；（2）隋平：《美国〈Dodd-Frank法案〉评析》，法律出版社2011年版；（3）新华网等。

［4］李伟颖：《国际银行监管趋势对完善我国银行监管法律体系的启示》,《科技风》2008年第10期。

［5］何伟：《激励相容原理：双赢的选择》,《金融时报》2005年5月30日。

第二十一章　证券监管法律制度

本章内容提要： 本章以证券监管中行政监管为论述核心，简要介绍了证券监管的目的、监管的模式，以及我国证券监管中重要的组成部分——证券交易所监管及证券业协会自律监管的内容。其中证券行政监管，重点介绍了中国证监会对证券发行和上市的监管、对证券交易的监管内容，以及被监管人违反法律法规和中国证监会规定所应负的法律责任。通过对本章的学习，学生可以较全面地了解我国法律对证券监管的核心内容以及具体规则，更进一步理解证券监管的重要意义。

关键词： 监管　证券监管的目的　公众利益　投资者利益　交易安全　证券行政监管　证监会　深圳证券交易所　上海证券交易所　交易规则　集中监管模式　自律监管模式　中间型监管模式　证券交易所监管　证券业自律　证券发行的审核　强制信息公开制度　操纵市场行为　欺诈客户行为　内幕交易行为　法律责任

第一节　证券监管概述

一　证券监管的概念

证券监管的概念有广义和狭义之分。广义的证券监管包括国家证券监督管理机构的行政监管和证券业行业的自律监管。其中自律监管又包括证券交易所的自律监管和证券业协会的自律管理。

我国的证券业自律监管分为证券交易所的自律监管以及证券业协会的自律管理。其中证券交易所的自律监管指两大证券交易所（即深圳证券交易所和上海证券交易所）对在其交易所上市交易的证券及会员进行的监督管理。证券业协会的自律管理指中国证券业协会对会员（证券公司）的业务行为进行自律管理。而狭义的证券业监管只指国家证券监督管理机构的行政监管。

二 证券监管的目的

（一）维护公众投资者的合法权益

公众投资者是证券市场的重要参与者，他们参与证券交易、承担风险是以获取收益为目的的，为保护投资者的合法权益，须坚持"公平、公开、公正"的原则，便于投资者充分了解证券发行人的资信及其面临的风险状况，加强对证券市场的监管，避免投资者因误导、操纵或欺诈而造成损失，从而保障证券市场的长久发展。因此为投资者的利益保驾护航，维护其合法权益是证券监管的基本目的。

（二）维护金融市场的合理良性发展

我国目前的金融市场秩序仍然存在诸多弊端，如蓄意欺诈、操纵交易等，这些现象的存在在一定程度上破坏了公平的金融交易秩序，因此从证券监管方面维护金融市场秩序，为金融市场的合理良性发展提供保障也是证券监管的基本目的。

（三）保障证券市场交易的公平、透明和效率

证券市场是从证券发行再到证券交易的整个过程的有机结合，上市公司从证券市场直接融资，投资者进行交易获得收益，因此证券市场的交易、发行是否公平、透明、效率，微观上决定着利害关系人的利益的实现，宏观上决定着金融市场是否可以有序良性发展，证券监管的目标正在于此。

三 证券监管的模式

一般认为，就目前世界各国的证券监管模式来看，可以分为集中监管模式、自律监管模式和中间型监管模式。

（一）集中监管模式

集中监管模式是指由政府下辖的部门或直接隶属于立法机关的国家证券监督管理机构对证券市场实行集中统一监管的模式。其代表为美

国。一般情形下,集中监管模式注重立法管理,通过设立全国性管理机构来协调、指导证券市场的发展和完善。

(二) 自律监管模式

自律监管模式,是指国家只颁布证券法律法规,证券市场由证券市场的参与者,如证券交易所、证券业协会来自我约束加以监管。自律监管以英国为代表。这种模式对一国的证券市场交易参与者的自律水平要求较高。

(三) 中间型监管模式

中间型监管模式,是指介于集中监管与自律监管之间,以政府下辖的有关部门进行实质监管与证券业自律监管相结合的模式。中间型监管模式以欧洲大陆国家为代表,如德国、法国、意大利等。

集中监管模式和自律监管模式各有优劣,集中监管模式虽然有严格、公平公正发挥监管作用,有效维护投资者的利益的特点,但缺乏效率,脱离实际;自律监管模式虽然更切合实际、效率较高,但自律监管通常将监管重点放在市场的有效运行和保护其会员利益上,对投资者的利益无法充分保障,因此,中间型监管模式一定程度上综合上述两个监管模式的优点,较有优势。

我国从证券法的规定来看,属于集中监管的模式,即由中国证券监督管理委员会(以下简称证监会)实施集中统一的监管职责,同时在我国,证券业的自律管理也被日益重视,形成独具我国特色的集中监管的模式。

四 证券自律监管

(一) 证券交易所监管

1. 证券交易所监管的概念和监管职责

证券交易所监管是指证券交易所根据证券法的授权,享有依法对证券的上市交易行为及其会员(证券公司)进行日常监管的权力。

证券交易所的具体监管职权为:(1)提供证券交易的场所和设施;(2)制定证券交易所的业务规则、上市规则、交易规则,并报中国保监会批准;(3)接受上市申请、安排证券上市;(4)公布证券交易即时行情,并按交易日制作证券市场行情表,并予以公布;

（5）对会员（证券公司）进行监管；（6）对上市公司进行监管；（7）设立证券登记结算机构；（8）管理和公布市场信息；（9）证监会许可的其他职能。

2. 对证券交易活动的监管

证券交易所对证券交易活动的监管具体体现在如下方面：（1）证券交易所应当制定具体的交易规则，经审核与符合条件的拟上市公司签订上市协议。（2）证券交易所应当公布即时行情，并按日制作证券行情表，以适当方式公布。（3）证券交易所应当就其市场内的成交情况编制日报表、周报表、月报表和年报表，并及时向社会公布。（4）证券交易所应当在业务规则中对证券交易合同的生效和废止条件作出详细规定，并维护在本证券交易所达成的证券交易合同的有效性。（5）依证券法规定，有权暂停或者恢复上市证券的交易。暂停交易的时间超过1个交易日时，应当报证监会备案；暂停交易的时间超过5个交易日时，应当事先报中国证监会批准；有权终止证券上市交易，并报中国证监会备案。（6）有权依法采取技术性停牌的措施或决定临时停市，并必须及时上报中国证监会。（7）证券交易所应当建立市场准入制度，并根据证券法规的规定或者证监会的要求，限制或者禁止特定证券投资者的证券交易行为。（8）有权对上市公司及相关信息披露义务人披露信息进行监督，督促其依法及时、准确地披露信息。

3. 对会员（证券公司）的监管

（1）制定会员规则，有权决定接纳或者开除正式会员以外的其他会员，应当在履行有关手续5个工作日之前报证监会备案。

（2）对交易席位的管理。证券交易所必须限定交易席位的数量。证券交易所设立普通席位以外的席位应当报证监会批准。证券交易所调整普通席位和普通席位以外的其他席位的数量，应当事先报证监会批准。证券交易所应当对会员取得的交易席位实施严格管理。会员转让席位必须按照证券交易所的有关管理规定由交易所审批。严禁会员将席位全部或者部分以出租或者承包等形式交由其他机构和个人使用。

（3）对会员的证券自营业务实施下列监管：①要求会员的自营买卖业务必须使用专门的股票账户和资金账户，并采取技术手段严格管理；②检查开设自营账户的会员是否具备规定的自营资格；③要求会员按月编制库存证券报表，并于次月5日前报送证券交易所；④对自营业务规定具体的风险控制措施，并报证监会备案；⑤每年6月30日和12月31日过后的30日内向证监会报送各家会员截至该日的证券自营业务情况；⑥其他监管事项。

（4）对会员代理客户买卖证券业务进行监管：①制定会员与客户所应签订的代理协议的格式并检查其内容的合法性；②规定接受客户委托的程序和责任，并定期抽查执行客户委托的情况；③要求会员每月过后5日内就其交易业务和客户投诉等情况提交报告，报告格式和内容由证券交易所报证监会批准后颁布。

（5）对会员的财务经营状况的监管。证券交易所每年应当对会员的财务状况、内部风险控制制度以及遵守国家有关法规和证券交易所业务规则等情况进行抽样或者全面检查，并将检查结果上报证监会。证券交易所有权要求会员提供有关业务的报表、账册、交易记录及其他文件、资料。证券交易所可以根据证券交易所章程和业务规则对会员的违规行为进行制裁。

4. 对上市公司的监管

（1）暂停股票交易。出现下列情形时，证券交易所应当暂停上市公司的股票交易，并要求上市公司立即公布有关信息：①该公司股票交易发生异常波动；②有投资者发出收购该公司股票的公开要约；③上市公司依据上市协议提出停牌申请；④证监会依法作出暂停股票交易的决定时；⑤证券交易所认为必要时。

（2）对上市公司股东持股变动的监管。对上市公司股东在交易过程中的持股变动情况进行即时统计和监督。上市公司股东因持股数量变动而产生信息披露义务的，证券交易所应当在其履行信息披露之前，限制其继续交易该股票，督促其及时履行信息披露义务，并立即向证监会报告。

（3）对信息披露义务的处罚。对上市公司未按规定履行信息披露义务的行为，可以按照上市协议的规定予以处理，并可以就其违反证券法规的行为提出处罚意见，报证监会予以处罚。

（4）其他方面的监管。证券交易所应当采取必要的技术措施，将上市公司尚未上市流通股份与其已上市流通股份区别开来。未经证监会批准，不得准许尚未上市流通股份进入交易系统。证券交易所应当采取必要的措施，保证上市公司董事、监事、经理不得卖出本人持有的本公司股票。

(二) 证券业协会的自律管理

1. 证券业协会的性质、地位及其宗旨

证券业协会在我国为中国证券业协会，是依据《中华人民共和国证券法》和《社会团体登记管理条例》的有关规定设立的证券业自律性组织，属于非营利性社会团体法人。中国证券业协会的宗旨是在国家对证券业实行集中统一监督管理的前提下，进行证券业自律管理；发挥政府与证券行业间的桥梁和纽带作用；为会员服务，维护会员的合法权益；维持证券业的正当竞争秩序，促进证券市场的公开、公平、公正，推动证券市场的健康稳定发展。

2. 证券业协会法律及行政法规和规章规定的职权

依据《证券法》的有关规定，行使下列职责：(1) 教育和组织会员遵守证券法律、行政法规；(2) 依法维护会员的合法权益，向中国证监会反映会员的建议和要求；(3) 收集整理证券信息，为会员提供服务；(4) 制定会员应遵守的规则，组织会员单位的从业人员的业务培训，开展会员间的业务交流；(5) 对会员之间、会员与客户之间发生的证券业务纠纷进行调解；(6) 组织会员就证券业的发展、运作及有关内容进行研究；(7) 监督、检查会员行为，对违反法律、行政法规或者协会章程的，按照规定给予纪律处分。

依据行政法规、中国证监会规范性文件规定，行使下列职责：(1) 制定自律规则、执业标准和业务规范，对会员及其从业人员进行自律管理；(2) 负责证券业从业人员资格考试、认定和执业注册管理；(3) 负责组织证券公司高级管理人员资质测试和保荐代表人胜任能力考试，并对其进行持续教育和培训；(4) 负责做好证券信息技术的交流和培训工作，组织、协调会员做好信息安全保障工作，对证券公司重要信息系统进行信息安全风险评估，组织对交易系统事故的调查和鉴定；(5) 行政法规、中国证监会规范性文件规定的其他职责。

第二节 证券行政监管的内容

一 证券行政监管概述

(一) 证券行政监管的概念

证券行政监管指国家证券监督机构,通过法律法规授予的职权对证券的发行、上市交易,证券机构的组织、经营行为等进行监管的制度和行为。

(二) 证券监督管理机构的组织机构和职责

我国证券监督管理机构是中国证券监督管理委员会(简称中国证监会)。中国证监会为国务院直属事业单位,中国证监会依照法律、法规和国务院授权,统一监督管理全国证券期货市场,维护证券期货市场秩序,保障其合法运行。中国证监会在省、自治区、直辖市和计划单列市设立 36 个证券监管局,在上海、深圳设证券监管专员办事处。

依据有关法律法规,中国证监会在对证券市场实施监督管理中履行下列职责:(1) 研究和拟订证券期货市场的方针政策、发展规划;起草证券期货市场的有关法律、法规,提出制定和修改的建议;制定有关证券期货市场监管的规章、规则和办法。(2) 垂直领导全国证券期货监管机构,对证券期货市场实行集中统一监管;管理有关证券公司的领导班子和领导成员。(3) 监管股票、可转换债券、证券公司债券和国务院确定由证监会负责的债券及其他证券的发行、上市、交易、托管和结算;监管证券投资基金活动;批准企业债券的上市;监管上市国债和企业债券的交易活动。(4) 监管上市公司及其按法律法规必须履行有关义务的股东的证券市场行为。(5) 监管境内期货合约的上市、交易和结算;按规定监管境内机构从事境外期货业务。(6) 管理证券期货交易所;按规定管理证券期货交易所的高级管理人员;归口管理证券业、期货业协会。(7) 监管证券期货经营机构、证券投资基金管理公司、证券登记结算公司、期货结算机构、证券期货投资咨询机构、证券资信评级机构;审批基金托管机构的资格并监管其基金托管业务;制定有关机构高级管理人员任职资格的管理办法并组织实施;指导中国证业、期货业协会开展证券期货从业人员资格管理工作。(8) 监管境内企业直接或间接到境外发行股票、上市以及在境外上市的公司到境外发行可转换债券;监管境内证券、期货经营机构到境外设立证券、期货机构;监管境外机构到境内设立证券、期货机构从事证券、期货业务。(9) 监管证券期货信息传播活动,负责证券期货市场的统计与信息资源管理。(10) 会同有关部门审批会计师事务所、资产评估机构及其成员从事证券期货中介业务的资格,并监管律师事务所、律师及有资格的会计师事务所、资产评估机构及其成员从事证券期货相关业务的活动。(11) 依法对证券期货违法违规行为进行调查、处罚。(12) 归口管理证券期货行业的对外交往和国际合作事务。(13) 承办国务院交办的其他事项。

二 对证券发行和上市的监管

(一) 证券发行的审核

中国证监会对证券发行采取审核制。在证券发行方面,拟发行证券的公司,应根据公司法和证券法的规定,要求发行人发行证券应当向中国证监会提出申请,并经中国证监会审核批准,并按照证券法的规定,公开披露与发行证券有关的信息。对合法合规的证券发行,中国证监会可以批准发行。

中国证监会对已作出的核准证券发行的决定,发现不符合法定条件或者法定程序,尚未发行证券的,应当予以撤销,停止发行。已经发行尚未上市的,撤销发行核准决定。

(二) 强制信息公开制度

证监会对不同阶段证券行为推行强制信息公开制度,以达到证券行为的公开透明的目标。发行人、上市公司依法披露的信息,必须真实、准确、完整,不得有虚假记载、误导性陈述或者重大遗漏。

1. 证券发行的信息公开

在证券公开发行前,发行人应公告公开发行募集文件,并将该文件置备于指定场所供公众查阅。发行证券的信息依法公开前,任何知情人不得公开或者泄露该信息。发行人不得在公告公开发行募集文件前发行证券。

同时要求证券公司承销证券，应当对公开发行募集文件的真实性、准确性、完整性进行核查；发现有虚假记载、误导性陈述或者重大遗漏的，不得进行销售活动；已经销售的，必须立即停止销售活动，并采取纠正措施。

2. 证券上市的信息公开

（1）股票上市交易的信息公开。股票上市交易申请经证券交易所审核同意后，签订上市协议的公司应当在规定的期限内公告股票上市的有关文件，并将该文件置备于指定场所供公众查阅。

（2）公司债券上市交易的信息公开。公司债券上市交易申请经证券交易所审核同意后，签订上市协议的公司应当在规定的期限内公告公司债券上市文件及有关文件，并将其申请文件置备于指定场所供公众查阅。

3. 持续的信息公开

（1）会计年度中期报告的内容及公开。上市公司和公司债券上市交易的公司，应当在每一会计年度的上半年结束之日起2个月内，向国务院证券监督管理机构和证券交易所报送记载以下内容的中期报告，并予公告：①公司财务会计报告和经营情况；②涉及公司的重大诉讼事项；③已发行的股票、公司债券变动情况；④提交股东大会审议的重要事项；⑤中国保监会规定的其他事项。

（2）年度报告的内容及公开。上市公司和公司债券上市交易的公司，应当在每一会计年度结束之日起4个月内，向国务院证券监督管理机构和证券交易所报送记载以下内容的年度报告，并予公告：①公司概况；②公司财务会计报告和经营情况；③董事、监事、高级管理人员简介及其持股情况；④已发行的股票、公司债券情况，包括持有公司股份最多的前10名股东的名单和持股数额；⑤公司的实际控制人；⑥国务院证券监督管理机构规定的其他事项。

4. 违背信息披露的法律责任

（1）证券公司虚假陈述的法律责任。证券公司承销证券时，进行虚假的或误导投资者的广告或者其他宣传推介活动的，中国证监会有权责令改正，给予警告，没收违法所得，可以并处30万元以上60万元以下的罚款；情节严重的，暂停或者撤销相关业务许可。给其他证券承销机构或者投资者造成损失的，依法承担赔偿责任。对直接负责的主管人员和其他直接责任人员给予警告，可以并处 3 万元以上 30 万元以下的罚款；情节严重的，撤销任职资格或者证券从业资格。

（2）保荐人虚假陈述的法律责任。保荐人出具有虚假记载、误导性陈述或者重大遗漏的保荐书，或者不履行其他法定职责的，中国证监会有权责令改正，给予警告，没收业务收入，并处以业务收入 1 倍以上 5 倍以下的罚款；情节严重的，暂停或者撤销相关业务许可。对直接负责的主管人员和其他直接责任人员给予警告，并处以 3 万元以上 30 万元以下的罚款；情节严重的，撤销任职资格或者证券从业资格。

（3）发行人、上市公司或者其他信息披露义务人未履行信息披露义务的法律责任。发行人、上市公司或者其他信息披露义务人未按照规定披露信息，或者所披露的信息有虚假记载、误导性陈述或者重大遗漏的，中国证监会责令改正，给予警告，并处以 30 万元以上 60 万元以下的罚款。对直接负责的主管人员和其他直接责任人员给予警告，并处以 3 万元以上 30 万元以下的罚款。

（4）证券服务机构过失虚假出具中介服务文件的法律责任。证券服务机构未勤勉尽责，所制作、出具的文件有虚假记载、误导性陈述或者重大遗漏的，中国证监会有权责令改正，没收业务收入，暂停或者撤销证券服务业务许可，并处以业务收入 1 倍以上 5 倍以下的罚款。对直接负责的主管人员和其他直接责任人员给予警告，撤销证券从业资格，并处以 3 万元以上 10 万元以下的罚款。

三　对证券交易活动的监管

（一）证券相关人员提供虚假材料的法律责任

证券交易所、证券公司、证券登记结算机构、证券服务机构的从业人员或者证券业协会的工作人员，故意提供虚假资料，隐匿、伪造、篡改或者毁损交易记录，诱骗投资者买卖证券的，中国证监会撤销其证券从业资格，并处以 3 万元以上 10 万元以下的罚款；属于国家工作人员的，还应当依法给予行政处分。

国家工作人员、传播媒介从业人员和有关人员在证券交易活动中作出虚假陈述或者信息误导的，责令改正，处以 3 万元以上 20 万元以下的罚款；属于国家工作人员的，还应当依法给予行政处分。

(二) 对操纵市场行为的监管

操纵证券市场的行为包括：(1) 单独或者通过合谋，集中资金优势、持股优势或者利用信息优势联合或者连续买卖，操纵证券交易价格或者证券交易量；(2) 与他人串通，以事先约定的时间、价格和方式相互进行证券交易，影响证券交易价格或者证券交易量；(3) 在自己实际控制的账户之间进行证券交易，影响证券交易价格或者证券交易量；(4) 以其他手段操纵证券市场。

操纵证券市场的，中国证监会有权责令依法处理非法持有的证券，没收违法所得，并处以违法所得1倍以上5倍以下的罚款；没有违法所得或者违法所得不足30万元的，处以30万元以上300万元以下的罚款。单位操纵证券市场的，还应当对直接负责的主管人员和其他直接责任人员给予警告，并处以10万元以上60万元以下的罚款。

(三) 对欺诈客户行为的监管

欺诈客户是指以获取非法利益为目的，违反证券法律法规，在证券发行、交易及相关活动中从事欺诈客户的行为。

针对证券公司而言，欺诈客户的行为包括：(1) 违背客户的委托为其买卖证券；(2) 不在规定时间内向客户提供交易的书面确认文件；(3) 挪用客户所委托买卖的证券或者客户账户上的资金；(4) 未经客户的委托，擅自为客户买卖证券，或者假借客户的名义买卖证券；(5) 为牟取佣金收入，诱使客户进行不必要的证券买卖；(6) 利用传播媒介或者通过其他方式提供、传播虚假或者误导投资者的信息；(7) 其他违背客户真实意思表示，损害客户利益的行为。

欺诈客户行为给客户造成损失的，行为人应当依法承担赔偿责任。

(四) 对内幕交易行为的监管

1. 内幕信息的概念及范围

证券交易活动中，涉及公司的经营、财务或者对该公司证券的市场价格有重大影响的尚未公开的信息，为内幕信息。

下列信息属于内幕信息：(1) 依照《证券法》第67条第2款所列重大事件；(2) 公司分配股利或者增资的计划；(3) 公司股权结构的重大变化；(4) 公司债务担保的重大变更；(5) 公司营业用主要资产

的抵押、出售或者报废一次超过该资产的30%；（6）公司的董事、监事、高级管理人员的行为可能依法承担重大损害赔偿责任；（7）上市公司收购的有关方案；（8）国务院证券监督管理机构认定的对证券交易价格有显著影响的其他重要信息。

2. 证券交易内幕信息的知情人范围

证券交易内幕信息的知情人包括：（1）发行人的董事、监事、高级管理人员；（2）持有公司5%以上股份的股东及其董事、监事、高级管理人员，公司的实际控制人及其董事、监事、高级管理人员；（3）发行人控股的公司及其董事、监事、高级管理人员；（4）由于所任公司职务可以获取公司有关内幕信息的人员；（5）证券监督管理机构工作人员以及由于法定职责对证券的发行、交易进行管理的其他人员；（6）保荐人、承销的证券公司、证券交易所、证券登记结算机构、证券服务机构的有关人员；（7）国务院证券监督管理机构规定的其他人。

证券交易内幕信息的知情人和非法获取内幕信息的人，在内幕信息公开前，不得买卖该公司的证券，或者泄露该信息，或者建议他人买卖该证券。

3. 内幕交易行为和内幕信息泄露行为的法律责任

证券交易内幕信息的知情人或者非法获取内幕信息的人，在涉及证券的发行、交易或者其他对证券的价格有重大影响的信息公开前，买卖该证券，或者泄露该信息，或者建议他人买卖该证券的，中国证监会有权责令依法处理非法持有的证券，没收违法所得，并处以违法所得1倍以上5倍以下的罚款；没有违法所得或者违法所得不足3万元的，处以3万元以上60万元以下的罚款。单位从事内幕交易的，还应当对直接负责的主管人员和其他直接责任人员给予警告，并处以3万元以上30万元以下的罚款。中国证监会的工作人员进行内幕交易的，从重处罚。

内幕交易行为给投资者造成损失的，行为人应当依法承担赔偿责任。

本章复习思考题

1. 简述证券监管的目的。

2. 试述证券监管的模式的类型及其优缺点。

3. 简述我国证券业自律监管的体系及内容。

4. 简述中国证监会对证券发行和上市的监管内容及相应的法律责任。

5. 简述中国证监会对证券交易的监管及相应的法律责任。

专著推荐

1. 叶林：《证券法》，中国人民大学出版社2013年版。

2. 张忠军：《金融监管法论》，法律出版社2011年版。

3. 马洪雨：《论政府证券监管权》，法律出版社2011年版。

4. 王家辉：《中国证券市场监管的博弈研究》，上海财经大学出版社2012年版。

5. 刘春长：《中国证券市场监管制度及其变迁研究》，中国金融出版社2010年版。

6. 陈斌彬：《我国证券市场法律监管的多维透析：后金融危机时代的思考与重构》，合肥工业大学出版社2012年版。

相关链接

1. 法律法规链接

《中华人民共和国证券法》、《中华人民共和国证券投资基金法》、《证券交易所管理办法》、《证券公司监督管理条例》、《证券公司董事、监事和高级管理人员任职资格监管办法》、《最高人民法院关于审理证券市场因虚假陈述引发的民事赔偿案件的若干规定》。

2. 网络信息链接

中国证券监督管理委员会网站　　http://www.csrc.gov.cn

中国证券业协会网站　　http://www.sac.net.cn

3. 相关案例链接

中国证监会对云南绿大地生物科技股份有限公司
及其董事欺诈发行的行政处罚

2011年9月，云南绿大地生物科技股份有限公司欺诈发行股票一案曾经由昆明官渡区人民法院审理，官渡区人民法院判决公司董事长何学葵有期徒刑3年，缓期4年。

2012年1月经昆明市检察院抗诉之后，2012年3月，昆明市中级人民法院作出裁定，撤销了官渡区人民法院对绿大地案的刑事判决，2012年5月7日，绿大地案在昆明市中院重审开庭。昆明市中级人民法院对绿大地欺诈发行股票案作出一审判决，认定绿大地犯欺诈发行股票罪、伪造金融票证罪、故意销毁会计凭证罪，判处罚金1040万元；公司原实际控制人何学葵被判处有期徒刑10年，原财务总监蒋凯西、原财务顾问庞明星、原出纳主管赵海丽、原大客户中心负责人赵海艳等人分别被判处6年至2年3个月不等的有期徒刑并处相应罚金。2013年2月20日，何学葵等对判决结果上诉至云南省高级人民法院。2013年4月3日，该公司收到云南省高级人民法院作出驳回上诉，维持原判的裁定。①

2013年，中国证监会依据司法机关生效判决及其他相关证据，对云南绿大地生物科技股份有限公司（以下简称绿大地）及其未受刑事处分董事在任职期间，参与决策的违法行为作出了行政处罚。其违法行为包括：②

第一，在招股说明书中虚增资产、虚增业务收入。

司法机关在相关刑事判决中认定，绿大地在招股说明书中虚增资产70114000元，虚增2004年至2007年6月间的业务收入296102891.70元。

绿大地在招股说明书中虚增资产、虚增业务收入的行为违反了《证券法》第13条关于公司公开发行新股，应当"具有持续盈利能力，财务状况良好"和"最近三年财务会计文件无虚假记载"的规定，违反了《证券法》第20条关于"发行人向国务院证券监督管理机构或者国务院授权的部门报送的证券发行申请文件，必须真实、准确和完整"的规定，构成了《证券法》第189条所述的"以欺骗手段骗取发行核准"的行为。

第二，绿大地在2007年、2008年、2009年年度报告中虚增资产、虚增业务收入

---

① 腾讯新闻财经频道 http://finance.qq.com/a/20130227/006108.htm。
② 参见中国证监会网站中国国证监会行政处罚决定书〔2013〕23号，http://www.csrc.gov.cn/pub/zjhpublic/G00306212/201307/t20130726_231829.htm。

司法机关在相关刑事判决中认定，绿大地在2007年年度报告中虚增资产21240000元，虚增收入96599026.78元；在2008年年度报告中虚增资产163353150元，虚增收入85646822.39元；在2009年年度报告中虚增资产104070550元，虚增收入68560911.94元。

绿大地在2007年、2008年、2009年年度报告中虚增资产、虚增业务收入的行为违反了《证券法》第63条关于"上市公司依法披露的信息，必须真实、准确和完整，不得有虚假记载、误导性陈述或者重大遗漏"的规定，构成了《证券法》第193条所述的上市公司"报送的报告有虚假记载、误导性陈述或者重大遗漏"的行为。

1. 对绿大地在2007年、2008年、2009年年度报告中虚增资产、虚增业务收入的行为，责令绿大地改正，给予警告，并处以60万元罚款。

由于司法机关已对绿大地在招股说明书中虚增资产、虚增业务收入的行为刑事处罚，不再行政处罚。

2. 对赵某、胡某、黎某、钟某、普某、罗某、谭某、毛某、徐某、陈某给予警告，并分别处以30万元罚款。

3. 对郑某给予警告，并处以10万元罚款。

本章参考文献

[1] 符启林、谢永江：《证券法理论·实务·案例》，法律出版社2007年版。

[2] 叶林：《证券法》，中国人民大学出版社2013年版。

[3] 范健、王建文：《证券法》，法律出版社2010年版。

[4] 李东方：《证券监管法律制度研究》，北京大学出版社2002年版。

[5] 郭锋：《中国证券监管与立法》，法律出版社2000年版。

第二十二章 保险监管法律制度

本章内容提要：本章以保险监管的基本原理，以及我国保险监管机构对保险业进行监管的内容及相应的法律责任为核心展开分析。比较了保险监管与行业自律、企业内控的不同及其关系，分析了保险监管的意义及目的；对保险监管的模式进行概述，并简要分析了我国保险监管机构对保险组织监管、保险经营的监管、偿付能力监管、保险投资的监管、准备金等各项资金的监管的内容，以及被监管人违反监管所产生的法律责任。可以使学生理解保险监管的意义，掌握保险监管的具体规则。

关键词：保险监管　行业自律　企业内控　公示主义模式　准则主义模式　批准主义模式　保险条款和保险费率　偿付能力　保险投资　保证金　责任准备金　保险保障基金　再保险费

第一节　保险监管概述

一　保险监管概述

（一）保险监管的概念

保险监管即保险监督管理，其有狭义和广义的概念。狭义的保险监管是指一国行政当局对保险业日常的监督管理行为的总称（本书所述是极为狭义的保险监管）；而广义的保险监管除狭义的含义外，还包括保险行业自律管理、某一保险公司内部的自我风险控制机制。

（二）保险监管与行业自律、企业内控的比较

作为广义的保险监管而言，既包括了狭义的政府行为的保险监管，也包括了保险业行业自律，以及各保险公司依照法律法规的要求进行的

内部风险控制。

1. 保险监管。即是政府为保护被保险人的合法利益对保险业依法监督管理的行政行为。其目标是从宏观上维护作为公众的被保险人的合法利益，对保险公司、保险中介机构进行监管，同时保证国家金融秩序正常运行。

2. 行业自律。在国家法律允许的条件下由保险企业组织的保险行业协会，制定同业公约和章程以相互约束、维护保险行业整体利益的行为。行业自律从一定程度上可以维护被保险人的利益，但其最终目的在于保障保险同行业的基本利益。因此行业自律对保险行业与保险行政监管的沟通协调起着重要的中间作用。

3. 企业内控。是保险企业在国家法律和行业规定允许的范围内为维护本企业利益而采取的行为，如股份有限公司的监事会、独立董事就属于企业内控的一个方面，监事会对股东大会负责，对董事会监督，从而保证公司既合法经营，又执行股东大会的决议，对于出现的本企业的各种风险，从经营行为上进行监督。

三者的共同之处在于相关行为的开展都必须以国家的保险法律法规为其基本依据。

但三者毕竟有所不同，最重要的区别在于目标方面，保险监管的最基本的目标是保护被保险人的合法利益。而行业自律的基本目标是在法律允许的范围内维护本行业的合法利益。企业内控的基本目标是在法律和行业规则允许的范围内维护本企业的合法利益。

(三) 保险监管机构概述

1. 保险监管机构的概念

保险监管机构是指为对保险业实行有效的监督管理，各国行政当局所建立的具有相应行政职权的保险监管部门。我国的保险监管机构为国务院直属事业单位——中国保险监督管理委员会（以下简称中国保监会）。中国保监会成立于1998年11月18日，根据国务院授权履行行政管理职能，依照法律、法规统一监督管理全国保险市场，维护保险业的合法、稳健运行，并以保险法的授权颁布有关保险监管的部门规章。

中国保监会内设16个职能机构和3个事业单位，并在全国各省、自治区、直辖市、计划单列市设有36个保监局，在苏州、烟台、汕头、温州、唐山市设有5个保监分局,保监分局作为中国保监会的派出机构依照保险法的授权对所在地方保险公司分支机构进行监管。①

2. 中国保监会的职责

（1）拟定保险业发展的方针政策,制定行业发展战略和规划；起草保险业监管的法律、法规；制定业内规章。

（2）审批保险公司及其分支机构、保险集团公司、保险控股公司的设立；会同有关部门审批保险资产管理公司的设立；审批境外保险机构代表处的设立；审批保险代理公司、保险经纪公司、保险公估公司等保险中介机构及其分支机构的设立；审批境内保险机构和非保险机构在境外设立保险机构；审批保险机构的合并、分立、变更、解散,决定接管和指定接受；参与、组织保险公司的破产、清算。

（3）审查、认定各类保险机构高级管理人员的任职资格；制定保险从业人员的基本资格标准。

（4）审批关系社会公众利益的保险险种、依法实行强制保险的险种和新开发的人寿保险险种等的保险条款和保险费率,对其他保险险种的保险条款和保险费率实施备案管理。

（5）依法监管保险公司的偿付能力和市场行为；负责保险保障基金的管理,监管保险保证金；根据法律和国家对保险资金的运用政策,制定有关规章制度,依法对保险公司的资金运用进行监管。

（6）对政策性保险和强制保险进行业务监管；对专属自保、相互保险等组织形式和业务活动进行监管。归口管理保险行业协会、保险学会等行业社团组织。

（7）依法对保险机构和保险从业人员的不正当竞争等违法、违规行为以及对非保险机构经营或变相经营保险业务进行调查、处罚。

（8）依法对境内保险及非保险机构在境外设立的保险机构进行监管。

（9）制定保险行业信息化标准；建立保险风险评价、预警和监控体系,跟踪分析、监测、预测保险市场运行状况,负责统一编制全国保险业的数据、报表,并按照国家有关规定予以发布。

---

① 参见 http://www.circ.gov.cn/web/site0/tab59/。

(10) 承办国务院交办的其他事项。①

二 保险监管的意义及目的

(一) 保险监管的意义

保险的发展从最初的完全市场化自我调节, 到国家直接介入, 经历了上百年的过程, 因此保险作为金融秩序稳定及社会健康良性发展的重要经济行为, 必然需要国家的监管介入。保险监管的意义表现在如下几个方面。

1. 保险合同的性质决定了保险监管的必要性

保险属于技术性较高的金融分支之一, 体现在保险合同的保险条款具有专业性较高的特点, 普通的投保人对保险条款基本停留在日常理解上, 对保险条款中的免责条款更是难以看懂, 这种信息不对称为保险人、保险经纪人、保险代理人欺诈获得保费、佣金提供了机会。因此对保险机构的日常展业行为进行监督管理是维护投保人、被保险人利益的重要途径。

2. 保险经营的特点决定了保险监管的必要性

保险经营是在负债条件下实现的, 保险人通过承保后收取保险费而建立起来的各种责任准备金, 是对投保人的负债, 因此保险人一旦亏损或者倒闭, 不仅损害保险人的自身利益, 更主要的是损害广大保险客户 (被保险人) 的利益。因此保险业需要严格地监督管理。

(二) 保险监管的目的

1. 维护保险业的公平竞争

通过设定保险市场准入门槛, 维护保险人之间公平的竞争, 抑制不合理的恶性竞争, 可以提高企业经营成本, 提高保险人的偿付能力, 最终促进保险市场的健康发展是保险监管的目标之一。

2. 保证保险人有充足的偿付能力

如上所述, 保险人属于负债经营, 而偿付能力则是保险人对被保险人负债的偿还能力。保险人若经营不善, 丧失偿付能力, 则作为社会公众的被保险人将蒙受巨大损失, 造成社会经济秩序甚至公共秩序的混

---

① 参见中国保监会网站 (http://www.circ.gov.cn/web/site0/tab399/)。

乱，因此对保险人是否具有充足的偿付能力是保险监管的目标之一。

3. 防止保险欺诈

保险欺诈有来自保险人、投保人等方面的原因。因此保险监管通过立法对上述行为进行打击处罚，从宏观上规范保险市场，保障保险活动的正常进行。

三　保险监管的模式

从目前世界各国的情况来看，保险监管的方式主要有以下三种。

1. 公示主义模式。监管机构对保险行业的经营不进行直接监管，而是要求将其资产负债、财务成果及相关事项呈报给监管机构，由监管机构公之于众，由公众对保险经营的优良好坏自行作出判断的监管模式。这种模式对于保险机构而言较为宽松，给予其一定的自由发展空间，该模式以英美为代表，被称为"英国模式"。但该模式对于公众的保险意识和知识水平要求较高，目前较少国家采用该模式。

2. 准则主义模式。由国家通过颁布一系列涉及保险行业经营的法律法规，要求所有的保险人和保险中介人必须遵守，并在形式上进行监管的模式。一般情形下，国家对要求遵守的准则只涉及重大事项，该模式适用于保险法律法规比较严密和健全的国家。但该模式更注重保险经营形式上的合法性，并不涉及保险业经营管理的实质内容。

3. 批准主义模式。批准主义模式又称为审批主义模式，是国家保险监管机构在制定保险法规的基础上，根据保险法规所赋予的权力，对保险业实行的全面有效的监督管理措施。其监督的内容涉及保险业的设立、经营、财务乃至破产清算。批准主义模式是保险业监管中最为严格的一种。该模式目前为大多数国家所采用，我国目前采用的监管即属于批准主义模式。

第二节　保险监管的体系及内容

一　保险监管的体系

从我国目前的保险监管模式来看，保险监管体系一般包括保险监管法律法规、保险监管机构和保险行业自律。

(一) 保险监管法律法规

保险监管法律法规又统称为保险业法律规范。我国保险业法律规范的基本法为《中华人民共和国保险法》，其中的第三章"保险公司"、第四章"保险经营规则"、第五章"保险代理人和保险经纪人"、第六章"保险业监督管理"、第七章"法律责任"是我国保险业法律规范的基础。

除保险法外，中国保监会颁布的一系列部门规章也是保险业法律规范的重要组成部分。如《保险公司管理规定》、《人身保险业务基本服务规定》、《保险专业代理机构监管规定》、《人身保险公司保险条款和保险费率管理办法》等，对保险业中保险机构的偿付能力、保险费率、市场准入、从业人员资格等内容作出了更加专业细化的规定。

(二) 保险监管机构

(参见"第一节 保险监管概述"中的"保险监管机构")

(三) 保险行业自律

保险行业自律是指依法成立的保险机构组织的保险行业协会，制定同业公约和章程以相互约束、维护保险行业整体利益的行为。作为保险监管的一种补充，保险行业自律对保险市场的良性健康发展起着关键性作用。保险业协会其主要作用在于代表会员对国家有关保险业立法施加影响，并协调会员在市场竞争中的行为规范，指定供市场统一使用的保单及保险费率的最低标准等。

我国目前的保险业协会为中国保险行业协会。中国保险行业协会成立于2001年2月23日，是经中国保监会审查同意并在国家民政部登记注册的中国保险业的全国性自律组织，是自愿结成的非营利性社会团体法人。①

同时根据《中华人民共和国保险法》第182条规定，凡在我国登记开展保险经营的保险公司均应当加入保险行业协会。保险代理人、保险经纪人、保险公估机构可以加入保险行业协会。

---

① http://www.iachina.cn/01/01/.

二 保险监管的内容

尽管各国对保险监管的规定不尽相同，但其基本内容相同。我国保险监管主要从保险组织的监管、偿付能力的监管、经营活动的监管、保险投资的监管等方面来实施监管行为。对保险公司的监管主要从保障被保险人利益出发，重点要求保险公司具有充足的偿付能力为基本目标。对保险中介机构的监管与保险公司的监管重点不同，从对保险中介机构的监管重点不是放在偿付能力上，而是更侧重于服务质量、服务方式、服务责任等市场行为，对保险中介机构的监管也强调加强对保险中介市场的整顿。

（一）保险组织监管

1. 保险组织监管的基本规定

我国保险组织监管主要从保险组织的设立资格、开业、解散、破产的条件以及高管、相关从业人员进行规范，要求保险公司、保险代理机构、保险经纪机构、保险公估机构应符合不同设立条件、经营资格、开业条件等要求并报中国保监会审查。关于保险机构组织监管的基本内容详见本书"第七章 保险机构法律制度"。

2. 法律责任

（1）擅自设立保险公司、保险资产管理公司或者非法经营商业保险业务的，由保险监督管理机构予以取缔，没收违法所得，并处违法所得 1 倍以上 5 倍以下的罚款；没有违法所得或者违法所得不足 20 万元的，处 20 万元以上 100 元以下的罚款。

（2）擅自设立保险专业代理机构、保险经纪人，或者未取得经营保险代理业务许可证、保险经纪业务许可证从事保险代理业务、保险经纪业务的，由保险监督管理机构予以取缔，没收违法所得，并处违法所得 1 倍以上 5 倍以下的罚款；没有违法所得或者违法所得不足 5 万元的，处 5 万元以上 30 万元以下的罚款。

（二）保险经营的监管

保险经营的监管主要针对的是保险公司的经营活动，如经营范围、保险条款、保险费率等方面的监管。

1. 业务范围的监管

（1）业务范围监管的基本规定

保险公司不得兼营人身保险业务和财产保险业务。但是，经营财产保险业务的保险公司经中国保监会批准，可以经营短期健康保险业务和意外伤害保险业务。同时，经中国保监会批准，保险公司可以经营保险业务的分出保险、分入保险等再保险业务。

（2）法律责任

保险公司超出批准的业务范围经营的，由保险监督管理机构责令限期改正，没收违法所得，并处违法所得1倍以上5倍以下的罚款；没有违法所得或者违法所得不足10万元的，处10万元以上50万元以下的罚款。逾期不改正或者造成严重后果的，责令停业整顿或者吊销业务许可证。

2. 保险条款和保险费率的监管

保险机构应当公平、合理拟定保险条款和保险费率，不得损害投保人、被保险人和受益人的合法权益。特别是保险机构对保险合同中有关免除保险公司责任、退保、费用扣除、现金价值和犹豫期等事项，应当依照《保险法》和中国保监会的规定向投保人作出提示。

（1）保险条款监管的审批和备案

关系社会公众利益的保险险种、依法实行强制保险的险种和新开发的人寿保险险种等的保险条款和保险费率，应当报中国保监会批准。其他保险险种的保险条款和保险费率，应当报保险监督管理机构备案。

（2）禁止利用保险条款进行不正当竞争

首先，保险机构不得利用广告或者其他宣传方式，对其保险条款内容和服务质量等做引人误解的宣传；其次，保险机构不得将其保险条款、保险费率与其他保险公司的类似保险条款、保险费率或者金融机构的存款利率等进行片面比较。

（3）法律责任

中国保监会对保险机构的保险条款和保险费率可以进行现场检查。

保险公司使用的保险条款和保险费率违反法律、行政法规或者中国保监会的有关规定的，由保险监督管理机构责令停止使用，限期修改；情节严重的，可以在一定期限内禁止申报新的保险条款和保险费率。

未按照规定申请批准保险条款、保险费率的由中国保监会责令改正，处5万元以上30万元以下的罚款；情节严重的，可以限制其业务范围、责令停止接受新业务或者吊销业务许可证。

未按照规定报送保险条款、保险费率备案的,由保险监督管理机构责令限期改正;逾期不改正的,处 1 万元以上 10 万元以下的罚款。

未按照规定使用经批准或者备案的保险条款、保险费率的,由保险监督管理机构责令改正,处 10 万元以上 50 万元以下的罚款;情节严重的,可以限制其业务范围、责令停止接受新业务或者吊销业务许可证。

(三) 偿付能力的监管

1. 偿付能力及偿付能力监管的概念

所谓偿付能力,是指保险公司对所应承担的保险责任在发生保险事故时履行赔偿或给付的能力。

保险公司的偿付能力一般分为:(1) 实际偿付能力。即在某一时点上,保险公司实际偿付能力额度等于认可资产减去认可负债的差额。(2) 最低偿付能力。即一般由保险法规定,是保险公司必须满足的偿付能力要求,即由保险法规制定的保险公司在存续期间必须达到的保险公司认可资产与负债差额的标准。而偿付能力的监管即包括了最低偿付能力额度的计算和实际偿付能力额度的确认和监管措施的总称。

2. 我国对保险公司偿付能力监管的基本规定

(1) 基本偿付能力额度。保险公司应当具有与其风险和业务规模相适应的资本,确保偿付能力充足率不低于 100%。偿付能力充足率即资本充足率,是指保险公司的实际资本与最低资本的比例。

(2) 财产保险公司应具备的最低偿付能力额度为下述两项中数额较大的一项:①最近会计年度公司自留保费减营业税及附加后 1 亿元人民币以下部分的 18% 和 1 亿元人民币以上部分的 16%;②公司最近 3 年平均综合赔款金额 7000 万元以下部分的 26% 和 7000 万元以上部分的 23%。

(3) 人寿保险公司最低偿付能力额度为长期人身险业务最低偿付能力额度和短期人身险业务最低偿付能力额度之和。

长期人身险业务最低偿付能力额度为下述两项之和:①投资连接类产品期末寿险责任准备金的 1% 和其他寿险产品期末寿险责任准备金的 4%;②保险期间小于 3 年的定期死亡保险风险保额的 0.1%,保险期间为 3 年到 5 年的定期死亡保险风险保额的 0.15%,保险期间超过 5 年的定期死亡保险和其他险种风险保额的 0.3%。

3. 偿付能力评估及报告

保险公司应当按照中国保监会制定的保险公司偿付能力报告编报规则定期进行偿付能力评估，计算最低资本和实际资本，进行动态偿付能力测试。保险公司应当以风险为基础评估偿付能力。保险公司应当按照中国保监会制定的保险公司偿付能力报告编报规则、内容及有关规定编制和报送偿付能力报告，确保报告信息真实、准确、完整、合规。保险公司偿付能力报告包括年度报告、季度报告和临时报告。

4. 对偿付能力的监管措施

中国保监会对保险公司偿付能力的监督检查采取现场监管与非现场监管相结合的方式。中国保监会定期或者不定期对保险公司偿付能力管理的下列内容实施现场检查：（1）偿付能力管理的合规性和有效性；（2）偿付能力评估的合规性和真实性；（3）对中国保监会监管措施的执行情况；（4）中国保监会认为需要检查的其他方面。

中国保监会根据保险公司偿付能力状况将保险公司分为下列三类，实施分类监管：（1）不足类公司，指偿付能力充足率低于100%的保险公司；（2）充足Ⅰ类公司，指偿付能力充足率在100%到150%之间的保险公司；（3）充足Ⅱ类公司，指偿付能力充足率高于150%的保险公司。

对于不足类公司，中国保监会应当区分不同情形，采取下列一项或者多项监管措施：（1）责令增加资本金或者限制向股东分红；（2）限制董事、高级管理人员的薪酬水平和在职消费水平；（3）限制商业性广告；（4）限制增设分支机构、限制业务范围、责令停止开展新业务、责令转让保险业务或者责令办理分出业务；（5）责令拍卖资产或者限制固定资产购置；（6）限制资金运用渠道；（7）调整负责人及有关管理人员；（8）接管；（9）中国保监会认为必要的其他监管措施。

（四）保险投资的监管

1. 保险投资

保险投资又称为保险资金运用，是指保险公司以本外币计价的资本金、公积金、未分配利润、各项准备金及其他资金进行投资的行为。保险公司保险资金运用必须遵循稳健、遵循安全性原则，符合偿付能力监管要求，根据保险资金性质实行资产负债管理和全面风险管理，实现集约化、专业化、规范化和市场化。

2. 保险资金运用的方式

保险资金运用的方式包括：(1) 银行存款；(2) 买卖债券、股票、证券投资基金份额等有价证券；(3) 投资不动产；(4) 国务院规定的其他资金运用形式。保险资金从事境外投资的，应当符合中国保监会有关监管规定。

3. 保险资金运用方式的限制

保险资金办理银行存款的，应当选择符合下列条件的商业银行作为存款银行：(1) 资本充足率、净资产和拨备覆盖率等符合监管要求；(2) 治理结构规范、内控体系健全、经营业绩良好；(3) 最近三年未发现重大违法违规行为；(4) 连续三年信用评级在投资级别以上。

保险资金投资的债券，应当达到中国保监会认可的信用评级机构评定的、且符合规定要求的信用级别，主要包括政府债券、金融债券、企业（公司）债券、非金融企业债务融资工具以及符合规定的其他债券。

保险资金投资的股票，主要包括公开发行并上市交易的股票和上市公司向特定对象非公开发行的股票。投资创业板上市公司股票和以外币认购及交易的股票由中国保监会另行规定。

保险资金投资证券投资基金的，其基金管理人应当符合下列条件：(1) 公司治理良好，净资产连续三年保持在人民币1亿元以上；(2) 依法履行合同，维护投资者合法权益，最近三年没有不良记录；(3) 建立有效的证券投资基金和特定客户资产管理业务之间的防火墙机制；(4) 投资团队稳定，历史投资业绩良好，管理资产规模或者基金份额相对稳定。

保险资金投资的不动产，是指土地、建筑物及其他附着于土地上的定着物。

保险资金投资的股权，应当为境内依法设立和注册登记，且未在证券交易所公开上市的股份有限公司和有限责任公司的股权。保险集团（控股）公司、保险公司不得使用各项准备金购置自用不动产或者从事对其他企业实现控股的股权投资。

4. 对保险资金运用的监管措施

中国保监会对保险资金运用的监督管理，采取现场监管与非现场监管相结合的方式。保险公司的重大股权投资,应当报中国保监会核准。保险公司的股东大会、股东会、董事会的重大投资决议,应当在决议作出后 5 个工作日内向中国保监会报告,中国保监会另有规定的除外。

中国保监会有权对保险公司的董事、监事、高级管理人员和资产管理部门负责人进行监管谈话,要求其就保险资金运用情况、风险控制、内部管理等有关重大事项作出说明。

保险公司违反资金运用形式和比例有关规定的,由中国保监会责令限期改正。严重违反资金运用有关规定的,中国保监会可以责令调整负责人及有关管理人员、依法给予行政处罚。

保险公司严重违反保险资金运用有关规定,被责令限期改正逾期未改正的,中国保监会可以决定选派有关人员组成整顿组,对公司进行整顿。

(五)准备金等各项资金的监管

保险公司在经营业务中,应依法提取的资金包括保证金、责任准备金、保险保障基金、公积金、再保险费等。不同的资金提取,对应不同的资金用途。

1. 保证金

保险公司应当按照其注册资本总额的 20% 提取保证金,存入中国保监会指定的银行,该项保证金只能用于公司清算时清偿债务,不可用于其他用途。

2. 责任准备金

"责任准备金是保险公司为保障被保险人的利益,从收取的保险费当中提取的资金。它是保险公司对广大投保人或被保险人的负债(总准备金除外),是保险公司在未来某一时期须偿付的资金。从资金来源上看,责任准备金包括保费准备金、赔款准备金和总准备金。"[①] 中国保监会规定了各项法定责任准备金的提取办法和精算规定,要求保险公司应该根据保障被保险人利益、保障偿付能力的原则提取各项准备金。责任准备金又包括:

(1)保费准备金。保费准备金又称为未到期责任准备金,是保险

[①] 马宜斐、段文军:《保险原理与实务》,中国人民大学出版社 2011 年版,第 235 页。

公司在每个会计年度决算时,对于未到期的保单,将未到期责任部分的保险费提存出来而形成的准备金。

(2) 赔款准备金。赔款准备金指保险公司在会计年度末决算时,为本会计年度末之前发生的应付而未付的保险赔付所提存的准备金。包括未决赔款准备金、已发生未报告赔款准备金、已决未付赔款准备金。

(3) 总准备金。总准备金是保险公司为满足年度超常赔付及巨灾损失赔付的需要而提取的准备金。总准备金不用于平时的小额赔付,而只有在当年保险业务经营发生亏损且当年投资利润不足以弥补该业务亏损时才可动用。

3. 保险保障基金

保险保障基金用于救助保单持有人、保单受让公司①或者处置保险业风险的非政府性行业风险救助基金。保险保障基金是为保障保单持有人利益、维护保险业稳健经营而设立。由保险公司根据法定比例,向国家独资设立的中国保险保障基金有限责任公司缴纳,由中国保险保障基金有限责任公司依法负责保险保障基金的筹集、管理和使用。

保险保障基金动用的条件:(1) 保险公司被依法撤销或者依法实施破产,其清算财产不足以偿付保单利益的;(2) 中国保监会经商有关部门认定,保险公司存在重大风险,可能严重危及社会公共利益和金融稳定的。

4. 公积金

根据公司法的规定,保险公司也应依法提存公积金。其中法定公积金用于弥补保险公司上一年会计年度的亏损。法定公积金提取比例为:公司利润的10%。法定公积金累计额为公司注册资本的50%以上的,可以不再提取。公司从税后利润中提取法定公积金后,经股东会或者股东大会决议,还可以从税后利润中提取任意公积金。

---

① 根据《保险保障基金管理办法》第3条第2款、第3款的规定,保单持有人,是指在保险公司被依法撤销或者依法实施破产的情形下,对保单利益依法享有请求权的保险合同当事人,包括投保人、被保险人或者受益人。保单受让公司,是指经营有人寿保险业务的保险公司被依法撤销或者依法实施破产的,接受该保险公司依法转让的人寿保险合同的经营有人寿保险业务的保险公司。

5. 再保险费

保险公司对每一危险单位，即对一次保险事故可能造成的最大损失范围所承担的责任，不得超过其实有资本金加公积金总和的10%；超过的部分应当办理再保险。保险公司在向再保险公司办理再保险的，应缴纳再保险费。

我国《保险法》和《保险公司管理规定》等法律法规都对保险公司准备金管理有明确的要求。

6. 法律责任

保险公司未依照规定提取或者结转各项责任准备金，或者未依照规定办理再保险，由保险监督管理机构责令限期改正，并可以责令调整负责人及有关管理人员。在中国保监会作出限期改正的决定后，保险公司逾期仍未改正的，中国保监会可以决定选派保险专业人员和指定该保险公司的有关人员组成整顿组，对公司进行整顿。

本章复习思考题

1. 比较保险监管与行业自律、企业内控的不同。
2. 简述保险监管的意义及目的。
3. 试述保险监管的模式。
4. 简述保监会对保险组织监管的内容。
5. 简述保监会对保险经营的监管。
6. 简述保监会对保险公司偿付能力的监管。
7. 简述保监会对保险投资的监管。
8. 简述准备金等各项资金的监管。

专著推荐

1. 李有祥：《保险监管与保险发展：十年的思考与探索》，中国金融出版社2010年版。

2. 陈欣：《保险法》，北京大学出版社2010年版。

3. 任建国：《保险监管行与思》，中国金融出版社2013年版。

4. 赵锡军编：《开放条件下的保险安全和保险监管研究》，经济科学出版社2011年版。

5. 江先学、吴岚编:《保险公司偿付能力监管研究》,上海交通大学出版社 2013 年版。

相关链接

1. 法律法规链接

《中华人民共和国保险法》、《保险资金运用管理暂行办法》、《保险公司偿付能力管理规定》、《财产保险公司保险条款和保险费率管理办法》、《人身保险公司保险条款和保险费率管理办法》、《保险保障基金管理办法》。

2. 网络信息链接

中国保险监督管理委员会网站　http://www.circ.gov.cn

中国保险业协会网站　http://www.iachina.cn

3. 相关事例链接

对保险条款和保险费率的监管及其法律责任[①]

2013 年,信达财产保险股份有限公司设计开发了公司董事及高级管理人员责任险(升级版)(2013 年版)等两款险种,并报中国保监会备案。2013 年 6 月 27 日经中国保监会审查,发出监管函(监管函〔2013〕34 号),监管函中认为该公司两款产品存在以下问题:一是未按规定时限报送产品,违反了《财产保险公司保险条款和保险费率管理办法》第 13 条的有关规定。二是《公司董事及高级管理人员责任险(升级版)(2013 年版)》条款的文字晦涩难懂、意思表达不清晰,费率厘定不科学,不符合《财产保险公司保险条款和保险费率管理办法》第 26 条的规定。

保监会对信达财产保险股份有限公司提出以下监管要求:(1)自接到本监管函之日起,应立即停止使用上述保险产品。(2)要求信达财产保险股份有限公司高度重视产品质量管理工作,严格按照相关法律法规和中国保监会相关规定开发产品,杜绝类似问题再次出现。

[①] 参见中国保监会监管函(监管函〔2013〕34 号)(http://www.circ.gov.cn/web/site0/tab40/i250861.htm)。

（3）要求信达财产保险股份有限公司严肃追究有关人员的责任，并向保监会书面报告对产品整改和相关责任人的处理情况。

本章参考文献

［1］魏华林、林宝清主编：《保险学》，高等教育出版社2006年版。

［2］贾林青：《保险法》，中国人民大学出版社2011年版。

［3］马宜斐、段文军：《保险原理与实务》，中国人民大学出版社2011年8月版。

［4］徐卫东、杨勤活、王剑钊：《保险法》，吉林人民出版社1996年版。

［5］陈欣：《保险法》北京大学出版社2010年版。

［6］梁宇贤：《保险法新论》，中国人民大学出版社2004年版。